D1629278

Kohlhammer

Joseph Blenkinsopp

Geschichte der Prophetie in Israel

Von den Anfängen bis zum
hellenistischen Zeitalter

Verlag W. Kohlhammer
Stuttgart Berlin Köln

Aus dem Amerikanischen übersetzt von
Erhard S. Gerstenberger

Die Deutsche Bibliothek – CIP-Einheitsaufnahme

Blenkinsopp, Joseph:
Geschichte der Prophetie in Israel : von den Anfängen bis zum
hellenistischen Zeitalter / Joseph Blenkinsopp. Aus dem Engl. übers.
von Erhard S. Gerstenberger. – Stuttgart ; Berlin ; Köln :
Kohlhammer, 1998
    ISBN 3-17-011774-2

Titel der amerikanischen Originalausgabe:
Joseph Blenkinsopp, A History of Prophecy in Israel
1. Auflage 1983, 2. Auflage 1996 (»revised and enlarged«)
bei Westminster/John Knox Press, Louisville, Kentucky/USA

Alle Rechte vorbehalten
© 1983 by Westminster/John Knox Press, Louisville, Kentucky/USA
Für die deutsche Ausgabe:
© 1998 W. Kohlhammer GmbH
Stuttgart Berlin Köln
Verlagsort: Stuttgart
Umschlag: Data Images GmbH
Gesamtherstellung:
W. Kohlhammer Druckerei GmbH + Co. Stuttgart
Printed in Germany

Inhaltsverzeichnis

Vorwort des Übersetzers

Jedes Buch hat seine Geschichte. Die Geschichte dieser Übersetzung von J. Blenkinsopps „History of Prophecy in Israel" ist beschwerlich gewesen. Im August 1993 hatte ich mit dem Verfasser in Münster über das Projekt gesprochen. Als dann im Frühjahr 1995 das fertige, von Kerstin Ulrich computertechnisch professionell bearbeitete Manuskript an den Verlag abgegangen war, kam die Nachricht von Westminster/ John Knox, in Kürze werde eine wesentlich revidierte und ergänzte Zweitauflage des mittlerweile schon als klassisch gehandelten Werkes herauskommen. Sollten wir vor diesem für unsere Arbeit gleichsam katastrophalen Ereignis noch schnell die Übersetzung in Deutschland erscheinen lassen? Unmöglich! Im November 1995 sprach ich in Philadelphia erneut mit dem Verfasser und Vertretern des Mutterverlages. Alle zeigten sich betroffen von der mißlichen Situation und dem zu erwartenden Aufwand, den die Einarbeitung der Veränderungen mit sich bringen würde. J. Blenkinsopp schickte mir umgehend sein Revisionsmanuskript und einen ausführlichen Brief, in dem er die Hauptveränderungen gegenüber der Erstauflage lokalisierte. Wenig später kam auch das fertige Buch. Etwa zwei Drittel des Textes waren umgearbeitet, davon wies die Hälfte sachliche Differenzen zur Erstfassung auf.
In Absprache mit dem Autor und unter Mithilfe von Michaela Geiger habe ich versucht, den übersetzten Text der 1. Auflage als Basis beizubehalten und der 2. Auflage vollinhaltlich gerecht zu werden. D.h.: Alle sachlichen Aussagen der Zweitausgabe sind berücksichtigt, besonders Textergänzungen und gewichtige Umformulierungen. Alle Fußnoten und Literaturangaben sind in der deutschen Fassung vorhanden. Dagegen sind nicht sämtliche Textstellen und Fußnoten, die J. Blenkinsopp in der 2. Auflage gestrichen hat, auch in der Übersetzung getilgt. Das gilt besonders für jene Passagen, die einen Bezug zur deutschsprachigen Prophetenforschung herstellten und die in der 2. Auflage dem Rotstift zum Opfer gefallen sind.
Die Leserinnen und Leser haben jetzt also eine entstehungsgeschichtlich etwas erweiterte, diachrone Textversion vor sich, die sicher auch literarkritisch und redaktionsgeschichtlich interessant ist. Der übersetzende Redaktor hat dabei nach bestem Wissen und Gewissen der Endfassung des Blenkinsoppschen Werkes den Vorrang gegeben, aber sich auch über erhalten gebliebene Vorstufen des (nun kanonischen englischen) Textes insgeheim gefreut – ein kleiner Trost bei der unnötigen Mehrarbeit.
Denen, die im Fachgebiet Altes Testament der Universität Marburg Anteil an der werdenden Übersetzung genommen und mitgeholfen haben, besonders den Mitarbeiterinnen Kerstin Ulrich und Michaela Geiger, danke ich sehr herzlich.

Gießen, den 6. Februar 1998   Erhard S. Gerstenberger

Zur Einführung

Die Interpretation von prophetischen Texten hat in den letzten 200 Jahren einen außerordentlich weiten Raum durchmessen. Man muß nur einmal die eschatologischen und apokalyptischen Auslegungen mit der rabbinischen Sicht – sie zielt darauf, die zersetzenden und destabilisierenden Wirkungen der Prophetie zu entschärfen – vergleichen, um zu erkennen, wie unterschiedliche Situationen mit ihren je eigenen Ansprüchen und Zwängen grundsätzlich verschiedene Interpretationen von Prophetentexten hervorbringen können. Die moderne kritische Wissenschaft, deren Verlauf in den letzten 150 Jahren kurz im ersten Kapitel skizziert wird, hat sich von manchen traditionellen Einstellungen in Christentum und Judentum entschieden abgewendet. Trotz bedeutender Fortschritte ist sie jedoch an entscheidenden Punkten ein gutes Stück davon entfernt, einen Konsens zu erreichen. Kontrovers bleiben etwa die institutionellen und sozialen Verflechtungen und Lokalisierungen der verschiedenen Arten von Prophetie, das Verhältnis zwischen prophetischer Erfahrung und Tradition und die Redaktionsgeschichte der Prophetenbücher. Ich möchte gleich hinzufügen, daß die Prophetenforschung erst seit kurzem begonnen hat, sich von gewissen, durch enge philosophische und konfessionelle Vorgaben inspirierte Entwicklungstheorien zu lösen, wie sie weithin die Prophetenliteratur im 19. und frühen 20. Jahrhundert beherrschten.

Es gibt nur einen Weg, die schlimmsten Entgleisungen, die sich aus theologischen oder philosophischen Vorurteilen ergeben, zu verhindern: Wir müssen immer wieder zum historischen Phänomen der Prophetie in Israel zurückkehren. Das schließt den Versuch ein, ihre lange, etwa tausendjährige, streckenweise allerdings schwach dokumentierte Entwicklung zu verstehen. Es wäre viel leichter und sicher für den eigenen Ruf besser, die Hände von einer Gesamtdarstellung zu lassen und mit Einzeluntersuchungen zu spezifischen Texten und Problemen fortzufahren. Die Ergebnisse solcher Bemühungen sind viel einfacher zu bewerten. Von Zeit zu Zeit fühlt sich aber jeder, der so arbeitet, genötigt, einen Schritt zurückzutreten und eine Bestandsaufnahme zu machen. Vielleicht ist ein anderes Bild zutreffender: Er muß erneut das Gesamtphänomen der Prophetie ins Visier bekommen. Dieses Ziel hatte ich bei meiner Arbeit vor Augen.

Die einfachste Rechtfertigung dafür, daß ich mit dem vorliegenden Buch den Berg der Prophetenliteratur erhöhe, ist die Auskunft, daß es als vorläufige Bestandsaufnahme gedacht ist. Außerdem finden sich zwar viele thematische und theologische Untersuchungen der Prophetie, aber es gibt ganz wenige kritische Geschichtsabrisse. Und noch seltener versucht einmal jemand, die gesamte Zeitspanne der biblischen Geschichte zu überblicken. Meistens ist die Aufmerksamkeit fast ausschließlich auf die Periode der „klassischen" Prophetie, die beiden Jahrhunderte von Amos bis zum „Jesaja" des babylonischen Exils, konzentriert. Aber schon die frühesten dieser „klassischen" Propheten, Amos und Hosea, konnten sich auf eine dreihundertjährige prophetische Tradition berufen. Sie hatte bereits zu ihrer Zeit ein gewisses Reifestadium erreicht. Wenn wir diese voraufgehenden Entwicklungen ignorieren oder leichthin übergehen, laufen wir Gefahr, einige entscheidende Aspekte prophetischen Wirkens während der viel besser bekannten Zeit der assyrischen und babylonischen Vorherrschaft (8. bis 6. Jahrhundert v.Chr.) mißzuverstehen.

Noch problematischer ist jedoch die Tendenz der Forscher, die Prophetengeschichte mit dem babylonischen Exil im 6. Jahrhundert v.Chr. versickern oder ein triumphales Finale erreichen zu lassen. Das Resultat, wenn nicht die Absicht!, ist die Zementierung der im letzten Jahrhundert weit verbreiteten Vorstellung, daß nachfolgende Entwicklungen, die sich ja in ganz unterschiedlichen religiösen Ausdrucksformen manifestierten, einen Abfall vom hohen Niveau prophetischer Religion, eine Kapitulation gegenüber den lähmenden Institutionen darstellten. Damit wären wir dann auch der Aufgabe enthoben, die hochinteressanten Veränderungen zu untersuchen, welche die Prophetie während der Zeit des Zweiten Tempels durchmachte. Diese Epoche erlebte nicht nur die Entstehung und Festigung des Judentums zu Hause und in der Diaspora, sondern am Ende auch das Auftauchen des Christentums mit seinen eigenen Formen prophetischen Wirkens.

Mir schwebte darum ein Geschichtsüberblick vor, der alle Unterscheidungen zwischen „primitiver" und „klassischer" Prophetie sowie alle Behauptungen, die prophetische Inspiration sei zur Zeit des babylonischen Exils oder kurz darauf „vertrocknet", sehr skeptisch betrachtete. Es wäre sicher angemessen gewesen, und war ursprünglich auch beabsichtigt, diesen Überblick bis zum Ende des Zweiten Tempels durchzuziehen. Die Rücksicht auf den zur Verfügung stehenden Raum und der nüchterne Menschenverstand (angesichts der abschreckenden Problemmenge, die zu verhandeln wäre), haben es anders bestimmt. Dieser Teil der Aufgabe bleibt anderen überlassen.[1]

Wenn eine Geschichte der Prophetie sich nicht darin erschöpfen soll, lediglich eine Reihe von individuellen Prophetenfiguren zu skizzieren, dann muß sie für den Geschichtsverlauf Leitlinien benennen und ihnen folgen. Freilich, unsere Aufgabe wäre leichter gewesen, wenn die Propheten jene Vorgänger, deren Aussprüche sie benutzten, ausdrücklich erwähnt hätten. Doch kann es keinen Zweifel daran geben, daß wir mit vollem Recht von einer prophetischen *Tradition* sprechen. Jeremias Klage darüber, daß seine prophetischen Zeitgenossen einander die Gottessprüche wegstahlen (Jer 23,30), mag ein Hinweis in dieser Richtung sein. Wie eben angedeutet, haben Amos und Hosea sich an etablierte Traditionen prophetischen Protestes angeschlossen. Eine sorgfältige Lektüre Hoseas läßt vermuten, daß er mit der öffentlichen Wirksamkeit des Amos vertraut war. Beide verkündigen das Ende des speziellen Verhältnisses zwischen Israel und seinem Gott Jahwe. Jesaja scheint in einer frühen Phase seiner Laufbahn die Botschaften des Amos auf Juda angewendet zu haben. Jesaja und Micha haben viel gemeinsam. Jeremias Abhängigkeit von Hosea, besonders in der Frühzeit seines Wirkens, läßt sich leicht nachweisen. Ezechiel borgt von seinem älteren Zeitgenossen Jeremia und komponiert eine Predigt auf der Textgrundlage einer Amosvision (Ez 7,1–27; vgl. Am 8,1–3) etc.

Zum Problem wird dieser kumulative Prozeß der Aneignung, Angleichung und Anpassung, wenn er sich in eine ganz andere Tätigkeit verwandelt. Er wird nämlich in den Sammlungen, die aus der Zeit des Zweiten Tempels stammen, zur zunehmend formalen Exegese, die immer häufiger frühere Prophetensprüche einfach aufmischt. Dieser innerbiblische Prozeß gibt indessen wertvolle Hinweise auf die Veränderun-

[1]   D.E. Aune, Prophecy in Early Christianity and the Ancient Mediterranean World (Grand Rapids 1983), enthält eine ausgezeichnete Übersicht über die Prophetie in der Griechisch-Römischen Welt, im frühen Christen- und Judentum.

gen im Prophetenverständnis selbst. Er verrät die Abkehr von der direkten Inspiration und die Hinwendung zur inspirierten Auslegung früherer Prophetie. Das bringt uns an den Punkt, an dem Prophetenbücher, nachdem sie den kanonischen Status erreicht haben, ihre eigenen, deutlich erkennbaren Kommentare hervorbringen.

Wenn wir so von einer vorhandenen prophetischen Tradition sprechen, müssen wir doch damit rechnen, diese Tradition in verschiedenen Richtungen auseinandergehen zu sehen, je nach den unterschiedlichen prophetischen Individuen und Funktionen. Wir müssen uns dabei bewußt werden: Uns stehen nur wenige, nach ganz spezifischen Kriterien ausgewählte, fast ausschließlich biblische Quellensammlungen zur Verfügung. Und dann ist noch fraglich, wieviel echt prophetisches Material sich überhaupt in jene Zeit hat retten können, in der das Auswählen, Herausgeben und Darbieten dann tatsächlich stattgefunden hat. Folglich bilden jene Menschen, die wir *die* Propheten nennen, zu jedem gegebenen Zeitpunkt nur eine winzige und in mancher Hinsicht anormale Minderheit aller möglichen in Israel vorhanden gewesenen Propheten. Meinen wir andererseits mit dem Ausdruck „die Religion Israels" die Überzeugungen und Aktivitäten der Mehrheit der Bevölkerung, dann müssen wir schließen, daß die Propheten, deren Sprüche erhalten geblieben sind, fast immer im Streit mit der Mehrheit gelegen haben. Mit anderen Worten: Die Propheten haben gewöhnlich eine destabilisierende und keine systemerhaltende Rolle im religiösen Leben ihrer Zeitgenossen gespielt. Aber es hat auch Propheten gegeben, die den etablierten Institutionen, besonders dem Kult, enger verbunden blieben. Möglicherweise sind ihre Sprüche wie die von ähnlichen Figuren anderswo im Nahen Osten durch eben diese Institutionen bewahrt und überliefert worden. Diese Propheten bilden eine besondere Gruppe und nehmen ziemlich klar begrenzte Rollen wahr, aber wir werden sehen, daß es keineswegs leicht ist zu entscheiden, wer zu ihnen gehörte.

Propheten konnten also entweder eine stabilisierende oder destabilisierende Rolle spielen, und sie konnten entweder innerhalb oder außerhalb anerkannter und legalisierter Institutionen wirken. Nun will man die vielgestaltige prophetische Tradition aber auch nach geographischen Trennungslinien unterteilen. In der englischsprachigen Wissenschaft hat die besonders von A.W. Jenks und R.R. Wilson[2] propagierte spezifisch ephraimitische Prophetie einige Aufmerksamkeit erregt; sie soll charakteristische Eigenarten über mehrere Jahrhunderte bewahrt haben. Nach dieser Ansicht läuft die Linie vom elohistischen Quellenfaden des Pentateuch, der im Nordreich entstanden sein soll, über prophetische und levitische Gruppen, welche dort in Opposition zur Monarchie standen, zu Hosea, Jeremia und dann ins deuteronomische Reformprogramm. Das soll Elemente der vermuteten ephraimitischen Prophetentheologie verkörpern. Dieser Tradition steht die, wie man behauptet, ganz anders gewachsene judäische Prophetie gegenüber, die zuerst in der Regierungszeit Davids durch Gad und Nathan bezeugt ist. Sie wird dann durch Amos, Jesaja und die anderen vorexilischen, exilischen und nachexilischen Prophetenbücher mit Ausnahme von Hosea und Jeremia aufgenommen. Die ephraimitische Tradition, so sagt man, besitze ihre eigenen charakteristischen Sprachmuster, ihre eigene Weise, den Prozeß prophetischer Vermittlung zu schildern, und räume Mose als dem Prototypen des prophetischen Mittlers den obersten Platz ein.

---

2   A.W. Jenks, The Elohist and North Israelite Traditions (Missoula 1977); R.R. Wilson, Prophecy and Society in Ancient Israel (Philadelphia 1980), 135–252.

Die Prophetie unter den Sippen des zentralen Hochlandes mag sehr wohl die kulturellen und religiösen Bedingungen, die dort herrschten, reflektiert haben. Sie mag sich darum auch erheblich von der Jerusalemer Prophetie unterschieden haben. Dennoch ist ihre Eigenart meiner Meinung nach grob überzeichnet worden. Selbst wenn wir annehmen, daß der schwer faßbare Elohist (E) eine wirklich unabhängige Quelle darstellt (viele Forscher sind nicht mehr bereit, das zuzugestehen), ist seine „nördliche" Herkunft eine reine Vermutung und nicht beweisbares Faktum. Es ist doch auffällig, daß z.B. die drei Erzählungen, die man als wichtige Beweisstücke für eine unabhängige E-Schicht anführt (Gen 20,1–17; 21,8–21.22–34), alle im Negev spielen. Auch die Ruben-Midian-Schicht der Josephsgeschichte, die man ebenfalls dem Elohisten zuschreibt, weist in dieselbe allgemeine Richtung. Die hypothetische, prophetisch-levitische Allianz unter den Josephstämmen läßt sich ebenfalls nicht beweisen, und sie ist durch anachronistische, aus den Chronikbüchern entlehnte Voraussetzungen überschattet. Es gibt selbstverständlich Verbindungen zwischen dem Ephraimiten Hosea und dem Deuteronomium. Aber wiederum wird oft übersehen, daß das soziale und humanitäre Programm des Deuteronomiums nichts Hosea, dagegen – wie weiter unten gezeigt werden soll – eine ganze Menge der judäischen Prophetie, speziell Micha, verdankt. Wir wollen damit nicht die Existenz einer ephraimitischen Prophetentradition leugnen, aber ihre Eigenart und ihr Einfluß sollten nicht überhöht werden.

An bestimmten Stellen unserer Geschichtsdarstellung werde ich zu verstehen geben, daß die Unterscheidung von Jerusalemer und judäischer, oder, wenn man so will, metropolitaner und provinzieller Prophetie wesentliche Unterschiede prophetischer Überlieferung andeuten kann. Die wütendste, radikalste und bis ins einzelne gehende Kritik der zeitgenössischen Gesellschaft, speziell der Staatsbürokratie, findet man bei Micha, der aus dem Provinzzentrum Moreschet südwestlich von Jerusalem stammte. Wir werden auch Belege dafür beibringen, daß Micha und seine „Schule" das Ethos und die Interessen einer Gruppe vertraten, die unter der Bezeichnung „das Volk des Landes" bekannt sind, und daß ihre Lehre offensichtlich das soziale Programm des deuteronomischen Gesetzbuches beeinflußt hat. Doch habe ich darüber jetzt genug Worte verloren. Wir können zunächst davon ausgehen, daß die Prophetie sich in verschiedenen Richtungen und mit verschiedenen Akzentsetzungen entwickelt hat. Sie hat dabei manche religiösen Traditionen benutzt, die häufig auch noch in diesem Prozeß radikal neu interpretiert wurden.[3]

Der Protest zugunsten der Armen und Benachteiligten, jenen Menschen, die am wenigsten dafür gerüstet waren, den Übergang von der traditionellen Lebensweise auf der Grundlage des Sippengefüges hin zu einem Staatssystem zu meistern, stellt einen außerordentlich starken Zug prophetischer Predigt dar. Er beginnt mit Amos und wird in verschiedener Weise durch Jesaja und Micha aufgenommen. Die Schüler oder Herausgeber ihrer Vermächtnisse, in geringerem Maße auch Zephanja im letzten Jahrhundert des unabhängigen judäischen Reiches, führten den Protest weiter. Bei Hosea und Jeremia tritt er nicht annähernd so kräftig hervor. Deren Aufmerksamkeit konzentriert sich auf die synkretistischen Kulte und die politischen Machenschaften der Könige und des Hofes. Damit zusammen hängt die tiefe prophetische Sorge um

---

3   Zu den prophetischen Traditionen vgl. neuerdings mein Buch: Sage, Priest, Prophet. Religious and Intellectual Leadership in Ancient Israel (Louisville 1995), 11–15; 148–157.

die Gemeinschaft. Der Unterschied zwischen optimistischen und kritischen Propheten liegt in dieser Hinsicht darin, daß die letzteren ganz anders als die ersteren sich
weigern, den von der Gemeinschaft, die sich Israel nennt, angenommenen, zeitgenössischen Institutionen eine absolute Gültigkeit zuzuerkennen. Wenn der kritische
Prophet (weniger häufig die Prophetin) vom „Rest" spricht, dann setzt er voraus, daß
es in der Tat für diese Gemeinschaft doch eine Zukunft gibt, obwohl ihre gegenwärtige institutionelle Gestalt, d.h. der Staat, von der vernichtenden Flut historischer
Ereignisse hinweggeschwemmt werden wird. Nach dieser hauptsächlich judäischen
Prophetentradition liegt der Hauptgrund für die Katastrophe in der Verachtung von
Recht und Gerechtigkeit (Am 5,7.24; 6,12; Jes 5,7 usw.). Das Doppelkonzept von
Recht und Gerechtigkeit (mišpat, s^edaqah) läßt Vorstellungen von der Bewahrung
der rechten Ordnung, der gesellschaftlichen Strukturen und juridischen Verfahren
anklingen, durch welche das Recht aller Gesellschaftsklassen gewahrt wird. Eine
Gesellschaft, die diese Ordnung nicht achtet, verdient nach Aussage des kritischen
Propheten nicht erhalten zu werden, selbst wenn man in ihr eifrig die Religion prak-
tiziert (vgl. Am 5,21–24; Jes 1,12–17).
Wir wissen nicht, ob sich um Amos herum eine Gruppe von Schülern gebildet
hat. Vermutlich wären die Opfer der Ungerechtigkeit, für die er sich einsetzte, am
ehesten auf seine Botschaft eingegangen. Sie werden ja auch als die „Gerech-
ten" (Am 2,6; 5,12; vgl. Jes 5,23) beschrieben. Darin mag ein Stück weit die
Vorstellung zum Tragen kommen, daß der Kern der neuen oder der erneuerten
Gemeinschaft unter denen zu finden ist, die sich der Lehre des Propheten anschließen
und seine alternative Vision in ihrem Leben zu verwirklichen trachten. Dann entsteht
allerdings die Frage, und sie ist noch immer von entscheidender Bedeutung, ob diese
Vision auch im Zentrum der Gesellschaft, und gerade der Religionsgemeinschaft,
Fuß fassen kann oder ob sie an der Peripherie bleibt. Nach unserer Studie gibt es
darauf keine klare Antwort. Auf der einen Seite wurde dem prophetischen Protest
gegen Ungerechtigkeit und Ausbeutung im Deuteronomium, einem Staatsdokument,
die „offizielle" Form und Weihe gegeben. Danach ist er im Hauptstrom des Judentums und des Christentums ein mächtiger Motor für die soziale Erneuerung geblieben. Auf der anderen Seite jedoch müssen wir schon für die Exilszeit oder kurz danach mit der Bildung von Prophetengruppen rechnen, die sich einem Charismatiker
oder seiner Lehre verschreiben und einige Charakteristiken späterer, wohlbekannter
Sekten der Hasmonäerzeit aufweisen. Aus diesem Grunde bezeichnen meiner Meinung nach die Texte über den Gottesknecht im zweiten und über die Knechte Jahwes
im dritten Jesajabuch einen Wendepunkt in der Geschichte der prophetischen Bewegung.
Die theologische Bewertung der Prophetie zwingt uns nicht, jenen Pionieren des 19.
Jahrhunderts zu folgen, die dem Prophetentum andere Formen des religiösen Lebens
abwertend gegenüberstellten. Die Prophetie ist nur eine von mehreren Ausdrucksformen der Religion, und es scheint ihr Schicksal zu sein, daß sie immer notwendig,
aber nie allgenügsam ist. Wir beschließen unseren Überblick mit dem Jonabuch, das
eine hintergründige theologische Kritik der Prophetie enthält. Damit wollen wir genau diesen Punkt ansprechen. Wir wollen an die ungelösten und vielleicht unlösbaren
Probleme erinnern, die der Prophetie innewohnen und auf die an verschiedenen
Punkten der Geschichtsdarstellung hingewiesen wurde. Auf der anderen Seite kon-
frontiert uns kein anderer Teil der Heiligen Schrift so direkt mit der Notwendigkeit,

die weltlichen und sogar die religiösen Vorstellungen in Frage zu stellen, die unser Leben zu bestimmen pflegen.

Ich möchte mit einem praktischen Hinweis enden. Manche Leser seien warnend darauf hingewiesen, daß es in einer kritischen Studie der Prophetie ganz wenige „gesicherte Resultate moderner Wissenschaft" gibt. Daraus folgt auch, daß kaum eine von den in diesem Buch vorgeschlagenen Problemlösungen oder Textinterpretationen unwidersprochen bleiben wird. Die offenkundigen Raumbeschränkungen haben es mir nicht erlaubt, alle solche Alternativen aufzuzählen, die einer ernsthaften Untersuchung wert sind. Ich habe zumindest ihre Existenz anerkannt und versucht, meine eigene Sicht der Dinge so klar wie möglich darzustellen. Die Bibliographie soll dem Leser helfen, meine Schlußfolgerungen in den Kontext der heutigen wissenschaftlichen Diskussion zu stellen; dorthin gehören sie. Auch an dieser Stelle mußte eine Auswahl getroffen werden, und es schien mir vernünftig zu sein, wo immer möglich, den neuesten Studien in englischer Sprache den Vorzug zu geben.* (Bei Werken, die aus anderen Sprachen übersetzt worden sind, habe ich das Jahr der Erstveröffentlichung in Klammern hinzugesetzt.) Wenn die Leserin und der Leser mit Hilfe dieser Literatur instand gesetzt werden, ihre eigenen Schlußfolgerungen zu ziehen, dann ist das mir vorschwebende Ziel auch dann erreicht, wenn sie zu anderen Ergebnissen kommen, als sie in diesem Buch vorgeschlagen werden.

---

* Anm. d. Übers.: In dieser deutschen Ausgabe sind soweit wie möglich deutsche Originalveröffentlichungen und Übersetzungen ins Deutsche zitiert. Eine Auswahl neuester Literatur findet sich im Anschluß an den „Ausblick".

I. Vorrede:
Vom Gegenstand der Untersuchung

1. Die Quellen für das Studium der israelitischen Prophetie

Abgesehen von den biblischen Texten haben wir direkte Hinweise auf die Prophetie in Israel – sie sind zu allem Überfluß recht mager – nur auf einigen beschrifteten Topfscherben (Ostraka), die in den dreißiger Jahren bei den Ausgrabungen auf dem Tell ed-Duweir (Lachisch) gefunden wurden. Sie stammen aus der Zeit der babylonischen Invasion, die mit der Zerstörung Jerusalems im Jahre 586 v.Chr. endete. Einer dieser Briefe (Nr. 3) ist von einem gewissen Hoschajah (Hosea) geschrieben. Er bezieht sich auf einen früheren Brief voll düsterer Warnungen, den ein königlicher Beamter durch einen Propheten (*nabi'*) an einen Kollegen geschickt haben soll. Ein anderer Text (Nr. 16) erwähnt einen Propheten, nicht notwendig dieselbe Person wie in Nr. 3, dessen leider allein erhaltener Namensschluß mit dem letzten Teil von Jeremia (auf Hebräisch: *Jirmᵉjahu*) übereinstimmt. Noch ein dritter Brief (Nr. 6) redet von jemandem (der Text hat eine Lücke an dieser Stelle), dessen Worte die Leute demoralisieren. Einige Forscher setzen hier „Prophet" (*nabi'*) ein und beziehen die Stelle auf Jeremia, denn dieselbe Anklage ist mit identischen Worten während der Belagerung Jerusalems durch die Babylonier gegen ihn erhoben worden (Jer 38:4). Das ist möglich, aber ungewiß. Uns bleibt nur die Bestätigung dafür, daß zeitgenössische Propheten wie Jeremia und andere, deren Namen uns aus dem nach ihm benannten Buch bekannt sind (Jer 26:20–23; 28:1–17; 29:21–23, 31), sich hier und da in die politischen Geschäfte eingemischt haben.[4]

Diese Briefe und Listen sind auf Tonscherben geschrieben. Größere Texte hingegen sind sicherlich auf Papyrus festgehalten worden, aber das palästinische Wetter mit seinen regenreichen Wintern hat dafür gesorgt, daß wir bisher nur einen Papyrus aus der Zeit der Monarchie gefunden haben. Der einzige weitere nichtbiblische Text, der direkt von unserem Thema handelt, ist eine mit Tinte auf Kalkputz gefertigte Inschrift, welche 1967 östlich des Jordan in Deir 'Alla entdeckt wurde. Sie berichtet von Bileam, dem Seher (vgl. Num 22–24). Weil Bileam ein auswärtiger Prophet ist, verschieben wir unseren Kommentar zu diesem Text an den angemessenen Ort im folgenden Kapitel. Nachbiblische Quellen, welche die biblischen Überlieferungen wiedergeben, wie vor allem die Antiquitates des Josephus, haben kaum, vielleicht nie, eigenständige historische Informationen zur Sache anzubieten.

Vergleichende Studien zur israelitischen Prophetie haben auf eine Palette von Phänomenen, sozialen Rollen und Persönlichkeiten in einer weiten Runde von Stammeskulturen von den Nuer im südlichen Sudan bis zu den Steppenindianern aufmerksam

---

4   Eine Übersetzung der Ostraka von Lachisch mit kurzem Kommentar findet sich bei J.C.L. Gibson, Textbook of Syrian Semitic Inscriptions, Bd. 1, Hebrew and Moabite Inscriptions (Oxford 1871), 32–49, und bei K.A.D. Smelik, Historische Dokumente aus dem alten Israel (Göttingen 1987), 108–121. Eine ausführlichere Darstellung bieten A. Lemaire, Inscriptions Hébraique, Bd. 1, Les Ostraca (Paris 1977), 85–143, und S.B. Parker, „The Lachish Letters and Official Reactions to Prophecies," in L.M. Hopfe, Hg.; Uncovering Ancient Stones (Winona Lake 1994), 65–78.

gemacht.[5] Derartige komparativistische Untersuchungen können zu nützlichen Verallgemeinerungen im Blick auf religiöse Mittler führen und neue Denkmodelle für bekannte biblische Gestalten stimulieren. Aber oft treten die Unterschiede stärker hervor als die Gemeinsamkeiten. Diese Studien lassen auch die Frage aufkommen, in welchem Maße das antike Israel wirklich mit traditionellen Gesellschaften, die sich in die moderne Welt hinein erhalten haben, verglichen werden kann. Aus solchen Gründen und wegen der praktischen Beschränkungen von Raum und Zeit begnügen wir uns im folgenden Abschnitt mit Hinweisen auf „prophetische" Phänomene in den Gesellschaften des alten Vorderen Orients und der Levante.

Damit kommen wir zu den biblischen Quellen. Wenn wir von Prophetie reden, dann denken wir normalerweise an die fünfzehn Bücher, die im Mittelteil der Hebräischen Bibel stehen und prophetischen Autoren zugeordnet werden. Doch ist damit das Phänomen der Prophetie in Israel keineswegs erschöpft. Nach einem rabbinischen Ausspruch (bT Meg 14 a) gab es achtundvierzig Propheten und sieben Prophetinnen in Israel. Diese Feststellung basiert zweifellos auf einer sich über die ganze Hebräische Bibel erstreckenden Zählung. Keins von den in den Kanon aufgenommenen Bücher wird einem Propheten zugeschrieben, der vor dem 8. Jahrhundert v.Chr. gelebt hätte. Doch haben schon die ältesten kanonischen Propheten, Amos und Hosea, nicht nur prophetische Vorgänger gekannt, sie haben sich ganz bewußt in eine prophetische Tradition hineingestellt (Am 2,11–12; Hos 6,5; 9,7–8; 12,10.13). Schon im 8. Jahrhundert hatte die israelitische Prophetie eine Geschichte von etwa drei Jahrhunderten hinter sich gebracht.

Erwähnenswert ist auch, daß die kanonischen Propheten sich oft und fast immer verächtlich auf gewisse Leute beziehen, welche sie selbst als „Propheten" ($n^e bi'im$) titulieren. Das läßt uns verwundert fragen, ob sie selbst überhaupt unter diesem Titel bekannt werden wollten. Einer von ihnen, Amos, scheint ihn jedenfalls strikt abgelehnt zu haben, obwohl die betreffende Passage auch anders verstanden worden ist (Am 7,14). Des Rätsels Lösung ist natürlich, daß Prophetie mit einer anerkannten Institution verflochten war, die – wie wir sehen werden – entweder am Königshof oder im Tempel funktionierte. Daher stammt das Problem, das noch immer auf eine befriedigende Lösung wartet: Wie haben sich kanonische Propheten wie Amos und Micha gegenüber dem Netzwerk von Institutionen in Israel verhalten? Wir sollten uns auf jeden Fall bewußtmachen, daß die Leute, die wir *die* Propheten nennen, zu jeder beliebigen Zeit nur eine kleine Minderheit dieser Berufsgruppe darstellten.

Außerdem muß man vielleicht noch darauf hinweisen, daß das in der Hebräischen Bibel enthaltene Material gemäß bestimmten und ideologischen Kriterien ausgewählt und ediert worden ist. Die Endredaktoren hatten genausowenig Interesse daran, Sprüche von Leuten zu überliefern, welche – als notorische Falschpropheten! – den Kriterien der Rechtgläubigkeit nicht standhielten, wie jene frühkirchlichen Schriftsteller, die mit den Büchern der so eingestuften Häretiker zu tun hatten. Daran muß man denken, wenn man die Bibel für eine historische Rekonstruktion benutzen will.

Sehr auffällig und für manche äußerst beunruhigend ist die in der jüngsten alttestamentlichen Forschung herrschende Tendenz, biblische Texte spät zu datieren. Ein für

---

5   D.H. Johnson, Nuer Prophets: A History of Prophecy from the Upper Nile in the Nineteenth and
      Twentieth Centuries (Oxfort 1995); T.W. Overholt, Prophecy in Cross-Cultural Perspective
      (Atlanta 1986), 23–148; ders., Channels of Prophecy: The Social Dynamics of Prophetic Activity
      (Minneapolis 1989).

meine Studie wesentlicher Aspekt dieser Entwicklung ist die Annahme, die prophetischen Bücher seien in ihrer Substanz oder vollständig erst nach dem Exil zusammengestellt worden.[6] Kaum einer der kritischen Wissenschaftler zweifelt daran, daß viele der Prophetenbücher (z.B. Amos, Jesaja, Jeremia) *in ihrer Endgestalt* aus der persischen oder einer noch späteren Zeit stammen. Ebensowenig würde jemand die Schwierigkeiten unterschätzen, den ursprünglichen Kern der einzelnen Bücher mit Sicherheit zu bestimmen. Aber das vorhandene Vergleichsmaterial verleiht, so dürftig es auch sein mag, doch der These eine zumindest hinreichende Anfangsglaubwürdigkeit, daß es im Israel der Königszeit ähnliche Phänomene gegeben hat und zur Aufzeichnung vergleichbarer Texte gekommen ist, selbst wenn ihnen die prophetische Etikettierung erst später angeheftet worden sein sollte. Eine lehrreiche Parallele mag die Überlieferung jener poetischen Texte bieten, welche als Konsequenz für soziale Ungerechtigkeit Katastrophen ansagen und dem Solon zugeschrieben werden. Sie sind durch nach Solons Zeit (frühes 6. Jahrhundert v.Chr.) lebende Autoren auf uns gekommen (Demosthenes und Diodorus Siculus). Die Texte sind womöglich überarbeitet und erweitert worden, aber so weit mir bewußt ist, zweifelt niemand an der grundsätzlichen Verfasserschaft Solons.[7]

Bevor wir uns die biblischen Quellen für die israelitische Prophetie genauer ansehen, mag eine kurze Bemerkung zur Entstehung der Hebräisch-Aramäischen Bibel nützlich sein. Der erste Abschnitt des dreiteiligen Hebräischen Kanons, nämlich die „fünf Fünftel des Gesetzes" bzw. die *Tora*, enthält eine Erzählfolge über die Gründungsereignisse von der Schöpfung bis zum Tod des Mose im Verein mit einer großen Menge gesetzlichen Materials; es umfaßt ungefähr ein Drittel des Ganzen. Nach der traditionellen Ansicht wurde die Tora von Mose niedergeschrieben und von Esra und einem Team von Gelehrten, in der jüdischen Tradition als „Große Versammlung" bekannt, verkündet. Dieses Gremium – so stellte man es sich vor – bestand aus Esra selbst, Nehemia, den drei letzten Propheten (Haggai, Sacharja, Maleachi) und anderen Würdenträgern, insgesamt 120 Personen. Der zweite Abschnitt, die *Propheten* (n^e bi'im), umfaßt die historischen Bücher von Josua bis Könige und die fünfzehn Schriften, die prophetischen Autoren zugeschrieben werden. Man kennt die beiden Teile heute unter dem Namen „Frühere" und „Spätere" Propheten, eine Unterscheidung, die dem Judentum der biblischen und klassischen Zeit noch unbekannt war. Zu den Späteren Propheten gehören die drei langen Rollen Jesaja, Jeremia und Ezechiel sowie eine Sammlung von zwölf kleineren Büchern, die auf einer eigenen Rolle vergleichbarer Länge aufgezeichnet ist. Die weitergehende Unterscheidung in große und kleine Propheten ist noch später entstanden. Sie spielt auf die Länge der Schriften anstatt auf ihre relative Bedeutung an und kann mit gutem Grund vernachlässigt werden. Der dritte Abschnitt, die *Schriften* (k^e tubim), enthält alle übrigen Bücher der Hebräischen Bibel. Die altgriechische Übersetzung, als Septuaginta (LXX) bekannt, versammelt in diesem Teil eine noch größere Zahl von Einzelschriften.

In den letzten Jahrzehnten hat sich das Interesse am Kanon als solchem sichtbar verstärkt. Die Aufmerksamkeit richtet sich besonders auf den Prozeß, der zum Abschluß des Kanons führte, auf die Bedeutung seiner eigenartigen Struktur und die Frage,

---

6   Vgl. die Beiträge zu der Debatte um die Herausgabe der Prophetenbücher und die Bezeichnung *nabi'* von A.G. Auld, R.P. Caroll u.a. in JSOT 27 (1983).
7   Vgl. meine Studie Sage, 161–163.

welche Ansprüche in der Tradition, die ihm Gestalt gab, zum Ausdruck kommen
(Blenkinsopp, Childs, Rendtorff). Sicherlich ist vieles an den neuen Versuchen zur
„Kanonkritik" problematisch, nicht zuletzt die Ungeduld, die manche ihrer Verfechter mit historisch-kritischen Zugängen zu den biblischen Texten an den Tag legen.
Dennoch haben sie zu der Erkenntnis beigetragen, daß der zu einer kanonischen
Textsammlung führende Überlieferungsprozeß kumulativen Bemühungen entspricht,
einer gemeinsamen Tradition Gestalt und Bedeutungsschwere zu geben. Das schließt
die Absicht ein, Struktur und Selbstverständnis der Gemeinde zu formen, in welcher
die Tradition wirksam war. Es kommt dabei aber auch zu Tage, daß dieser Prozeß
darauf drängte, oft spannungsvolle und manchmal einander ausschließende Interpretationen und Ansichten miteinander zu versöhnen oder sie einfach gegeneinanderzu-
stellen. Die kritische Untersuchung der Traditionsbildung hat darum die Frage auf-
geworfen, wie wir mit einer Pluralität von Interpretationen umgehen und die kollidierenden Autoritätsansprüche in der religiösen Sphäre untereinander vermitteln. Die
Propheten oder andere Menschen haben in ihrem Namen unbedingte und scharf kon-
troverse Ansprüche erhoben. Darum mußte die Prophetie eine entscheidende Rolle
bei der Traditionsbildung spielen.

Man nimmt allgemein an, daß die Tora die erste Teilsammlung war, welche einen –
wie wir es jetzt nennen – kanonischen Status erreichte. Die Verkündigung des Gesetzes, das nach 2Kön 22 während der Regierungszeit Josias (640–609 v.Chr.) im Tempel gefunden wurde, war ganz sicher ein wichtiges Ereignis. Die moderne Wissenschaft ist übereingekommen, dieses Gesetzbuch mit dem Deuteronomium zu identifizieren; nur hatte es vielleicht nicht exakt die heutige Gestalt. Das Deuteronomium
spricht zum ersten Mal nicht von Gesetzen (*torot*), sondern von dem Gesetz (*torah*),
das als ein offizielles und öffentliches Dokument vorgestellt wird, mit dem nicht zu
spaßen ist (Dtn 4,2; 12,32). Das Buch stellt den ersten Versuch dar, eine offizielle,
orthodoxe Staatsreligion einzuführen. Etwa zwei Jahrhunderte später wurde der Priester und Schreiber Esra in offizieller Mission nach Jerusalem geschickt, entweder von
Artaxerxes I., dessen Spitzname „Lange Hand" war, oder von Artaxerxes II., dem sogenannten „Erinnerer". Er hatte die Aufgabe, dafür zu sorgen, daß „das Gesetz des
Himmelsgottes" unter den Juden in der Satrapie Trans-Euphrat des persischen Reiches durchgesetzt werden sollte (Esra 7). Dieses Gesetz kann nicht einfach mit dem
Pentateuch gleichgesetzt werden. Aber der Pentateuch an sich ist einer von mehreren
Hinweisen darauf, daß die persische Zeit für die Ausbildung der Rechtstradition in
ihrer endgültigen schriftlichen Form entscheidend war.

Versuche, einen orthodoxen Kult einzuführen und durch Gesetzgebung zu erzwingen, führen nicht automatisch zum Erfolg. Es sollte uns daher nicht überraschen,
noch viel später, nämlich in der griechisch-römischen Periode, erstaunliche Variatio-
nen vorzufinden, wie man mit dieser Tradition tatsächlich umging, z.B. im Jubiläen-
buch und in der Tempelrolle aus Qumran. Die Aufteilung der Tora in fünf Bücher
erfolgte wohl auch in jener Zeit; sie ist in der Aristeaslegende (vermutlich spätes 2.
oder frühes 1. Jahrhundert v.Chr.) noch nicht bezeugt und taucht erst in der Abhandlung des Josephus *Contra Apionem* am Ende des 1. Jahrhunderts n.Chr. auf.[8]

---

8   „Fünf derselben [Bücher] sind von Moses; sie enthalten die Gesetze und die Geschichte von der
     Entstehung des Menschengeschlechtes bis zum Tode des Verfassers." (Contra Apionem I, 8, (39)
     aus Flavius Josephus: Des Flavius Josephus kleinere Schriften, übersetzt und mit Anmerkungen
     von Heinrich Clements, Köln 1960, 96.)

Hinweise auf „das Gesetz und die Propheten", die den Lesern des Neuen Testaments so vertraut sind, erscheinen erst in den Schriften des 2. Jahrhunderts v.Chr. (Prolog zu Sir; 2 Mak 15,9), aber ohne Unterscheidung von Früheren und Späteren Propheten. Der am Anfang dieses Jahrhunderts schreibende Jesus Sirach verfolgt den Weg der Prophetie von Josua, „dem Nachfolger des Mose im Prophetenamt" (Sir 46,1), bis zu Jesaja, Jeremia, Ezechiel und den zwölf Propheten. Er bezieht dabei historische und prophetische Bücher unterschiedslos ein. Die historischen und prophetischen Bücher waren also immer eng miteinander verknüpft. Heute ist man ziemlich einhellig der Meinung, die historischen Bücher von Josua bis 2Könige bildeten eine zusammenhängende, aus der deuteronomistischen Ideologie gestaltete Geschichtsdarstellung. Darum werden sie etwas unfein als das Deuteronomistische Geschichtswerk bezeichnet (von nun an Dtr). Man nimmt weithin übereinstimmend an, daß dieses Werk gegen Ende der Monarchie geschrieben und in der Mitte des 6. Jahrhunderts revidiert und erweitert worden ist. Vom Augenblick seines Erscheinens an muß es sich wegen seiner Verbindung mit dem deuteronomischen Gesetz großer Autorität erfreut haben. Trotzdem mußte es die Herausforderung bestehen, welche spätere historiographische Versuche einschließlich des Chronistischen Werkes darstellten. Ein Geschichtsschreiber, der im 1. Jahrhundert v.Chr. wirkte, informiert uns darüber, daß Nehemia und Judas Makkabäus eine ganze Bibliothek zusammenstellten; einige Bücher handelten von Königen und Propheten (1 Mak 2,13–15). Derartige Aktivitäten sind aus der Zeit eines militanten Nationalismus verständlich, sie sollten aber auch in Betracht gezogen werden, wenn man den Entwicklungsprozeß hin zur Letztgestalt des Prophetenkanons verfolgt.

Der rabbinische Text, der die Anordnung und Autorschaft von biblischen Büchern behandelt (bT Baba Batra 14b–15a), schreibt das Buch Josua dem Josua, die Bücher Richter, Ruth und Samuel dem Samuel, und die Königsbücher Jeremia zu. Die Bezeichnung „Frühere Propheten" ergab sich also nicht aus dem Inhalt, sondern aus der Tradition einer prophetischen Urheberschaft. Josephus (Contra Apionem 1,37) sah ebenfalls die Abfassung einer heiligen Geschichte als ein prophetisches Privileg an, das durchaus in Einklang stand mit seinem eigenen Anspruch auf prophetische Begabung, die wie durch Vorsehung entdeckt oder aktiviert wurde, als er in der Höhle von Jotapata Gefangennahme und mögliche Exekution erwartete. Offensichtlich hatte er dabei die Werbung für seine eigenen Publikationen im Auge.[9] Mehr als vier Jahrhunderte früher hatte der Chronist so viele Seher und Propheten unter seinen Gewährsleuten genannt, daß wenig Zweifel besteht: Diese Idee war auch damals schon fest verankert.[10] Die Verwandlung des Propheten in einen Geschichtsschreiber ist nur ein Aspekt einer allmählichen Bedeutungserweiterung des Begriffes *nabi'*, die so weit führte, daß schließlich jede bedeutende Gestalt der Geschichte (z.B. Abraham, Moses) als Prophet bezeichnet werden konnte (J. Barton).

Die vorderen Prophetenbücher (Dtr) zeichnen die Prophetengeschichte von Mose, dem Prototyp des Propheten, bis zu Josua, der einen Anteil von seiner Geistbegabung erhält (Num 27,18–23; Dtn 34,9). Von da an verläuft für Dtr die Geschichte über eine

9   J. Blenkinsopp, Prophecy and Priesthood in Josephus, JJS 25, 1974, 239–262.
10   Es werden genannt: Samuel der Seher (1Chr 29,29); Nathan der Prophet (1Chr 29,29; 2Chr 9,29); Gad der Seher (1Chr 29,29); Schemaja der Prophet (2Chr 12,15); der Prophet Iddo, Autor eines Midraschs (2Chr 13,22); Jehu Ben Chanani (2Chr 20,34); Jesaja (2Chr 26,22); anonyme Seher während der Regierungszeit des Manasse (2Chr 33,19).

Reihe von prophetischen Nachfolgern, die als „seine (Gottes) Knechte, die Propheten", apostrophiert werden, hin zu der von jenen „Knechten" vorhergesagten Schlußkatastrophe – eine Folge der Vernachlässigung des (deuteronomischen) Gesetzes. Die
Autoren des Deuteronomiums hatten ihre eigene Vorstellung von der Prophetie, und
sie bestimmte die Rolle, welche Dtr durch die Geschichte hin den Propheten zuwies.
In Dtn 18:15–19, wo der „Prophet wie Mose" eingeführt wird, ist Prophetie in der
Tat neu als eine Fortführung der mosaischen Tätigkeit durch die Geschichte hindurch
definiert. Das heißt, sie wird als Drängen auf Gesetzesgehorsam und als Weitergabe
der mosaischen Botschaft an die Nachkommen verstanden. Die also neu bestimmte
Prophetenrolle findet man wieder in der Bemerkung des Dtr zur Eroberung Samarias
durch die Assyrer (722 v.Chr.):

> Und doch hatte der Herr Israel und Juda gewarnt durch alle Propheten und alle Seher und
> ihnen sagen lassen: Kehrt um von euren bösen Wegen und haltet meine Gebote und
> Rechte nach dem ganzen Gesetz, das ich euren Vätern geboten habe und das ich zu euch
> gesandt habe durch meine Knechte, die Propheten. (2Kön 17,13)

Der Blick ist zurückgerichtet. Damit ist angedeutet, daß Prophetie, oder zumindest
diese Art von Prophetie, im wesentlichen als eine Sache der Vergangenheit betrachtet
wird. Daß viele Zeitgenossen, einschließlich des (dtr) Geschichtsschreibers in den
letzten Jahrzehnten der Unabhängigkeit Judas, eine solche Meinung vertraten, nimmt
nicht wunder, wenn man bedenkt, in welche Vertrauenskrise die Prophetie geraten
war; die zeitgenössischen biblischen Quellen bestätigen diese Vermutung (s.u. Kap. 4
und 5).
Eigenartigerweise erwähnt Dtr viele Propheten, widmet sich einigen von ihnen (z.B.
Samuel, Elia, Elisa) ausführlich, und hat doch praktisch gar nichts über die kanonischen Propheten zu sagen, d.h. jene Gestalten, denen ganze Bücher zugeschrieben
werden. 2Kön 18,13–20,19 enthalten überwiegend legendarische Erzählungen von
Jesaja und seinem Umgang mit König Hiskia. Diese Texte sind in das Jesajabuch
eingetragen worden (Jes 36–39), aber der in ihnen agierende Jesaja ist ein ganz anderer als der aus Jes 1–39. Der untypische Jona ist der einzige andere Vertreter der Späteren Propheten, der in Dtr erwähnt wird. Ihm wird eine Hilfestellung gegenüber
Jerobeam II. von Israel zugewiesen (2Kön 14,25), während doch der zur selben Zeit
tätige Amos mit Stillschweigen übergangen wird.[11] Es ist unwahrscheinlich, daß dem
Geschichtsschreiber die Nichtgenannten unbekannt gewesen wären – Amos, Hosea,
Micha und alle übrigen. Anscheinend hat er sie bewußt ausgelassen, vielleicht deshalb, weil er ihre weithin so verdammende Botschaft im Blick auf die Bedürfnisse
seiner Zeitgenossen für unangemessen hielt.
Man hat auch eine andere Erklärung dafür angeboten, daß der Geschichtsschreiber es
unterlassen hat, wichtige vorexilische Prophetenfiguren zu erwähnen: Die Späteren
Propheten seien während des babylonischen Exils durch Vertreter der deuteronomi-

---

11 2Kön 14,27 klingt polemisch: „Und der Herr hatte nicht gesagt, daß er den Namen Israels austil-
    gen wollte unter dem Himmel, und errettete sie durch Jerobeam, den Sohn des Joas." Das mag
    gegen Amos gerichtet sein (vgl. besonders Am 9:8a: „Siehe, die Augen Gottes des Herrn sehen
    auf das sündige Königreich, daß ich's vom Erdbogen vertilge"); vgl. F. Crüsemann, Kritik an
    Amos im deuteronomistischen Geschichtswerk, in H.W. Wolff (Hg.), Probleme biblischer Theo-
    logie (München 1971) 57–63; C. Begg, The Non-mention of Amos, Hosea and Micah in the
    Deuteronomistic History, BN 32 (1986), 41–53; ders., The Non-mention of Zephaniah, Nahum
    and Habakkuk in the Deuteronomistic History, BN 38/39 (1987) 19–25.

stischen Schule als Anhang zum Geschichtswerk zusammengestellt worden (D.N. Freedman). Die Deuteronomisten hätten sich wohl eine prophetische Sukzessionskette von Moses, dem prophetischen Prototypen (Dtn 18,15–18; 34,10) bis zu Jeremia, dem letzten „seiner Knechte, der Propheten" vorgestellt. Die Berufung des Mose (Ex 3,1–4,17) hat nämlich viel mit der Jeremias gemein (Jer 1,4–19). Und die vierzig Jahre prophetischer Tätigkeit, die Redaktoren dem Jeremia zugeschrieben haben (Jer 1,2–3; das entspricht dem Zeitraum von 627–587 v.Chr.), lassen dieselbe Schlußfolgerung zu. Wir werden nach unserer Untersuchung des Jeremiabuches in Kap. 4 besser in der Lage sein, diese Hypothese zu bewerten.

Das bringt uns zu der Frage, wie Prophetenbücher überhaupt zusammengestellt wurden. Man kann davon ausgehen, daß Spruchsammlungen schon zu Lebzeiten des Propheten durch ihn selbst oder von seinen Schülern hergestellt wurden, wie das auch im zeitgenössischen Assyrien der Fall gewesen zu sein scheint. Wenn solche Sprüche den zivilen oder religiösen Behörden auffielen, müssen sie weit verbreitet gewesen sein. Amazja, der leitende Priester in Bethel, konnte ein Orakel des Amos – augenscheinlich war es nicht eingetroffen – als Begründung für seine Ausweisung anführen (Am 7,11). Als Jeremia im Jahre 609 v.Chr. wegen Aufruhrs angeklagt wurde, wurde er nur dadurch gerettet, daß jemand ein Micha-Orakel zitieren konnte, das etwa ein Jahrhundert früher gesprochen worden war (Jer 26,17–19; Mi 3,12). In der mittleren Wirkungsperiode des Jeremia nahm ein Schreiber seine Aussprüche auf, verlas sie in der Öffentlichkeit und schrieb sie nach seinem Diktat noch einmal nieder, nachdem die erste Ausgabe vernichtet worden war (Jer 36). In anderen Fällen sind die Aussprüche der Propheten mündlich in den Gruppen umgelaufen, welche sie unterstützten. Sie wurden erst dann schriftlich aufgezeichnet, als die Erinnerungskraft nachzulassen begann. Wieder andere prophetische Äußerungen mögen auch in den Tempel- oder Hofarchiven aufbewahrt worden sein, wie das sonst im Nahen Osten üblich war. Einige solcher prophetischer Äußerungen aus dem Königreich von Mari in Nordmesopotamien – sie stammen aus dem 18. Jahrhundert v.Chr. – sind erhalten geblieben, leider jedoch keine aus Israel, jedenfalls keine Texte, die man als Prophetenworte erkennen könnte. Alles in allem ist es höchst unwahrscheinlich, daß solche Worte über längere Zeit mündlich überliefert wurden, ohne daß es an irgendeiner Stelle zu einer schriftlichen Fixierung kam.

Die politischen Katastrophen des frühen 6. Jahrhunderts v.Chr. (Eroberung und Zerstörung Jerusalems und folgende Deportationen) werden ein starker Anstoß gewesen sein, die Prophetensprüche aufzubewahren, und es wäre seltsam, wenn es während des Exils keine Bemühungen gegeben hätte, ein Sammelwerk ausgewählter Sprüche zusammenzustellen. Die Redaktionsgeschichte der prophetischen Bücher, besonders des Buches Jeremia, läßt erkennen, daß zu jener Zeit deuteronomistische Schreiber eine bedeutende Rolle spielten. Das Material wurde bis in die Zeit des Zweiten Tempels hinein bearbeitet und erweitert. Am Anfang des 2. Jahrhunderts v.Chr. war die Einteilung in drei und zwölf Bücher bereits bekannt (Sir 48,20–49,10). Nicht viel später hören wir zum ersten Mal von „dem Gesetz und den Propheten" (Prolog zu Sir; 2 Mak 15,9; vgl. Dan 9,2). Die Jesajarolle aus Qumran (1Q Jes[a]), die aus epigraphischen Gründen in das 2. Jahrhundert v.Chr. datiert wird, zeigt, daß zu dieser Zeit auch der Text schon weitgehend fixiert war. Aus nicht viel späterer Zeit haben wir die ersten unabhängigen Kommentare zu prophetischen Büchern, nämlich die *pešarim* aus Qumran zu Jesaja, Hosea, Micha, Nahum und Habakuk.

Zusätzlich zur Tora und zu den Prophetenbüchern waren vom 2. Jahrhundert v.Chr. bis in die römische Zeit im palästinischen Judentum und in der Diaspora eine Vielzahl von Schriften in Gebrauch. Einige von ihnen wurden in die pharisäisch-rabbinische Sammlung aufgenommen; andere wurden abgelehnt, in manchen Fällen erst nach beträchtlichen Auseinandersetzungen. Verschiedene Schriften fanden darüber hinaus ihren Weg in die altgriechische Übersetzung; doch sollte man sie nicht in unpräziser Redeweise als alternativen Diasporakanon bezeichnen. Einige jüdische Gruppen pflegten ihre eigenen Textsammlungen. Die Qumran-Gemeinschaft zum Beispiel besaß neben allen Büchern des hebräischen Kanons (ausgenommen war wahrscheinlich nur das Estherbuch)[12] erbauliche, liturgische und mystische Werke, von denen einige in der Gruppe selbst entstanden waren. Auch die frühen Christen haben gelegentlich Bücher zitiert, die nicht in irgendeine autoritative Sammlung aufgenommen wurden (1Kor 2,9; Hebr 11,37; Jud 9,14–16). Streitereien über den Status einiger Bücher – Kohelet, Hoheslied, Sirach – setzten sich bis in die Zeit der Schule von Jamnia fort. Doch gibt es keine Beweise dafür, daß der Kanon in Jamnia „festgelegt" worden ist. Ja, wir finden vor dem 2. Jahrhundert n.Chr. keine Zusammenstellung autoritativer Schriften. In jüdischen Quellen fehlen sie vor dem babylonischen Talmud.[13] Aus diesem Befund ergibt sich, nebenbei gesagt, die Frage, ob es noch immer gerechtfertigt ist, daß Protestanten aus ihrem Kanon die Apokryphen oder deuterokanonischen Bücher weglassen (Sundberg).

Die schon erwähnte Neudefinition der Prophetie durch das Deuteronomium ruft eine weitere Grundsatzfrage auf den Plan, die in der alttestamentlichen Wissenschaft seit dem 19. Jahrhundert einen zentralen Ort einnimmt: Es ist die Frage nach dem Verhältnis von Gesetz und Propheten zueinander. Der traditionelle jüdische Standpunkt kommt mit bewundernswerter Klarheit und Kürze im Eingangsabschnitt des Mischnatraktates *Pirke Abot* (Die Sprüche der Väter) zum Ausdruck:

> Mose empfing die Tora am Sinai und übergab sie an Josua; dann übergab Josua sie an die Ältesten, die Ältesten an die Propheten und die Propheten übergaben sie an die Männer der großen Versammlung.

Nach dieser Vorstellung war es die vorrangige Aufgabe der Propheten, die Zeit zwischen der Uroffenbarung am Sinai und dem Rabbinat zu überbrücken. Genau wie die Weisen, die ihnen folgten (vgl. bT Baba Batra 12a), waren die Propheten in erster Linie Wächter und Überlieferer der Tora. Das bedeutet auch, daß die Prophetie dem Gesetz ganz klar untergeordnet war. Die kritische Wissenschaft im 19. Jahrhundert kam jedoch zu der Schlußfolgerung, daß die Masse des Gesetzesmaterials des Alten

---

12   Esther wurde (wahrscheinlich) ausgelassen, weil möglicherweise das Purimfest problematisch war. Es ist im Pentateuch nicht geboten, und die Qumran-Gemeinde hat es nicht gefeiert. Esthers Heirat mit einem Heidenkönig war in dieser Gemeinde auch keine Empfehlung für das Buch. Daß es als einzige Schrift der Hebräischen Bibel den Namen Gottes nicht enthält, ist dagegen wohl unerheblich gewesen.

13   Die frühesten Listen finden sich bei Melitto von Sardes (Eusebius Caesariensis, Opera Rec. Guilielmus Dindorfius, Lipsiae 1871–1890, Vol. 4: Historiae Ecclesiasticae, libri I–X, hier IV. 26) und in der Didache, die 1883 von Bryennios entdeckt wurde. Die letztere mag auf das Ende des 1. Jahrhunderts n.Chr. zurückgehen, vgl. J.-P. Audet, A Hebrew-Aramaic List of Books of the Old Testament in Greek Transcription, JThS, n.F. 1, 1950, 135–154. Spätere Listen sind bei Origines und Epiphanius erhalten. Wir sehen daran, daß der biblische Kanon ursprünglich eine christliche Idee war.

Testaments eher gegen Ende als am Anfang der Geschichte Israels entstanden ist. Julius Wellhausen hat in seinen einflußreichen *Prolegomena zur Geschichte Israels* (²1883) die Arbeit vieler Vorgänger zusammengefaßt, indem er nachwies, daß die Propheten den Gesetzbüchern voraufgingen und daß sie darum die Funktion, die ihnen von der Tradition zugewiesen wurde, gar nicht ausüben konnten. Es war im Gegenteil die ethische und spirituelle Religion der Propheten, die die Gesetzbücher erst ermöglicht hatte. Ferner war es gerade die Kodifizierung der Gesetze – sie geschah im Übergang von Israel zum Judentum –, welche der Ausübung prophetischer Aktivitäten ein Ende setzte.

Viele von den exegetischen Untersuchungen J. Wellhausens haben den Test der Zeit bemerkenswert gut überstanden. Seine Gesamtschau der Religionsgeschichte Israels und des frühen Judentums sieht jedoch ein Jahrhundert danach erheblich anders aus. Die Auffindung verschiedener altorientalischer Gesetzessammlungen – es begann mit dem Kodex Hammurabi im Jahre 1901 – hat die formkritische Analyse der gesetzlichen Materialien in der Hebräischen Bibel ermöglicht und uns unter anderem gezwungen, sorgfältiger zwischen dem Alter einzelner Gesetze und dem von Gesetzessammlungen zu unterscheiden. Die formgeschichtliche Methode hat es auch möglich gemacht, das Verständnis der prophetischen Rede zu präzisieren. So ließ sich zum Beispiel nachweisen, daß viele von den Propheten benutzte literarische Formen ihre Wurzel in sehr alten Institutionen, besonders des Krieges, des Rechtslebens und des Gottesdienstes haben. Ganz abgesehen von der früher viel diskutierten Frage nach dem Alter der Bundesformel[14] halten sich die prophetischen Anklagen oft sehr nahe an die Gesetzesbestimmungen des Pentateuch, und die von den Propheten verkündeten göttlichen Urteilssprüche stimmen oft mit den Flüchen überein, die an Gesetzessammlungen angehängt sind. Zumindest in dieser Hinsicht muß die Vorstellung von dem Propheten als einem radikalen, religiösen Individualisten, der gegen das „Establishment" eingeschworen ist und eine völlig neue Moral vertritt, neu überdacht werden.

Die Beziehung zwischen Gesetz und Prophetie ist freilich zu komplex, als daß sie einzig unter dem Gesichtspunkt der zeitlichen Priorität erklärt werden könnte. Die älteste, im sogenannten Bundesbuch (Ex 20,23–23,19) enthaltene Gesetzessammlung ist wahrscheinlich in die Zeit von Elia und Elisa zu datieren. Das deuteronomische Programm (Dtn 12–26), dessen erste Ausgabe am Ende der judäischen Monarchie verfaßt und vielleicht auch verkündet wurde, ist deutlich durch die prophetische Predigt, besonders von Hosea und Micha beeinflußt. Ein guter Teil des Ritualgesetzes in Leviticus und Numeri ist viel älter als die Sammlungen, in denen es sich nun vorfindet. Ganz allgemein können wir, wie Max Weber aufgezeigt hat, damit rechnen, daß zwischen „einer auf ein Gesetzbuch hin ausgerichteten Schicht" und „prophetischen Charismatikern" Spannung entstehen muß.[15] Ferner müssen die kanonischen Propheten im Prinzip von der Institution der Prophetie und stärker noch von anderen Institutionen wie etwa dem Priestertum unterschieden werden. Sie bean-

---

14 G.E. Mendenhall, Law and Covenant in Israel and the Ancient Near East, Pittsburgh 1955, argumentiert, daß Form und Inhalt des alttestamentlichen Bundes direkt von den hethitischen Vasallenverträgen (10.–12. Jh. v.Chr.) beeinflußt und darum sehr alt waren. Am anderen Ende des Spektrums steht L. Perlitt, Bundestheologie im Alten Testament, Neukirchen-Vluyn, 1969: Für ihn reicht der Bundesgedanke nicht weiter zurück als bis zur deuteronomischen Bewegung.

15 M. Weber, Judentum (wohl irrtümlich zitiert nach Ancient Judaism, 1952, 395 [Anm. d. Übers.]).

spruchten eine Autorität, die sich von ihrer unmittelbaren Gotteserfahrung herleitete; sie stellten sich damit außerhalb aller anerkannter Regeln und brachten schweren Konfliktstoff in das Leben der Gemeinschaft hinein. Jeremia etwa richtete seine Anklage gegen jene, die behaupteten, weise zu sein, weil sie das Gesetz zu besitzen meinten, die aber gleichzeitig das prophetische Wort vernachlässigten (Jer 8,8). Damit ist nur ein Konflikt zwischen verschiedenen Ansprüchen auf Autorität in der religiösen Sphäre genannt. Das Beispiel läßt vermuten, daß ein Grund für die Endredaktion der Gesetze und ihres erzählerischen Kontextes genau darin zu suchen ist: Man wollte den destabilisierenden Einfluß der Prophetie abwehren. Daß man eine bestimmte Epoche der Vergangenheit als die normative festlegte, könnte im selben Zusammenhang gesehen werden. Der Nachtrag zum Pentateuch (Dtn 34,10–12) macht nach dem Tod des Mose einen klaren Einschnitt und versagt der Offenbarung, die ihm zuteil wurde, und der prophetischen Offenbarung die gleiche Wertigkeit. Dennoch hat das pharisäisch-rabbinische Judentum im Unterschied zu den Samaritanern und vielleicht auch den Sadduzäern sowohl am Gesetz als auch an den Propheten festgehalten. Das tat ebenso das Christentum, jedoch mit dem Unterschied, daß es den Schwerpunkt vom Gesetz auf die Propheten hin verschob. So sahen sich beide Glaubensrichtungen unausweichlich vor der Notwendigkeit, ständig zwischen Tradition und Situation, den Herausforderungen der Vergangenheit und denen der Gegenwart und der Zukunft vermitteln zu müssen.

2. Die neuzeitliche kritische Prophetenforschung

Die Wiederentdeckung der Prophetie als einer eigenständigen religiösen Gattung ist eine der bedeutendsten Errungenschaften biblischer Wissenschaft im 19. Jahrhundert. Die traditionelle christliche Sicht, vertreten durch konservative und apologetische Theologen wie E.W. Hengstenberg und J.C.K. Hofmann, hielt die Propheten für Vorläufer und Voraussager des Christus. J. Wellhausen dagegen meinte, daß Christus, der die Religion und Ethik der Propheten übernommen hatte, von der institutionellen Kirche verraten worden ist, genau wie vorher die Propheten durch das Judentum verraten worden waren. Der neue Ansatz widersetzt sich auch der traditionellen jüdischen Interpretation, nach der der Prophet wesensmäßig ein Hüter des schriftlich oder mündlich überlieferten Gesetzes gewesen ist: Alles, was Israel für das Leben brauche, sei am Sinai offenbart worden; darum könne die prophetische Botschaft nichts Neues enthalten. Sie könne allerhöchstens das, was nur implizit in der sinaitischen Offenbarung angelegt ist, sichtbar machen. Nur in diesem weiteren Sinne gehe die Zeit der Offenbarung mit dem Tod des letzten Propheten zu Ende (bT Sanhedrin 11a; bT Yoma 9b; bT Sotah 48b). Nebenbei gesagt ist diese Position mit der Einstellung einer mehr traditionellen dogmatischen Theologie vergleichbar, welche die christliche Offenbarung mit dem Tod des letzten Apostels enden läßt.
Die moderne kritische Wissenschaft hatte ihren Auftrag nicht von kirchlichen Autoritäten bekommen. Sie untersuchte darum die Propheten unabhängig von solchen traditionellen Standardwahrheiten. Sie benutzte die Literarkritik, um die tatsächlichen Worte der Propheten, ihre „authentische" Botschaft, im Unterschied zu „sekundären" redaktionellen Zuwächsen zu bestimmen. So kam sie zu der Behauptung, die Propheten seien einzigartige Typen religiöser Individualisten, deren Botschaft sich

auf die Gegenwart und nicht auf eine ferne Vergangenheit oder auf eine ferne Zukunft bezogen habe. Durch kritische Textanalyse wollte man zu der historischen
Propheten- (seltener: Prophetinnen-) Gestalt und ihrer authentischen Botschaft vor-
dringen. Es schien sich die Möglichkeit zu eröffnen, zu einer außergewöhnlichen,
gleichzeitig spirituell und ethisch gestimmten prophetischen Religion vorzustoßen,
die man dann den magischen und materialistischen Zügen der sich auf den Opferkult
konzentrierenden Volksreligion gegenüberstellen konnte. Diese prophetische Religion trat dann deutlich als der Höhepunkt des sich in Israel entwickelnden religiösen
Bewußtseins hervor. Die nachprophetische Periode wurde zu einer Zeit fortschreitenden Niedergangs, ein Abstieg in Gesetzlichkeit und Ritualismus. Ein Ergebnis dieser
Sicht war, daß das Judentum des Zweiten Tempels in den Theologien des Alten Testaments und den Religionsgeschichten Israels nachlässig oder falsch dargestellt
wurde. Dieser Zustand ist bis heute erst teilweise überwunden.[16]
Die kritische Forschung des 19. Jahrhunderts hat daher den Schwerpunkt entscheidend vom Pentateuch weg und auf die Propheten verlegt, und dieser Wechsel hat
unleugbar eine starke Wirkung auf die christliche Theologie ganz allgemein gehabt.
Er hat zum Beispiel dazu beigetragen, daß die theologische Interpretation der Geschichte einen neuen Akzent bekam (ganz anders als in dem älteren Konzept der
Heilsgeschichte von Hofmann). Er hat auch zu einer stärkeren Würdigung der sozialen Verantwortung der Kirchen geführt, z.B. durch seinen Einfluß auf die Social
Gospel-Bewegung, die Lehre und Schriften der Brüder Richard H. und Reinhold
Niebuhr und auf Martin Luther King sowie in der jüngsten Zeit auf die Befreiungs-
theologie. Das waren echte Fortschritte, aber sie waren begleitet von bedenklichen
Einschnürungen, die sich aus den Voraussetzungen ergaben, welche die Forschungsarbeit jener Zeit trugen. So war zum Beispiel das Prophetenbild des „religiösen Genius" in der Regel gekoppelt mit der Verachtung für religiöse Institutionen und insbesondere für das kultische Ritual. Diese einseitige Bewertung – sie stammt großenteils von J.G. Herder und den Romantikern, zum Teil aus den Voraussetzungen des
liberalen Protestantismus – ist durch die fortschreitende anthropologische und reli-
gionsgeschichtliche Forschung überholt worden. Die Hervorhebung der ethischen
und spirituellen Aspekte prophetischer Religion ist zwar im Prinzip gerechtfertigt,
aber sie war zu eng an ungeprüfte Voraussetzungen gebunden und zu stark durch
zwanghafte konfessionelle Polemik bestimmt – z.B. in der uralten Debatte über die
prophetische Opposition gegen den Opferkult.
Die neue Sicht der Prophetie ist leicht zu datieren: Sie fällt mit der Veröffentlichung
der „Theologie der Propheten" von Bernhard Duhm im Jahre 1875 – er war damals
28 Jahre alt – zusammen. Der volle Titel dieses Buches ist bedeutsam: *Die Theologie
der Propheten als Grundlage für die innere Entwicklungsgeschichte der israelitischen Religion.* Der Verdacht, daß der Geist F. Hegels in der Nähe herumschwebt,
wird durch die Dreiteilung der Geschichte in Mosaismus, Prophetismus und Judais-
mus bestärkt. Der ethische Idealismus der Propheten macht das Wesen jeder wahren

---

16   Eine genauere Analyse dieser Situation bei J. Barr, Le Judaïsme postbiblique et la théologie de
     l'Ancien Testament, RThPh 18, 1968, 209–217, und ders., Judaism: Its Continuity with the
     Bible, Southampton 1968. J. Blenkinsopp, Tanakh and the New Testament: A Christian
     Perspective, in: L. Boadt u.a. (Hg.), Biblical Studies: Meeting Ground of Jews and Christians,
     New York 1980, 96–119; derselbe, Old Testament Studies and the Jewish-Christian Connection,
     JSOT 28 (1984) 3–15.

Religion aus; er stammt aus der direkten und allerpersönlichsten Gotteserfahrung.
Darum liegt aller Nachdruck auf der Berufung des Propheten und seinen Visionen
sowie anderen außerordentlichen Erfahrungen dieser erwählten Mittler. In seinem
siebzehn Jahre später veröffentlichten Jesajakommentar hat B. Duhm die Methoden
vorgeführt, mit denen er jene Schlußfolgerungen erzielt hatte. Der Kommentar zeigt
besonders die exegetischen Verfahren, mit denen die echten Prophetenworte aus der
Masse redaktioneller Erweiterungen herausgesucht wurden. Genau diese, mit großem
Geschick angewendete Arbeitsweise hat das Werk zum ersten wahrhaft modernen
Kommentar über ein prophetisches Buch gemacht.[17]
B. Duhms Veröffentlichungen stellen natürlich keinen absoluten Neuanfang dar,
wenn es denn überhaupt einen solchen in der Geschichte der Literatur je geben kann.
Sein idealistisches Prophetenbild war schon vor ihm durch Heinrich G.A. Ewald
(1803–1875) skizziert worden. Und bei H.G.A. Ewald in Göttingen hatten sowohl K.
Budde als auch J. Wellhausen studiert. In seinem Buch *Die Propheten des alten
Bundes* (1840) beschreibt H.G.A. Ewald den Propheten in Israel oder sonstwo als
einen, der die Gedanken Gottes verkündet und interpretiert. Es sind ewige Wahrheiten, dazu bestimmt, sich in der Geschichte durchzusetzen, die jedoch zum größten
Teil lange im menschlichen Bewußtsein weiterschlummerten. Die Propheten Israels
verkündigten diese Wahrheiten furchtlos ihren Zeitgenossen; sie waren Apostel der
geistigen Erneuerung, und sie verwirklichten ihre Botschaft durch eigene, intensive
Anteilnahme an den politischen Ereignissen ihrer Zeit. H.G.A. Ewald selbst hat das,
was er lehrte, anders als viele seiner akademischen Zeitgenossen an theologischen
Fakultäten, auch praktiziert. Er hat es mit einer solchen Überzeugungskraft getan,
daß er eine Zeitlang in einem Bismarckschen Gefängnis landete und aus seiner Stellung an der Göttinger Universität entfernt wurde, weil er sich weigerte, den Eid auf
den preußischen Staat abzulegen.
Fast das ganze 19. Jahrhundert hindurch blieb das Prophetenverständnis von verschiedenen philosophischen Strömungen der Zeit geprägt, insbesondere von der Ro-
mantik (Herder, Eichhorn), vom Idealismus (Ewald, Duhm) und vom Rationalismus
(Kuenen, Cornill). Allen Forschern war eins gemeinsam: Sie kannten noch nicht –
oder maßen ihm keine Bedeutung bei – den weiteren politischen und kulturellen
Kontext, in dem sich die Geschichte Israels entfaltete, und die Schriftzeugnisse,
durch die jener Kontext bekannt wurde. Ein derartiges Wissen verbreitete sich rasch,
nachdem um die Mitte des Jahrhunderts die Entzifferung von Keilschrift und Hiero-
glyphen gelungen war. Es stellte unausweichlich die auf idealistischen Voraussetzungen errichteten Rekonstruktionen und Entwicklungsmuster in Frage. In jenen
Jahrzehnten konzentrierte man jedoch seine Aufmerksamkeit ausschließlich darauf,
wie die neuen Entdeckungen das Verständnis der biblischen Urgeschichte (Gen 1–
11) beeinflußten.
Die Auswirkung dieser neuen Erkenntnisse auf die Prophetenforschung wurde erst
1914 gewürdigt, als Gustav Hölscher seine wichtige Monographie veröffentlichte,
welche sie in kontrollierter Weise aufzunehmen versuchte.[18] Wie der Untertitel an-
zeigt, ging es G. Hölscher darum, die Methoden der religionsgeschichtlichen Schule
bei der Untersuchung prophetischer Phänomene in Israel anzuwenden. Er war stark

---

17 B. Duhm, 1968, zuerst erschienen 1892.
18 G. Hölscher, Die Propheten. Untersuchungen zur Religionsgeschichte Israels, Leipzig 1914.

von der Pionierarbeit Wilhelm Wundts über die Sozialpsychologie religiöser Erscheinungen allgemein und ekstatischer Phänomene im besonderen beeindruckt (*Völkerpsychologie*, Bd. 2, 1906). G. Hölscher vertrat die Meinung, daß die ekstatische Prophetie nicht für nomadische Gesellschaften, wie etwa die Israels vor der Landnahme, charakteristisch war, sondern für die Bauernkulturen Kleinasiens, Syriens und Palästinas. Man dürfe darum annehmen, daß die am häufigsten in der Frühzeit und unter den nördlichen Stämmen bezeugte Art der ekstatischen Prophetie von den Kanaanäern übernommen worden war. Wenn man die relevanten Beschreibungen dieser Phänome in der Hebräischen Bibel untersuchte und sie mit dem Bericht über Wen-Amuns Besuch in Byblos und anderen Darstellungen spätantiker Autoren (Heliodor, Lucian, Apuleius) verglich, mußte man zu der Folgerung kommen, daß ekstatische Prophetie dieser Art sich im allgemeinen in Verbindung mit kultischen Akten, speziell dem Opfer, und an heiligen Stätten, die den Vegetationsgottheiten geweiht waren, ereignete. Sie war meistens auch ein Gruppenphänomen, weil sich Haufen von Ekstatikern unter einem Anführer zusammenfanden, ähnlich wie in der späteren Derwisch-Organisation *tawaf* (Konventikel). Ab und zu brachten diese Prophetenscharen jedoch eine außergewöhnliche Gestalt hervor, wie zum Beispiel Samuel, Elia oder vielleicht einige von den klassischen Propheten. Sie trennten sich dann von der Gruppe und handelten auf eigene Verantwortung. Auf jeden Fall traten im Laufe der Zeit die orgiastischen Züge in den Hintergrund, obwohl sie nie völlig verschwanden. Die poetischen Texte in den Prophetenbüchern – so Hölscher – sind unmittelbarer Ausdruck des verwandelten prophetischen Selbstbewußtseins. Darum konnte die poetische Form als ein verläßliches Kriterium für die Unterscheidung echter Prophetensprüche von redaktionellen Zusätzen und Verzierungen dienen.[19]

In den frühen Arbeiten von Hermann Gunkel (1862–1932) kommt etwas vom selben Standortwechsel zum Ausdruck. H. Gunkel verband die Methoden der religionsgeschichtlichen Schule mit einer für Alttestamentler damals wie heute außergewöhnlichen Literaturkenntnis und literarischem Feingefühl. Seine Hauptbemühungen galten den Erzählungen der Genesis und den Psalmen; dort konnte er aufzeigen, daß die Propheten vielerlei Gattungen aus verschiedenen sozialen und institutionellen Umfeldern gebrauchten, auch und besonders aus dem gottesdienstlichen Raum.[20] Anders als manche späteren Formkritiker ist H. Gunkel jedoch nie dem Irrtum verfallen, einem Propheten den Lebenssitz zuzuweisen, aus welchem eine bestimmte Redegattung hergeleitet war. Im Gegenteil, er unterschied klar zwischen den diversen Gattungen, die entweder in der prophetischen Predigt verwendet oder später in Prophetenbücher aufgenommen wurden, und jenen Redeformen, die der Prophetie eigen waren. Davon waren die prophetische Anklage oder Scheltrede und die im Namen Gottes ergehende Urteilsverkündigung am wichtigsten. Letztere erging stets in der Form eines kurzen Orakelspruches und war *die* charakteristische prophetische Redeform schlechthin, auch wenn die Anklagerede im Laufe der Zeit an Länge und Gewicht zunahm. Die authentischen prophetischen Äußerungen flossen nach H. Gunkel aus den geheimnisvollen Erfahrungen des Propheten, in denen er sich mit Gott eins

---

19 Aufgezeigt von G. Hölscher, 1924.
20 H. Gunkels grundlegende Stellungnahme zur Prophetie ist seine Einleitung zu H. Schmidt, Die großen Propheten, in: SAT II,2, Göttingen ²1923. Seine formkritische Methode wird beispielhaft vorgeführt in: H. Gunkel, 1893, und ders., 1924.

wußte und sich mit Gottes Geschichtshandeln identifizierte.[21] Die nicht vermittelbare und letztlich unerklärbare Gotteserfahrung war für H. Gunkel Kern und Wesen der Prophetie.

Die Arbeiten von G. Hölscher und H. Gunkel führten die Prophetenforschung entschieden von der idealistischen und romantischen Sichtweise weg, welche die kritischen Untersuchungen seit J.G. Herder und J.G Eichhorn im späten 18. und frühen 19. Jahrhundert beherrscht hatten.[22] Die Neuorientierung – so müssen wir entgegen dem, was oben über G. Hölscher gesagt worden ist, schließen – wurde nicht in erster Linie durch neues Material angestoßen. Das war der Fall bei der Exegese der Genesiserzählungen (besonders Gen 1–11) und der Gesetze. Für die Prophetenforschung war höchstens der neugefundene Bericht des Wen-Amon mit seinem ekstatischen Orakelspender bedeutsam. Zukunftsweisend waren G. Hölschers Arbeit über die Ekstase und ihr Verhältnis zum Kult und H. Gunkels literarische Beobachtungen und Intuitionen im Blick auf das Wesen der prophetischen Äußerung und seine Bestimmung anderer traditioneller Gattungen in den Prophetenbüchern. H. Gunkels Anregungen wurden von seinem Schüler, dem norwegischen Gelehrten Sigmund Mowinckel (1884–1966) weitergeführt; er war einer der vielseitigsten und ideenreichsten Förderer der altestamentlichen Wissenschaft in diesem Jahrhundert. S. Mowinckel hat H. Gunkels Folgerungen im Blick auf die originalen und charakteristischen prophetischen Redeformen (kurze Orakelsprüche in Versform) zunächst auf Jeremia angewendet. Auf dieser Basis unterschied er zwischen den echten Sprüchen des Propheten, die zumeist in Jeremia 1–25 enthalten sind (Quelle A), Erzählungen über den Propheten (B) und den Prosareden in deuteronomistischem Stil, welche sich durch das ganze Buch verstreut finden, seine Quellenschicht C, ferner das sogenannte Trostbüchlein (Jer 30f), die letzte Ergänzung zum Jeremiabuch.[23] Diese Analyse ist grundlegend für alle folgenden Studien des Jeremiabuches geblieben. Soweit es um Quellenscheidung ging, hat S. Mowinckel die Tradition des 19. Jahrhunderts fortgesetzt, aber sie basierte nun auf einem bestimmten Verständnis des prophetischen Bewußtseins.

S. Mowinckel war von Anfang seiner wissenschaftlichen Karriere an niemals mit einer lediglich mechanischen Aufteilung in Schichten zufrieden gewesen. Er widmete sich in der genannten und in späteren Arbeiten[24] dem dynamischen Prozeß, durch den die mündliche Botschaft eines Propheten überliefert wurde, um am Ende die Gestalt zu erreichen, in der sie nun im Kanon erscheint. Die Untersuchung der mündlichen Komposition, Ausrichtung und Überlieferung von Prophetensprüchen wurde von skandinavischen Wissenschaftlern in den dreißiger und vierziger Jahren am weitesten

---

21 H. Gunkel, Die geheimen Erfahrungen der Propheten Israels, in: Zeichen der Zeit 1, 1903, 112–153; neubearbeitet in: Die Großen Propheten, XVII–XXXIV (siehe Anm. 20).

22 Man muß beachten, daß unser Versuch, die Hauptlinien der Entwicklung nachzuzeichnen, uns dazu zwingt, sehr zu vereinfachen und vieles zu übergehen, was zur Zeit, als es aufgeschrieben wurde, von Bedeutung war. In einigen Fällen ist es indessen immer noch mit Gewinn zu lesen. Für die in Frage kommende Zeit sollten wir zumindest auflisten: W. Robertson Smith, The Prophets of Israel, [2]1895; C.H. Cornill, Der israelitische Prophetismus, [13]1920; J. Skinner, Prophecy and Religion, [2]1926.

23 S. Mowinckel, 1914.

24 Siehe besonders S. Mowinckel, Jesaja-Disiplene. Profetien frå Jesaja til Jeremia, Kristiania 1926; ders., Prophecy and Tradition: The Prophetic Book in the Light of the Study of the Growth and History of the Tradition, Oslo 1946.

getrieben. Das extremste Beispiel ist das wissenschaftliche Werk von Ivan Engnell[25,] in dem jede Quellenkritik radikal zurückgewiesen und darum auf jeden Versuch verzichtet wird, die Redaktionsgeschichte eines Prophetenbuches – und sei es auch nur versuchsweise – zu rekonstruieren. Einige Schriften (Nahum, Habakuk, Joel, Deuterojesaja) sind nach I. Engnell in kultischen Kreisen überliefert und von Anfang an aufgeschrieben worden und danach unverändert geblieben. Andere (Jesaja 1–39, Amos, Jeremia) wurden erst schriftlich niedergelegt, nachdem der Text im Zuge mündlicher Überlieferung einen gewissen Verfestigungsgrad erreicht hatte. Bei beiden Modellen bestand kein Anlaß, jene Literarkritik zu praktizieren, die frühere und spätere Kompositionsschichten in einem Prophetenbuch unterscheiden möchte. In ähnlicher, wenn auch weniger kategorischer und strenger Art, lehnten die Schweden H.S. Nyberg[26] und H. Birkeland[27] die Quellenkritik ab. Auch sie beriefen sich in erster Linie auf über mehrere Generationen hin tätige Schülerkreise, welche die Worte der Lehrer bewahrten, adaptierten und erweiterten. Heute sei es darum unmöglich, zwischen „authentischen" und „sekundären" Bestandteilen des prophetischen Materials, das überleben konnte, zu unterscheiden.

Diese einseitige Betonung der mündlichen Tradition ist schon damals nicht unwidersprochen geblieben.[28] Sie ist heute fast ganz aufgegeben worden. Spätere vergleichende Studien der mündlichen Überlieferung lassen es als unwahrscheinlich erscheinen, daß Originalaussprüche jahrhundertelang unverändert mündlich überliefert werden können. So schwierig und hypothetisch die Rekonstruktion der Redaktionsgeschichte prophetischer Bücher zweifellos auch sein mag, so kommt ihr doch große Bedeutung zu: Historisch gesehen ergibt sie wesentliche Anhaltspunkte für die religiöse Entwicklung in Israel und im frühen Judentum; theologisch gesehen bedeutet sie, daß die Endform des Textes nicht zugunsten eines angeblich authentischen und originalen Kerns vernachlässigt werden darf. Wir werden an verschiedenen Stellen unserer Untersuchung Gelegenheit haben, sowohl die Wichtigkeit der redaktionsgeschichtlichen Forschung als auch die Schwierigkeiten, die sie begleiten, zu bedenken. Es wurde schon angedeutet, daß im zwanzigsten Jahrhundert einige Arbeiten zur Überlieferung prophetischen Materials begannen, auf die hervorragende Bedeutung des Kultus hinzuweisen, der für die Mehrheit der Alttestamentler im 19. Jahrhundert als Antipode der Prophetie und damit der „wahren Religion" gegolten hatte. Unter dem Einfluß von H. Gunkels formkritischer und vergleichender Methode identifizierte S. Mowinckel eine Gruppe von Psalmen (z.B. Ps 60; 65; 82; 110), die anscheinend prophetische Heilsorakel enthalten, welche in einem Gottesdienst übermittelt worden

---

25 I. Engnell, Profetia och tradition, SEÅ 12, 1947, 94–123; ders., The Call of Isaiah, Uppsala 1949, 54–60; ders., Methodological Aspects of the Old Testament Study, VT.S 7, 1960, 21; ders., A Rigid (sic) Scrutiny: Critical Essays on the Old Testament, Nashville 1969.
26 H.S. Nyberg, 1935.
27 H. Birkeland, Zum hebräischen Traditionswesen. Die Komposition der prophetischen Bücher des Alten Testaments, Oslo 1938.
28 G. Widengren, Literary and Psychological Aspects of the Hebrew Prophets, Uppsala 1948. Er bezog sich auf frühe islamische Schriften, um das Gegenteil zu behaupten: Prophetische Texte konnten durchaus kurz nach dem Vortrag aufgeschrieben werden, und sie sind wohl auch bald niedergeschrieben worden. Siehe ebenso die Kritik bei J. van der Ploeg, Le rôle de la tradition orale dans la transmission du texte de l'Ancien Testament, RB 54, 1947, 5–41, sowie die nüchterne und tastende Rekonstruktion der Redaktionsgeschichte prophetischer Schriften durch T.H. Robinson, Prophecy and the Prophets in Ancient Israel, London ²1953, 50–59.

waren.[29] Dadurch wurde er zu einer genaueren Untersuchung der Rollen veranlaßt, die ekstatische Propheten neben der Priesterschaft im israelitischen Gottesdienst gespielt hatten. Ganz besonders kam es S. Mowinckel auf das große Neujahrsfest an, in dem nach seiner Meinung die Inthronisation Jahwes als König Israels irgendwie neu inszeniert wurde. Für S. Mowinckel konnte es keinen Zweifel geben, daß die Kultprophetie zur Zeit der Monarchie eine fest etablierte Institution war. Er vertrat auch die Meinung, diese Institution sei in der Zeit des Zweiten Tempels durch levitische Sänger weitergeführt worden, denn der Chronist beschreibe ihre Aufgaben als eine Form von Prophetie (1Chr 25). Grundsätzlich unterschied S. Mowinckel weiterhin zwischen solchen kultischen Funktionären und den klassischen Propheten. Aber er kam doch zu der Schlußfolgerung, daß einige von den klassischen Propheten (Nahum, Habakuk, Joel) wahrscheinlich Tempelangestellte gewesen waren. Das erste Jesaja- (Jes 1–39) und das Michabuch ihrerseits enthielten Textmaterial, das von Jerusalemer Kultpropheten hergestellt war, welche für die Überlieferung dieser Bücher verantwortlich zeichneten.[30]
Vor allen anderen Forschern hat S. Mowinckel in den dreißiger und vierziger Jahren dieses Jahrhunderts die Beziehung von Prophetie und Kult ins Licht gerückt. Wir haben den ihm gegenüber unfairen Vorteil der Spätergeborenen und können nun sehen, daß die Forschungsarbeit jener Zeit – einschließlich einiger von S. Mowinckels Schriften – weithin unter einem methodologischen Fehler litt: Sie führte Phänomene aus verschiedenen Kulturen, die sich in mancher Hinsicht ähnelten, einfach auf ein Einheitsmuster zurück. Mancherorts herrschte auch die Tendenz, sich unkritisch der Führung von W. Robertson Smith, James Frazer und anderen Wissenschaftlern anzuschließen und alle Mythen unbesehen aus Ritualen abzuleiten.[31] Hinsichtlich der Prophetie gab es ein breites Meinungsspektrum: Fachleute, die speziell die kanonischen Propheten sämtlich für Kultfunktionäre hielten[32], und andere, die darauf bestanden, daß die Propheten dem Kult jeder Art und Form in totaler Opposition gegenübergestanden hatten.[33] Mit Sicherheit läßt sich sagen, daß keine dieser Positionen in der Lage ist, die Textsammlungen in ihrer Gänze zufriedenstellend zu erklären. Folgt man S. Mowinckel, können überzeugende Argumente für die enge Verbindung mit dem Kult eher nur für einige kanonische Propheten gefunden werden: Nahum, Habakuk sowie die nachexilischen Verfasser der Bücher Haggai, Sacharja und Joel.[34] In der Rückschau wird jedoch klar, daß die Meinungen an beiden Enden des

---

29 S. Mowinckel, Psalmenstudien III. Die Kultprophetie und prophetische Psalmen, Kristiania 1923; ders., 1967, 53–73.
30 Siehe oben Anm. 24. Andere bedeutsame Studien zur Kultprophetie sind: A. Haldar, 1945; A.R. Johnson, The Cultic Prophet in Ancient Israel, Cardiff [2]1962; und ders., 1979; W.H. Bellinger, Jr., Psalmody and Prophecy, Sheffield 1984.
31 Der britische Zweig der „Mythos und Ritual-Schule", wie er manchmal genannt wird, ist vertreten durch Sammlungen von Essays, herausgegeben von S.H. Hooke, Essays on the Myth and Ritual of the Hebrews in Relation to the Culture Pattern of the Ancient Near East, London 1933; ders., The Labyrinth, Oxford 1935; ders., Myth, Ritual and Kingship, Oxford 1958. Der skandinavische Zweig ist vertreten durch I. Engnell, Studies in Divine Kingship in the Ancient Near East, Uppsala 1943 ([2]1967 erschienen in Oxford).
32 Vor allem A. Haldar, siehe oben Anm. 30.
33 Diese heute überholte Meinung findet sich bei J.P. Hyatt, The Prophetic Criticism of Israelite Worship, in: H.M. Orlinsky (Hg.), The Library of Biblical Studies, Cincinnatti 1969, 201–224, und C.F. Whitley, The Prophetic Achievement, London 1963, 63–92.
34 P. Humbert, 1932, 1–15; ders.; 1944; A.S. Kapelrud, 1948; G.W. Ahlström, 1971.

Spektrums hinsichtlich der anderen Prophetenbücher nicht aufrechterhalten werden konnten, obwohl zufriedenstellende Ergebnisse bis heute nicht erreicht sind.[35] Dieselbe Fragestellung könnte auch von einer anderen Seite angegangen werden, nämlich von der Formkritik her, die, wie wir gesehen haben, durch H. Gunkel eingeführt worden ist (Hayes, March, Westermann). H. Gunkel stellte mehrere Sprachformen zusammen, die von den Propheten gebraucht wurden – Lied, Liturgie, Parabel, priesterliche Tora usw. –, aber er trennte davon sehr sorgfältig die der Prophetie eigenen Sprachmuster ab. Das Orakel gegen fremde und feindliche Länder war nach seiner Meinung die älteste prophetische Gattung. An dieser Stelle spielt der früher schon erwähnte Irrtum eine Rolle, daß nämlich manche Formgeschichtler zu der Annahme neigten, traditionell liturgische, von Propheten gebrauchte Sprachformen könnten als Indikatoren für ein kultisches Amt dieser Propheten dienen.[36] H.E. von Waldow zum Beispiel folgerte aus den Heilsorakeln im zweiten Jesajabuch, der Autor müsse ein Kultprophet gewesen sein, denn derartige Sprüche kommen in Liturgien vor, an denen Kultpropheten beteiligt waren.[37] H. Reventlow nahm die wohlbegründete These, daß das Gesetz in Israel in einem jährlichen (oder siebenjährlichen) Bundesfest verlesen wurde, zum Anlaß, Propheten wie Amos und Jeremia, die ihre Zeitgenossen wegen Nichtachtung der Gesetze verurteilten, zu offiziellen Gesetzessprechern oder kultischen Bundesmittlern zu erklären.[38]
Ein wenig differenzierter war die Argumentationsweise E. Würthweins hinsichtlich des problematischen Verhältnisses eines Amos zu den $n^ebi'im$. In seiner Analyse von Am 7,14f., sicherlich eine der entscheidendsten und dunkelsten Stellen in der gesamten Prophetenliteratur, legt E. Würthwein dar, daß Amos nicht abstreiten wollte, ein $nabi'$, d.h. ein professioneller Kultprophet zu sein. Er habe lediglich versichern wollen, daß er trotz seines Amtes berufen worden war, eine Botschaft zu überbringen, die sich von allem, was man von einem Kultpropheten erwarten konnte, völlig unterschied. E. Würthwein entwickelt dann weiter den Gedanken, daß der authentische Kern des Amosbuches die grundlegende Veränderung in der Laufbahn des Amos deutlich belegt. Als Kultprophet hatte er Flüche über die Feinde Israels ausgesprochen (Am 1,3–2,3) und erfolgreich für sein eigenes Volk Fürbitte eingelegt (Am 7,1–6). Dann aber war er direkt von Gott berufen worden, um das Todesurteil über Israel auszusprechen. Damit fiel er aus den Reihen seiner früheren Kollegen heraus.[39]

---

35 Dieser Frage wurde seit den Untersuchungen von H.H. Rowley, Ritual and the Hebrew Prophets, JSSt 1, 1956, 338–360 (= From Moses to Qumran, New York 1963, 111–138), und R. Hentschke, Die Stellung der vorexilischen Schriftpropheten zum Kultus, Berlin 1957, vergleichsweise wenig Aufmerksamkeit geschenkt.

36 W. McKane formuliert kurz und bündig so: „Die Annahme, Sprachform und Sitz im Leben seien unzertrennbar, auf der manchmal der Übergang von formkritischen Beobachtungen zu den kultischen Funktionen allein ruht, erscheint außerordentlich brüchig." Prophecy and the Prophetic Literature, in: G.W. Anderson (Hg.), Tradition and Interpretation: Essays by Members of the Society for Old Testament Studies, Oxford 1979, 164.

37 H.E. von Waldow, Anlaß und Hintergrund der Verkündigung des Deuterojesaja, Dissertation, Bonn 1953. In seinem Buch, Der traditionsgeschichtliche Hintergrund der prophetischen Gerichtsreden, Berlin 1963, leitet von Waldow die prophetische Gerichtsrede jedoch formal vom profanen Gebrauch des Gesetzes her.

38 H. Reventlow, Prophetenamt und Mittleramt, ZThK 58, 1961, 269–284; ders., 1962; ders., Liturgie und prophetisches Ich bei Jeremia, Gütersloh 1963. Eine ähnliche Position vertritt J. Muilenberg, 1965, 74–97.

39 E. Würthwein, 1949–50.

In einer späteren Studie ging E. Würthwein weiter und behauptete, daß der typische prophetische Urteilsspruch, vorgetragen als Gottesrede in der ersten Person, ebenfalls im Kult entstanden sei. Er begründete diese Folgerung mit der Ähnlichkeit, die er zwischen der spezifisch prophetischen Anklageform (dem sog. *rib*-Muster wie z. B. in Hos 4,1–6 und Mi 6,1–5) und den richterlichen Äußerungen Jahwes in bestimmten Psalmen (z.B. Ps 50) feststellte.[40] E. Würthwein hat sich nicht darüber geäußert, wie diese Feststellung den Argumentationsgang seines früheren Amos-Aufsatzes beeinflussen würde. Doch scheint sie zu beinhalten, daß Amos seine gesamte Karriere als Kultprophet absolviert hat.

Alle diese Untersuchungen – gleichgültig wie man ihre Verdienste beurteilt – regten das Studium der literarischen Einheiten und Gattungen in den prophetischen Büchern (z.B. der Berufungsgeschichten oder der Visionsberichte) enorm an und lenkten die Aufmerksamkeit auf den Gebrauch der formkritischen Methode.[41] Das Interesse, die Frage nach der Beziehung der Propheten zum Gottesdienst in der einen oder anderen Weise einer Lösung zuzuführen, ging indessen merklich zurück. Man untersuchte lieber die Einzeltraditionen, in denen sich bestimmte Propheten bewegten, und hoffte so, dieses besondere Thema der Kultzugehörigkeit weiterzuführen oder gar zu erledigen. Ein Beispiel ist etwa Hans Walter Wolff, der Hosea in die Tradition der nördlichen Levitenverkündigung und Amos in die weisheitliche Überlieferung der Sippenverbände in der judäischen Wüste hineinversetzt.[42] In den letzten Jahren hat es auch Anzeichen dafür gegeben, daß die Redaktionsgeschichte von Prophetenbüchern wieder ins Blickfeld gekommen ist, allerdings auf einer ganz anderen Basis und aus ganz anderen Gründen, als das in den früheren Jahrzehnten der kritischen Forschung geschehen war.[43] Eng verwandt mit der Frage nach der Kultprophetie ist der Versuch, die Unterscheidungskriterien für wahre und falsche Prophetie zu klären und zu interpretieren und die Identität dieser „falschen Propheten", d.h. der Widersacher der kanonischen Propheten, genauer zu beschreiben.[44] Im Verlaufe unserer Studie wird klar

---

[40]   E. Würthwein, Der Ursprung der prophetischen Gerichtsrede, ZThK 49, 1952, 1–15. Vgl. F. Hesse, Wurzelt die prophetische Gerichtsrede im israelitischen Kult? ZAW 65, 1953, 45–53.

[41]   Spezielle Aufmerksamkeit ist dabei auf die Anklage- und Urteilsformulierungen, die sog. rib-Muster, und die Sendungs- und Visionsberichte gerichtet worden. Außer J.H. Hayes, W.E. March und C. Westermann vgl. K. Koch, 1974. Einige Probleme werden auch von G. Fohrer, Remarks on Modern Interpretation of the Prophets, JBL 80, 1961, 309–319, behandelt.

[42]   Vgl. H.W. Wolff, 1956, 83–94; Wolff verbindet die Hoseasprüche mit der nord-levitischen Predigtpraxis. In seinem Buch: Amos geistige Heimat, 1964, leitet er bedeutende Aspekte der Botschaft des Amos aus der weisheitlichen Tradition her, die ihre Wurzeln im Sippenethos habe. Vgl. S. Terrien, 1962, 108–115. Bei Jesaja sind die Jerusalemer Kulttraditionen stark hervorgehoben worden (z.B. durch S. Mowinckel und I. Engnell, s.o. Anm. 24 und 25). Andere haben weiter behauptet, daß er von den Traditionen der höfischen Schriftgelehrsamkeit beeinflußt war und selbst vor seiner Prophetenberufung ein Schreiber gewesen sein mag, vgl. J. Fichtner, 1949, 73–79 und J.W. Whedbee, 1971. Eine Zusammenfassung der traditionsgeschichtlichen Forschung über den Zweiten Jesaja gibt W. Rast, Tradition History and the Old Testament, Philadelphia, 1972, 57–71.

[43]   Die theologischen Fragen, die dabei mitspielen, sind im ersten Abschnitt dieses Kapitels angesprochen worden. Es ist jedoch ebenfalls deutlich, daß die Redaktionsgeschichte von Prophetenbüchern Informationen über die Entwicklungen späterer Perioden ergeben kann, z.B. über das Aufkommen der Apokalyptik, wie es bei O. Plöger, 1959, P.D. Hanson, 1975, und J. Vermeylen, 1977/78, angenommen wird.

[44]   Einen Überblick über die deutschsprachige Literatur gibt P.H.A. Neumann, 1979, 33–39. Einige wichtigere englischsprachige Studien der letzten Jahre sind J.L. Crenshaw, 1971; J.H. Sanders,

werden, wie wichtig die Kriterienfrage für das Verständnis der historischen Entwicklung von Prophetie ist und wie wichtig sie für die Bewertung des Anspruches bleibt, den die kanonischen Propheten erhoben haben.

Jüdische Forscher haben nicht nur zu den oben erwähnten historisch-kritischen Fragestellungen beigetragen, sondern der Wissenschaft auch in reichem Maße Erkenntnisse aus ihrer eigenen exegetischen und philosophischen Tradition mitgeteilt. Ein Strang dieser Tradition, vertreten durch Moses Mendelsohn (1729–1786) und Hermann Cohen (1842–1918), legte Wert darauf, daß die Propheten entscheidend zur Läuterung der religiösen Vorstellungen und zur Entwicklung des ethischen Monotheismus beigetragen haben. Dieser Ansatz unterschied sich nicht wesentlich von dem der christlichen Bibelgelehrten, die unter dem Einfluß der Aufklärung standen. Jehezkel Kaufmann (1889–1963), vielleicht der wichtigste jüdische Bibelwissenschaftler des zwanzigsten Jahrhunderts, glaubte, der Monotheismus sei in Israel von Anfang an bekannt gewesen; er sei also eher eine Voraussetzung als eine Schöpfung der klassischen Prophetie gewesen. Nach Kaufmann haben die Propheten die moralischen Implikationen der schon vorhandenen religiösen Ideen herausgearbeitet und sie zur Basis für eine Art Geschichtstheologie gemacht. In Übereinstimmung mit seinem betont existentialistischen Denken hat Martin Buber (1878–1965) die Dimension der Gott-Mensch-Begegnung bei den Propheten hervorgehoben. Bubers „Gott der Leidenden" spiegelt sich in Abraham Heschels „Sympathie mit dem göttlichen Pathos" als dem wesentlichen Zug prophetischen Bewußtseins. Sowohl Buber als auch Heschel stellen einen Typ jüdischer Bibelwissenschaft dar, die der historisch-kritischen Forschung nicht feindlich gegenübersteht, aber sich doch verpflichtet weiß, weit darüber hinauszugehen.[45]

In den letzten zwei oder drei Jahrzehnten ist – besonders in den USA – eine gewisse Enttäuschung über und eine Reaktion nicht nur gegen die Resultate der historisch-kritischen Erforschung prophetischer Texte, sondern auch gegen diese Methode selbst erkennbar geworden. Für manche Forscher hat sich der Schwerpunkt vom Text auf die Leser verschoben, von traditionellen Ansätzen zu neuen Blickwinkeln, die von Ideologien und Interpretationssystemen wie dem formalistischen, strukturalistischen, dekonstruktionistischen, feministischen – um nur einige der bekanntesten zu nennen – bestimmt werden. Ihnen liegt nicht mehr viel an den Umständen der Textproduktion, wie das in der Formkritik und – nebenbei gesagt – auch bei der marxistischen Literaturkritik der Fall war, sondern an dem Text selbst als einem in sich geschlossenen System, der von seiner Verankerung in einer bestimmten Geschichte und Kultur losgelöst wird. In der bisher betrachteten Periode waren ja tatsächlich die ästhetischen Qualitäten der biblischen Texte zu wenig beachtet worden. Dieser Mangel ist bis zu einem gewissen Grade in den letzten Jahren behoben worden.[46] –

Hermeneutics in True and False Prophecy, in: J.W. Coats u.a. (Hg.) 1977, 21–41; S.J. de Vries, 1978 (eine Untersuchung von 1Kön 22).

45   H.M. Orlinsky, ed., Interpreting the Prophetic Tradition, New York 1969; M. Buber, The Prophetic Faith, New York 1949; U.E. Simon, Martin Buber and the Interpretation of the Prophets, in R. Coggins et al. (Hg.), Israel's Prophetic Tradition, Cambridge 1982, 250–261; A.J. Heschel, The Prophets, New York 1962; Y. Kaufmann, The Religion of Israel from Its Beginnings to the Babylonian Exile (übers. Von M. Greenberg), New York 1972, 341–451.

46   Im 18. Jahrhundert hatten sowohl Bischof Robert Lowth aus Oxford (1710–1787) und Johann Gottfried Herder (1744–1803) ein waches Gespür für die literarischen Qualitäten des Alten Te-

An sich ist eine Gegenbewegung völlig verständlich, weil Methoden genauso wie
Forschungsresultate vom intellektuellen Klima und den ideologischen Strömungen
der Zeit, in welcher sie entstehen, bestimmt werden. Die alttestamentliche Forschung
hat sich gegen einige mehr ideologisch gefärbte Aspekte der historisch-kritischen
Methode gewendet, besonders gegen ihren Entwicklungsglauben und ihre Tendenz,
alle Erscheinungen vorwiegend im Blick auf ihre ersten Anfänge zu erklären.
Studien, die mit dem Anspruch einer literarischen oder rhetorischen Analyse
auftreten, sind deshalb zu begrüßen: Sie nehmen den Text, den wir vor uns haben,
seine innere Struktur und seinen echt literarischen Charakter ernst. Es ist auch ein
legitimes und wichtiges Ziel, den Abstand zwischen einer Literarkritik, wie sie von
Literaturwissenschaftlern einerseits und Alttestamentlern andererseits verstanden und
praktiziert wird, zu überbrücken.[47] Viele dieser Bemühungen zeigen jedoch
bedauerlicherweise nur, wie schwer es für Alttestamentler ist, gleichzeitig kritisch
und literarisch zu arbeiten. Hinzu kommt, daß die Prophetenbücher sich einer solchen
literarwissenschaftlichen Analyse viel stärker widersetzen als Erzähltexte. Das liegt
ohne Zweifel daran, daß das Textmaterial hochgradig spezialisiert erscheint, daß es
tiefgreifende redaktionelle Bearbeitung erfahren hat und daß es außerordentlich
schwierig ist, die zu bearbeitenden literarischen Einheiten herauszuschälen.[48] Diese
Problemlage erklärt auch, warum formal-literarische oder strukturalistische Untersuchungen im biblischen Bereich in aller Regel auf die Erzählungsgattungen beschränkt geblieben sind.[49] Es ist darum auch nicht verwunderlich, wenn eins der wenigen Prophetenbücher, welche die nähere Aufmerksamkeit der rein literaturwissen-
schaftlich ausgerichteten Forscher gefunden haben, das Buch Jona ist.[50]
Im Zuge dieser Entwicklung ist in den letzten Jahren der Forschungsschwerpunkt
weg von den kleinsten literarischen Einheiten, den Grundelementen der Formkritiker,
und auf ganze Kapitel und Bücher verlegt worden. Von den hypothetisch rekonstru-
ierten literarischen Quellen wandte man sich immer mehr dem Text in seiner jetzt
vorfindlichen Endgestalt zu. Im Blick auf Prophetentexte wird diese Umorientierung
besonders am Jesajabuch deutlich. Diese traditionelle Dreiteilung in einen vorexilischen, exilischen und nachexilischen Block läßt man hinter sich und versucht, eine
gewisse durchgehende Einheitlichkeit in Struktur und Aussagewillen nachzuweisen.
Die als „Kanonkritik" (canonical criticism) bekanntgewordene, theologische Variante
dieser „holistischen" Lektüre besteht darauf, daß nur die Endgestalt des biblischen
Textes (z.B. eines Prophetenbuches), wie er in einer Glaubens- und Rezeptionsge-
meinschaft wahrgenommen wird, der angemessene Gegenstand theologischer Refle-

---

staments, besonders auch für die Poesie der prophetischen Bücher. Auch Hermann Gunkel
schätzte den literarischen Wert der kanonischen Propheten hoch ein, vgl. seinen Beitrag „Die
Propheten als Schriftsteller und Dichter" in SAT II,2, XXXVI–LXXII (s.o. Anm. 20), ²1923.
Vgl. auch L. Alonso-Schökel, s. u. Anm. 48.

[47] D. Robertson, The Bible as Literature, IDB.S 1976, 547–551; ders., The Old Testament and the
Literary Critic, Philadelphia 1977, 21–41; J.F.A. Sawyer, A Change of Emphasis in the Study of
the Prophets, in: R. Coggins u.a. (Hg.), 1982, 233–249.

[48] L. Alonso Schökel, Estudios de poética hebrea, Barcelona 1963; ders., La Palabra inspirada. La
bibla a la luz de la ciencia del lenguaje, Barcelona 1977.

[49] R.M. Polzin, Biblical Structuralism: Method and Subjectivity in the Study of Ancient Texts, Philadelphia 1977.

[50] J. Magonet, Form and Meaning. Studies in Literary Techniques in the Book of Jonah, Sheffield
1983 [1976]; J.S. Ackerman, Jonah, in R. Alter u.a. (Hg.), The Literary Guide to the Bible, Cambridge 1987, 234–243.

xion sein kann (B.S. Childs, R. Rendtorff). In mancher Hinsicht hat sich diese Sicht als heilsam erwiesen. Aber man wird Wert und sogar Notwendigkeit, die Teile eines Textes und seinen inneren Aufbau im Blick auf das Ganze des Textes zu interpretieren, bejahen dürfen, ohne darauf verzichten zu müssen, den Entstehungsprozeß, der zu jener Endform geführt hat, zu rekonstruieren. Sind wir davon überzeugt, daß die Suche nach Identität und Botschaft der kanonischen Propheten eine realistische und lohnende Aufgabe ist, dann können wir uns mit der Endgestalt des Textes nicht zufrieden geben. Synchrone und diachrone Lektüre der Bibel sind weit davon entfernt, sich gegenseitig auszuschließen; sie ergänzen einander.

Wie die Dinge im Augenblick stehen, sind wir weit davon entfernt, die Prophetie im Sinne von Matthew Arnold zu begreifen, sie nämlich „in sich ruhend und als Ganzes zu sehen". Wir haben das Prophetenbild des 19. Jahrhunderts hinter uns gelassen. Es hat oft dazu geführt, andere Formen des religiösen Lebens herabzuwürdigen, besonders solche, in denen Gesetz und Ritual eine hervorragende Rolle spielen. Wir sind uns heute bewußt, daß wir die kanonische Prophetie mit Strukturen und Institutionen in Israel und altorientalischen Kulturen allgemein in Verbindung setzen müssen, und es ist teilweise gelungen, die sozialen Koordinaten der prophetischen Phänomene in Israel zu bestimmen. Wir haben auch Fortschritte im Verständnis dessen erzielt, was man gemeinhin das „prophetische Bewußtsein" nennt. Allerdings ist das nicht so sehr von der Psychologie her geschehen als durch die Auswertung interkulturellen Vergleichsmaterials und der gesellschaftlichen Bedingungen von Ekstase. Ungelöst ist auch das Problem, das sich mit dem Übergang vom (mindestens gelegentlich ekstatischen) prophetischen Bewußsein zur literarischen Produktion ergibt. Die Literaturwerdung verrät ganz klar poetisches Können, das manchmal ein hohes Niveau erreicht, und die bewußte, oft sehr feinfühlige Verwendung von gängigen Redeformen. Das bringt sofort auch ein theologisches Problem mit sich: Wie kann ein Prophet angesichts seiner intensiven persönlichen Erfahrungen allgemeingültige Traditionen und Symbole vermitteln und interpretieren?[51] Daraus wiederum ergeben sich unausweichlich kollidierende Ansprüche auf Autorität im religiösen Bereich und unterschiedliche Möglichkeiten, diese auszutragen.

3. Etiketten und Rollen

Der Begriff *Prophetie* ist auf derartig viele unterschiedliche Phänomene angewendet worden, daß es schwierig und vielleicht wenig hilfreich ist, mit seiner Definition zu beginnen. Auch der heutige Sprachgebrauch hat eine beträchtliche Entwicklung durchgemacht, wie man schon durch einen Blick in das *Oxford English Dictionary* erfahren kann. Der Nachdruck kann auf Wahrsagung, gefühlsbetonter Predigt, sozialem Engagement oder auf der Kraft liegen, Kenntnis und Einsicht zu vermitteln, wie es dem Leiter einer Kultgruppe zusteht. Sogar die Gründung einer neuen Religion kann eingeschlossen sein: Moses, Jesus und Mohammed werden alle als Propheten

---

51 Problematischer noch sind jene Fälle, in denen Propheten ganz bewußt allgemein akzeptierte Deutungen traditioneller Motive umkehren, wie z.B. den Tag Jahwes (Am 5,18–20; Jes 2,12–17), vgl. W. McKane, Prophecy, 172f (siehe Anm. 37). Eine wichtige Grundthese G. von Rads in seiner Theologie des Alten Testamentes II, Bd 2: Die Theologie der prophetischen Überlieferung Israels, München 1960, ist, daß die prophetische Predigt entschieden mit den Traditionen der früheren israelitischen Religion gebrochen habe.

bezeichnet. Ebenso die Leitungsrolle in einem Gruppenkult. Die ältere Vorstellung vom „Bibelinterpreten", die bei den Puritanern des 16. und 17. Jahrhunderts im Schwange war, hat in evangelikalen Gruppen überlebt, obwohl hier der Ton gemeinhin auf die endzeitliche und apokalyptische Interpretation fällt. Seltsamerweise wird der Begriff recht häufig auch von Religionssoziologen im Blick auf Endzeitkulte verwendet.[52] Niemals jedoch gründet eine der genannten Lieblingsbedeutungen auf einer historisch-kritischen und typologischen Untersuchung des Prophetischen in der Hebräischen Bibel.

Exegeten, die glauben, diese Frage durch einen Rückgriff auf die Etymologie entscheiden zu können, weisen auf die Ableitung des Wortes vom griechischen *prophetes* hin: das Wort bezeichnet jemanden, der eine Botschaft für einen anderen, normalerweise eine Gottheit, verkündet. Symbolisch gesehen ist dieser Hinweis brauchbar, denn er lokalisiert die Prophetie im Bereich von Kommunikation, Zeichensystem und Sprache. Dennoch sollte uns klar sein, daß die Etymologie in der Sprachgruppe, zu der das Wort gehört, keine sichere Führerin ist, ganz zu schweigen von anderen Sprachgruppen. Im antiken Griechenland konnte „Prophetie" sich auf die Orakelgebung entweder im Trancezustand oder in einer normalen und rationalen Weise beziehen. So bekamen die Anhänger des Zeus am antiken Heiligtum von Dodona in Epirus oder des Apollo am Heiligtum von Delphi Anweisungen in kleinen oder großen Lebensfragen von einem Mitglied des Tempelpersonals, der sich „der Prophet" nannte. Er seinerseits interpretierte die ekstatische und verworrene Sprache der Zeuspriesterin beziehungsweise der Pythia von Delphi. Wie im alten Israel auch, konnte „Prophetie" andererseits die Gruppenekstase orgiastischer Art bedeuten; im allgemeinen war sie mit dem Kult des Dionysos (Bacchus) verbunden, wie in den *Bacchantinnen* von Aeschylus. Außerdem gab es prophetische Figuren, die einfach die Zukunft vorhersagten. Die bestbekannte ist Kassandra. In philosophischen Abhandlungen von Plato bis Philo schließlich konnte Prophetie zum Objekt theoretischer Überlegungen werden. Man spekulierte über ihr Wesen und ihre Entstehung, Gedanken, die sich in den frühen christlichen Theorien über biblische Inspiration fortsetzten.

Obwohl Ekstase und Wahrsagerei in der Hebräischen Bibel breit bezeugt sind, haben die jüdischen Gelehrten, die sie vom Anfang des 3. Jahrhunderts v.Chr. an ins Griechische übersetzten, das Substantiv *prophetes* und das Verb *propheteuein* benutzt und Begriffe wie *mantis* und *manteuomai* vermieden, welche eine Person in Ekstase, bzw. ekstatisches Benehmen bezeichnen. Diese Praxis spiegelt vermutlich das aufgeklärte Mißtrauen der Übersetzer gegenüber den unkontrollierteren Aspekten des religiösen Benehmens und wohl auch ihren Wunsch wider, die eher verkündigenden Momente der israelitischen Prophetie hervorzuheben.

Die Wortwahl altgriechischer Bibelübersetzungen ist sicher interessant und für das frühe Verständnis der biblischen Prophetie wichtig. Aber sie wird nicht notwendig als die beste Erklärung der entsprechenden hebräischen Begriffe anzusehen sein. Der wichtigste von ihnen ist *nabi'* (Plural: *nᵉbi'im*). Die Ableitung dieses Wortes ist zwar noch immer strittig, aber es scheint mit dem akkadischen Verb *nabu*, rufen, verwandt zu sein.[53] Wenn wir daraus die Bedeutung „der Berufene" ableiten könnten, dann

---

52   Vgl. z.B. L. Festinger u.a., 1964.
53   Das akkadische *nabi'um* ist eine Passivform. Andere verteidigen jedoch die aktive Bedeutung „einer, der ausruft", von daher „der Sprecher"; vgl. T.J. Meek, [2]1950, 150f.

würde sie recht gut die Wichtigkeit der prophetischen Aussendung signalisieren. Aber wir wiederholen, daß Etymologien nicht einfach in den Sprachgebrauch überge-hen. Die Wortbedeutung hängt immer entscheidend vom Kontext und nicht von der Etymologie ab.

Vom Nomen *nabi'* abgeleitete Verbformen kommen im Nif'al (*nibba'*; in etwa dem Passiv entsprechend) und Hitpa'el (*hitnabbe'*, ungefähr dem Reflexiv entsprechend) vor. Manchmal wird behauptet oder auch stillschweigend angenommen, daß der erste Stamm sich auf die prophetische Rede und die zweite auf das ekstatische oder or-giastische Verhalten beziehe. Das Hitpa'el wird in der Tat von wilden und unkon-trollierten Äußerungen gebraucht (1Sam 10,5–13; 19,20–24; 1Kön 18,29; 22,10), auch wenn überhaupt nichts Prophetisches im Spiel ist – so wenn Saul, außer sich vor Eifersucht, den David mit seinem Speer an die Wand zu nageln versucht (1Sam 18,10f.). Viel später noch konnte der ekstatische Prophet (*mitnabbe'*) als ein Ver-rückter (*'iš mᵉšugga'*) apostrophiert werden, der in unkontrollierter Weise spricht und handelt (Jer 29,24–28). Aber auch das Nif'al kann von gemeinschaftlicher, orgiasti-scher Ekstase gebraucht werden (1Sam 10,11; 19,20; 1Kön 22,12), während wieder-um das Hitpa'el sich auf rationale prophetische Rede beziehen kann (1Kön 22,8; Ez 37,10). Es gibt also keine klare und sichere Unterscheidung der Verbformen, obwohl *nibba'* das Standardwort für prophetische Rede geworden ist, ebenso wie der Sprech-akt im Laufe der Zeit als die normale Ausdrucksweise des Prophetischen angesehen wurde.[54]

Der Ausdruck *nabi'* bekam allmählich eine sehr umfassende Bedeutung; er diente als Sammelname für alle möglichen religiösen Gestalten. Diese semantische Aufblähung kompliziert unsere Aufgabe eminent, nämlich herauszubekommen, welche sozialen Rollen Figuren wie Amos, Jesaja und Jeremia wirklich gespielt haben. Die Bezeich-nung *nabi'* ist auch nur eines von mehreren Etiketten, die religiösen Spezialisten mit verschiedenen, überlappenden Funktionen angeheftet wurden. Saul suchte z.B. seine entlaufenen Eselinnen; da schlug sein Sklave vor, einen gewissen „Mann Gottes" in einer nahegelegenen Stadt gegen Bezahlung zu konsultieren (1Sam 9,5–8). Diese Bezeichnung (Hebräisch *'iš 'elohim*) hat – darin *nabi'* nicht unähnlich – ebenfalls eine Ent-Kontextualisierung durchgemacht. Am Ende konnte sie sowohl zur Charak-terisierung des Mose (Dtn 33,1) als auch Davids (2Chr 8,14) dienen. Ursprünglich aber wies diese Benennung auf Personen hin, denen angeblich übernatürliche und schadenstiftende Kräfte zur Verfügung standen, wie etwa Elia (1Kön 17,18) oder Elisa (2Kön 4,1–37). Obwohl derartige religiöse Spezialisierungen nicht auf das männliche Geschlecht beschränkt waren, hören wir nichts von „Frauen Gottes" (im Hebräischen würde der Singular *'ešet 'elohim* heißen). Das liegt vielleicht an den sozialen Verhältnissen, unter denen solche Menschen wirkten, einschließlich ihres unsteten Wanderdaseins.

Von den anderen Ausdrücken für „Prophet" sind neben *'iš 'elohim* (Gottesmann) äußerst wichtig *hozeh* (Visionär) und *ro'eh* (Seher). Der letztere hatte wie der arabi-sche *kāhin* die Gabe des zweiten Gesichts oder der übersinnlichen Wahrnehmung. Obgleich wahrscheinlich viele von den kanonischen Propheten die Bezeichnung

---

54   So erscheint etwa das Nif'al (*nibba'*) ungefähr siebzig Mal zur Bezeichnung der prophetischen Rede bei Jeremia und Ezechiel, während das Hitpa'el (*hitnabbe'*) nur siebenmal bezeugt ist. Die Nif'al-Form steht in Am 7,16 parallel zu ntp (Hif'il: *lo' tattip* = du sollst nicht predigen).

nicht auf sich selbst angewendet hätten, wurde *nabi'* der Standardbegriff für sie, denn
er bezog sich auf Berufspraktiker am Tempel und am königlichen Hof. Ein Herausgeber oder Ergänzer hat in 1Sam 9,9 (der Vers sollte nach Vers 11 gelesen werden)
eine Notiz beigefügt, welche das Wort *ro'eh* erklären soll. Es steht in der o.g. Geschichte von dem Seher, der Sauls verirrte Eselinnen findet, und es soll dem gegenwärtig gebräuchlicheren *nabi'* entsprechen. Wir sehen andererseits, daß Amazja, der
Priester am Heiligtum von Bethel, Amos als *hozeh* anredet. Der wiederum lehnt es
ab, *nabi'* genannt zu werden (Am 7,12–15). Auch das sind Hinweise darauf, wie sehr
die letztere Bezeichnung zum Allerweltswort wurde und daß darum ihre jeweilige
Bedeutung nur aus den Kontexten gewonnen werden kann, in welchen sie vorkommt.
Erzählende, rechtliche und prophetische Texte lassen also keinen Zweifel aufkommen: Den Israeliten war eine noch größere Palette von religiösen oder schamanisti-
schen Spezialisten bekannt, als die eben genannten Bezeichnungen Prophet, Seher,
Visionär, Mann Gottes darstellen. Dtn 18,9–14 bietet uns eine Liste solcher Spezialisten; sie enthält von jener Kategorie noch Wahrsager, Zeichendeuter, Zauberer,
Medien, Beschwörer, Totenbefrager. Sie alle werden dargestellt als Leute, die im
Gegensatz zum einheimischen *nabi'* ausländische Scheußlichkeiten praktizieren. Es
kann jedoch kein Zweifel daran bestehen, daß alle diese Berufe auch zur Lebenswelt
des einfachen Volkes wie der Elite gehörten. Die deuteronomische Neubestimmung
der Prophetie und ihrer Funktion, auf die wir später zurückkommen, ist das erste
Stadium einer Vereinheitlichung der vorhin genannten bunten Prophetentermino-
logie. Daraus folgt, daß das Vorkommen des Name *nabi'* nicht als ein verläßlicher
Hinweis auf die sozialen Rollen und Funktionen jener Gestalten dienen kann, denen
er beigelegt wurde. Wir können sie – wenn überhaupt – nur wiederentdecken, wenn
wir genauestens die literarischen Kontexte untersuchen, in denen Nachrichten über
Prophetie vorkommen.
Diese Kontexte sind nun sehr verschieden und müssen gemäß ihren spezifischen
Gattungen interpretiert werden. Da gibt es in den historischen Büchern (1Kön 17 –
2Kön 13) Prophetenlegenden,[55] und gelegentlich erscheinen sie auch in den prophetischen Büchern selbst (Jes 36–39; Jona). Sehr erhellend ist auch eine formkritische
Untersuchung der direkten Gottesrede (*oratio recta*). Die Botschaften, die Jahwe
durch seine Propheten sendet, sind wie jene durch die Pythia vermittelten Sprüche
des delphischen Apollo in die erste Person gefaßt. Die stereotype Einleitungsformel
„so spricht Jahwe" stammt aus dem gängigen Formular offizieller Botschaften und
Briefe im antiken vorderen Orient. Sie verweist auf die prophetische Selbstbezeichnung als Botschafter Jahwes. Der Königsbote war ein wichtiger Beamter, oft ein
Mitglied des Königshauses. Seine Aufgabe bestand darin, eine Botschaft oder einen
Befehl des Königs wortgetreu zu überbringen, doch konnte er von sich aus einige
ermahnende, drohende oder erklärende Worte hinzufügen.[56] Diese Redeform ist ein
einfacher, aber wichtiger Schlüssel zum prophetischen Selbstverständnis, zumal mehrere Propheten von sich behaupteten, persönlichen Zugang zu Jahwe zu haben und

---

55 Der Terminus „Legende" kommt vom lateinischen *legendum,* und das bezieht sich auf erbauliche
    Heiligenerzählungen, die in klösterlicher Umgebung für die öffentliche Verlesung gedacht waren
    (legenda sanctorum). Die Gattung muß nicht notwendig unhistorisch sein, aber sie bemüht sich
    nicht um ein hohes Niveau von geschichtlicher Zuverlässigkeit; vgl. die klassische Studie von A.
    Jolles, Einfache Formen (1930), Darmstadt 1958, 23–61.
56 Vgl. J. Ross, in: B.W. Anderson u. W. Harrelson (Hg.), 1962, 98–107.

von ihm ausgesendet worden zu sein. Gleichzeitig bestritten sie anderen, die sie für Pseudopropheten hielten, dieses Privileg (1Kön 22,19–23; Jes 6; Jer 23,18). Die prophetische Überzeugung, in einem solchen Auftrag zu handeln, ist die wesentliche Grundlage für ihre Einstellung zur eigenen Autorität und Rolle in der Gesellschaft. Weil dieser Anspruch natürlich nicht zu beweisen war, erklärt sich daraus auch die Tatsache, daß den Propheten in der Regel ein nicht ganz so enthusiastischer Empfang bereitet wurde.

4. Der soziale Ort des Propheten

Die Diskussion um die prophetische Identität ist meistens ohne jede Rücksicht auf den sozialen Ort des Propheten und seiner Lehre, die sozialen Bedingungen seiner Bewußtseinszustände und seines Verhaltens geführt worden. Wo einmal diese Fragen aufkamen, rückten das prophetische Selbstbewußtsein und sein Gottesbewußtsein in den Vordergrund. Die Auseinandersetzung hat darum lediglich im Rahmen von Psychologie und Theologie stattgefunden. Das Problem des sozialen Ortes hat sich dennoch den Wissenschaftlern durch formkritische Untersuchungen aufgedrängt, zu denen die Verhältnisbestimmung literarischer Gattungen und ihrer sozialer Ursprünge wesentlich hinzugehört. Das war ein wesentlicher Fortschritt, und heute zweifelt niemand daran, daß die Rückgewinnung des sozialen Umfeldes eines Textes, sei er prophetisch oder nicht, ein wichtiges Forschungsanliegen ist. Wir müssen jedoch wiederholen: Der Sitz im Leben einer literarischen Form, die in Prophetentexten auftaucht, verrät uns nicht unbedingt etwas über die soziale Situation des Propheten, der sie gebrauchte. Die lange Debatte über das Verhältnis des Propheten zum Kult ist einer expliziten Erörterung des sozialen Status und der sozialen Rolle der Propheten noch am nächsten gekommen. Sie hat jedoch nicht zu einem festen Konsens geführt und ist in jedem Falle ohne die Hilfestellung einer zuverlässigen soziologischen Theorie erfolgt.

Nun sind in den letzten Jahren einige interessante Bemühungen zu verzeichnen, soziologische Rollentheorie, Wissenssoziologie, Gruppentheorie und die Resultate empirischer Feldstudien an endzeitlichen und ekstatischen Kultgemeinschaften bei der Untersuchung der israelitischen Prophetie anzuwenden. Zweifellos hat das Auftreten von zeitgenössischen Kultgruppen (Jonestown, Waco) dieser Fragestellung eine spezielle Aktualität und Schärfe gegeben. Bisher sind durch diese Blicke in die „soziale Umwelt" noch keine der lang anstehenden Streitfragen gelöst worden. Doch sind wir immerhin mit neuen Fragen oder mit neu formulierten alten Fragen zu den Texten zurückgekommen. Wichtig scheinen mir unter anderem die folgenden zu sein: Bis zu welchem Grad ist das Selbstbewußtsein und das Verhalten des Propheten durch die Gesellschaft und ihre Erwartungen an ihn bestimmt? Worin bestanden diese Erwartungen, und in welchem Maße hat der Prophet sie erfüllt und die Gesellschaft auf diese Weise unterstützt und gefördert? Was für Mittel besaß die Gesellschaft, um dem Propheten oder der Prophetin abweichendes Rollenverhalten zu verleiden? Welche Gruppen [„support groups"] haben die Propheten unterstützt? Wer hörte ihm oder ihr zu, und wie konnte die Zuhörerschaft seine oder ihre Aussagen verstehen? In einer anderen Richtung müßten wir so fragen: Wie wurde man Prophet? Aus welcher sozialen Schicht rekrutierten sich die Propheten? Da die israelitische Prophetie nicht geschlechtsspezifisch war: Welche Unterschiede im Rollenverhalten ergaben

sich aus der Geschlechtszugehörigkeit? Wie und mit welcher Wirkung wurde ein
Prophet oder eine Prophetin entsandt, und auf welche Weise mußte er oder sie den
neuen Status legitimieren? Außerdem taucht natürlich die lang diskutierte Frage nach
der prophetischen Einstellung zu den Institutionen auf, die nach allgemeinem Verständnis für Wohlstand und Heil zuständig waren – besonders die Monarchie, das
Priestertum und der ganze Komplex kultischer Handlungen, die im Tempel durchgeführt wurden.

Die Wahrscheinlichkeit, auf diese Fragen zufriedenstellende Antworten zu bekommen, ist – man braucht es kaum zu betonen – durch die relative Kargheit der uns zur
Verfügung stehenden Daten begrenzt. Sie sind sämtlich nicht zusammengestellt worden, um uns die heute gewünschten Antworten zu geben. Wir besitzen einige wenige
Prophetengeschichten (prophetische Legenden) von sehr unterschiedlichem Quel-
lenwert. Die Prophetenbücher selbst enthalten einige biographische und autobiographische Texte, bestehen aber weithin aus Sprüchen, die den Propheten zugeschrieben
werden. Beide Arten von Material sind jedoch jahrhundertelang durch weitreichende
Redaktionsprozesse hindurchgegangen. Darum können wir die Möglichkeit, die soziale Welt, in der Propheten wie Amos handelten und redeten, zu rekonstruieren,
durchaus nicht optimistisch beurteilen. Mehr Quelleninformationen besitzen wir indessen nicht, und wir müssen das Beste daraus machen.[57]

Ein paar Beispiele einer provisorischen Sozialgeschichte, die wir in späteren Kapiteln
noch ausführlicher darlegen müssen, sollen hier kurz vorgestellt werden. In den frühen Jahrhunderten der Geschichte Israels, später in geringerem Maße, war die Prophetie sehr eng mit der Kriegsführung und dem Kult verbunden. Gruppen von derwischartigen Ekstatikern wohnten in enger Nachbarschaft von Heiligtümern (z.B.
Gilgal, Bethel); sie wurden von einer herausragenden Gestalt, einem Meister-Prophe-
ten oder Scheich angeführt. Aber es gab durchaus auch Einzelgänger wie den anonymen Gottesmann aus Juda (1Kön 13) oder Elia und Elisa. Einige von ihnen hielten
die Verbindung zu den ansässigen Prophetengemeinschaften aufrecht und mögen aus
ihnen hervorgegangen sein. Welchen sozialen Status und Beruf sie vor ihrem Ein-
schwenken auf die Prophetenlaufbahn gehabt haben, ist uns unbekannt. Manche mögen sich aus jenen Männern rekrutiert haben (vielleicht in der Hauptsache jüngere
Söhne), die wurzellos wurden, als die Haushalte auseinanderfielen, zu denen sie gehörten. Andere wie Samuel sind möglicherweise in frühem Lebensalter dem Heiligtum geweiht worden, wie das auch bei den mönchischen Oblaten im Mittelalter der
Fall war. Weil die Mitglieder der Prophetengenossenschaften augenscheinlich nicht
zölibatär lebten (2Kön 4,1 spricht von der Frau eines der „Prophetensöhne"), mögen
andere Propheten ihnen von Geburt an angehört haben. Elias Ursprung ist uns nur
durch den Namen seiner Familie oder seines Clans und den Ort seiner Geburt
bekannt (1Kön 17,1). Elisa scheint vor seiner Berufung Bauer gewesen zu sein (1Kön
19,19). Wo immer ihr Ursprung liegen mag – wahrscheinlich tief unten auf der sozialen Leiter –, bei ihren Zeitgenossen standen sie in keinem hohen Ansehen. Propheten
waren für sie eher halbverrückte Exzentriker. Das ist im Blick auf ihr merkwürdiges
und zuweilen ausgefallenes Verhalten auch kaum verwunderlich.

---

57   Vgl. die nüchterne und ziemlich pessimistische Bestandsaufnahme der biblischen Texte und ihrer
      Bedeutung als Quellenmaterial für die Rekonstruktion der sozialen Welt israelitischer Prophetie
      bei R.P. Carroll, Prophecy and Society, in R.E. Clements, 1989, 203–225.

Bei den meisten kanonischen Propheten ist das Problem der Quelleninformation noch gravierender. Instruktiv ist der Fall des Amos, weil die Daten, die durch das Buch (er wird nirgends sonst erwähnt) zur Verfügung stehen, in mehr als einer Richtung interpretierbar sind. Der Titel des Buches, wahrscheinlich Jahrhunderte später hinzugefügt, nennt ihn einen der Hirten von Tekoa (Am 1,1), und in der einzigen, kurzen biographischen Textstelle spricht er von sich selbst als einem Hirten und Maulbeerfeigenritzer (Am 7,14). Das hebräische Wort, welches unserem „Schafhirten" oder „Schafzüchter" (*noqed*) entspricht, kommt sonst in der Hebräischen Bibel nur noch einmal vor, und da bezieht es sich auf den König von Moab (2Kön 3,4). Man kann es darum nicht als Bezeichnung eines seherisch begabten, aber rohen Landbewohners von niedrigem sozialen Status verstehen. Daß derselbe Terminus in einem spätbronzezeitlichen ugaritischen Text in Verbindung mit Priestern vorkommt (*rb khnm rb nqdm*), hat zu der Vermutung geführt, die Berufsangabe verweise auf einen kultischen Rahmen und bedeute etwa den Beaufsichtiger jener Herden, die für die Opferung bestimmt waren. Aber wir können uns nur schwer vorstellen, welche kultische Bedeutung das Ritzen von Maulbeerfeigen haben konnte. Darum geht diese Beobachtung vermutlich an der Sache vorbei.[58] Amos bezeichnet sich selbst auch als *boqer* (Am 7,14), was auf Fürsorge für Rinder (*baqar*) schließen läßt. Wenn aber andererseits Amos nach überlieferter eigener Aussage von der Herde wegberufen wurde, um Jahwes Prophet zu werden, wie kann man dann seine ausgiebige Kenntnis religiöser Traditionen und internationaler Beziehungen erklären, die in den authentischen Sprüchen zu Tage tritt? Solches Wissen trauen wir im Normalfall Schafzüchtern nicht zu.
So wenig wir von Amos wissen, die meisten anderen Propheten der Sammlung sind uns noch weniger bekannt. Es gibt nur gelegentliche Hinweise auf den Vater oder den Geburtsort. Wir werden bei der Besprechung des Michabuches sehen, daß sein Herkunftsort (Moreschet) eine bedeutsame Unterscheidung zwischen den Jerusalemer und den Propheten aus der Provinz signalisieren kann. Bei Jesaja und Jeremia liegen die Dinge etwas anders. Was die Spruchsammlungen über Jesaja hergeben, kann gewagt durch einige biographische Legenden ergänzt werden, die in die Rolle aufgenommen worden sind (Jes 36–39). Hier erscheint er, Elia nicht unähnlich, als ein heiliger Mensch, der betet, Fürbitten einlegt, Wunder vollbringt und die Zukunft voraussagt. Über sein Leben vor der Berufung wissen wir jedoch nichts (was die Exegeten nicht abgehalten hat, ihre biographischen Ausführungen zu machen). Außerdem stimmen die Jesajabilder der Spruchsammlung und der biographischen Legenden bedauerlicherweise nicht überein. Jeremia ist der bestbekannte Prophet, auf ihn richtete sich ganz deutlich ein beträchtliches biographisches Interesse. Er ist in einer benjaminitischen Priesterfamilie in Anatot, etwa zwei Meilen nördlich von Jerusalem, großgeworden. Diese Familie leitete sich von der Priesterschaft in Silo her. Jeremia ist nach einigen Kommentatoren mehr mit den Traditionen des zentralen Hochlandes als denen von Jerusalem vertraut gewesen. Über sein Leben vor dem prophetischen Sendungsauftrag haben wir keine verläßlichen Nachrichten, dasselbe gilt für Ezechiel. Auch er war ein Priester oder zumindest Mitglied einer priesterlichen Familie, er wurde etwa ein halbes Jahrhundert später berufen (Ez 1,1–3).
Es scheint also, als ob man in der Überlieferung dem Leben, Tun und Stand des Propheten vor der Berufung wenig Bedeutung zumaß. Diese Tatsache zieht unseren

---

58 Siehe weiter unten S. 82ff.

Möglichkeiten, auf die oben angeführten Fragen Antworten zu finden, enge Grenzen. Die Untersuchung der Berufungsgeschichten zeigt jedoch, daß schon zu einem ziemlich frühen Zeitpunkt ein allgemeiner Konsens darüber entstand, was es bedeutete, ein Prophet zu sein. Darum werden diese Stellen mit Recht als entscheidend für das Verständnis des zentralen Problems prophetischen Selbstbewußtseins herangezogen. Die charakteristische Botenformel („so spricht Jahwe") deutet ebenfalls die prophetische Mittlerrolle zwischen Gott und Volk an. Sie stammt aus der Vorstellung einer göttlichen, von Jahwe geleiteten Ratsversammlung. Der designierte Bote hat Zutritt zu ihr, von hier aus macht er sich auf, um seinen Auftrag auszuführen. Der Anspruch, der sich aus dieser Sicht des prophetischen Standes ergab, war in der Tat beträchtlich. Er mußte unausweichlich zum Konflikt mit den sozial sanktionierten, bürgerlichen und religiösen Rechtskompetenzen führen. Die Entwicklung dieses Konfliktes aufzudecken, gehört zu den wichtigen Aufgaben einer sozialen Kontextbestimmung von Prophetie während der Monarchie.
Die Rekonstruktion dieses Kontextes von Max Weber (1864–1920) gehört zu den einflußreichsten Versuchen auf diesem Gebiet. Seine frühesten Äußerungen stammen aus dem zweiten Jahrzehnt dieses Jahrhunderts. Im Blick auf die Anfangszeit betonte er die Bedeutung der kriegerischen Ekstase (vergleichbar mit dem frühgermanischen Berserkertum), die Verehrung des Kriegsgottes des Stämmebundes und die engen Verbindungen zwischen Prophet, Nasiräer und Rechabiter.[59] Er glaubte, daß der Übergang vom Stämmebund zur Monarchie mit der Einführung einer Berufsarmee anstelle des Stämmeaufgebotes zu einer Entmilitarisierung dieses primitiven Typs orgiastischer Prophetie führte. Allerdings sei die altehrwürdige Sprache des heiligen Krieges auch später noch in Fremdvölkersprüchen (z.B. in Am 1–2) und im prophetischen Kampf gegen die Monarchie gebraucht worden. Die Propheten jener Epoche gehörten keiner bestimmten sozialen Klasse an; sie wurden in die Rolle von politischen Demagogen und Pamphletisten gedrängt. Solch ein öffentliches Auftreten, undenkbar in Großreichen wie dem assyrischen, kann das Weiterbestehen archaischer Ideale des Stämmebundes bezeugen. Er war das Fundament, von dem aus die kanonischen Propheten ihr Urteil über die Zeitgenossen sprachen und ihre ethische Botschaft entfalteten.
In seinen allgemeineren, theoretischen Studien stellte M. Weber die Prophetie in den Zusammenhang der charismatischen Autorität. Ein Prophet war ein „rein individueller Träger von Charisma"[60]. Der prophetische Charismatiker wird nicht durch ein sozial anerkanntes Amt legitimiert, sondern ausschließlich durch seine außergewöhnlichen persönlichen Eigenschaften. Er wird nicht durch einen Vorgänger ernannt, er wird nicht in ein Amt eingeführt oder ordiniert, er wird *berufen*. Die von ihm selbst oder von anderen für ihn erhobenen Ansprüche sind darauf angelegt, ihn in Gegensatz zu den dominierenden Eliten zu bringen, denn sie wollen den Status quo erhalten. Die Prophetie spielt darum eher eine destabilisierende als eine systemerhaltende Rolle in der Gesellschaft.
M. Webers Analyse scheint die Einschätzung des Propheten als eines „religiösen Genius" zu bestätigen. M. Weber mag in der Tat von dieser Vorstellung beeinflußt

---

59   Vgl. den Abschnitt über Krieg und Prophetie in M. Weber, ⁴1947, 99–126..
60   „We shall understand ‚prophet' to mean a purely individual bearer of charisma, who by virtue of his mission proclaims a religious doctrine or divine commandment." Max Weber, The sociology of Religion, Boston 1963, 46 (Originalzitat nicht auffindbar. Anm. d. Übers.).

sein, denn er las die Fachliteratur. Doch ist bemerkenswert, daß einige Kritiker sich weder mit der nach ihrer Meinung überbetonten Hervorhebung des außergewöhnlichen Individuums bei M. Weber noch mit seiner Meinung, daß Charisma wesensmäßig eine soziale Randerscheinung sei, zufriedengeben konnten.[61] Diese Kritik ist sicher zum Teil berechtigt, aber man muß anerkennen, daß M. Weber durchaus eine charismatische „Erb"-folge (bewundernswert illustriert mit der Erzählung, wie Elisa nach Elia in die Stellung des Meisterpropheten einrückt, 2Kön 2,9–15) und eine begrenzte Symbiose von Charisma und Amt für möglich hielt, ohne die These von der Instabilität und Vergänglichkeit der charismatischen Autorität aufzugeben. Außerordentlich wichtig hingegen ist: M. Webers Theorie bietet die Möglichkeit, den Konflikt um die religiöse Autorität zu verstehen, der durch das Auftreten der Propheten angestoßen worden ist.

Daß M. Weber den Propheten im Begriffsfeld von Charisma definierte, ermöglichte es ihm, diese Gattung des religiösen Spezialisten von anderen, dem Priester, Wahrsager, Gesetzgeber, Lehrer, Philosophen oder Mystiker zu unterscheiden. Seine weitere Einteilung in etablierte und ethische oder Sendungs-Prophetie – die erstere soll für Indien, die letztere für den alten Vorderen Orient charakteristisch sein – ist als Grobraster ebenfalls brauchbar, obwohl beide Typen in den biblischen Quellen vorkommen.

In der jüngsten Vergangenheit sind Untersuchungen erschienen, die einige Erscheinungsformen israelitischer Prophetie mit Typen religiöser Vermittlung durch Spezialisten in vorfindlichen Stammesgesellschaften vergleichen. Wenn man das tut, dann ergeben sich einige interessante neue Fragen, die weiter studiert und diskutiert werden müssen. Es geht dabei u.a. um das Wesen und das Ausmaß des sozialen Rückhaltes, der für eine Mittlertätigkeit dieser Art benötigt wird, weiter um die gesellschaftlichen Zustände (Sozialstreß; politische Krisen; Gesetzlosigkeit), unter denen gewisse Arten „prophetischer" Aktivität sich zu entfalten pflegen, und die Rolle, welche die Gesellschaft allgemein oder ein begrenzter Ausschnitt der Gesellschaft in jenem Prozeß spielen, durch den ein einzelner die Funktion eines Mittlers übernehmen kann. Das alles ist zu begrüßen, aber wir müssen hinzufügen: Vergleiche dieser Art neigen dazu, die fundamentalen Unterschiede zwischen den einzelnen Gesellschaften zu übersehen, in denen prophetische Phänomene auftauchen. Ein Prophet wie Amos stellt sich doch sehr anders dar als z.B. der Prophet Ngundeng Bong aus dem Volke der Nuer oder der Prophet Handsome Lake vom Indianerstamm der Seneca. Das antike Israel war eben eine fundamental andere Region als der südliche Sudan oder das Land der Seneca im Staate New York im frühen 19. Jahrhundert.[62]

Es ist sicher noch zu früh, die volle Bedeutung der sozialgeschichtlichen Untersuchungen für unser Verständnis von Prophetie im allgemeinen abschätzen zu wollen. In einer Hinsicht haben sie jedoch Fortschritte gezeigt: Sie lassen die sozialen Determinanten des oft beschworenen „prophetischen Selbstbewußtseins" besser erkennen. Die Debatte über die relative Bedeutung der Ekstase (d.h. außergewöhnliche Bewußtseinszustände und Verhaltensmuster) in der Geschichte der israelitischen Prophetie war natürlich längst im Gange, bevor die Ergebnisse anthropologischer Feld-

---

61   Vgl. P.L. Berger, 1963, 948f.; D. Emmett, 1956; T. Parson, 1966, 75f.; D. Little, Max Weber and the Comparative Study of Religious Ethics, JRE 2, 1974, 5–40; D.L. Petersen, Max Weber and the Sociological Study of Ancient Israel, in H.M. Johnson, Hg., Religious Change and Continuity, San Francisco 1979, 117–149.

62   Siehe oben Anm. 5.

arbeit für Vergleichszwecke zur Verfügung standen. In der alttestamentlichen Wissenschaft war es so etwas wie ein Axiom geworden zu glauben, daß ekstatische Phänomene in der Frühzeit israelitischer Geschichte klar bezeugt seien, aber in keiner Weise für die „klassische" Prophetie zuträfen. Zum Beweis für diese Sicht der Dinge führte man auch oft an, daß mit Ausnahme Ezechiels die „klassischen" Propheten sehr wenig vom Geist und geistgewirkter Handlungsweise reden. Wie alle Axiome mußte auch dieses überprüft werden. Auch und gerade bei dieser Ausgangslage ist es weiter notwendig zu fragen, ob das außergewöhnliche Bewußtsein und Gebaren, das, mangels eines besseren Wortes, als Ekstase bezeichnet wird, zum Wesen aller Prophetie gehört oder ob diese Erscheinungen nur für einen Typus oder eine Entwicklungsphase charakteristisch sind. Die Frage hat theologische und geschichtliche Implikationen, denn sie rührt auch an das wichtige Problem der prophetischen Legitimation und Autorität.
Der Begriff „Ekstase" ist leider unpräzise und unbefriedigend, aber er scheint unvermeidbar zu sein. Die Anthropologen neigen dazu, ihn auf religiöse Phänomene zu beschränken, denn sie gehen von der Annahme aus, daß er nichts anderes als den physiologischen und verhaltensmäßigen Trancezustand bezeichnet. Sie verwenden ihn nicht für die Mittel, durch die ein Individuum Kommunikationen aus der göttlichen Welt oder der Welt der Geister erlangt bzw. zu erlangen meint. Dafür hält man andere Ausdrücke für geeigneter, wie z.B. Besessenheit oder Seelenreise oder andere Bezeichnungen, die in den betreffenden Gesellschaften selbst bezeugt sind. Diese Differenzierung hat nicht nur formale Bedeutung. Sie weist uns auf die Möglichkeit hin, daß ein Prophet die Geistergriffenheit erfahren und so in den Besitz von Mitteilungen aus jener anderen Welt kommen kann, ohne dann körperliche oder verhaltensmäßige Auffälligkeiten zur Schau zu stellen. Insgesamt jedoch existiert in Israel wie in anderen Gesellschaften die Erwartung, daß außergewöhnliches Verhalten Geistbesessenheit anzeigen kann und folglich auch die Voraussetzung für das Reden oder Gehörtwerden ist. Dann stellt sich also die wichtige Frage, ob die Gesellschaft ganz oder teilweise diese Interpretation der Erscheinungen akzeptiert, denn es dürfte klar sein, daß der ekstatische Mittler, sei er Prophet, Schamane oder eine Art Medium, ohne ein gewisses Maß sozialer Zustimmung nicht wirken kann.
Hinsichtlich der verschiedenen Formen, welche Ekstase oder Trance annehmen kann, können wir uns kurz fassen. Man ist sich einig darüber, daß sie sich in gewalttätigem und orgiastischem, ebenso wie in teilnahmslosem und krampfartigem Verhalten äußern kann. Sie kann Individuen oder Gruppen befallen (vgl. die ekstatische Lebensgemeinschaft, die als „Die Söhne der Propheten" bekannt ist) und höchst ansteckend wirken, wie Saul und seine Helfershelfer am eigenen Leib zu spüren bekamen (1Sam 19,18–24). Sie kann spontan entstehen oder aber auch durch sachgemäße Techniken herbeigeführt werden – Musik, Rhythmus, Selbstverwundung, Drogen, Autosuggestion, um nur einige besser bekannte Arten zu erwähnen. Einige dieser Äußerungen fallen in das Gebiet der klinischen Pathologie, z.B. Sprachlosigkeit, Krampfzustände. Aber es ist für unsere Zwecke weniger dringlich, die „Psychologie der Propheten" zu untersuchen, als zum Verständnis dessen beizutragen, wie solche Zustände in den sozialen Kontexten, in denen sie vorkamen, interpretiert wurden.
Die bisher geleistete Arbeit gestattet uns, einige allgemeine Beobachtungen zu wagen, die wir im Verlaufe unserer Untersuchung überprüfen können. Ekstase scheint zum Beispiel oft unter sozial randständigen, enteigneten oder entrechteten Gruppen aufzutauchen, die sich zu ekstatischen Ritualen, Zungenreden usw. versammeln, und

so eine Art ritualisierten Aufstand gegen die Machtstrukturen der allgemeinen Gesellschaft inszenieren. Es sind z.b. viele Kultversammlungen von Frauen in von Männern beherrschten Gesellschaften (gewöhnlich sind sie patrilinear strukturiert) bezeugt, etwa in dem Afrika südlich der Sahara und im südlichen Italien. Die Frauen üben Gruppenekstase einschließlich der Glossolalie. Solche Übungen können das Selbstbewußtsein und manchmal auch den tatsächlichen Status der Gruppe verbessern, zumindest können sie die Herrschenden auf die Probleme aufmerksam machen. Es scheint außerdem eine Beziehung zwischen dem Auftreten von Gruppenekstase und sozialen, politischen oder militärischen Spannungssituationen, wie z.b. der Invasion oder Besetzung durch fremde Mächte, zu bestehen. Darum nimmt es durchaus nicht wunder, daß die Propheten in Israel verstärkt während der Philisterkriege im 11. und 10. Jahrhundert, in den immer wieder aufflammenden Auseinandersetzungen mit Damaskus im 9. Jahrhundert und an den Höhepunkten assyrischer und babylonischer Vorherrschaft vom 8. bis zum 6. Jahrhundert auftraten.
Die Ekstase ist also für Randgruppen bezeichnend, sie dient dazu, deren Interessen und Geltungsbedürfnisse in der sie umgebenden Gesellschaft zu fördern. Sie kann auch Führungsansprüche innerhalb solcher Gruppen legitimieren. Elisa mußte z.b. seine Position als Nachfolger des Elia vor den „Prophetensöhnen" durch Machterweise stärken, wie sie sein Herr erbracht hatte. Seine erste Tat bestand deshalb darin, das Wasser des Jordan unter Zuhilfenahme von Elias Mantel zu teilen (2Kön 2,13f; vgl. V 9). Weniger häufig wird Ekstase eingesetzt, um die Autorität zentraler politischer oder religiöser Anführer zu untermauern, wie M. Weber gezeigt hat. Gemeinhin benutzen sie Propaganda- und Public Relations-Mittel. In der Regel wenden sich nämlich religiöse Führer, sobald sie fest etabliert sind, gegen ekstatische Erscheinungen, denn sie sind eine mögliche Quelle sozialer Unruhe und Heterodoxie. So sieht I.M. Lewis diesen Sachverhalt:

> Je stärker sich religiöse Autorität absichert und eingräbt, desto feindseliger verhält sie sich gegenüber unberechenbarer Inspiration. Neue Glaubensrichtungen mögen sich durch ein Feuerwerk von ekstatischen Offenbarungen einführen. Aber wenn sie einmal sicher etabliert sind, bleibt wenig Zeit oder Neigung für die Geistbewegung übrig. Denn der religiöse Enthusiast erhebt einen direkten Anspruch auf göttliches Wissen, das ist immer eine Bedrohung für die verfaßte Ordnung.[63]

Vermutlich ist uns allen einsichtig, daß diese Neigung in der Geschichte des Christentums und in geringerem Maß im Judentum eindrücklich bewiesen worden ist.
Die enge Verwandtschaft zwischen ekstatischen Phänomenen und apokalyptischen Erwartungen hat in der jüngsten Zeit einige Gelehrte auf den Gedanken gebracht, daß die Beobachtungen an gegenwärtigen apokalyptischen Kulten (z.B. dem melanesischen Cargo-Kult und dem sogenannten „Geistertanz" der Prärieindianer) für unser Verständnis der israelitischen Prophetie etwas austrägt.[64] Diese Möglichkeit bringt nun ihrerseits wieder die lange und faszinierende Kette apokalyptischer Bewegungen in der jüdischen und christlichen Geschichte ins Spiel.[65] Doch können solche Ver-

---

63 I.M. Lewis, ²1989, 29 (Übers. d. Herausg.).
64 Außer Caroll und Wilson vgl. T.W. Overholt, The Ghost Dance of 1890 and the Nature of the Prophetic Process, Ethnohistory 21, 1974, 37–63.
65 Für das Mittelalter und die Wiedertäufer vgl. N. Cohn, The Pursuit of the Millennium, New York, ²1970 (1957); ders., Cosmos, Chaos and the World to Come: The Ancient Roots of Apocalyptic Faith, New Haven 1993.

gleiche auch sehr in die Irre führen. Es besteht doch ganz offensichtlich ein großer
Unterschied zwischen der Weise, wie solche Erwartungen in heutigen „primitiven"
Gesellschaften gebildet und unterhalten werden und den sozialen Bedingungen israelitischer Prophetie und frühjüdischer Apokalyptik. Es muß auch in Rechnung gestellt werden, daß apokalyptische Bewegungen in der Geschichte des Christentums
(z.B. Wiedertäufer, Millerianer) und des Judentums (z.B. Sabbatianismus) ihrerseits
stark von der *biblischen* Prophetie und Apokalyptik abhängig gewesen sind. Der
Vergleich ist darum vielleicht am ehesten möglich im Blick auf die apokalyptischen
Sekten, die während der Zeit des Zweiten Tempels entstanden. Bei ihnen können wir
nämlich so wie bei den von den Anthropologen beobachteten Kulten das Bemühen
um eine aussöhnende Neudefinition und Neukonstruktion der weiteren Gesellschaft
erkennen, sei es Staat, Kirche oder Synagoge. Und sehr häufig enden derartige Gruppen als Opfer der Zwangsgewalt, die in Staat oder Kirche – oder in beiden – gehandhabt werden.[66]

Wir müssen auch auf die Versuche verweisen, das Problem der nichterfüllten Prophezeiung mit der Theorie von der kognitiven Dissonanz zu erklären, ein Begriff, der
vor einem halben Jahrhundert in die Sozialpsychologie eingeführt worden ist (Festinger, Carroll). Kognitive Dissonanz hat mit den Verfahrensweisen zu tun, durch die
Individuen oder Gruppen versuchen, Ungereimtheiten zu überwinden, welche sich
beim Schiffbruch von fest begründeten Glaubenssätzen und Überzeugungen ergeben.
Diese Theorie läßt sich natürlich auf die unerfüllte Vorhersage anwenden. Das kann
man gut an den letzten Versen des Danielbuches, aber auch an gewissen Stellen im
Neuen Testament illustrieren, welche die Parusieverzögerung erklären sollen. Eine
Prophezeiung, besonders wenn sie kurzfristig angelegt ist, ist immer ein risikoreiches
Geschäft, denn sie ist verifizierbar oder falsifizierbar (vgl. Dtn 18,21f., wo genau dies
als Kriterium für die Unterscheidung von falscher und wahrer Prophetie genannt
wird). Bemerkenswerterweise hat die Widerlegung einer Vorhersage nicht, wie man
annehmen könnte, den Zusammenbruch des Glaubenssystems zur Folge, das die
Wahrsagung hervorgebracht hat, sondern – gelegentlich recht einfältige – Erklä-
rungsversuche für ihr Nicht-Eintreffen. Das angekündigte Ereignis wird eventuell
neu terminiert, und man versucht, sich und andere intensiver als vorher von der
Wahrheit der ursprünglichen Vorhersage zu überzeugen.

Die Theorie von der kognitiven Dissonanz scheint sich jedoch auch in diesem Fall
eher auf die jüdische und frühchristliche Apokalyptik als auf die richtig verstandene
Prophetie anwenden zu lassen. Anscheinend hat eine nicht eingetretene Vorhersage
entgegen dem deuteronomischen Kriterium der Falsifikation (z.B. Am 7,11; Mi 3,12;
2Kön 22,18–20) nicht notwendig zum Verlust der prophetischen Glaubwürdigkeit
oder zu den von der Theorie geforderten Rationalisierungen und ähnlichen Kon-
struktionen geführt. Wichtiger noch: Die kanonischen Propheten hatten kein gestei-
gertes Interesse daran, zukünftige Ereignisse vorherzusagen.

Selbstverständlich muß man auch die Ethik der Propheten unter Berücksichtigung
der spezifischen sozialen Umfelder, in denen ihre Botschaft zuerst gesprochen und
aufgenommen wurde, zu erklären versuchen. Wir möchten das in den folgenden
Kapiteln tun, während wir die Geschichte der israelitischen Prophetie nachzeichnen.

---

66   Eine vorzügliche Analyse der Ziele apokalyptischer Bewegungen bietet K. Burridge, 1969: Er
     betont, wie wichtig die Kontrolle der „heilenden Medien" in einer Gesellschaft ist.

II. Von den Anfängen bis zu Amos

5. Nahöstliche Prophetie und das Problem ihrer Entstehung

Die Hebräische Bibel bezeugt selbst, daß die Prophetie nicht auf Israel beschränkt war. Jeremia (27,1–15) erwähnt Propheten und andere religiöse Spezialisten in den Nachbarländern Edom, Moab, Ammon und den phönizischen Städten; sie alle unterstützten – wie ihre Kollegen in Israel, aber anders als Jeremia selbst – Pläne für einen Aufstand gegen Nebukadnezar im Jahre 594 v.Chr. Daraus ergeben sich einige interessante Fragen. War die israelitische Prophetie eine von mehreren mehr oder weniger ähnlichen nationalen Ausprägungen des in jenem Kulturkreis allgemeinen und weitverbreiteten Phänomens? Wäre uns eine Sammlung religiöser Texte, sagen wir aus Edom, erhalten geblieben, die sich irgendwie mit den aus Israel überkommenen vergleichen ließe, wie würde die eine sich von der anderen unterscheiden? Welche Faktoren haben die besondere Richtung bestimmt, in der sich die in Israel entfaltende Prophetie bewegt hat?

Bedauerlicherweise haben wir praktisch keine Daten aus diesen Nachbarländern, die uns eine Antwort auf solche Fragen geben könnten. Wir können vermuten, daß die Befehle des Gottes Kemosch an den König Mesa von Moab, die israelitischen Städte anzugreifen – wie auf der Mesa-Stele berichtet[67] –, durch ekstatische, im Dienst des Hofes oder Tempels stehende Propheten ergangen sind. Das wird aber nicht ausdrücklich gesagt, und andere Möglichkeiten sind denkbar. Eine ungefähr in die Zeit Jesajas gehörende Inschrift wurde in Deir 'Alla entdeckt, das damals zum ammonitischen Königreich nördlich von Moab gehörte. Sie ist mit Tinte auf Kalkputz geschrieben und berichtet von einem „Visionär Gottes" namens Bileam. Er erhält eine bedeutungsschwere Offenbarung aus der Höhe. Irgendeine Beziehung zu dem, der „hingerissen wurde und dessen Augen entschleiert waren", wie in der biblischen Bileam-Geschichte geschildert (Num 22–24), muß bestanden haben, obwohl die Heimat der biblischen Figur angeblich Obermesopotamien war (Num 22,5; 23,7). – Aus einer weiter entlegenen Region, dem nord-syrischen Stadtstaat von Hamath, haben wir eine von König Zakir (Zakkur?) veranlaßte Inschrift, welche aus dem 8. Jahrhundert datiert und darum nicht weit von der Zeit des Amos entfernt ist. Sie berichtet, wie Zakir während einer Belagerung einer abhängigen Stadt zum lokalen Baal betete und von Sehern und anderen inspirierten Individuen die Zusicherung göttlicher Hilfe empfing. Die Botschaft ist in die erste Person der Gottesrede gekleidet, wie das auch bei israelitischen Propheten der Fall ist, und es ist eine ähnliche Heilszusage: „Fürchte dich nicht, denn ich habe dich zum König gemacht, und ich will dir beistehen und dich erretten." (ANET, 655–656)[68] Ebenfalls aus Syrien kommt ein etwa tausend Jahre älterer Text: Ein kultischer Funktionär des Heiligtums für den Gott Adad, in

---

67 Der Text der Mesa-Stele und ein kurzer Kommentar dazu bei J.C.L. Gibson, Textbook of Syrian Semitic Inscriptions I, 71–83; K.A.D. Smelik, 1987, 31–49 (s.o. Anm. 4). [Im deutschen Sprachbereich können wir zurückgreifen auf W. Beyerlin (Hg.), 1975, 253–257; O. Kaiser (Hg.), TUAT I, 646–650 (H.P. Müller); Anm. d. Übers.].

68 F. Rosenthal (Hg.), An Aramaic Handbook, Bd. I, Wiesbaden 1967, 1f; W. Beyerlin, 1975, 249; für eine Diskussion der Termini *hzyn* und *'ddn*, die in diesem Text für die Mittler gebraucht werden.

oder nahe bei Aleppo gelegen, hatte eine Gottesbotschaft für Zimrilim, den letzten
König von Mari. Sie enthielt eine bedingte Verheißung und eine milde Drohung und
ist in mancher Hinsicht dem Nathan-Orakel für die Daviddynastie vergleichbar
(2Sam 7).[69]

Die Elia- und Elisa-Sagen spielen in einer Zeit enger Beziehungen zwischen Israel
und den phönizischen Städten; sie bezeugen das Eindringen einer gewissen orgiastischen Prophetie aus den phönizischen Städten in das Nordreich als ein Ergebnis der
Heirat Ahabs mit der tyrenischen Prinzessin Isebel (1Kön 18,19.26–29; 2Kön 10,19).
Die 450 Propheten des phönizischen Baal auf dem Berg Karmel unterschieden sich
wahrscheinlich sehr wenig von den „Söhnen der Propheten", die mit Samuel, Elia
und Elisa in Verbindung standen: Sie vollführten ihren Hinketanz, ritzten ihre Haut
mit Messern und schrien ekstatisch zu ihrem Gott. Etwa zweieinhalb Jahrhunderte
früher berichtet ein ägyptischer Text von einem Tempelbeamten namens Wen-Amon,
der die Stadt Byblos besuchte, um Holz einzukaufen, und vom Lokalfürsten ungnä-
dig empfangen wurde. Im letzten Moment, als es schon schien, er müsse unverrichte-
ter Dinge abreisen, fiel ein junger Mann während der Opferriten, vermutlich bei
Hofe, in Trance. Anscheinend blieb er einen Tag und eine Nacht in diesem
veränderten Bewußtseinszustand, in dem er dem Stadtherrscher offenbarte, daß sein
Besucher vom Gott Amon zu ihm gesandt worden sei. (ANET, 26)[70]

Ganz anders ist die Situation in Ägypten, besonders weil dort Priester und Schreiber
und die von ihnen gehüteten gelehrten Traditionen den Vorrang haben. Die Diskussion prophetischer Phänomene hat sich stark auf einen Erzählzusammenhang über
das alte Reich konzentriert, und zwar jener Zeit, in der die Pyramiden gebaut wurden.
Ein geschickter Rhetor, ein gewisser Neferti, Priester-Schreiber der Göttin Bastet,
wird dem Pharao Snefru der vierten Dynastie vorgestellt: Er weissagt soziales und
politisches Chaos, das durch einen König aus dem Süden, der die Feinde Ägyptens
vernichten und Gerechtigkeit und Ordnung im Land wiederherstellen wird, ein Ende
finden wird. (ANET; 444–446)[71] Die Ansage der Katastrophe, die von einem durch
einen König heraufgeführtes Zeitalter des Wohlstandes abgelöst werden soll, erinnert
deutlich an gewisse „messianische" Prophezeiungen in der Hebräischen Bibel. Die
„Weissagung des Neferti" ist jedoch ein *vaticinium ex eventu*, denn sie stammt erst
aus der Regierungszeit des Amen-em-het, dem ersten Herrscher der 12. Dynastie (ca.
1990–1785 v.Chr.). Er beendete das politische und soziale Chaos der ersten Zwischenzeit und ist der „König aus dem Süden", von welchem in der „Prophezeiung"
gesprochen wird.

Mehr auf unserer Linie liegt die Beobachtung, daß der Autor der Vorhersage weder
als Ekstatiker noch als Charismatiker geschildert wird, sondern als Schreiber und
Rhetor. In dieser Eigenschaft mag er auf die schon lange geübte literarische Tradition
zurückgegriffen haben, ein goldenes Zeitalter für die Zukunft auszumalen. Noch in
der Ptolemäischen Zeit (3. Jahrhundert v.Chr.) sagen die Demotische Chronik und
das sogenannte Töpfer-Orakel die Vernichtung von Fremdherrschern, das Kommen

---

69   Vgl. A. Malamat, A Mari Prophecy and Nathan's Dynastic Oracle, in: J.A. Emerton (Hg.), Pro-
      phecy, BZAW 150, Berlin 1980, 68–82.
70   [Deutsche Übersetzung bei K. Galling, Textbuch zur Geschichte Israels, Tübingen ³1979, 43.
      Anm. d. Übers.]
71   [Deutsche Übersetzung in: TUAT II, 103–110. Anm. d. Übers.]

eines Retter-Königs und den Beginn einer neuen Zeit des Wohlstandes an.[72] Das alles liegt der biblischen Apokalyptik jedoch näher als dem, was man gemeinhin unter Prophetie versteht.

Wir schließen aus den weit verstreuten Zeugnissen, daß etwaige geschichtliche Verbindungen zwischen der israelitischen Prophetie und altorientalischen Mittlertypen eher in den großen städtischen Zentren des Nordens und Ostens, also in Syrien, Phönizien und Mesopotamien, als in Ägypten zu entdecken sind. Auf der anderen Seite ist es sehr gut möglich, ja sogar wahrscheinlich, daß die ethischen Lehren der uns vielfach erhalten gebliebenen ägyptischen Ermahnungen und Instruktionen, den prophetischen Protest gegen die soziale Ungerechtigkeit in der Phase assyrischer und babylonischer Vorherrschaft beeinflußt haben.[73]

Auch bei den Hethitern in Kleinasien kontrollierte die staatliche Priesterschaft die verschiedenen Formen von Gottesbotschaften. Es gab auch Traumdeutungen, Inkubationsrituale im Tempel, Leberschau (Untersuchung von Tierlebern) und durch Priester, „Gottesmann" (*šiunyanza*) oder Sibylle (Wahrsagerin) vermittelte Orakel. Ein Text jedoch, ein Pestgebet Mursilis II. aus dem 14. Jahrhundert v.Chr., sieht zusätzlich zur Bemühung um Omina, Träume und Inkubationsvisionen die Hilfestellung eines ekstatischen „Gottesmannes" vor, damit der Grund für die Pest, die das Königreich verwüstete, entdeckt werden möge. (ANET, 394–396)[74] Wie in anderen Fällen, so waren die Hethiter auch an diesem Punkt von den religiösen Traditionen und Praktiken Mesopotamiens abhängig, wo die Ekstase immer eine anerkannte Form der Geistbesessenheit und Kommunikation mit den Göttern war. Wenn Bileams Heimat Ober-Mesopotamien gewesen ist (Num 22,5; 23,7), und das hat eine gewisse Wahrscheinlichkeit für sich, dann böte uns die Bibel selbst ein Beispiel für den mesopotamischen ekstatischen Seher. Denn obwohl der Bileam-Zyklus (Num 22–24) in der Frühzeit der Monarchie zum Instrument politischer und religiöser Propaganda gemacht wurde, kann man in ihm die Umrisse eines ekstatischen Sehers, der „hingerissen wird und dessen Augen enthüllt sind", noch klar erkennen.

Die interessantesten und eindruckvollsten Parallelerscheinungen zu einigen Formen israelitischer Prophetie sind jedoch aus den königlichen Archiven des amoritischen Reiches von Mari in Ober-Mesopotamien (Tell Hariri, an der syrischen Grenze zum Irak hin gelegen) ans Licht gekommen. Es handelt sich um Briefe, welche von Botschaften mehrerer Gottheiten (Dagan, Adad, der Göttinnen Annunitum und Diritum) an Zimrilim, den letzten König der Stadt (ca. 1730–1697 v.Chr.) berichten. (ANET; 623–632)[75] In manchen Fällen scheint der Mittler bzw. die Mittlerin eine Privatperson zu sein, die keinerlei Amt bekleidete. In anderen Texten wird die Botschaft durch eine ekstatische Person (*muhhum*, fem. *muhhutum*) oder eine Orakelinstanz (*apilum, aplum*, fem. *apiltum*) überbracht, die an einem Tempel, besonders dem des Dagan, des Hauptgottes jener Gegend, in der Stadt Terqa nahe Mari beheimatet war. Einer der erst vor kurzem veröffentlichten Texte nennt auch einen *nabu*: Damit haben wir

---

72 Diskutiert von M. Hengel, Judentum und Hellenismus, Tübingen ²1973, 337f.
73 Eine Anregung von S. Herrmann. Sie müßte in einem gründlichen Vergleich zwischen der Soziallehre der israelitischen Weisen, die zweifellos Kontakt mit der ägyptischen Weisheit hatten (z.B. Prov 22,17–24,22), und der prophetischen Forderung nach sozialer Gerechtigkeit überprüft werden.
74 [Deutsche Übersetzung bei W. Beyerlin, 1975, 191–196. Anm. d. Übers.]
75 [Deutsche Übersetzung bei W. Beyerlin, 1975, 146–152. Anm. d. Übers.]

vielleicht das langgesuchte wurzelverwandte Wort des hebräischen *nabi'* gefunden. Meistens erfolgte die Übergabe der Botschaft im Tempel, sie wurde oft von Opferriten begleitet. Ein Text spricht von einem Orakelspezialisten, der für ein Zeltheiligtum verantwortlich war, das an Josuas Orakelzelt in der Wüste erinnert.[76] Es wird nicht immer klar, ob eine bestimmte Botschaft erbeten wurde (z.B. durch Inkubationsschlaf) oder diese sich spontan und unvorhergesehen einstellte.

Einige von den göttlichen Mitteilungen wurden in Mari im Traum empfangen, eine Offenbarungsform, die in der Hebräischen Bibel nicht einhellig gutgeheißen wird. Zweifel an der göttlichen Urheberschaft solcher Mitteilungen konnten beseitigt werden, wenn der Traum entweder am folgenden Tag oder nach einer längeren Zeitspanne erneut auftrat. Andere Botschaften kamen in Visionen, wieder andere empfingen Tempelangehörige im Trancezustand, der zweifellos durch die Anwendung sachdienlicher Techniken oder die Einnahme geeigneter Mittel herbeigeführt wurde. Es gibt Anzeichen dafür, daß in Mari, wie anderswo auch, die Ekstatiker unter der Rechtsaufsicht der Tempelpriesterschaft standen (vgl. Jer 29,26f). Die Mari-Briefe verraten deutlich das Bemühen, die Gottesbotschaft glaubwürdig zu machen, besonders, indem man eine Bestätigung von unabhängiger Seite einholte, z.B. durch Befragung der Omina. Zur Identifizierung des Mittlers war es oft notwendig, eine Haarlocke und ein Stück seines Rocksaumes mit an den Briefempfänger zu senden.

Die Gottesbotschaften gehören normalerweise zur Berichterstattung von Beamten an den Palast. Darum wird der eigentliche Übersendungsbefehl der Gottheit an den Mittler nicht immer überliefert. Dennoch finden wir einige Formeln, die denen von israelitischen Propheten gebrauchten gleichen, z.B. „Dagan hat mich gesendet", „so hat Annunitum gesprochen". Weniger häufig werden die Worte der Gottheit in direkter Rede geboten, wie bei der Sendung eines gewissen Malik-Dagan durch den Gott Dagan: „Jetzt geh, ich habe dich gesandt! Zu Zimrilim sollst du folgendermaßen sprechen, dies sollst du sagen: Schicke deine Boten zu mir und teile mir alles mit!"[77] Die Texte geben jedoch keinen Hinweis darauf, wie eine Person von der Gesellschaft als prophetische Mittlerin erkannt und anerkannt wurde.

Wichtiger als die Form ist natürlich der Inhalt jener Botschaften, die dem König überbracht wurden. Die meisten haben mit militärischen Angelegenheiten zu tun – Warnungen vor Aufständen und möglichen Mordanschlägen, Vorbehalte gegen bestimmte Kriegszüge oder Bündnisabsichten. Manchmal treten den Warnungen – z.B. vor der Verstärkung eines Tores oder dem Versäumnis, ein Haus wiederaufzubauen – Drohungen mit unangenehmen Konsequenzen an die Seite. Sie sind jedoch nie so unheilvoll wie häufig die der israelitischen Propheten. Andere Orakel befassen sich mit kultischen Dingen, wie z.B. den Opferriten für die Toten oder der Errichtung eines Tempels für eine Gottheit, die sich vom König vernachlässigt fühlt. Da werden ausdrücklich oder versteckt Klagen laut, z.B. wenn die Göttin Annunitum den König so anredet: „ Oh Zimrilim, auch wenn du mich deinerseits vernachlässigst, so werde ich dich meinerseits weiterhin lieben." (ANET, 630)[78] Der Gott Adad von Aleppo – dorthin hatte Zimrilim sich geflüchtet, bevor er nach Mari zurückkehrte, um das Kö-

---

76   ANET 625 und ebda Anm. 31, die sich auf *maškanum* bezieht; vgl. das hebräische *miškan*,
     „Zeltheiligtum".
77   [Deutsche Übersetzung bei W. Beyerlin, 1975, 149. Anm. d. Übers.]
78   [Deutsche Übersetzung bei W. Beyerlin, 1975, 148. Anm. d. Übers.]

nigreich seines Vaters wieder aufzurichten – gab diesem eine Dynastieverheißung, welche der des Nathan an David (2Sam 7) nicht unähnlich ist:

> Bin ich nicht Addu, der Herr von Kallassu, der ihn ›zwischen meinen Oberschenkeln‹ großzog und auf den Thron seines Vaterhauses zurückgebracht hat. Nachdem ich ihn auf den Thron seines Vaterhauses zurückgebracht habe, habe ich ihm zudem eine Residenz übergeben. Nun kann ich aber ebenso, wie ich ihn auf den Thron seines Vaterhauses zurückgebracht habe, ihm das Landgut aus seinem Besitz entreißen! Wenn er (sie) nicht ausliefern will – bin ich doch der Herr über Thron, Land und Stadt! – kann ich das was ich ihm gegeben habe, auch wieder wegnehmen! Wenn es nicht so ist, er also meinen Wunsch erfüllt, werde ich ihm Thron über Thron, Besitzstand über Besitzstand, Land über Land, Stadt über Stadt anvertrauen! Ich werde ihm das Land vom Osten bis zum Westen fest in der Hand geben! (TUAT II, 86. Cf. ANET 625)

Im allgemeinen unterstützen die Gottesbotschaften den König und seine politischen und militärischen Zielsetzungen. Zwei von ihnen, oder möglicherweise drei, sind interessanterweise gegen Hammurabi, den babylonischen König, und seine Alliierten gerichtet; sie sagen deren Vernichtung durch Zimrilim voraus. Weil aber in Wirklichkeit Hammurabi die Stadt Mari erobert und zerstört und damit Zimrilims Herrschaft ein Ende gesetzt hat, ähnelt diese Situation erstaunlich jener aus den letzten Tagen Judas, mehr als ein Jahrtausend später: Heilspropheten wie Hananiah sagten – auch nicht erfolgreicher – die Niederlage Nebuchadrezzars, König derselben Stadt, voraus (z.B. Jer 28,2–4).

Von anderen Ausgrabungsfunden in Syrien und Mesopotamien her liegt es nahe anzunehmen, daß die Situation in Mari in dieser Hinsicht ziemlich typisch für die gesamte Region war. Wir können zwar die Geschichte der Mesopotamischen „Prophetie" keineswegs vollständig nachzeichnen, aber Personal, Praktiken und Orakelmuster scheinen über lange Zeiträume hinweg relativ konstant geblieben zu sein. Aus der Zeit der assyrischen Vorherrschaft im 8. und 7. Jahrhundert v.Chr. – das ist auch der Höhepunkt der prophetischen Aktivitäten in Israel – haben wir Orakelsammlungen, die von „Verkündern" (*raggimu*, fem. *raggimutu*), Ekstatikern (*mahhu*, fem. *mahhutu*) und anderen titellosen Mittlern im Namen des Nationalgottes Assur aus Ninive, von der Göttin Ischtar in ihrem Tempel zu Arbela und von anderen Gottheiten ergangen sind. Auch hier geben inspirierte männliche oder weibliche Personen Anordnungen in politischen und militärischen Fragen, z.B. der Enttarnung von Verrätern. Sie sichern dem König Erfolg bei seinen Unternehmungen zu und leisten sich gelegentlich milde Zurechtweisungen. Bei einer Orakelsammlung, die direkt an Assarhadon (680–669 v.Chr.) gerichtet ist oder sich auf ihn bezieht, bekommt man den Eindruck, daß solche Orakel kurz nach ihrer mündlichen Überbringung schriftlich festgehalten und in Sammlungen aufgenommen wurden, die nach den Ursprungsgottheiten oder den überbringenden „Propheten" geordnet waren. (ANET, 449–450)[79] Sie sind also deswegen auf uns gekommen, weil sie in Staatsarchiven aufgehoben wurden.

Assyrien hatte auch seine „falschen" Propheten, das sind inspirierte Personen, die Weissagungen gegen den Herrscher und seinen Hof aussprachen. Sanherib (705–681 v.Chr.) erhielt einen Brief, der wörtlich das Orakel einer Sklavin aus der Gegend von

---

[79] [Deutsche Übersetzung in TUAT II, 56–60. Anm. d. Übers.] Vgl. H.B. Huffmon, Prophecy, 1976, 699f.

Harran aufzeichnete: „Das ist das Wort des [Gottes] Nusku: ‚Das Königtum gehört
Sasi! Ich werde den Namen und die Nachkommenschaft Sanheribs vernichten!'"[80]
(Sanherib ist tatsächlich durch Mörderhand umgekommen). Weil solche Weissagungen wohl in der Regel vernichtet wurden, so wie Jojakim die Schriftrolle Jeremias zu
vernichten suchte (Jer 36,20–26), zumindest nicht ins Archiv kamen, können wir
nicht sagen, wie weit die oppositionelle Prophetie im assyrischen Kernland verbreitet
war.[81]

Das eben ausschnittsweise vorgeführte Material reicht nicht aus, das Problem der
Ursprünge israelitischer Prophetie zu klären. Es hilft uns höchstens, bessere Perspektiven zu finden und eine Arbeitshypothese aufzustellen, welche im Verlauf unserer
Arbeit an der historischen Entwicklung der Prophetie in Israel überprüft werden
kann. Es dürfte von Anfang an klar sein, daß die These vom kanaanäischen Ursprung, wie sie von G. Hölscher, A. Jepsen und anderen vorgetragen wurde, zu einfach ist. Da, wo wir den gewalttätigeren und orgiastischeren Typus der Ekstase antreffen, der normalerweise in prophetischen Gruppen und Lebensgemeinschaften
vorkommt,[82] mögen wir den Einfluß von Vegetationskulten Kanaans und der phönizischen Städte und den damit verbundenen Praktiken vermuten. Aber es ist ebensogut möglich, daß wir es hier mit einem Typus von Kriegsprophetie zu tun haben, den
frühe israelitische Siedler mitbrachten und der mit kanaanäisch-phönizischen Zügen
durchsetzt wurde, je mehr sich das städtische Leben entfaltete und kanaanäische Religion und Kultur aufgenommen wurden. Die Tatsache, daß radikale Bewegungen wie
die Nasiräer und Rechabiten, welche die kanaanäische Kultur ablehnten und sich an
den heiligen Kriegstraditionen des Stämmebundes ausrichteten, überlebten, würde sicherlich mit dieser Erklärung vereinbar sein. Leider haben wir keinerlei direkte Zeugnisse über die „prophetischen" Phänomene unter den Hebräern vor der Seßhaftwer-
dung und sind darum auf Analogien angewiesen, die wir aus der allgemeinen Kenntnis nomadischer Institutionen und Praktiken ziehen können. Sie reicht jedoch nicht
aus, seßhafte und nomadische Prophetie einander gegenüberzustellen, wie man das
früher bedenkenlos getan hat.[83] Max Weber liegt vermutlich näher an der Wirklichkeit, wenn er die frühe Prophetie besonders in ihrer kollektiven Form durch soziale
und militärische Krisen veranlaßt sieht.[84] Wenn das richtig ist, dann hätten die frühen
nebi'im ideologisch und phänomenologisch mit ihrer fanatischen Hingabe an den
Jahwekrieg den Nasiräern und Rechabiten durchaus nahegestanden.

Die erwähnten Nachrichten aus Mari über ekstatische Mittlergestalten beweisen zur
Genüge, daß es in den urbanen Zentren Nord-Mesopotamiens und Syriens ein Stan-
dardmodell des Propheten gegeben hat, und Israel hatte von Anfang an enge Beziehungen zu diesen Städten. Derartige Mittler standen in der Regel, wenn auch nicht
notwendig, mit Heiligtümern in Verbindung, wo sie ihre Orakel im Rahmen von

---

80   Ich verdanke dieses Zitat Herrn Dr. Martti Nissinen, der es in seinem Vortrag („References to
     Prophecy in Neo-Assyrian Sources") auf dem 15. Kongreß der Internationalen Gesellschaft für
     alttestamentliche Studien im Juli 1955 brachte.
81   Zur neuassyrischen Prophetie vgl. M. de Jong Ellis, 1989; M. Weippert, 1981; auch H.B. Huff-
     mon, ABD 5, 477–482.
82   1Sam 10,5.10; 1Kön 20,35–43; 22,10–12; 2Kön 3,15f.
83   Vgl. J. Lindblom, 1962, 8–12; G. Fohrer, Geschichte der israelitischen Religion, Berlin 1969,
     222–228, der klar zwischen dem nomadischen Sehertum und der ekstatischen Prophetie unter-
     scheidet.
84   Vgl. M. Weber, [4]1947, 99–126.

Opferritualen verkündigten. Ihre Offenbarungen waren normalerweise, aber nicht zwangsläufig, für den Herrscher und seine politischen und militärischen Unternehmungen günstig. Eine ihrer vornehmsten Aufgaben war es, solche Unternehmungen durch Flüche über die auswärtigen Feinde zu unterstützen. Obwohl rund acht Jahrhunderte den Herrscher Zimrilim von Salomo trennen, besteht kein Grund, daran zu zweifeln, daß Israel mit dem gleichen Prophetie-Modell vertraut war. Wirklich wichtig sind für uns jedoch die Fragen, die sich nicht mit den Ursprüngen, sondern mit der Entwicklung und auch speziell mit dem ersten Auftauchen jener Art von Prophetie befassen, welche durch Amos, Hosea, Micha, Jesaja und ihre Nachfolger repräsentiert wird.

Wir dürfen nicht übersehen, daß nicht erst in der modernen kritischen Wissenschaft, sondern schon in Israel selbst über die Ursprünge der Prophetie nachgedacht worden ist. Nach der einen Meinung war die Prophetie Gottes Antwort auf die am Berg Sinai vorgetragene Forderung des Volkes nach Vermittlung (Dtn 18,15–18; vgl. Ex 20,18–20). Der „Prophet wie Mose" dieses oft zitierten deuteronomischen Textes wurde später (in qumranischen, samaritanischen und frühchristlichen Texten) eschatologisch auf eine individuelle Figur gedeutet, aber man nimmt heute allgemein und zu Recht an, daß er die prophetische Sukzession als ganze meinte.[85] Der Ausdruck setzt voraus, daß die Prophetie mit Mose begann und daß sie beispielhaft in ihm verkörpert ist. Sie ist Gottes Antwort auf die am Sinai vom Volk ergangene Bitte nach einer Mittlerinstanz, welche die ganze Geschichte hindurch wirken soll.

Ein anderer Text (Num 11,10–30) handelt von der Schaffung eines neuen Amtes während der Wüstenwanderung. Es sollte dem Mose die Leitung des Volkes erleichtern. Also bekam er den Befehl, von den Ältesten und Führern der Gemeinschaft siebzig Männer auszuwählen und sie am Begegnungszelt vorzustellen. Er tat es, und Jahwe kam in einer Wolke hernieder, nahm etwas von dem Geist, der auf Mose ruhte, und legte ihn auf die Siebzig. Das Ergebnis war, daß sie sich dieses eine Mal „wie Propheten benahmen" (Num 11,25).[86] Zwei von den Erwählten wurden allerdings nicht am Zelt vorgestellt, trotzdem zeigten sie dieselben Symptome. Daraufhin erhob Josua – er redet in der üblichen, bürokratischen Weise – Einspruch, aber Mose weigerte sich, gegen sie einzuschreiten. Er will sie in der wie immer gearteten prophetisch-ekstatischen Tätigkeit nicht behindern. Seine Antwort wird of zitiert und sollte von allen, die religiöse Verantwortung tragen, ernstgenommen werden: „Wollte Gott, daß alle im Volk Jahwes Propheten wären und Jahwe seinen Geist über sie kommen ließe!" (Num 11,29).

Das ist nur eine der verschiedenen Traditionen über die Wüstenzeit, die sich mit unterschiedlichen Aspekten des institutionellen Lebens in Israel beschäftigen und die ziemlich stark redaktionell bearbeitet worden sind.[87] So wie die Erzählung jetzt dasteht, kann sie nicht einfach als Begründung des israelitischen „Ältestenamtes" verstanden werden, denn sie setzt dieses Amt schon als bestehend voraus. Sie scheint vielmehr die ekstatische Prophetie begründen zu wollen, indem sie sie vom Geiste

---

[85] H.M. Barstad, The Understanding of the Prophets in Deuteronomy, SJOT 8.2, 1994, 236–251, identifiziert den „Propheten wie Moses" mit Josua.

[86] Der letzte Satz, $w^e lo'$ $jasapu$, ist vielleicht ein Eingeständnis, daß Älteste in späteren Zeiten nicht mehr ekstatisch handelten.

[87] Vgl. M. Noth, Numeri, Das 4. Buch Moses, ATD, Göttingen 1966, 79–81; G. von Rad, 1960, 23.

Moses herleitet, der ohne jeden Zweifel göttlichen Ursprungs ist. Eldad und Medad, jene beiden, die nicht „ordiniert" waren und doch prophezeien konnten, stehen in diesem Fall ganz natürlich für jenen Prophetentyp, welcher sich außerhalb des institutionellen Rahmens befand, und das heißt, außerhalb des Kultes. Wiederum werden wir daran erinnert, daß die kanonischen Propheten zu allen Zeiten nur eine kleine und außergewöhnliche Minderheit der Propheten Israels darstellten.

Eine ganz andere Tradition deutet an, daß die Berufung des Samuel in Silo (1Sam 3,1–4,1) den Beginn oder doch mindestens einen Neubeginn der prophetischen Aktivitäten markiert. Vor dieser Zeit geschahen nur selten Offenbarungen und Visionen; das änderte sich grundlegend nach der Berufung Samuels (1Sam 3,1.21; 4,1). Hier sind wir auf etwas festerem historischen Boden, denn die Prophetie war immer eng mit der Monarchie verbunden. Das begann mit Saul, für dessen Untergang nach der Überlieferung der Verlust prophetischer Unterstützung einer der Hauptgründe war. Daß Zeiten politischer Krise, wie sie damals im Überlebenskampf gegen die Philister, verbunden eventuell mit inneren Konflikten um die Besiedlung des Berglandes, sichtbar wurde, die eben erwähnte Art prophetischer Betätigung hervorrufen können, ist ebenfalls ausgiebig bezeugt. Wir können darum mit einiger Sicherheit annehmen, daß die israelitische Prophetie schon in ihren frühesten Äußerungen einen eigenständigen Charakter zeigt, der von der einzigartigen Situation geprägt wurde, in welcher Israel sich damals befand.

6. Kriegspropheten und „Primitive" Mittler in der Frühzeit

Wir haben bereits am Anfang festgestellt, daß die Prophetie in der Regel im Blick auf die „späteren" oder Schriftpropheten definiert wird. Man nennt sie unterschiedlich „kanonische", „Schrift"- oder „klassische" Prophetie – aber keine dieser Bezeichnungen befriedigt ganz. Das Textmaterial entspricht einer Phase in der geschichtlichen Entwicklung der Prophetie, die mit der großen assyrischen Expansion im 8. Jahrhundert v.Chr. beginnt. Die frühesten dieser Propheten – Amos und Hosea im Nord- und Micha und Jesaja im Südreich – markieren diesen entscheidenden Punkt in der Geschichte der Prophetie und in der Geschichte Israels wie des alten Nahen Ostens allgemein. Es war das Jahrhundert, in dem das übermächtige Assyrien das israelitische Nordreich bedrohte und schließlich verschlang und das Südreich zum Vasallen machte. Diese Ereignisse hatten eine tiefgehende Wirkung auch auf spezifisch religiöse Vorstellungen und Praktiken. Außerdem war es eine Zeit weitreichender politischer und sozialer Veränderungen innerhalb der beiden Königreiche, veranlaßt durch die Ausformung des Staates und seinen Druck auf die traditionellen ländlichen Lebensgewohnheiten.

Die vorhin erwähnten prophetischen Gestalten jener historischen Achsenzeit[88] spielten eine so prominente Rolle, daß wir darüber die Kontinuität mit der Vergangenheit zu unterschätzen oder falsch zu bewerten geneigt sind. Wir haben ja schon angemerkt, daß diese „klassischen" Propheten bewußt in einer schon fest begründeten,

---

88 Zu Karl Jaspers Konzept einer „Achsenzeit" im 1. Jahrtausend v.Chr. vgl. S.N. Eisenstadt, Hg.,
    The Origins and Diversity of Axial Age Civilizations, Albany 1986, besonders den zweiten Teil,
    der sich mit Israel beschäftigt.

prophetischen Tradition stehen und sich ausdrücklich auf prophetische Vorläufer berufen. Die Auseinandersetzung zwischen Amos und Amazja (Am 7,10–17) zeigt zum Beispiel, daß *n^ebi'im* an Staatsheiligtümern unter königlicher, durch die Priesterschaft ausgeübter Jurisdiktion angestellt waren. Ein anderer Text (Am 2,11f.) erwähnt Propheten und Nasiräer, denen man sogar schon in vormonarchischer Zeit Widerstand entgegensetzt.[89] Daß hier Propheten mit Nasiräern – einem derwischartigen Orden, der sich der militanten Verteidigung und Verbreitung des Jahwekultes widmete – zusammengenommen werden, unterstreicht noch einmal die von M. Weber hervorgehobenen Verbindungen zwischen Prophetie und Kriegsführung, die in der frühen Zeit von entscheidender Bedeutung waren. Das Engagement prophetischer Gruppen und Individuen im politischen Leben des Landes, beim Aufstieg und noch mehr beim Fall von Herrschern und Dynastien, mußte unausweichlich Widerstand hervorrufen. Prophetie war also in jedem Fall vom ersten Erscheinungstag an ein zweideutiges Phänomen. Das auffällige Verhalten dieser „plebejischen Techniker des Orgiasmus" (M. Weber) konnte immer auch als krankhaft oder verrückt interpretiert werden (z.B. 2Kön 9,11; Hos 9,7; Jer 29,26). Hinzu kamen Anklagen wegen Bestechlichkeit (z.B. Mi 3,5–12) und Volksverführung (z.B. Hos 4,5; 9,7–9). Trotz dieser Ambivalenzen haben sich Amos, Hosea und deren Nachfolger auf eine prophetische Tradition berufen, mit der sie sich identifizieren konnten, und Hosea zögert nicht, die Linie bis auf Mose selbst zurückzuverfolgen (Hos 12,14).

Unsere Kenntnis der frühen Prophetie beruht hauptsächlich auf dem deuteronomistischen Geschichtswerk (Jos bis Kön), der Pentateuch und das chronistische Geschichtswerk steuern kleinere Informationen bei. Weil diese Werke in Auswahl und Darstellung der Ereignisse von theologischen Zielen geleitet sind, sind unsere Daten notwendigerweise fragmentarisch und unvollständig. In einem Abschnitt, der manchmal der elohistischen Pentateuchquelle (E) zugeschrieben wird, erscheint Abraham als Prophet (Gen 20,7). Diese Notiz beweist, daß man das Fürbittengebet für eine charakteristische prophetische Aufgabe hielt, und wir könnten Abrahams Bitte für die verdammte Stadt Sodom als Beleg hinzufügen (Gen 18,22–33). Doch beweist eine solche Aussage keinesfalls die Existenz eines bestimmten Prophetentyps während der Erzelternzeit. Daß man den ersten Ahnvätern wie Jakob (Gen 49) und Mose (Dtn 33) auch Orakel in den Mund gelegt hat, liegt auf derselben Linie, obwohl die einzelnen Stammessprüche möglicherweise älteren Datums sind.

Hosea scheint zuerst Mose als Propheten dargestellt zu haben:

> Hernach führte Jahwe durch einen Propheten Israel aus Ägypten, und durch einen Propheten ließ er sie hüten (Hos 12,14).

Diese Darstellung ist von der deuteronomischen Schule aufgenommen und weiterentwickelt worden, für die Moses der Prophet schlechthin war (Dtn 18,15–18; 34,10). Aber die Deuteronomiker und die deuteronomistischen Geschichtsschreiber gestalten die Prophetie natürlich entsprechend ihrem eigenen Verständnis von der Geschichte Israels und seiner Institutionen. Darum heben sie den „mosaischen" Charakter der

---

89 Der zur Debatte stehende Absatz (Am 2,11f.) wird manchmal als eine spätere, vielleicht aus deuteronomischer Quelle stammende Einfügung verstanden, aber die Argumente dafür scheinen nicht schlüssig zu sein: vgl. W.H. Schmidt, 1965, 178–183; H.W. Wolff, Joel. Amos, Neukirchen-Vluyn, 1967, 137f., 204–207.

Prophetie in dem Sinne hervor, als habe die Prophetie im ganzen Geschichtsverlauf die Wortvermittlung nach dem Vorbild des Mose, wenn auch auf einem niedrigeren Niveau, sicherstellen sollen. Schließlich hat man den ganzen Pentateuch Mose in den Mund gelegt, die Gottesbotschaft wurde zu einer Art prophetischer Hinterlassenschaft, welche er Israel kurz vor seinem Tod übergab.[90] Zu dieser Zeit wurde Mose zu *dem* Propheten; in ähnlicher Weise wird der Begriff im Islam auf Mohammed angewendet.

Wenn wir alle Traditionen über Mose entwirren und die verschiedenen Fäden auf ihre Ursprünge zurückverfolgen könnten, würden wir wahrscheinlich feststellen, daß die prophetische Sicht des Mose geschichtlich gut begründet ist. Insbesondere Y. Kaufmann und M. Buber sind dafür eingetreten, daß Mose zusammen mit Miriam und Aaron zu einer Familie von Sehern gehört habe, die den arabischen *kahins* vergleichbar sei.[91] Die ältesten Überlieferungen vom Begegnungs- (*'ohel mo'ed*) bzw. Orakelzelt, das außerhalb des Lagers in der Wüste aufgeschlagen war, würden sicherlich zu dieser Hypothese passen, denn dort empfing Mose für die Gruppe die göttlichen Mitteilungen (Ex 33,5–11). Am Zelt fanden auch die ekstatischen Weissagungen der Ältesten statt (Num 11,16f.24–30), und ebendort wurde Moses einzigartige Stellung als Hauptprophet bestätigt (Num 12,1–8). Man sollte jedoch beachten, daß Josua, nicht Mose, in einer ähnlich altertümlichen Tradition als der ständige Diener der Orakelgottheit im Zelt dargestellt wird (Ex 33,11). In dieser Hinsicht nahm er eine ähnliche Funktion war, wie Samuel am Heiligtum von Silo.[92] Aber die Anfänge der Mosetradition verlieren sich, wie man sagt, im Nebel der Vorzeit. Es ist schon bemerkenswert, daß Mose in biblischen Texten, die man gemeinhin für vorexilisch hält, so wenig Erwähnung findet.[93]

Eine augenscheinlich alte Prophetinnentradition stellt sich in den Gestalten von Mirjam und Debora dar; beide sind mit der Kriegführung verbunden. Nach dieser Tradition ist Mirjam eine Levitin, Schwester Moses und Aarons. Nach dem Sieg führt sie die Frauen im festlichen Sing- und Tanzzug an, möglicherweise ekstatisch bewegt, unter Begleitung von Musik und Trommeln, nach der Art weiblicher Visionäre, der *kahina* vorislamischer Araber (Ex 15,20f.). Sie war zusammen mit Aaron auch an

---

90   Das Datum am Anfang (Dtn 1, 3) und der Bericht vom Tod des Mose am Ende (Dtn 34,1.7–9) – beide meist P zugeschrieben – lassen den Prozeß erkennen, durch den das Deuteronomium in den von P gestalteten Erzählzusammenhang der Frühgeschichte aufgenommen wurde.

91   Y. Kaufmann, The Religion of Israel from Its Beginnings to the Babylonian Exile, übersetzt und gekürzt von Moshe Greenberg, New York 1972, 227f.; M. Buber, Mose, Heidelberg ²1952, 192–204.

92   Zur Zweckbestimmung als Orakelzelt vgl. M. Haran, 1977, 385–397. Er hält 1Sam 2, 22b mit seinem Hinweis auf die Eli-Söhne, die mit den dort angestellten Frauen vor dem Eingang des Begegnungszeltes schlafen (in Silo!), für eine redaktionelle Ergänzung durch P. Auffälligerweise wird die Bezeichung *mesaret*, „Diener", für Josua (Ex 33,11) und Samuel (1Sam 2,11) gebraucht. Und vielleicht ist es auch kein bloßer Zufall, daß beide übereinstimmend *na'ar* genannt werden. Dieses Wort kann neben seinem normalen Sinn „junger Mann" auch „Prophetenschüler" bedeutet haben; man vergleiche nur die rätselhafte Wiederholung *w^ehanna'ar na'ar* (1Sam 1,24) mit Blick auf Samuel und *wajjelek hanna'ar hanna'ar hannabi'* (2Kön 9,4) mit Blick auf einen der Prophetensöhne, der von Elisa ausgesandt wird, um Jehu zu salben. Das letztere mag einen Begriff und eine Glosse dazu enthalten, welche die ungewöhnliche Verwendung erklären soll; vgl. das ugaritische *n'rm*, das die Bedeutung „Mitglieder einer Gilde" haben kann: C.H. Gordon, Ugaritic Manual, Rom 21955, 297.

93   Moses ist namentlich nur in zwei prophetischen Texten erwähnt, die den Anspruch auf vorexilische Entstehung erheben können: Mi 6,4 und Jer 15,1.

einem prophetischen Protest gegen die ausschließliche Kontrolle aller Mittlertätigkeit durch Mose beteiligt. Am Ende wurde sie bestraft – Aaron dagegen nicht –, indem sie zeitweise aus der Gemeinschaft verbannt wurde (Num 12). Ohne Zweifel hat dieser Vorfall beispielhafte und abschreckende Bedeutung. Er spiegelt eine Auseinandersetzung um die religiöse Kontrolle zu einem geschichtlichen Zeitpunkt, aber die auslösende Situation ist nicht mehr festzustellen. Vermutlich handelt es sich um einen Angriff gegen Prophetinnen, wie er auch sonst gelegentlich in der biblischen Literatur vorkommt (vgl. z.B. Ez 13,17–23).

Debora, Prophetin und Richterin, hat anscheinend eine zentrale Rolle gespielt (Ri 4f). Sie war verheiratet und wird als „Mutter in Israel" vorgestellt (Ri 5,7). Sie schlichtete Streitfälle, und bei dieser Tätigkeit hat sie wohl prophetische Botschaften empfangen und weitergegeben, die sich nach Art der „Prophetinnen" in Mari auf militärische Unternehmungen bezogen. Anders als ihre Kolleginnen aus Mari ist sie jedoch mit dem Stämmeaufgebot in die Schlacht gezogen, hat Befehle zum Angriff gegeben und den Sieg mit Lied und Musik gefeiert. Wahrscheinlich hat der Geschichtsschreiber die im Deboralied enthaltenen Andeutungen (Ri 5,7.12.15) in der Absicht ausgemalt, sie in die Reihe der charismatischen Heerführer und „Richter" einzuordnen, mit denen sich dieser Teil des Geschichtswerkes beschäftigt.

Das deuteronomistische Geschichtswerk (Dtr) wurde anscheinend verfaßt, um die Katastrophen zu erklären, die beide Königreiche betroffen hatten, weil sie den prophetischen Warnungen keine Beachtung geschenkt hatten. Daß mit Ausnahme Deboras für die vorkönigliche Zeit keine Propheten erwähnt werden (etwa in Jos und Ri), findet seine Erklärung in der klar strukturierten Vorstellung des Autors über die charismatische Ämterfolge:[94] Josua war als charismatischer Mittler für die Zeit der Landnahme eingesetzt (Num 27,15–23; Dtn 34,9; Jos 1,1–9). Nach seinem Tod wurden „Richter erweckt" (Anführer, die militärische und juridische Funktionen in sich vereinigten), der letzte von ihnen war Samuel (Ri 2,16–23; 1Sam 12,11). In dieser Quelle besteht eine enge Verbindung zwischen Prophet und Herrscher. Vom Tod Salomos an bis zum Fall Jerusalems treten häufig Propheten auf, um den Sturz von Königen und Dynastien anzusagen, weil sie das mosaische Gesetz nicht beachtet hätten. Also ist das Schema Weissagung – Erfüllung für den Aufbau des Werkes entscheidend, es ist der Schlüssel für die Interpretation der Geschichte und läßt keinen Zweifel daran, wer für die Katastrophen, welche die Zeitgenossen der Autoren überkommen hatten, verantwortlich war.

Wir haben gesehen, daß nach dem Schema des Dtr Prophetie im eigentlichen Sinne mit Samuel anfängt. Vor seiner Berufung erging das Jahwewort selten, danach kam es häufig zu göttlichen Offenbarungen (1Sam 3,1; 3,19–4,1). Die Berufung selbst – sie geschah im Heiligtum zu Silo, vielleicht im Verlauf eines Inkubationsrituals (1Sam 3,2–18) – lief nicht auf einen Verkündigungs- oder Handlungsauftrag hinaus (vgl. Jes 6), sondern eher auf die Beglaubigung Samuels als eines Propheten für ganz Israel und auf die Anerkennung seines neuen Status durch das Volk (1Sam 3,20). Auffällig ist auch die enge Beziehung, die in diesem ganzen Abschnitt zwischen Prophetie und Kult besteht. Der Deuteronomist selbst führt zunächst einen anonymen „Gottesmann" ein, welcher die Verfälschung des Kultes von Silo und die dafür ver-

---

94 Ri 6,7–10 bringt eine kurze Predigt eines anonymen Propheten im dtr Stil.

antwortliche Eli-Priesterschaft verdammt (1Sam 2,27–36). Dieselbe Botschaft be-
kommt Samuel aufgetragen (1Sam 3,11–14), und doch bleibt Silo auch nach seiner
Berufung der für göttliche Kommunikationen ausgesuchte Ort (1Sam 3,21). Also ist
Samuel ein Kultprophet, denn er diente in einem Heiligtum und empfing dort seine
Gottesoffenbarungen. Das hinderte ihn jedoch ebensowenig, den Kult und sein Per-
sonal zu verdammen, wie es ihm die Möglichkeit nahm, außerhalb des Heiligtums zu
wirken. Das mindeste, was man folglich über die Silo-Erzählung sagen kann, ist dies:
Sie reflektiert Vorstellungen von Prophetie, die zu verschiedenen Zeiten der Geschichte Israels wirksam waren. Das gilt für den Prozeß, in dem der Prophet beauftragt und dann von seinem Publikum anerkannt wurde, und für das Verhältnis des
Propheten zu den kultischen Institutionen Israels, besonders zum Opferkult.
An diesen und anderen Punkten sind die Erzählungen über Samuel ganz sicher durch
die späteren Entwicklungen in der Geschichte der Prophetie beeinflußt worden. Ja,
sie sind so stark mit theologischen Interpretamenten überfrachtet, daß es heute praktisch unmöglich ist, zuverlässige Aussagen über Samuel als einer geschichtlichen
Gestalt daraus zu erheben. Er wird als Richter vorgestellt, sowohl im militärischen
(1Sam 11,11) wie im juridischen (1Sam 7,15–17) Sinn, als Seher (1Sam 9,11.19), als
Opferpriester (1Sam 7,10; 13,8–15), als Gottesmann (1Sam 9,3–10) und als Inbegriff
prophetischer Opposition gegen das Königtum (1Sam 13,8–15; 15,1–31). In dieser
letzteren Funktion überbringt er eine Botschaft, die von der späterer Propheten nicht
unterscheidbar ist (1Sam 15,22f; vgl. Hos 6,6). Für weitere Verwirrung sorgt die Tatsache, daß die Geburtsgeschichte ganz klar vorgibt, er solle ein Nasiräer werden.
Diese Meinung wird in einem der Qumranfragmente sogar ausgesprochen (4 QSam[a]):
„Ich werde ihn für immer zum Nasiräer bestimmen, sein ganzes Leben lang," und das
entspricht 1Sam 1,22. Die Namensetymologie bezieht sich jedoch, wie der des Hebräischen kundige Leser sofort feststellt, viel natürlicher auf Saul als auf Samuel
(1Sam 1,20). Es ist auch erstaunlich, wie oft das Verb *s'l* in der Geburtsgeschichte
auftaucht, bis hin zur Passivform *sa'ul* (1Sam 1,28). Auch ist es Saul und nicht Samuel, der durch seine gewaltige und geistgewirkte Teilnahme am Heiligen Krieg Israels die Rolle des Nasiräers spielt. Man kann darum mit gutem Grund folgern, daß
eine gängige Empfängnis- und Geburtsgeschichte, die ursprünglich von Saul handelte, auf Samuel übertragen und mit einer prophetischen Aussendungserzählung versetzt worden ist. Dtr wollte damit den Beginn der Prophetengeschichte zur Zeit der
Monarchie markieren.
In einer Saulgeschichte des ersten Samuelbuches, in der nebenbei auch Samuel vorkommt, bekommen wir einen zuverlässigeren Hinweis auf dessen wahre Identität.
David flüchtet vor den Häschern Sauls zu einer ekstatischen Gemeinschaft, der Samuel in Ramah vorsteht (1Sam 19,18–24). Saul schickt Soldaten, die David festneh-
men sollen. Sie werden aber in die kollektive Ekstase hineingezogen. Dann erscheint
Saul persönlich, doch es ergeht ihm ähnlich: Er reißt sich die Kleider vom Leibe und
liegt einen ganzen Tag und eine ganze Nacht in einem krampfartigen Zustand nackt
auf dem Boden. Nach dieser Überlieferung war Samuel also der Anführer oder „Vater" einer ekstatischen Bruderschaft, er ähnelt damit dem Scheich, der später einer
sufitischen Derwisch-Gemeinschaft vorsteht. Eine andere Tradition berichtet, wie
Saul von Samuel als Militärbefehlshaber eingesetzt wird (1Sam 9,1–10,16). Da ekstatische Bruderschaften aktiv an Kriegshandlungen teilnahmen und weil wir auch
mehrfach von der Wahl oder Salbung von Anführern und Königen durch *nebi'im* hö-

ren (Ri 4,6–9; 1Kön 11,29–40; 16,2; 2Kön 9,4–10), schließen sich diese beiden Nachrichten nicht gegenseitig aus. Eine sorgfältige Lektüre der Erzählung von Kischs entlaufenen Eselinnen führt aber zu dem wahrscheinlichen Ergebnis, daß sie ursprünglich von einem anonymen „Gottesmann" oder Wahrsager handelte, der erst in einem späteren Redaktionsstadium mit Samuel, dem Königsmacher, identifiziert wurde.[95] Ein Seher dieser Art sollte von einem ekstatischen Derwisch, wie in der von Samuel geführten Gruppe, wohl unterschieden werden. Es ist unwahrscheinlich, daß Samuel gleichzeitig beide Rollen ausfüllte.

Trance oder Bewußtseinsspaltung – sie werden für die frühe Zeit häufig erwähnt – sind vom Geist Jahwes verursacht (z.B. 1Sam 10,6.10; 19,20.23; 1Kön 22,21–23). Was immer die archaischen, magischen Konnotationen von *ru'ah* (das Wort kann auch Wind oder Atem bedeuten) gewesen sein mögen, in den besagten Erzählungen meint es eine von Jahwe abgeleitete Kraft, welche die von ihr Ergriffenen zu einer bestimmten Handlungsweise antreibt. Der Fall des Saul, dessen Verbindung mit ekstatischen Bruderschaften mehr als einmal erwähnt wird (1Sam 10,11; 18,10; 19,24), mag eine der Zwielichtigkeiten illustrieren, von denen Prophetie selten frei ist. Saul war ein Mann, der psychisch dazu disponiert schien, „außer sich zu geraten". Das kann man an der Art erkennen, wie er, um Gilead zu retten, die Stämme zum Krieg anstachelte (1Sam 11,6f). Auch der Vorfall mit dem Speer ist bezeichnend (1Sam 18,10f; 19,9f). Auf dem Weg zu seiner Nominierung als Stammesführer gesellt er sich zu einer Prophetenschar und wird nach der aufschlußreichen Schilderung im Text sofort „zu einem anderen Menschen" (1Sam 10,5f). Das zum Vorschein kommende gewalttätige Verhalten würde heute als manische Depressivität oder Schizophrenie diagnostiziert; es konnte sogar im Alten Israel als eine Form von Krankheit oder Geistesgestörtheit aufgefaßt werden (vgl. 2Kön 9,11; Hos 9,7; Jer 29,26). Ein so außergewöhnliches Verhalten war also immer mehrdeutig. Prophetische Vermittlung konnte aber ohne ein bestimmtes Maß an sozialer Akzeptanz nicht stattfinden. Darum mußte die Gesellschaft oder der vom Propheten angesprochene Teil der Gesellschaft „die Geister unterscheiden".

Die Landnahmegeschichten im Buche Josua und die Besiedlung des Landes mag man verschieden beurteilen, doch scheint klar zu sein, daß Israel als Nation im Schmelzofen von Kriegen entstanden ist. Nach J. Wellhausen war der Krieg die Wiege der Nation. Wir haben schon festgestellt, daß der Deuteronomist die Propheten als Nachfolger der „Richter" ansah, und Samuel war die Übergangsfigur. Tatsächlich liegen Ähnlichkeiten auf der Hand, doch darf man die Unterschiede nicht übersehen. Eine historisch sehr vertrauenswürdige Samuelüberlieferung stellt ihn als den Anführer einer Schar von ekstatischen Propheten dar, und es kann kein Zweifel daran bestehen, daß sowohl er selbst als auch die ganze Gruppe in die politischen und militärischen Ereignisse jener kritischen Zeit der Stammeskonsolidierung verwickelt waren.[96] Die Beziehungen Sauls zu ekstatischen Propheten haben wir schon erwähnt,

---

95 1Sam 9,1–10 spricht nur von dem „Gottesmann", eine Bezeichnung, die in der übrigen Erzählung nicht mehr vorkommt. Dort ist vielmehr von einem Seher (*ro'eh*) die Rede. Er wird mit Samuel identifiziert. Die erklärende Glosse V. 9, die eigentlich hinter V. 11 gehört, soll Samuel den Status eines Propheten (*nabi'*) geben.

96 1Sam 19,18–24: Die Gemeinschaft (*lahaqah* oder wahrscheinlicher *qehillah*) war in Ramah angesiedelt. Der Ort wird noch genauer mit Najoth bezeichnet (Qere; vgl. Navoth in 1Sam 20,1), es sei denn, daß es sich hier um ein einfaches Nomen handelt. Man vergleiche *naweh*,

und es ist besonders bedeutsam, daß seine Laufbahn als charismatischer Kriegshäuptling von dem spektakulären Zusammentreffen mit einer ekstatischen Truppe
(*hebel nebi'im*) in der Nähe einer von den Philistern gehaltenen Garnisonsstadt ihren
Ausgang nahm.[97] Die weitergehende Erzählung stellt auch klar, daß sein politischer
Niedergang in hohem Maße auf den Verlust der prophetischen Unterstützung zurückzuführen ist (1Sam 13,8–15; 15,1–35; 28,6).

Als David eine Dynastie begründete, ein Berufsheer anstelle des Stämmeaufgebotes
schuf und die Stammesstrukturen sich einem komplexen Staatssystem beugen
mußten,[98] da konnten auch die älteren Formen der Prophetie nicht unverändert bleiben. Der Abfall der nördlichen und mittleren Stämme nach dem Tode Salomos war –
obwohl er in der vorherrschenden judäischen Tradition sehr negativ beurteilt wird –
in Wirklichkeit ein Protest gegen diese Neuerungen und ein Bekenntnis zu den archaischen Mustern. Darum konnte die ekstatische Kriegsprophetie im Nordreich
weiter ihre Blüten treiben, während sie in Juda nicht mehr bezeugt ist. Die Pause
dauerte jedenfalls bis ins 8. Jahrhundert, als das Wiedererstarken Assyriens erneut
eine direkte Gefahr für die Existenz Judas darzustellen begann.

Zur Zeit des vereinigten Reiches finden wir allerdings in Juda eine Art von Hofprophetie, die in mancher Hinsicht Ähnlichkeit mit den schon oben diskutierten Mari-
„Propheten" aufweist. Als David Jahwe einen Tempel in Jerusalem bauen wollte, zog
er Natan, seinen Hofseher, zu Rate, und der gab ihm zuerst einen bejahenden Bescheid, um ihm dann, nach einer nächtlichen Vision, die Sache zu verbieten (2Sam
7,4–17). Im Einklang mit einer traditionellen Ablehnung kanaanäischer Kultorte
stellte sich das ursprüngliche Orakel bedingungslos gegen die Errichtung eines Tempels. In der darauf folgenden Regierungsperiode hat jedoch ein Redaktor eine bedingte Erlaubnis hinzugefügt: „Er (d.h. Salomo) soll meinem Namen ein Haus bauen" (V.
13). Das geschah unter dem Eindruck der Tatsache, daß der Tempel tatsächlich gebaut worden ist. Die Überlieferung spielt dabei mit dem Wort *bajit* (Haus), das
„Tempel" oder „Dynastie" bedeuten kann. „David wird mir kein Haus (= Tempel)
bauen; ich werde ihm ein Haus (= Dynastie) bauen." Dementsprechend hat auch Natan dem aus Batseba hervorgegangenen Thronerben Davids einen Namen gegeben
(2Sam 12,25), und wir finden ihn bei den Palastintrigen, die zur Abdrängung des
Kronprätendenten Adonija führten, an ihrer Seite (1Kön 1). Ein anderer Hofseher,
Gad, war mit David schon vor dessen Thronbesteigung verbunden (1Sam 22,3–5).
Auch später spielte er eine bedeutende Rolle, denn er beriet den König bei so wichti-

---

    Wohnort, mit einem kultischen Nebensinn, wie in Ex 15,13; 2Sam 15,25; Jer 25,30; Ps 74,8.
    Wenn es sich in 1Sam 19 um ein Heiligtum handelte, dann wäre leichter zu verstehen, warum
    David dort Zuflucht suchte. Außerdem sind Ekstatiker auch anderswo mit Heiligtümern
    verbunden.

97 Der Satz „Tu, was dir vor die Hände kommt" (1Sam 10,7) deutet augenscheinlich auf eine mili
    tärische Tat, besonders, wenn man die Beauftragung durch Samuel (1Sam 10,1) mit berücksich
    tigt. Sauls erster militärischer Schlag scheint eher gegen die Ammoniter als gegen die Philister
    gerichtet gewesen zu sein (1Sam 11,1–11). Es könnte aber eine Verbindung zu dem Angriff auf
    die Philistergarnison (oder der Ermordung eines philistäischen Kommandanten) in Geba (1Sam
    13,4f; vgl. Gibea in 1Sam 10,5.10) bestehen. Die ekstatische Verzückung könnte eine parallele
    Tradition zu der Zerstückelung des Ochsengespannes und der Sendung der Fleischstücke an alle
    Stämme in 1Sam 11,6f darstellen.

98 Die biblischen Traditionen haben zweifellos die Erfolge der vereinigten Monarchie übertrieben.
    Archäologisch ist davon praktisch nichts festzustellen, aber wir entdecken wohl Spuren eines
    entstehenden Staatsapparates (Bürokratie, Steuererhebung, Zwangsarbeit usw.) in jener Zeit.

gen Entscheidungen wie der Wahl des Grundstückes für das zukünftige Heiligtum (2Sam 24,18f; 1Chr 22,1). Andere Prophetensprüche, welche die Ausdehnung des davidischen Reiches vorhersagten (2Sam 3,9f; 5,2; Gen 49,8–12; Num 24,15–19), sind wahrscheinlich aus dem Kreis von Hofpropheten hervorgegangen, mit denen frühe judäische Könige sich zu umgeben pflegten.

7. Prophetie im Nordreich: Elia und Elisa

In den beiden Jahrhunderten vom Tode Salomos (ca. 925 v.Chr.) bis zum Fall Samarias (722 v.Chr.) werden in den Geschichtswerken Propheten und Prophetie ausschließlich für das Nordreich erwähnt. Ganz spontan sind wir geneigt, diese Tatsache mit der Zielsetzung der Geschichtsschreiber zu erklären. Sie hätten demnach die Lehre aus dem Schicksal Samarias auf Juda anwenden wollen: Wenn ihr eure Propheten so mißachtet wie sie die ihrigen, dann wird euch dasselbe Geschick treffen (2Kön 17,7–18).[99] Doch sollte man bedenken, daß die Vorstellung vom charismatischen Führertum, die auf dem Boden des Nordreiches kräftig weiterlebte, als ein Gegenmodell zum erblichen Königtum diente. Allein dadurch schon entstanden Freiräume für die Beteiligung von Propheten an politischen Vorgängen. Wir werden sehen, daß sie bei der Wahl und Absetzung von Herrschern eine bedeutende Rolle spielten, und zwar die ganzen zwei Jahrhunderte hindurch, während deren das Nordreich existierte.

Es ist sinnvoll, zuerst die politische Situation dieser Zeit zu skizzieren. Die Einigkeit der Stämme, welche der politische Genius Davids zustande gebracht hatte, war recht locker und hatte nur Bestand, solange sein Nachfolger Salomo lebte. Grundlage für Davids Herrschaft über die Stämme des zentralen Hochlandes und Nordisraels war eine Absprache bzw. ein Vertrag, den er mit ihren Stammesältesten abgeschlossen hatte (2Sam 5,1–3). Trotz Opposition und gelegentlichen Versuchen, dieses Übereinkommen außer Kraft zu setzen, z.B. durch den Benjaminiten Scheba ben Bikri (2Sam 20), hat es seine Regierungszeit überdauert; es muß bei der Thronbesteigung Salomos erneuert worden sein. Als der wiederum gestorben war, begab sich sein Nachfolger Rehabeam erwartungsgemäß nach Sichem, dem alten Heiligtum der Joseph-Stämme, um den Staatsvertrag zu erneuern. Jetzt aber waren die Stammesführer nicht mehr bereit, es bei einer formalen Ratifizierung bewenden zu lassen. Sie stellten Bedingungen, die Rehabeam unklugerweise im Handumdrehen ablehnte (1Kön 12,1–15). Das Resultat war die Thronbesteigung des Jerobeam, eines Beamten Salomos, in einem nun unabhängigen nördlichen Königtum. Der Aufstand gegen Jerobeam war im Grunde eine Bekräftigung des traditionellen Modells der Stämmeautonomie gegenüber der neuzeitlichen, erblich-dynastischen Monarchie. So kam es, daß die Daviddynastie in Juda mit nur einer ganz kurzen Unterbrechung mehr als drei Jahrhunderte Bestand hatte und der Nordstaat Aufstieg und Fall von Möchtegern-Herrschern in rascher Folge erlebte. Die Armee spielte dabei eine entscheidende Rolle, wie etwa in manchen lateinamerikanischen Ländern in unserer Zeit. Vor diesem Hintergrund blühte auch die alte Kriegsprophetie weiter, die andererseits in Juda „entmilitarisiert" worden war und andere Formen annehmen mußte.

---

[99] Ich rede natürlich von der ersten Bearbeitung des deuteronomistischen Geschichtswerkes in den letzten Jahrzehnten der Unabhängigkeit Judas; vgl. besonders F.M. Cross, 1973, 274–285.

Der deuteronomistische Geschichtsschreiber weist in seinem Bericht über den Aufstieg des Ephraimiten Jerobeam ben Nebat dem aus Silo stammenden Propheten Ahija eine außerordentliche Bedeutung zu. Er habe nach dem Vorbild des Samuel Jerobeam zum König über die zehn Nordstämme gesalbt (1Kön 11,29–39). Zuerst habe dieser prophetische Unterstützung gehabt, vielleicht auch aus Juda (1Kön 12,22–24), sei aber dann von Ahija verurteilt worden. Der Prophet habe auch dem erkrankten Königssohn den Tod angesagt (1Kön 14,1–16). Die Erfüllung dieser Voraussage wird an gegebener Stelle vermerkt (1Kön 15,29). Dasselbe Schema setzt sich nach einem Zwischenspiel eines „Gottesmannes" namens Schemaja (1Kön 12,22–24) beim Propheten Jehu ben Hanani fort. Dieser unterstützte zunächst die ebenso kurzlebige Dynastie des Baesa und verdammt sie dann (1Kön 16,1–4.7.12f). Das Eintreffen auch dieser Weissagung wird formgerecht festgehalten (1Kön 16,12). Elia, Elisa, Micha (1Kön 22) und andere Propheten kamen in verschiedener Weise und verschiedenem Ausmaß in Konflikt mit den Omriden. Sie sagten ihnen den Sturz voraus und waren sogar in den Staatsstreich verwickelt, der ihrer Dynastie das Ende und Jehu auf den Thron brachte (1Kön 20,33–43; 21,19.21–24; 22,28; 2Kön 1,6; 9,1–10). Die Geschichte prophetischer Interventionen wird dann durch Amos und Hosea fortgeführt. Sie verdammten die Dynastie Jehu und sagten ihren Fall an (Am 7,9.11; Hos 1,4f). Klare Anzeichen deuten darauf hin, daß der Deuteronomist bei der Redaktion erheblich in diese Berichte eingegriffen hat: Er hat z.B. die prophetischen Voraussagen ausgeweitet, so daß sie den Fall des Nordreiches einschließen, und die prophetische Opposition gegen die Kultstätten von Bethel und Dan akzentuiert. Doch kann kein Zweifel daran bestehen, daß im Nordreich prophetische Kreise großen, wenn auch zwielichtigen Anteil an der Verwaltung der politischen Macht hatten.

Mit dem erfolgreichen Coup des Heereskommandanten Omri (ca. 876 v.Chr.) wird zum ersten Mal seit fünfzig Jahren eine Ära relativer Stabilität eingeleitet. Eine der allerersten Maßnahmen Omris war die Gründung einer neuen Hauptstadt, Samaria, obwohl die Stadt Jesreel am Fuß des Gilboa-Berges auch als königliche Residenz diente. Weil die Beziehungen zu Juda friedvoll waren, konnten die Omriden nach Norden und Osten eine tatkräftige Expansionspolitik verfolgen; diese Politik schloß außerdem Wirtschaftsabkommen mit den wohlhabenden phönizischen Städten ein. Um solche Ziele zu unterstützen, arrangierte Omri die Ehe seines Sohnes Ahab mit Isebel (Isebul), der Tochter des tyrischen Königs Ittobaal. Eine solche typisch diplomatische Verbindung wäre kaum der Rede wert gewesen, hätte die Prinzessin sich nicht als eifrige Anhängerin des tyrischen Baal entpuppt. Sie nutzte ihre Position aus und förderte während der Regierungszeit ihres Gatten und ihrer beiden Söhne Ahasja und Joram, die ihm nachfolgten, aktiv den Baalskult. Ihr Einfluß erstreckte sich sogar nach Juda, wo ihre Tochter Atalja eine Palastrevolte anzettelte und die folgenden fünf Jahre ihrer Regierung dem Staat Juda eine neue politische und religiöse Ordnung aufzuzwingen versuchte. Der Versuch scheiterte an der Jerusalemer Tempelpriesterschaft.

Die parteiliche Sicht des Deuteronomisten erschwert es uns, die religiöse Situation in Israel zur Zeit des Ahab (ca. 869–850 v.Chr.) korrekt einzuschätzen. Er gab seinen Kindern Jahwe-haltige Namen, unterstützte Jahwe-Propheten (1Kön 22,5–12) und zeigte zumindest anfangs Respekt vor althergebrachten israelitischen Bräuchen (1Kön 21,1–4). Doch ließ er angeblich in Samaria Heiligtümer für den tyrischen Baal und Aschera, die kanaanäische Muttergottheit, bauen. Ihr Personal bestand aus Hunderten von männlichen und weiblichen Ekstatikern. Seiner Frau scheint er freie Hand gelassen zu haben, denn wir hören – sicherlich in deuteronomistischer Übertreibung – von der Verfolgung von Jahwepropheten und der Zertrümmerung von Jahwealtären (1Kön 18,4.22.30; 19,10.14). Sogar der Oberhofmeister mußte heimlich vorgehen, wenn er Jahwepropheten vor dem Tod retten wollte (1Kön 18,3f).

Der deuteronomistische Geschichtsschreiber stellt die „goldenen (bzw. vergoldeten) Kälber" von Bethel und Dan als echte Kultobjekte dar, deren Anbetung die Verwerfung des Jahwekultes in sich schloß (1Kön 12,28–30; vgl. Ex 32,1–6). Doch es ist wahrscheinlicher, daß das Stierbild als Pedestal für Jahwe gedacht war. Man hatte diese Figur gewählt, um die verbliebenen kanaanäischen Enklaven mit der israelitischen Dynastie zu versöhnen. Es spricht auch viel dafür, daß zur Zeit des Ahab die Bevölkerung im Nordstaat großenteils den Kult für Jahwe weitgehend an den der kanaanäisch-phönizischen Gottheiten angeglichen hatte. Von den Personennamen, die man auf den Ostraka von Samaria gefunden hat – sie stammen aus dem späten 9. oder frühen 8. Jahrhundert v.Chr. –, enthalten elf das Element JW (eine Abkürzung von Jahwe) und acht das Element Baal.[100] In einer Inschrift auf einem Vorratskrug aus etwa derselben Zeit – sie wurde in Kuntillet Adjrud im Negev gefunden – heißt es: „Ich segne dich durch Jahwe von Samaria und seine Aschera", wobei das letzte Wort entweder auf die Göttin selbst oder einen ihrer Kultgegenstände zu beziehen ist.[101] Diese und andere Informationen scheinen darauf hinzuweisen, daß die Mehrheit der Bevölkerung im Königreich Samarien ganz unangefochten derartige Praktiken und Glaubensvorstellungen pflegte. Die Ankunft der Isebel, einer offensichtlich außerordentlichen Persönlichkeit, war Anlaß zu gewalttätigen Auseinandersetzungen zwischen konservativen baalistischen und jahwistischen Kräften, den beiden entgegengesetzten Seiten des Spektrums. In diesem Zusammenhang müssen die Elia-Geschichten gelesen und verstanden werden.

Elia wird ganz abrupt in die Geschichte der Königreiche eingeführt (1Kön 17,1). Das läßt darauf schließen, daß der Deuteronomist Geschichten und Legenden von dieser mächtigen Gestalt aus einem größeren Vorrat in Umlauf befindlichen hagiographischen Materials auswählt. Die hingeworfene Bemerkung, „Berscheba, das zu Juda gehört" (1Kön 19,3) läßt auch vermuten, daß dieses Material überwiegend vor dem Fall von Samaria niedergeschrieben wurde. Der Deuteronomist hat das, was seiner Absicht diente, in seine Königsgeschichte eingefügt. Nur hier und da hat er es kommentiert, um es mit seiner eigenen Interpretation der Geschichte in Übereinstimmung zu bringen.[102] Darum wird – entsprechend deuteronomistischen Vorstellungen von Prophetie – Elias Rolle als Bundesmittler hervorgehoben, und die Baalspropheten werden gemäß dem deuteronomistischen Gesetz mit dem Tod bestraft (Dtn 18,20).

Die Elia-Überlieferung gehört, wie mittelalterliche Heiligenlegenden auch, in erheblichem Umfang zum literarischen Genre der Hagiographie. Wie in anderen Beispielen der Gattung (etwa bei Antonius, dem Eremiten, der von Athanasius geschildert

---

[100] Für die Ostraka von Samaria vgl. J.C.L. Gibson, Textbook of Syrian Semitic Inscriptions, 1:5–20, 71–83; A. Lemaire, Inscriptions Hebraiques, Bd. I, Les Ostraca, Paris 1977, 23–81, 245–250 [TUAT I, 248f (D. Conrad); Anm. d. Übers.].

[101] Zu den Graffiti von Kuntillet Adjrud vgl. Z. Meshel in ABD 4, 103–109 [Texte in TUAT II, 561–564 (D. Conrad); Anm. d. Übers.].

[102] 1Kön 18,18.31f.36f; 21,20–26; 22,37–53; 2Kön 1,17f.

wird; Hanina ben-Dosa in der rabbinischen Überlieferung; Apollonius von Tyana, nach der Darstellung des Philostratus) tauchen immer wieder die gleichen Motive auf: Der Heilige wird wunderbarerweise von Vögeln (1Kön 17,2–7) oder von Engeln (1Kön 19,5–8) ernährt, er bestimmt das Wetter (1Kön 17,1), vermehrt Nahrungsvorräte (1Kön 17,8–16), erweckt Tote (1Kön 17,17–24), erhebt sich in die Luft (1Kön 18,12; 2Kön 2,1–12.16) und vollbringt übernatürliche Dauerleistungen (1Kön 18,46; 19,8). Legendenhaftes hat gewiß eine wichtige Rolle in der Ausformung dieser Überlieferungen gespielt, und doch macht sich durch die Legende aus jener fernen Vergangenheit bis in unsere heutige Zeit eine enorme spirituelle, z.T. gefährliche Kraft geltend.

Die Erzählung beginnt damit, wie Elia durch seinen Fluch eine Dürreperiode über das Land bringt und dann außerhalb des Herrschaftsbereiches König Ahabs Zuflucht sucht. Seine Demonstration sollte ein zentrales religiöses Problem bewußt machen, nämlich die Verfügungsgewalt über den Niederschlag und damit über die physische und wirtschaftliche Existenz. Das wird wohl eine politische Krise ausgelöst haben, denn eine Katastrophe dieses Ausmaßes stellte auch die Legitimität der Dynastie in Frage (vgl. die dreijährige Dürre zu Beginn der Regierung Davids, 2Sam 21,1–14).

Die Lösung geschieht in der Konfrontation auf dem Karmel (1Kön 18,20–40); die Geschichte hat aber vielerlei redaktionelle Bearbeitung erfahren. Der Schauplatz, ein mindestens seit dem 2. Jahrtausend bekanntes Kultzentrum, mag im Gefolge israelitisch-phoenizischer Abmachungen die Besitzer gewechselt haben. Jedenfalls läßt die Zerstörung und Wiederaufrichtung eines Jahwealtars (1Kön 18,30) eine Auseinandersetzung über die Eigentumsrechte an jenem Stück Land vermuten. Durch die Errichtung eines Altars machte man nämlich üblicherweise seinen Anspruch auf umstrittenes Gebiet geltend.[103] Der Deuteronomist hat die Episode zu einer all-israelitischen Versammlung um einen aus zwölf Steinen erbauten Altar ausgeweitet. Er nutzte die Gelegenheit ebenfalls, um sich ein wenig über die phönizische Gottheit lustig zu machen: Das nüchterne Gebet des Elia wird mit dem orgiastischen Delirium der Baalspropheten kontrastiert, die einen Hinketanz vollführen und sich selbst kasteien.[104] Der Vorfall endet grausam mit weiterem Blutvergießen, und bald darauf fällt nach drei Jahren der erste Regen.

Elia konnte also einen fast vollständigen Triumph verbuchen, und doch mußte er danach seltsamerweise um sein Leben in den Negeb flüchten, von wo aus er eine vierzigtägige Pilgerreise an den Horeb unternahm (1Kön 19,1–18). Der unerwartete Stimmungskontrast ergibt sich wohl aus der literarischen Zusammenstellung zweier ehemals unabhängiger Geschichten, oder er deutet an, daß Elias Sieg weniger ruhmreich ausgefallen war, als uns die Geschichtsschreiber glauben machen wollen. Baalspropheten hat es nämlich auch weiterhin reichlich gegeben (2Kön 10,19), und es blieb Jehu überlassen, den Baalskult jedenfalls zeitweise in einem unerhörten Blutbad auszulöschen, sobald er die Macht ergriffen hatte (um 845 v.Chr.). Vielleicht

---

[103] Vgl. z.B. 1Sam 14,35: Saul baut seinen ersten Jahwealtar, nachdem er das Gebiet von den Philistern zurückerobert hat. In Gen 12,7f und 13,18 können die Altäre Abrahams bei Sichem, Betel und Mamre im selben Sinn gedeutet werden. Zum Altar auf dem Karmel vgl. A. Alt, Das Gottesurteil auf dem Karmel, in: ders., Kleine Schriften zur Geschichte des Volkes Israel II, München 1953, 135–149.

[104] R. de Vaux vertritt die Ansicht, der Spott sei gezielt gegen den phönizischen Baal gerichtet, vgl. ders., Les Livres des Rois, Paris 1958, 13–16; ders., 1971.

war der Besuch am Horeb ursprünglich mit der Berufung und Aussendung des Elia verbunden, und der Bericht von der Dürre und ihrer Überwindung ist aus einer ganz anderen Quelle hinzugekommen und nur wegen des dramatischen Effekts an die erste Stelle gesetzt worden.

Die redaktionellen Weiterungen, denen die Horeb-Episode ausgesetzt wurde und die wir hier nicht diskutieren können, machen die verwirrende Fülle von unterschiedlichen Interpretationen in den Kommentaren verständlich. Das Hauptproblem liegt darin, das „stille, sanfte Sausen" [Luther] („a low murmuring sound" [New English Bible]) mit einer Entsendung zu harmonisieren, welche zu Blutvergießen und Zerstörung führen sollte. Elia wird sozusagen zum Auftragskiller bestellt! Der Widerspruch zwischen Sturm, Erdbeben und Feuer auf der einen und dem sanften Sausen oder Getöne auf der anderen Seite hat auch Anlaß zu zahlreichen Predigtvariationen über das Thema gegeben, manche davon sind ausgesprochen bizarr. Ein Versuch arbeitet mit dem Unterschied von orgiastischer und lethargischer Ekstase.[105] Ein anderer möchte die Theophanie zum Einschub erklären (1Kön 19,11–13a); sie solle der grundlegenden Sinaitheophanie (Ex 19,16–19) die indirekte, dem inneren Prophetenohr geschenkte Offenbarung gegenüberstellen.[106] Wenn wir diese Einfügung herausnehmen, dann steht Elia vor uns, wie er den fast vollkommenen Abfall von Jahwe denunziert und als Reaktion darauf die Vernichtung des treulosen Volkes Israel durch Hasael, den König von Damaskus, Jehu, den fanatischen Heerführer, und Elisa anordnet. Alle drei sollen durch Elia gesalbt werden.[107] Lediglich ein Rest von 7000 Menschen soll als Kern einer neuen, glaubensfesten Gemeinde überleben. Hier liegt dem Wesen nach bereits die Botschaft der großen Propheten des 8. und 7. Jahrhunderts vor, die ebenfalls das Todesurteil über ihre Zeitgenossen fällten.

Andere, leicht abweichende Überlieferungen stellen Elia in Opposition zur Omri-Dynastie, und zwar nach dem Vorbild Samuels, der gegen Saul opponierte. Ahabs Versuch, den Verkauf eines Weinberges neben dem königlichen Palast in Jesreel zu erzwingen, wurde durch den Eigentümer wirksam verhindert: Er berief sich nämlich auf alte israelitische Rechtsbräuche, welche die dauerhafte Aneignung von fremdem Familienbesitz untersagten (1Kön 21,1–19). Obwohl Ahab darüber höchst mißgelaunt war, bestand er – zu seinen Gunsten sei's gesagt – nicht auf dem Plan. Doch Isebel kaufte sich zwei Rauhbeine und ließ Anklage wegen eines Kapitalverbrechens gegen Nabot, den Eigentümer, erheben. Der wurde daraufhin hingerichtet und sein Eigentum von der Krone konfisziert. Typischerweise ist das Urteil, das Elia über Ahab ausspricht, im Blick auf den Untergang der Dynastie erweitert worden. An der entsprechenden Stelle wird der Vollzug dann gebührend notiert (2Kön 10,10.17). Ahabs Sohn und Nachfolger, Ahasja, fiel ebenfalls dem Elia zum Opfer: Er verdammte ihn, weil der König Hilfe bei fremden Gottheiten suchte, nachdem er im Palast einen Unfall erlitten hatte. Auch sein Tod wurde auf den Fluch des Propheten zurückgeführt (2Kön 1,2–17).

Die Überlieferungen haben durchaus unterschiedlichen historischen, religiösen und ethischen Wert. Sie zeichnen eine Hauptfigur, die plötzlich aus dem Nirgendwo hervortritt und nach einer stürmischen Karriere in einem Feuerwagen gen Himmel ent-

---

[105] J. Lindblom, 1962, 49.
[106] E. Würthwein, 1970.
[107] 2Kön 8,7–15; 9,1–13; 1Kön 19,19–21; 2Kön 2,9–12. Hasael wurde von Elisa zum König designiert, Jehu durch einen von Elisas Prophetenschülern.

schwindet. Sie vermitteln vor allem das Gefühl, daß es sich um eine *isolierte* Gestalt handelt. Doch mag das falsch sein. Denn sowohl Elia als auch sein Schüler Elisa werden als „Vater" tituliert (2Kön 2,12; 13,14), und diese Anrede schließt die Führerrolle in einer prophetischen Lebensgemeinschaft ein, die Elia anscheinend zum letzten Mal kurz vor seiner mysteriösen Entrückung (2Kön 2,2–12) aufgesucht hat. In dieser Hinsicht erinnert er uns an Samuel, der in Rama einer Gruppe von Ekstatikern vorstand (1Sam 19,18–24). Freilich hat diese Funktion eine breite Palette anderer Tätigkeiten nicht ausgeschlossen. Die Berichte über die von den Omriden geführten syrischen Kriege bezeugen die politische und militärische Rolle der ekstatischen Propheten, die einzeln oder in Gruppen auftraten.[108]

Wir würden gerne mehr über die Lebensweise dieser kleinen Gemeinschaften, die man „Prophetensöhne" oder einfach „Propheten" (*nebi'im*) nannte, wissen. Die meisten oder gar alle dieser Gestalten waren vermutlich arm und gehörten zu monastischen Gruppen, wo man sich ekstatischen Übungen hingab und wirtschaftlich gesehen ein sehr asketisches Leben führte. Einigen Randgruppen unserer eigenen Gesellschaft vergleichbar, artikulierten sie ihre Aversion gegen die herrschende städtische, stark kanaanäisch geprägte Kultur, indem sie sich anders kleideten (vgl. 2Kön 1,8), sehr einfach ernährten und die Annehmlichkeiten des städtischen Lebens physisch mieden. Parallelen zu Nasiräern und Rechabiten lassen sich ziehen, besonders hinsichtlich des fanatischen Einsatzes im Glaubenskrieg. Während die – wie wir gesehen haben – eng mit den n^{e}bi'im verwandten Nasiräer ihre Haare wachsen ließen, mögen andere Gruppen ihren Kopf wie buddhistische Mönche kahlgeschoren haben.[109] Die Rechabiten ihrerseits, angeführt von Jonadab, dem Vorkämpfer für Jehus Staatsstreich und die darauf folgenden Säuberungsmaßnahmen, lebten in Zelten, mieden die Landwirtschaft und verachteten ebenfalls alle Rauschmittel.[110] Diese „primitiven" Propheten erinnern uns daran, daß Prophetie nicht nur aus einem Redeauftrag bestehen muß, sondern die Annahme eines bestimmten Lebensstils einschließen kann, durch den dramatisch verdeutlicht wird, wie sehr man das Wirklichkeitsverständnis der Großgesellschaft ablehnt.[111]

Ein ständig wiederkehrendes Merkmal von Prophetie in jener Zeit ist ihre Nähe zu Kriegshandlungen und kreuzzugsähnlichen Unternehmungen. In den Syrerkriegen hat Elisa einmal einen Berg voller Pferde und feuriger Streitwagen gesehen und dann

---

[108] 1Kön 20,13–22.28.35–43; 22,1–28; 2Kön 6,8–7,20; 8,7–15.

[109] Das scheint jedenfalls in der Geschichte von den Jungen vorausgesetzt, die Elisa wegen seines Kahlkopfes oder seiner Tonsur verspotten und deswegen von Bären zerrissen werden – ein klassisches Beispiel von Überreaktion (2Kön 2,23–25). – Von den Nasiräern ist außer aus der Simson-Sage und den späten Ordnungen in Num 6,1–21 wenig bekannt. Wenn p^{e}ra'ot in Ri 5,2 (Deboralied) sich auf lange Haarlocken beziehen sollte (vgl. Num 6,5), dann hätten wir auch da einen indirekten Bezug auf Nasiräer.

[110] Die Art, wie die Rechabiten in Jer 35 wegen ihrer Treue zu den väterlichen Traditionen gelobt werden, ist nicht leicht mit der anderen Sicht zu vereinbaren, nach der sie eine Gilde von Metallarbeitern gewesen sind: so F.S. Frick, ABD 5, 630–632.

[111] Angemerkt sei, daß die frühe Gemeinschaftsprophetie manchen Sekten der Spätzeit des zweiten Tempels, die sich für die Erben prophetischer Tradition hielten, als Modell diente. Dieses Modell mag selbst manche mehr geistesmächtige und enthusiastische Züge im frühen Christentum erklären. Das Ideal einer Prophetengemeinschaft, die den charismatischen Urfunken bewahrt, taucht auch in der Geschichte des Christentums immer wieder auf. Manchmal nimmt es ähnlich seltsame und irritierende Formen an wie unter den „Primitiven", die Elia und Elisa als ihre Anführer betrachteten.

auch seine Jünger sehen lassen (2Kön 6,17). Auf seinem Totenbett wurde derselbe Prophet von König Joas besucht. Der rief aus: „Mein Vater, mein Vater! Die Wagen Israels und ihre Reiter!" (2Kön 13,14). Er beschwor damit die Vision, die Elisa empfangen hatte, als sein Meister entrückt wurde (2Kön 2,11f). Ein alter Psalm nennt Jahwe den „Wolkenreiter" (Ps 68,5: *rokeb ba 'arapot*, emendierter Text), das ist ein in ugaritischen Texten für Baal verwendeter Titel.[112] Er verweist auf die Vorstellungen vom himmlischen Krieger und Herrn der Streitwagen (vgl. Ps 68,18), und er stimmt mit der Bezeichnung „Jahwe der Heerscharen" überein, die zum erstenmal in den Philisterkriegen erscheint. Die „primitiven" Propheten des 9. Jahrhunderts handelten also auf Befehl Jahwes, des Kriegsgottes. Jehu wurde in seinem Vernichtungsfeldzug gegen die Baalspropheten von Jonadab ben Rekab, dem Ahnvater der Rechabiter, unterstützt (2Kön 10,15f). Der Ausdruck „Rechabiter" hat etwas mit „Wagenlenker" zu tun und mag „Anhänger des Streitwagengottes" bedeuten (vgl. die syrische Gottheit Rakkab-el oder Rakkub-el). Man kann sich kaum dem Eindruck entziehen, daß die Verbindungen zwischen Elia, Elisa und den Rekabitern enger waren, als es nach außen erscheint. Auch Jonadab war als „Vater" bekannt (Jer 35,6), und alle drei waren fanatische, auf die Zerstörung des Baalkultes erpichte Jahweanhänger. Daß Elias Leben im transjordanischen Gilead begann und endete, mag zusätzliche Bedeutung für seine „Lokalisierung" haben, nur können wir dieses Faktum, falls es verläßlich ist, nicht weiter aufhellen.

Weitere „Tatberichte" von Prophetengestalten des 9. Jahrhunderts mögen in Umlauf gewesen sein, doch außer denen von Elia und Elisa ist uns nur eine Geschichte über Micha ben Jimla überliefert. Seine Konfrontation mit den Wahrsagern von Ahabs Gnaden,[113] die ein gewisser Zedekia anführt (1Kön 22,1–36), bietet das klassische Beispiel eines innerprophetischen Konflikts. Die Monarchen beider Reiche hatten sich auf einen kleinen Eroberungsfeldzug verständigt, der Ramot in Gilead den Syrern wieder abgewinnen sollte. Zuerst aber mußte der Plan durch prophetisches Orakel bestätigt werden. Weil man von einer judäischen Redaktion des Berichts ausgehen muß, nimmt es nicht wunder, daß der judäische König die Befragung Jahwes vorschlägt und dann mit der enthusiastischen Unterstützung durch die Hofpropheten aus Samaria unzufrieden ist. Unter der Leitung des Zedekia führen die Hofpropheten vor den beiden Königen auf dem Torplatz eine Ekstase-Schau vor – der Vergleich mit heutigen Propaganda-Aufführungen ist verführerisch, aber irreführend. Zedekia nimmt den versprochenen Sieg dramatisch vorweg, indem er sich eiserne Hörner aufsetzt und ein Heilsorakel, eingeführt durch die übliche Botenformel „So spricht Jahwe", ergehen läßt. Auch Micha kündigt zunächst einen erfolgreichen Feldzug an, berichtet dann aber von zwei Visionen, in denen das Volk führerlos auf den Bergen herumirrt und er selbst in die himmlische Ratsversammlung – Jahwe sitzt auf seinem Thron, die Gottwesen stehen um ihn herum – zugelassen wird. Auf das Geheiß Jahwes erbietet sich einer dieser Untergebenen, der nur „der Geist" genannt wird, den König Israels zu täuschen und zu einer falschen Entscheidung zu

---

112 Das Vorkommen von rkb 'rpt ist im Glossar von C.H. Gordons Ugaritic Manual, siehe Anm. 14., 324 nachgewiesen.

113 Der Geschichtsschreiber nimmt an, daß Ahab der betreffende König war (vgl. 1Kön 22,39). Doch Ahab wird nur einmal namentlich erwähnt (V. 20), und LXX wie V haben an dieser Stelle nur „der König Israels". Sonst sagt auch MT stets „der König Israels" (17 mal), obwohl Josaphat, der König von Juda, namentlich erwähnt wird.

verführen. Er will es tun, indem er den Propheten des Königs zum „Lügengeist"
wird. So geschieht es auch.

Dieser Vorfall gibt uns wertvolle Verstehenshinweise darauf, wie die problematischen Aspekte der Prophetie in Israel viel später gehandhabt wurden. Die Kernfrage
war nämlich die richtige Einschätzung kollidierender Offenbarungsansprüche. Wie
sollte man echte und falsche Prophetie unterscheiden? Der Testfall stellt zwei ganz
verschiedene prophetische Typen gegeneinander. Theologisch gesehen kann nur der
Prophet Anspruch auf Gehör haben, der bei Gott zur Audienz vorgelassen worden
war. Die Behauptung aber, es sei so gewesen, ist offensichtlich nicht nachprüfbar.
Also brauchte man andere Kriterien. Es reicht nicht aus, im Namen Jahwes zu reden
und konventionelle Anredeformen zu benutzen. Zedekia hat genau das getan. Vorausgesetzt wird, wenn auch unausgesprochen, daß Visionen und rationale Rede eher
Artikulationen prophetischen Auftrags sind als die Ekstase und sympathetische
Magie der Hofpropheten. Weissagungen sind ebenso für die Beurteilung wichtig, besonders dann, wenn sie bald nach ihrer Äußerung verifizierbar oder falsifizierbar sind
(d.h. wenn ihr Eintreffen nachgeprüft werden kann). Es herrscht aber auch die Meinung, daß die Beweislast eher beim Heilspropheten liegt als bei demjenigen, der den
Erwartungen seiner Zuhörer widerspricht. Wir werden später sehen, wie das Problem
der richtigen Einschätzung der Prophetie, ihre wahre Achillesferse, in den letzten
Tagen der Monarchie zu seinem Höhepunkt kam.

Die Bildrede von Vater- und Sohnschaft, die in Prophetengruppen gängig war, liegt
hinter dem Erzählmotiv, nach dem Elisa ein doppelter Anteil des Geistes eines Elia
übertragen wird (2Kön 2,9f). Denn nach dem Gesetz bekam der Erstgeborene kraft
seiner Position einen doppelten Anteil des Erblandes (Dtn 21,17). Nach seiner Berufung zum Jünger (1Kön 19,19–21) wurde Elisa mithin als Nachfolger Elias zum
Oberhaupt der prophetischen Gemeinschaften bestimmt. In dieser Stellung wurde er
vor den Augen der Mitglieder durch Wunder bestätigt (2Kön 2,13f u.ö.). Die Berufungsgeschichte des Elisa wurde so etwas wie ein Paradigma charismatischer Sukzession; sie scheint hinter der Geistbegabung der siebzig Ältesten (Num 11) und der
Beauftragung des Josua als Mose-Nachfolger (Num 27,15–23; Dtn 34,9) zu stehen.
Auch die Rede von Jüngerschaft im frühen Christentum nahm sich Elisa als
Modell.[114]

Im übrigen hatte die Erzähltradition über Elisa eine lange und komplexe Geschichte.
Ihre Verflechtung mit der Eliaüberlieferung stellt ein besonderes Problem dar. Z.B.
ist es durchaus möglich, daß einige Wunder Elisas auf Elia übertragen worden
sind.[115] Vielleicht hat man auch den von Elisa angezettelten Revolutionen in Samaria
und Damaskus (2Kön 8,7–15; 9,1–13) dadurch eine stärkere Legitimation verschaf-
fen wollen, daß man sie auf die angesehenere Gestalt zurückverlegte (1Kön 19,15f).
Elisa aus Abelmehola im Jordangraben ist stärker als Elia mit den ekstatischen Ge-
nossenschaften verbunden, von denen einige in jener Gegend zu lokalisieren sind. Er

---

[114] Vgl. Luk 9,57–62 und Apg 1,6–11, wo die Entrückung Jesu und die Geistbegabung nach dem
       Vorbild der Elia-Erzählungen geformt sind (es taucht dasselbe Vokabular auf wie in der LXX-
       Version von 2Kön 2). Die Jünger sind in Macht gehüllt und wirken Wunder – das erinnert an den
       wunderträchtigen Umhang des Elia. Weiter sticht hervor, daß sie die Entrückung Jesu miterleben
       müssen, um den Geist zu empfangen, genau wie Elisa beim Entschwinden seines Meisters zuge-
       gen sein mußte.
[115] 2Kön 4,1–7; vgl. 1Kön 17,14–16; 2Kön 4,18–37; vgl. 1Kön 17,17–24.

stellt in jeder Hinsicht den „primitiveren" Typ dar, der die betont zerstörerischen Kräfte einer solchen urtümlichen Persönlichkeit besser verkörpern kann. Er war es schließlich, der durch einen prophetischen Abgesandten die Revolution Jehus mit ihren in der israelitischen Geschichte unerhörten Massakern in Gang setzte. Später wurde dieselbe Revolution durch Amos und Hosea verdammt. Gar nicht untypisch beendete er sein Leben, als er den König zu einem neuen Feldzug gegen Syrien anstachelte und seinem Ärger darüber Luft machte, daß der augenscheinlich nicht mit vollem Einsatz zur Sache ging (2Kön 13,14–19).

Außer auf die aktive Beteiligung des Propheten an den Syrerkriegen konzentriert sich die Elisa-Überlieferung auf die Rolle des charismatischen Wundertäters. Das Herzstück des Erzählzyklus ist eine Reihe von Wundergeschichten, welche die ihm bei der Berufung verliehene Macht darstellen. Heilungen und Totenerweckungen gehören dazu (2Kön 4,8–37; 5,1–19), eine „Tat" geschieht sogar posthum (2Kön 13,20f). Andere Erzählungen zeigen, wie Elisa die Natur beherrscht (2Kön 2,12–14.19–22; 4,38–41; 6,1–7) und auch Nahrungsmittel vermehrt (2Kön 4,1–7.42–44). Wieder andere würden heute als Beispiele für Hellsichtigkeit und übersinnliche Wahrnehmung eingestuft werden (2Kön 6,8–10.12.17). Etliche Geschichten könnten wir schließlich als Strafwunder nach der in apokryphen Evangelien erscheinenden Art klassifizieren (2Kön; 2,23–25 6,18). Ein Vergleich mit Wundern anderer Heiliger – einschließlich der Wunder im Neuen Testament – würde gewisse gemeinsame Strukturen enthüllen. Sie könnten uns wertvolle Hinweise auf Funktion und Absicht der Gattung „Wundergeschichte" geben. Doch kommen wir auf dieser Linie zu weit vom Hauptpfad unserer Untersuchung ab.

Elisa starb Anfang des 8. Jahrhunderts, in der Regierungszeit des Joas (ca. 801–786 v.Chr.). Jerobeam II., der Sohn des Joas, folgte auf dem Thron; er führte Israel auf einen Höhepunkt politischen Erfolges und wirtschaftlicher Blüte. Diese Situation spiegelt sich im Buche Amos. Der Prophet selbst, höchstwahrscheinlich noch zu Lebzeiten Elisas geboren, sollte das Urteil über den zweitletzten Vertreter der Dynastie sprechen, die mit Elisas Unterstützung angetreten war. Amos sollte eine entscheidende neue Phase in der Geschichte der prophetischen Bewegung heraufführen. Wir müssen aber hier abbrechen, um den Faden im nächsten Kapitel wiederaufzunehmen.

III. Die Zeit der assyrischen Expansion

8. Die internationale Situation

Während der im vorigen Kapitel besprochenen Periode, dem neunten Jahrhundert v.Chr., beschränkte sich der internationale Horizont für Israel und Juda in der Regel auf die etwa gleichgroßen Nachbarstaaten im syrisch-palästinischen Korridor, vor allem auf das mächtige Damaskus. Die Assyrer hatten zwar unter Assurnasirpal II. (884–859 v.Chr.) und Salmanassar III. (858–824 v.Chr.) begonnen, Druck auf diese Region auszuüben, aber ihr Vorwärtsdrang war durch eine seltene Koalition eben jener Aramäerstaaten (unter Einschluß Israels) in der Schlacht von Qarqar am Orontes gestoppt worden (853 v.Chr.). Als jedoch im Jahre 745 v.Chr. der Usurpartor Tiglatpileser den Thron bestieg, brach ein Jahrhundert anhaltender imperialer Expansion für das Assyrerreich an. Ihr Ergebnis war die Unterwerfung dieser Westländer und zeitweise sogar die Besetzung Ägyptens. Dadurch entstand für die Königreiche Israel und Juda eine völlig neue Situation, die ihre unauslöschlichen Spuren auch in den traditionellen religiösen Überzeugungen und im Kult hinterlassen mußte. Die großen Weltreiche (Assyrien, Babylonien, Persien, Makedonien, Rom), von deren Politik das Geschick des jüdischen Volkes künftig abhängig sein sollte und deren Entstehung und Niedergang später von den Verfassern der Apokalypsen in eindrucksvoller Bildsprache dargestellt wird, kündigten sich an.[116] Die Implikationen dieses Umbruchs wurden nicht sogleich erkannt, doch sollte er alle nationalen Kulte und lokalen Gottheiten in Frage stellen und sie zwingen, sich mit der neuen Lage auseinanderzusetzen, wollten sie nicht von der Bildfläche verschwinden.

Der zu besprechende Zeitabschnitt beginnt ein paar Jahrzehnte vor der Thronbesteigung Tiglatpilesers und endet mit dem Tod Assurbanipals etwa im Jahre 627 v.Chr. Danach ging es mit dem assyrischen Weltreich schnell zu Ende. In den beiden Königreichen stimmt diese Periode mit der Zeitspanne von den letzten Jahren der Jehu-Dynastie im Staat von Samaria bis zu den Kultreformen König Josias (640–609 v.Chr.) in Juda überein. Wenn wir an dieser Stelle vom Zeitalter der „klassischen" Prophetie reden, dann dürfen wir nicht vergessen, daß die schon angesprochenen Verbindungen zur Vergangenheit bestehen. Konkreter gesagt handelt der erste Unheilsspruch gegen ein Fremdvolk bei Amos von Damaskus und seinem König Hasael (Am 1,3–5), der doch von Elisa designiert worden war (2Kön 8,7–15). Der Spruch verurteilt die Damascener wegen ihrer barbarischen Behandlung der Gileaditer, so zweifellos geschehen während der Feldzüge, die in der Geschichtsschreibung festgehalten sind (2Kön 10,32f).

Die übliche Unterscheidung von „primitiver" und „klassischer" Prophetie kann daher sehr irreführend sein. Der augenfälligste Unterschied liegt sicherlich auf der literarischen Ebene. Wir haben ein Amosbuch, aber kein Buch des Propheten Elia. Entsprechend finden wir jetzt mehr Prophetensprüche und weniger Erzählungen oder Legenden. Vermutlich hat diese Sachlage etwas mit der vorausgesagten und bald verspürten assyrischen Bedrohung zu tun. Sie war der Anlaß, intensiver über die religiöse

---

[116] N. Gottwald, 1964, 94, nennt Tiglatpileser sogar den „Vater der israelitischen Eschatologie".

Lage der beiden Königreiche nachzudenken; sie trieb dazu an, die Drohungen und Voraussagen jener inspirierter Individuen aufzubewahren, besonders dann, wenn sie im Laufe der Zeit auch eintrafen. Daß man ebenfalls im zeitgenössischen Assyrien Orakelsprüche (zugegebenermaßen von ziemlich anderer Art) zusammenstellte, mag diese Praxis in Israel und Juda beeinflußt haben.

Was immer wir von Max Webers Behauptung halten wollen, das Hauptinteresse der Propheten habe sich auf die Außenpolitik gerichtet, weil die internationalen Beziehungen das Forum für das Handeln ihres Gottes gewesen seien,[117] ist zumindest klar, daß die Propheten nicht unabhängig von der Geschichte verstanden werden können. Darum müssen wir kurz den Gang der Ereignisse in diesen verhängnisvollen Jahrhunderten (8. bis frühes 6. Jahrhundert v.Chr., d.h. bis zum Fall Jerusalems vor den Babyloniern 587/586 v.Chr., dem Ende der Eigenstaatlichkeit) skizzieren. Im folgenden beschränken wir uns allerdings auf jene Entwicklungen und Ereignisse, die mehr oder weniger direkt auf die Königreiche Israel und Juda eingewirkt haben.

Nach kurzer Expansion im 9. Jahrhundert erlebten die Assyrer fünf Jahrzehnte des Niedergangs, währenddessen die syrisch-palästinischen Staaten ungestört ihre eigene Politik verfolgen konnten. Die von Jehu 841 v.Chr. gegründete Dynastie konnte sich daher anscheinend mit assyrischer Rückendeckung festigen; sie erreichte den Höhepunkt politischen Erfolges und wirtschaftlicher Kraft unter Jerobeam II. (786–746 v.Chr.). Dieselbe Situation herrschte auch in Juda während der langen Regierungszeit des Usia (783–742 v.Chr.).[118] Die Ermordung von Jerobeams Sohn und Nachfolger Sacharja noch vor dem Ende seines ersten Regierungsjahres fiel mit der Thronbesteigung Tiglatpilesers zusammen und mag ebenso mit diesem Ereignis in Zusammenhang gestanden haben. Danach ging es mit der Jehu-Dynastie zu Ende. Im Nordreich folgte eine chaotische Periode (745–722 v.Chr.), während der fünf Könige den Thron bestiegen. Drei von ihnen fielen Anschlägen zum Opfer, und der letzte wurde von den Assyrern entweder hingerichtet oder deportiert.

Der Regierungsantritt Tiglatpilesers III. eröffnete ein überaus erfolgreiches Jahrhundert planvollen Reichsaufbaus, das Assyrien an den Zenit seiner Macht brachte. Der Erfolg gründete auf einem bestens organisierten Berufsheer, das im Unterschied zu den Einheiten, die kleinere Staaten ins Feld schickten, nicht je und dann zu Aussaat und Ernte nach Hause zurückkehren mußte. Die Assyrer sind nicht wegen ihrer literarischen und künstlerischen Leistungen berühmt. Ein Fachmann urteilt, sie hätten Texte hinterlassen, die linguistisch höchst schwierig und intellektuell auffällig dürftig seien.[119] In der Kriegsführung jedoch waren sie technologisch weiter entwickelt als jedes andere Volk bis dato. Das gilt besonders von der Belagerungskunst. Unseres Wissens sind sie auch die ersten gewesen, die bewußt den Terror gegen die Zivilbevölkerung als Kriegsmittel einsetzten und die im Fall von Aufständen Massendeportationen durchführten. Ganz wichtig aber: Zum erstenmal in der Geschichte hat Tig-

---

[117] M. Weber, Religionssoziologie, 1947.
[118] Während die Regierungszeiten assyrischer Herrscher in der Regel bis auf eine Fehlermarge von höchstens ein oder zwei Jahren festliegen, wird die Chronologie der Könige Israels und Judas immer noch heiß diskutiert; alle Daten sind deswegen nur Annäherungen. Vgl. die Aufstellungen bei J.H. Hayes und J.M. Miller, 1977, 682f; J.H. Hayes und P.K. Hooker, A New Chronology for the Kings of Israel and Judah, Atlanta 1988.
[119] Morton Smith, in: J.A. Garraty und P. Gay (Hg.), The Columbia History of the World, New York 1972, 153.

latpileser eine Reichsverwaltung aufgebaut, die im Kern aus von assyrischen Beamten regierten Provinzen bestand. Vor allem an der Peripherie kamen durch Verträge angeschlossene Vasallenstaaten hinzu. Einige Vertragstexte sind erhalten geblieben.[120] Auf diese Weise hat Assyrien in dem folgenden Jahrhundert seine Herrschaft vom Kaukasus bis zum persischen Golf und vom Tigris bis zum Mittelmeer ausdehnen können.

Der „König der Welt", wie Tiglatpileser sich bescheiden nannte, begann seinen Feldzug von 738 v.Chr. in Nordsyrien. Er besetzte den Staat von Hamat und reduzierte Damaskus und Israel auf den Vasallenstatus. Die assyrischen Annalen berichten, daß die Könige dieser beiden Staaten, Razunnu (Rezin: Jes 7,1) bzw. Menahem, zur Tributleistung verpflichtet wurden (vgl. 2Kön 15,19f). Vier Jahre später kam Tiglatpileser wieder. Er kämpfte gegen die Philisterstädte und besetzte Gaza, dessen König Hanno nach Ägypten floh. Ja, er erreichte sogar das Wadi el-'Arisch, die traditionelle Grenze nach Ägypten hin. Während dieses Feldzuges oder kurz darauf, wahrscheinlich im Sommer 734 v.Chr., versuchten Damaskus und Israel – letzteres stand jetzt unter der Regierung des Usurpators Pekach (737–732 v.Chr.) – Ahas von Juda in eine anti-assyrische Koalition zu zwingen. Als letzterer sich verständlicherweise widersetzte, fielen die nördlichen Bundesgenossen in Juda ein. Sie wollten Ahas durch einen Strohmann ihrer Wahl ersetzen (2Kön 16,5; Jes 7,1–8,15; 17,1–6; Hos 5,8–14; 8,7–10). Gegen prophetischen Rat rief Ahas die Assyrer zu Hilfe, ein verhängnisvoller Schritt. Er leitete für beide Königreiche eine lange Periode der Vasallität ein. Im folgenden Jahr annektierte Tiglatpileser Galiläa und das nördliche Transjordanien und schneiderte daraus die Provinzen Megiddo bzw. Gilead. Es gab die üblichen Deportationen, und nur der Rumpfstaat um die Stadt Samaria auf dem zentralen Hochland blieb übrig. Pekach wurde umgebracht; Hosea, der letzte König Israels, kam als assyrischer Vasall auf den Thron. Zu der Zeit war auch Damaskus schon der assyrischen Reichsverwaltung einverleibt.

Irgendwann nach der Thronbesteigung Salmanassers V. brach Hosea den Vasalleneid, indem er mit einer der damals in Ägypten miteinander rivalisierenden Dynastien konspirierte. Das Ergebnis dieser unüberlegten Handlung waren Belagerung und Zerschlagung Samarias, die Deportation von 27 290 Menschen (so die Schauinschriften Sargons II.) und die Schaffung einer weiteren assyrischen Provinz, Samerina genannt (722 v.Chr.). Fremde Bevölkerungsgruppen wurden herbeigeschafft, das geschah wiederholt auch noch in späteren Zeiten (Esr 4,2.10; Jes 7,8b): Sie sollten die Deportierten ersetzen. Die zehn Stämme waren damit praktisch von der Geschichtsbühne abgetreten.

Wir haben eben schon festgestellt: Das Ergebnis des judäischen Hilfeersuchens an Tiglatpileser war, daß Juda mehr als hundert Jahre bis zum Tode Assurbanipals (627 v.Chr.) sowohl de jure als auch de facto assyrischer Vasall blieb. Zwar ist nicht immer genau abzuschätzen, wie sich diese Lage auf die traditionellen Formen des religiösen Lebens auswirkte. Die Folgen können aber nicht positiv gewesen sein. Die Judäer waren ebenso wie später die Juden nicht die einzigen, die erfahren mußten, daß in den Lokalkulten nach der Unterwerfung unter eine Weltmacht selten alles beim Alten bleibt. Die assyrische Chronik und die Vasallenverträge geben Assur, der Hauptgottheit des Reichspantheons, die Vorrangstellung. In ihrem Namen geschahen

---

120 Vgl. ANET 532–541; S. Parpola und K. Watanabe, 1988.

die ausgedehnten Eroberungszüge im Nahen Osten. Assur war der „Gebieter aller Länder". Vasallenverträge, wie sie auch Juda an den imperialen Hof banden, wurden in seinem Namen geschlossen. Der Vasall nahm das „Joch Assurs" auf sich. Die Politik des assyrischen Hofes hinsichtlich der Lokalkulte scheint aber nicht ganz aus einem Guß gewesen zu sein. Es gibt Fälle, in denen solche Kulte zerstört, und andere seltenere, in denen sie restauriert wurden. Selbst Dtr berichtet z.B., daß die Regionalverwaltung nach dem Fall Samarias einen Jahwepriester holen ließ, welcher die Neuansiedler das Gesetz des Landes lehren sollte (2Kön 17,24–28). Ganz ähnlich verfuhren später die Perser, als sie Esra aussandten, um „das Gesetz des Himmelsgottes" in ihrer Provinz Trans-Euphrat zu verkünden (Esr 7). Manchmal wurde den Besiegten allerdings auch der assyrische Reichskult aufgezwungen, aber das war wohl nicht die Regel. Doch mußten alle Vasallen diesen Kult durch jährliche Abgaben finanzieren.

Auf der israelitischen Seite mußten viele den Eindruck haben, Jahwe sei durch Assur besiegt worden. Die Katastrophen ließen sich auch als Strafe dafür erklären, daß Israel die einheimischen, kanaanäischen Vegetationsgottheiten, speziell Aschera, die Himmelskönigin, verlassen hatte. Später, nach dem Fall Jerusalems, wird ausdrücklich so argumentiert (Jer 44,15–19). In jedem Fall mochten synkretistische Tendenzen, die ohnehin hoch im Schwange waren, durch den Vasallenstatus verstärkt worden sein. Auf der anderen Seite waren natürlich die für dieses Jahrhundert recht häufig bezeugten Versuche, die politische Selbständigkeit wiederzugewinnen, unweigerlich mit religiösen Reformbewegungen verquickt.

Salmanasser V., der Eroberer Samarias, starb schon bald nach dem Fall dieser Stadt. Sein Nachfolger Sargon II. (722–705 v.Chr.) setzte indessen dieselbe Eroberungspolitik fort. Kurz nach dem Regierungsantritt mußte er einen von den Ägyptern unterstützten Aufstand in Gaza niederwerfen. Acht Jahre später war Asdod, eine weitere Philisterstadt, an der Reihe. Die Annalen seiner Regierungszeit sagen uns, daß der jetzt von Hiskia (715–689 v.Chr.) regierte Staat Juda sich an der Revolte beteiligte. Leider erfahren wir nichts über ihren Ausgang. Der biblische Bericht erwähnt auch, daß Hiskia mit einem Aufstand des babylonischen Königs Marduk-apla-iddin (= Merodachbaladan, 2Kön 20,12–19), der seinerseits von den Elamitern und Arabern unterstützt wurde, zu tun hatte.

Die Thronbesteigung von Sanherib im Jahre 705 v.Chr. wurde von längeren internen Zwistigkeiten begleitet und wurde darum zum Signal der Erhebung draußen im Reich. Hiskias Kultreform am Jerusalemer Tempel und landesweit (2Kön 18,1–4; 2Chr 30,14; 31,1) sowie die Befestigungsarbeiten in der Hauptstadt einschließlich der Sicherung der Wasserzufuhr (2Kön 20,20; 2Chr 32,5.30; Jes 22,9–11)[121] wurden sicherlich mit der Absicht ausgeführt, aus der Situation Kapital zu schlagen. Doch Sanherib ging aus den Wirren als Sieger hervor. Er konnte bis 701 v.Chr. seine Herrschaft über die phönizischen und philistäischen Städte – auch sie waren von Ägypten her unterstützt worden – festigen. Und nach der Einnahme einiger judäischer Städte, die seinen Weg blockierten, griff er Jerusalem an.

An dieser Stelle sind die assyrischen Annalen (nach einem Prisma im Oriental Institute von Chicago)[122] eindeutig. In Jerusalem eingeschlossen wie ein Käfigvogel, das

---

121 Vgl. die Siloa-Inschrift in TUAT II, 555f. Sie war von Hiskias Ingenieuren angebracht worden, nachdem diese den Tunnel, der Wasser von der Gihonquelle in den Teich von Siloa führte, fertiggestellt hatten.
122 [Vgl. K. Galling, 1967, 67–69; TUAT I, 388–391 (R. Borger); Anm. d. Übers.]

Land um ihn her verwüstet, mußte Hiskia sich unterwerfen und einen noch schwere-
ren Tribut zahlen. Die biblische Überlieferung scheint aber zwei unterschiedliche
Versionen der Ereignisse zusammengesponnen zu haben. Die eine stimmt im wesentlichen mit dem assyrischen Bericht überein (2Kön 18,13–16), während die andere eine recht legendäre Schilderung der mysteriösen Vernichtung des assyrischen
Belagerungsheeres ist; sie schließt den Tod des Tyrannen kurzerhand an (2Kön
19,35–37). Diese Version – verewigt durch Byrons Gedicht über die Assyrer, die wie
ein Wolf in die Herde einfallen – ist noch immer Gegenstand einer offenen Debatte
unter den biblischen Fachleuten. Dennoch ist einigermaßen klar, was am Ende herausgekommen ist: Juda wurde aus irgendeinem Grunde nicht in das assyrische Weltreich eingegliedert. Diese Tatsache allein mag die Legendenbildung von einer wunderbaren Rettung angestoßen haben. Juda blieb ein Vasallenstaat und konnte trotz
mancher Anstrengungen nie wieder seine volle Selbständigkeit zurückgewinnen.
Weil Jerusalem bei dieser entscheidenden Wende verschont geblieben ist, verstärkte
sich anscheinend der Glaube an den göttlichen Schutz und die Uneinnehmbarkeit der
Stadt, der in den Zionspsalmen Ausdruck findet. Wenig mehr als ein Jahrhundert
später ist dieser Glaube dann grausam zerbrochen worden.
Sanherib verlor bei einer Palastrevolte das Leben. Das geschah nicht – wie die biblische Geschichte will (2Kön 19,37) – kurz nach dem Feldzug von 701 v.Chr., sondern
etwa zwanzig Jahre später. Ihm folgte Assarhaddon (680–669 v.Chr.), der nicht nur
weiter die strategisch wichtige syrisch-palästinische Landbrücke trotz gelegentlicher
Aufstände besetzt hielt, sondern im Jahre 671 v.Chr. sogar Ägypten eroberte. Über
den fortbestehenden Vasallenstaat Juda ist von dieser Zeit (701 v.Chr.) bis zum Regierungsantritt des Josia (640 v.Chr.) wenig bekannt. Unter den westlichen Vasallen-
königen, die in den Annalen des Assarhaddon Erwähnung finden, ist auch Manasse,
dessen lange Regierungszeit (689–642 v.Chr.) auf die seines Vaters Hiskia folgt. Der
deuteronomistische Geschichtsschreiber gönnt ihm kein einziges freundliches Wort
(2Kön 21,1–18). Manasse soll das Werk seines Vorgängers zunichte gemacht haben,
indem er chthonische und auch assyrische Kulte wiedereinführte und sogar Altäre für
das Himmelsheer im Tempelbezirk aufstellen ließ. So wird ihm die Verantwortung
für das Exil und die Deportation angelastet, die Juda fast ein halbes Jahrhundert nach
seinem Tod treffen sollten. Wahrscheinlich ist in der Tat, wie schon angedeutet, daß
Juda in der Periode der Vasallität einen Rückfall in kanaanäische Religionspraxis
erlebte, und es ist gut möglich, ja sehr naheliegend, daß auch assyrische Kulte ins
Land kamen, wenn sie nicht schon vorher anwesend waren. Es ist freilich kein Zufall,
wenn unsere Hauptquellen Hiskia und Josia als Könige preisen, die dem assyrischen
Oberherren aktiv Widerstand leisteten, und gleichzeitig Manasse verdammen, der das
nicht getan hat. Der letztere mag dennoch eine gewisse Selbständigkeit Judas bewahrt haben, indem er klug den Konflikt mit der assyrischen Supermacht vermied.
Der Chronist, den man gemeinhin nicht für historisch vertrauenswürdig hält, wenn er
vom Bericht der Königsbücher abweicht, berichtet, Manasse sei nach Babylon deportiert worden, habe dort seine Sünden bereut, und ihm sei daraufhin die Heimkehr
gestattet worden (2Chr 33,10–13). Er fügt hinzu, Manasse habe dann die Befesti-
gungsanlagen seiner Hauptstadt verstärkt und eine Kultreform durchgeführt (2Chr
33,14–17). Diese Notizen werden oft als eine Erfindung des Chronisten verstanden,
mit der er erklären will, warum Manasse gegen alle Regeln der strafenden Gerechtigkeit Gottes so lange regieren konnte, wo doch Josia, ein offensichtlich guter König,

ein so vorzeitiges und gewaltsames Ende fand. Aber die Nachrichten von der Deportation und der Befestigung der Stadt sehen nicht wie Hirngespinste aus, so daß man die Möglichkeit offen lassen muß, daß Manasse tatsächlich einen Aufstand wagte, vielleicht zugunsten des Schamasch-schum-ukin, des Bruders Assurbanipals (669–627 v.Chr.), der im Jahre 652 v.Chr. Ansprüche auf den babylonischen Thron erhob. Von Manasses Sohn Amon – er regierte höchstens zwei Jahre (642–640 v.Chr.) – wissen wir nur, daß er bei einer Palastverschwörung ermordet wurde. Die Mörder wurden kurz darauf von einer Gruppe eliminiert, die als „Landvolk" (ʻam haʼareṣ) bekannt ist. Sie setzte Amons achtjährigen Sohn auf den Thron (2Kön 21,19–26). Wir können nur darüber spekulieren, was die Unruhen ausgelöst haben mag. Es ist nicht unmöglich, daß während der kurzen Regierungszeit des Amon genau wie zur Zeit seines Vaters (2Kön 21,16) Gewalttätigkeiten zwischen denen ausbrachen, die dafür plädierten, sich mit dem status quo abzufinden, und jenen, die auf Rebellion drängten. Der Erfolg der Assyrer bei der Niederschlagung des Aufstandes in Babylon und bei der Eroberung Elams zwei Jahre später (646 v.Chr.) gab denen Recht, welche die Unterwerfung befürworteten. Ein günstiger Augenblick für den Abfall sollte sich erst nach dem Tod des Assurbanipal bieten, als der neue König Josia noch unmündig war und es mit der assyrischen Macht rasch bergab ging.

Wie der Zufall oder die Vorsehung es wollten, wurde Assyrien gerade zu dem Zeitpunkt zu einer außerordentlichen Gefahr für die Existenz des israelitischen und judäischen Reiches (zweite Hälfte des 8. Jahrhunderts v.Chr.), als die regierenden Eliten jener Königtümer sich konsolidierten und ihre Macht ausdehnten. Biblische und archäologische Daten lassen vermuten – obwohl beide nur dünn und nicht leicht zu interpretieren sind –, daß städtische Entwicklung und Handel Fortschritte machten und daß zunehmend Luxusgüter in Umlauf kamen. Größe und Bevölkerung Jerusalems wuchsen erheblich in diesem Zeitraum, und die Ausgrabungen größerer Stadtzentren wie Lachisch (Strata IV und III), Megiddo (IVa), Hazor (VIII) und Dan (III und II) bestätigen diese Tendenz.
Die Elfenbeinartefakte, die man im königlichen Samaria, der neuen, von Omri im vorhergehenden Jahrhundert gegründeten Hauptstadt (1Kön 16,24), entdeckt hat, stellen deutlich den krassen Unterschied zwischen dem Reichtum und Wohlleben der Herrschenden und dem dürftigen Dasein am Existenzminimum bei der Bevölkerungsmehrheit vor Augen, die von der Landarbeit leben mußte. Eine eindringendere Analyse ermöglichen die 65 beschriebenen Tonscherben (Ostraka), die man am gleichen Ort fand. Sie halten Lieferungen von Wein und Öl aus verschiedenen Gebieten des Reiches fest. Und diese Waren gingen an Palastangehörige einschließlich der königlichen Familie. Wir können als Belege dafür werten, daß die typische Umverteilung der Güter von unten nach oben in vollem Gange war. Die Lieferungen stammen nämlich z.T. aus den Siedlungsgebieten, die aus biblischen Listen bekannt sind (z.B. Sichem), andere kommen wahrscheinlich aus Dörfern oder von Höfen aus der unmittelbaren Umgebung der Hauptstadt.[123] Die Kombination der Fakten läßt uns erkennen, wie sehr das aufstrebende Staatssystem sich konsolidierte und die vorhandenen

---

123 Zu den samarischen Ostraka vgl. J.C.L. Gibson, Textbook Bd. I, 5–20, 71–83; A. Lemaire, Inscriptions vol. I, 23–81, 245–250; W. Shea, The Date and Purpose of the Samaria Ostraca, IEJ 27, 1977, 21f; A. Mazar, Archaeology, 409f.

traditionellen Sozialstrukturen zerbrach und sich aneignete. Diese basierten nämlich
auf dem Sippengeflecht (Haushalt, Clan, Stamm) und dem ihm eigentümlichen Ethos
und Ritualbestand. Jeder Haushalt besaß danach ein theoretisch unveräußerliches
Anrecht auf seinen Grund und Boden. Da nun der Staat sich mit seiner Zwangsgewalt
in jeden Lebensbereich einmischte – das schloß Steuererhebung, Militärdienst,
Zwangsarbeit, Enteignungen ein –, entstand eine Situation sozialer Orientierungslosigkeit, und der Abstand zwischen reich und arm, d.h. die Belastungen und Entbeh-
rungen der Masse der Bevölkerung, verstärkte sich.

Diese innere Zerrüttung wurde in der prophetischen Situationsanalyse mit der äuße-
ren – und dann eben tödlichen – Gefahr, welche die Supermacht Assyrien darstellte,
in Verbindung gebracht. Bevor wir nacheinander die vier großen Gestalten des 8. Jahrhunderts (Amos, Hosea, Micha, Jesaja) behandeln, sind ein paar Vorbemerkungen
angebracht. Erstens: Alle vier Prophetenbücher sind durch lange Redaktionsprozesse
hindurchgegangen und in ihrer gegenwärtigen Form das Produkt einer viel späteren
Zeit. Dennoch rechnen wir mit der Möglichkeit, in einem angemessenen Grad von
Wahrscheinlichkeit einen Spruchkern herausschälen zu können, der auf die in der
Buchüberschrift genate Person zurückgeht. Zweitens: Keiner der vier Propheten
wird in der später beigefügten Überschrift als *nabi'* bezeichnet. Wir haben gute
Gründe dafür kennengelernt anzunehmen, daß auch keiner von ihnen als *nabi'* hätte
bezeichnet werden wollen. Sowohl die Form als auch der Inhalt ihrer Botschaften
zwingen uns dazu, ihnen allen ein hohes soziales, kulturelles und intellektuelles Niveau zuzubilligen. M. Weber hat sie als Demagogen und Pamphletschreiber dargestellt, anderen waren die Bezeichnungen Dichter, Redner oder intellektueller Dissident eher zutreffend.[124] Jeder Leser und jede Leserin mögen nach einem gründlichen
Textstudium selbst entscheiden, welche dieser Benennungen, wenn überhaupt eine,
zutreffen mögen. Drittens: Obwohl die vier genannten Propheten aus unterschiedlichen Umfeldern kommen, auch sonst sehr verschieden sind und nie aufeinander Bezug nehmen, strömen ihre öffentlichen Äußerungen doch in eine einzige, vielgestaltige Tradition zusammen. Sie wird durch die restlichen zwei Jahrhunderte der Monarchie in Israel und weit darüber hinaus ihre mächtige Wirkung entfalten.

9. Amos

Die konventionelle Gelehrsamkeit hat sich angewöhnt, den Beginn der „klassischen"
Prophetie mit Amos ungefähr in der Mitte des 8. Jahrhunderts v.Chr. anzusetzen. Wir
haben schon angedeutet, daß solche vielleicht unvermeidlichen Datierungen Verbindungslinien zu früherer Prophetie verschwinden lassen und gewisse Vorentscheidun-
gen im Blick auf das Wesen des Prophetentums suggerieren könnten, die irreführend,
wenn nicht völlig falsch sind. Die Unterscheidung von „primitiver" und „klassischer"
Prophetie z.B. geht ganz allgemein mit einer negativen Bewertung der Ekstase Hand
in Hand. Sie soll natürlich die Behauptung vorbereiten, wahre prophetische Autorität
leite sich vom Wort und nicht von irgendwelchen Geistbegabungen her. Eine solche
„protestantisch-liberale", aus dem 19. Jahrhundert stammende Betonung propheti-

---

124 Zur Bezeichnung „Dichter" vgl. H. Gunkel, [2]1923, XXXVIff (s.o. Anm. 46); zur Benennung
„Pamphletist" und Volkstribun (dcmagogos) vgl. M. Wcber, [4]1956, 268–274.

scher Verkündigung stellt jedoch nicht ausreichend in Rechnung, daß in der Prophetie vom 8. bis 6. Jahrhundert v.Chr. sehr wohl ekstatische Erfahrungen im Spiel waren und daß auch die Wortvermittlung häufig in außergewöhnlichen persönlichen Erlebnissen verwurzelt erscheint. Man vergleiche nur die bemerkenswerte Anfangszeile: „Die Worte des Amos ..., die er in einer *Vision* empfing" (Am 1,1; vgl. Jes 1,1; Mi 1,1; Hab 1,1).

Sicherlich ist der Eindruck, mit Amos geschehe ein völliger Traditionsbruch, auch durch den schon erwähnten Wechsel der literarischen Formen entstanden. Vorher herrschen Prophetenerzählungen vor, die u.a. Prophetenworte enthalten; dann kommen Sammlungen von Prophetensprüchen auf, in denen das biographische Element – wenn überhaupt vorhanden – nur selten und zufällig vorkommt. In der Eliatradition werden göttliche Botschaften z.B. mit der Formel eingeleitet: „Das Wort Jahwes kam zu ihm" (1Kön 17,2.8; 18,1; 19,9; 21,17.28). In den Prophetenbüchern wird die erste Person des Empfängers eingesetzt (z.B. Hos 3,1). Wenn Elia die Botschaft an andere weitergibt, findet die prophetische Standardformel Anwendung: „So spricht Jahwe" (1Kön 17,14; 21,19; 2Kön 1,4.6.16) oder die weniger bekannte Wendung „So wahr Jahwe, der Gott Israels, lebt" (1Kön 17,1; vgl. 18,15). Dennoch sind seine Aussprüche nicht zu einem Elia-Buch zusammengestellt worden. Auf der anderen Seite kommen in den Prophetenbüchern auch biographische Legenden vor (z.B. Jes 36–39; Jer 52; Jona). Manchmal finden sich augenscheinlich Parallelversionen desselben Ereignisses, die eine in der dritten, die andere in der ersten Person (Hos 1,2–2,1; 3,1–5; Jer 7,1–20; 26,1–6). Der Bericht vom Zusammenstoß des Amos mit dem Oberpriester von Bethel (Am 7,10–17) ist der einzige biographische Abschnitt über ihn im ganzen Buch. Wir werden gut daran tun, sein Verhältnis zur Spruchsammlung einerseits und zur deuteronomistischen Darstellung der Regierungszeit Jerobeams II. (2Kön 14,23–29) andererseits zu untersuchen. Weil Amos dem König ein gewaltsames Ende vorhergesagt hatte, war es ja überhaupt nur zu der Konfrontation gekommen.

Die Frage ist immer noch offen, warum wir von dieser Zeit an Spruchsammlungen haben, die Propheten zugeschrieben werden. Oder anders gesagt: Warum gibt es ein Amos-, aber kein Elia-Buch? Die einfachste Antwort ist vielleicht folgende: Vom 8. Jahrhundert an wurde dem, was ein Prophet sagte, größerer Wert beigemessen als dem, was er tat oder als Mensch war. Dies mag nun seinerseits mit der Tatsache zusammenhängen, daß die Propheten seit Amos ihre Botschaft überwiegend an das ganze Volk und nicht an Individuen, meistens den Herrscher, richten. Sie tun es, weil sich auf der internationalen Ebene eine ganz neue Situation herausbildete.[125] Sobald die Dinge ihren Lauf genommen hatten und die beiden Königreiche von den Großmächten geschluckt worden waren, konnte sich die Aufmerksamkeit wieder auf Person und Werk des Propheten richten. Diese Lage tritt dann bei Jeremia, dem jesajanischen Gottesknecht und im deuteronomistischen Mosebild hervor.[126]

Amos ist der dritte (in der LXX der zweite) Prophet des Zwölfprophetenbuches (des Dodekapropheton), einer Sammlung, welche schon zur Zeit des Jesus Sirach im

---

[125] S. Holladay, Jr., Assyrian Statecraft and the Prophets of Israel, HThR 63, 1970, 29–51, sieht eine Beziehung zur assyrischen Praxis, in Vasallenverträgen das ganze Volk und nicht den Herrscher allein für die Einhaltung der Vertragsbestimmungen verantwortlich zu erklären.

[126] Vgl. G. von Rad, 1960, 271–274, und die weitere Diskussion in Kap. VI, 3.

frühen 2. Jahrhundert v.Chr. vorhanden war (Sir 49,10). Ihr Ordnungsprinzip scheint ein chronologisches zu sein, obschon die kritische Wissenschaft an manchen Stellen eine Revision für nötig befunden hat. Die Zusammenstellung von Amos und Joel mag auf die vielen Themata zurückzuführen sein, welche beiden Büchern gemeinsam sind: Heuschreckenplage; Trockenheit, durch Feuer symbolisiert; rituelle Trauer; der Tag Jahwes; kosmische Verwerfungen; die Verheißung wunderbarer Fruchtbarkeit. Der Leitspruch vom Anfang des Amosbuches (Am 1,2) kommt in leicht veränderter Form auch am Ende des Joelbuches vor (Joel 4,16), und es scheint so, als ob die Bücher ganz bewußt durch das Thema „Jahwes Gegenwart im Tempel" zusammengeführt worden sind. Solche und andere Indizien lassen auf eine Jerusalemer Bearbeitung der Prophetenbücher irgendwann in der Zeit des Zweiten Tempels schließen. Das führt uns zu der heiklen Frage nach der Entstehungsgeschichte des Amosbuches.

Das Buch läßt sich leicht in drei Teile zerlegen. (1) Nach der Überschrift (Am 1,1) und dem Leitspruch (1,2) folgen acht Sprüche gegen verschiedene Nationen, zuletzt gegen Israel. Sie werden wegen verschiedener Grausamkeiten und Verbrechen verdammt (1,3–2,16). (2) Das Mittelstück des Buches enthält eine Sammlung meist kurzer, Amos zugeschriebener Sprüche (3–6), während (3) der letzte Teil (7–9) aus fünf Visionsberichten (7,1–3.4–6.7–9; 8,1–3; 9,1–4) nebst Erweiterungen und Einfügungen besteht. Wir betrachten sie kurz der Reihe nach.

1. Der Satzbau des ersten Verses – er enthält einen doppelten Relativsatz – läßt vermuten, daß die Worte „der unter den Schafhirten von Tekoa war" in eine ältere Überschrift eingefügt worden sind, die lautete: „Worte des Amos, die er in Visionen empfing, hinsichtlich (oder: gegen) Israel in den Tagen des Usia, Königs von Juda, und in den Tagen des Jerobeam, des Sohnes des Joas, des Königs von Israel." Dieser Überschriftentyp kommt auch in anderen Prophetenbüchern vor (Jes; Jer; Hos; Mi; Zef) und erinnert an Dtr, besonders an dessen ständige Praxis, die Regierungen der beiden Königreiche miteinander zu synchronisieren (vgl. Hos 1,1). Daraus folgt, daß die deuteronomistische Schule für die Sammlung der Prophetenbücher verantwortlich war, wenn auch nur für die oben genannten, die durch den charakteristischen Titel eingeführt sind.[127]

Wir haben bereits das der Überschrift folgende Motto Am 1,2 zur Kenntnis genommen: Es plädiert dafür, daß das von Amos verkündigte göttliche Urteil letzten Endes vom Jerusalemer Tempel aus ergeht: ein erster Hinweis darauf, daß die Spruchsammlung nach 722 v.Chr. eine judäische Überarbeitung durchgemacht hat. Die Verdammung fremder Völker betrifft einen breiten Kreis von Israels Nachbarn, d.h. von Feinden. Sie geschieht gegen den Uhrzeigersinn von Norden nach Osten (Am 1,3–2,5) und ist anscheinend in uralten Ritualpraktiken begründet, die man leicht auf wechselnde historische Konstellationen anwenden konnte.[128] Man ist sich im allge-

---

[127] Vgl. die Bemerkungen von E. Auerbach, Die große Überarbeitung der biblischen Bücher, VT.S 1, 1953, 8f, über die redaktionellen Bemühungen im Exil. Im Blick auf Amos vgl. W.H. Schmidt, 1965.

[128] Zum kultischen Hintergrund der Fremdvölkersprüche vgl. außer den Kommentaren A. Bentzen, The Ritual Background of Amos 1,2–2,16; OTS 8, 1960, 85–99; M. Weiss, The Pattern of the „Execration Texts" in the Prophetic Literature, IEJ 19, 1969, 150–157. Andere Aspekte werden diskutiert von M. Fishbane, The Treaty Background of Amos 1,11 and Related Matters, JBL 89, 1970, 313–318; S.M. Paul, Amos 1,3–2,3, a Concatenous Literary Pattern, JBL 90, 1971, 397–403; W. Rudolph, Die angefochtenen Völkersprüche in Amos 1 und 2, in: K.-H. Bernhardt (Hg.),

meinen einig darüber, daß mindestens die Sprüche gegen Tyrus, Edom und Juda aus einer Zeit nach Amos stammen. Dann bleibt eine Reihe von fünf (die erste Fünfergruppe des Buches!) Verurteilungen übrig, die in niederschmetternder Selbstverurteilung bei Israel kulminiert.[129] Der Juda-Spruch (2,4f) erscheint in typisch deuteronomistischem Sprachgewand, während die beiden anderen irgendwann in exilischer oder nachexilischer Zeit hinzugefügt oder aktualisiert worden sind (vgl. Joel 4,4–8). Wahrscheinlich ist auch, daß die historische Anklage gegen Israel (Am 2,9–12) – auch sie erinnert an wohlbekannte deuteronomistische Themen – zwischen die Anklage von Am 2,6–8 und das Urteil von Am 2,13–16 gesetzt worden ist, denn normalerweise stehen Anklage und Urteil bei Amos zusammen.[130]
2. Die Anrede zu Beginn der Spruchquelle (Am 3,1f) hat deuteronomischen Charakter; sie wendet die Prophetenbotschaft auf ganz Israel an, nicht nur auf das Königreich von Samaria. Damit unterstreicht sie die Absicht, welche die Einfügung der Anti-Juda-Strophe leitete. Das Gedicht über die prophetische Inspiration (Am 3,3–8) wird oft als Beweis für den weisheitlichen Einfluß angesehen, dem Amos ausgesetzt war.[131] Es ist in V. 7 bezeichnenderweise deuteronomisch ergänzt worden – mit dem auffälligsten Zusatz des ganzen Buches:

Ganz bestimmt tut Jahwe Gott nichts,
ohne sein Geheimnis vorher
seinen Knechten, den Propheten, offenbart zu haben.

Der vorhergehende Vers

Befällt auch ein Übel eine Stadt, es sei denn, Jahwe habe es veranlaßt?

konnte leicht als Anklage gegen den Gott Israels verstanden werden, er habe wirklich die Zerstörung Samarias – und dann auch Jerusalems – gewollt. Der Einschub dient darum als Apologie, und zwar auf der Linie eines vorherrschenden Themas der deuteronomistischen Geschichtsschreibung: Gott kann nicht für die Katastrophen verantwortlich gemacht werden, welche die beiden Königreiche befallen hatten, denn er hatte das Volk durch „seine Knechte, die Propheten" – eindeutig ein deuteronomistischer Ausdruck – vorwarnen lassen.[132] Das scheint das erste Anzeichen einer Beun-

Schalom, Stuttgart 1971, 45–49 (verteidigt die Ursprünglichkeit der Sprüche); M.E. Polley, Amos and the Davidic Empire. A Socio-Historical Approach, Oxford 1989.

[129] Argumente für die spätere Entstehung der drei genannten Einheiten werden von J.L. Mays, Amos 1969, 33–36, 40–42 dargelegt. Im Einklang mit den fünf (authentischen) Fremdvölkerworten gibt es fünf Sprüche, die mit „Hört [dieses Wort]" anfangen (Am 3.1.13; 4,1; 5,1; 8,4), fünf Scheltreden (Am 4,6–11) und fünf Visionen. Ursprünglich mögen auch einmal fünf Weherufe vorhanden gewesen sein (vgl. Am 5,7.18; 6,1.4), wie etwa in dem Gedicht mit fünfmaligem Refrain in Jes 5,24–30 und 9,8–10,4. Dieser Text hat deutliche Bezüge zu Amos, ja, der Eröffnungsvers („Jahwe hat ein Wort gegen Jakob geschickt", Jes 9,9) meint möglicherweise die Predigt des Amos, vgl. R. Fey, 1963, 89–104.

[130] H.W. Wolff, 1965, 205f, und W.H. Schmidt, 1965, 172–174, sprechen die Verse 10–12 einem deuteronom(ist)ischen Bearbeiter zu. Aber auch die Anspielung auf die Vernichtung der riesenhaften transjordanischen Amoriter (V. 9) ist ein deuteronomisches Thema, vgl. Dtn 2,10.20f.

[131] H.W. Wolff, 1964, 5–12; S. Terrien, 1962, 106–114; J.L. Crenshaw, The Influence of the Wise upon Amos, ZAW 79, 1969, 42–52.

[132] „Seine Knechte, die Propheten" (ʿabadajw hannᵉbiʾim) ist in den deuteronomistischen Schriften die Standardbezeichnung für die Kette der Propheten (1Kön 14,18; 15,29; 18,36; 2Kön 9,7.36; 10,10; 14,25; 17,13.23; 21,10; 24,2; Jer 7,25; 25,4; 26,5; 29,19; 35,15; 44,4).

ruhigung über gewisse Aspekte der Amosbotschaft zu sein; andere werden wir bei der weiteren Lektüre des Buches entdecken.

Weniger sicher, aber durchaus nicht unwahrscheinlich ist die These, daß ein oder zwei Hinweise auf Bethel (Am 3,14 und besonders die Glosse in Am 5,6 „hinsichtlich Bethel"[133]) die Ausweitung der Josianischen Reform auf das Territorium des Nordstaates, der ja in das assyrische Weltreich absorbiert worden war, spiegeln (vgl. 2Kön 23,15–20). Wenn wir überhaupt eine deuteronomistische Redaktion des Buches annehmen, dann ist diese Interpretation vorhersehbar. Der deuteronomistische Geschichtsschreiber wird nicht müde, die Einrichtung und Fortführung des abgöttischen Kultes von Bethel zu verdammen. Er schob sogar eine Prophetenlegende in seinen Bericht ein, nach der ein Gottesmann zur Zeit des ersten Jerobeam von Juda kam, um der Kultstätte ein schändliches Ende anzusagen (1Kön 13).

Die Herkunft der Hymnenfragmente oder „Doxologien" wird seit langem diskutiert; die meisten Forscher sprechen sie Amos ab. Es sollte jedoch beachtet werden, daß sie sich sehr gut einem Hauptmotiv des Buches zuordnen lassen: Israels kriegerischer Gott, der Gott der ekstatischen Propheten vergangener Zeiten, hat jetzt seinem eigenen Volk den Krieg erklärt. Besonders das erste Hymnenstück (Am 4,13), das direkt an das drohende, eine kriegerische Auseinandersetzung beschwörende „Mach dich bereit, deinem Gott zu begegnen, o Israel!" anschließt, rundet die vorhergehenden fünf Anklagen (Am 4,6–11) perfekt ab.[134]

Ein besonderes Problem stellen die drei Ermahnungen dar, Jahwe und nicht die lokalen Heiligtümer bzw. das Gute und nicht das Böse zu suchen (Am 5,4f.6.14f). Gewißheit über ihre Herkunft ist nicht zu gewinnen, doch sind sie nicht leicht mit der Erwartung des unabwendbaren Untergangs zu vereinbaren, welche die Sprüche sonst durchzieht. Die Ermahnungen scheinen an die Stelle des unbedingten „Nein", das Amos dem Reich Israel entgegenhielt,[135] ein milderes „vielleicht" (V. 15) zu setzen. Weiter ist die ermahnende und predigtartige Redeform viel charakteristischer für die Deuteronomisten als für Amos. Die ersteren verordnen auch oft die „Suche" (drs) Jahwes, besonders in Verbindung mit dem Gottesdienst am einzigen legitimen Heiligtum (Dtn 4,27–31; 12,2–7). Sie setzen häufig den Finalsatz hinzu: „daß du leben mögest …" (z.B. Dtn 4,1; vgl. Am 5,4.6.14). Man kann darum mit Recht vermuten, daß an dieser Stelle dem Buch Sprüche hinzugefügt worden sind: Sie spiegeln die neue Hoffnung für die verlorenen nördlichen Landesteile, die aus den religiösen und politischen Bestrebungen Josias und seiner Leute erwachsen war.

3. Der Kern des dritten Teils des Amosbuches besteht aus einer Serie von fünf Visionsberichten in der ersten Person. Die beiden ersten (Am 7,1–3.4–6) – sie drohen

---

133 „Hinsichtlich" Bethel ist nach dem Zusammenhang eine angemessenere Übersetzung als „für" Bethel (so RSV).

134 Zu den „Doxologien" (Am 4,13; 5,8f; 9,5f – der Terminus ist nicht ganz glücklich) vgl. außer den Kommentaren F. Horst, Die Doxologien im Amosbuch, ZAW 47, 1929, 45–54; J.D.W. Watts, An Old Hymn Preserved in the Book of Amos, JNES 15, 1956, 33–39; J.L. Crenshaw, Amos and the Theophanic Tradition, ZAW 80, 1968, 203–215. G.W. Ramsey, Amos 4–12: A New Perspective, JBL 89, 1970, 187–191, schlägt die (unwahrscheinliche) Übersetzung vor: „Mach dich bereit, deine Götter anzurufen, o Israel!" Zur Anklageform in V. 6–11 vgl. J. Blenkinsopp, The Prophetic Reproach, JBL 90, 1971, 267–278, und zu ihrer Verbindung mit dem Bund vgl. W. Brueggemann, Amos IV,9–13 and Israel's Covenant Worship, VT 15, 1965, 1–15, der H. Graf Reventlow, Amos 1962, 120–124 weiterführt.

135 Vgl. die Darstellung von F. Hesse, Amos 5,4–6.14ff, ZAW 68, 1956, 1–17.

mit Heuschreckenplage bzw. Dürre – sind ganz gleich gebaut und berichten von der erfolgreichen Fürsprache des Propheten. Der dritte, das Gesicht vom Bleilot (Am 7,7–9)[136], kündigt Erdbeben, die Zerstörung der Kulthöhen und das gewaltsame Ende der Dynastie an. Da ist nun die Zeit der Fürbitte vorbei, und die beiden letzten Visionen (Am 8,1–3; 9,1–4) setzen voraus, daß das göttliche Gericht über Israel nun endgültig und unabänderlich ist. Es ist gut möglich, ja wahrscheinlich, daß die Visionen eine eigenständige Sammlung bildeten, die beim Propheten selbst entstand und von einem Schüler überliefert wurde. Sie ist hier und da erweitert worden.[137] Eine besonders wichtige Stelle ist die Ankündigung des gewaltsamen Endes der Jehu-Dynastie; sie wurde wohl nach dem Staatsstreich des Sallum im Jahre 745 v.Chr. hinzugefügt.[138]

Die einzige biographische Erzählung des Amosbuches (Am 7,10–17) ist zwischen die dritte und vierte Vision eingeschoben worden. Sie berichtet, wie Amazja, der Oberpriester von Bethel, dem König eine Anklage gegen Amos wegen Hochverrats weiterleitet. Sie bezieht sich auf des Propheten öffentliche Äußerung, Jerobeam werde durch das Schwert umkommen und das Volk in die Verbannung gehen. Das hat zur Folge: Amazja verbietet dem Amos das Staatsheiligtum und befiehlt ihm, sich in Juda Beschäftigung zu suchen – das ist eine überraschend milde Bestrafung, wenn man bedenkt, wie hart sie hätte ausfallen können. Sie beweist auch, welche Furcht Leute wie Amos erwecken konnten. Amos antwortet, er sei weder Prophet noch Mitglied einer Prophetengilde (ben-nabiʾ); er betont, daß er zur Sicherung seines Lebensunterhaltes einen Beruf ausübe und teilt Amazja mit, er sei von Jahwe berufen, eine bestimmte Prophetenbotschaft an das Volk Israel zu überbringen.[139] Damit ist er noch nicht zufrieden: Er kündet auch dem Amazja und seiner Familie ein

---

136   „Bleilot" für ᵃnak ist zweifelhaft, denn das nur in Am 7,7f (viermal) vorkommende Wort scheint stammverwandt mit dem Akkadischen annaku, „Zinn". Die Sache wird bei S.M. Paul, 1991, 233–236, gründlich diskutiert.

137   In Am 8,3 sind durch leichte Abwandlung aus den „Tempelsängerinnen" (šarot) „Tempelgesänge" (širot) geworden, was mit den Eigenheiten des Gottesdienstes am zweiten Tempel besser übereinstimmt.

138   Der Wortlaut von Am 7,9 mag dazu gedient haben, die Vorhersage des Amos im Blick auf den gewaltsamen Tod Jerobeams II. (Am 7,11) zu korrigieren.

139   Die Interpretation von Am 7,14 ist seit langem umstritten. Nach einer weit verbreiteten Meinung muß Amos in dem geschilderten Zusammenhang irgendeine positive Antwort geben: a) „Ich war kein Prophet ..., aber nun bin ich einer"; vgl. besonders H.H. Rowley, Was Amos a Nabi?, in: J. Fück (Hg.), Festschrift Otto Eißfeldt, Halle 1947, 191–198. b) „Bin ich nicht ein Prophet?"; vgl. besonders G.R. Driver, Amos VII,14, EvTh 67, 1955/56, 91–92; P.R. Ackroyd, Amos VII,14, EvTh 68, 1956/57, 94; ders., A Judgment Narrative Between Kings and Chronicles, in: G.W. Coats/B.O. Long (Hg.), 1977, 83–84. c) „Selbstverständlich bin ich ein Prophet!" Diese Deutung setzt emphatisches Lamed voraus: S. Cohen, Amos Was a Navi, HUCA 32, 1961, 175–178; H.N. Richardson, A Critical Note on Amos 7,14, JBL 85, 1966, 89; H. Schmid, Nicht Prophet bin ich, noch bin ich Prophetensohn, Jud. 23, 1967, 73. Es steht auch die Frage zur Debatte, ob der Nominalsatz (der das Verb impliziert) in der Vergangenheit übersetzt werden sollte (wie Rowley es tut, s.o.) oder in der Gegenwart, wie z.B. bei H.-J. Stoebe, Der Prophet Amos und sein bürgerlicher Beruf, WuD 5, 1957, 160–181; S. Lehming, Erwägungen zu Amos, ZThK 55, 1958, 145–169, und viele Kommentatoren. Vgl. auch J. MacCormack, Amos VII,14, EvTh 67, 1955/56, 318; A.H.J. Gunneweg, Erwägungen zu Amos 7,14, ZThK 57, 1960, 1–16. Ich gehe davon aus, daß die ungezwungenste Lesart die präsentische ist: „Ich bin kein nabiʾ, auch kein ben-nabiʾ, denn ich bin ein Hirte und ein Sykomorenzüchter." Die nachfolgende Erklärung: „Doch hat Jahwe mich weggenommen ..." widerspricht dem nicht. Amos will sagen, daß er einen göttlichen Auftrag bekommen habe, obwohl er Laie war, d.h. nicht zu den anerkannten und angestellten nᵉbiʾim (Propheten-Beamten) gehörte.

grausames Ende an; der Priester selbst und das ganze Volk müßten in die Verbannung gehen.
Dieser Abschnitt ist seiner Herkunft nach von den Sprüchen und Visionen verschieden. Er ist hier eingeschoben worden, weil der Hinweis auf das bevorstehende
Schicksal der Dynastie unmittelbar voraufgeht (Am 7,9). Anscheinend ist der Passus
aus einer längeren Erzählung herausgeschnitten, doch können wir über seine Eigenart
nur spekulieren. Einige Forscher vermuteten eine Beziehung zu der Überlieferung
von der Konfrontation eines anonymen judäischen Propheten mit dem ersten Jerobeam in 1Kön 13; auch diese Geschichte spielt in Bethel. Man hat auch schon angenommen, sie stamme aus einer anderen, weniger wohlwollenden Darstellung der Regierungszeit Jerobeams II., welche vor der Fixierung der entsprechenden Abschnitte
in 2Kön (hebräische Version des MT) in Umlauf war.[140] Auffallend ist nämlich, daß
der Deuteronomist trotz der konventionellen Verdammung, wie sie über alle Nord-
reichskönige ergeht („er tat, was übel war in den Augen Jahwes“, 2Kön 14,24), insgesamt dem Jerobeam wohlgesonnen ist. Er hat schließlich Israel mit Unterstützung
des Propheten Jona ben Amittai gerettet und 41 Jahre lang regiert. Wie schon erwähnt, wehrt sich der Überlieferer ausdrücklich gegen die Meinung, Jahwe habe zu
dem Zeitpunkt bereits das endgültige und vollständige Urteil über Israel gesprochen
(2Kön 14,27). Das bringt uns natürlich auf den Gedanken, er könne Amos im Sinn
gehabt haben, gerade im Licht der Tatsache, daß er sonst dessen Wirken völlig verschweigt. Wir können jedoch nur dies sagen: Wenn dem Deuteronomisten die Überlieferung von Am 7,10–17 bekannt war, dann ist leicht einzusehen, daß er sie zugunsten einer anderen, milderen Beurteilung des Königs beiseite ließ. Es kommt noch
hinzu, und das ist im Blick auf die deuteronomischen Kriterien für die wahre Prophetie nicht nebensächlich (Dtn 18,21f), daß die Voraussage des Amos, Jerobeam würde
eines gewaltsamen Todes sterben, nicht eingetroffen ist.[141] Im Kontext des ganzen
Buches soll der Bericht Am 7 nicht nur die Sendung des Amos legitimieren, sondern
auch zeigen, was geschieht, wenn die prophetische Botschaft keine Beachtung findet.[142]
Die vierte und fünfte Vision sind durch eine zusätzliche Spruchsammlung voneinan-
der getrennt (Am 8,4–14; 9,7–10). Darin sind einige Varianten zu Sprüchen des
Hauptkorpus zu finden.[143] Das harte Wort, welches Israel in den Augen Gottes in
denselben Stand wie Nubier und Philister setzt (Am 9,7f), ist durch einen späteren
Redaktor fast völlig umgedreht worden, weil er – wie der Verfasser von 2Kön 14,27
– die Ankündigung des bedingungslosen und totalen Untergangs nicht hinnehmen
wollte („nur das Haus Jakob will ich nicht völlig vernichten“, V. 8b). Der eschatolo-

---

[140] Vgl. J.L. Crenshaw, Prophetic Conflict, 1971, 41f. Zu der Möglichkeit, daß Am 7,10–17 aus
       einer anderen Darstellung der Regierungszeit Jerobeams II. (vgl. 2Kön 14,23–29) stammt, vgl.
       P.R. Ackroyd, in: G.W. Coats/B.O. Long (Hg.), 1977, 78ff. und Anm. 20.

[141] Die interessanteste Vermutung hinsichtlich der Beziehungen zwischen Am 7,10–17; 2Kön
       14,23–29 und 1Kön 13 findet sich bei P.R. Ackroyd, in G.W. Coats/B.W. Long, 1977, siehe
       Anm. 23.

[142] H. Schulte, Amos 7,15a und die Legitimation des Außenseiters, in: H.W. Wolff (Hg.), Probleme
       biblischer Theologie, München 1971, 462–478; G.M. Tucker, Prophetic Authenticity: A Form-
       Critical Study of Amos 7,10–17, Interp. 27, 1973, 423–434.

[143] Es geht u.a. um Am 8,4 (vgl. 2,7; 5,11), Am 8,6 (vgl. 2,6), Am 8,7 (vgl. 4,2; 6,8), Am 8,8 (vgl.
       9,5), Am 8,9 (vgl. 5,18), Am 8,10 (vgl. 5,16f), Am 8,13f (vgl. 5,2). H.W. Wolff, 1965, 374,
       meint dazu: „Die diese Worte formulierten, haben offenbar (wie in 7,14ff) Amos' eigene
       Sprüche noch im Ohr.“

gische Schluß, der die Wiederherstellung der Daviddynastie, die Wiedervereinigung der zerstreuten Israeliten und ein goldenes Zeitalter verspricht, in dem alte Flüche in Segenszusagen verwandelt werden (Am 9,11–15), stimmt genau mit den Hoffnungen verschiedener Kreise in der Exilszeit und während der Frühperiode des Zweiten Tempels überein. Er dürfte darum nicht vor dieser Zeit zum Amosbuch gehört haben.

Ohne die Schwierigkeiten unterschätzen zu wollen, die mit derartigen Rekonstruktionsversuchen verbunden sind, können wir unsere Ergebnisse so zusammenfassen: Wir hören nichts von Amosjüngern; dennoch muß der Prophet eine „support group" gehabt haben, welche seine Worte und einige Erinnerungen an sein Wirken aufbewahrte. In einer solchen Gruppe wurden noch zu seinen Lebzeiten oder wenig später seine Sprüche gesammelt und seine Visionen aufgezeichnet. Den ersten Anstoß dazu mag das große Erdbeben gegeben haben (Am 1,1), das Amos anscheinend vorausgesagt hatte (vgl. besonders Am 4,11; 6,11; 7,7f; 8,8 und 9,1). Eine weitere redaktionelle Bearbeitung ist möglicherweise nach dem Staatsstreich des Sallum im Jahre 745 v.Chr. erfolgt, welcher der Dynastie Jehu den Garaus machte. Der Zusatz zur dritten Vision („Ich will mit dem Schwert gegen das Haus Jerobeams aufstehen", Am 7,9) scheint eine Bearbeitung des Amosspruches zu sein, der Jerobeam den Tod durch das Schwert ankündigt (Am 7,11). Zwangsläufig wurde die Botschaft des Amos dann nach dem Fall des Nordreiches im Jahre 722 v.Chr. auf Juda angewendet; auch das hat seine Spuren im Prophetenbuch hinterlassen (Am 6,1.5). Auch bei Jesaja lassen sich hier und da Auswirkungen spüren (vgl. z.B. das [prophetische] Wort, das in Jes 9,8 gegen Jakob/Israel gesandt wird). Die Ausweitung der Reformpolitik Josias auf die mittleren und nördlichen Stammesgebiete, besonders die dabei erfolgte Zerstörung des Kultzentrums von Bethel, spiegeln sich in jenen redaktionellen Zufügungen, welche den Stempel der deuteronomischen Schule tragen. Wir haben bereits die Vermutung geäußert, daß diese noch in der Exilszeit wirkende Schule eine Sammlung von prophetischen Materialien als eine Art Ergänzung zu ihrem Geschichtswerk herausgegeben hat. Eine aktualisierte Fassung dieser Prophetenschriften könnte um die Mitte des 6. Jahrhunderts v.Chr. veröffentlicht worden sein. In diesem Stadium wurde die Überschrift zur typisch deuteronomistischen Form erweitert, das Orakel gegen Juda beigefügt (Am 2,4f), die Attacke gegen den Kult ausgedehnt (wobei sich ihre Bedeutung ziemlich gründlich veränderte, Am 5,25–27), und es kamen manche anderen Zusätze herein, die das Buch auf die Bedürfnisse jener Zeit abstimmen sollten. Zur gleichen Zeit oder auch später verwandelte der eschatologische Schluß die düsteren Unheilsansagen in Hoffnungsbotschaften und Vorläufer eines neuen Zeitalters, das demnächst anbrechen würde (Am 9,11–15). Denn Gericht und Tod behalten am Ende nicht das letzte Wort.

Das Buch hat also eine Redaktionsgeschichte von mehreren Jahrhunderten mitgemacht. Es ist mithin völlig illusorisch anzunehmen, wir könnten etwas über den Propheten und seine Botschaft in Erfahrung bringen, ohne uns durch diese Geschichte zurückzuarbeiten. Doch sind wir an der geschichtlichen und sozialen Wirklichkeit interessiert und fragen, was diese Schrift uns über die auf ihrem Titelblatt genannte Person sagen kann. Die Überschrift verlegt Amos' Wirksamkeit in die Regierungszeiten des Ussia von Juda (ca. 783–742 v.Chr.) und Jerobeams II. von Israel (ca. 786–746 v.Chr.). Die Zusatzinformation, er habe die Offenbarung zwei Jahre vor dem Erdbeben empfangen, ist uns nur dann eine Hilfe, wenn wir den Zeitpunkt des Erdbebens bestimmen können. Da es noch nach Jahrhunderten in aller Munde war (Sach 14,5), muß es sich um eine schwere Katastrophe gehandelt haben. Vielleicht ist es dasselbe Beben gewesen, das seine Spuren in Schicht VI von Hazor hinterlassen hat. Es wird anhand von Keramikfunden auf das 8. Jahrhundert, wahrscheinlicher noch in dessen erste Hälfte datiert.[144] Einige Anspielungen in den Sprüchen auf historische Ereignisse – vor allem die Einladung, sich Kalne, Hamat und Gat anzusehen (Am 6,2), syrische Stadtstaaten, die 738 v.Chr. von Tiglatpileser eingenommen worden waren – haben einige Forscher dazu bewogen, die Tätigkeit des Propheten in die Zeit nach der Eröffnung der Westfeldzüge Tiglatpilesers, d.h. nach dem Tod Jerobeams, anzusetzen. Der Geschichtsbezug ist jedoch recht vage; außerdem gibt die Tatsache zu denken, daß das Buch in keiner Weise das jahrzehntelange Chaos im Königreich Samarien nach dem Tode des Jerobeam durchscheinen läßt. Darum können wir die wahrscheinlich recht kurze Wirksamkeit des Amos im Nordreich etwa auf die Mitte des 8. Jahrhunderts v.Chr. datieren.

Die erweiterte Überschrift beschreibt Amos[145] als einen Schafzüchter aus Tekoa, dem ungefähr acht Kilometer südlich von Jerusalem in der judäischen Wüste gelegenen, befestigten Städtchen. Sie behauptet aber nicht, Amos stamme *aus* Tekoa, das auch in jedem Fall für Sykamorenpflanzungen nicht in Frage kommt. Wir können also die andere Hypothese in Betracht ziehen, nach der er seine Laufbahn in irgendeiner offiziellen Kapazität in Samaria begonnen hat.[146] In dem Bericht von seiner Verhaftung bei Bethel gibt er selbst als seinen Beruf „Schäfer" und „Sykamorenritzer" an (Am 7,14). So unergiebig und unsicher die Nachricht ist, so wenig untermauert sie die in volkstümlichen Untersuchungen häufige Vorstellung von einem ungebildeten, bäuerlichen Visionär.[147] Jede Deutung muß die Kenntnis internationaler Vorgänge, die

---

[144] Vgl. Y. Yadin, Hazor II: An Account of the Second Season of Excavations, 1956, Jerusalem 1960, 24–26; 36f; J.A. Soggin, Das Erdbeben von Amos 1:1 und die Chronologie der Könige Ussia und Jotham von Juda, ZAW 82, 1970, 117–121. Vgl auch Y. Yadin, Hazor, in: M. Avi-Jonah (Hg.), Encyclopedia of Archaeological Excavations in the Holy Land, Bd. II, Jerusalem 1976, 485, 495. Yadins früher präzisere Angabe des Jahres 760 v.Chr. beruhte wohl auf der Vorliebe mancher Kommentatoren für dieses Anfangsjahr des Prophetendienstes, nicht aber auf archäologischen Daten, vgl. J.L. Mays, Amos 1969, 20. Wenn Am 8,9 („... ich will die Sonne am Mittag untergehen und das Land am hellen Tag finster werden lassen.") sich auf eine Sonnenfinsternis bezieht, dann kann es diejenige gewesen sein, die für das Eponymen-Jahr des Bur-sagele in Assyrien belegt ist; das Datum wäre der 15. Juni 763 v.Chr. Ist das richtig, dann wäre die Finsternis in Nordisrael fast total gewesen (98,2 %), und sie hätte morgens um 9 Uhr 05 Lokalzeit angefangen. Sie hätte sicher einen tiefen Eindruck hinterlassen und wäre als unheildrohendes Zeichen verstanden worden.

[145] Zum Namen vgl. J.J. Stamm, Der Name des Propheten Amos und sein sprachlicher Hintergrund, in: J.A. Emerton, Prophecy, BZAW 150, Berlin/New York 1980, 137–142; S. M. Paul, 1991, 33f.

[146] Die Hypothese, Amos stamme aus dem Nordreich, ist durch Aussagen des Buches nicht zu widerlegen, aber sie hat auch keine ausreichende Stütze, vgl. H. Schmidt, Die Herkunft des Propheten Amos, Berlin 1920, 158–171; S.N. Rosenbaum, 1990.

[147] Der Ausdruck *boqer* (Am 7,14) ist zwar ein hapax legomenon, er meint aber ganz natürlich jemand, der sich um Rinder oder Ochsen kümmert. Der Widerspruch zur Aussage: „Jahwe nahm mich hinter der Herde weg" (*so'n,* Schafe und Ziegen, V. 15) sollte nicht strapaziert werden, denn es kann sich um eine konventionierte Darstellung einer Berufung handeln (vgl. 2Sam 7,8). In Am 1,1 wird er als einer der *noqᵉdim* von Tekoa vorgestellt. Die Bezeichnung bedeutet noch immer am ehesten „Schäfer" oder „Schafzüchter". Die einzige andere Belegstelle in der hebräischen Bibel, 2Kön 3,4, bezieht sich auf den König von Moab; in einem ugaritischen Text wird der Ausdruck im Zusammenhang mit Priestern gebraucht (ANET 141). Daraus läßt sich kein

Vertrautheit mit der heiligen Überlieferung und die poetischen Fähigkeiten des Propheten, wie sie in den authentischen Sprüchen hervortreten, mit in Rechnung stellen. Auf der anderen Seite war Amos nach eigenem Eingeständnis zumindest bei seinem Zusammenstoß mit Amazja kein „Berufs-*nabi*" (Am 7,14), sondern ein Privatmann, der wie gewisse Ekstatiker in Mari Visionen hatte und direkt oder indirekt Botschaften an den Herrscher ausrichtete. Dasselbe kann man von Hosea, Micha und Jesaja sagen, die in etwa zur gleichen Zeit lebten. Kein Etikett kann die Rollen und Funktionen dieser Männer zufriedenstellend erfassen. Vielleicht ist die oben schon ins Spiel gebrachte Bezeichnung „intellektueller Dissident" nicht ganz unangemessen.

Die biographische Erzählung hält die Entsendung des Amos in das Königreich von Samarien und seine Verhaftung am Reichsheiligtum von Bethel unter Anklage des Aufruhrs fest (Am 7,7–10). Jerobeam hatte sich durch seine Expansionspolitik wahrscheinlich in Kriegshandlungen mit Juda verwickelt, wie das auch unter der vorhergehenden Regierung geschehen war (2Kön 14,11–15). Trifft das zu, dann mußte man im Norden die Reden des Amos als Versuche eines feindlichen Agenten werten, die Widerstandskraft des Volkes zu unterminieren.[148] Der Auftrag, „meinem Volke Israel zu prophezeien" (Am 7,15) ist dem Amos wohl zusammen mit den im dritten Teil des Buches überlieferten Visionen zuteil geworden (vgl. Jes 6,1–13; Jer 1,4–19). Aber man kann unmöglich sagen, ob sie sich über längere Zeit hinzogen oder in schneller Folge ergingen, wie das bei Sacharja im 6. Jahrhundert der Fall war (Sach 1,7–6,15). Wie wir gesehen haben, drohen die ersten beiden mit Katastrophen, die durch prophetische Fürbitte noch abgewendet werden können. Die dritte Vision, jene mit dem Bleilot (?), scheint das Erdbeben anzukündigen, das nicht mehr abzuwenden war. Und in den letzten beiden konnte Amos nur noch hilflos das Panorama der Zerstörung mitansehen, Leichenberge und Todesernte, hinterlassen von Erdbeben und Militäreinsatz. Die Sprüche des Amos bleiben unverständlich, es sei denn, man setzt bei ihm die absolute Gewißheit dessen voraus, der die Dinge tatsächlich hat geschehen sehen. Ein Visionär, der sich – wie schon gesagt – in einem zum Tode verurteilten, aber nichtsahnenden Volk bewegt.

Der älteste Kern der Spruchsammlungen zeigt einen bemerkenswerten Formenreichtum. Doch ragt schon in den Fremdvölkersprüchen ein immer wiederkehrendes Strukturelement heraus: Es ist die Folge von Anklage und Verurteilung; letztere wird im allgemeinen durch die Partikel „darum" (*laken*) oder „siehe" (*hinneh*) eingeleitet.[149] Zwar fehlen genaue Parallelen, aber man kann mit guten Gründen annehmen,

---

sozial inferiorer Status ableiten. Selbst wenn Amos für die Opferung bestimmte Herden versorgte – so A.S. Kapelrud, Amos 1961, 5–7 –, wird er dadurch kaum zu einem „Kultbeamten". Auch hat meines Wissens noch niemand behauptet, das Ritzen von Sykomorenfeigen sei eine kultische Beschäftigung. Zu *noqed* vgl. außer den Kommentaren S. Segert, Zur Bedeutung des Wortes *noqed*, VT.S 16, 1967, 279–283. Die Vermutung von M. Bic, Der Prophet Amos – ein Haepatoskopos, VT 1, 1951, 293–296, die Bezeichnung *noqed* beziehe sich auf die Leberschau, ist von A. Murtonen, VT 2, 1952, 170f widerlegt worden.

148 Die Darstellung der Regierungszeit Jerobeams in 2Kön 14,23–29 hält dessen erfolgreiche Rückgewinnung israelitischen Gebietes im Norden und im Osten bis zum Toten Meer fest (vgl. Am 6,13f, wo auf Siege östlich des Jordan hingewiesen wird). Es gibt zwar im Dtr keine Hinweise auf Feindseligkeiten mit Juda, aber Ussia verfolgte dort ebenfalls eine in mehrere Richtungen gehende, u.a. auch auf Transjordanien zielende, expansive Politik (2Chr 26,6–8). Das erhöhte die Wahrscheinlichkeit von Zusammenstößen. Der Geschichtsschreiber notiert außerdem, daß Jerobeams Feldzüge die Unterstützung von Propheten fanden (2Kön 14,25).

149 Am 2,13; 3,11; 4,12; 5,11.16; 6,7.14; 8,11; 9,8.9.

daß diese Sprachformen von der internationalen Kommunikation besonders zwischen Weltmächten und Vasallen hergeleitet sind. Jedenfalls entsprechen die verschiedenen Urteilsformulierungen ziemlich genau den in internationale Verträge aufgenommenen Flüchen. Besonders deutlich ist das bei den Deportationsdrohungen in assyrischen Vasallenverträgen.[150] Der Themenkomplex „schändliche militärische Niederlage, Besatzung durch eine fremde Macht, mögliche Deportation" wird auch in der traditionellen Sprache des heiligen Krieges aufgenommen. Nur ist der Krieg jetzt ein Unternehmen, in dem Jahwe die Waffen gegen sein eigenes Volk ergreift (vgl. besonders Am 4,12). Übereinstimmend mit diesem Seitenwechsel und in entschiedener Abwendung von seinen prophetischen Vorgängern hat Amos das traditionelle Thema des Tages Jahwes auf den Kopf gestellt: Er wird nicht Rettung durch die Schlacht, sondern Vernichtung, nicht Licht, sondern Dunkelheit bringen.[151]
Das auffälligste Kennzeichen der Predigt des Amos ist sicherlich diese systematische Umkehrung traditioneller Symbole und Leitbilder, welche das Alltagsleben und das Selbstverständnis der politischen Gemeinschaft trugen und die im nationalen Kult ihren zentralen Ausdruck fanden. Anscheinend soll Israel von Anfang an mit zu den Nationen gehören, die dem Fluch verfallen sind. Eine solche Aussage verdreht nicht nur den Sinn der traditionellen Heilszusage, sondern macht das ganze übrige Buch zu einer Urteilsschrift gegen Israel, als sei es nur eine Nation unter vielen anderen. Diese Zielrichtung tritt klar gegen Ende des Buches hervor:

> Seid ihr Kinder Israel mir nicht gleichwie die Mohren? spricht der HERR. Habe ich nicht Israel aus Ägyptenland geführt und die Philister aus Kaphtor und die Aramäer aus Kir? Siehe, die Augen Gottes des HERRN sehen auf das sündige Königreich, daß ich's vom Erdboden vertilge. (Am 9,7–8a; Lutherübers. 1964)

Es war nur folgerichtig, daß die Umpolung der Erwartungen auch im Blick auf den Kult vollzogen wurde, und zwar besonders hinsichtlich des großen Erntefestes im Herbst. Der Untergang tritt an die Stelle des Heils, Trauer ersetzt die Freude.[152] Einer

---

[150] Man vergleiche insbesondere die Vasallenverträge des Assarhaddon in ANET 537f (TUAT I, 167–171). Die Ansage der Exilierung machte Amos den Behörden auffällig (Am 7,11), doch zieht sich das Thema als ein Hauptmotiv durch das ganze Buch (Am 1,5.15; 4,2f; 5,27; 6,7; 7,17; 9,4). Eine andere Standardform des Fluches taucht in Am 5,11b auf (vgl. Am 9,14; Dtn 28,30.39): „Ihr habt Häuser aus gehauenen Quadern gebaut, aber ihr werdet nicht darin wohnen; ihr habt schöne Weinberge angelegt, aber ihr werdet ihren Wein nicht trinken." Auffällig ist in dieser Hinsicht auch das Wort *pš'* (sich auflehnen, Aufstand) für „Sünde" (Am 1,3.6.9.11.13; 2,1.4.6; 3,14; 4,4; 5,12). Vgl. D.R. Hillers, Treaty-Curses and the Old Testament Prophets, BiOr 16, 1964, 1–101; F.C. Fensham, 1963, 155–175; M. Fishbane, The Treaty Background of Amos 1,11 and Related Matters, JBL 89, 1970, 313–318; J.S. Holladay, Assyrian Statecraft and the Prophets of Israel, HThR 63, 1970, 29–51. Vgl. auch ANET 532–541; S. Parpola and K. Watanabe, 1988.

[151] Eine handliche Zusammenfassung der jüngsten Diskussion findet sich bei A.J. Everson, Day of the Lord, IDB.S 209f, eine ausführliche Analyse bietet S.J. de Vries, Yesterday, Today, and Tomorrow, Grand Rapids 1975, 55–331. Angesichts der in Israel herrschenden Vorstellungen vom heiligen Krieg braucht man nicht zwischen militärischen und kultischen Zusammenhängen zu unterscheiden. Daß Am 5,18–20, der erste prophetische Text überhaupt, der ausdrücklich vom „Tag Jahwes" handelt, auf den heiligen Krieg verweist, wird durch Am 1,14 („Tag der Schlacht") und 2,16 („an jenem Tage", d.h. der verlorenen Schlacht) gestützt.

[152] Hinweise auf Herbst und Ernte (Am 4,9; 5,16f; 8,1–3), kultischen Jubel und Klagegesang (Am 5,16f; 8,3.10) und die Lobhymne auf den Schöpfergott (Am 4,13; 5,8f; 9,5f) hat man als Anzeichen dafür verstanden, daß Amos das zum großen, herbstlichen Erntedankfest in Bethel versam-

der erstaunlichsten Aspekte des Amosbuches ist die Tatsache, daß es den Gottesdienst als den Ausdruck eines radikal verfehlten Lebens darstellt (Am 4,4f). Der gesamte Apparat von Festen, Opfern, religiöser Musik und Zehntabgabe wird abgelehnt, er ist Jahwe verhaßt (Am 5,21–24).[153] Diese Ablehnung wird dann in den prophetischen Büchern des öfteren wiederholt (z.B. Hos 6,6; 8,13; Jes 1,10–17; Jer
6,20). Die kritische Diskussion dieser Passagen ist oft durch konfessionelle Vorurtei-
le vernebelt worden, die angemessene und unangemessene Formen des *christlichen*
Gottesdienstes festlegen wollen. Es ist aber einfach undenkbar, daß Amos im Israel
des 8. Jahrhunderts v.Chr. den Gottesdienst an sich zugunsten einer rein spirituellen
und ethischen Religion verworfen hätte. Der Streitpunkt liegt eher darin, daß die
Zeitgenossen nach seiner Meinung den Gottesdienst zur Durchsetzung ihrer eigenen
Werte und Ziele mißbrauchten (wie auch heute noch üblich). Der Kultus hatte eigentlich die geschichtlichen Erinnerungen wachzuhalten und die moralischen Werte ein-
zuprägen (durch die Rezitation der Gesetze, die zum Gottesdienst gehörte), welche
die Gemeinschaft mit ihren spezifischen Kennzeichen und Zielsetzungen konstituier-
ten. Amos war überzeugt, daß dieser Zweck nicht mehr erreicht wurde.
Ein anderer und einschneidenderer Mangel lag darin, daß Staatskulte aufwendige und
komplexe Unternehmungen waren. Ihnen standen Ländereien, Sklaven und durchaus
nicht immer freiwillige, von der Gesamtbevölkerung erhobene Abgaben zur Verfügung. Das Kultpersonal war darüber hinaus von Steuern befreit.[154] Das Opfersystem
wird für Volksvermögen und Herdenbesitz eine bedeutende Belastung dargestellt
haben. Das alles trägt dazu bei, die häufigen Angriffe auf Priester und den Opferkult
in der prophetischen Literatur zu erklären.
Die Rechtfertigung des von Amos gegen die Gesellschaft verkündeten Todesurteils
steckt in der Summe der Anklagen, auf welche sich die Strafverfolgung stützt. Davon
müssen auch Überlegungen zur prophetischen Ethik ausgehen.[155] Amos erkennt die
Grundsituation: Der Staat erdrückt die traditionelle Lebenswelt. Und er spricht als
ein über die Nachlässigkeit und Achtlosigkeit der Priester und des Tempelpersonals
entsetzter Laie. Er ist ein Mann vom Lande, der für den Lebensstil der arbeitsscheuen

---

melte Volk angeredet habe. An sich ist der Gedanke überzeugend, doch sollte er nicht als Inter-
pretationsschlüssel für das ganze Buch verwendet werden, wie bei J. Morgenstern, 1936, 19–140.

[153] Am 5,25–27 scheint den Angriff gegen den Kult anders interpretieren zu wollen: Der Absatz
stellt den Gottesdienst als nicht-jahwistisch dar und bezieht sich auf den ganz anderen Kult der
vorstaatlichen Zeit (vgl. 2Sam 7,4–7). Dazu vgl. H. Junker, Amos und die „opferlose Mosezeit“,
ThGl 27, 1935, 686–695.

[154] Steuerbefreiung war in der Antike das Normale für die am Staatsheiligtum Angestellten; sie wird
für den Zweiten Tempel ausdrücklich bezeugt (Esra 7,24).

[155] Vgl. L.A. Sinclair, The Courtroom Motif in the Book of Amos, JBL 85, 1966, 351–353 und zum
rib Muster (d.h. die Erhebung der Anklage gegen den Beschuldigten): B. Gemser, The *Rib*- or
Controversy-Pattern in Hebrew Mentality, VT.S 3, 1955, 120–134; H.B. Huffmon, The Covenant
Lawsuit in the Prophets, JBL 78, 1959, 285–295; G.E. Wright, The Lawsuit of God: A Form-
Critical Study of Deuteronomy 32, in: B.W. Anderson/W. Harrelson (Hg.), 1962, 26–67; H.-J.
Boecker, Anklagereden und Verteidigungsreden im Alten Testament, EvTh 20, 1960, 398–412;
ders., Redeformen des Rechtslebens, Neukirchen-Vluyn 1964; J. Harvey, Le ‚Rib-Pattern‘, réqui-
sitoire prophétique sur la rupture de l'alliance, Bib. 43, 1962, 172–196; ders., Le Plaidoyer pro-
phétique contre Israel après la rupture de l'alliance, Brüssel und Montreal 1967; J.W. Limburg,
The Root *ryb* and the Prophetic Lawsuit Speeches, JBL 88, 1969, 291–304; J. Blenkinsopp, The
Prophetic Reproach, JBL 90, 1971, 267–278; S. Amsler, Le Thème du procès chez les prophètes
d'Israel, RThPh 3.24, 1974, 116–131; K. Nielsen, Yahweh as Prosecutor and Judge: An
Investigation of the Prophetic Lawsuit (*Rib*-Pattern), Sheffield 1978.

Reichen in der Hauptstadt nur Verachtung übrig hat (Am 3,15; 4,1–3; 6,1–7), ein
Konservativer, der die alte Ordnung entschwinden sieht. Diese Sicht der Dinge hat
natürlich ihre Grenzen, und sie ist in mancher Hinsicht verzerrt. Dennoch hat sie
einen begründeten Anlaß in der sozialen Wirklichkeit jener Tage. Eine zunehmende
Zentralisation, die Notwendigkeit, den Königshof und einen aufwendigen Kultbetrieb
zu unterhalten, schwere Steuerlasten („Abgaben an Weizen", Am 5,11), die viele
Bauern von ihrem Land vertrieben, Latifundien, deren Besitzer in der Stadt wohnten,
Militär- und Frondienst – das waren Hauptgründe dafür, daß die alte Ordnung unter-
graben wurde und eine Art „Rentenkapitalismus" aufkam. Der stark ausgeweitete
Handel mit den phönizischen Städten und die reiche Beute, die bei erfolgreichen
Feldzügen eingebracht wurde, hatten einen Neureichtum zur Folge, der allerdings
nicht zu den unteren sozialen Schichten durchsickerte.[156] In dieser Situation hat
Amos – wie etwa ein halbes Jahrhundert später Hesiod – die Sache der Enteigneten
und Ausgeschlossenen aufgenommen. Er tat es im Namen der traditionellen Werte.
Die Moral gehörte für die Propheten des 8. Jahrhunderts in den Bereich des Sozialen
und Politischen. Diese Sphäre schloß darum Angelegenheiten des internationalen
Rechts, der sozialen Gerechtigkeit und der bürgerlichen Freiheiten ein. Amos kümmert sich weit weniger als Hosea um Gottesdienstformen – er erwähnt nur einmal
Fremdgötterkulte (Am 8,14) – und ist viel mehr damit beschäftigt, die gewalttätige,
unterdrückerische und ausbeuterische Gesellschaft zu geißeln. Dabei klagt er im einzelnen an: den Verkauf in die Sklaverei wegen nichtiger Schuld (Am 2,6; 8,6), unver-
hältnismäßig hohe Strafen (Am 2,8), Verfälschung von Maßen und Gewichten (Am
8,5), unehrliche Handelsgeschäfte (Am 8,6), die Korruption der Rechtsverfahren
(Am 2,7; 5,10.12) usw. Diese Anschuldigungen sind nicht aus der Luft gegriffen
oder nur auf seinem eigenen ethischen Urteil gewachsen. Das traditionelle, allgemein
anerkannte Ethos steht dahinter, wie es in Israels Sprüchen und Unterweisungen und
in seinem apodiktischen und kasuistischen Recht zum Ausdruck kommt. Man kann
nachweisen, daß die Anklagen in den meisten Fällen mit den Forderungen des sogenannten Bundesbuches übereinstimmen (Ex 20,23–23,19) und darum in einem Ge-
sellschaftsideal begründet sind, das auf Gottes Setzung von Gerechtigkeit und Recht
beruht. Ein Beispiel dafür mag genügen. Die Weigerung, vor Anbruch der Nacht ein
gepfändetes Gewand an einen Armen zurückzugeben (Am 2,8), verletzt eine präzise
Gesetzesforderung; sie gehört zu den Normen des Codex, welche die Benachteiligten
schützen sollen:

> Wenn du den Mantel deines Nächsten zum Pfande nimmst, sollst du ihn wiedergeben,
> ehe die Sonne untergeht, denn sein Mantel ist seine einzige Decke für seinen Leib; worin
> soll er sonst schlafen? Wird er aber zu mir schreien, so werde ich ihn erhören; denn ich
> bin gnädig (Ex 22,25f; Lutherübers. 1964).

Das Javneh-Jam-Ostrakon Nr. 1 aus Mesad Haschavjahu südlich von Tel Aviv hat
einen diesbezüglichen, etwa ein Jahrhundert nach Amos geschehenen Fall ans Licht
gebracht. Ein Landarbeiter wendet sich an den Ortskommandanten und fordert die
Rückgabe seines Rockes, der ihm anscheinend gepfändet worden war, weil er einen

---

[156] Vgl. besonders H. Donner, Die soziale Botschaft der Propheten im Lichte der Gesellschaftsord-
nung in Israel, OrAnt 2, 1963, 229–245.

Kredit nicht zurückgezahlt hatte.[157] Weder Amos noch der unbekannte Bittsteller beziehen sich auf die oben zitierte Rechtsbestimmung. Also besteht die Möglichkeit, daß alle drei Zeugnisse auf der traditionellen, humanitären Gemeinschaftspraxis einer Konsensethik gründen, die in Gefahr stand, unter dem Druck staatlicher Zwangsmaßnahmen zugrunde zu gehen.

Ein weiterer und letzter Punkt: Indem Amos die Begründung für sein Urteil angibt, das dann durch Naturereignisse (Heuschrecken, Trockenheit, Erdbeben) oder noch häufiger durch politisches Geschehen, besonders die Feldzüge der Assyrer im Westen,[158] vollstreckt werden sollte, legte er den Grund für ein bestimmtes Verständnis des Geschichtswirkens Gottes; es sollte ungeheuer einflußreich werden, sich aber auch als sehr problematisch erweisen. Amos repräsentiert nur eine Prophetenstimme, und die Begrenztheit seiner Schau ist schon denjenigen aufgefallen, die seine Worte aufbewahrten und überlieferten. Aber hinter seine grundsätzliche Botschaft, daß nämlich eine Gesellschaft, die Recht und Gerechtigkeit vernachlässigt, nicht zu überleben verdient, führt kein Weg zurück. Sein Auftreten bezeichnet einen Wendepunkt in der Religionsgeschichte Israels, ja, der gesamten antiken Welt.

10. Hosea

Die Überschrift zum Hoseabuch ähnelt der bei Amos; sie nennt den zweiten Jerobeam als den Herrscher von Samaria, doch sind drei judäische Könige hinzugefügt: Jotam, Ahas und Hiskia (Hos 1,1), möglicherweise eine deuteronomistische Notiz. Das würde bedeuten, daß die öffentliche Wirksamkeit des Propheten einen Zeitraum von mehr als dreißig Jahren umspannt hat, von einem Datum vor dem Tode Jerobeams II. (ca. 746 v.Chr.) bis nach dem Regierungsantritt des Hiskia (ca. 715 v.Chr.). Der Fall Samarias (722 v.Chr.) wäre darin eingeschlossen. Aber nach dem deuteronomistischen Geschichtsschreiber bestieg Hiskia in der Regierungszeit des letzten Königs in (Nord-)Israel den Thron, der zufällig denselben Namen trug wie der Prophet (Hosea ben Ela, 2Kön 18,1). Es gibt jedoch gute Gründe, an dieser Zeitgleichheit zu zweifeln.[159] Und weil nichts im Hoseabuch darauf hinweist, der Prophet habe dieses Ereignis noch kommentiert (obwohl ein Abschnitt gegen Ende des Buches das

---

157 Zu den Javneh-Jam Inschriften vgl. J.C.L. Gibson, Textbook of Syrian Semitic Inscriptions, Bd. I, 26–30; K.A.D. Smelik, 1987 (s.o. Anm. 4), 87–93; J. Renz und W. Röllig, 1995, Teil 1, 315–329.
158 Auffällig ist, daß Assyrien bei Amos nicht vorkommt, es sei denn, man akzeptiert in Am 3,9 die Septuaginta-Lesart „Assyrien" für das massoretische „Asdod". Die Unterdrückermacht wird einfach als „Feind" (sar, Am 3,11) oder „ein Volk" (goj, Am 6,14) deklariert. Nimmt man an, Amos sei mehrere Jahre vor der Thronbesteigung des Tiglatpileser III. tätig gewesen, dann ist erstaunlich, daß er die Eroberungszüge der Assyrer vorhergesehen hat. Denn wir wissen aus der Zeit, die auf den letzten Westfeldzug des Adadnirari vom Jahre 796 v.Chr. [ANET 281f, (TUAT I, 367f)] folgte, von keiner wie werten militärischen Bedrohung aus dieser Richtung. Also steht die ganze Datierungsfrage noch immer unter Vorbehalt. Wir müssen uns aber auch bewußt sein, daß wir von der langen Regierungszeit Jerobeams II. ganz wenig Kunde haben und nur Mutmaßungen über die Geschichtsereignisse anstellen können, welche nach der Überlieferung (2Kön 14,26) Israel zu jener Zeit in eine so verzweifelte Lage brachte.
159 2Kön 18,1 setzt Hiskias Thronbesteigung in das dritte Jahr des Hosea, aber 2Kön 18,13 datiert Sanheribs Feldzug (701 v.Chr.) in das vierzehnte Jahr des Hiskia. Das bedeutet, er muß im Jahre 715 v.Chr. auf den Thron gekommen sein (bei einer Fehlermarge von höchstens 1 Jahr).

Scheitern der Monarchie voraussetzt: Hos 13,9–11), sollten wir seine Wirksamkeit
von der Mitte des 8. Jahrhunderts bis zum tatsächlichen Schluß der Regierungszeit
seines Namensvetters im Jahre 724 v.Chr. ansetzen. Hosea war also ein Zeitgenosse
des Amos, aber sein öffentliches Auftreten dauerte länger.
Die historischen Anspielungen im Hoseabuch unterstützen diese Datierung, oder sie
sind doch mit dieser Datierung nicht unvereinbar. Sie lassen eine Tätigkeit des Propheten während der letzten beiden Jahrzehnte des Königreiches von Samaria vermuten. Die Anfangskapitel („Jesreel" in Hos 1–3) setzen eine Periode politischer Stabilität voraus; die Verdammung der Jehu-Dynastie (Hos 1,4f) müßte logischerweise
dem Staatsstreich des Sallum von 745 v.Chr. voraufgehen. Die häufigen Denunzie-
rungen der Monarchie und derer, welche im übrigen Buch „ihre Herrscher fressen"
(Hos 7,7), passen in das letzte Vierteljahrhundert des Nordreiches, in dem vier von
sechs Königen ermordet wurden. Der Hinweis auf Ephraim, das nach Assyrien zieht
(Hos 5,13), mag sich auf die Unterwerfung des Menahem (2Kön 15,19f) oder möglicherweise auch des Hosea (2Kön 17,3) beziehen, und es gibt außerdem eine Andeutung von Annäherungsversuchen an Ägypten (Hos 7,11; vgl. 9,3; 11,5; 12,2), was im
Falle einer Bedrohung aus dem Norden recht üblich war. Wahrscheinlich reflektiert
der lange Abschnitt Hos 5,8–6,6 die verhängnisvollen Ereignisse von 734 bis 733
v.Chr., den sogenannten syrisch-ephraimitischen Krieg, in dem Israel und Damaskus
den Staat Juda in eine anti-assyrische Koalition zwingen wollten. Daraufhin hat Ahas
von Juda die Assyrer zu Hilfe gerufen und folgerichtig die Ausdehnung des Reiches
Tiglatpilesers nach Damaskus und auf die nördlichen und östlichen Teile des
Königtums von Samaria mit verursacht.[160] Ein letzter geschichtsträchtiger Hinweis
deutet auf die Absetzung des Hosea und das Ende der Monarchie (Hos 13,9–11) zwei
oder drei Jahre vor dem Fall Samarias und die Einbeziehung des ganzen Königtums
in das assyrische Weltreich. Wir wissen nicht, ob dies bedeutet, daß Hosea während
der Belagerung Samarias oder während der Militärbesatzung starb oder umkam.
Wir haben schon einige Male angemerkt, daß der besondere Charakter unserer biblischen Quellen uns verführen kann, einen völligen Bruch zwischen den ersten klassischen Propheten und ihren Vorgängern anzunehmen. Darum ist es außerordentlich
wichtig, Hoseas Bindung an die königskritische Prophetentradition im Nordreich,
wie sie von Ahia von Silo, Elia und zweifellos noch anderen Figuren repräsentiert
wird, herauszustreichen. So wie er die Propheten als Instrumente des Gottesurteils
beschreibt (Hos 6,5), paßt das Bild ganz ungezwungen auf eben diese Vorgänger.
Und weil ein Abschnitt folgt, der sich wahrscheinlich auf die katastrophalen Folgen
des syrisch-ephraimitischen Krieges bezieht, kann die Beschreibung auch für Amos
gelten, dessen Vorhersage des Untergangs sich als nur zu richtig erwiesen hatte.[161]

---

[160] A. Alt, Hosea 5,8–6,6. Ein Krieg und seine Folgen in prophetischer Beleuchtung, in: ders.,
      Kleine Schriften II, 1953, 163–187; H. Donner, in: J.H. Hayes/J.M. Miller (Hg.), 1977, 421–434;
      H.W. Wolff, 1965, 131–154.
[161] Vgl. besonders Am 3,11; 6,14 und die Vorausschau auf das Ende von Damaskus (Am 1,3–5).
      Auch sonst ist wahrscheinlich, daß Hosea mit den Sprüchen des Amos vertraut war: Die Bevor-
      zugung von Treue und Gotteserkenntnis gegenüber dem Opfer (Hos 6,6) erinnert an Am 5,21–
      24, obwohl sie dem Wortlaut nach nicht so nahe verwandt ist. Hos 10,2b läßt die Sprache der
      letzten Vision (Am 9,1) anklingen, und es ist außerordentlich bedeutsam, daß die einzige
      Erwähnung eines falschen oder synkretistischen Kultes bei Amos (Am 8,14) eine Stellungnahme
      des Hosea (Hos 4,15) hervorgerufen zu haben scheint. Der letztere spricht von Gilgal und Beth-
      Awen (= Bethel), und von denen, die schwören „So wahr Jahwe lebt!", während Am 8,4 Asima

An anderer Stelle zitiert Hosea eine – zweifellos von vielen, denen seine Botschaft lästig war, geteilte – Meinung, daß „der Prophet (*nabi'*) ein Tor, der Geistesmann (*'iš haruah*) verrückt ist" (Hos 9,7). Er fährt dann fort, der Prophet sei trotzdem der Wächter *(sopeh)* für Ephraim.[162] Zu einer Tradition von erwählten Mittlern zu gehören, deren ununterbrochene Kette in die Vergangenheit reicht, ist eindeutig ein wesentliches Stück von Hoseas Selbstverständnis:

> Ich rede wieder zu den Propheten,
> und ich bin's, der viel Offenbarung gibt
> und durch die Propheten sich kundtut. (Hos 12,11, Lutherübers. 1964)[163]

Nur im Zusammenhang dieser Tradition, die Hosea und seine Zuhörer bewußt aufnahmen, können wir hoffen herauszufinden, was in seiner an die Zeitgenossen gerichteten Botschaft wirklich neu war.

In den letzten Jahrzehnten hat sich die Diskussion über die Tradition, in welcher Hosea stand, auf die These von H.W. Wolff zugespitzt, der Prophet habe enge Beziehungen zu den Leviten des Nordreiches gehabt, die nicht nur einen Teil seiner „support group" darstellten, sondern auch in der Überlieferung seiner Sprüche eine Hauptrolle gespielt hätten.[164] Diese Beziehungen, so H.W. Wolff, können am besten einige längst schon erkannte Eigentümlichkeiten des Buches erklären: Hoseas Sorge um den Kult und die heiligen Traditionen des alten Stammesbundes; seine Opposition gegen die etablierte Priesterschaft (Hos 4,4–10); die Tatsache, daß er den Leviten Moses einen Propheten (Hos 12,14) und den Ursprung der „amphyktionischen" Prophetie nennt;[165] die engen sprachlichen und thematischen Verbindungen zum Deuteronomium. H.W. Wolff sagt nicht geradezu, daß Hosea selbst ein Levit gewesen ist, aber es ist schwer einzusehen, wie er diese Möglichkeit ausschließen will.

H.W. Wolffs Hypothese hat den Vorteil, einige vorherrschende Themen des Hoseabuchs ins rechte Licht zu rücken, aber sie leidet doch unter einer bestimmten Schwäche, und zwar wegen des Dunkels, das die frühe Geschichte des Priestertums in Israel umhüllt. Eine der ältesten Erzählungen über einen einzelnen Leviten versetzt diesen nach Juda (Ri 17,7), und es gibt noch andere Anzeichen dafür, daß dieser Stamm in der Frühzeit levitische Beziehungen hatte.[166] Dieselbe Erzählung schließt mit den levitischen Nachkommen des Mose, die das „gehauene und gegossene Götzenbild" (*pesel umassekah*, Ri 17,4) in Dan versorgten, das später eins der beiden Hauptheiligtümer im Nordreich wurde. Auch der Kult von Silo, ebenso verdächtig und noch ausdrücklicher verdammt (1Sam 2,12–17.27–36; 3,11–14), wurde, jedenfalls nach deu-

---

von Samaria, eine Gottheit, die auch in 2Kön 17,30 und wahrscheinlich in den Papyri von Elephantine erwähnt wird, nennt.
162 Doch der Text ist dunkel, vgl. H.W. Wolff, 1965, 193.201f. Der Terminus wird in Jer 6,17; Ez 3,17; 33,2.6.7; Jes 52,8; 56,10 von Propheten verwendet.
163 'adammeh, wiedergegeben mit „Ich gab Gleichnisse", ist undurchsichtig (vgl. New Revised Standard Version: „I will bring destruction" [Ich werde Zerstörung bringen]). Die letztere Version ist möglich, aber die erstere ist vorzuziehen, weil sie besser in den Kontext paßt. Besser noch ist die Übertragung: „Ich gebe Gleichnisse", denn 'adammeh ist ein frequentatives oder iteratives Imperfekt, vgl. Gesenius-Kautzsch, Hebräische Grammatik, Leipzig 281909, § 112dd. Hosea sieht also den prophetischen Prozeß noch im Fluß und denkt vermutlich nicht nur an seine eigene Person.
164 H.W. Wolff, 1956; ders., 1965, 98, 204 u.ö.
165 H.W. Wolff: „amphyktionisch orientierte Propheten", 1956, 85.
166 Für Hinweise und Argumente vgl. A. Cody, A History of Old Testament Priesthood, Rom 1969, 56–58.

teronomistischer Ansicht, von levitischen Priestern verwaltet (1Sam 2,27f). Es ist
darum fraglich, ob die Annahme, jene Priester, die ihre Abstammung von dem Leviten Mose behaupteten (Ex 2,1), seien in der frühesten Zeit die Träger der authentischen Jahwetradition gewesen, berechtigt ist. Vielleicht braucht man gar nicht hinzu-
zufügen, daß wir aus der Zeit vor dem Zweiten Tempel keinerlei historisch zuverlässigen Belege für eine niedere Levitengeistlichkeit besitzen. Das Deuteronomium unterscheidet zwischen Priestern, die am Staatsheiligtum und solchen, die in den Städten beschäftigt sind, schreibt ihnen aber grundsätzlich keinen verschiedenen Rang
oder unterschiedliche Rechte zu – sie sind alle levitische Priester (Dtn 18,6f).[167]
Ebenso müssen einige grundlegende Annahmen über das frühe Israel allgemein und
seine vermutete amphyktionische Organisation im besonderen revidiert werden. Dennoch: Dtr wirft Jerobeam vor, er habe *einige* Priester an das Reichsheiligtum in Bethel (und wohl auch in Dan) bestellt, die nicht von levitischer Abkunft waren (1Kön
12,31). Möglicherweise haben diejenigen, die keine Anstellung fanden, sich der Opposition angeschlossen (so Wolff) oder sind nach Juda ausgewandert (so in 2Chr
11,14). Beide Fälle sind aber bei Hosea nicht erwähnt, und die Eigenheiten des Buches, auf die sich H.W. Wolff bezieht, sind auch ohne Rückgriff auf eine Levitenhy-
pothese erklärbar.[168]

Eine weitere Klärung dieser wichtigen Frage kann erst nach der eingehenderen Betrachtung des Buchinhaltes erfolgen. Wie das Amosbuch enthält Hosea sowohl biographische als auch autobiographische Abschnitte, und es schließt mit dem Ausblick
auf eine letztendliche Rettung. Das biographische Stück, mit dem das Buch anfängt
(Hos 1,2–2,3) und das vermutlich von einem Schüler aufgezeichnet wurde, hat seinen
eigenen Titel: „Anfang des Redens Jahwes mit Hosea"; er deutet schon eine ziemlich
lange prophetische Wirksamkeit an. Die Überschrift ist irgendwann nach dem Fall
Samarias durch eine Aussage ausgeweitet worden, die klarstellen soll, daß Juda nicht
dasselbe Schicksal erlitten hat (Hos 1,7). Außerdem kam eine Schlußnotiz hinzu,
welche die Wiedervereinigung von Nord und Süd unter einem davidischen Herrscher
versprach (Hos 2,1–3). Auch die kurze autobiographische Passage, die von der Behandlung der treulosen Ehefrau handelt (Hos 3,1–5), ist erweitert worden, mindestens
um den Ausdruck „und David, ihr König" (V. 5), eher noch um den ganzen Abschnitt, der die Wiedervereinigung der Stämme unter dem davidischen Regenten
darstellt (Hos 3,4f). Wie gewisse redaktionelle Ergänzungen im Amos- oder Jesajabuch, so spiegeln auch diese Erweiterungen bei Hosea den politischen Zugriff des
Josia auf das zentrale Hochland und die Nordprovinzen während der letzten Jahrzehnte des assyrischen Weltreichs wider. Eine judäische Redaktion wird ebenso an
einigen späteren Stellen des Buches sichtbar (vgl. Hos 4,15; 5,5; 6,11; 8,14).

---

[167] Die einzige Ausnahme ist Dtn 27,14, aber das ist eine späte Schicht; vgl. „levitische Priester" in
       V. 9 und den Stamm Levi in V. 12. Dazu J. Blenkinsopp, 1977, 30.
[168] Die Hypothese eines prophetischen Bundesmittlers, der u.a. in feierlicher Kultversammlung das
       Gesetz zu lesen gehabt hätte, hat nie großen Anklag gefunden und ist jetzt aufgegeben. Die
       Hypothese ist von H.-J. Kraus, 1962, 97f vorgetragen, und von J. Muilenburg, 1965, 80; ders.,
       Prophecy and Tradition, Atlanta 1975, 8–14, erweitert worden. Sie wurde oft kritisiert, z.B. von
       R.E. Clements, 1965, 80; und ders., Prophecy and Tradition, Atlanta 1975, 8–14. Die Haupt-
       schwierigkeit liegt darin, daß Dtn 18,15–18 nicht die Beschreibung eines wirklichen Amtes ist,
       sondern der Versuch, die Prophetie in ein ideales Institutionen"raster" einzupassen, so, wie sich
       die Autoren es vorstellen.

Die ersten drei Kapitel des Buches bilden, ob sie nun jemals separat in Umlauf waren oder nicht, eine ganz selbständige Einheit mit eigener innerer Logik. Die Ehe des Hosea[169] hat Anlaß zu mehr Fragen und Hypothesen gegeben, als sonst irgendein Abschnitt in den Schriftpropheten: Handelt es sich um wirkliche Ereignisse oder eine Allegorie, um eine Vision oder eine Bildrede? Waren zwei Frauen beteiligt oder nur eine? Wenn nur eine, war sie sexuell freizügig, als der Prophet sie heiratete, oder wurde sie es erst nach der Eheschließung? Falls sie keine Frau von zweifelhafter Moral war, die der Prophet „ehrbar machen" sollte, war sie dann vielleicht eine Kultprostituierte oder Hierodule, oder ist sie erst in ihrer Ehe in diesen Beruf eingestiegen? Schließlich – wir können ja nicht endlos fortfahren –: Gehörte sie nur zu den vielen israelitischen Frauen, die nur einmal, und zwar vor der Hochzeit, die Rolle einer Hierodule übernahmen, um ihre Fruchtbarkeit sicherzustellen?[170]

Ich nehme als die wahrscheinlichste Hypothese an, daß die Erzählung in der ersten Person (Hos 3) eine Parallele zum biographischen Memorabile (Hos 1) ist. Doch hat man sie später durch einen einfachen Kunstgriff, die Einfügung des Adverbs „wiederum" ('od), zum Anhang des Memoirenstückes gemacht: „Geh noch einmal hin und liebe eine Frau ..." (Hos 3,1).[171] Diese Relektüre hat zur Folge, daß der wechselnde Familienstand des Propheten – wenn es denn darum geht – besser auf die geschichtliche Perspektive des Handelns Jahwes an Israel abgestimmt wird, das ja die Möglichkeit einer Wiederaufnahme der Beziehung einschließt; Hosea läßt diese Sicht der Dinge offen. An einer anderen Stelle des Buches wird diese Geschichtssicht weiter entfaltet.[172]

Wenn die Deutung der beiden Abschnitte richtig ist, dann hat wahrscheinlich der Hinweis auf die „Kinder Israel" (b^{e}ne jisra'el, Hos 3,1) die Erweiterung der Ehemetapher im ersten Kapitel angeregt, so daß dann die drei namentlich genannten Kinder aus Hoseas Verbindung mit der „ehebrecherischen Frau" eingefügt wurden (Hos 1,2). Er nahm sich also eine gewisse Gomer bat-Diblajim[173] zur Frau. Sie gebar ihm drei

---

169 Zum Namen Hosea vgl. H.W. Wolff, 1965, 3f; F.I. Andersen und D.N. Freedman, 1980, 151–153. Der Name des Vaters, Beeri, hat manche Interpreten auf den Gedanken gebracht, er sei in Benjamin zuhause gewesen, weil die Stadt Beeroth in jenem Stammesgebiet lag – eine unzureichende Begründung. Wir wissen nichts über die Tätigkeit des Propheten vor seiner Berufung und können darum nicht sagen, ob er Priester war (B. Duhm) oder Weisheitslehrer (G. Fohrer) oder sogar Bäcker (G.A.F. Knight).

170 H.H. Rowley, 1956, 200–223 hat das Spektrum der Meinungen bis zu seiner Zeit dargestellt. Vgl. weiter die ruhige Diskussion bei F.I. Andersen und D.N. Freedman, 1980, 115–309, und zu H.W. Wolffs Hypothese eines vorehelichen Sexualritus (ein wenig vergleichbar mit dem mittelalterlichen jus primae noctis): H.W. Wolff, 1965, 14f. Diese Hypothese wird von W. Rudolph, Präparierte Jungfrauen?, ZAW 75, 1963, 65–73, abgelehnt.

171 'od kann sich auch auf die neuerliche Anrede Jahwes an Hosea beziehen, vgl. die New Revised Standard Version („Der Herr redete wieder mit mir ..."). Das würde jedoch die Erklärung des Wechsels von der dritten zur ersten Person erschweren.

172 Bemerkenswert an den Sprüchen des Hosea ist – und das unterscheidet sie von denen des Amos –, daß jedes der drei Buchteile auf dem Ton der Zusage und Hoffnung endet (siehe Hos 3,1–3; 11,8–11; 14,1–8).

173 Der Name Gomer hat allen Versuchen widerstanden, ihm eine symbolische Bedeutung zu entwinden. Die Dual-Form Diblaim ist bei einem Vatersnamen ganz ungewöhnlich. Manche Interpreten haben daraus geschlossen, er könne einen nicht mehr ganz verständlichen Hinweis auf den Kult der Aschera oder Anat enthalten, denn d^{e}belah bedeutet „Feigenkuchen", und Kuchen mit Feigen oder Rosinen scheinen im Gottesdienst dieser Göttinnen eine Rolle gespielt zu haben (vgl. Hos 3,1; Jer 7,18; Jes 16,7). Das ist aber mindestens unwahrscheinlich, denn – abgesehen von anderen Gründen – ein derartiger Hinweis würde doch den femininen Dual erfordern.

Kinder, denen er Namen mit immer schlimmeren Vorbedeutungen gab. Das erste nannte er Jesreel (wortspielerisch mit Israel verwandt); er verweist damit zurück auf den blutigen Staatsstreich des Jehu in der Stadt gleichen Namens (2Kön 9–10) und vorwärts auf das Ende der Dynastie (2Kön 15,10), ja, auf das Ende des Königreiches. Der Name des zweiten Kindes, einer Tochter, ist Lo Ruhama („Nicht Erbarmt"); er soll anzeigen, daß die Zeit göttlichen Erbarmens und Vergebens, das heißt auch, der prophetischen Fürbitte, zu Ende ist. Wir werden an den schicksalhaften Wendepunkt zwischen der zweiten und dritten Vision des Amos erinnert, als das Erbarmungswort (niḥam JHWH 'al-zot: Am 7,3.6) ausbleibt.

> Ich will es ihnen nicht mehr durchgehen lassen (Am 7,8)
> Ich will mich des Hauses Israel nicht mehr erbarmen (Hos 1,6)

Der Name des dritten Kindes, Lo Ammi („Nicht mein Volk"), markiert das Ende der besonderen Beziehung, die einmal vor langer Zeit in der Wüste zwischen Jahwe und Mose begründet worden war: „Du bist nicht mein Volk und ich bin nicht mehr dein ‚Ich Bin'" (Hos 1,9; vgl. Ex 3,14).[174] Hier ist wieder ein von Amos nach der letzten Vision ausgesprochenes Urteil übernommen. Nur war die Gewißheit, erwähltes Volk zu sein, bei Amos auf den Auszug aus Ägypten gegründet, nicht auf die Gotteserscheinung im brennenden Dornbusch: „Bist du, oh Volk Israel, mir denn mehr wert als die Äthiopier?" (Am 9,7f)
Die Erklärung wird im Mittelteil des Triptychons geliefert (Hos 2,4–25). Sie besteht aus der gerichtlichen Klage gegen das *Land* Israel ('ereṣ, ein feminines Nomen), das als treulose Ehefrau dargestellt ist; sie dient als Schlüssel zum Verständnis der Ehesymbolik. Eine solche rechtliche Metapher (Söhne klagen ihre Mutter an) war in einer Zeit, als Bündnis- und Vasallenverträge geschlossen und gebrochen, Eide und Meineide geleistet wurden (vgl. Hos 6,7; 8,1; 10,4; 12,3), besonders aktuell. Hoseas ständig homiletischer Stil, der sich von dem des Amos stark abhebt, hat auch wesentlich zu einer Hauptmelodie der deuteronomischen Schule beigetragen, denn diese hat Hoseas Thema des gebrochenen Bundes aufgenommen.[175] Am Schluß des Buchteils stehen zwei redaktionelle Weiterungen, sie werden beide durch die Formel „an jenem Tage" (bajjom hahu') eingeführt und versprechen das Ende des Götzendienstes, Befreiung von Heimsuchungen durch wilde Tiere, Fruchtbarkeit und eine feste und dauerhafte Beziehung zwischen Israel und seinem Gott (Hos 2,18–22.23–25). Dieselbe Umwandlung von Flüchen in Segnungen haben wir bei Amos festgestellt; wir werden sehen, daß es sich um einen regelmäßigen Zug von vorexilischen Prophetenbüchern handelt.

---

[174] Dieser Text sollte nicht, wie in Revised und New Revised Standard Version, verbessert werden, vgl. 'ehjeh 'ªšer 'ehjeh, Ex 3,14.

[175] Es ist deshalb sehr schwer, zu entscheiden, ob Hos 8,1b hoseanisch oder deuteronomisch ist. Das Verb 'br („übertreten") gehört zum deuteronomischen Vokabular, aber pš' („rebellieren) kommt oft in frühen Prophetentexten vor, dagegen überhaupt nicht im Deuteronomium. Der Terminus berit hat bei Hosea die Bedeutung „internationaler Vertrag" (Hos 10,4; 12,2). Davon unterscheidet sich der Bund mit der Tierwelt in Hos 2,18; wir meinen, er steht in einem redaktionellen Zusatz. Der Bund, welcher bei Adam übertreten wurde (Hos 6,7), deutet vielleicht auf ein kurz vorher geschehenes, uns unbekanntes Ereignis. Aber die Seltenheit des Schlüsselbegriffs berit in vor-deuteronomischen Prophetentexten ermuntert nicht dazu, die einst weithin vertretene These zu unterstützen, das Bundesvokabular oder die religiöse Bundesinstitution besäßen ein hohes Alter.

Vom Rest des Buches (Hos 4–14) her wird deutlich: Die Überlieferung vollzog sich
in anderer Weise als beim Amosbuch. Teilweise liegt das an der viel längeren Wirksamkeit Hoseas. Die angegebenen Kapitel scheinen in zwei Teile gegliedert (Hos
4,1–12,2; 12,3–14,9); beide sind als gerichtliche Anklagen gegen ein treuloses Volk
gestaltet.[176] Die ursprünglichen „kerygmatischen Einheiten"[177] sind nicht immer
leicht zu unterscheiden, denn das Buch hat wenige „Einleitungs"formeln von der Art,
wie sie bei Amos üblich sind. Es scheint sich eher um Nachschriften von Sprüchen
oder – häufiger noch – von Ansprachen zu handeln, die zu verschiedenen Anlässen
und über einen Zeitraum von mindestens zwei Jahrzehnten gehalten worden sind.
Wir gewinnen den sicheren Eindruck, daß diejenigen, die sie zusammenstellten, eine
chronologische Folge beabsichtigten, die mit der Absetzung des Königs Hosea und
der Aussicht auf militärische Besetzung enden sollte (Hos 13,9–14,1). Außerdem
sind manche Ansprachen um zentrale Metaphern wie „Hurerei" (Hos 4,11–19) oder
„Backofen" (Hos 6,11b–7,7) aufgebaut.
Der Stil ist bemerkenswert einheitlich, es gibt relativ wenig Anzeichen für redaktionelle Überarbeitungen. Abgesehen von dem Abschnitt über den syrisch-ephraimitischen Krieg (Hos 5,8–6,6) haben die Erwähnungen Judas einen ermahnenden, wenn
nicht verdammenden Ton (Hos 4,15; 5,5; 6,11; 8,14).[178] Das mag mit der im Südstaat
überwältigenden Notwendigkeit zu erklären sein, aus dem Schicksal des Nachbarn
im Norden Lehren zu ziehen. Solche redaktionellen Anpassungen stammen wohl von
Hoseas Schülern, die nach dem Fall Samarias in den Süden gegangen waren. Möglich ist sogar, daß Hiskia auf sie aufmerksam wurde, denn der hörte gern auf Propheten (2Kön 19,2–7.20–34; 20,1–19), und seine Reformen sollten ja den Staat Juda vor
dem Schicksal des nördlichen Nachbarn bewahren. So würden jedenfalls die Beziehungen zwischen Hosea und der entstehenden deuteronomischen Reformbewegung
im Königreich Juda besser verständlich.[179]

Wir brauchen nicht zu betonen, daß keine Einmütigkeit darüber besteht, wie die Bücher Amos und Hosea die Fassung erreicht haben, in der wir sie vor uns haben. Aber
eine vorsichtige Darstellung der Entstehungsprozesse müßte etwa so aussehen: Die
ersten kleinen Sammlungen der Sprüche und Reden (oder Predigten) sind wahrscheinlich noch während der Wirksamkeit der Propheten oder kurz danach zusammengestellt worden. Mündliche Überlieferung (im Gegensatz zur mündlichen Komposition) hat zu dieser Zeit oder auch auf späteren Traditionsstufen eine begrenzte
Rolle gespielt. Ja, der allgemein schlechte Erhaltungszustand des Hoseatextes ist
eventuell zum Teil mit der Schwierigkeit zu erklären, relativ umfangreiche, über
Jahrzehnte verteilte und nicht immer unter idealen Bedingungen gehaltene Reden
schriftlich festzuhalten. Fast zwangsläufig sind dann ihre Anklagen gegen das Nord-

---

[176] In Hos 12,3 ist vom Inhalt der Anklage her ziemlich klar, daß ein ursprüngliches „Israel" durch
       „Juda" ersetzt worden ist, vgl. H.W. Wolff, 1965, 273.
[177] H.W. Wolff, 1965, XXIVf.
[178] Vgl. die Hinweise in Am 6,1.5.
[179] Die Beziehung wäre festzustellen im Blick auf die Lehre Hoseas und seiner Schüler über die
       tiefere Ursache der Katastrophe und das Ziel der anti-kanaanäischen Maßnahmen Hiskias (2Kön
       18,4.22). Angesichts der sprachlichen und thematischen Verknüpfungen der Episode um das
       „goldene Kalb" (Ex 32; vgl. besonders die Anspielung auf orgiastische Riten in V.6) mit dem
       Kult des Nordreiches kann man mit gutem Grund im sogenannten „kultischen Dekalog" von Ex
       34,12–26 ein Ergebnis der hiskianischen Reform sehen.

reich mit den notwendigen Abwandlungen nach der Katastrophe von 722 v.Chr. auf
Juda angewendet worden. Vielleicht ist dies schon zur Zeit des Hiskia geschehen, der
umfangreiche Reformen durchführte (2Kön 18,4.22; 2Chr 29,3–31,21) und die literarische Tätigkeit stark förderte (Prov 25,1). Als etwa ein Jahrhundert später Josias
Unternehmungen im Norden die Hoffnung auf Wiedervereinigung neu entfachten
(2Kön 23,15–20), war das ein zusätzlicher Anstoß zur Bücherlektüre und ein wichtiges neues Stadium in der Geschichte ihrer Entstehung. Die Herausgabe einer deuteronomistischen Bearbeitung während des babylonischen Exils oder kurz danach hat in
beiden Prophetenbüchern ihre Spuren hinterlassen, jedoch nicht verhindert, daß während der Zeit des Zweiten Tempels noch weitere Ergänzungen und Glossen hinzuka-
men. Nur treten sie bei Amos und Hosea nicht so stark in Erscheinung wie bei Jesaja
und anderen ursprünglich judäischen Sammlungen von Prophetenworten. Wir werden wieder daran erinnert, daß in dieser ganzen Entwicklungsphase Menschen am
Werk waren, die sich nicht nur beauftragt fühlten, die Prophetensprüche im Licht
neuer Situationen zu interpretieren, sondern auch, ihre eigenen Kommentare in den
Text einzutragen.

Die symbolische Ehegeschichte in den ersten drei Kapiteln führt zu der Frage, wie
Hosea die zu seiner Zeit umlaufenden Geschichtstraditionen verwendet hat. Wir lesen nämlich weiter bei Hosea und merken, daß sich für ihn die erste Begegnung Jahwes mit seinem Volke in der Wüste ereignete (Hos 9,10a; vgl. auch Hos 2,16; 11,3f;
12,10; 13,5f). Erst später, beim Einzug in das Land, hat Israel Jahwe wegen eines anderen Partners verlassen (Hos 9,10b; vgl. Num 25,1–18). Damit die Symbolik richtig
funktionieren kann, muß Hosea also eine Frau heiraten, die erst später „fremdgeht".
Die Allegorie von der treulosen Ehefrau in Ez 16, die sicher auf Hos 1–3 fußt, bestätigt diese Deutung, denn sie stellt Jahwes Vermählung mit einem jungen Mädchen
dar, das erst in der Folge zur Prostituierten wird.[180] Die Vermutung, die hier ange-
deutete Prostitution müsse einer kultischen Variante zugehören und damit einem
Charakterzug der Baalsverehrung entsprechen, würde auch viel mehr auf der Linie
des hoseanischen Hauptthemas liegen (Hos 4,12–14). Was immer in den Priestern
oder Laien vorging, welche jene „heiligen Frauen" (q^{e}dešot, Hos 4,14) aufsuchten –
und wir brauchen darüber nicht zu spekulieren –, so war die Kultprostitution dazu
bestimmt, die Hochzeit von Fruchtbarkeitsgott und -göttin zu wiederholen und so die
Fruchtbarkeit der Felder, Herden und Frauen zu sichern.[181] Die Frau des Hosea,
gleichgültig, ob sie nur litarische Gestalt oder, was wahrscheinlicher ist, leibhaftige
Gattin des Propheten war, entspricht Israel in seiner Frühphase, als das Volk sich im
Land niederzulassen begann, mit all den Problemen, die damit gegeben waren.
Hosea folgte den Spuren Elias und ekstatischer Konventikel, wie der Rechabiter und
anderer Gruppen, die jede Art von kultureller Anpassung ablehnten, wenn er die Re-
ligionsausübung der Mehrheit seiner Zeitgenossen kurzerhand als Ablehnung Jahwes
und eine Form von Heidentum geißelte. Er stellte einseitig den Widerspruch – Baal

---

[180] Man beachte auch die Ausstattung mit Gold und Silber, Öl, Mehl usw. (Ez 16,17–19; vgl. Hos
      2,10f).

[181] Trotz aller neueren Versuche – manche sind als verzweifelt einzustufen (vgl. z.B. E.A. Good-
      friend, Artikel „Prostitution" in ABD 5, 505–510) – sind die biblischen Belege für Prostitution
      im kultischen Rahmen und im Zusammenhang mit kultischen Handlungen unangreifbar. Man
      kann die relevanten Texte einschließlich Hos 4,14 nicht hinweginterpretieren.

gegen Jahwe – heraus und hat (vielleicht zwangsläufig) die Fronten übermäßig vereinfacht. An dieser Stelle müssen wir zugeben, daß das Buch in der Schilderung heidnischer Priester (k^{e}marim, Hos 10,5), ihres Dienstes am Staatsheiligtum, von kälberküssenden Gottesdienstbesuchern (Hos 13,2) usw. tendenziös ist.[182] Die genauere Untersuchung relevanter biblischer Texte unter Zuziehung archäologischer Zeugnisse[183] und des Materials aus Ugarit zwingt uns zu anderen Schlußfolgerungen. Die vorherrschende Religion nicht nur in Israel, sondern auch in Juda, und nicht nur zu jener Zeit, sondern fast die ganze Geschichte Israels hindurch bis in die Epoche des Zweiten Tempels hinein, war eine synkretistische Mischung des Jahwe-Kultes aus der vorstaatlichen Periode mit Elementen des uralten Vegetationskultes um El, Aschera, Baal, Anat und andere Gottheiten des syrisch-palästinischen Pantheons. Und die eigentliche Antriebskraft dieser Religion war nicht so sehr eine typisch kanaanäische Lust am sexuellen Exzeß (die übliche Herabwürdigung von Gegnern), sondern der Drang, zu überleben und nach Möglichkeit mit der im ganzen Mittelmeerraum herrschenden bäuerlichen Subsistenzwirtschaft zu Wohlstand zu kommen. Keine Apologie dieses anderen „Glaubens Israels" konnte überleben. Darum ist nicht leicht zu erkennen, daß Hosea eine Minderheitenposition vertrat, die erst viel später obsiegte und den Geschichtsüberlieferungen ihren Stempel aufdrückte.

Für Hosea ist – das müssen wir nun hinzufügen – die Wurzel moralischen Versagens und gesellschaftlichen Zerfalls der falsche Gottesdienst, die „Hinwendung zu anderen Göttern" (Hos 3,1). Der verkehrte Gottesdienst nahm seinen Anfang, als Israel in das Land kam, seine Traditionen aufgab (Hos 9,10) und zur Monarchie wechselte (Hos 8,4; 9,15). Also hängt jede Hoffnung auf Besserung davon ab, ob man die Traditionen der vorstaatlichen Zeit wiedergewinnen und neu zur Geltung bringen kann, denn sie verliehen Israel seinen besonderen Charakter und seine Identität.[184]

Bei Hosea finden wir zum erstenmal, wenn auch nur in fragmentarischer und rudimentärer Gestalt, die Umrisse der Hexateucherzählung. Er kennt eine Version der Geschichte vom Untergang der Zwillingsstädte am Toten Meer (Hos 11,8; vgl. Gen 19,24–29; Dtn 29,23) und der Jakobssage (Hos 12,4f.13), wenn auch nicht ganz in der Gen 25–35 dargebotenen Gestalt.[185] Die vom Propheten Mose angeführte Befrei-

---

182 Die Gottheit wird nur Baal genannt (Hos 2,10.15.18; 9,10; 11,2; 13,1), manchmal erscheint der Plural. Angedeutet sind Kälber- (^{a}galim, Hos 8,5; 10,5; 13,2), genauer: Stierverehrung (s^{e}warim, Hos 12,12), kanaanäische Feste (Hos 2,13.15), Opferhandlungen auf Hügeln und unter Bäumen (Hos 4,13) und kultische Stelen (maṣṣebot, Hos 10,1f).

183 Außer zahlreichen Figurinen von Fruchtbarkeitsgöttinnen und Stelen (maṣṣebot) haben wir jetzt die Inschriften von Kuntillet Adjrud, einem religiösen Zentrum auf der Sinaihalbinsel, das vom 9. bis zum 8. Jahrhundert v.Chr. bestand und 1975 bis 1976 ausgegraben wurde. In den Texten kommen Segenssprüche im Namen Baals und Jahwes und seiner Aschera vor (brkt. 'tkm. lyhw. smrn .wl'srt; brktk. lyhwh. wl'srth.). Solange die Veröffentlichung der Texte noch aussteht vgl. Zeev Meshel, Kuntillet ʿAjrud: A Religious Centre from the Time of the Judaean Monarchy on the Border of Sinai, Jerusalem 1978 (Israel Museum, Katalog 175), und seinen Artikel in ABD 4, 103–109. Die archäologischen Zeugnisse für die Fortdauer des Synkretismus in der exilischen und nachexilischen Periode werden anschaulich von Morton Smith, 1971, 90–93, besprochen.

184 Der Hinweis auf Jakob (Hos 12,3f.12) löst natürlich nicht das gegenwärtig heiß debattierte Problem der Historizität früher israelitischer Traditionen. Aber er legt doch die Beweislast eindeutiger auf die Schultern derer, die die ganze Erzähltradition als späte Fiktion abtun möchten.

185 Außer den Kommentaren vgl. P.R. Ackroyd, 1963; E.M. Good, Hosea and the Jacob Tradition, VT 16, 1966, 137–151; C. Jeremias, Die Erzväter in der Verkündigung der Propheten, in: H. Donner/R. Hanhart/R. Smend (Hg.), Beiträge zur Alttestamentlichen Theologie, Festschrift für

ung aus Ägypten hat für Hosea eine einzigartige Bedeutung (Hos 2,17; 11,1; 12,14).[186] Sie – und nicht irgendein Naturphänomen – läßt die Eigenart des Gottes erkennen, welchen Israel anzubeten hat („dein Gott vom Lande Ägypten her", Hos 12,10; 13,4). Trotz des „Murrens" (Hos 13,5f) war der Aufenthalt in der Wüste die Zeit der Unschuld Israels und seiner völligen Vertrautheit mit Gott (Hos 2,16; 9,10; 11,3f; 12,10). Dort hatte sich Jahwe als der „Ehjeh" („Ich bin") des brennenden Dornbuschs, als derjenige, der bei seinem Volk ist, offenbart (Hos 1,9). Die Berufung auf diese normativen Ereignisse und Enthüllungen birgt in sich eine drastische Relativierung der zeitgenössischen soziopolitischen und religiösen Strukturen. Indem Hosea sie als das erkennt, was sie sind, und sie darum verdammt, beweist er die revolutionäre Kraft der Prophetenbewegung im 8. Jahrhundert v.Chr. Seine Unfähigkeit, über die utopische und ganz unrealistische Rückkehr in den Nomadenstand hinaus eine echte Alternative zu benennen, zeigt aber auch eine grundlegende Schwäche der ganzen Prophetie in Israel. Die deuteronomische Schule, in mancher (aber nicht jeder) Hinsicht Erbin Hoseas, hat den Utopismus mit einer realistischen Einschätzung der institutionalisierten Lebenswirklichkeit durchmischt.

Hosea konzentriert sich so stark auf den falschen Gottesdienst („Ehebruch", „Hurerei" u.ä.), daß er anders als Amos wenig über soziale Gerechtigkeit und die Bürgerrechte der Benachteiligten zu sagen hat. Wenn die Schlüsselworte bei Amos Recht (*mišpat*) und Gerechtigkeit (*ṣᵉdaqah*) sind (Am 5,24), dann zieht es Hosea vor, von Treue (*hesed*) und Gotteserkenntnis (*da'at 'ᵉlohim*) zu reden; der letztere Ausdruck schließt auch die Treue gegenüber der Überlieferung mit allen ihren Konsequenzen ein.[187] Dazu gehört außerdem die, wie wir sagen können, sich bildende Konsens-Ethik. Die Anklage, mit der der zweite Teil des Hoseabuches beginnt, enthält anscheinend eine frühere Dekalogform, mit dem Verbot des Schwörens, Lügens, Tötens, Stehlens, Ehebruchs (Hos 4,2; vgl. Jer 7,9), der – vielleicht ist das sehr bedeutsam – das Sabbatgebot fehlt. Das deutet nicht unbedingt darauf hin, daß der Dekalog, wie gehabt, schon als zitierfähiger Text vorlag, denn die Propheten haben – die Chance ist ebenso groß – zur ausgereiften Formulierung, wie sie im Deuteronomium (Dtn 5,6–21) erscheint, einiges beigetragen.

Die Propheten des 8. Jahrhunderts haben, so nimmt man an, auch zum Diskurs über Bundesschluß und Bundesbruch beigetragen, wie er im deuteronomischen Korpus gang und gäbe ist. Man behauptet oft, die Ehe Hoseas habe den Bund zwischen Jahwe und dem Volk Israel symbolisieren sollen. Aber das Bundesvokabular wird in diesen Texten nicht verwendet. Man kann nur gute Gründe dafür nennen, daß Hosea selbst – anstatt sich auf ein festes Gerüst von im Bundeszusammenhang überlieferten Formulierungen zu beziehen – zur Ausbildung der Bundesterminologie und -thematik, wie wir sie in reifer Form im Deuteronomium finden, erhebliche Beiträge geleistet hat. Auch der Bund mit der Tierwelt (Hos 2,18) ist zwar ökologisch interessant, aber doch von ganz anderer Art als im Deuteronomium. Der Hinweis auf den Bundesbruch und die Gesetzesübertretung in Hos 8,1 mag eins der wenigen Beispiele deuteronomischer Überarbeitung sein. Angesichts der häufigen Vertragsschlüsse und -brüche in der damaligen Zeit (vgl. Hos 10,4; 12,2) und der schon genannten Paral-

---

      W. Zimmerli, Göttingen 1977, 206–222, sowie die erschöpfende Untersuchung von F. Diedrich,
      Die Anspielungen auf die Jakob-Tradition in Hosea 12,1–13,3, Würzburg 1977.
[186] L. Perlitt, 1971.
[187] H.W. Wolff, 1952/53; E. Baumann, 1955; G. von Rad, 1960, 149–157.

lelität zu den assyrischen Vasallenverträgen, brauchte es indessen nicht zu verwundern, wenn die internationale Diplomatensprache gerade in jener entscheidenden Geschichtsphase in die prophetische Unterweisung eingedrungen wäre. Die Ehe wird zwar noch nicht in Bundeskategorien beschrieben, doch stellt die Metapher von der sexuellen Vereinigung in den Eingangskapiteln des Buches erstmalig ein durchschlagendes Sprachmuster dar, das dann in der Geschichte des Judentums und Christentums reiche neue Bedeutungsfelder erschließt.

11. Micha

Das Michabuch stellt den Leser, die Leserin vor Schwierigkeiten, die zu seinem Umfang in umgekehrtem Verhältnis stehen. Der Text ist – damit fängt es an – ebenso schlecht erhalten wie der des Hoseabuches. Die alten Versionen bieten ein wenig Hilfe, auch die Text- und Kommentarfragmente aus der judäischen Wüste (1 QpMi; 4 QpMi; Muraba'at 88). Vieles bleibt trotzdem dunkel, besonders das Gedicht Mi 1,10–16, welches judäische Städte aufzählt.

Die deuteronomistische Überschrift versetzt Micha in fast denselben Zeitraum wie Jesaja, d.h. die zweite Hälfte des 8. Jahrhunderts v.Chr. Am Ende des folgenden Jahrhunderts wußte man noch, daß er unter Hiskia die Zerstörung Jerusalems vorausgesagt hatte (Jer 26,18). Auch diese Angabe macht ihn zum Zeitgenossen Jesajas. Das Buch selbst bietet wenig Aufschluß über die Zeit, in der Micha tätig war. Die Überschrift sagt, er habe gegen Samaria geredet (Mi 1,1), also wird er sehr wahrscheinlich die Zerstörung der Stadt (Mi 1,1–5) vor 722 v.Chr. geweissagt haben. Das schon erwähnte Gedicht mit seiner Aufzählung von Städten im Hügelland (Mi 1,10–16) setzt entweder die militärische Eroberung voraus oder erwartet sie in Kürze. Man verbindet diesen Text im allgemeinen mit der Kampagne Sanheribs von 701 v.Chr., während der Jesaja in Jerusalem eine führende Rolle spielte. Doch das ist nicht die einzige Möglichkeit. Man könnte z.B. auch an den Feldzug Sargons II. gegen die Philisterstädte im Jahre 712 v.Chr. denken: Damals ging Jesaja nackt oder fast nackt durch Jerusalem (Jes 20,1–6; vgl. Mi 1,8: „Darum will ich trauern und wehklagen; ich will entblößt und nackt umhergehen."). Gat, die erste Stadt auf der Liste Michas, ungefähr 10 km Luftlinie von Moreschet entfernt, ist bei diesem Angriff durch die Assyrer besetzt worden (ANET, 286). Das muß in Jerusalem und der judäischen Provinz einen verheerenden Eindruck gemacht haben (Jes 20,1–6; 22,1–14). Außerdem passen die Judasprüche in Mi 1–3 ganz gut in die ersten Jahre der Regierung des Hiskia, obschon einige von ihnen aus der Zeit des Ahas oder noch früheren Jahren stammen mögen.

Wie eben festgestellt, wurde Michas Weissagung von der Zerstörung Jerusalems im Jahre 609 v.Chr. beim Hochverratsprozeß gegen Jeremia zitiert. Die Umstände, unter denen dieses Zitat von den Dorfältesten vorgetragen wird (Jer 26,17–19), läßt die Vermutung aufkommen, es habe eine Micha-Legende existiert, die den Wortführern bekannt gewesen ist. Vielleicht war es auch eine Prophetengeschichte über Figuren wie Micha, Uria usw. (Jer 26,20–23), auf die sich die Ältesten beziehen konnten. Wenn das richtig ist, dann sind diese Quellen leider nicht mehr vorhanden. Noch spekulativer ist die These, die im Dtr aufgezeichnete Erzählung über Micha ben Jimla sei mit Blick auf Micha von Moreshet niedergeschrieben oder überarbeitet worden.

Die Namen sind praktisch identisch, und Micha führt tatsächlich eine Zeile von Micha ben Jimla an (1Kön 22,28b; vgl. Mi 1,2). Der prophetische Konflikt wird bei beiden thematisiert, und beide verknüpfen die Prophetie ausdrücklich mit der Geist-begabung. Das ist in der vorexilischen Prophetenüberlieferung keineswegs selbstver-ständlich.[188]

Die Möglichkeit, zuverlässige Informationen über Micha selbst zu bekommen, ist dadurch eingeschränkt, daß die Rekonstruktion der Redaktionsgeschichte des Buches mit außergewöhnlichen Problemen belastet ist.[189] Die folgende Zusammenfassung kann darum nur ein vorläufiger Versuch sein. Weitgehende Übereinstimmung herrscht darüber, daß die acht oder neun Sprüche in Mi 1–3 mit Ausnahme von Mi 2,12f, das eine nationale Erneuerung unter einheimischer Führung ansagt, auf den Propheten selbst zurückgehen und nur geringfügig redaktionell bearbeitet oder er-gänzt worden sind.[190] Wir können sie meist leicht aufgrund der in Prophetenschriften ständig vorkommenden Einleitungsformeln – Aufmerksamkeitsruf (Mi 1,2; 3,1.9); Wehe-Spruch (Mi 2,1) und bemerkenswert selten Botenformel „So spricht Jahwe" (Mi 3,5) – erkennen. Der zweite Teil des Buches (Mi 4f) behandelt ein Bündel von Themen, die häufig in der Literatur der Exilszeit und der Restauration anzutreffen sind: den Aufstieg Jerusalems und die Gottesherrschaft in der Stadt (Mi 4,1–8); das babylonische Exil und die Rückkehr (Mi 4,9f); die eschatologische Entscheidungs-schlacht vor den Toren Jerusalems (Mi 4,11–13); den davidischen Herrscher (Mi 5,1–3);[191] die Ausrottung des Götzendienstes (Mi 5,9–14).[192] Echte Michaworte, durch ihn selbst oder seine Schüler überliefert, mögen den Anstoß zu dieser Samm-lung gegeben haben (z.B. Mi 5,4f, die Niederlage der Assyrer vor einer Koalition von Königen), doch sind die Anzeichen später Entstehung nur allzu deutlich. Erstens ist die Weissagung der Zerstörung Jerusalems eine zentrale Aussage des Buches (Mi 3,12). Sie hätte aber, als sie während des Prozesses gegen Jeremia im Jahre 609 v.Chr. angeführt wurde (Jer 26,17–19) keinerlei Wirkung haben können, wenn ihr schon damals, wie heute der Fall, eine glühende Schilderung zukünftigen Wohlerge-hens gefolgt wäre (Mi 4,1–8). Zweitens: Es gibt Anzeichen dafür, daß Micha- und Jesajaworte durch die Hände derselben Tradenten gegangen sind.[193] Schließlich fin-

---

[188] Auffällig ist, daß die Konnotationen in nach allgemeiner Ansicht frühen, d.h. vorexilischen Pro-phetentexten, welche den Geist *(ruah)* mit der Prophetie in Verbindung bringen, sämtlich negativ sind, vgl. Hos 9,7.12; Mi 2,11; Jes 29,10 (?); Jer 5,13.

[189] Die Diskussion ist seit B. Stades Aufsatz in der ZAW im Gange (B. Stade, 1881). Zur For-schungslage vgl. die Kommentare von W. Rudolph, 1975, und J.L. Mays, 1976; sowie die Auf-sätze von J.T. Willis, 1969, T. Lescow, 1972, und K. Jeppesen, 1978.

[190] Mi 2,3f ist redaktionell erweitert worden, und Mi 2,12f, das die Wiedervereinigung des Restes (šeʼerit) unter einem König thematisiert, ist fast sicher exilisch oder frühnachexilisch. A.S. van der Woude, 1969, nimmt an, das Wort zitiere die prophetischen Gegner Michas, worauf Micha dann in Mi 3,1 mit „Aber ich sagte ..." antwortet. Das ist jedoch ganz unwahrscheinlich, denn Mi 3,1–4 richtet sich nicht an Propheten, und das Denkmuster von Mi 2,12f ist nicht typisch für Heilspropheten, wenn wir es mit unserer geringen Kenntnis der Heilsprophetie in der Königszeit beurteilen wollen.

[191] Zu dem Herrscher, der aus Bethlehem oder Ephrata oder Beth-Ephrat kommt, vgl. J. Coppens, Le cadre littéraire de Michée V,1–5, in: H. Goedicke (Hg.), Near Eastern Studies in Honor of W.F. Albright, Baltimore 1971, 57–62, M. Crook, The Promise in Micah 5, JBL 70, 1951, 313–320.

[192] J.T. Willis, The Structure of Micah 3–5 and the Function of Micah 5,9–14 in the Book, ZAW 81, 1969, 191–214.

[193] Mi 4,1–5 vgl. mit Jes 2,2–5; Mi 5,9–14 mit Jes 2,6–11; Mi 5,1–3 mit Jes 9,1–6; 11,1–9.

den sich ausdrückliche Hinweise auf das Exil in Babylonien und die mögliche Befreiung (Mi 4,9f).[194]
Herkunft und literarische Gattung des letzten Teils (Mi 6f) sind noch viel schwerer festzustellen. Die Anklage (*rib*) und der Vorwurf am Anfang (Mi 6,1–5) erinnern stark an Amos und Hosea, sie können gut von Micha selbst oder aus seinem engsten Schülerkreis stammen. Auch die Kritik am blutigen Opfer, das sich von ethischen Bindungen gelöst hat (Mi 6,6–8), gehört in dieselbe prophetische Überlieferung (vgl. Am 5,21–24; Jes 1,12–17) und sollte darum ihm selbst zugeschrieben werden. Mit dem letzten Abschnitt des Kapitels (Mi 6,9–16) haben sich schon immer Schwierigkeiten ergeben, weil in V. 16 die Erlasse des Omri und die Taten des Hauses Ahab erwähnt werden. Das hat einige Forscher bewogen, den Passus einem Propheten aus dem Nordreich, der vielleicht sogar vor Micha aufgetreten ist, zuzuweisen.[195] Dtr beschuldigt jedoch zwei judäische Könige, Joram und Ahasja, dem Beispiel der Könige Israels gefolgt zu sein, so wie es auch das Haus Ahab getan habe (2Kön 8,18.27). Auch Manasse wird verurteilt, weil er nach dem Beispiel Ahabs eine Aschera angefertigt habe (2Kön 21,3). Es besteht also kein Grund, warum ein judäischer Prophet einen solchen Vorwurf nicht gegen einen judäischen König hätte erheben können. Vielleicht müssen wir in diesem Sinne auch Michas Anschuldigungen gegen Lachisch verstehen, es habe Jerusalem zur Sünde verführt, indem es „die Übertretungen Israels" nachahmte (Mi 1,13).[196] Die in diesem Wort angeredete Stadt ist darum ohne jeden Zweifel Jerusalem (Mi 6,9). Wenn auch die Art der Anklage mit der deuteronomistischen Redeweise übereinstimmt, so kann diese Stelle doch genausogut ein Beispiel für die Abhängigkeit des Deuteronomisten von Micha oder seinen Schülern wie umgekehrt sein.
Das letzte Kapitel aber ist charakteristisch verschieden vom Vorhergehenden und hat, wie schon lange erkannt, einen deutlich liturgischen Anstrich. Es besteht aus einer Klage in der ersten Person Singular (Mi 7,1–10) mit einem Responsorium in Form von Heilsansagen (V. 11–17). Dieser Aufbau, aus mehreren sogenannten prophetischen Psalmen bekannt (z.B. Ps 60; 108), läßt einen im Gottesdienst aktiven Kultpropheten erahnen.[197] Die Textgattung ist wesensmäßig fast unmöglich sicher zu datieren, aber es ist höchst unwahrscheinlich, daß Mi 7 vor der persischen Periode niedergeschrieben wurde, vielleicht ist es noch jünger.
Als einzige biographische Nachricht gibt das Buch den (Allerwelts-) Namen des Propheten und seinen Heimatort preis: Moreschet (Mi 1,1) oder Moreschet-Gat (Mi 1,14), eine Stadt ungefähr 30 km südwestlich von Jerusalem, in der Nähe des wichtigen Militär- und Verwaltungszentrums Lachisch (Tell ed-Duweir), der zweitgrößten

---

194 Eine detailliertere Untersuchung dieser Kapitel bei B. Renaud, 1964.
195 A.S. van der Woude, 1971.
196 Der Fund eines Räucheraltars und einer Fruchtbarkeitsstele in einem israelitischen Heiligtum kann vielleicht als Bestätigung dafür gewertet werden, obwohl die Datierung ungewiß bleibt, vgl. Y. Aharoni in M. Avi-Yonah (Hg.), Encyclopedia of Archaeological Excavations in the Holy Land III, Jerusalem/London 1977, 747–749.
197 Das hat als erster B. Stade gesehen: Micha 1,2–4 und 7,7–20, ein Psalm, ZAW 23, 1903, 163–177. H. Gunkel hat dann den liturgischen Charakter des Kapitels weiter herausgearbeitet (H: Gunkel, 1928). Vgl. auch B. Reicke, Liturgical Traditions in Micah 7, HThR 60, 1967, 349–368, und zum ganzen Buchteil: T. Lescow, Redaktionsgeschichtliche Analyse von Micha 6–7, ZAW 84, 1972, 182–212.

Stadt Judas.[198] Somit wissen wir wenigstens, daß er aus der Provinz stammte, und das kann uns helfen, seine scharfe Kritik an der Hauptstadt zu begreifen (Mi 1,5.9; 3,9–12). Micha verteidigt leidenschaftlich die Rechte der kleinen Bauern, deren Vorfahren noch gleich große Äcker bestellten, so wie sie ihnen kraft uralter Sitte jahrhundertelang zugeteilt und garantiert worden waren (Mi 2,5). Seine Anklage richtet sich darum gegen die herrschende Klasse in der Hauptstadt, die nach seiner Meinung die alte Ordnung zerstört und die freien Bauern von ihrem Landbesitz vertreibt. Sie benutzt dabei keine anderen Mittel als die Bürokraten und Neureichen aller Zeiten: Aneignung von Feldern (Mi 2,2.4); Zwangsvollstreckung wegen unbezahlter Schulden (Mi 2,2.9) – buchstäblich jemandem das Hemd auszuziehen (Mi 2,8; vgl. Am 2,8); Zwangsarbeit (Mi 3,10); Fälschen von Gewichten und Maßen (Mi 6,11); Bestechung und Korruption der Richter (Mi 3,11) usw. Wir müssen uns auch bewußt sein, daß die bei Micha und anderen Propheten immer wieder sichtbare Abneigung gegen das endlose Karussel der Tieropfer (Mi 6,6) wahrscheinlich weniger mit religiösen Überzeugungen (so viele Gelehrte im 19. und Anfang des 20. Jahrhunderts) als vielmehr mit der wirtschaftlichen Belastung zu tun hatte, die der Landbevölkerung damit auferlegt war. Kurz, niemand, nicht einmal Amos, reicht an Micha heran, wenn er die Ausbeutung der Schwachen brandmarkt:

> Ihr haßt das Gute und liebt das Arge;
> ihr schindet ihnen die Haut ab
> und das Fleisch von ihren Knochen
> und freßt das Fleisch meines Volkes.
> Und wenn ihr ihnen die Haut abgezogen habt,
> zerbrecht ihr ihnen auch die Knochen;
> ihr zerlegt es wie in einen Topf
> und wie Fleisch in einen Kessel. (Mi 3,2f; Lutherübers. 1964)

Die allgemeine Zielrichtung seiner Beschuldigungen ist klar. Die feinfühligeren Kommentatoren haben darüber hinaus das persönliche Engagement in seinen Angriffen gegen die angemerkt, welche soziale Ungerechtigkeiten begehen. Sie sind in dem eben zitierten Text sogar als Kannibalen dargestellt. Einige Forscher vermuten, daß er selbst einer von den freien Bauern war, deren ganze Lebensweise durch das übermächtige, judäische Staatssystem und die verantwortungslose, gierige Eliteschicht in Frage gestellt wurde. Vielleicht dürfen wir die Vermutung wagen, daß er zu der Gruppe gehörte, die während der Monarchie als „Volk des Landes" ('am ha'areṣ) bekannt war, d.h. zu den freien Landbesitzern außerhalb der Hauptstadt, die wirklich den Acker bearbeiteten und nicht nur seine fernen Nutznießer waren. Sie waren – das ist überall und immer typisch für solche Schichten – konservativ, traditionsgebunden und mißtrauisch gegenüber der zivilen und religiösen Bürokratie, in deren Gewalt sie sich befanden, dabei der einheimischen Dynastie treu ergeben. Im 9. Jahrhundert hatten sie eine führende Rolle beim Sturz der Baalanhängerin und Königin Atalja und der anschließenden Thronbesteigung des Davididen Joas gespielt (2Kön 11,18–20). Fast ein halbes Jahrhundert später waren es wieder die „Leute vom Lande", die die Nachfolge des Ussia bewerkstelligten, nachdem sein Vorgänger in Lachisch (er

---

[198] Der Geburtsort des Propheten wird versuchsweise mit Tell el-Judeideh, 35 km südwestlich Jerusalems identifiziert, vgl. J. Jeremias, Moreseth-Gath, die Heimat des Propheten Micha, PJ 29, 1933, 42–53; Y. Aharoni, The Land of the Bible, Philadelphia ²1979, 58.

hatte sich dorthin geflüchtet, zweifellos in der Hoffnung, hier Schutz und Unterstützung zu finden) ermordet worden war (2Kön 14,21). Noch einmal, und zwar im Jahre 640 v.Chr., sollten sie eine bedeutende Rolle spielen, als es nämlich darum ging, die Jerusalemer Mörder des Amon zu bestrafen und das Kind Josia auf den Thron zu bringen (2Kön 21,24). Interessanterweise konnten sich die „Ältesten Israels" noch ein Jahrhundert später an einen Spruch des Micha erinnern und ihn hersagen (Jer 26,17–19). Dieser Umstand mag für die Überlieferung seiner Worte überhaupt bedeutsam sein.[199]

Später werden wir sehen, daß die Predigt des Micha direkt oder indirekt zur deuteronomischen Reformbewegung in Juda beigetragen hat. Sein Einfluß kommt besonders in der deuteronomischen Agrargesetzgebung sowie in den konservativen Einstellungen zu den gesellschaftlichen Institutionen zum Ausdruck. Die Tatsache, daß Micha im Unterschied zu anderen Propheten die Monarchie nicht angreift, ist aus der engen Bindung des 'am ha'areṣ an die Dynastie zu erklären; sie stimmt auch mit dem deuteronomischen Ideal einer konstitutionellen Monarchie überein (Dtn 17,14–20). Die Verwendung der Bezeichnungen „Häupter" (ra'šim) und „Gebieter" (qeṣinim) aus der Stämmetradition (Mi 3,1.9.11) in Verbindung mit der nachdrücklichen Forderung, sie seien für die Durchsetzung des Rechts verantwortlich (Mi 3,1), ist nur ein Beispiel für den starken Konservatismus, der die im Deuteronomium sichtbare Reformbewegung beseelte.

Wir können einiges über Micha, den Propheten, erfahren, wenn wir seine Kritik an den Berufspropheten ansehen, welche die staatliche Politik unterstützten und am Jerusalemer Tempel beschäftigt waren. Ihm wurde, wie Amos (Am 7,12f.16; vgl. 2,12), verboten zu predigen, daß Unheil über das Königreich kommen werde, daß Jahwes Geduld zur Neige gegangen oder Jahwe für die angedrohten Übel verantwortlich sei (Mi 2,6f).[200] Da klingt die Botschaft der nebi'im ganz anders. Sie vermittelt Wohlbefinden (šalom, Mi 3,5), und das bedeutet „Schande wird uns nicht überkommen" (Mi 2,6) und „kein Unheil wird uns befallen" (Mi 3,11). Der Grund dafür ist einfach, daß „Jahwe in unserer Mitte ist" (Mi 3,11). So traktierten die nebi'im die offizielle Theologie, die sich auf die Doktrin von der göttlichen Erwählung – des Volkes, der Dynastie, der Stadt – berief, eine Theologie, die im Tempelkult ihren sichtbaren Ausdruck fand und das Sicherheitsgefühl wie das Selbstbewußtsein hoch ansteigen ließ.[201]

---

199 Zur Bedeutung des unsicheren Begriffs 'am ha'areṣ während der Monarchie vgl. S. Daiches, The Meaning of ‚Am-haaretz' in the Old Testament, JThS 30, 1929, 245–249; J.A. Soggin, Der judäische 'am-ha'areṣ und das Königtum in Juda, VT 13, 1963, 187–195; R. de Vaux, Les Sens de l'expression ‚peuple du pays' dans l'Ancien Testament et le rôle politique du peuple en Israel, RA 58, 1964, 167–172; E.W. Nicholson, The Meaning of the Expression ‚Am-ha'areṣ' in the Old Testament, JSSt 10, 1965, 59–66; S. Talmon, The Judean 'am ha'areṣ in Historical Perspective, Fourth World Congress of Jewish Studies I, 1967, 71–76; M.H. Pope, 'Am Ha'arez, IDB I, 1962, 106f.

200 A.S. van der Woude, 1969, 247, übersetzt das schwierige he'amur bet-ja'aqob in Mi 2,7a mit „Er (d.h. Jahwe) bestätigte [was unternommen worden ist vom] Haus Jakob". Er liest also statt he'amur das Hiphil he'emir, wie in Dtn 26,17f. Der Text soll sich auf die Bundestreue Jahwes beziehen, auf welche das Volk blind vertraute. Israel mag das getan haben, aber diese unwahrscheinliche Textänderung ist kein Beweis dafür.

201 Vgl. A.S. van der Woude, 1969, Anm. 119. Er versucht, die Hauptströmung der israelitischen Theologie der Zeit teilweise aus Zitaten zu rekonstruieren, die den „falschen Propheten" zugeschrieben werden.

Wir sollten vielleicht von Michas Anklagen auf Käuflichkeit (Mi 3,5.11) absehen; sie gehören stereotyp zu dieser Art von Polemik. Dasselbe gilt von der Art, wie er Prophetie (diese Art von Prophetie!) mit der Wahrsagerei in Verbindung bringt (Mi 3,6.7.11). Sein Hauptpunkt war, daß die Berufspropheten die Menschen verführten, indem sie ihr Bedürfnis nach Selbstsicherheit stillten und ihnen das erzählten, was sie gerne hören wollten (Mi 2,11; 3,5). Völlig klar ist: Micha wollte mit dieser Art von Prophetie nichts zu tun haben. Höchstwahrscheinlich hätte er nicht einmal als *nabi'* bekannt sein wollen.

Besonders interessant ist folgendes: Micha grenzt seine Rolle *gegen* das prophetische Amtsverständnis ab. Er beschuldigt die Berufspropheten, sie führten das Volk in die Irre und weissagten um des Profits willen. Dann macht er eine Aussage über sich selbst, die in den Prophetenschriften Seltenheitswert hat: „Was mich betrifft, so bin ich mit Macht, Gerechtigkeit und Kraft gefüllt, so daß ich Jakob seine Übertretungen und Israel seine Sünde vorhalten kann" (Mi 3,8).[202] Der Widerspruch liegt ungefähr auf der Linie des Amos, als der durch das „religiöse Establishment" zum Schweigen gebracht werden sollte: „Ich bin weder Prophet noch Prophetensohn; vielmehr bin ich ein Hirte … und Jahwe hat mich von der Herde weggenommen, und Jahwe hat zu mir gesagt, ‚Gehe hin, weissage gegen mein Volk Israel'" (Am 7,14f). Aber er ist schärfer formuliert. In beiden Fällen wird die Institution Prophetie abgelehnt, doch beide Männer beanspruchen für ihre in den Grundzügen gleiche Sendung volle Autorität.

Hans Walter Wolff geht von dem Bekenntnis des Micha aus und folgert daraus, Micha sei einer der Ältesten von Moreschet gewesen, der die Sache seiner eigenen Gruppe, den hart arbeitenden Ackerbauern, vor den Autoritäten in Jerusalem vertreten habe, wann immer die Ältesten der Landstädte in die Hauptstadt einbestellt wurden. Darum passe er nicht in das prophetische Profil, habe auch keine Berufungsgeschichte hinterlassen, gebrauche kaum jemals die Standard-Botenformel („so spricht Jahwe") und rede so gut wie ausschließlich im eigenen anstatt in Jahwes Namen. Ganz besonders bedeutsam ist, so fährt Wolff fort, daß Micha sich nicht, wie sonst in den Prophetenschriften üblich, auf Gott bezieht, wenn er „mein Volk" sagt, sondern auf seine eigene Gemeinschaft, die er vertritt, die Leute zu Hause auf dem Land um Moreschet herum (Mi 2,4.8.9; 3,2.3). Also kann es nicht überraschen, wenn er sich den Propheten gegenüberstellt und behauptet, mit „Gerechtigkeit gefüllt" zu sein, d.h. er weiß sich ausgestattet für den Kampf um das Recht der stimmlosen Unterdrückten.[203]

Wolff ist berühmt dafür, daß er die Anonymität der einzelnen Prophetengestalten hinterfragt; er hat in diesem Fall einen besonders wertvollen Beitrag zum Verständnis

---

202 Ich halte *'et ruah JHWH* (Mi 3,8), das bei Symmachus fehlt, für einen späteren Einschub. Es ist eine Glosse zu *koah,* angebracht durch einen Redaktor, dem der Gedanke viel geläufiger war, daß eine inspirierte Person mit dem Heiligen Geist gefüllt sei, als mit den hier beschriebenen Begabungen. Die Wörter sind auch syntaktisch anstößig, und sie stören den Zeilenrhythmus, vgl. H.W. Wolff, Micha 1978, 406f.

203 Der Gehalt der Anklagen Michas und seine Vorliebe für archaische Ausdrücke, die auf die vorstaatliche Zeit zurückgehen (*ra'šim, qᵉṣinim, ḥeleq, ḥebel bᵉgoral, qᵉhal* JHWH), scheinen Wolffs Hypothese zu stützen. Es ist auch interessant, so Wolff, daß in Num 11,16–25 die ekstatische Prophetie mit der Institution der Ältesten zusammengebracht wird (H.W. Wolff, Micha 1978, 416).

Michas und der kanonischen Propheten überhaupt geleistet. Wenn seine Annahme stimmt, daß sowohl Micha als auch Amos das Ältestenamt innegehabt haben, dann würden sich mehrere Aspekte ihrer Unterweisung besser erklären lassen, z.B. ihre Traditionsgebundenheit, der auf alte Sippenweisheit (sie stellt die Konsensethik bereit!) deutende Sprachgebrauch und die entsprechende Themenwahl sowie die Distanzierung von hochentwickelten kultischen Formen und Traditionen des Staatsapparates und dessen operativen Personals.[204] Ein Punkt kann jedoch mit dieser Hypothese nicht so leicht geklärt werden, das ist die unterschiedliche Spannweite der Interessen, die sich in den beiden Büchern offenbaren. Wir haben oben speziell Amos als „intellektuellen Dissidenten" bezeichnet. Beide Propheten verdammen Samaria, aber Amos geht viel weiter in die Welt der internationalen Politik hinein.[205] Äußerst wichtig jedoch – und das ist in keiner Weise kritisch gemeint – ist folgendes: Wir müßten uns fragen, ob das, was Wolff über Micha sagt, nicht mutatis mutandis auch für alle anderen kanonischen Propheten gilt. Definieren sie nicht ihre Identität und Sendung sämtlich im Gegensatz zu dem zeitgenössischen Phänomen der Prophetie? Schließlich erben die kanonischen Propheten, ganz unabhängig von ihrer jeweiligen, verschiedenartigen Herkunft, eine spezifische Prophetentradition und führen sie fort, selbst wenn sie – wie meistens der Fall – ihre Vorgänger nicht mit Namen nennen. Micha oder einer seiner Schüler formuliert für die Zeitgenossen die religiöse Grundfrage, um dann zu zeigen, wie prophetische Botschaft die Antwort gibt (Mi 6,6–8). Es ist keine theologische oder philosophische Verstehensfrage, sondern eine Suche nach dem richtigen *Tun:* Was muß ich tun, um mich Gott nahen zu können? In der offiziellen Staatsreligion Israels ist die Antwort klar. Gott kann man sich nur nähern, d.h. im Klartext: Sünde kann nur entfernt werden, wenn man sich des Opfersystems bedient. „Ohne Blutvergießen gibt es keine Sündenvergebung" (Hebr 9,22). Nun kommt in übersteigerter, klimaktischer Sprachfigur die rhetorische Frage: Soll ich Brandopfer bringen, tausende von Widdern, Ströme von Öl, gar meinen eigenen Sohn, um die Kluft zwischen dem Sünder und dem sündlosen Gott zu überbrücken? Die Antwort wird durch prophetische Verkündigung gegeben. Das sind Dinge, die *du* dir zu tun aussuchst. *Gott* aber verlangt von dir, den Anforderungen des Rechts nachzukommen, Verpflichtungen einzuhalten und dein Leben in demütiger und aufmerksamer Offenheit vor Gott zu führen. Dieser Satz ist zu Recht als eine der besten Zusammenfassungen prophetischer Unterweisung im 8. Jahrhundert v.Chr. gerühmt worden. Sein Wert wird nicht durch die Erkenntnis verringert, daß er gerade in seiner kompakten Formulierung das zentrale Problem des Verhältnisses von Prophetie und Institution nur eben aufwirft, aber nicht löst.

---

204 Vgl. H.W. Wolff, 1964. Ein anderes Bild von der Beziehung Michas zum Kult hat W. Beyerlin, 1959.

205 Berührungspunkte zwischen Micha und Amos gibt es viele, z.B. Mi 1,2–7 (vgl. Am 1,2); Mi 1,3 (vgl. Am 4,13); Mi 2,3 (vgl. Am 5,13). Schon früher haben wir die Parallelität von Mi 2,6f und Am 7,15f erwähnt. Beide Stellen verwenden das Verb ntp (hif.), „predigen", für die prophetische Tätigkeit.

12. Jesaja von Jerusalem

Die Jesajarolle, eine der größten Texteinheiten in der hebräischen Bibel, enthält prophetisches Material, das über einen Zeitraum von mindestens 500 Jahren gesammelt worden ist. Der Kern der Sammlung geht wohl direkt oder indirekt auf Jesaja ben Amoz zurück, dem das ganze Buch zugeschrieben wird (Jes 1,1). Aber mindestens zwei Drittel des Textes stammen von anonymen Schülern, Sehern, Glossatoren und Auslegern des Ersten oder Zweiten Tempels. Seit dem späten 18. Jahrhundert haben kritische Leser des Jesajabuches erkannt, daß die Kapitel 40–66 größtenteils nicht vor dem babylonischen Exil datiert werden können, d.h. sie sind um zwei Jahrhunderte jünger als der mutmaßliche Autor von Jes 1–39 oder Jes 1–35 (vgl. auch den Jesajakommentar von W. Gesenius aus dem Jahr 1821).[206] In der Nachfolge Bernhard Duhms (sein Jesajakommentar erschien 1892) nehmen heute die meisten Forscher ebenfalls an, daß die Kapitel 56–66 eine besondere, aus der Perserzeit stammende Einheit bilden, selbst wenn darin ältere Sprüche enthalten sein sollten. Die literarkritische Analyse hat aber auch gezeigt, daß der erste Teil der Rolle (Jes 1–39) ein Konglomerat verschiedener Sammlungen ist, die nicht alle aus derselben Zeit und Umgebung stammen. Vielmehr hatte jede von ihnen vor der Einfügung in das Jesajabuch eine eigene Redaktionsgeschichte. Die literarische Analyse allein kommt aber über eine hypothetische Rekonstruktion der Entwicklungsstufen, über die das Buch oder Teile davon ihre gegenwärtige Gestalt erreichten, nicht hinaus. Darum sind keine zwei Rekonstruktionsversuche völlig deckungsgleich. Nun führt allerdings kein anderer Weg in die Welt des Jesaja und seiner Anhängerschaft zurück; folglich muß der Versuch gewagt werden. Wir werden sehen, daß vieles unsicher bleibt, daß aber manche Schlußfolgerungen weniger unsicher sind als andere.

Wir sollten hinzufügen, daß die Jesajaforschung heute dahin tendiert, über die seit Duhms Kommentar als Standard geltende Dreiteilung des Buches hinauszufragen. Man sucht nach strukturellen, thematischen und lexikalischen Hinweisen auf eine grundlegende Einheit des Buches im redaktionellen Bereich (P.R. Ackroyd, R.E. Clements, R. Rendtorff u.a.). Die kumulative Wirkung all dieser Studien wird unausweichlich die gängige Praxis, getrennte Kommentare über den Ersten, Zweiten und Dritten Jesaja zu schreiben, fragwürdig erscheinen lassen, eine Praxis die seitdem frühen 19. Jahrhundert im Schwang gewesen ist. Weil wir aber hier vorrangig geschichtliche und nur indirekt literarische Interessen verfolgen, sollten wir bei den konventionellen Unterteilungen bleiben. So können wir das relevante Material in besserer Ordnung darstellen.

Die Entdeckung der Jesajarolle aus Qumran (1 QJes[a]), die aus epigraphischen Gründen in das 2. Jahrhundert v.Chr. datiert wird, und die griechische Übersetzung der Propheten – sie ist nicht exakt datierbar, dürfte aber in derselben Zeit entstanden sein – geben uns einen *terminus ad quem* für die Redaktionsgeschichte des Buches. Bis zu jener Zeit konnten also Kommentierungen in den Rollentext selbst aufgenommen werden. Jesus ben Sirach, der im frühen 2. Jahrhundert v.Chr. schrieb, waren mindestens die biographischen „Legenden" von Jes 36–39 und der Komplex Jes 40–55 ganz oder teilweise vertraut (Sir 48,22–25). Die biographische oder hagiographische Jesaja-Überlieferung geht auf diese „Legenden" zurück, welche in die Prophetenrolle

---

206 Zur Auslegungsgeschichte des Jesajabuches vgl. C.R. Seitz, Isaiah, Book of, in ABD 3, 472–488.

und das deuteronomistische Geschichtswerk eingefügt wurden (2Kön 18–20). Sie wurde aufgenommen und ausgeweitet durch den Chronisten (2Chr 32), Jesus Sirach, Josephus (Ant X,11–35) und das Martyrium des Jesaja.[207] Und sie lieferte ihren Beitrag zur literarischen Gattung der Prophetenbiographie, die in der hellenistisch-römischen Zeit weit entwickelt war und die Abbildung Jesu in den Evangelien, besonders bei Lukas, beeinflußt hat.

Der biographische Stoff schließt die Reihe der eigenständigen Sammlungen ab, die zusammen Jes 1–39 ausmachen. Die erste Einheit (Jes 1–12) besteht aus biographischen und autobiographischen Prosastücken in Verbindung mit Sprüchen, Reden und Gedichten aus verschiedenen Perioden; sie wird durch einen kurzen Hymnus abgeschlossen. Darauf folgen Sprüche gegen verschiedene Feindnationen, vor allem Assyrien und Babylonien; sie stammen aus einem Zeitraum von mehreren Jahrhunderten (Jes 13–23). Die wiederum führen zu einem Abschnitt, der seit B. Duhm als die „Jesaja-Apokalypse" bekannt ist (Jes 24–27); darin finden sich Lieder oder Psalmen, die den Fall einer ungenannten Stadt feiern, aber auch allerlei nicht-apokalyptisches Material. Es schließen sich Gerichtsansagen gegen Israel (Juda), viele von ihnen in der Form des Wehe-Spruches, an, aber am Ende stehen Unheilsankündigungen über Assyrien und Ägypten (Jes 28–31). Abgerundet wird der Text durch eine Mischung von Gedichten und Gebeten, die sich mit dem künftigen Zeitalter des Gerichts und der Erlösung befassen (Jes 32–35). Von hier bestehen Verbindungen zu Jes 40–55, dem sogenannten Zweiten Jesaja der exilischen Periode. Der Zusammenhang von Jes 35 mit Jes 40 wurde durch die Einfügung des historischen Anhangs Jes 36–39 unterbrochen; dieser Abschnitt stellt indessen seine eigene Verbindung zum „Zweiten" Jesaja her, indem er das babylonische Exil ansagt (Jes 39,5–8).

Die biographischen „Legenden" über Jesaja in Kapitel 36–39 haben drei Vorfälle zum Angelpunkt: seine Fürbitte für den König Hiskia und die belagerte Stadt während des Feldzuges Sanheribs im Jahre 701 v.Chr. (Jes 36f); den Orakelzuspruch an Hiskia während dessen Erkrankung (Jes 38); die Vorhersage des Exils in Babylon anläßlich der Gesandtschaft des Merodachbaladan, Herrschers von Babylon (Jes 39). Dieselben Texte sind (ausgenommen die poetische, auf dem Krankenbett verfaßte Klage des Hiskia) mit relativ geringfügigen Unterschieden in das deuteronomistische Geschichtswerk eingearbeitet (2Kön 18–20). Ihre Herkunft ist ungeklärt. Dtr und der Herausgeber des Jesajabuches haben möglicherweise aus einer gemeinsamen Quelle geschöpft, die vielleicht am Hofe Hiskias entstanden war. Sie hätten dabei ihre je eigenen Veränderungen und Anpassungen vorgenommen. Ebensogut möglich ist, daß diese Erzählungen der Jesajarolle erst recht spät vom Dtr beigegeben worden sind. Zumindest können die dagegen sprechenden Argumente, besonders die in beiden Texten herrschende chronologische Unordnung, diese Möglichkeit nicht ausschließen. Wie schon gesagt schneiden die Geschichtserzählungen Jes 36–39 das Kapitel 35 von den zugehörigen Kapiteln 40ff ab. Andererseits kontrastiert aber die Vorhersage des Exils in Babylon (Jes 39,5–7) gut mit der Verheißung der Rückkehr aus der Gefangenschaft, d.h. dem Anfang Deuterojesajas.

Wo immer diese Erzählungen Jes 36–39 auch ihren Ursprung gehabt haben, sie stellen einen Traditionsstrang dar, der sich von dem Spruchgut in anderen Teilen des Buches auffällig unterscheidet. Nur hier wird Jesaja *nabi'* genannt (Jes 37,2; 38,1;

---

[207] O. Eißfeldt, 1964, 441f.

39,3) und als Wunderwirker etwa nach Art eines sanfteren Elisa vorgestellt (Jes 38,7f.21). Noch bedeutungsvoller ist, daß er grundsätzlich als der optimistische Prophet dasteht, der ganz eng mit dem König zusammenarbeitet. Wahrscheinlich hat der Dtr das Material aus eben diesem Grund in den Bericht über Hiskias Regierung verwoben und den ganz anderen Jesaja der Spruchsammlungen mit Schweigen übergangen.[208]

Jesajas Eingreifen in den assyrischen Krieg, der durch Hiskias Aufstand ausgelöst worden war (Jes 36f), muß sich gegen Ende seiner Laufbahn ereignet haben; wir haben davon einige in etwa parallel laufende und ineinander verwobene Berichte. Einer erzählt, wie ein ruhmrediger assyrischer Beamter König und Minister herausforderte, woraufhin Hiskia in den Tempel ging und eine Botschaft an Jesaja schickte, der solle Fürbitte einlegen. Das Ergebnis: Der Prophet sprach ein Heilsorakel („Fürchte dich nicht", Jes 37,6), das den Rückzug und Tod des Sanherib ansagte (Jes 36,1–37,7). Die andere Geschichte läßt den assyrischen König selbst Hiskia herausfordern. Der geht wieder zum Tempel, betet und empfängt von Jesaja die Zusicherung, sein Gebet sei erhört worden. Auch diese Version läuft auf das Versprechen hinaus, daß die Assyrer einen Fehlschlag erleben werden. Ein Zeichen soll das bestätigen, es geht im gegenwärtigen Text allerdings dem Orakel voraus (Jes 37,9–35). Die zweite Version legt größeres Gewicht auf den König: Sein Gebet wendet das Unheil ab. Das Orakel, zumindest sein Schluß (Jes 37,33–35; vgl. 37,6f), erscheinen in deuteronomischem Sprachgewand („... um meinetwillen und um meines Knechtes David willen", V. 35). Diese Variante mag eine exilische Erweiterung einer ehemals kurzen Erzählung sein, in der Jesaja gegenüber Hiskia eine Helferrolle spielt, wie es die Mari-Ekstatiker gegenüber Zimrilim getan hatten.[209]

In mancher Hinsicht ist die Geschichtserzählung von Jesajas Intervention im syrischephraimitischen Krieg 33 Jahre vorher durchaus vergleichbar (Jes 7,1–25). Auch sie lehnt sich an die dtr Darstellung der Königsgeschichte an (2Kön 16,5.7–9; vgl. Hos 5,8–14). Sie zeichnet nämlich eine kritische Situation, in der sich Ahas, der Vater des

---

[208] Dtr läßt auch jeden Hinweis auf die oppositionellen Propheten des 8. und 7. Jahrhunderts vermissen, aber es informiert über Jona ben Amittai, einen optimistischen Propheten, der Jerobeam II. unterstützte und von Amos verurteilt wurde! Diese recht merkwürdige Tatsache kann mit der Hypothese erklärt werden, daß die Geschichte der beiden Königreiche zuerst in der Regierungszeit des Josia verfaßt worden ist und mit 2Kön 23,25a beendet wurde: „Vor ihm (d.h. Josia) gab es keinen König wie ihn ... entsprechend dem ganzen Gesetz des Mose" (vgl. das ähnliche Lob für Hiskia, 2Kön 18,5). Das Interesse der Reformpartei – zu der der Dtr gehörte – am Territorium der Nordstämme sowie die alle Reformmaßnahmen begleitende Euphorie mögen den Strang des Geschichtswerkes verständlich machen, welcher das Nordreich begünstigt (z.B. 2Kön 13,23; 14,27), und das Schweigen seines Verfassers über Amos, Hosea, den Jesaja der Spruchsammlungen und Micha erklären. Als dann in der Exilszeit die Prophetensprüche eigens herausgegeben wurden, war deren Einfügung in die Neuauflage des Geschichtswerkes nicht mehr nötig. Zu den beiden Ausgaben der Geschichtsdarstellung vgl. besonders F.M. Cross, 1973, 274–289; R.D. Nelson, 1981.

[209] Vgl. die Analyse von R.R. Wilson, 1980, 213–219, die jedoch etwas durch das Bemühen verwässert wird, eine klare Differenzierung zwischen ephraimitischem und judäischem Prophetentypus herbeizuführen. Die dazu verwendeten Kriterien sind zum Teil fragwürdig. Nur ein Beispiel: Weil *nabi'* die charakteristische Bezeichnung für ephraimitische Mittler und *hozeh* für judäische sein soll, und weil Natan ständig *nabi'* genannt wird, muß er ursprünglich Ephraimit gewesen sein! Für diesen Schluß gibt es nicht den geringsten Anhalt, jedoch viele Gegenargumente (besonders in 1Kön 1). Zu Jes 38f vgl. P.R. Ackroyd, An Interpretation of the Babylonian Exile: A Study of 2 Kings 20, Isaiah 38–39, SJTh 27, 1974, 329–352.

Hiskia, im Jahre 734 v.Chr. angesichts des drohenden Einmarsches der Armeen von Damaskus und Israel vorfindet, nachdem er sich geweigert hatte, der anti-assyrischen Koalition beizutreten. Der Prophet greift nach demselben Muster mit einem Heilsorakel ein („Fürchte dich nicht", Jes 7,4) und nennt ein Zeichen dafür, daß die Krise in einer relativ kurzen Zeit überwunden sein wird (Jes 7,10–16; vgl. 37,30–32).[210]

Doch gibt es einige interessante Unterschiede. Einer besteht darin, daß die Erfüllung des Orakels vom Glauben des Königs abhängt („Wenn du nicht glaubst, wirst du sicher nicht aufgebaut", Jes 7,9b). Der andere ist die Rolle des Kindes, dem Jesaja in der Nachfolge Hoseas den symbolischen Namen Schear Jaschub („ein Rest wird zurückkehren") gab. Zusammen mit dem Jungen begegnet er dem König genau an der Stelle, wo 33 Jahre später die assyrischen Abgesandten die Übergabe der Stadt fordern würden (Jes 7,3; vgl. 2Kön 18,17). Das Zeichen, welches Ahas bestätigen sollte, daß dem Prophetenspruch zu trauen sei, sollte die Geburt eines Kindes mit Namen Immanuel („Gott mit uns") von einer geheimnisvoll als „die junge Frau" bezeichneten Mutter (Jes 7,14) sein. Der symbolischen Erzählstruktur würde es offensichtlich am besten entsprechen, wenn dieser Heil ankündigende Sohn, wie die beiden anderen auch, ein Kind Jesajas wäre (vgl. die drei Kinder Hoseas). Hingegen scheint die früheste Interpretation der Szene an einen König zu denken, der Hiskia gewesen sein muß, der Sohn und Erbe des Ahas (Jes 8,8); diese Deutung ist weithin anerkannt.[211] Das dritte Kind mit dem unmöglichen Namen Maher-schalal-hasch-baz („Raubebald – Eilebeute") kündigt die Zerstörung von Damaskus und Israel durch die Assyrer an (Jes 8,1–4). Die Voraussage traf auch während der Feldzüge von 734–733 v.Chr. ein. Das entscheidende politische Ereignis war indessen: Ahas lud gegen den Rat des Propheten die Assyrer ein, die von der Achse Damaskus-Samaria her drohende Gefahr abzuwenden. Der Preis dafür war die Übernahme des Vassallenstatus. Dieser Zustand blieb dann bis weit in die Regierungszeit Josias (640–609 v.Chr.) stabil. Erst dann eröffnete die Schwächung des assyrischen Weltreiches unter Assurbanipal eine realistische Aussicht auf Unabhängigkeit.

Der Bericht Jes 7,1–17 behandelt also wie der von Jes 36f das Thema König und Prophet in einer schicksalsschweren Stunde der nationalen Geschichte, nämlich zu Beginn der Unterwerfung unter Assyrien. Angefügt sind vier kurze, jeweils mit „an

---

210 Der redaktionelle Einschub Jes 7,8b meint die Ansiedlung einer fremden Oberschicht in Samaria im Jahre 669 v.Chr. durch Asarhaddon (vgl. Esr 4,2). Unweigerlich mußte die Verheißungszusage nach der Einladung der Assyrer durch Ahas und vielleicht auch zur Zeit des Hiskiaaufstandes (705–701 v.Chr.) durch Drohungen ergänzt werden (Jes 7,17–25; vgl. 8,5–10).

211 Von den neueren Kommentaren, die dieser Linie folgen, vgl. die von P. Auvray, Isaie 1972, 104–108, und H. Wildberger, 1972, 288–292; weitere Verweise bei H. Wildberger und J. Vermeylen, 1977/78, 216–221. O. Kaiser, ²1983, 96–106, vertritt die ganz andere Hypothese, ha'almah (V. 14) beziehe sich auf alle jungen, heiratsfähigen Frauen in Juda, in dem Sinne, daß „die Gefahren […] sobald abklingen [werden], daß jetzt schwanger gehende Frauen ihren Söhnen in Dankbarkeit für die Errettung den Namen ‚Immanuel‘, ‚Gott mit uns!‘ geben." (103) Der Artikel bei 'almah und die Parallelität zu anderen, an bestimmten Individuen haftenden Symbolnamen stellen Kaisers Hypothese jedoch ernsthaft in Frage. Er übergeht auch viel zu rasch die chronologischen Einwände gegen eine Identifikation mit Hiskia. Wenn wir 2Kön 18,13 gegen 18,1 für richtig halten, dann kam Hiskia im Jahre 715 oder nahe dran auf den Thron. Wurde er 734, im Jahr der syrisch-ephraimitischen Krise geboren, dann war er zur Zeit seines Regierungsantritts achtzehn oder neunzehn Jahre alt. Zumindest in dieser Hinsicht ist also Hiskia ein ernsthafter Anwärter.

jenem Tage" (*bajjom hahu'*) eingeleitete Weiterungen. Ihre Unschärfe rührt vielleicht daher, daß sie das wechselhafte Geschick Judas unter assyrischer Oberhoheit in dem auf den syrisch-ephraimitischen Krieg folgenden Jahrhundert spiegeln (Jes 7,18f.20. 21f.23–25). Die These von einer anti-assyrischen Redaktion und Neuinterpretation der vorhandenen Orakel während der Regierungszeit des Josia ist völlig überzeugend. Man sollte sie im Gedächtnis haben, wenn man Jes 1–35 liest. Allerdings sollte man auch bei allen Versuchen vorsichtig sein, die auf eine Identifizierung von echt josianischen Abschnitten zielen.[212] In einer weiteren Ergänzung zum selben Vorgang werden viel später Assyrien und Ägypten mit den Seleukiden und Ptolemäern identifiziert (Jes 19,18–25). An dieser Stelle erreichen wir etwa den Endpunkt der Buchwerdung des Jesajamaterials.

Der Bericht über den syrisch-ephraimitischen Krieg mitsamt seinen Anhängen (Jes 7,1–25) ist zwischen zwei Erzählungen in der ersten Person eingepaßt (Jes 6,1–13, 8,1–23a), wohl eine bewußte und bedeutsame Plazierung. Der erste Erzähltext wird auf das Todesjahr des Ussia datiert, das war irgendwann zwischen 742 und 735 v.Chr.[213] Er beschreibt in gehobener Sprache, wie Jesaja in einer Vision den Auftrag empfing, zu einer verstockten Hörerschaft zu reden. Der Visionsbericht hat fast dieselbe Struktur wie der über Micha ben-Jimla aus der Zeit des Ahab (1Kön 22,19–23). Jahwe sitzt auf seinem Thron, umgeben von seinen Dienern, den Seraphen oder „Brennenden" (vgl. „das ganze Himmelsheer", 1Kön 22,19). Nach dem Jahwegesang des Himmelsheeres und der Reinigung von Schuld (in der Micha-Version nicht bezeugt), ruft Jahwe nach einem Freiwilligen, der einen Auftrag übernehmen soll. Es gilt einmal, Ahab zu betrügen, und zweitens, die Herzen der Israeliten zu verhärten und ihre Sinne zu verdunkeln.[214] In der älteren Erzählung kommt die Antwort von einem der Diener, der einfach „der Geist" (*haruah*) genannt wird. Er will sich falscher Propheten bedienen, um sein Ziel zu erreichen. In Jes 6 dagegen stellt sich der Prophet selbst zur Verfügung und wird entsandt. Jesajas Vision lebt in den liturgischen Formen von Keduschah, Trishagion und Sanctus fort und ist für das Studium der religiösen Erfahrung ein geradezu klassischer Fall geworden (z.B. in dem einflußreichen Werk von Rudolf Otto, Das Heilige). Schenken wir aber ihrer strukturellen Bedeutung im Kontext (d.h. dem Abschnitt, der abwechselnd in der ersten, dritten und wieder ersten Person verfaßt ist, Jes 6,1–8,23a) die angemessene Aufmerksamkeit, dann drängt sich die Vermutung auf, daß sie auf die Ablehnung der prophetischen Botschaft durch Ahas und die Befürworter seiner pro-assyrischen Politik bezogen ist.[215]

---

[212] H. Barth, 1977, will exakt die josianische Redaktion bis auf Versteile aufweisen; vgl. auch G.T. Sheppard, The Anti-Assyrian Redaction and the Canonical Context of Isaiah 1–39, JBL 104, 1985, 193–216.

[213] Nachdem Ussia an Lepra erkrankt war (2Kön 15,5), hat vermutlich Jotham (ca. 750–735) die Regentschaft geführt, während Ussia zurückgezogen außerhalb der Stadt wohnte. Vielleicht lebte er in Ramat Rahel, das 1954 und 1959–1962 ausgegraben worden ist. Jotham hat den Ussia vielleicht nicht sehr lange überlebt; möglicherweise hat sogar Ussia ihn überlebt. Dann wäre Ahas zu jener Zeit der Regent gewesen.

[214] Zur „Verhärtung" (wörtlich: „Verfettung") der Herzen vgl. E. Jenni, Jesajas Berufung in der neueren Forschung, ThZ 15, 1959, 321–339, und O. Kaiser, ²1983, 82f. Die Vorstellung kann am besten als eine Ausgeburt späterer Reflektion nach dem Scheitern der Mission Jesajas im Jahre 734 v.Chr. verstanden werden.

[215] Zu Jes 6 vgl. außer den Kommentaren M.M. Kaplan, Isaiah 6,1–11, JBL 45, 1926, 251–259; I. Engnell, The Call of Isaiah, Uppsala 1949; L.J. Liebreich, The Position of Chapter Six in the

Am Schluß dieser Einheit (Jes 8,1–9,1a) beschreibt Jesaja die Zeichenhandlung, nämlich Ausfertigung und Beglaubigung einer Urkunde, durch welche das Gebiet von Damaskus und Samaria den Assyrern übereignet wird. Dann folgt der Beischlaf mit „der Prophetin"[216] und nach angemessener Frist die Geburt des Kindes mit dem ominösen Namen. Der Nachdruck, der auf der Handlung liegt, und der Name stimmen mit der Emmanuelperikope (Jes 7,14–16) überein: Die Feinde, deren Invasion von Norden droht, werden zuschanden, und für Juda besteht keinerlei Notwendigkeit, die Assyrer herbeizuholen. Die Handlungsfolge jedoch spiegelt den tatsächlichen Gang der Ereignisse: Unterwerfung unter die Assyrer (Jes 8,5–8, stammt vielleicht aus der Zeit des Hiskia), Anklagen wegen Hochverrats und Verschwörung gegen die anti-assyrische Partei, zu der Jesaja gerechnet wurde (Jes 8,11–15), Abgang des Jesaja und seiner Gruppe von der Bühne unter Mitnahme einer Abschrift der Prophetenworte für den Tag der Erfüllung und Rache (Jes 8,16–23a).[217]

Um das Mittelstück mit seiner Darstellung der Ereignisse in den kritischen Jahren 734–733 v.Chr. ist die ganze erste Sammlung des Buches (Jes 1–12) herumgruppiert. Sie schließt mit Dankliedern für die Rettung (j^e^šu'ah) ab; der Begriff gestattet das Wortspiel mit dem Namen Jesaja (j^e^ša'jahu, Jahwe ist die Rettung) und erinnert auch an die drei Kinder und ihre Heil ankündigenden Namen (Jes 12,1f.4–6).[218] Weil aber die Prosadarstellung das Gedicht über den göttlichen Zorn (Jes 5,24f; 9,8–10,4) und eine Aufreihung von Sprüchen gegen Assur (Jes 5,26–30; 10,5–19.27b–34) auseinanderreißt, scheint sie in eine schon bestehende Sammlung hineingepfropft.

Die ganze Rolle steht unter der Überschrift „Eine Vision" (ḥazon), und derselbe Titel wird vom Chronisten für die Schriften des Propheten verwendet (2Chr 32,32). Er war anscheinend in Jerusalemer Kultkreisen beliebt (vgl. Obadja; Nahum). Die deuteronomistische Standardüberschrift mit der Aufstellung der Regierungsperioden, in denen Jesaja aktiv war, ist hinzugefügt. Man kommt so auf eine Wirkungszeit von 30 bis 40 Jahren. Das Auftauchen eines zweiten Titels in Jes 2 zwingt uns jedoch, das Anfangskapitel als eine selbständige kleine Spruchsammlung zu lesen. Die Prophetensprüche in Jes 1 gehen möglicherweise auf Jesaja selbst zurück.[219] Sie malen das

---

Book of Isaiah, HUCA 25, 1954, 37–40; R. Knierim, The Vocation of Isaiah, VT 18, 1968, 47–68; O.H. Steck, Bemerkungen zu Jesaja 6, BZ 16, 1972, 188–206. Daß dieses Kapitel mitten in dem zugehörigen Komplex anstatt am Anfang des Buches steht, bedeutet: Es berichtet von einer spezifischen Beauftragung Jesajas, nicht notwendig vom ersten Anfang seiner prophetischen Tätigkeit. J. Milgrom, Did Isaiah Prophesy During the Reign of Uzziah?, VT 14, 1964, 164–182, hat darum vielleicht Recht – er beantwortet seine Themafrage positiv – und Unrecht, wenn er meint, die Sprüche aus jener Zeit seien in Jes 1–5 zu finden.

216 Zur Prophetin, hann^e^biah, von Jes 8,3 vgl. die Kommentare und A. Jepsen, Die Nebiah in Jes 8,3, ZAW 72, 1960, 267f. Wenn sie nicht eine prophetische Gestalt eigenen Rechts gewesen ist, dann war sie möglicherweise eine Tempelsängerin. Wir wissen es einfach nicht, und man sollte vorsichtigerweise hinzufügen, daß der Text nicht behauptet, sie sei Jesajas Frau gewesen.

217 K. Budde, Zu Jesaja 8, Vers 9 und 10, JBL 49, 1930, 423–428; K. Galling, Ein Stück judäischen Bodenrechts in Jes 8, ZDPV 56, 1933, 209–218; T. Lescow, Jesajas Denkschrift aus der Zeit des syrisch-ephraimitischen Krieges, ZAW 85, 1973, 315–331; H.-P. Müller, Glauben und Bleiben. Zur Denkschrift Jesajas Kapitel 6,1–8,18, VT.S 26, 1974, 25–54.

218 Vgl. auch „dein Zorn hat sich abgewandt" (jašob 'app^e^ka, Jes 12,1) und den Refrain des Gedichtes Jes 5,24f+9,8–10,4, „sein Zorn hat sich nicht abgewendet" (lo' šab 'appo).

219 Die Glosse in Jes 1,4, nazoru 'aḥor ausgenommen, verweist nur der letzte Abschnitt, V. 27–31 – einschließlich des Themas „Erlösung Zions", der Anspielung auf die šabim (d.h. diejenigen, die sich „herumgewendet" haben, also Konvertiten) und der Bezugnahme auf den Götzendienst unter Eichen und in Gärten (vgl. Jes 57,5; 66,17) – auf den Hintergrund des Zweiten Tempels.

Bild des verwüsteten, von fremden Armeen überrannten Juda, in dem nur noch Jerusalem überlebt. Man hat mehrfach versucht, diese Texte mit dem wenigen, was wir
von der Geschichte des Königreiches zur Wirkungszeit des Propheten wissen, zu
korrelieren.[220] Aufs Ganze gesehen scheint es wahrscheinlicher, sie aus dem kurzen
Krieg gegen Damaskus und Israel 734–733 v.Chr. als aus der rund drei Jahrzehnte
späteren assyrischen Krise unter Hiskia herzuleiten. Die wilde Beschimpfung der
„Herrscher von Sodom" (Jes 1,10), d.h. Jerusalem, ist nämlich schwer mit Jesajas
Einstellung zu Hiskia in den biographischen Abschnitten (Jes 36–39) zu vereinbaren.
Und die Ablehnung des Kultbetriebes in Jes 1,10–17 wäre nach den Gottesdienstre-
formen, die laut Dtr (2Kön 18,3–6) und Chr (2Chr 29–31) von eben jenem König
veranlaßt wurden, kaum zu verstehen. Auch vernimmt man hier und da klare Anklänge an Amos, nicht zuletzt in der Gegenüberstellung von Opferkult und den Forderungen nach sozialer Gerechtigkeit (Jes 1,12–17). Das alles paßt besser in die Frühzeit
des Wirkens Jesajas.
Doch fehlt es auch nicht an Anzeichen dafür (besonders im zweiten Teil des Kapitels,
V. 24–31), daß diese erste Spruchgruppe an verschiedenen Punkten des Überlie-
ferungsprozesses „wiederaufbereitet" worden ist. Sie ist vielleicht sogar bewußt an
den Anfang gestellt worden, und zwar als Zusammenfassung und Vorschau auf das
ganze Buch, in dem ja die Themen Gericht, Buße und Wiederaufbau eine große Rolle
spielen. Die thematischen und sprachlichen Verbindungen zwischen dieser Spruchsammlung und der Schlußpassage des Buches (Jes 66,15–24) sind leicht zu erkennen;
sie bestätigen noch einmal, daß Jes 1 einem weiterreichenden Zweck dienen sollte.[221]
Der folgende Abschnitt (Jes 2–4) erinnert mit seinem Urteil über die herrschenden
Klassen, die „das Angesicht der Elenden zerschlagen" (Jes 3,15), und die vornehmen
Frauen Jerusalems, deren Lebensart die Verachtung traditioneller Werte erkennen
läßt (Jes 3,16f.24–26; vgl. Am 4,1–3), ebenfalls an Amos. Das große Gedicht über
den göttlichen Zorn (Jes 2,6–22) nimmt mit Zielrichtung Juda die zentrale Botschaft
des Amos auf: Der Gott Israels hat jetzt sein Volk verlassen und es auf Gnade oder
Ungnade dem Strom der Geschichte übergeben. Die Bedeutung dieses Gedichtes
kann man an den exegetischen Bemühungen ermessen, die es angestoßen hat (Jes
2,9–11.17–22), darunter sind Ergänzungen und Kommentierungen mit eindeutig
apokalyptischem Charakter.[222] Doch ist das letzte Wort nicht ein Gerichtsspruch,
denn die Jerusalemer Kreise, welche die Reden des Propheten aufbewahrten und darüber nachdachten, haben das Gedicht noch einmal in die Verheißung neuen Lebens
nach dem Gericht eingebettet (Jes 2,2–5). Das Thema „Jerusalem als Zentrum der
Völkerwallfahrt", mit dem der Abschnitt beginnt und der sich mit leichten Veränderungen auch in Mi 4,1–5 findet,[223] hat sein Gegenstück in der abschließenden Ver-

---

220 Vgl. H. Donner und B. Oded in: J.H. Hayes/J.M. Miller (Hg.), 1977.
221 Zu den lexikalischen und thematischen Übereinstimmungen zwischen Jes 1 und Jes 65f vgl. L.J.
     Liebreich, The Compilation of the Book of Isaiah, JQR 46 (1955/56) 259–277; (1956/57) 114–
     138; R. Lack, La Symbolique du livre d'Isaïe, Rom 1973, 139–141; A.J. Tomasino, Isaiah 1:1–
     2:4 and 63–66 and the Composition of the Isaianic Corpus, JSOT 57, 1993, 81–98.
222 Die jüngste Studie ist J. Blenkinsopp, Fragments of Ancient Exegesis in an Isaian Poem (Jes 2,6–
     22), ZAW 93, 1981, 51–62.
223 G. von Rad, Die Stadt auf dem Berge, EvTh 8, 1948/49, 439–447, abgedr. in: ders. Gesammelte
     Studien zum Alten Testament, Bd. 1, München 1965, (TB 8), 214–224; H. Wildberger, Die Völ-
     kerwallfahrt zum Zion, VT 7, 1957, 62–81. Zum letzteren Aufsatz vgl. P.R. Ackroyd, A Note on
     Isaiah 2,1, ZAW 75, 1963, 320f.

heißung an die Exilierten (Jes 4,2–6). Sie ist entweder kurz vor oder bald nach deren Rückkehr in die verwüstete Stadt ergangen.[224]

Daß Jesaja auch die Sprüche des Hosea, nicht nur des Amos, gekannt hat, läßt sich anhand von sporadischen Anklängen und Andeutungen vermuten (z.B. Jes 9,18; vgl. Hos 7,6). Vielleicht ist durch Hosea die Thematik der treulosen Söhne (Jes 1,2f) und der hurerischen Stadt (Jes 1,21–26) angeregt worden. Auch das Liebeslied über den Weinberg mit seinen Untertönen von Fruchtbarkeitskult und Weinlesefestlichkeit (Jes 5,1–7) mag durch Hosea inspiriert sein (Hos 10,1).[225] Die Kette der Wehesprüche (Jes 5,8–23) scheint nach der bei Amos modelliert (Am 5,7.18; 6,1.4); sie klagt die wirtschaftliche und politische Oberschicht wegen derselben Art sozialer Verantwortungslosigkeit an und benutzt sogar manchmal das gleiche Vokabular in der Schilderung von Bedrückung, Betrug, Rechtsbeugung gegenüber den Armen, Trinkgelagen, Völlerei usw. Das Gedicht über den göttlichen Zorn (Jes 5,24f; 9,7–10,4), dessen fünf Strophen jeweils mit dem Refrain enden:

> Bei alledem hat sich sein Zorn nicht gewendet,
> seine Hand ist noch ausgestreckt,

ist gegen das Königreich von Samaria gerichtet; es beginnt sehr wahrscheinlich mit einer Anspielung auf Amos:

> Jahwe hat sein Wort gegen Jakob gesandt,
> es wird aufleuchten über Israel (Jes 9,7; Lutherübers. 1964).

Der Refrain selbst,[226] die Verwendung von Zitaten (Jes 9,9f; vgl. Am 6,13), die Verurteilung von sozialer Unterdrückung und Korruption des Rechts (Jes 10,1f), anscheinend sogar eine Anspielung auf das Erdbeben (Jes 5,25), alles dies läßt vermuten, daß Jesaja da weitergemacht hat, wo Amos aufhörte und daß es seine Absicht war, die Botschaft des älteren Zeitgenossen auf das Königreich Juda anzuwenden. In anderen Anklagen gegen das Nordreich wiederholen sich Themen, die bei dem älteren Propheten vorkommen (Jes 17,1–6; 28,1–4), und dieselben Kriterien, nach denen Israel gewogen und zu leicht befunden wird, kommen auf Juda zur Anwendung. Darin zeigt sich wieder einmal, daß Prophetie nicht ausschließlich aus persönlichen Erfahrungen erklärbar ist. Wir müssen vielmehr mit einer aufkommenden prophetischen Tradition rechnen, welche die Maßstäbe für die Interpretation der Ereignisse stellt und durch die persönliche Erfahrung vermittelt wird.

Jesaja bezieht sich direkter als Amos auf die Assyrer und die Rolle, die sie für die Zukunft Israels übernehmen müssen (Jes 5,26–30; 10,5–34). In der Antike war es allgemein üblich, den Zorn der einheimischen Götter über ihre nachlässigen oder treulosen Anhänger als Grund oder Rechtfertigung einer Niederlage anzuführen. Wenn unser Geschichtsschreiber (Dtr) richtig überliefert, dann hat Sanherib dieses Argument benutzt, um seinen Feldzug gegen Juda zu begründen, ja er will sogar ein

---

224 Vgl. O. Kaiser, 1970, 41–45.
225 Außer den Kommentaren vgl. A. Bentzen, Die Erläuterung von Jes 5,1–7, AfO 4, 1927, 209f; H. Junker, Die literarische Art von Jes 5,1–7, Bib. 40, 1959, 259–266.
226 Z.B. das *lo' šab 'appo* („sein Zorn ist nicht abgewendet", Jes 9,12 etc.); vgl. *lo' 'ašibenu* („ich werde es nicht zurücknehmen", Am 1,3, etc.), wobei das implizite Objekt des Verbs wohl *'ap*, der göttliche Zorn, ist, so R.P. Knierim, in G.W. Coats/B.O. Long (Hg.), 1977, 163–175.

Orakel Jahwes empfangen haben, das ihm die Zerstörung dieses Königreiches aufgetragen hätte (2Kön 18,22.25). Jesaja seinerseits nannte die Assyrer ein Instrument –
Axt, Säge, Stab des Aufsehers – in der Hand Jahwes (Jes 10,5–19). Bekannte mythische Motive halfen ihm, die unwiderstehlichen Feindhorden als Schwärme von Heuschrecken darzustellen, die sich auf ein Zeichen von Norden her in Marsch setzen
(Jes 5,26–29; 10,27–34). Die Haltung gegenüber den Assyrern wird jedoch im Laufe
dieser Kapitel härter, ob das nun während der Wirksamkeit Jesajas selbst oder vielleicht zur Zeit des nationalen Befreiungskampfes unter Josia geschah (Jes 10,7–
11.13–19; 14,24–27; 37,6f.22–35). Wir müssen uns in Erinnerung rufen, daß die
Kritik der imperialen Ideologie eine der beständigsten Anliegen israelitischer Prophetie und Apokalyptik war. Diese Kritik erreichte ihren Gipfel bei Daniel, in der
Schilderungen der Ungeheuer und ihrer Hörner. Das Gegenstück oder Spiegelbild
dazu bildet die Ankunft des Reiches Gottes.
Lassen wir das, was in Jes 1–35 wahrscheinlich auf Jesaja und seine unmittelbaren
Schüler zurückgeht, Revue passieren, drängt sich die Frage auf: Welche biographischen Informationen können wir aus dem Material erheben? Die Art der Überlieferung in diesen Kapiteln und das Dunkel, welches den Redaktionsprozeß umhüllt,
dämpfen unsere Erwartungen. Wir kennen seinen Namen und den seines Vaters. Er
war verheiratet (vielleicht mit einer Prophetin, aber wir haben gesehen, wie unsicher
dies ist) und hatte wenigstens zwei Kinder. Von seinem Beruf vor dem prophetischen
Sendungsauftrag finden wir keine Andeutung, ebensowenig von der Weise, wie er
seinen Lebensunterhalt bestritt. Daß er sich gelegentlich der im Schreiberstand gängigen literarischen Figuren bedient, macht ihn noch nicht zu einem Schreiber. Genausowenig wird er durch die Vision im Tempel (wenn sie denn dort stattgefunden
hat) zum Angehörigen des Tempelpersonals.[227] Noch unwahrscheinlicher ist, daß er
– wie der Chronist anscheinend andeuten will (2Chr 26,22; 32,32) – der offizielle
Geschichtsschreiber seiner Zeit war. Sicherlich war er eine wohlbekannte Persönlichkeit des öffentlichen Lebens und hatte Zugang zu führenden Mitgliedern des Hofes (Jes 22,15–25; vgl. 2Kön 18,18; 19,2–7) und zum König, jedenfalls in nationalen
Krisenzeiten. Offensichtlich war er hochgebildet und dazu ein begabter Dichter. Er
selbst und seine Anhänger (wohl eine sehr kleine Schar) nahmen mindestens drei
Jahrzehnte lang aktiv am politischen Leben teil. Jesaja war scharf gegen die Bünd-
nispolitik eingestellt, besonders gegen Hiskias Kontakte mit Ägypten, auf die der
König solche Hoffnungen setzte (z.B. in Jes 30,1–5). Gleichzeitig spielte er auch eine
führende Rolle im Widerstand gegen die Assyrer, während der Kampagne Sanheribs
im Jahre 701 v.Chr. Nach diesem Datum, auf das sich die biographische Tradition
kapriziert hat (Dtr), hören wir nichts mehr von ihm. Er muß später in der Regierungszeit des Hiskia oder in den ersten Jahren von dessen Nachfolger Manasse gestorben
sein. Die Geschichte seines Martyriums, die mit passenden grauenvollen Einzelheiten
überliefert ist, gehört natürlich zu den späteren Fiktionen.
Offensichtlich war Jesaja kein Intellektueller, der eine politische Theorie oder eine
Geschichtstheologie entwerfen wollte. Er war vielmehr aktiv in die Politik verwik-
kelt, er nahm Partei und gab Ratschläge, die in politisches Handeln umgesetzt werden
sollten. Er wurde wohl in seiner Anfangszeit zur anti-assyrischen Partei gerechnet,

---

[227] J. Fichtner, 1949, 75–80; R.T. Anderson, Was Isaiah a Scribe? JBL 79, 1960, 57f; J.W. Whedbee, 1971.

die auch nach der schicksalhaften Entscheidung des Ahas, die Assyrer anzurufen, nicht aufhörte, gegen die offizielle Linie anzugehen. Wir hören von Anklagen auf verschwörerische Umtriebe (Jes 8,11–15), von sarkastischen Anspielungen auf den Plan Jahwes (so wie der Prophet ihn verkündet, Jes 5,19) und von prophetischen Stellungnahmen zugunsten beider Seiten (Jes 29,10; 30,10). Die Absetzung Schebnas, des Haushofmeisters im Palast, durch Eljakim (Jes 22,15–24; vgl. 2Kön 18,18) ist wohl auch wegen Meinungsverschiedenheiten oder Richtungsänderungen in der Assyrienfrage zustandegekommen. Es gibt gute Gründe für die Vermutung, daß Jesaja in der verbleibenden Regierungszeit des Ahas bei Hofe nicht mehr gelitten war, selbst wenn er sich nicht – wie oft angenommen – aus dem öffentlichen Leben zurückzog (Jes 8,1–22).

Ahas starb etwa im Jahre 715 v.Chr., und ein Spruch gegen die Philister ist in dieses Jahr datiert (Jes 14,28–32); er sagt die Feldzüge des Hiskia gegen die fünf Städte an (2Kön 18,8).[228] In den ersten Jahren der Regierung des Hiskia wurden zwischen den Philisterstädten und Ägypten viele Pläne geschmiedet, denn die Ägypter entdeckten unter Schabaka (716–701 v.Chr.) von der 25., der äthiopischen Dynastie (vgl. Jes 18,1–19,15), ihr Interesse an Asien wieder. Die Abfolge der Ereignisse im ersten Jahrzehnt Hiskias ist uns ziemlich unbekannt. Obwohl das assyrische Reich nun bis auf wenige Kilometer an Jerusalem heranreichte, verfolgte Hiskia eine aggressive Expansionspolitik. Er griff die Edomiter im Süden (Jes 21,11–17; 1Chr 4,42f) und die Philister im Westen an. Dieser neue, expansive Nationalismus war vielleicht durch das Beispiel des erstarkenden Ägypten inspiriert und wurde durch eine starke Lobby von Hofräten und Hofpropheten angestachelt (Jes 29,9f.14; 30,10). Hiskia buhlte offenbar mit dem Untergang. Die Sprüche, die man wohlbegründet in jene Zeit datieren kann (Jes 22,1–8.12–14; 30,8–17), verraten, daß Jesajas Hauptbemühen darin bestand, den jungen König aus der anti-assyrischen Allianz herauszuhalten, die vorhersehbar zum Untergang führte. Im Jahr 712 unternahm Sargon II. einen erfolgreichen Zug gegen die Philisterstadt Asdod (ANET, 286), und die versprochene Hilfe aus Ägypten blieb aus. Jesaja nahm das Ereignis, das in Jerusalem sicher stark beachtet wurde, zum Anlaß, nackt durch die Straßen der Hauptstadt zu ziehen (vielleicht begleitet von seinen Anhängern). Er wollte so das Schicksal der Ägypter und aller derer, die dumm genug waren, sich auf sie zu verlassen, darstellen. Als Kriegsgefangene würden sie in die Deportation gehen (Jes 20,1–6). Ein solcher Protest ist charakteristisch für Randgruppen. Er bestätigt den Eindruck, daß Jesaja und seine Jünger („support group")[229] in den drei Jahrzehnten vom Beginn des Vasallenverhältnisses unter Ahas bis zum Aufstand des Hiskia keinerlei Macht hatten und gegen die offizielle Politik opponierten. Das würde nicht nur die Schärfe seiner Anklagen (vgl. Jes 28,7f, gegen Priester und Propheten) und der Gegenvorwürfe der Angegriffenen verständlicher machen, sondern auch den bemerkenswert anderen Ton der biographischen Erzählungen von Jes 37–39 erklären.

---

228 Manche versetzen das Wort in das Jahr 705 v.Chr., als Sargon II. starb und Sanherib den Thron bestieg. Sie wären dann Schlange und Natter (Jes 14,29). In diesem Fall wäre die nächstgelegene „Schlacht", von der wir wissen, der Feldzug Sargons von 712 v.Chr. gegen Asdod (ANET, 286).

229 Die *limmudim* sind eine Schülergruppe, Jes 8,16. Das *b*e*limmudaj* des MT sollte gegen die LXX und Emendationen wie *b*e*jaldaj* beibehalten werden. Die „Jünger" mögen Tempelpropheten gewesen sein, wie von A.R. Johnson, G. Widengren und O. Kaiser angenommen. Hinweise beim letzteren, 1970, 95.

Die ursprünglichen Sprüche geben wenig Hinweise auf das Selbstverständnis des Propheten. Doch erfahren wir wenigstens soviel, daß wir sicher sein können: Er hat sich selbst als Teilhaber an einer Tradition sozialer Kritik und Anklage gesehen. Wir haben darauf hingewiesen, daß er in seiner frühen Wirkungsphase vieles von Amos, einiges von Hosea aufgenommen und ihre Botschaft auf das zeitgenössische judäische Königreich angewendet hat. Er kannte die Überlieferung vom wahren, doch mundtot gemachten und ignorierten Propheten (Jes 30,10f; vgl. Am 2,12) und betrachtete seine eigene Laufbahn unter diesem Gesichtspunkt. Wenn überhaupt, dann gibt es nur wenige Hinweise in den echten Sprüchen, die zu einer spezifisch judäischen – im Unterschied zur ephraimitischen – Auffassung von den prophetischen Funktionen führen könnten. Judäische Mittler sind sowohl unter dem Namen „Propheten" (nebi'im) als auch „Seher" (hozim) bekannt (Jes 29,10; 30,9f) und sie werden mit den Priestern zusammengestellt (Jes 28,7; vgl. Hos 4,4f). Sie werden in gleicher Weise berufen, nämlich durch eine Vision, und sie arbeiten mit dem gesprochenen Wort (Jes 5,24; vgl. 9,7).[230] Ein Prophet aus dieser Traditionslinie neigt dazu, die optimistischen Kollegen im Dienste des Hofes (die Verkündiger „glatter Dinge", Jes 30,10) mit fragwürdigen Formen der Vermittlung, z.B. Wahrsagen, Zeichendeuten, Totenbeschwörung (Jes 2,6; 3,2f; 8,19) zu identifizieren, die eher ins Ausland (z.B. nach Ägypten, Jes 19,3) gehören. Das einzige Kennzeichen, das für die echte, judäische Prophetenbotschaft als charakteristisch gelten kann, ist vielleicht die Form der Unterweisung (torah, Jes 5,24; 30,9).[231] So scheinen auch seine Gegner geurteilt zu haben, denn sie verspotteten ihn als den pedantischen Schulmeister, der dieselbe Lektion immer wieder üben läßt (Jes 28,9f). Jesaja zahlte mit gleicher Münze heim: Weil ihr eure Hausaufgabe nicht von mir lernen wollt, müßt ihr sie eben von den Assyrern lernen, die nicht einmal eure Sprache kennen (V. 11–13).

Jesaja soll Bürger von Jerusalem gewesen sein (obwohl das nirgends bezeugt ist). Daraus schließt man häufig, er habe eine religiöse Tradition ererbt, die sich an einigen wichtigen Punkten von der ephraimitischer Propheten unterscheide. Die letzteren stützten sich stark auf die Erinnerung an die grundlegenden Ereignisse vor der Landnahme. Sie wurde an den religiösen Zentren der Josephstämme gepflegt, während in Juda und Jerusalem die Verheißung an die Daviddynastie (2Sam 7) und das Theologoumenon „Jahwe hat Jerusalem zu seinem Wohnort erwählt" (2Sam 6 usw.) von entscheidender Bedeutung waren. Während eines Großteils seiner Tätigkeit stand Jesaja in Opposition zur Monarchie, zum Hof und zum Jerusalemer Kult, der schon seiner Art und Anlage nach dazu bestimmt war, die offizielle Politik zu untermauern. Die Zionstheologie, wenn wir sie so bezeichnen dürfen, des Jesajabuches unterscheidet sich deshalb an einigen wichtigen Punkten von der offiziellen „Staatskirchen"-Ideologie. Darum war es nur natürlich, daß er – wie wir eben gesehen haben – auf Muster prophetischer Opposition zurückgriff, die sich im Nordreich während seiner zweihundertjährigen Geschichte herausgebildet hatten. Beachtlich ist auch sein Interesse am Schicksal der Nord- und Mittel-Stämme, man kann sagen, des alle umfassenden Israel. Es kommt in der Anrede „Haus Jakob" (Jes 2,5.6; 8,17; 9,7; 10,20.21) und dem korrespondierenden Titel „der Heilige Jakobs" (Jes 29,23) zum Ausdruck. Die Behandlung der Gottesepitheta bei Jesaja ist nur ein Sachverhalt, der uns zur

---

230 Vgl. R.R. Wilson, 1980, 253–274.
231 J. Jensen, 1973.

Vorsicht bei der Unterscheidung von judäischer und ephraimitischer Tradition nötigt. Weitaus am häufigsten kommt „Jahwe der Heerscharen" (*JHWH ṣᵉbaʾot*) vor. Die Bezeichnung stammt wohl aus Silo und damit aus der Mitte der Josephstämme; sie wird zum erstenmal während der Philisterkriege bezeugt. Schon vor Jesaja war sie fest im Kultgebrauch Jerusalems verankert. Doch verbindet sie auch Jesaja, genau wie Amos vor ihm, mit der alten, im Norden gewachsenen Kriegsprophetie. Der Titel „der Heilige Israels" (*qadoš jisraʾel*), ebenfalls von Jesaja bevorzugt,[232] taucht vor ihm nur beim ephraimitischen Propheten Hosea auf (Hos 11,9; vielleicht auch in 12,1). Andererseits finden sich „der Mächtige (*ʾabbir*) Israels" (Jes 1,24) und „der Fels Israels" (Jes 30,29) praktisch in derselben Form im Josephsspruch Gen 49,24. Diese Beobachtungen sollten nicht überstrapaziert werden, aber sie legen doch zumindest nahe, daß die liturgische Sprache, von der Jesaja zehrt, nicht so stark regional differenziert war, wie man das manchmal angenommen hat.

Ein guter Teil, wenn nicht überhaupt alles von der hochfliegenden, mythischen Rede über Jerusalem als der Stadt der göttlichen Einwohnung, dem Mittelpunkt für Pilger aus aller Welt, der erhabenen und unverletzbaren Frau und ähnlichem mehr, geht nicht auf Jesaja selbst oder auch auf seine unmittelbaren Jünger zurück (Jes 2,2–4; 4,2–6). Jesaja wird diese Gedanken und ihre kultische Verkörperung selbstverständlich schon gekannt haben. Wo immer wir im Jesajabuch derartige Aussagen antreffen – und das nicht nur in den „authentischen" Partien –, beziehen sie sich mit wenigen Ausnahmen auf ein ideales Bild, das der erfahrbaren Wirklichkeit gegenübersteht. Jesaja selbst zögert nicht, die Stadt mit Sodom zu vergleichen (Jes 1,10), sie als hurerisch zu verklagen (Jes 1,21) und ihr die Aussicht auf Niedergang und Zerstörung vorzuhalten (Jes 8,5–8 usw.). Nur in einem Spruch, wahrscheinlich aus der Zeit des Hiskiaaufstandes (Jes 31,4f), redet er davon, daß Jahwe für seine Stadt kämpft und sie beschützt. Aber selbst an dieser Stelle gibt es widersprüchliche Interpretationen.[233]

Von der Daviddynastie hat Jesaja nach unserem Ermessen eine positive, wenn auch durch politischen Realismus gefärbte Meinung. Nie verdammt er pauschal die Institution des Königtums, wie es Hosea in den letzten Jahrzehnten des Nordreiches getan hatte. Die größte Schwierigkeit besteht darin zu verstehen, wie die „Königsgedichte" (Jes 9,1–6; 11,1–9) in das Ganze des Buches und das Denken Jesajas, so weit wir es rekonstruieren können, hineinpassen. Der erste Text feiert die Geburt eines Thronerben oder die Thronbesteigung eines Königs als die Eröffnung eines neuen Zeitalters des Wohlstandes und Friedens. Die Sprache tritt auch in Psalmen mit ähnlicher Thematik auf (Ps 2; 72; 110); sie enthält uralte, schon in der Anfangszeit der vereinigten Monarchie aus Ägypten und den kanaanäischen Stadtstaaten entlehnte Königstitulaturen und -ideologie. Die Versuche, den Königserben und designierten Herrscher zu identifizieren, sind ergebnislos geblieben. Wenn das Gedicht etwa zur Zeit des sy-

---

232 Jes 1,4; 5,19.24; 10,20; 12,6; 17,7; 29,19; 30,11.12.15; 31,1 („der Heilige Jakobs" [Jes 29,23] erscheint in einem Abschnitt [Jes 29,22–24], der nicht jesajanisch ist). Vgl. „der heilige Gott", Jes 5,16; „der Heilige", Jes 5,19; 10,17; zu Gottes Heiligkeit vgl. W. Eichrodt, Theologie des Alten Testaments, Stuttgart – Göttingen ⁵1957, 176–185.

233 Man muß allerdings hinzufügen, daß diese Auslegung von Jes 31,4 nicht ganz gesichert ist, denn die Metapher könnte auch bedeuten, daß der Löwe (Jahwe) gegen (*ʾal*) den Berg Zion kämpft und seine Beute (Jerusalem) nicht an die Hirten (die Ägypter) herausgibt, die hergekommen sind, um sie für sich zu retten; vgl. O. Kaiser, 1973, 251f, der jedoch noch eine andere Auslegung bevorzugt.

risch-ephraimitischen Krieges entstanden ist, muß man logischerweise an Hiskia denken, dessen Thronbesteigung Jesaja sehr wohl begrüßt haben kann. Er sah in ihr, wie sich herausstellte, vorschnell den Beginn einer hoffnungsvolleren Ära. Weil aber der tatsächliche Kontext (Jes 8,23; 9,7–11) das Schicksal des Nordreiches behandelt, bin ich eher der Meinung, den Text der Josiazeit zuzuweisen, als die Hoffnungen auf Wiedervereinigung hoch aufflammten.[234]

Die Datierung des zweiten Gedichts ist ebenso problematisch. Auf der Grundlage einer starken thematischen Nähe zum ersten der fälschlich so genannten „Gottesknechtslieder" (Jes 42,1–4) und zu jenen Abschnitten, die von Davidnachkommen als „Zweig" reden, scheint eine exilische oder früh-nachexilische Herkunft plausibel.[235] Auch wenn dem so ist, ändert es nichts an der Tatsache, daß Jesaja selbst im Unterschied zu Hosea die Monarchie für eine Institution hielt, durch die Gott dem Volk Heil zukommen ließ.

Letzten Endes jedoch ist das Charakteristischste an Jesaja, daß er ein überwältigendes Gespür für die Wirklichkeit Gottes besaß. Das Attribut der Heiligkeit für Gott (der Heilige Israels; der heilige Gott) meint nicht so sehr den ethischen Charakter Jahwes (der bei Jesaja weniger wichtig erscheint) als die absolute, transzendente Andersartigkeit. Jesajas Reaktion in seiner Berufungsvision illustriert die Tatsache, daß Sünde nicht so sehr im Akt ethischer Reflexion erkannt wird als dann, wenn die Realität des Andersartigen in das Bewußtsein einbricht: „Weh mir, ich vergehe! Ich bin ein Mensch mit unreinen Lippen, und ich wohne in einem Volk mit unreinen Lippen!" (Jes 6,5).

Aus dieser unmittelbaren Erfahrung der Wirklichkeit Gottes ergibt sich die Erkenntnis, daß Gottes Kraft in der Welt wirksam ist. So ist Jesaja fähig, die Anschauung von der göttlichen Kraft, die auf die Welt einwirkt, und darum auch die Realität des Gerichts, mit bemerkenswerter Direktheit zu vermitteln. Jahwe hat einen Plan, er verfolgt ein Ziel. Das stimmt nicht notwendig mit der politischen Zweckmäßigkeit und Machbarkeit überein (Jes 14,24–27; 28,23–29; 37,26). Jesaja glaubt eben nicht an die Realpolitik, und er nimmt diejenigen, die die nationalen und internationalen Geschäfte bewegen und erschüttern nicht absolut ernst (Jes 29,7f): „Die Ägypter sind Menschen, nicht Gott" (Jes 31,3). Der Grund liegt nicht darin, daß er seine kleine Privatwelt religiöser Erbauung vom öffentlichen Leben getrennt hält. Im Gegenteil, die Vision, die der prophetischen Erfahrung zugrunde liegt, muß die Oberhand gewinnen und das politische Leben transformieren. Wenn das nicht gelingt, kann nur der totale Zusammenbruch erfolgen.

Jesaja macht deutlich: Die angemessene Antwort auf diese Wirklichkeitswahrnehmung ist die positive und aktive Annahme des Auftrags, mit anderen Worten, die Haltung des Glaubens. Er versucht nicht zu beweisen, daß man damit im Leben des

---

234 Außer den Kommentaren vgl. M.B. Crook, A Suggested Occasion for Isaiah 9,2–7 and 11,1–9, JBL 68, 1949, 213–224; A. Alt, Jesaja 8,23–9,6. Befreiungsnacht und Krönungstag, KlSchr II, 1953, 206–225; S. Mowinckel, 1959, 102–110; H. von Reventlow, A Syncretistic Enthronement Hymn in Isa. 9,1–6, UF 3, 1971, 321–325. O. Kaiser, Jesaja 1981, 207f; 241.

235 Mit Jes 42,1–4 hat das Gedicht die Geistbegabung und die Betonung der Gerechtigkeit gemeinsam; vgl. jedoch speziell Jer 23,5f und 33,14–16, die dem davidischen Sproß (semach) Weisheit, Recht, Gerechtigkeit zuschreiben und ihn als den Friedens- und Heilsbringer darstellen.

einzelnen oder der Gemeinschaft gute Resultate erzielt, sondern er sagt einfach, daß
es so richtig ist:

> Wollt ihr mir gehorchen, so sollt ihr des Landes Gut genießen. (Jes 1,19)
> Glaubt ihr nicht (*ta'aminu*), so bleibt ihr nicht (*te'amenu*). (Jes 7,9b)
> Durch Stillesein und Hoffen würdet ihr stark sein. (Jes 30,15;) [Lutherübers. 1964]

IV. Das Ende der nationalen Unabhängigkeit

13. Ein letzter Versuch in Richtung Emanzipation und Reform

Das assyrische Weltreich hatte seine größte Ausdehnung mit der Eroberung Ägyptens unter Assarhaddon erreicht; unter Assurbanipal (669–627 v.Chr.) begann es zu verfallen. Die Zentralregierung tat sich immer schwerer mit der Aufgabe, die unterworfenen Provinzen im Zaum zu halten. Die Probleme wurden noch dadurch erschwert, daß neue Feinde vorzudringen begannen, unter anderem die Elamiter vom iranischen Hochland her (sie probten 641 v.Chr. den Aufstand) und die Skythen aus dem Kaukasus. Schon nach wenigen Regierungsjahren des Assurbanipal gewann Ägypten unter der 26., der saitischen Dynastie, seine Unabhängigkeit zurück. Und im Jahre 650 v.Chr. gab Schamasch-schum-ukin, Bruder des Königs und Vizeregent in Babylon, in dieser Stadt das Zeichen zum Aufstand. Andere Vasallen, vielleicht auch der judäische König Manasse, waren mit von der Partie. Assurbanipal konnte sich zwar an der Macht halten, aber nach seinem Tod bewegten sich die Dinge rasch dem unvermeidbaren Ende zu.

Das babylonische Reich, von Nabopolassar im Jahre 625 v.Chr. gegründet, führte im Verein mit den Medern im Osten und den Skythen im Norden seinen Krieg gegen Assyrien bis zum völligen Sieg. Die babylonische Chronik und archäologische Funde dokumentieren die Eroberung und Zerstörung der großen assyrischen Städte, darunter die alte Hauptstadt Assur, Kalach und Dur-Scharrukin, und 612 v.Chr. war Ninive an der Reihe. Assur-uballit, der letzte in einer langen Reihe von assyrischen Königen, hielt sich noch kurze Zeit in der Gegend von Haran in Nordmesopotamien. Dort versuchten ihm die Ägypter, die mittlerweile über den schnellen Machtwechsel entsetzt waren, erfolglos zu Hilfe zu kommen. Als das ägyptische Heer 605 v.Chr. bei Karkemisch entscheidend geschlagen wurde, war das Schicksal Assyriens besiegelt; das Land fiel in einen primitiven Zustand zurück, fast so schlimm, wie in den auswuchernden Phantasien des Nahum und anderer anti-assyrischer Seher beschrieben.

Der Niedergang und das Ende Assyriens und der anschließende Kampf zwischen Babylonien und Ägypten um den Einstieg in das Machtvakuum wirkten entscheidend auf die Vasallenprovinzen und -staaten des syrisch-palästinischen Korridors ein. Die Ereignisse zwangen sie zu Entscheidungen, die – angesichts des unsicheren Ausgangs des Machtkampfes – nicht ohne Risiko sein konnten. Während seiner überaus langen Regierungszeit (687–642 v.Chr.) scheint Manasse bei seinem assyrischen Herrn überwiegend in Gnade geblieben zu sein. Das bringt ihm beim Dtr natürlich überhaupt keine Pluspunkte ein (2Kön 21,1–6). Sein Sohn und Nachfolger Amon verfolgte die gleiche Politik (2Kön 21,19–22). Nach zwei Jahren schon wurde er deshalb von der anti-assyrischen Partei umgebracht (2Kön 21,23). Die Gruppe, die als „Landvolk" apostrophiert wird, rächte den Tod Amons und setzte seinen achtjährigen Sohn Josia auf den Thron. Sie befürchtete vielleicht nach der Unterdrückung der Aufstände von 641–640 v.Chr. assyrische Gegenmaßnahmen. Dieser Schachzug muß sie in eine führende Position gebracht haben, zumindest solange Josia noch minderjährig war.

Das „Landvolk" ('am ha'areṣ) scheint eine gewisse Machtstellung sogar bis zum Ende des Königtums in Juda beibehalten zu haben. Seine Feindschaft gegenüber Jeremia, der mit anderen die Unterwerfung empfahl, und die Hinrichtung einiger dieser Widerständler durch die Babylonier beweisen, daß sie weiter gegen die Fremdherrschaft kämpften (2Kön 25,15; Jer 1,18; 37,2). Aber zu jener Zeit (640 v.Chr.) war es noch zu früh, sich klar für die Unabhängigkeit zu entscheiden und den jährlichen Tribut zu verweigern, der am schwersten auf der Bauernbevölkerung lastete. Und diese trat eben im „Landvolk" in Erscheinung. Nach dem Chronisten, nicht immer die verläßlichste Quelle, wurde im zwölften Jahr der Regierung des Josia eine tiefgreifende religiöse Reform in Angriff genommen (2Chr 34,3). Wir haben nicht die Möglichkeit, die Chronologie der Ereignisse fein genug abzustimmen, um die Frage sicher beantworten zu können. Jedoch liegt das Datum recht nahe beim Todesjahr des Assurbanipal, so daß sich eine Beziehung zwischen beiden Ereignissen nahelegt. Der deuteronomistische Geschichtsschreiber datiert die Reform allerdings sechs Jahre später, nach der Entdeckung des Gesetzbuches im Tempel (2Kön 22,3–8). Weil es aber ein wenig leichter ist, zu erklären, warum Dtr die Reform gerne durch diese Entdeckung inspiriert sein läßt, als anzunehmen, der Chronist habe einfach eine frühere Reform erfunden, neigen heute die meisten Fachleute dazu, eine Verbindung zwischen der Kultreform und der Hoffnung auf politische Befreiung zu akzeptieren.

Die Lage in Juda während der zwei Jahrzehnte vor der Reform spiegelt sich in einer kleinen Spruchsammlung, die man Zephanja zuschreibt; er war nach der Buchüberschrift in der Regierungszeit des Josia tätig (Zeph 1,1). Der deuteronomische Herausgeber gab der Sammlung auch ihre Überschrift und setzte ganz ausnahmsweise eine prophetische Genealogie hinzu, die vier Generationen, bis auf einen gewissen Hiskia, zurückreicht. Nun scheint Zephanja mit den Vorgängen bei Hofe vertraut zu sein; er erwähnt außerdem die Söhne des Königs (Zeph 1,8). Darum nimmt man immer noch an, der fragliche Hiskia müsse der judäische König gewesen sein, der vor Manasse regierte. Chronologisch ist das wohl möglich, jedoch durchaus nicht sicher. Kuschi, hier als sein Vater genannt, könnte auch mit dem Urgroßvater Jehudis, eines Hofbeamten unter Jojakim, identisch sein (Jer 36,14). Da die Überschrift aber deuteronomistisch ist, scheint es wahrscheinlicher, daß die Genealogie durch den Namen des Vaters angestoßen worden ist. Kuschi heißt nämlich „Äthiopier" oder „Sudanese", und der Name Hiskia sollte deswegen gegenüber der fremden die einheimische Abstammung betonen – das war nach der deuteronomischen Schule eine unverzichtbare Voraussetzung für die prophetische Tätigkeit (Dtn 18,15.18).[236] Es wäre also äußerst gewagt, aus der Überschrift irgendwelche biographischen Folgerungen ziehen zu wollen. Das Buch selbst ist nicht ergiebiger im Blick auf die Vita des Propheten. So ist das ja auch bei den meisten anderen Büchern der „späteren Propheten".

Das kleine Buch zeigt relativ wenig von den üblichen Formeln, die Einzelsprüche sonst umrahmen. Die Eingangsdrohung gegen Juda und Jerusalem ist in eine überdimensionale Unheilsankündigung von kosmischer Dimension eingebettet, die sich am „Tag Jahwes" erfüllen soll (Zeph 1,2–18). Das Thema ist von Amos eingeführt worden. Dann folgen Anklagen gegen Fremdvölker: Philister, Moabiter, Ammoniter,

---

236 Kuschi ist gewiß ein Eigenname (vgl. Jer 36,14), konnte aber als ethnische Bezeichnung problematisch werden, vgl. das Problem mit Moses kuschitischer Frau (Num 12,1), worüber im Midrasch noch lange gestritten wird. Man denke auch an Am 9,7, wo die *kušijjim* Ausländer per excellence sind. Vielleicht verdient die Tatsache Beachtung, daß das kleine Buch Zephanja dieses Land oder Volk zweimal erwähnt (Zeph 2,12; 3,10). Des weiteren vgl. die Kommentare und J. Heller, Zephanjas Ahnenreihe, VT 21, 1971, 102–104.

und weiterhin gegen Äthiopier und Assyrer (Zeph 2,1–5)[237]; sie haben die aus den
meisten Prophetenbüchern bekannte Form. Der zu erwartende Übergang von der
Verdammung zur Verheißung wird durch einen Wehe-Spruch verzögert (Zeph 3,1–
7). Er richtet sich gegen eine ungenannte Stadt, vermutlich Jerusalem. Diese Stadt hat
aus einer kürzlich geschehenen Katastrophe oder Beinahe-Katastrophe nichts gelernt
– vielleicht ein Hinweis auf die Krise von 701 v.Chr. unter König Hiskia. Die Beschreibung der zukünftigen Wende (Zeph 3,8–13) verwertet pseudo-jesajanische
Themen von einem Endgericht in Jerusalem, der Sammlung sowohl von Juden als
auch von Ausländern zum Gottesdienst in jener Stadt und der Herausbildung eines
gereinigten Restes, „eines demütigen und armen Volks".[238] Eine solche Sprache ist
selbstverständlich schwer mit irgendeinem Anspruch auf Genauigkeit geschichtlich
zu lokalisieren. Nimmt man die am Schluß des Buches auftauchende Erwähnung
Zions hinzu (Zeph 3,14–20), stimmt alles recht gut mit den Hoffnungen auf die
Rückkehr ins Heimatland und den Wiederaufbau in der spätneubabylonischen oder
frühpersischen Zeit zusammen.[239]
Zephanjas Angriffe richten sich zunächst (Zeph 1,2–18) gegen die synkretistische
Hofpartei. Weil die Anklage auch gegen den Königssohn ergeht (Zeph 1,8), kann
wohl weder der Hof Amons noch der Josias während dessen Minderjährigkeit gemeint sein: Der erstere wurde im Alter von 24 Jahren umgebracht, der letztere war
zu jung. Der politischen Elite wird vorgeworfen, neben Jahwe den Baal (vgl. 2Kön
21,3; 23,4f), assyrische Himmelsgottheiten wie Sonne, Mond und Sterne (vgl. 2Kön
21,5; 23,4.5.11f; Dtn 4,19) und den ammonitischen Milkom zu verehren (vgl. 2Kön
23,13).[240] Die Schuldigen werden dann näher bestimmt als Angehörige der Aristokratie und der königlichen Familie, die ausländische Sitten und Kleidung angenommen haben und sich aufgeklärt skeptisch über die traditionelle Religion und ihre prophetischen Vertreter äußern (Zeph 1,7–13). Richter, Propheten und Priester werden
als Anhänger der pro-assyrischen Partei in die Urteilssprüche mit eingeschlossen
(Zeph 3,3–5).[241] Auf der anderen Seite, der Zephanja selbst zuzurechnen ist, sind die
„Demütigen des Landes" aufgeführt, die den Forderungen der göttlichen Gerechtigkeit nachkommen, sich um Rechtschaffenheit bemühen und sich stets Jahwe gehorsam unterordnen (Zeph 2,3). Gedanken und Sprache stehen dem wohlbekannten
„Programm" von Mi 6,8 bemerkenswert nahe. Es wird durch das prophetische Wort
verkündet: Die Forderung Gottes ist, recht zu handeln, Treue zu lieben und demütig
vor Gott zu leben. Das ist praktisch eine Zusammenfassung der ethischen und religiösen Ideale der „Demütigen des Landes", mit denen sich Zephanja identifiziert.

---

237 Die kausale Verknüpfung von Zeph 2,1–3 und 2,4, ausgedrückt durch *ki,* deutet an, daß
      durchweg die Bewohner der Philisterstädte angeredet sind.
238 Vgl. Jes 2,1–4; 4,2–6; 11,10–16; 14,1–2; 18,7; 19,18–24; 27,12f; 60–61; 65,17–25; 66,18–24.
239 Das geht aus Redewendungen hervor wie: „der Rest des Hauses Juda" (Zeph 2,7); „der Rest mei-
      nes Volkes"; „die Überlebenden meiner Nation" (V.9), auch aus der Zusage eines Wiederaufbaus
      (V.7; vgl. Zeph 3,20) und die Verspottung von Nachbarländern (V.6.10).
240 „Von diesem Ort" (*min-hammaqom hazzeh,* Zeph 1,4) nimmt sich wie ein deuteronomischer Zu-
      satz aus. Im selben Vers ist die Wendung „mit den Priestern" (*'im-hakkohanim*) durch einen
      Glossator ergänzt worden, der nicht merkte, daß Zephanja den Begriff $k^e marim$ („heidnische
      Priester") mit Bedacht auf die Jerusalemer Priesterschaft angewendet hatte.
241 Vgl. K. Elliger, Das Ende der „Abendwölfe", in: W. Baumgartner (Hg.), FS A. Bertholet, Tübin-
      gen 1950, 158–175; M. Stenzel, Zum Verständnis von Zeph. 3,3b, VT 1, 1951, 303–305.

Der Einfluß des Amos wird an mehreren Stellen des Buches deutlich.[242] Er beweist die Stärke und Nachhaltigkeit der traditionellen prophetischen Predigt gegen soziale und politische Korruption. Wie bei Amos werden diese Übel als ominöse Hinweise auf ein universales Gericht verstanden, das in konventioneller Sprache als „Tag Jahwes" bezeichnet wird. Es ist die Endabrechnung nicht nur über Israel oder auch die Völker, sondern für den ganzen Kosmos, und sie geschieht in einer katastrophalen Schöpfungsdämmerung (Zeph 1,2f; vgl. Jer 4,23–26). Es gibt ebenfalls Indizien für das traditionelle Thema des „Feindes aus dem Norden" (Zeph 1,10f), das in der frühen Verkündigung des Jeremia eine wichtige Rolle spielt (Jer 1,13–15; 4,6 usw.).[243] Zephanja ist keine von den originellsten Prophetenfiguren, aber er trug mit anderen dazu bei, während einer längeren Dunkelzeit israelitischer Geschichte die alternative Vision lebendig zu erhalten. Diese Sicht der Dinge sollte teilweise in den Reformen des Josia und dann nachhaltiger im deuteronomischen Programm verwirklicht werden.

An dieser Stelle müssen wir das noch einmal aufgreifen, was wir über Micha und seine Schüler gesagt haben. Dann können wir nämlich erkennen, daß der letzte Teil des Michabuches (Mi 6–7) offenbar herausgegeben und aktualisiert wurde, als Zephanja tätig war. Das gilt besonders für Mi 6,9–16. Der Abschnitt spiegelt eine Situation sozialer Zerrüttung, wie sie während der Regierungszeit des Manasse und wahrscheinlich auch in den frühen Jahren des Josia vorherrschte (2Kön 21,16; 24,4). Anspielungen auf „Weisungen Omris" und „Werke Ahabs" (Mi 6,16) rufen die Verurteilung des Manasse wegen seiner in der Nachfolge Ahabs betriebenen Einrichtung von synkretistischen Kulten in Erinnerung (2Kön 21,3; vgl. 23,4–14). Weiter läuft Mi 6,9–16 in mehreren Linien mit Zephanja parallel. Bei beiden wird eine ungenannte Stadt verurteilt: Es muß sich um Jerusalem handeln (Mi 6,9; Zeph 3,1). Stark betont werden die Übel des Götzendienstes allgemein, wie des Baalskultes im besonderen. Sowohl Micha wie Zephanja verurteilen schonungslos die Korruptheit von Amtsinhabern; sie nennen ausdrücklich Prinzen, Richter, Propheten, Priester (Mi 3,9–12; Zeph 3,3–5). Auch die Kontrastierung von Stolz und Demut bei beiden ist beachtenswert. Wir haben bereits darauf hingewiesen, daß die vielzitierte Zusammenfassung der Forderungen Gottes in Mi 6,8 den „Demütigen des Landes" von Zeph 2,3; 3,11–13 als Programm hätte dienen können.[244] Also haben wir auch hier Beweise für das Beharrungsvermögen einer prophetischen Tradition ethischer Unterweisung und entschiedenen Protestes gegen sozialen Mißbrauch. Diese Tradition ist von frommen Gruppen aufgenommen worden und verrät trotz der schmalen Beweislage zunehmende Verfestigung und Formalisierung. Wir fragen nun weiter,

---

242 Das gilt vor allem für den Tag Jahwes (Am 5,18–20; 8,9–14; vgl. Zeph 1,14–18), der als Schlachtentag dargestellt wird (Zeph 1,16), den Gebrauch einer Standardform des Fluches (Am 5,11; Zeph 1,13) und das Thema der Jahwesuche als Hoffnung auf Rettung (Am 5,4–7.14f; vgl. Zeph 2,3). Auch die Gegenüberstellung des Wehe-Rufes über Jerusalem (Zeph 3,1–7) und des antiassyrischen Orakels (Zeph 2,13–15) erinnert an Am 1,3–2,8.

243 Es wäre zu gewagt, aus diesen geographischen Andeutungen zu folgern, die Einwohner der Stadt hätten die (angebliche) skythische Invasion von ca. 630 v.Chr. erwartet. Ganz abgesehen von den mythologischen Untertönen solcher Hinweise wäre es bei jedem wirklichen oder vermuteten Angriff auf Jerusalem nur natürlich, wenn er aus dem Norden erfolgte. Zur „Skythenfrage" bei Jeremia vgl. Kap. IV,15.

244 Die drei Forderungen von Mi 6,8 und die drei Imperative an die „Demütigen des Landes" in Zeph 2,3 sind weitgehend parallel. Besonders interessant ist die Verwendung von Verbformen von *p'l* und *'sh* mit dem Begriff *mispat*.

ob diese Überlieferung dadurch eine gewisse offizielle Anerkennung gewann, daß sie
in das deuteronomische Programm, verstanden als Staatsgesetzgebung, aufgenommen wurde.

Die Darstellung der Regierung Josias beim Dtr (2Kön 22,1–23,30) enthält einen
ziemlich eingehenden Bericht über die Kultreformen, welche der Auffindung des
Gesetzbuches bei Restaurierungsarbeiten am Tempel folgten. Eine genauere Analyse
dieses Berichtes lädt zu der Schlußfolgerung ein, daß in ihm zwei verschiedene Versionen gegeneinandergestellt sind. Die erste (2Kön 23,4–20) behandelt die Zerstörung fragwürdiger Kultstätten und Kultobjekte im ganzen Land, speziell aber die
Reinigung des Jerusalemer Tempels von nicht zu Jahwe gehörigem Personal oder
Inventar. Die zweite (2Kön 23,21–24) schreibt eine nationale Passafeier in Jerusalem
vor und verbietet Medien, Zauberer und verwandte „Greuel". Nur der letztgenannte
Text bezieht die durchgeführten Maßnahmen auf das gefundene Gesetzbuch, das im
ersten Teil des Berichts mit keiner Silbe Erwähnung findet.
Unter anderem hat die so gestaltete Erzählung eine lange und noch andauernde Debatte darüber angestoßen, welche historische Wirklichkeit ihr – wenn überhaupt –
zugrunde liegen könne.[245] Bibelleserinnen und Bibelleser mehr konservativen Zu-
schnitts werden die Geschichte für bare Münze nehmen. Was der Priester Hilkia im
Tempel gefunden hat, war danach tatsächlich das im Buch Deuteronomium niederge-
legte Gesetz, und das war einmal von Mose verkündet worden. Nach einer langen
Periode der Vergessenheit war es wiederentdeckt und durch die Prophetin Hulda
überprüft und bestätigt worden. Dieses Gesetz stellte den Generalplan für gründliche
Kultreformen zur Verfügung. Ein anderes Szenario mag von der in den Chronikbüchern angebotenen Parallelversion und ihrer Chronologie ausgehen (2Chr 34,1–18).
Danach hat die Reform sechs Jahre vorher, nämlich im zwölften Regierungsjahr des
Josia, angefangen. Die Auffindung des Buches erfolgte wenig später. Angesichts der
sehr überzeugenden Argumente für eine nachmosaische, viel spätere Entstehung des
Deuteronomiums, haben viele kritische Betrachterinnen und Betrachter die zuerst
von de Wette im frühen 19. Jahrhundert vorgeschlagene These vom „frommen Betrug" übernommen: Sie besagt, daß Mitglieder der Reformpartei, die Zugang zum
Tempel hatten, das gerade erst fertiggestellte Buch kurz vor seiner Entdeckung im
Tempel deponiert hätten.
So viel aber ist jedenfalls klar: Der Autor der Erzählung (Dtr) hält das Deuteronomium oder das deuteronomische Gesetz (Dtn 12–26) – in welcher Form es auch immer damals existierte –, für das Gesetz, welches der Reform zugrunde lag.[246] Der Dtr
will den Leser und die Leserin glauben machen, daß dieses Buch von Moses verfaßt,
von Josua benutzt – er wird ermahnt, die Schrift zu meditieren, während er die Kana-
anäer vernichtet (Jos 1,8; vgl. 8,30f.34; 23,6) –, von Amazja, König in Juda, in einer
besonderen Situation ein halbes Jahrhundert vor Josia befolgt (2Kön 14,5f; vgl. Dtn
24,16), aber dann in der Zwischenzeit bis zur Wiederauffindung unter Josia völlig

---

245 Vgl. A.D.H. Mayes, 1979, 81–103.
246 Die Verbindung ist am deutlichsten in der Vernichtung der nicht-jahwistischen Kultzentren, d.h.
     der Höhenheiligtümer (Dtn 12,2f) und dem Verbot der kanaanäischen Kulte allgemein (Dtn
     12,29–31; 16,21f; 18,9–14; 20,18). Doch ist keins der Sozialgesetze des Deuteronomiums im Re-
     formbericht erwähnt. Vgl. Mays (vorige Anmerkung) und M. Weinfeld, Deuteronomy 1–11,
     New York 1991, 65–77.

vergessen worden war. Kritische Wissenschaftler sind jedoch einhellig der Meinung, das Deuteronomium sei eine pseudepigraphische Schrift. Das bedeutet, das Buch ist erst sehr viel später nach Mose entstanden, obwohl einzelne Gesetze eine lange Vorgeschichte gehabt haben mögen, bevor sie in die Sammlung aufgenommen worden sind. In der Datierungsfrage ist man sich einig, daß das Buch seine Endgestalt erst nach dem Ende des judäischen Königtums erreicht hat. Jedoch enthält es genügend Indizien sprachlicher und thematischer Art, die eine Ansetzung der ersten Ausgabe im 7. Jahrhundert als gerechtfertigt erscheinen lassen. Die Erzählung, wenn nicht die geschichtliche Wirklichkeit, passen gut zu dem in jener Zeit wiedererwachten Interesse an der Vergangenheit. Sie zeigt sich nämlich auch in der Sammlung und Bewahrung antiker Texte in der großen Bibliothek von Ninive durch Assurbanipal und der Wiederbelebung alter Kunstformen unter Psammetich I. von Ägypten.[247]
Wir kehren zu 2Kön 22f. zurück. Die Möglichkeit, daß der Bericht über die Auffindung des Buches im Tempel eine freie Komposition ist, muß ernsthaft erwogen werden. Der Autor hätte damit erklären wollen, wie das Gesetz unter der Regierung von Manasse und Amon vergessen worden war. Sein Hauptinteresse dabei war, Josia in günstigem Licht darzustellen, nämlich als einen gehorsamen und eifrigen Jahweverehrer. Das beweist außerdem die geschilderte Reaktion des jungen Königs, der als einziger erschrickt, als man ihm und seinem Gefolge das Gesetz vorliest (2Kön 22,11). Auch der Spruch der Hulda würdigt ihn allein, nicht seine Umgebung (2Kön 22,15–20). Wahrscheinlich ist zudem, daß die Erzählung über Josias Tempelrestauration auf Nachrichten von Reparaturarbeiten zurückgeht, welche Joasch nach der Hinrichtung der Baalverehrerin Atalja durchführen ließ (2Kön 12,4–16). Die Datierung der Reform in das 20. Lebensjahr des Josia (2Chr 34,3) soll wohl auch dessen positives Image stärken, denn sie suggeriert, daß er die Reformaufgabe sofort nach Erreichen der Mündigkeit in Angriff nahm.
Als ein kritisches Minimum von gesicherten Tatsachen können wir also festhalten: Der Bericht über die Regierungszeit des Josia (640–609 v.Chr.) ist auf der Grundlage der damals in Juda ergriffenen Maßnahmen erstellt worden. Sie zielten darauf, die Unabhängigkeit von Assyrien zu erreichen, das sich nach dem Tode des Assurbanipal in raschem Niedergang befand. Zu den Anordnungen gehörte das Verbot assyrischer, der Sonne, dem Mond und den Planeten gewidmeten Kulte (2Kön 23,4.11f; vgl. Dtn 17,3), auch wenn sie in Israel schon seit Jahrhunderten ausgeübt worden waren. Vorgeschrieben wurde die ausschließliche Verehrung der Nationalgottheit. Die Aus-

---

247 Man hat behauptet, zwei religiöse Reformschübe, die mit Hiskia und Josia verbunden werden, seien durch die Ausgrabung eines Heiligtums in der Festung Arad bestätigt worden. Der Tempel dort ist im späten 10. Jahrhundert v.Chr. erbaut worden. Sein Allerheiligstes enthielt zwei Weihrauchständer, einen Opferaltar und eine *maṣṣeba* (Kultstele). Der Ausgräber (Y. Aharoni) meint, der Opferaltar sei im 8. Jahrhundert nach Hiskias Reform außer Betrieb gesetzt worden, der Tempel selbst im folgenden Jahrhundert, aufgrund der Reform des Josia. Die von Aharoni festgestellte Stratigraphie erlaubt – aber sie erzwingt nicht – diese Schlußfolgerung. So entspricht z.B. Stratum VII, in dem das Heiligtum geschlossen wurde, dem ganzen 7. Jahrhundert v.Chr. Vgl. Y. Aharoni, in M. Avi-Yonah, Hg., Encyclopedia of Archaeological Excavations in the Holy Land, Bd. 1, Englewood Cliffs 1975, 82–89; Miriam Aharoni, The New Encyclopedia of Archaeological Excavations in the Holy Land, Bd. 1, New York 1993, 82–85. Im Gegensatz dazu hat D. Ussishkin, einer der sorgfältigsten und kenntnisreichsten Archäologen Syrien-Palästinas, Aharonis Stratigraphie abgelehnt. Er datiert das funktionierende Heiligtum vom 7. bis zum 6. Jahrhundert v.Chr. und verwirft jede Verbindung zu Hiskias oder Josias Reform, vgl. seinen Aufsatz „The Date of the Judaean Shrine at Arad," IEJ 38 (1988) 142–157.

weitung von Josias Reformen auf die assyrischen Provinzen im Norden (2Kön 23,15–20) ist ein noch deutlicheres Anzeichen dafür, daß man das assyrische Joch abwerfen wollte.

Wir müssen nun weiter fragen, ob die während der assyrischen Hegemonie tätigen prophetischen Gestalten in irgendeiner Weise die offizielle Politik und die Reformbestrebungen beeinflußt haben. Dtr berichtet durch die ganze Geschichte Judas hindurch von sporadischen Reformversuchen. Asa, der dritte Herrscher nach Salomon, wird zugute gehalten, daß er Götzenbilder abschaffen ließ, den Göttinnenkult zu verdrängen suchte und den männlichen Kultprostituierten das Handwerk legte (1Kön 15,9–15). Daß diese Maßnahmen nur begrenzten Erfolg hatten, ist daran zu ermessen, daß sie von späteren Königen oft wiederholt werden mußten, nämlich von Josaphat, Joas, Hiskia und schließlich von Josia (1Kön 22,43–46; 2Kön 11,17f; 18,1–8). Man übersieht dabei aber leicht, daß diese Reformen nur von kultischen Angelegenheiten handeln. An keiner Stelle erzählt der Geschichtsschreiber von regierungsamtlichen Versuchen, die sozialen Mißstände zu heilen, die von den Propheten aufgewiesen werden. Auch die Schlußkatastrophe wird lediglich im Licht der kultischen Verfehlungen gesehen (z.B. im Orakel der Hulda, 2Kön 22,15–17), nicht aber in Verbindung mit der sozialen Ungerechtigkeit. Das alles ist um so unverständlicher, weil doch im Deuteronomium Kultvorschriften und sozialethische Normen nebeneinanderstehen. Damit zusammen hängt ein anderes Rätsel, auf das wir schon hingewiesen haben: Der Geschichtsschreiber geht in keiner Weise auf die Propheten ein, die in der assyrischen Zeit aktiv waren und denen biblischen Bücher zugeschrieben werden. Die einzige Ausnahme macht ein Jesaja, der sich von der hinter Jes 1–35 stehenden Gestalt außerordentlich unterscheidet. Er arbeitet nämlich mit Hiskia Hand in Hand (2Kön 19,1–7.20–34; 20,1–19).

Wir können nur darüber spekulieren, wie des Rätsels Lösung aussehen mag. Der Geschichtsschreiber hat vielleicht angenommen, daß die soziale Botschaft in den vielen Hinweisen auf die Predigt jener „(seiner, d.h. Gottes) Knechte, der Propheten"[248] einfach mit enthalten sei. Oder sie steckte für ihn in den Verweisen auf das Gesetz, das nach seiner Meinung der prophetischen Predigt die Daseinsberechtigung gab. Jedenfalls war er wohl überzeugt, daß die kultischen Abweichungen der Hauptgrund für die politischen Katastrophen gewesen war, die er mit seinem Werk zu erklären versucht.

Prophetischer Einfluß auf das dtr Geschichtswerk läßt sich also kaum feststellen. Das gilt aber nicht für das Deuteronomium und das deuteronomische Gesetz bzw. Programm. Wie verschiedene Prophetenbücher auch (Jer 1,1; Am 1,1) wird das Deuteronomium als „Rede Moses" (Dtn 1,1) in Gestalt einer öffentlichen Ansprache an das ganze Volk vorgestellt. Moses selbst ist in diesem Buch als ein Prophet gezeichnet (Dtn 18,15–18; 34,10). Und der wahre Prophet, einer, der Sendung und Auftrag des Moses weiterführt, ist mit höchster Autorität ausgestattet. Zweifellos stand das Deuteronomium unter starkem Einfluß der prophetischen Bewegung, auch wenn es gegenüber apodiktischen Ansprüchen jener Propheten, die Inhaber öffentlicher Ämter der Unmoral und Teilnahmslosigkeit bezichtigten, eine vorsichtig abwartende Haltung einnimmt.

Prophetischer Einfluß wird überdeutlich an der Sozialgesetzgebung des Deuterono-

---

[248]   1Kön 14,18; 15,29; 18,36; 2Kön 9,7.36; 10,10; 14,25; 17,13.23; 21,10; 24,2.

miums, die in vielerlei Hinsicht recht weit vorgeschritten ist. Zwar trägt sie gewisse utopische Züge – augenfällig z.B. in dem Willen, die Armut prinzipiell abzuschaffen (Dtn 15,4) –, doch hat sie präzise Vorkehrungen zugunsten der gesellschaftlich benachteiligten Gruppen getroffen, darunter die ortsansässigen Ausländer, die Waisen, Witwen und die arbeitslosen Geistlichen. Das alles läuft auf ein Sozialversicherungssystem hinaus. Beispiele für solche Regelungen sind die soziale Zehntabgabe alle drei Jahre (Dtn 14,28f; 24,17–22; 26,12–15), der Schuldenerlaß im siebten Jahr (Dtn 15,1–3), der angemessene Maßnahmen gegen Mißbrauch einschließt (Dtn 15,7–11), das Verbot der Zinsnahme (Dtn 23,19f) und der räuberischen Schuldeintreibung (Dtn 24,6.10–13.17) und das Bestehen auf unvoreingenommene Rechtspraxis (Dtn 16,18–20). Man findet außerdem aufgeklärte Anweisungen zum Schutz, manchmal auch zur Emanzipation von Sklaven (Dtn 15,12–18; 23,15f; 24,7) und zum fairen Verfahren bei nichtvorsätzlichem Totschlag (Dtn 19,1–13).

Eine der auffallendsten Eigenheiten der deuteronomischen Gesetzgebung ist das Bemühen, die traditionelle, ländliche Lebensart und damit die Rechte der freien Bauern zu erhalten. Die Fürsorge für das Eigentum, eigenes wie fremdes, erstreckt sich sogar auf Vogelnester (Dtn 22,6f). Das Verbot, Grenzsteine zu entfernen (Dtn 19,14), richtet sich gegen die Praxis des Landraubes, die von den Propheten angeprangert wird (z.B. Mi 2,2). Die Vorschriften bezüglich der Befreiung vom Kriegsdienst (Dtn 20,5–9; 24,5) beleuchten einen alten Grund bitterer Verstimmung zwischen Landbevölkerung und Monarchie. Es ist auch festzuhalten, daß der Zehnte für die Priester recht restriktiv behandelt wird (Dtn 18,1–8) und daß die Abgaben für den Kult – eine mit dessen komplexeren Ausbau zunehmend beschwerliche Last – auf das individuelle Vermögen abgestimmt sein sollen (Dtn 16,16f). Das Königtum selbst wird nicht verurteilt, aber es ist dem Gesetz untergeordnet und darum de facto eine konstitutionelle Monarchie (Dtn 17,14–20).

Aus allen diesen Beispielen wird deutlich, daß das Deuteronomium kein Gesetzbuch im strengen Sinn enthält, sondern ein Zukunftsprogramm oder eine politische Grundsatzerklärung. Ebenso klar ist: Solche Programme werden von bestimmten Parteien oder Interessengruppen hervorgebracht. Nur wenige Probleme alttestamentlicher Wissenschaft sind so intensiv und so ergebnislos diskutiert worden wie die Herkunft des deuteronomischen Programms kultischer und sozialer Reformen. Man hielt es einmal für ausgemacht, daß seine Ursprünge im Nordreich gesucht werden müßten, entweder in der Zeit von dessen Unabhängigkeit oder in jenem Jahrhundert zwischen dem Fall Samarias und der Auffindung des Gesetzbuches im Tempel.[249] Die Argumente für diese These halten aber entweder einer näheren Nachprüfung nicht stand oder sie müssen wesentlich revidiert werden. Ein Hauptmotiv, die Verwandtschaft von Deuteronomium und elohistischer Pentateuchquelle (E), ist nicht nur deshalb problematisch, weil die Quellenschicht sich so schlecht greifen läßt, sondern auch, weil ihr „Nordreichs"charakter kaum mit dem erforderlichen Grad von Wahrscheinlichkeit nachzuweisen ist. Das Deuteronomium berührt sich sicherlich mit Hosea, einem Propheten aus Ephraim, aber es zeigt auch Anklänge an andere, nichtephraimitische Propheten. Außerdem hat Hosea geringes Interesse an den sozialen Miß-

---

249 Unter den neueren Stellungnahmen vgl. E.W. Nicholson, 1967, und A.W. Jenks, 1977.

ständen, gegen die das Deuteronomium gesetzgeberisch vorgeht.[250] Außerdem sind Attacken gegen die Baal- und Aschera-Verehrung nicht auf Hosea begrenzt.

Mehr verspricht der zuerst von A. Bentzen vorgeschlagene und dann durch G. von Rad[251] weit bekannt gewordene Ansatz, vor allem die Leviten für die homiletische Form und den Inhalt des deuteronomischen Gesetzes verantwortlich zu machen. In mancher Hinsicht hat sich diese Fragestellung als fruchtbar erwiesen. Aber ihre Achillesferse liegt in dem Mangel an verwertbaren historischen Nachrichten über Priester und Leviten und folglich in der Notwendigkeit, sich fast ausschließlich auf Informationen des Chronisten stützen zu müssen. Das ist nicht die zuverlässigste Geschichtsquelle. Der Chronist führt nämlich in seiner Geschichtsdarstellung die Leviten an einigen Stellen als Toralehrer, Richter und Reformer ein, mit anderen Worten, er zeigt sie in Funktionen, die sie zur Zeit des Zweiten Tempels hatten. Diese Leviten bilden für ihn dennoch eine ganz bestimmte Klerikergruppe, die unter den Opferpriestern steht und ihnen zur Dienstleistung verpflichtet ist. In dieser Funktion sind die Leviten aber vor dem babylonischen Exil nirgends bezeugt.[252] Das Dtn spricht durchweg von „levitischen Priestern" und meint damit, daß alle Priester idealerweise levitischen Ursprungs sind. Es bleibt aber Tatsache, daß unsere Hauptquellen, das deuteronomistische Geschichtswerk und die vorexilischen Propheten, die Leviten für die Periode der zwei Königreiche nicht erwähnen, mit der einzigen Ausnahme von 1Kön 12,31: Dort werden sie von der gewinnträchtigen Anstellung an den von Jerobeam begründeten Staatsheiligtümern ausgeschlossen. Das mag tatsächlich ein brauchbarer Hinweis sein, denn es ist ziemlich wahrscheinlich, daß diese enteigneten Priester – wie uns der Chronist mitteilt (2Chr 11,13–17; 13,9) – ihren Weg in das Königreich Juda fanden. Dort wurden sie Gegenstand milder Fürsorge auf seiten der deuteronomischen Gesetzgeber. Aber daraus folgt doch nicht, daß sie eine eigene Tradition mitbrachten, die ihre Spuren im Deuteronomium hinterlassen hätte.

Einige Kommentatoren haben zu Recht dem homiletischen Stil des Deuteronomiums viel Beachtung geschenkt und eine Spätform der deuteronomischen Predigt in den Chronikbüchern entdeckt.[253] Doch sollte gerade deswegen betont werden, daß wir über eine levitische Predigttätigkeit in vorexilischer Zeit keine zuverlässige Kunde haben. Der Begriff „levitische Predigt" ist ohnehin mit Problemen behaftet, nicht zuletzt durch negative Assoziationen, die wir ihm heute beilegen. Das ihm zugrunde liegende hebräische Verb (*ntp*, hiph.) bezieht sich zudem ausnahmslos auf prophetische Aktivitäten und wird gewöhnlich parallel zu „prophezeien" gebraucht. Während der fraglichen Periode ist also der Prophet, nicht der Levit, der „Prediger" (*maṭṭip*).[254]

---

[250] Hos 4,1–3 (Anklänge an den Dekalog) und die Anspielungen auf Mord, Gewalt und Raub in Hos 6,9 und 7,1 sind nur ganz allgemein gehalten.

[251] A. Bentzen, Die josianische Reform und ihre Voraussetzungen, Kopenhagen 1926; G. von Rad, 1947, bes. ders., Die levitische Predigt in den Büchern der Chronik, in: FS für Otto Procksch, Leipzig 1934, 113–124.

[252] Im Dtn sind die Leviten mit einer späten, redaktionellen Ausnahme (Dtn 27,14) nicht als zweitrangige Kleriker erwähnt. Die Hinweise auf solche Leviten im dtr Geschichtswerk gehören zu den ganz eindeutigen Fällen späterer redaktioneller Zutaten (Jos 3,3; 1Sam 6,15; 2Sam 15,24; 1Kön 8,4).

[253] Vgl. vor allem G. von Rad, 1934 (s.o. Anm. 253), abgedruckt in TB 8, 1965, 248–261.

[254] Am 7,16; Mi 2,6.11; Ez 21,1.7. Daß in der „New English Bible" von 1970 in Am 7,16 „go drivelling on" [dahergeifern] übersetzt wird, war völlig ungerechtfertigt, obwohl der Wurzel auch die Bedeutung „tröpfeln" zukommt. Die Revised English Bible hat den Fehler klug korrigiert.

Wir müssen uns bewußt sein, daß völlige Gewißheit in diesen Fragen nicht zu erreichen ist. Dennoch lohnt der Versuch, dieses wichtige Kapitel der Religionsgeschichte Israels wie folgt zusammenzufassen. Reformbewegungen sind nach Dtr seit den Zeiten des Asa und seines Sohnes Josaphat im späten 10. und frühen 9. Jahrhundert immer wieder aufgetreten (1Kön 15,11–15; 22,43–46). Hiskia hat den ersten Versuch unternommen, die Höhenheiligtümer (*bamot*) in den Provinzen abzuschaffen (2Kön 18,4.22). Das war Teilstück einer Reform, die eine Wiederholung des Schicksals, welches das Nordreich betroffen hatte, verhindern sollte. Aus der eindrucksvollen Parallelität der Predigt des Micha und der deuteronomischen Gesetzgebung[255] kann man ferner schließen, daß die Schicht, die man als die „Leute vom Land" bezeichnete und deren Interesse und Ethos in Michas Predigt zum Ausdruck kam, in der Reformbewegung sowohl der Hiskiazeit als auch im folgenden Jahrhundert unter Josia eine bedeutende Rolle gespielt hat. Wir sollten zudem einer frommen, der prophetischen Predigt zugetanen Gruppe, den „Demütigen des Landes" aus dem Zephanjabuch, einen nennenswerten Beitrag zur Reform zugestehen, und zwar besonders zur Zeit des Manasse und des noch minderjährigen Josia. Gruppen wie sie waren möglicherweise der Kanal, durch den der prophetische Protest ins offizielle Bewußtsein trat und in ein Staatsdokument eingearbeitet werden konnte. Der schulische oder weisheitliche Charakter des Deuteronomiums, auf den manche Gelehrte mit Recht aufmerksam gemacht haben,[256] steht dieser Folgerung keineswegs entgegen. Das Deuteronomium war schließlich (ob in Kraft gesetzt oder nicht) ein offizielles Staatsdokument, als solches durch in Schreiberschulen ausgebildete Spezialisten aufgesetzt. Es gibt Anzeichen dafür, daß diese Schreiber besonders in der Hiskiazeit tätig waren und daß sie später unter Josia begannen, die Verantwortung für die Niederschrift und wohl auch für die Interpretation des Gesetzes zu übernehmen.[257]

Das Deuteronomium enthält u.a. Kriegsregeln (Dtn 20,1–20), Vertragsformulierungen einschließlich der Vertragsflüche (Dtn 27,15–26; 28,15–68) und verrät durchgehend eine ausgesprochene Fremdenangst. Darin spiegeln sich u.a. die Bestrebungen nach politischer Unabhängigkeit von den Assyrern unter Josia, vielleicht auch unter Hiskia. Also mußte das Buch ganz selbstverständlich das spezifisch israelitische Wesen der Prophetie ebenfalls betonen. Und so wird sie scharf mit ausländischen Weisen der Gottesvermittlung kontrastiert (Dtn 18,14), und man besteht darauf, daß der Prophet, ebenso wie der Herrscher, ein einheimischer Israelit zu sein hat (Dtn 18,15.18). Der Prophet, der im Namen einer fremden Gottheit redet, ist des Aufruhrs schuldig und unterliegt der Todesstrafe (Dtn 13,1–5; 18,20). Diese Vorschrift ist im Kontext von – wann immer sich die Gelegenheit bot – antiassyrischen Maßnahmen während des letzten Jahrhunderts judäischer Eigenständigkeit gut verständlich.

---

255 Vgl. die folgenden Punkte: Entfernung von Grenzsteinen (Dtn 19,14; Mi 2,2); Wucherzinsen und exzessive Schuldeintreibung (Dtn 24,6.10–13.17; Mi 2,8.9a); Verteidigung der Armen (Dtn 15,4, 14,28f usw.; Mi 3,1f; 6,10); Aufrechterhaltung fairer Rechtsprechung (Dtn 16,18–20; Mi 3,9); Verdammung von Bestechungsversuchen (Dtn 16,18–20; Mi 3,11); korrekte Maße und Gewichte (Dtn 25,13–16; Mi 6,10f).

256 Die detaillierteste Darstellung stammt von M. Weinfeld, Deuteronomy and the Deuteronomic School, Oxford 1972.

257 Prov 25,1; Jer 2,8; 8,8f. In der Mischna (BB 15a) werden Proverbien, Prediger, Hoheslied und Jesaja dem Hiskia und seinen Männern zugeschrieben. Darin hat zumindest ein Zeugnis für eine kontinuierliche literarische Tätigkeit überlebt.

14. Internationale Angelegenheiten aus der Sicht von Kultpropheten: Nahum und Habakuk

Max Webers Behauptung, die Prophetie in Israel sei wesensmäßig mit internationalen Ereignissen[258] beschäftigt gewesen, wird durch die Geschichte der letzten Jahrzehnte judäischer Eigenständigkeit weitgehend bestätigt. Die Prophetentexte der Nahum und Habakuk zugeschriebenen Bücher umspannen die Zeit vom Niedergang und Fall Assyriens bis zum Wiedererstarken der babylonischen Macht unter Nebukadnezar oder, in anderen Worten, vom Tode Assurbanipals (627 v.Chr.) bis zur ersten Deportation (598 v.Chr.). Titel und tatsächlicher Inhalt des Nahumbuches weisen es als Komposition aus. Wie zu erwarten ist die Überlieferung späteren Szenarios bis in die hellenistische Zeit hinein angepaßt worden: kein schwieriges Unterfangen, weil die Stadt Ninive nur zweimal namentlich genannt wird. Das Buch scheint für Sektierer der hasmonäischen Zeit, welche den Nahum *pešer* von Qumran (4QpNah oder 4Q169) verfaßt haben, von besonderem Interesse gewesen zu sein. Sie lesen es als eine verschlüsselte Botschaft für ihre eigene Zeit.[259] Doch ist Nahum kein pseudepigraphisches Werk, denn sein Kernstück ist mit einiger Sicherheit auf die ersten Jahrzehnte der Regierung Josias zu datieren.[260] Wir werden gleich sehen, daß Habbakuk vom Ende der fraglichen Periode stammt, d.h. aus den Jahren nach dem Tod Josias, als Babylonien zur Macht aufstieg.

Das Herzstück ist das Orakel (*massa'*)[261] gegen Ninive (Nah 2,1–13), dem sich ein kurzer Prosakommentar anschließt (Nah 2,14), und eine lange Wehe-Rede, ebenfalls gegen die assyrische Hauptstadt Ninive gerichtet. Das Stück schließt, sehr verständlich, mit dem vorweggenommenen Jubel über den Zusammenbruch des assyrischen Weltreiches (Nah 3,1–19). Diese Gedichte werden durch eine unvollständige, akrostichische Hymne (Nah 1,2–8) und drei kurze Sprüche (Nah 1,9–14) eingeführt. Die Frage nach der Autorschaft ist, wie bei Fremdvölkersprüchen und liturgischen Kompositionen im allgemeinen der Fall, unbeantwortbar. Die akrostichische Hymne kann mit kleinen Textverbesserungen von *'alep* bis *kap* rekonstruiert werden. Sie ist einmal zwecks liturgischer Verwendung den anti-assyrischen Gedichten hinzugefügt worden, feiert die Theophanie des nationalen Kriegsgottes und gebraucht dazu vertraute Motive einer tiefverwurzelten Tradition kultischer Hymnographie.[262] Wann

---

258 M. Weber, [4]1947, 117–126.
259 Der Nahum-Kommentar aus Qumran (4Q169) ist von G. Vermes, The Dead Sea Scrolls in English, Sheffield, [3]1987, 279–282, übersetzt worden.
260 Zu der umstrittenen zeitlichen Ansetzung Nahums vgl. J.J.M. Roberts, 1991, 38f. Er entscheidet sich für die Jahre 640–630 v.Chr.
261 Vgl. P.A.H. de Boer, An Inquiry into the Meaning of the Term *massa'*, OTS 5, 1948, 197–214; R.R. Wilson, 1980, 257–259. Der Begriff wird von judäischen Propheten generell und meistens für Fremdvölkersprüche verwendet. Wenn *sar hammassa'* (oder *b^emassa'*) in 1Chr 15,22.27 ein liturgischer Titel mit der Bedeutung „Meister des Orakels" ist (so S. Mowinckel, 1967 II, 56), dann hätten wir einen Beleg für den kultischen Kontext dieser Spruchgattung.
262 Nah 1,3a widerspricht dem vorhergehenden Vers: Es ist eine Glosse, die Gottes Zorn aus seiner Weigerung, Sittenlosigkeit zu dulden, verständlich machen soll. In V. 4b muß ein Wort mit *daläth* an die Stelle von *'umlal* treten, und in V. 6a sollte dem *ja^{'a}mod* ein *l^epanayw* (anstatt *lipne*) folgen. Zu den akrostichen Psalmen vgl. W. Soll, Acrostic, ABD 1, 58–60, und zum Nahum-Akrostichon außer den Kommentaren P. Humbert, Essai d'analyse de Nahoum I,2–II,3, ZAW 44, 1926, 266–280; J. de Vries, The Acrostic of Nahum in the Jerusalem Liturgy, VT 16, 1966, 476–481; D.L. Christensen, The Acrostic of Nahum Reconsidered, ZAW 87, 1975, 17–30.

und wo sie als angemessene Einleitung der antiassyrischen Gedichte vorgeschaltet wurde, können wir nicht sagen.

Die folgenden drei kurzen Sprüche (Nah 1,9–14) – der Text ist durchweg in einem beklagenswerten Zustand – sind vielleicht fragmentarische Reste kultischer Prophezeiungen aus der Zeit der nationalistischen Erweckung nach dem Tod des Assurbanipal. Unmöglich zu sagen, ob sie vom Propheten der Überschrift, Nahum von Elkosch, stammen, von dem wir sonst nichts wissen.[263] Soweit auszumachen ist, greift der erste Spruch (V. 9–11) eine Gruppe an, welche die antiassyrische Politik Josias und seiner Gefolgsleute boykottierte. In dieser Gruppe wird einer als ein „übler Ratgeber" bezeichnet, das deutet wohl auf einen hochrangigen Hofbeamten. Der nächste Spruch (V. 12f) richtet sich an Jerusalem und verspricht im Ton eines offiziellen Mittlers (Hofpropheten) die Beendigung der assyrischen Herrschaft. Die letzte Einheit (V. 14) gilt einem gerade verstorbenen Individuum, wahrscheinlich Assurbanipal, und weissagt die Vernichtung seiner Götter und das Ende seines Geschlechts.

Das antiassyrische Orakel (Nah 2,1–13) wird von einem Herold ($m^e basser$) eingeführt, der gute Nachricht überbringt ($ma\check{s}mia\hat{}\ \check{s}alom$). Diese Wortwahl scheint einem optimistischen Propheten, als den man Nahum gerne qualifiziert, außerordentlich gut zu Gesicht zu stehen. Leider läßt ihr Vorkommen beim Zweiten Jesaja (Jes 40,9; 52,7) eher auf eine gemeinsame Redaktionsgeschichte schließen.[264] Das Gedicht schildert brutal realistisch die Einnahme und Plünderung von Ninive; die Stadt wurde tatsächlich 612 v.Chr. von den Medern und Babyloniern eingenommen und „in einen Ruinenhügel und Trümmerberg verwandelt" (ANET 304f). Die verwendete Sprache schließt die Möglichkeit nicht aus, daß dieses Gedicht vor dem tatsächlichen Ereignis verfaßt worden ist. Trifft das zu, dann ist nicht recht einzusehen, warum es mehr als einige Jahre älter sein sollte. Denn bei solchen Brandtexten bestand immer die Gefahr, daß sie den örtlichen assyrischen Beamten auffallen würden.[265] Die wahrscheinlichste Erklärung ist: Das Gedicht stammt von einem Kultpropheten, und zwar aus der Zeit nach Beginn der Emanzipationsbewegung. Es wäre dann frei zur Unterstützung von König und Hof veröffentlicht worden (vgl. Nah 2,1: Aufruf zum Feiern), und Josia hätte darauf wenige Jahre später ein großes Befreiungspassa einberufen (2Kön 23,21–23).

Der Weheruf über die „blutrünstige Stadt" (Nah 3,1–19)[266] fährt mit der Schilderung ihrer völligen Zerstörung fort. Damit geht das Buch zu Ende. Die Stimmung dieser Gedichte wird im Bewußtsein der modernen Leserschaft kaum ein positives Echo finden, zumindest nicht dort, wo man nie unter Bedingungen, wie sie die Assyrer den unterworfenen Provinzen auferlegten, gelitten hat. Wir sollten uns darum vergegen-

---

263 Die Lage von Elkosch ist nicht bekannt. Darum müssen Argumentationen zugunsten einer nicht-jüdischen Herkunft des Nahum auch dann spekulativ bleiben, wenn sie so meisterhaft vorgetragen werden wie bei A.S. van der Woude, The Book of Nahum: A Letter Written in Exile, OTS 20, 1977, 108–126.

264 Nun trifft es sich auch noch, daß der Name des Propheten seine Funktion beschreibt, vgl. die ersten Worte bei Deuterojesaja: $n^a hamu\ n^a hamu\ \hat{}ammi$ (Jes 40,1).

265 Van der Woude weist zu Recht darauf hin (s.o. Anm. 27). Es ist hingegen nicht unmöglich, daß derartige Schriftstücke völlig offen in den Provinzen zirkulierten, als nach dem Tod des Assurbanipal (627 v.Chr.) die Unruhen ausgebrochen waren.

266 Durch Emendation des letzten Wortes von Nah 3,17 ('ajjam wird zu 'oj lahem; BHS liest 'oj mah) und dessen Verbindung mit dem folgenden Vers gewinnen einige Kommentatoren aus V. 18f ein eigenständiges Wehewort. Aber das fällt im Vergleich zu V. 1–17 sehr kurz aus.

wärtigen, was für den Dichter und seine Zuhörer auf dem Spiel stand. Es ging ihnen um die Realität der göttlichen Macht und die Durchsetzung von Gerechtigkeit in der Welt internationaler Beziehungen. Diese Probleme kommen noch klarer bei Habakuk zum Ausdruck, dem wir uns gleich zuwenden wollen.

Doch bevor wir Nahum verlassen, müssen wir die Frage stellen, wo er im Spektrum der prophetischen Erscheinungen Israels einzuordnen ist. Der entscheidende Schlüssel ist selbstverständlich die Gattung des Fremdvölkerspruches. Sie gehört zu den ältesten und am besten bezeugten Mustern prophetischer Rede. Der Fremdvölkerspruch wird von Propheten zwar in verschiedenen Kontexten verwendet, aber man darf annehmen, daß er als Teil des offiziellen Kultes und in Funktion nationaler Politik entstand und in Gebrauch blieb. Mit ziemlicher Sicherheit ist zu vermuten, daß Nahum ein „zentraler Mittler" gewesen ist.[267] Darum finden wir in seinem Buch kultische und nationalistische Prophetie fast im Reinzustand. Die mythologische Sprache der Theophanie (Nah 1,4; vgl. Am 1,2; Joel 4,16), der Titel „Jahwe der Heerscharen" (Nah 2,13; 3,5) und das Fehlen aller Kritik an Kult oder Staatsinstitutionen lassen vermuten, daß Nahum einen Aspekt der josianischen Politik verkörpert, der ganz anders aussieht, als der durch den Geschichtsschreiber übermittelte. Das Buch kann also nicht als zusammenhängende Liturgie gelesen werden, doch scheint Nahum der Sprecher des Tempelkultes gewesen zu sein. Er stand im Dienst der nationalistischen Erweckung, die nach einem Jahrhundert der Botmäßigkeit gegenüber den Assyrern aufgebrochen war.[268]

Im Gefolge des josianischen Aufbruchs zur Unabhängigkeit ergaben sich eindrucksvolle territoriale Gewinne.[269] Ein aufmerksamer Beobachter der internationalen Szene hätte allerdings schon damals die Zukunftsaussichten sehr vorsichtig einschätzen müssen. Ägypten hatte 655 v.Chr. seine Unabhängigkeit wiedererlangt. Es schickte sich mit der Eroberung der Philisterstadt Asdod im Jahre 639 v.Chr. an, Syrien und Palästina erneut in seine Einflußsphäre einzugliedern: ein Jahrzehnt vor dem Tode Assurbanipals! Sobald klar wurde, daß Assyrien als Großmacht am Ende war, verfolgten Psammetich I. und Necho II. von der 26. saitischen Dynastie dieses Ziel mit noch größerer Energie. Josia entschloß sich in diesem Fall richtig, sein Heil bei den Babyloniern zu suchen. Doch sein Versuch, ihre Gunst zu gewinnen, indem er sich den nach Syrien vorrückenden Ägyptern entgegenstellte, kostete ihn das Leben (2Kön 23,29f). Das „Volk des Landes" wählte seinen jüngeren Sohn Joahas oder Schallum (1Chr 3,15 und Jer 22,11) zum Nachfolger, zweifellos weil er gegen die neuen Unterdrücker Stellung bezogen hatte. Die Ägypter indessen setzten ihn nach nur dreimonatiger Regierungszeit ab und hoben Eljakim, Josias ältesten Sohn, auf den Thron. Dieser Eljakim regierte, von den Ägyptern in Jojakim umbenannt, als ägyptische Marionette; er hatte die Aufgabe, Ruhe zu halten, Unabhängigkeitsbestrebungen zu ersticken und die jährlichen Abgaben einzusammeln, die von Großmächten routinemäßig erhoben wurden (2Kön 23,35). Mit solchen Dienstleistungen machte er sich nicht gerade populär. Darum überrascht es nicht, wenn wir von Blut-

---

[267] Man vergleiche wiederum R.R. Wilson, 1980, 276f.

[268] P. Humbert, 1932, 1–15; J. Lindblom, 1962, 253.

[269] Vgl. 2Kön 23,4; 2Chr 34,6f. Zur archäologischen Bestätigung vgl. J.H. Hayes und J.M. Miller (Hg.), 1977, 465. Nach A. Alt, Judas Gaue unter Josia, PJ 21, 1925, 100–116, stammen die Städtelisten in Jos 15 und 19 aus Verwaltungsdokumenten der Josia-Regierung.

vergießen hören, von der Hinrichtung Andersdenkender einschließlich Propheten (Jer 26,20–23) und vom Widerstand derjenigen, die – wie der Prophet Jeremia (Jer 22,13–19; 26,1–19) – die Politik des Josia wenigstens teilweise unterstützt hatten. Nach der entscheidenden Niederlage der Ägypter bei Karkemisch am oberen Lauf des Euphrat im Jahre 605 v.Chr. ging die Kontrolle über das ganze Gebiet an die Babylonier über. Jojakim mußte sich einer neuen Herrschaft beugen. Kurz darauf beging er den Fehler, den Tribut zu verweigern. Das war wohl eine Reaktion darauf, daß es den Babyloniern im Jahre 600 v.Chr. mißlang, Ägypten zu erobern. Mit Hilfstruppen aus den Nachbarstaaten (2Kön 24,2) griffen die Babylonier Jerusalem an. Aber Jojakim starb – oder wurde getötet –, bevor sie die Stadt einnehmen konnten.[270] Schon nach kurzer Belagerung mußte sein Sohn Jojachin kapitulieren und wurde zusammen mit der Königsfamilie, den Höflingen und einer beträchtlichen Anzahl von Freiberuflichen und Selbständigen deportiert. Viele Judäer sahen dennoch den verbannten König als den de-jure-Herrscher an. Vielleicht haben die Babylonier diese Idee sogar gefördert, um so ihren Günstling Mattanja, von ihnen umgetauft in Zedekia, besser im Griff halten zu können. Während seiner Regierungszeit steigerte sich der Kampf zwischen pro- und anti-babylonischen Parteien in Jerusalem zu hoher Intensität. Es entstand eine Situation, der Zedekia, nach der Überlieferung ein Schwächling, nicht mehr gewachsen war. Das Ende vom Lied war ein neuer Aufstandsversuch, dessen Fehlschlag vorhersehbar war. Hauptstadt und Tempel wurden zerstört, es folgte eine weitere Deportation, die nationale Unabhängigkeit war endgültig verloren (586 v.Chr.).

Kurz nach dem Tode des Josia verkündete ein Jerusalemer Prophet in der Art des Amos und Jesaja das Kommen eines neuen Welteroberers, der als Instrument Jahwes dessen Geschichtsplan verwirklichen sollte. Die Botschaft erwächst aus einem Dialog des Propheten mit seinem Gott (Hab 1,2–2,5), eine Neuerung in der prophetischen Literatur; sie wird durch den Zweiten Jesaja aufgegriffen (Jes 40,1–11; 49,1–18). Kultische Hymnen gebrauchen allerdings schon längst diese Gattung bzw. sie setzen sie voraus.[271] Der Habakuktext beginnt wie ein Klagepsalm mit dem Vorwurf, daß die Bösen und Gewalttäter triumphieren können, während die Unschuldigen verfolgt werden (Hab 1,2–4). In traditioneller Sprache wird dann eine Invasionsarmee beschrieben (vgl. Jes 5,26–30): Sie ist die göttliche Antwort und läutet eine neue Initiative Jahwes in der Weltgeschichte ein. Die Babylonier (*kasdim*, Chaldäer, Hab 1,6) werden aufgeboten. Sie sind zwar selbst verworfen, dienen Jahwe jedoch als Mittel zur Bestrafung der „Bösen" in Juda (Hab 1,5–11). Diese Antwort zerstreut noch nicht ganz die Zweifel des Propheten, denn er hört nicht auf mit seiner Klage, daß die Bösen über die Gerechten triumphieren dürfen. Er tut das in einer Weise, die auf seine persönliche Betroffenheit schließen läßt. Des weiteren aber verlagert sich das Ziel seiner Anklagen auf den gnadenlosen Eroberer, der Nationen verschlingt, so daß eine

---

270 Die genaue Abfolge der Ereignisse ist ungewiß, vgl. J.H. Hayes und J.M. Miller, 1977, 471 und die Bibliographie 469.

271 Als Parallelen zu Habakuk kommen besonders Psalmen in Frage, die mit einer an Jahwe gerichteten Klage beginnen, z.B. Ps 3,1f; 10,1; 13,1f; 22,1f; 74,1; 94,3. Manchmal wird vorausgesetzt, daß die göttliche Antwort (durch einen kultischen Mittler) ergangen ist. Dann folgen unmittelbar Lob, Danksagung oder Gelübdeerfüllung, z.B. Ps 20,5; 22,21; 28,5. In anderen Psalmen finden wir die direkte göttliche Anrede, z.B. Ps 50,7–23; 81,5–16; 82,2–4; 91,14–16; 95,8–11, in einem Fall als Antwort auf eine Klage: Ps 60,6–8 (= 108,7–9).

zufriedenstellende göttliche Antwort noch in weiter Ferne liegt (Hab 1,12–2,1). Auch das letzte Wort Jahwes bringt diese Antwort nicht. Sie wird kommen, doch müssen die Gerechten in der Zwischenzeit durchhalten und daran glauben, daß die durch prophetische Offenbarung verheißene Rettung ihnen einmal zuteil werden wird (Hab 2,2–5).

Diese knappe Zusammenfassung des ersten Teils im Habakukbuch hat einige ernste Interpretationsprobleme außer acht gelassen, die sich bisher einer Lösung erstaunlich zäh widersetzten. Sie sollen kurz erwähnt werden.

Es geht erstens um die Datierung und die Geschichtsbezüge des Dialogs. Angefangen mit B. Duhm, der in Hab 1,6 anstelle von „Chaldäer" „Kittim" las, haben die Kommentatoren ab und an darüber spekuliert, ob *hakkasdim* eine Glosse sein könne.[272] Wenn das richtig wäre, dann würde der Text keine Auskunft über die Identität der „bitteren und hastigen Nation" und ihren Anführer geben, denn die bei diesem sogenannten „Völkerkampfthema" verwendete Sprache ist ganz konventionell militärisch. Der Spekulation war dann Tür und Tor geöffnet, man dachte an viele Eroberer von den Assyrern gegen Ende des 7. Jahrhunderts v.Chr. bis zu den Makedoniern und Alexander dem Großen im 4. Jahrhundert.[273] Eng damit zusammen hängt zweitens die Frage nach der Identität der „Bösen" (V. 4.13), deren Beantwortung zwischen „interne Gegner des Propheten" und „neue Angreifer auf dem internationalen Parkett" schwankt.[274] Ich meine: Der Text hat sicher eine Entwicklung durchgemacht und ist wahrscheinlich auf wechselnde politische Situationen angewendet worden. Dennoch paßt er am besten auf die Jahre, die dem Tod des Josia (609 v.Chr.) folgten, eine Zeit tiefer politischer und religiöse Orientierungslosigkeit in Juda. Die „Bösen" wären dann die Gefolgsleute des Jojakim (609–598 v.Chr.), der nach unseren Quellen unschuldiges Blut vergoß, Propheten hinrichtete und die Forderung nach sozialer Gerechtigkeit mit Füßen trat.[275] Die Bedrohung durch die Babylonier und ihren Anführer (Nebukadnezar) würde am besten zwischen die Schlacht von Karkemisch (605 v.Chr.) und die erste Deportation (598 v.Chr.) passen. Wir besitzen in Jer 25,8–14 einen genauen thematischen Paralleltext, der in jene Zeit datiert wird. Jahwe schickt nach den Nordstämmen und nach Nebukadnezar, seinem Diener und Werkzeug bei der Züchtigung Judas. Zu gegebener Zeit jedoch werden beide dafür bestraft werden, weil sie ihren Auftrag bei der Erfüllung der prophetischen Weissagungen überzogen haben.

Habakuk ist der einzige vorexilische Prophet, der in der Überschrift als *nabi'* bezeichnet wird. Das kann man mit guten Gründen als Indiz dafür werten, daß er ein professioneller oder beamteter, vermutlich mit dem Tempelkult verbundener Prophet war. Dieselbe Schlußfolgerung ergibt sich aus dem Terminus *massa'*, „Orakel", der überwiegend für Flüche und Drohungen gegen feindliche Nationen verwendet wird.

---

272 B. Duhm, Das Buch Habakuk, Tübingen 1906, 19–23; für den vorhandenen Text P. Humbert, 1944, 34.

273 Zusätzlich zu den relevanten Studien seiner Bibliographie vgl. P. Humbert, Essai d'analyse de Nahoum I,2–II,3, ZAW 44, 1926, 266–280; M.J. Guenthaner, Chaldeans or Macedonians? Bib. 8, 1927, 129–160, 257–289; W. Staerk, Zu Habakuk I,5–11. Geschichte oder Mythos?, ZAW 51, 1933, 1–28.

274 E. Nielsen, The Righteous and the Wicked in Habaqquq, StTh 6, 1953, 54–78. Vgl. auch die einfühlsamen Bemerkungen von M.A. Sweeney, Habakkuk, in J.L. Mays, Hg., Harper's Bible Commentary, San Francisco 1988, 739–741.

275 2Kön 23,35; Jer 22,13–19; 26,1–23.

Auch sie wurden bei Bedarf in Tempelliturgien gebraucht (vgl. Ps 60; 83; 108). Wir haben außerdem gesehen, daß der Dialog im ersten Buchteil auf einem liturgischen Modell beruht und daß der Psalm in Hab 3 seine eigenen liturgischen Merkmale aufweist. Als „Mittler der Zentralgewalt" sollte Habakuk besonders in politischen Krisen Orakel liefern. Wie man solche Orakel einholte, wird im Verlauf des Dialogs beschrieben. Der fragliche Abschnitt (Hab 2,1) kann so übersetzt werden:

> Auf meinem Posten nehme ich Platz
> und stelle mich auf meinen Wachtturm,[276]
> um zu spähen und zu sehen, was er durch mich sagen wird
> und welche Antwort er auf meine Klage gibt.

Ein anonymer Seher hat wahrscheinlich aus der Zeit des babylonischen Exils eine ähnliche Darstellung einer Orakelanfrage im Blick auf den Fall Babylons hinterlassen (Jes 21,6–8):

> Geh hin, stell den Wächter auf;
> was er schaut, soll er ansagen!
> Und sieht er einen Zug von Wagen mit Rossen,
> einen Zug von Eseln mit Kamelen,
> so soll er darauf achtgeben mit allem Eifer.
> Da rief der Späher:
> „Herr, ich stehe auf der Warte
> bei Tage immerdar
> und stelle mich auf die Wacht jede Nacht." (Lutherübersetzung 1964)

Die genaue Bedeutung der Begriffe „Wachtturm" und „Warte" sind für uns ungreifbar, doch vermittelt der Abschnitt einen wertvollen Eindruck von einem Vorgang, der Ähnlichkeiten mit Inkubationsritualen hat (z.B. Gen 28,11; 1Sam 3,3). Sie dienten der Orakeleinholung. Der Psalm im dritten Kapitel vervollständigt unser Bild. Er bietet eine lebendige Beschreibung der psychologischen und physiologischen Veränderungen, die während der Vorbereitungsphase eintreten konnten:

> Weil ich solches höre, bebt mein Leib,
> meine Lippen zittern von dem Geschrei.
> Fäulnis kriecht in meine Gebeine,
> und meine Knie beben. (Hab 3,16)

Habakuks Geduld wurde belohnt: Er empfing eine Antwort, ohne Zweifel während er sich in einem veränderten oder verwirrten Bewußtseinszustand befand. Ihm wurde befohlen, die Vision in großen Buchstaben auf Tafeln wie Straßenschilder zu schreiben, so daß sie – wie gehabt – im Vorbeigehen lesbar waren. Die Antwort lautete also nicht so, wie uns die Analogie der Klagepsalmen erwarten ließe. Und für uns bleibt auch noch die Frage offen, was für eine Vision der Prophet denn so riesig aufschreiben sollte, daß sie nicht einmal von denen ignoriert werden konnte, die ohne innezuhalten vorbeihasteten.

---

[276] Hier in Hab 2,1 sollten wir vielleicht *mişpeh* für *maşor* lesen, das dann wie in Jes 21,8 parallel zu *mišmeret* steht. Vgl. die Bezeichnung *şopeh*, „Wächter", für Propheten (z.B. Ez 3,17) und die häufige Verwendung des Verbs in Verbindung mit Prophetie (Jes 21,6; 52,8; 56,10; Jer 6,17; Ez 3,17; 33,1–9; Hos 9,8; Mi 7,7).

Aus der Antwort Jahwes wird aber zumindest deutlich, daß die großformatige Vision eine Heilsweissagung mitteilte, deren Zuverlässigkeit manche, unter ihnen auch der Prophet, in Zweifel zu ziehen begannen (Hab 3,3). Bis dahin ist im ganzen Buch noch keine Vision beschrieben worden. Darum fragen sich manche Kommentatoren, ob nicht der Psalm in Hab 3, der doch in großartiger Sprache das Kommen des Kriegergottes zur Rettung seines Volkes beschreibt, gemeint sein könne. Tatsächlich spricht er auch von der Niederlage der Bösen, nämlich der Feinde Israels (Hab 3,13f). Er beschreibt eindrucksvoll das Einsetzen der prophetischen Ekstase und berichtet, wie der Prophet still, d.h. ohne Zweifel oder Beunruhigung, auf das göttliche Eingreifen wartet (Hab 3,16). Da wir aber keine Gewißheit darüber haben, ob der Dialog und der Psalm von derselben Hand stammen, müssen wir mit der Möglichkeit rechnen, daß Vision und Weissagung von einem früheren Propheten kommen. Sie blieben unerfüllt und verursachten so die Glaubenskrise, durch die Habakuk und seine Zeitgenossen hindurch mußten. In diesem Fall hätten wir die Prophezeiung heranzuziehen, die Jesaja zur Bestätigung ihres Eintreffens aufschreiben mußte (Jes 8,16f; 30,8–10; vgl. 29,11f). Auch er sprach von der Notwendigkeit, glaubend auszuharren, selbst wenn die augenblicklichen Umstände der prophetischen Zusage einer Gottesintervention scheinbar widersprächen (Jes 7,9; 30,15). Die Worte des Jesaja scheinen in der josianischen Reform und durch die sie inspirierende Hoffnung auf Befreiung vom assyrischen Joch mit neuem Leben gefüllt worden zu sein. Wie sollte da nicht der Glaube an Prophezeiungen und damit an die Möglichkeit göttlichen Eingreifens in eine Krise geraten, als diese Hoffnungen mit Josia in den Tod gingen (2Kön 23,29f)?[277]

Der für die Zwischenzeit von Weissagung und Erfüllung erforderliche Glaube ist ein Vertrauen auf die Möglichkeit und Wirklichkeit göttlichen Eingreifens in die Menschheitsgeschichte (Hab 2,4; vgl. 1,5), ein Glaube, der damals nicht leichter war als heute nach dem Holocaust. Durch eine sehr abweichende Lesung – „Der Gerechte wird aus Glauben leben“ (Röm 1,17; Gal 3,11) – hat Paulus diesen berühmten Text zum Schriftbeweis für seine Polemik in Sachen Glauben und Werke und deren jeweilige Rollen gemacht. Der *pešer* zu Habakuk aus Qumran dagegen bezieht die Aussage sowohl auf den Gesetzesgehorsam als auch auf den Glauben an den Lehrer der Gerechtigkeit (1 QpHab VIII,1–3). Habakuks auf der Grundlage des Glaubens vorgenommene Unterscheidung von Bösen und Gerechten stellt in der Tat eine Brücke zwischen der früheren prophetischen Unterweisung, besonders des Jesaja, und gewissen Entwicklungen zur Zeit des Zweiten Tempels dar, die wiederum zur Entstehung von Sekten, einschließlich des frühen Christentums, führten.

Der zweite, ganz eigenständige Teil des Buches besteht aus fünf Weherufen gegen einen ungenannten Tyrannen (Hab 2,6–20).[278] Es wäre zwar naheliegend, in ihm den babylonischen König zu sehen, von dem wir schon gesprochen haben. Aber die verwendete Sprache gibt uns keine sicheren Anhaltspunkte. Er ist ein Herrscher, der sich

---

[277] Andere Aspekte dieses wichtigen Textes werden diskutiert von M. Stenzel, Habakuk 2,1–4.5a, Bib. 33, 1952, 506–510; S. Schreiner, Erwägungen zum Text von Hab. 2,4–5, ZAW 86, 1974, 538–542; J.A. Emerton, The Textual and Linguistic Problems of Habakkuk II,4–5, JThS 28, 1977, 1–18; J.G. Janzen, Hab. 2,2–4 in the Light of Recent Philological Advances, HThR 73, 1980, 53–78.

[278] Vgl. M. Stenzel, Habakuk II,15–16, VT 3, 1953, 97–99; E. Otto, Die Stellung der Wehe-Worte in der Verkündigung des Propheten Habakuk, ZAW 89, 1977, 73–107.

Plünderungen, Blutvergießen und Gewalttaten hat zuschulden kommen lassen. Er hat eine Stadt auf Blut gebaut, Schande über sein Haus gebracht, und er wohnt in einer hohen, unzugänglichen Festung. Ein solcher Steckbrief würde auf jeden beliebigen aus einer Reihe von Anwärtern jener Periode passen, in der das Buch überliefert wurde. Wir müssen uns vergegenwärtigen, daß prophetische Bücher nicht unter Copyright standen und daß Weissagungen gegen fremde Völker und Herrscher ganz besonders der Neuinterpretation aufgrund veränderter Situationen ausgesetzt waren.

Wenn es richtig ist – und das scheint der Fall zu sein –, daß Habakuk eher ein Prophet des „Zentrums" als der „Peripherie" war,[279] ein *nabi'* im offiziell genehmen Wortsinn, dann trifft es gleichermaßen zu, daß derartige Propheten in jener Zeit (spätes 7. und frühes 6. Jhdt.) sich zunehmend in die Lage versetzt fanden, Partei ergreifen zu müssen. Man beachte den Gegensatz zwischen den Bösen und den Gerechten, welcher im ersten Teil mehr als einmal auftaucht (Hab 1,4.13; 2,4). Für die sich verändernde Situation spricht auch, daß der Prophet nicht ein Heilsorakel erbittet – das würde man von einem „zentralen Mittler" erwarten –, sondern göttlichen Zuspruch in einer Glaubenskrise. Der Psalm in Hab 3 ist nicht die Originalantwort auf die Klage des Propheten. Doch dient er in der Letztgestalt des Buches demselben Zweck wie die Theophanien in Ps 73 und am Schluß des Buches Hiob. Beide Kontexte stellen die Frage nach der Wirklichkeit und – darin impliziert – nach dem ethischen Charakter des Gottes, der in der traditionellen Religion auftritt, also die Theodizeefrage. Die Fragen verstärkten sich im Gefolge der sich häufenden Katastrophen des späten 7. und frühen 6. Jahrhunderts v.Chr. Sie spielten auch im Lebenslauf einer der bemerkenswertesten Personen der Geschichte Israels eine hervorragende Rolle. Ihr wenden wir uns nun zu.

15. Jeremia

Redaktionsgeschichte und Überlieferung dieses längsten aller Prophetenbücher mit seinem sehr unterschiedlichen Textmaterial bereiten der Interpretation außergewöhnlich große Schwierigkeiten. Um am Schluß zu beginnen: Die altgriechische Übersetzung (LXX = Septuaginta) ist nicht nur um etwa ein Achtel kürzer als der masoretische Text (MT), sie ordnet ihn ebenfalls anders an. Oft sind die Unterschiede als Auslassungen aufgrund von orthographischen Versehen oder als redaktionelle Textglättungen zu erklären. Aber es sind auch recht spät Zusätze zum hebräischen Text gemacht wurden, die dem griechischen Übersetzer noch unbekannt waren. Die Entdeckung verschiedener Fragmente des Jeremiabuches aus Qumran (4QJer[a–e]; 2QJer), die der LXX näherstehen als dem MT, weist uns darauf hin, daß die LXX echte palästinische Textüberlieferung enthält und nicht einfach als fehlerhaft eingestuft werden kann, wenn sie vom MT abweicht.[280] Es gibt also zwei wesentlich verschiedene Versionen des Buches, die eine entspricht der LXX, die andere MT, und es ist mittlerweile deutlich, daß die Unterschiede nicht nur eine Frage der Textkritik, sondern erhebliche Entwicklungsstadien in der Überlieferungsgeschichte des Jere-

---

279 R.R. Wilson, 1980, 278f.
280 Zum Text insgesamt vgl. E. Tov, L'Incidence de la critique textuelle sur la critique littéraire dans le livre de Jérémie, RB 79, 1972, 189–199.

miatextes darstellen. Man ist sich heute darüber einig, daß MT eine gegenüber LXX spätere, ausgeweitete Textform ist. Zu derselben Schlußfolgerung kommt man aufgrund der Position der Fremdvölkersprüche. In der LXX stehen sie in der Mitte des Buches, wie bei Jesaja und Hesekiel, und nicht am Ende, wo MT sie ausnahmsweise plaziert. Die Aufgabe der Interpretation wird also dadurch verkompliziert, daß die spezifischen Merkmale und Entwicklungen einer Version gegenüber der anderen eine Erklärung fordern. Mehrer Kommentatoren haben z.B. darauf hingewiesen, daß Jeremia in der längeren und vermutlich späteren Textfassung viel häufiger *nabi'* genannt wird als in der kürzeren. Das bestätigt eine oben schon gemachte Beobachtung: Der Begriff ist nach Gebrauch und Gehalt ausgeweitet worden. Ein anderes Beispiel ist die Verheißung eines gerechten Davidsprosses, der von einem ebenso gerechten levitischen Priester unterstützt wird (Jer 33,14–26). Dieser Abschnitt fehlt in der LXX, ist aber in einem Qumrantext enthalten (4QJer[c]). Er liest sich wie ein Kommentar zu Jer 23,5f und kommt gewissen Vorstellungen bei Haggai, Sacharja 1–8 und sogar in den Testamenten Levi (8,1–15) und Juda (21,1–5; 24,1–6) aus der hasmonäischen Zeit nahe.

Ein anderer bedeutsamer Unterschied zwischen dem hebräischen und dem griechischen Text liegt, wie eben vermerkt, in der Behandlung der Fremdvölkersprüche. In der hebräischen Version stehen sie fast am Ende des Buches (Jer 46–51), in der griechischen dagegen nach Jer 25,13, und sie sind hier anders angeordnet. Diese Einordnung ist gar nicht verwunderlich, denn sie folgt unmittelbar nach der Anspielung auf ein besonderes Buch mit Prophezeiungen gegen die Völker (Jer 25,13). Außerdem ist die Abfolge „Gericht über Israel", „Gericht über die Nationen" in prophetischen Büchern gar nicht ungewöhnlich (vgl. Jes 1–12; 13–23; Ez 1–24; 25–32). Die Stellung der Fremdvölkersprüche am Ende des MT-Textes und unmittelbar vor dem historischen Anhängsel Jer 52 stellt auch die ursprüngliche Schlußunterschrift (Jer 45,1–5) in den Schatten. Es handelt sich um eine Aufmunterung an den treuen Schreiber Baruch, der alles richtig niedergeschrieben hat, eine Art Kolophon also. Doch kann man unmöglich sagen, welches die ursprünglichere Position des Textes gewesen ist, denn Fremdvölkersprüche müssen nicht in der Mitte einer Prophetenschrift stehen (bei Amos finden sie sich am Anfang), und die Erwähnung eines Orakelbuches in Jer 25,13 mag einen Redaktor veranlaßt haben, sie vom Schluß des Buches vorzurücken. Die Fremdvölkersprüche (Jer 46–51) können nicht vor dem Exil zusammengestellt worden sein. Immerhin mögen sie irgendwie an Jeremias eigene Worte anknüpfen. Diese Vermutung läßt sich am besten an den antibabylonischen Sprüchen von Jer 50f belegen; sie haben vielleicht einmal eine eigene Sammlung gebildet. Wir erfahren, daß Zedekia im Jahre 594 v.Chr. nach Babylon ging (wohl um nach den vergeblichen Aufstandsversuchen dieses Jahres seine Loyalität zu bekräftigen); daß in seinem Troß der königliche Beamte Seraja, ein Bruder des Baruch, mitreiste; daß diese Person von Jeremia beauftragt war, eine Rolle mit Weissagungen über den Fall Babylons mitzunehmen, dort zu verlesen und im Euphrat zu versenken (Jer 51,59–64): eine symbolische Vorwegnahme des Endes. Wir können selbstverständlich den Inhalt dieser Rolle nicht mehr rekonstruieren, und es ist unwahrscheinlich, daß sie in Jer 50f enthalten sind. Aber diese antibabylonischen Sprüche können sehr wohl auf echte Orakel des Jeremia zurückgehen. Wenn das stimmt, dann sind sie sicher im Licht der späteren Ereignisse erweitert und bearbeitet worden, vielleicht ungefähr zur selben Zeit wie das antibabylonische Gedicht in Jes 13.

Das Kapitel Jer 25 ist überhaupt für das Verständnis der Komposition des ganzen Jeremiabuches außerordentlich wichtig. Man nimmt nämlich schon lange an, daß die deuteronomistische Schule bei der Erstellung des Buches eine entscheidende Rolle gespielt hat. Seit der Pionierarbeit des norwegischen Gelehrten Sigmund Mowinckel geht man allgemein von dieser Tatsache aus, wobei es natürlich Meinungsverschiedenheiten über das Ausmaß der dtr Redaktionstätigkeit und die Unterscheidungskriterien für Deuteronomistisches und Nichtdeuteronomistisches gibt.[281] In diesem Kapitel blickt der Prophet auf 23 Jahre vergeblicher Prophetentätigkeit zurück – und charakteristisch deuteronomische Gedanken sind darin nicht schwer zu entdecken. Die Menschen weigerten sich, auf „seine Diener, die Propheten" zu hören, die sie zur Buße und speziell zur Abkehr vom Götzendienst aufriefen. Der Verlust der Unabhängigkeit und dann das Exil sind der Preis für die Nichtachtung der prophetischen Warnungen. Am Ende wird das Gericht über die unterdrückerische Nation ergehen, und Israel wird eine neue Lebenschance bekommen. Das alles ist ein bekanntes Muster deuteronomistischer Geschichtsdarstellung.[282] Es macht verständlich, warum der Zornesbecher sowohl Juda als auch den Fremdvölkern gereicht werden soll (Jer 25,15–29). Um das zu beweisen, führte der Redaktor Jeremia als Völkerprophet ein (Jer 1,5) und brachte eine Sammlung von Jeremiaworten gegen Juda, vom Propheten selbst um 605/604 v.Chr. mit Baruchs Hilfe zusammengestellt (und, wie ausdrücklich vermerkt wird, später ergänzt: Jer 36,32) und ein Bündel von Fremdvölkersprüchen zweifellos späteren Datums in Einklang. Tatsächlich sagt der Bericht über die öffentliche Verlesung der Rolle im Tempel – sie wurde von Jojakim vernichtet –, die Sprüche seien gegen Israel, Juda und alle Völker gerichtet gewesen (Jer 36,2).
Sieht man die Dinge so, dann wird verständlich, warum Jeremias vom deuteronomistischen Redaktor verfaßte Rede (Jer 25,3–14) mit Hinweisen auf Sprüche gegen Juda beginnt und mit der Erwähnung eines Buches voller Weissagungen gegen Fremdvölker endet (Jer 25,13). Während die hebräische Vorlage der LXX die Fremdvölkersprüche unmittelbar auf die Erwähnung des Buches ähnlichen Inhaltes einfügt, fährt MT an dieser Stelle mit der Symbolhandlung des Taumelbechers fort, den zuerst Juda und seine Städte, dann die Nationen trinken müssen (Jer 25,15–29). Die Erwähnung des Gotteszornes hat zusätzliche Sprüche über das Völkergericht inspiriert; sie sind in der angemessenen, konventionellen Sprache des Kultus und der Prophetie gefaßt (Jer 25,30f.32.33.34–38). Das ganze Kapitel diente also dem theologischen Interesse des Redaktors: Er wollte gleichzeitig das Unheil, welches über Juda hereingebrochen war, einsichtig machen und neue Hoffnung für die Zukunft wecken. Die Vergeltung an Judas Widersachern ist darin eingeschlossen. Wir haben eben gesehen, daß dies ein wichtiges Thema des deuteronomistischen Geschichtswerkes ist (z.B. 1Kön 8,46–53); es findet sich auch in einer Spätschicht des Deuteronomiums selbst (Dtn 4,25–31). Für uns kann es ein wichtiger Schlüssel zum Ver-

---

281 Von den zahlreichen Untersuchungen, die der Tragweite der Mowinckelschen Hypothese einer Quelle C nachgegangen sind, sollten erwähnt werden J.P. Hyatt, Jeremiah and Deuteronomy, JNES 1, 1942, 156–173; ders., The Deuteronomic Edition of Jeremiah, in: Vanderbilt Studies in the Humanities, Nashville 1951, I, 71–95; H.H. Rowley, The Prophet Jeremiah and the Book of Deuteronomy, in: ders. (Hg.), Studies in Old Testament Prophecy, Edinburgh 1950, 157–174; H. Cazelles, Jérémie et le Deuteronome, RSR 38, 1951, 5–36; E. Nicholson, 1970, besonders 20–32. J.P. Hyatt (1942), H.H. Rowley und H. Cazelles behandeln auch die damit verbundene Frage nach Jeremias Einstellung zur josianischen (deuteronomischen) Reform.

282 1Kön 8,46–53; 2Kön 17,7–23; 21,10–15; 24,2–4.

ständnis der Struktur des Jeremiabuches und jenes Prophetenbildes sein, an dem sich
das angebotene Porträt des Jeremia selbst orientiert.

In ihrer Originalgestalt stand die Ansprache des Jeremia (Jer 25,3–14) einmal am
Ende der ersten antijudäischen Spruchsammlung, welche die 23 Jahre von der Berufung zum Propheten (Jer 1,2) bis zum vierten Jahr des Jojakim, das auch das Datum
der Thronbesteigung Nebukadnezars und seines Sieges bei Karkemisch ist, abdeckte.
Wir wissen heute, und viele Menschen damals werden es geahnt haben, daß diese
Ereignisse für Juda von schicksalsschwerer Bedeutung waren. Ein längerer Bericht
über diesen Wendepunkt in der Prophetenlaufbahn erscheint in Jer 36.[283] Es wird
erzählt, daß Baruch die Sprüche der vergangenen 23 Jahre nach dem Diktat des Jeremia aufzeichnete und den Befehl erhielt, sie öffentlich im Tempel zu verlesen. Jeremia hatte in jenen Tagen dort Hausverbot – kein Wunder, wenn man bedenkt, daß
er kurz vorher die Zerstörung des Tempels angesagt hatte (Jer 7,1–8,3; 26,1–19).
Baruch verlas die Sprüche anläßlich eines öffentlichen Fastens im Dezember des
folgenden Jahres. Das Fasten war offenbar durch Nebukadnezars jüngsten Vormarsch
nach Israel oder eine schlimme Trockenheit (vgl. Jer 14,2–6) oder beides verursacht.
Nach dem öffentlichen Vortrag wurde die Rolle noch einmal vor einer Gruppe von
Beamten einschließlich Mitgliedern der Familie des Saphan, die Jeremia unterstützte,
gelesen. Dann riet man dem Propheten und seinem Sekretär dringend unterzutauchen.
Die dritte Lesung fand im Winterpalast vor dem König und seinem Hofe statt. Der
Vortragende war ein gewisser Jehudi. Noch während des Vortrags zerschnitt der
König die Rolle stückweise, warf die Teile ins Feuer und verordnete den Arrest des
Autors und des Schreibers. Die Verschriftung und das Verlesen von Prophetenworten, die in manchen Fällen viele Jahre vorher gesprochen worden waren, sollte wahrscheinlich ihre gegenwärtige Gültigkeit untermauern. Umgekehrt zielte die Vernichtung der Rolle durch Jojakim darauf ab, diese Worte unwirksam zu machen. Baruch
schrieb jedoch, wiederum nach dem Diktat Jeremias, alles wieder auf und wurde mit
einer persönlichen Botschaft belohnt, nach der er wenigstens das für das Land bereit-
gestellte Unheil überleben würde. So entstand eine zweite, erweiterte Ausgabe von
Jeremiaworten aus der ersten Halbzeit seiner Tätigkeit.[284]

Wir werden nie wissen können, ob die dreifache Lesung der Rolle und die Hauptsze-
ne im Winterpalast wirklich genau oder auch nur annähernd so stattgefunden haben,
wie sie in diesem Meisterstück dramatischer hebräischer Prosa geschildert werden. Die
Parallelität mit der Entdeckungsgeschichte eines anderen, mit dem Tempel verbundenen Buches, seine Verlesung vor einem anderen König, Josia, und der Kontrast zwischen dessen, durch den Buchinhalt bedingter Reaktion und Jojakims Haltung gegenüber dem Werk Jeremias (vgl. 2Kön 22f) sagt sicherlich etwas über die Gestaltung
von Jer 36 aus. Eine solche Analogie muß aber nicht zu dem Schluß führen, daß der
letztere Text rein fiktiv ist und nur den Triumph des *geschriebenen* Prophetenwortes
über die höchsten säkularen und religiösen Autoritäten zu Geltung bringen soll.

---

[283] Vgl. E. Nicholson, 1970, 39f; M. Kessler, Form-Critical Suggestions on Jer. 36, CBQ 28, 1966,
389–401. R.P. Carroll, 1986, 656–658, liefert einen hervorragenden Kommentar zu diesem Kapitel.

[284] T.H. Robinson, Baruch's Roll, ZAW 42, 1924, 209–221; G. Wanke, Untersuchungen zur sogenannten Baruchschrift, BZAW 122, Berlin 1971 (nur Jer 26–28 und 36 können von Baruch neu
geschrieben worden sein); W.L. Holladay, A Fresh Look at „Source B" und „Source C" in Jeremiah, VT 25, 1975, 394–412.

Es gibt keinen Grund, daran zu zweifeln, daß zumindest der Kern dieser zweiten Ausgabe der Baruch-Rolle im ersten Teil des Buches (Jer 1–25) zu finden ist und daß er vor allem aus den gegen Juda und Jerusalem gerichteten Sprüchen besteht. Einige von ihnen sind in der ursprünglichen poetischen Form erhalten geblieben, andere sind vom deuteronomischen Redaktor prosaisch paraphrasiert worden. Außerdem gibt es Zusätze und Glossen unbekannter Herkunft und unsicheren Datums.[285] Eine häufig in Jer 1–36 vorkommende Art von Prosakomposition ist die Umschreibung eines Prophetenspruches, der dann mit einem minimalen Erzählungsrahmen umkleidet wird. Zieht man ähnliche prophetische Reden aus der Zeit der Monarchie zum Vergleich heran, bestätigt sich der Eindruck, daß diese Gestaltung einem typisch deuteronomischen Verfahren entspricht.[286]

Der erste Teil des Buches (Jer 1–25) enthält auch mehrere Passagen, in denen der Prophet vor Gott trauert und klagt und die in der Neuzeit als die „Konfessionen Jeremias" bekannt geworden sind. Diese Bezeichnung ist völlig unpassend, weil – anders als in Augustins Schrift, der sie entnommen ist – die entsprechenden Passagen (Jer 11,18–12,6; 15,10–21; 17,14–18; 18,18–23; 20,7–18) in keiner Weise, weder explizit noch implizit, autobiographisch zu verstehen sind. Wie einige von Hiobs Monologen verraten sie in Sprache und Stil eine ziemlich enge Verwandtschaft mit den individuellen Klageliedern, und diese Tatsache warnt uns, sie als biographische Informationen zu gebrauchen.[287] Und es gibt ganz gewiß keinen guten Grund für den Rückschluß von einer liturgischen Form auf einen kultischen Ursprung in dem Sinne, Jeremia habe die Texte tatsächlich während des Tempelgottesdienstes als der offizielle oder selbsternannte Vertreter des Volkes vorgetragen.[288]

Viel deutlicher greifbar ist ein fast kontinuierlicher, biographischer Bericht, über Jeremias Tätigkeit und Leiden, insbesondere (aber nicht ausschließlich) aus der Zeit unmittelbar vor und nach dem Fall von Jerusalem.[289] Im Unterschied zu manchen Prosastücken im ersten Teil des Buches – sie sind meistens im Ich-Stil gehalten und dienen als minimaler Erzählrahmen für Predigten (z.B. Jer 7,1–8,3; 19,1–20,6) – ha-

---

[285] Wenige Zuweisungen dieser Art finden einhellige Zustimmung, doch muß man bei folgenden Abschnitten den jeremianischen Ursprung ernsthaft in Zweifel ziehen: Jer 3,6–10.11–14.15–18.24f; 5,18f; 9,12–16.23–26; 10,1–16 (V.11 ist eine aramäische Glosse zu dieser redaktionellen Erweiterung), 12,7–13.14–17; 15,5–9; 22,8f. Außerdem sind die meisten, wenn nicht alle der folgenden Jeremia-Sprüche deuteronomisch überarbeitet: Jer 7,1–8,3; 11,1–17; 16,1–21; 17,19–27; 18,1–12; 19,1–20,6; 21,1–10; 22,1–5; 23,1–8; 25,1–14.

[286] Vgl. z.B. die verwandten prophetischen Reden in 1Kön 11,29–39 (Achija) und 2Kön 22,14–20 (Hulda). Helga Weippert, 1973, gehört zu denen, die gegen die deuteronomische Herkunft der Mowinckelschen Quelle C argumentiert haben. Sie glaubt, diese Texte könnten von Jeremia selbst verfaßt sein, während W. Thiel, 1973, sie Schülern des Propheten aus der Exilszeit zuweist.

[287] Vgl. G. von Rad, Die Konfessionen Jeremias, EvTh 3, 1936, 265–270; S.H. Blank, The Confessions of Jeremiah and the Meaning of Prayer, HUCA 21, 1948, 331–354; J. Bright, Jeremiah's Complaints: Liturgy or Expressions of Personal Distress? in: J.I. Durham und J.R. Porter (Hg.), Proclamation and Presence, London 1970, 189–214 (J. Bright wählt gegen H. Graf Reventlow die letztere Alternative); A.H.J. Gunneweg, Konfession oder Interpretation im Jeremiabuch, ZThK 67,1970, 395–416; R.P. Carroll, 1981, 107–135; ders., 1986, 275–279.

[288] H. Graf Reventlow, Liturgie und prophetisches Ich bei Jeremia, Gütersloh 1963, hat diese These nicht beweisen können, aber doch einen wertvollen Diskussionsbrennpunkt geschaffen.

[289] Die jeremianische „Passionsgeschichte" konzentriert sich hauptsächlich auf Jer 37–44. Zur Chronologie dieses Abschnitts und der Jeremiasprüche insgesamt vgl. neben den Kommentaren H.G. May, The Chronology of Jeremiah's Oracles, JNES 4, 1945, 217–227, und unter demselben Titel, M.B. Rowton, JNES 10, 1951, 128–130.

ben wir hier echte Geschichten in der 3. Person. Sie geben mit bemerkenswerter
Liebe zu Hintergrund und Details Ereignisse wieder, von denen einige mit Hilfe
nichtbiblischer Quellen verifiziert werden können.[290] Möglicherweise geht diese *historia calamitatum* auf Baruch zurück, doch läßt sich das nicht beweisen. Wo immer
sie auch herkommt, sie ist als eine ideale Biographie aufgebaut, deren Ziel darin be-
stand, Jeremia zum Modell des ungehörten und verfolgten Propheten herauszuputzen,
der seiner Sendung nach der Art des Mose treu bleibt. Das Thema des verfolgten Propheten, das später dazu dient, wichtige frühchristliche Wahrnehmungen des Dienstes
Jesu zu modellieren, wird in den Mosetraditionen (z.B. Num 11–12; 16) und im
deuteronomistischen Geschichtswerk (1Kön 19,10.14) nur eben angedeutet. Seine
nachherige Entfaltung verdankt den jesajanischen Gedichten vom Gottesknecht (Jes
52f) und der jeremianischen Passionsgeschichte (Jer 37–44) sehr viel.[291]
Die Herkunft des sogenannten „Trostbüchleins" (Jer 30–31, mit einigen Ergänzungen
in Kap. 33) stellt uns vor besondere Probleme, denn es verheißt ausnahmsweise
einem wiederhergestellten und vereinigten Volk eine neue Ordnung unter einem davidischen König. Man hat neuerdings versucht, diese Verheißung im Kontext der
josianischen Reformen zu sehen und sie damit Jeremia direkt zuzuschreiben. Doch
sie steht in einem so starken Gegensatz zur Predigt des Propheten sonst im Jeremiabuch, daß diese Folgerung als höchst unwahrscheinlich gelten muß. Außerdem zeigen sich deutliche Spuren deuteronomischer Redaktion, besonders in dem Abschnitt,
der einen neuen Bund verspricht (Jer 31,31–34). Und die allgemeine Übereinstimmung mit exilischen, deuteronomistischen Sichtweisen, wie im Geschichtswerk und
im Deuteronomium selbst belegt, ist nicht zu übersehen.[292] Sowohl Jer 31,31–34 als
auch Dtn 30,14 geben vor dem Hintergrund vergangenen religiösen Versagens neue
Anweisungen für die Zukunft. Sie sprechen davon, daß das Gesetz ins Herz hinein
oder auf das Herz draufgeschrieben wird und erklären genau, wie eine solche Inschrift zu einer anderen Zukunft führen kann.
Der letzte Teil der Jeremiabuches enthält die schon erwähnten Fremdvölkersprüche
(Jer 46–51) und ein Schlußkapitel, das die Regierungszeit des Zedekia abhandelt und
die Geschichte bis zur Begnadigung des Jojachin durch den babylonischen König
Avilmerodach (Amel-Marduk) weiterführt. Abgesehen von geringfügigen Zusätzen
und Streichungen ist das letzte Kapitel eine Parallele zu den Ausführungen, mit denen das deuteronomistische Geschichtswerk endet (2Kön 24,18–25,30). So wird die
These bestätigt, daß das Buch als Ganzes von Anhängern der deuteronomischen
Schule nicht vor 560 v.Chr., dem 37. Exilsjahr des Jojachin, herausgegeben worden
ist. Durch die Anfügung von Jer 52 konnte das Buch auf demselben Hoffnungston
enden wie das Geschichtswerk.

Aus dem bisher Gesagten wird deutlich, daß die Überlieferer und Redaktoren des
Buches mehrere Jahrhunderte lang große Mühe aufwandten, Jeremia als jemanden
darzustellen, der das geltende Muster prophetischen Wirkens in Israel voll erfüllte.
Aus deuteronomischer Sicht implizierte dies vor allem anderen den Einsatz für Gesetz und Bund nach dem Vorbild des Mose. Jeremia war der letzte von „seinen Die-

---

[290] Eine gut zugängliche Zusammenstellung der archäologischen Daten bei P. King, 1993.
[291] Vgl. K. Baltzer, 1975.
[292] Anders J. Bright, 1965, 276–287; er wird von R.P. Carroll, 1981, 204–225, hinterfragt.

nern, den Propheten", und die bildeten eine lange Reihe von Abgesandten, welche Israel vor den bösen Folgen religiöser Untreue hatten warnen sollen.[293] Wie Mose, der Prophet *par excellence,* war Jeremia 40 Jahre tätig (Jer 1,2f: vom 13. Jahr des Josia bis zum Fall Jerusalems, d.h. 627–587 v.Chr.), wie Mose verkündete er das Gesetz, trat in Notzeiten dem Volk zugute fürbittend vor Gott ein (man erwartete es zumindest von ihm als Propheten), ertrug die Ablehnung als Preis für seine Treue gegenüber der Berufung, erduldete Verfolgung und stellte sich den Anwürfen derer, die seine Vollmacht nicht anerkannten.[294] Die Regelmäßigkeit und Folgerichtigkeit, in der deuteronomisches Gedankengut das Buch durchdringt, schließen es geradezu aus, die Ähnlichkeiten nur auf der stilistischen Ebene als damals allgemein in öffentlicher Rede oder Predigt gebräuchliche Redefiguren erklären zu wollen. Tatsache ist auch, daß weithin als authentisch geltende Jeremiaworte an wichtigen Punkten von der deuteronomischen Theologie abweichen. Mit geziemender Vorsicht gegenüber den Gefahren des Zirkelschlusses kann man doch festhalten, daß z.B. die Deuteronomisten regelmäßig Alternativen anbieten, jedoch Jeremia selbst außer in seiner Frühzeit dies selten oder nie tut. Der Ruf zur Umkehr ist nach der deuteronomischen Schule ein wichtiges Ingredienz prophetischer Predigt (z.B. 2Kön 17,13; vgl. Jer 25,5f; 26,3; 35,15). In der frühen Predigt Jeremias erklingt dieser Ruf (Jer 3,21–23; 4,1f) zusammen mit der Einladung, die angebotene Rettung anzunehmen (Jer 4,14). Die Möglichkeit „umzukehren" und damit das Heil zu erlangen hängt ab von bzw. ist eng verbunden mit der prophetischen Fürbitte. Als darum Jeremia entschied, daß Fürbitte nicht mehr möglich sei (Jer 7,16; 11,14–17; 14,11f), war – was ihn anging – das Schicksal des Volkes besiegelt.

Um voll würdigen zu können, wie stark dieses prophetische Buch von deuteronomischen Ideen durchtränkt ist, müßte man detaillierte rhetorische und thematische Analysen der verschiedenen Textmaterialien durchführen, besonders der längeren Prosaabschnitte. Wir haben lediglich Raum für zwei weitere Beispiele, ein rhetorisches und ein thematisches. An mehreren Stellen findet sich eine Begründung für das Unheil, das Juda überkommen soll – bzw. schon überkommen hat: Sie ist als Frage und Antwort stilisiert (Jer 5,19; 9,12–14; 16,10–13; 22,8f). Eine Analogie besteht nicht so sehr zu Texten, welche man dem Passa-Seder zuordnet, jene vom Vater zu beantwortende Anfrage des Sohnes (vgl. Ex 13,14f; Dtn 6,20–25). Vielmehr verwenden die Deuteronomisten die analoge rhetorische Form zur Erklärung erwarteter oder geschehener politischer Katastrophen. Die Frage lautet: „Warum hat Jahwe dies seinem Land angetan?" Und die Antwort führt verschiedene Formen von Übertretungen an, welche zur Katastrophe führen mußten (Dtn 29,23–27; 1Kön 9,8f). Dieses spezielle Frage- und Antwort Schema kommt sonst in der hebräischen Bibel nirgendwo mehr vor, doch erscheint es in assyrischen Annalen: Ein unterworfenes Volk kann fragen, warum die Not es überfallen hat. Die Antwort findet man im Zorn einer beleidigten Gottheit.[295]

---

293 „Diener" (*'ebed*) ist in den deuteronomi(sti)schen Schriften ein Synonym für „Prophet" (vgl. z.B. Jos 1,1f; 1Kön 14,18; 15,29; 18,36; 2Kön 9,36; 10,10; 14,25), und der Ausdruck *ᵃbadaw* (*ᵃbadaj) hann^ebi'im,* „seine Diener, die Propheten", wird auf die ganze prophetische Sukzessionskette angewendet (vgl. Anm. 13 und Jer 7,25; 25,4; 26,5; 29,19; 35,15; 44,4; Am 3,7).

294 Vgl. die Bemerkungen von E. Nicholson, 1970, 45–58, und W.L. Holladay, The Background of Jeremiah's Self-Understanding, JBL 83, 1964, 153–164.

295 ANET 299f. Zum Frage-und-Antwort-Schema vgl. E. Nicholson, 1970, 59–61. W. Brueggemann,

Ein gehaltvolleres Beispiel bieten die Kriterien zur Unterscheidung von wahrer und falscher Prophetie sowie zur Kennzeichnung der Falschpropheten allgemein. In seiner Schmährede gegen die Amtsinhaber (Jer 23,9–40) und in seinem Umgang mit bestimmten Vertretern prophetischer Zunft – Hananja, Ahab, Zedekia und Schemaja (Jer 28f) – vertritt Jeremia die deuteronomische Lehre vom Prophetentum und hält sich ganz an die deuteronomischen Kriterien und Richtlinien. Falschprophetie ist Aufruhr (Jer 28,16; 29,32, vgl. Dtn 13,5) und todeswürdig (Jer 28,16f, vgl. Dtn 18,20). Falscher Prophet ist in erster Linie jemand, der im Namen einer anderen Gottheit redet und so zur Abgötterei verleitet (Dtn 13,1–3; 18,20). Diese Situation war für Jeremia nur in Samaria gegeben (Jer 23,13, doch bezieht sich die Stelle vielleicht auf die Vergangenheit). Viel wichtiger war der Fall des Propheten, der im Namen Jahwes sprach, aber keinen Auftrag dazu hatte. In Übereinstimmung mit der deuteronomischen Lehre (Dtn 18,20) werden solche Propheten von Jeremia verdammt. Sie reden ihre eigenen Worte (Jer 23,36), erfinden Visionen, Produkte der eigenen Phantasie (Jer 23,16) und haben nicht einmal die Beauftragung in der göttlichen Ratsversammlung empfangen (Jer 23,18.22). Propheten, deren Weissagungen nicht eintreffen, sind dadurch als falsche entlarvt (Dtn 18,21f). Diese Überlegung scheint Jeremia in seiner Auseinandersetzung mit dem Heilspropheten Hananja zu beseelen, obwohl er die Regel tendentiell verkürzt nur auf diejenigen anwendet, die gute Zeiten weissagen (Jer 28,8f). Schließlich ist es interessant zu sehen, daß sowohl im Deuteronomium (Dtn 13,1–5) als auch bei Jeremia (Jer 23,25–28.32; 29,8) die Prophetie mit (theologisch anrüchigen) Träumen und Trauminterpretation neu in Verbindung gebracht wird.[296]

Die Berufung ist ein besonders wichtiger Teil des Prophetenbildes; sie hat im Falle Jeremias bemerkenswerte Ähnlichkeit mit der Berufung des Mose nach der älteren Pentateuchversion (Jer 1,4–19; vgl Ex 3,1–4,17). Die beiden Berichte weisen dieselbe Grundstruktur auf: Anrede durch Gott, Anforderung an den Angeredeten, Bestätigung und Ermunterung zur Überwindung seines Widerstandes, Einsetzungsakt, begleitet durch geprägte Rede, Spezifizierung des Auftrags an den designierten Propheten, Visionserlebnis.[297] Die Moseerzählung im Buch Exodus erwähnt nicht – wie Jer 1,5 es tut – die Erwählung und Weihung von Mutterleib an, aber der vorstehende Bericht von Geburt und wunderbarer Lebensrettung im Säuglingsalter (Ex 2,1–10) übernimmt diese Funktion. Sowohl Mose als auch Jeremia zögern, den Ruf anzunehmen und bringen dieselbe Entschuldigung vor: Sie seien unfähig, in der Öffentlichkeit zu reden (Ex 4,10; Jer 1,6). Beide werden ausgesandt, und der Zuspruch hat denselben Wortlaut: „Ich bin (werde sein) bei dir" (Ex 3,12; Jer 1,8.19). Die Berührung des Mundes bei Jeremia und die begleitende Erklärung „Ich habe meine Worte in deinen Mund gelegt" (Jer 1,9) klingen wie ein Echo der Zusicherung, die Jahwe dem Mose gibt, er werde „mit seinem Munde sein" (Ex 4,12) und seine Worte dem

---

Jeremiah's Use of Rhetorical Question, JBL 92, 1973, 358–374, hat auf eine andere rhetorische Figur in der Predigt des Jeremia hingewiesen; sie tritt vor allem in den ersten Kapiteln (Jer 2–6) auf und scheint nicht sehr charakteristisch für die Deuteronomisten zu sein.

[296] Zu Jeremia und den „Falschpropheten" vgl. T.W. Overholt, The Threat of Falsehood: A Study in the Theology of the Book of Jeremiah, London 1970; J.L. Crenshaw, Prophetic Conflict, BZAW 124, 1971, besonders 49–61; F.L. Hossfeldt und I. Meyer, Prophet gegen Prophet, Freiburg 1973; I. Meyer, Jeremia und die falschen Propheten, Freiburg 1977.

[297] Die Struktur dieser und ähnlicher Berichte ist durch N. Habel, The Form and Significance of the Call Narratives, ZAW 77, 1965, 301–323, analysiert worden.

Sprecher Aaron „in den Mund" legen (Ex 4,15). Die Vision vom brennenden Busch steht der Berufung des Mose voran, während bei Jeremia die Visionen den Abschluß bilden, zumindest im gegenwärtigen Text (Jer 1,11–16). Doch das visuelle oder visionäre Erlebnis gehört in beiden Fällen mit zur Berufung.

Wie immer man die enge Verwandtschaft zwischen den beiden Berichten erklären will, der Eindruck bleibt bestehen, daß Jeremia von Anfang seiner Laufbahn an als „mosaischer" Prophet vorgestellt wird.[298] Wir sollten auch festhalten, daß der Bericht von seiner Berufung eine ausgezeichnete Illustration für die deuteronomische Theorie des Prophetentums ist, ganz wie in Dtn 18,15–18 dargelegt. Nach diesem „mosaischen" Modell läßt Jahwe den wahren Propheten „erstehen"; er legt seine Worte in seinen Mund und beauftragt ihn zu weissagen (Dtn 18,18; Jer 1,7.9.17). Wir können noch weitergehen und behaupten, daß Jeremia für den deuteronomischen Redaktor der letzte von „seinen Dienern, den Propheten" ist und die lange Reihe der prophetischen Gesandten, die mit dem Auszug aus Ägypten begonnen hat, zu Ende bringt: „Von den Tagen, in denen eure Vorfahren Ägypten verlassen haben, *bis heute* habe ich immer wieder meine Knechte, die Propheten, gesandt" (Jer 7,25). Aus diesem Grund endet das Jeremiabuch auf demselben Ton wie das dtr Geschichtswerk und sind in diesem Fall die Merkmale deuteronomischer Redaktionsarbeit so viel stärker sichtbar als in irgendeinem Prophetenbuch sonst.

Was wir also im Jeremiabuch vor uns haben, ist das deuteronomistische Portrait des Propheten, und – um den Vergleich weiterzuführen – die Wiedergewinnung seines wahren Gesichts macht eine mühsame Restaurationsarbeit notwendig. Die Frage erhebt sich, ob wir so überhaupt etwas von Jeremias wahrem Antlitz wiederentdecken können. Hier wie anderswo hantieren wir bestenfalls mit wahrscheinlichen Erkenntnissen. Es ist vielleicht am sichersten, einen Kurs zwischen naivem Optimismus und völliger Skepsis einzuhalten.

Unsere Aufgabe beginnt schon mit der Überschrift (Jer 1,1–3), die uns mitteilt, daß Jeremia ben Hilkia aus einer Priesterfamilie in Anatot, einem Dorf ungefähr drei Kilometer nördlich von Jerusalem, stammte und daß seine Prophetenlaufbahn im dreizehnten Jahr des Josia, d.h. 627 v.Chr. begann. Wie schon gesagt, nennt Jer 25 dasselbe Datum und blickt so auf 23 Jahre prophetischer Tätigkeit zurück. Aber die zuerst von Friedrich Horst im Jahre 1923 geäußerten Zweifel, ob Jeremia wirklich während der Regierungszeit des Josia als Prophet aufgetreten ist, sind trotz allen Argumentierens pro und contra seither nicht zur Ruhe gekommen. Wäre er nämlich im Jahre 627 v.Chr. zum Propheten berufen worden, dann hätte er 18 Jahre lang unter Josia gewirkt und folglich dessen Reformen und die letzten Jahre der assyrischen Vormachtstellung miterlebt. Aber es gibt keinen einzigen Spruch, der mit Sicherheit in diese Regierungsperiode datiert werden kann.[299] Wir finden auch nicht die geringste Andeutung von Kontakten zwischen Prophet und König, wie sie aus späteren

---

[298] Vorstellbar ist natürlich auch, daß die Erzählung Ex 3,1–4,17 auf prophetische Berufungsberichte einschließlich des jeremianischen zurückgeht, besonders dann, wenn man einen dtn Einschlag bei der Berufung des Mose zugesteht. Vgl. J. Blenkinsopp, The Pentateuch, New York 1992, 148–151. Beim Vergleich der beiden Darstellungen sprechen wir vom *deuteronomischen Mose*.

[299] Jer 3,6–10 macht keine Ausnahme. Die Zweifel ergeben sich aufgrund der Metaphorik von den beiden Schwestern, die sich prostituieren (vgl. die Allegorie von Ez 23). Über das Verhältnis der beiden Prophetenbücher zueinander vgl. J.W. Miller, Das Verhältnis Jeremias und Hesekiels sprachlich und theologisch untersucht, Assen 1955.

Regierungszeiten bezeugt sind. Und es muß seltsam erscheinen, daß die Sprüche des ersten Buchteils (Jer 1–6), wenn man sie denn in der Zeit des Josia ansetzt, das Bild einer weitreichenden, sogar das Königshaus erfassenden Abgötterei malen (Jer 2,26; vgl. 28; 4,9). Das paßt überhaupt nicht zu dem, was uns im Dtr über Josia mitgeteilt wird. Schlimmer noch, wenn wir die chronistische Aussage akzeptieren: Danach begannen die Reformen schon im 12. Jahr des Josia, d.h. also, vor der Berufung des Jeremia (2Chr 34,3). Die „Bekehrung" des jungen Königs liegt noch früher. Also ist sehr schwer einzusehen, daß die Anklagen Jeremias gegen König und Prinzen zu irgendeiner Zeit zwischen seiner Berufung und dem Tod des Josia im Jahre 609 v.Chr. berechtigt gewesen sein sollen.

Eine weitere, damit verbundene Schwierigkeit ergibt sich aus dem Fehlen jedes antiassyrischen Orakels unter den frühen Sprüchen, besonders, wenn man bedenkt, daß Jeremia doch als „Prophet für die Völker" (Jer 1,5) ausgesandt wurde. Wo Assyrien im ersten Teil vorkommt, da ist dies entweder ein Hinweis auf vergangene Geschichte (Jer 2,36) oder es steht in einem Zusammenhang, der auf das Intervall ägyptischer Vorherrschaft während der frühen Jahre des Jojakim deutet (Jer 2,14–19). Assyrien hat aber noch rund 15 Jahre nach dem in der Überschrift für die Berufung Jeremias angegebenen Zeitpunkt das internationale Machtzentrum innegehabt.[300]

Im Brennpunkt dieser Diskussion steht noch immer Jeremias Einstellung zur josianischen Reform; eine zufriedenstellende Lösung des Problems ist bis jetzt nicht in Sicht. Nehmen wir an, das Datum von Jer 1,2 (13. Jahr Josias) sei richtig. Dann würde die erste Phase seiner Tätigkeit mit den Reformmaßnahmen zusammenfallen, und es wäre in der Tat höchst merkwürdig, daß er dazu nichts zu sagen gehabt hätte. Jeremia empfiehlt Josia, indem er ihn dem verhaßten Jojakim gegenüberstellt (Jer 22,15f). Aber diese Bemerkung bleibt ganz allgemein und geschieht im Rückblick. Ein undatierter Prosaabschnitt läßt den Propheten für einen Bundesschluß eintreten (Jer 11,1–17), was man nicht ganz grundlos auf die josianische Reform bezogen hat. Aber der Text ist so offensichtlich eine deuteronomistische Komposition,[301] daß nur ein Schluß gezogen werden kann: Der Redaktor wollte Jeremia als Parteigänger der Reform darstellen. Das ist genau das, was wir auch erwarten würden. Aus sehr ähnlichen Gründen kann man das sogenannte „Trostbüchlein" (Jer 30f), wie schon angedeutet, nicht als Jeremias eigene Äußerung zum josianischen Bund verstehen. Kurz, es gibt keinen Jeremiaspruch – und ganz gewiß keinen aus der Josiazeit –, der als sicherer Beweis dafür gelten könnte, daß er die Reform unterstützt hat.

Auf der anderen Seite gewinnen wir nicht den Eindruck, Jeremia sei nach dem Tod

---

[300] Über den Zeitpunkt der Berufung Jeremias ist schon sehr viel geschrieben worden; wir brauchen nur einige der bedeutenderen Beiträge zu nennen: F. Horst, Die Anfänge des Propheten Jeremia, ZAW 41, 1923, 94–153; T.C. Gordon, A New Date for Jeremiah, ET 44, 1932–33, 562–565; H. Bardtke, 1935, 218f („13" ist ein Schreibfehler für „23"); J. Milgrom, The Date of Jeremiah, Chapter 2, JNES 14, 1955, 65–69 (aus der Zeit zwischen 627–616 v.Chr.); P.E. Broughton, The Call of Jeremiah, ABR 6, 1958, 41–43; H.H. Rowley, 1962/63, 198–234 (= ders., Men of God, London 1963, 133–168); C.F. Whitley, The Date of Jeremiah's Call, VT 14, 1964, 467–483; J.P. Hyatt, The Beginnings of Jeremiah's Prophecy, ZAW 78, 1966, 204–214 (nimmt sein eigenes, früheres Plädoyer für die Spätzeit Josias [JBL 59, 1940, 509] zurück und unterstützt Whitley's Argumente für das Jahr der Thronbesteigung des Jojakim).

[301] Typische deuteronomische Redewendungen sind: „einen Bund befehlen"; „der Schmelzofen" (bezogen auf die Sklaverei in Ägypten); „den Eid erfüllen, den ich deinen Vätern geschworen habe"; „in dcr Verstocktheit des [bösen] Herzens wandeln"; „die Worte dieses Bundes über sie [euch] bringen".

des Josia als ein völlig unbeschriebenes Blatt auf der Jerusalemer politischen und religiösen Bühne aufgetaucht. Wenn man seine Ein-Mann-Demonstration vor dem Tempel im ersten Jahr des Jojakim (609 v.Chr.) für den Anfang seiner Tätigkeit hält, dann war sie wichtig genug, daß sie auf der höchsten Regierungsebene bemerkt wurde. Er genoß auch von Anfang an die Unterstützung der mächtigen Familie des Saphan, die an der Reformbewegung unter Josia beteiligt gewesen war.[302] Da wir aber sonst keine zuverlässigen Nachrichten besitzen, können wir unmöglich sagen, welchen Beitrag Jeremia – wenn überhaupt – später in der Regierungszeit des Josia im öffentlichen Leben leistete.

Beim gegenwärtigen Wissens- (oder: Nichtwissens)stand vermögen wir nur dies zu sagen: Wenn Jeremia nicht erst nach dem Tod des Josia bei Megiddo im Jahre 609 v.Chr. als Prophet in das öffentliche Leben eintrat, dann begann für ihn zu diesem Zeitpunkt doch eine entscheidende neue Phase seiner Laufbahn. Die Datierung der Berufung in das 13. Jahr des Josia gestattete es dem deuteronomistischen Redaktor, Jeremia als Befürworter der Reform hinzustellen. Sie ermöglichte es ihm ferner, ihn mit einer Dienstzeit von vierzig Jahren auszuzeichnen; die Zahl hat offensichtlich Beziehungen zur Mosetradition.[303] Das ist ein weiteres Anzeichen dafür, daß sein Dienst für die Herausgeber des Buches die mit Mose einsetzende Geschichte der Prophetie zusammenfaßte und abrundete. Was immer Jeremia auch von den Reformen Josias gehalten haben mag, es dauerte nicht lange, und der Erlaß eines schriftlich fixierten Gesetzes produzierte seine eigene Bürokratie, nämlich ein Heer von wohl am Tempel angestellten Gesetzesschreibern, deren Anspruch auf Autorität und auf Kontrolle der „Erlösungsmittel" eines Tages mit dem prophetischen Anspruch in Konflikt geraten mußte. Im Licht dieser Entwicklung sollten wir Jeremias Polemik gegen die „Hüter des Gesetzes" (Jer 2,8) und die Schreiberlinge verstehen, deren falsche Feder es in Lüge verkehrt hat (Jer 8,8f). In jedem Fall aber empfing die Reformbewegung durch den Tod des Josia und dadurch, daß es den „Leuten vom Lande" nicht gelang, seinen jüngeren Sohn Schallum (Joahas) an seiner Stelle fest auf dem Thron zu etablieren, einen entscheidenden Rückschlag (2Kön 23,30–34). Die Spannung zwischen Propheten auf der einen und Schreibern und Interpreten des Gesetzes auf der anderen Seite bestand jedoch fort und zeitigte schließlich eine Situation, die der Ausübung einer institutionell ungebundenen Prophetie nicht mehr verträglich war.[304]

---

302 Saphan, „Sekretär" (*soper*) während der Regierung des Josia, hatte anscheinend partielle Jurisdiktionsgewalt über den Tempel. Er nahm das neuentdeckte Gesetzbuch von Hilkia in Empfang und entschied, was mit ihm zu geschehen hatte (2Kön 22,3–10). Er und sein Sohn Ahikam gehörten zu der Delegation, welche die Prophetin Hulda um Rat fragen sollte (2Kön 22,11–14). Ahikam protegierte Jeremia in dessen Prozeß (Jer 26,24), ein anderer Sohn Saphans brachte Jeremias Brief zur babylonischen Diaspora (Elasa, Jer 29,3). Wieder ein anderer Sohn, Gemarja, hatte einen Raum in einem im Torgebäude am Tempel; dort verlas Baruk die Rolle (Jer 36,10). Gemarja bat unter anderen den König inständig, sie nicht zu verbrennen (Jer 36,25). Sein Sohn Michaja wiederum war ebenfalls zu dieser Zeit aktiv (Jer 36,11–13), und ein anderer Enkel des Saphan, Gedalja, wurde nach dem Fall von Jerusalem zum Gouverneur, wahrscheinlich zum Marionettenkönig, der Provinz eingesetzt. Er übernahm auch die Rolle des Beschützers für Jeremia (Jer 39–41; 2Kön 25,22–25).

303 Sie summiert sich aus 18 Jahren unter Josia, 11 unter Jojakim und 11 unter Zedekia. Die wenigen Monate Regierungszeit von Joahas (2Kön 23,31) und Jojachin (2Kön 24,8) haben auf die Berechnung keinen Einfluß.

304 Zur Spannung zwischen Gesetzesexperten und Propheten vgl. J. Blenkinsopp, 1977, 24–53.

Die in Anatot im Stamme Benjamin ansässige Priestersippe, welcher der Autor der
Überschrift Jeremia zuordnet, führte ihre Ahnenreihe auf Abjatar zurück. Der stammte aus der Priesterschaft von Silo und war zur Zeit Salomos nach Anatot verbannt
worden (1Kön 2,26). Eine solche Familienverbindung läßt den Einfluß ephramiti-
scher Tradition auf Jeremia und sein Interesse am Schicksal der Nordstämme besser
verstehen. In der Frühzeit seiner Tätigkeit, die in der Spruchsammlung Jer 2–6 ihren
Ausdruck findet,[305] stehen Exodus- und Wüstentradition und die Versuchungen, die
von den Fruchtbarkeitskulten ausgehen, im Mittelpunkt; ihnen war Israel seit der
Landnahme immer wieder erlegen. Die metaphorische Redeweise, die „Prostitution"
für religiöse Untreue verwendet, hat Jeremia wohl vom Ephraimiten Hosea gelernt,
obschon ähnliche Verwerfungen des Baalkultes auch in jüngerer Prophetie aus Judäa
vorkommen (z.B. Zeph 1,4f). Wir wissen leider nicht, wie weit die Reformen unter
Josia außerhalb der Hauptstadt gegriffen haben. Draußen im Lande war ihre Wirkung
wohl geringer. Was wir wissen ist nur, daß nach dem Tod des Königs und einer
kurzen Zeitspanne der Unabhängigkeit das Vertrauen in den nationalen Kultus weithin zusammenbrach und die einheimischen Kulte wieder aufblühten; die bald einset-
zenden politischen Katastrophen hatten keine abschreckende Wirkung (Jer 7,9;
44,15–19; Ez 8 usw.).

Liest man jene frühen Sprüche, dann bekommt man den Eindruck, Jeremia habe noch
nicht zu seiner eigenen Stimme gefunden. Seine Anklagen und Resümees einer langen Geschichte nationaler Untreue scheinen aus dem Bemühen geboren, sich die
prophetische Tradition anzueignen und sie auf die zeitgenössische Situation anzuwenden. Bemerkenswert ist auch, daß er in diesem Frühstadium noch mit der Möglichkeit der Buße („Umkehr") rechnet, und zwar unter der Bedingung, daß Israel den
Götzendienst aufgibt (Jer 3,21–23) und Wahrheit und Gerechtigkeit praktiziert (Jer
4,1–2). Doch kommt schon die Ahnung auf, dieses werde nicht geschehen; das Volk
hat bereits die Herzen zu oft gegenüber dem heilbringenden Wort verhärtet (Jer
6,10). So schließt die Sammlung mit dem traurigen Eingeständnis, daß er in seinem
Auftrag, das Volk zu „schmelzen" und zu „prüfen", gescheitert ist, ja, daß dieser
Auftrag von Anfang an zum Scheitern bestimmt war (Jer 6,27–30).

Ein wichtiger Diskussionsgegenstand im ersten Teil des Buches ist die wiederholt
angekündigte Invasion aus dem Norden (Jer 4,5–8; 6,1–5.22–26; vgl. 10,22;
13,20).[306] Aufgrund einer schwer verständlichen Bemerkung bei Herodot (I,103–105)
deutet man diese Abschnitte gelegentlich auf die Skythen, die kurz nach 630 v.Chr.
in Palästina eingefallen sein sollen. Ferner hat man die These aufgestellt, Jeremia
habe die Invasion vorhergesagt, die Vorhersage sei nicht eingetroffen, er habe sich
daraufhin vom öffentlichen Leben zurückgezogen und sei erst wieder nach dem Tode
Josias aus der Versenkung aufgetaucht, um auf die Thronbesteigung des Jojakim hin
seine „Tempelrede" (Jer 7,1–8,3) zu halten. Alles das ist jedoch höchst ungewiß.
Wenn zudem Jeremia seine Tätigkeit als Prophet erst nach dem Tod des Josia aufgenommen hat, dann würde sich der „Feind aus dem Norden" am einfachsten auf die
Babylonier und ihre Verbündeten (einschließlich der Skythen) beziehen lassen. Sie
stellten damals nach der Unterwerfung durch die Ägypter die nächste Gefahr für

---

[305] Vgl. den Aufsatz von H.H. Rowley, 65.
[306] Vgl. B.S. Childs, The Enemy from the North and the Chaos Tradition, JBL 78, 1959, 187–198;
       B.T. Arnold, North Country, The, ABD 4, 1136.

diese Region dar. Das geht auch aus der feierlichen Rede Jeremias zur Halbzeit seiner Karriere hervor, welche die Babylonier mit den „Stämmen des Nordens" verknüpft (Jer 25,9.26; vgl. 1,15). Dasselbe Motiv erscheint ausführlich in den Fremd-
völkerorakeln, in denen Babylon selbst mit der Vernichtung durch die Völker des
Nordens gedroht wird (Jer 50,3.9.41; 51,48).

Nach dem Tod des Josia bei Megiddo versuchte die Reformpartei ihre Politik weiterzuführen, indem sie den jüngeren Sohn Josias, Schallum, auf den Thron brachte. Die
Ägypter aber setzten ihn ab und inthronisierten Eljakim (Jojakim), nach ihrer Meinung wohl ein willfährigerer Vertreter ihrer Interessen. Diese Maßnahme bedeutete
das Ende der Reformbewegung, die Wiedergeburt der synkretistischen Kulte (besonders der Aschera) und die Verschärfung der internen Auseinandersetzungen, die bis
zur Zerstörung Jerusalems anhielten. Im selben Jahr hielt Jeremia im Tempelvorhof
eine denkwürdige Rede. Sie war Anlaß für seine Verhaftung und Anklage durch die
herrschende Partei (Jer 7,1–8,3; 26,1–24). Die Tempelbelegschaft forderte die Todesstrafe. Aber er wurde freigesprochen, nachdem anwesende Älteste aus der Provinz
sich auf einen Präzedenzfall berufen hatten. Unterstützung von höherer Regierungs-
seite war allerdings mit im Spiel. Dennoch trug ihm seine Weissagung, der Tempel
würde zerstört werden, die dauerhafte Feindschaft des Königs und des Tempelpersonals (einschließlich beamteter Propheten) ein. Es gelang ihnen, Jeremia mindestens
für die nächsten Jahre vom Tempelgelände zu verbannen.[307]
Während dieser Jahre bis hin zu dem entscheidenden Sieg der Babylonier bei Karkemisch (605 v.Chr.) blieb Jeremia bei seiner Opposition gegen König, Hof und
Tempel. Er griff Jojakim unbarmherzig an und sagte ihm ein böses Ende voraus (Jer
13,18; 22,13–23). Es wird uns berichtet, daß er dem Schicksal anderer Oppositionspropheten wie Uria – der wurde von Ägypten ausgeliefert und hingerichtet – dadurch
entging, daß ihn der mächtige Clan der Saphans beschützte (Jer 26,20–24). Von diesem Zeitpunkt an stehen Jeremias Karriere und die abgebrochene Laufbahn des Uria
für die politische Rolle der Prophetie. Es ist außerordentlich schade, daß wir außer
den Ostraka aus Lachisch keine anderen als die biblischen Quellen zur Verfügung haben, wenn wir uns ein Bild von ihrer Tätigkeit machen wollen. Etwas abstrakt können wir sagen: Propheten wie Jeremia oder Uria – und das schließt andere Figuren,
die als „Falschpropheten" abgestempelt wurden, z.B. Hananja, Zedekia, Ahab, nicht
grundsätzlich aus – bestimmten ihre Aufgabe dahingehend, die wechselnden Muster
des politischen Geschehens im Licht der Tradition (so wie sie sie verstanden) zu
interpretieren, und zwar vermittelt durch ihre je eigene, höchst persönliche Gotteserfahrung. Daß diese Geschichtsinterpretation durch direkte Teilnahme an den Ereignissen vorexerziert wurde, wird an der Opposition, die sie erzeugte, deutlich, ganz zu
schweigen von dem Mordanschlag gegen Jeremia seitens der eigenen Sippengenos-

---

[307] Bemerkenswert ist, wie viele von Jeremias Auftritten im Tempel stattfanden. Das Orakel anläßlich der Krugzertrümmerung wurde im Tempelhof wiederholt (Jer 19,14). Dort fanden auch die
Konfrontationen mit Paschhur und Hananja statt (Jer 20; 28,1.5). Auch die „Tempelrede" wurde
natürlich hier gehalten (Jer 26,2.7; vgl. 7,2), und die Gerichtsverhandlung am Neuen Tor des
Tempels schloß sich gleich an (Jer 26,10). Den Rekabitern bot er dort Wein an (Jer 35), und Baruch las die Rolle ebendort, wieder am Neuen Tor (Jer 36,10). Schemaja setzt in seinem Brief an
die Autoritäten einfach voraus, daß Jeremia als Prophet der Tempelgerichtsbarkeit verstand
(Jer 29,24–28).

sen (Jer 11,18–23). Die daraus resultierende Vereinsamung und die inneren Konflikte scheinen sich im Laufe seiner verbleibenden Lebensjahre nur noch verschärft zu haben.

Nach der Schlacht von Karkemisch verschob sich das Machtgefälle ganz entscheidend zugunsten der Babylonier; sie übernahmen die Vorherrschaft über Syrien und Palästina von den Ägyptern. Jojakim sah sich bald schon gezwungen, den neuen Herren zu huldigen, die ins Land schwärmten, um die Abgaben einzutreiben und letzte Widerstandsnester auszuräumen, vor allem entlang der Mittelmeerküste.[308] Diese Ereignisse mögen den Fastengottesdienst veranlaßt haben, während dessen Ablauf Jeremias Rolle im Tempel verlesen wurde (Jer 36,9). Etwa in dieser Zeit verschlimmerte sich die prekäre Lage noch durch eine außergewöhnlich schwere Trockenperiode, in der Jeremia es ablehnte, die prophetische Aufgabe der Fürbitte zu übernehmen.[309] Im letzten Jahr jenes Jahrhunderts kam die babylonische Armee wieder ins Land, diesmal auf dem Weg nach Ägypten. Dort wurde sie jedoch zunächst gestoppt und zurückgeschlagen. Ohne Zweifel hat dieser zeitweilige Mißerfolg Jojakim veranlaßt, den Tribut zu verweigern. Wie vorauszusehen kam sofort eine Strafexpedition der Babylonier, an der sich Aufgebote der traditionell feindlichen Nachbarländer wie Damaskus, Moab und Ammon beteiligten.[310] Möglicherweise hat Jeremia bei dieser Gelegenheit die Rekabiter in den Tempelvorhof gebracht und ihnen Wein angeboten. Diese Offerte mußten sie natürlich ablehnen. So konnte der Prophet sie als eine vorbildliche, den Überlieferungen treue Gemeinschaft vorstellen (Jer 35).

Die letzten Jahre des Jojakim bleiben im deuteronomistischen Geschichtswerk und in der babylonischen Chronik ziemlich im Dunkeln. Wie auch immer die Dinge bei der Belagerung Jerusalems 598/597 v.Chr. abgelaufen sein mögen, der neue König Jojachin konnte sich nur drei Monate halten. Er ergab sich und wurde zusammen mit einigen tausend Angehörigen der Aristokratie und der Handwerkerschaft in die Verbannung gebracht. Unter den Deportierten befand sich auch ein Priester namens Ezechiel.

Die folgenden 11 Jahre von der ersten bis zur zweiten Deportation waren die angespanntesten und schmerzhaftesten in Jeremias Leben. Nebukadnezars Kandidat für den Thron, ein weiterer Sohn Josias mit Namen Mattanja, der dann den Thronnamen Zedekia bekam, konnte den Herausforderungen der schlimmen Situation nichts entgegensetzen. Von Anfang an stand er unter dem Druck von Nachbarstaaten – und deren Politik wurde von mächtigen Gruppierungen am Jerusalemer Hof unterstützt –, sich einer konzertierten Aktion gegen die neuen Oberherren anzuschließen. Anscheinend zweifelte er selbst an den Erfolgsaussichten und war darum geneigt, sogar in den kritischen Tagen der Belagerung auf Jeremia zu hören (Jer 37,3–10.16–21; 38,14–

---

[308]   Die Einnahme von Askalon ist in der babylonischen Chronik aufgezeichnet (ANET 563) und wahrscheinlich in Jer 47,5.7 angedeutet.

[309]   Auf diese Dürre nehmen mehrere Abschnitte Bezug: Jer 8,14f.20; 9,9.11.14; 9,19–21, die letzte Aussage wird durch eine Anspielung auf Mot, der im Baal-Zyklus von Ugarit Trockenheit und Tod verursacht, verstärkt (Jer 9,20). Auf den liturgischen Charakter der Sprache in Jer 14,1–15,3 ist oft hingewiesen worden.

[310]   2Kön 24,1–2; Jeremias Spruch gegen Damaskus (Jer 49,23–27) mag auf ein älteres Orakel zurückgehen, das vor der Eingliederung dieses Königreiches in das assyrische Großreich (732 v.Chr.) ergangen war (vgl. Am 1,3–5). Vielleicht ist aber auch eine Anspielung auf die syrischen Truppenteile beabsichtigt, die im Jahre 601 v.Chr. an der Seite der Babylonier kämpften (vgl. Jer 35,11).

28). Jeremia seinerseits fehlte durchaus nicht jedes Mitgefühl für ihn (Jer 34,1–5), und er teilte gewiß nicht die Hoffnungen jener, die eine schnelle Rückkehr des verbannten Jojachin erwarteten, den in Juda und der Diaspora weithin anerkannten rechtmäßigen Herrscher (Jer 22,24–30).

Schon nach vier Jahren erreichte die Spannung in der Hauptstadt den Siedepunkt, als nämlich im babylonischen Heer eine Meuterei ausbrach und nur wenig später in Ägypten Psammetich II. an die Macht kam. Die Hoffnungen der Kriegspartei in Jerusalem richteten sich von da an auf Ägypten, das sich auch eifrig bemühte, den Aufstand in den kleineren, westlichen Staaten zu schüren. Abgesandte dieser Staaten trafen sich in Jerusalem. Während der Konferenz stellte sich ihnen Jeremia mit aufgebundenem Joch entgegen, so wie man es zur Fesselung von Kriegsgefangenen gebrauchte, und verkündete ihnen den von Gott gewollten Aufstieg Babylons (Jer 27,1–15). Die Botschaft widersprach frontal allem, was eine Anzahl von nationalistischen Propheten aus der Umgebung sagten (Jer 27,9). Es kam zu einer Konfrontation mit dem Propheten Hananja ben Azzur aus Gibeon, der weissagte, innerhalb von zwei Jahren werde Juda unabhängig werden und Jojachin auf den Thron zurückkehren (Jer 28,1–4). Nach kurzem Zögern – verständlich angesichts der politischen Situation – trat Jeremia wieder auf, diesmal mit einem eisernen Joch. Er weissagte den Tod des Hananja (in Übereinstimmung mit dem deuteronomischen Gesetz über die Falschpropheten), der noch im selben Jahr eingetreten sein soll (Jer 28,10–17).

Diese Turbulenzen erschütterten auch die babylonische Diaspora, die anscheinend engen Kontakt mit den Entwicklungen in Juda hielt. Wir hören von einem gewissen Schemaja, einem Propheten in Babylonien, der an die Tempelbehörden in Jerusalem schrieb und sie dringend bat, gegen Jeremia einzuschreiten (Jer 29,24–28). Von anderen Diaspora-Propheten weiß man, daß sie den Aufruhr schürten und deswegen hingerichtet wurden (Jer 29,21–23). Unterdessen drängte Jeremia die Exulanten, sich mit ihrer Situation abzufinden. Dahinter steckt die Überzeugung, daß die Zukunft in der Diaspora und nicht bei den Daheimgebliebenen liegen würde. Klugerweise sollten wir aber hinzufügen: Jeremias Bevorzugung der Exulanten, die „guten Feigen" (Jer 24), kann auch die Zutat von jüdisch-babylonischen Elementen aus der Zeit oder kurz vor der Rückführung sein.

Es kann kein Zweifel daran bestehen, daß Jeremia sein Leben riskierte, dadurch daß er sich gegen die damals offenbar vorherrschende nationalistische Stimmung stemmte. Er wurde von vielen Seiten angefeindet: vom Königshof (wo er allerdings einige einflußreiche Freunde zu haben schien), aus seiner Heimatstadt und ganz besonders von der Tempelbürokratie. Ein undatierter Zwischenfall führte zu seiner Verhaftung durch Paschhur, den Chef der Tempelpolizei. Er wurde in einem Tempeltor an den Pranger gestellt. Das geschah nach der Zertrümmerung des Tonkruges am Scherbentor (später Misttor), das zum Hinnomtal hinausführte; die Zeichenhandlung sollte öffentlich und symbolhaft das Schicksal der Stadt darstellen (Jer 19,1–20,6). Die sich vertiefende Entfremdung des Propheten ist erkennbar, wenn er sich weigert, zu heiraten oder wieder zu heiraten, an Trauer- oder Freudenfeiern teilzunehmen (Jer 16,1–9)[311] oder, besonders gravierend, die wesenhaft prophetische Funktion der Fürbitte

---

311 Wegen Jer 16,1–9 sehen sich viele zu der Annahme bewogen, Jeremia sei ein freiwilliger Zölibatär gewesen. Das ist aber keineswegs sicher. R.P. Carroll, 1986, 338–342, warnt davor, den Abschnitt für ein „unverfälschtes biographisches Dokument" zu halten. Auch die Gefahren der Psychologisierung sollten nicht unterschätzt werden (Jeremia als der „Eunuch der Zeit" oder als

wahrzunehmen (Jer 11,14–17; 14,11f). Die soziale Anerkennung des Prophetentums bedeutete nicht automatisch, daß ein bestimmter Prophet akzeptiert wurde; sie hinderte andererseits die Leute auch nicht daran, einen solchen Menschen als seltsam, ungehobelt oder sogar verrückt einzustufen (z.B. Jer 29,26). Aus dem Prozeßbericht geht hervor, daß seine „support group" sich auf Angehörige zweier Familien aus der Oberschicht beschränkte (Saphan, Vater des Ahikam, Jer 26,24, und Nerija, Vater von Baruch und Seraja, Jer 51,59; 32,12). Hinzu kamen einige Älteste und Edelleute aus der Provinz, das waren die sogenannten „Leute vom Lande", welche die Reformen des Josia unterstützt hatten. Sieht man von diesen wenigen Gleichgesinnten ab, so war er wohl ziemlich auf sich selbst gestellt. Seine Laufbahn illustriert wie die keines anderen Propheten das, was Dietrich Bonhoeffer meinte: Wenn Gott einen Menschen beruft, dann beruft er ihn zum Sterben.

Der von Ägypten aus geförderte Aufstand brach im Jahre 589 v.Chr. aus, er wird in Jer 37,5 bezeugt. Eins der zeitgenössischen Lachisch-Ostraka erwähnt einen Besuch des Heerführers Konja in Ägypten. Auch das könnte den Tatbestand belegen (ANET 322). Am Anfang des folgenden Jahres erfolgte die voraussehbare Reaktion der Babylonier. Eine verzweifelte Begeisterung trieb die Kriegspartei an. Es gelang ihr sogar, hebräische Schuldsklaven zu befreien, damit der Mangel an Verteidigungskräften während der Belagerung ausgeglichen würde (Jer 34,8–10). Die Stadt wurde noch mindestens 1½ Jahre berannt; währenddessen schwärmten andere babylonische Einheiten durch das Land und ließen nur wenige Ortschaften übrig, die noch Widerstand leisten konnten. Die Belagerung wurde für kurze Zeit aufgehoben, als die Ägypter nach der Thronbesteigung des Apries in Ägypten in das Geschehen eingriffen (Jer 37,5). Aber die Befreiung war kurzlebig, die Babylonier standen sehr bald wieder vor den Mauern. Die Bevölkerung, angeschwollen durch Flüchtlinge aus dem Landesinneren, litt unsäglich unter der Hungersnot, bis schließlich Breschen in die Mauern geschlagen waren und der Truppenkommandant Nebusaradan befahl, Stadt und Tempel niederzubrennen. Zedekia selbst wurde beim Fluchtversuch gefaßt. Er mußte mitansehen, wie seine Kinder abgeschlachtet wurden. Dann blendete man ihn und führte ihn in die Gefangenschaft.

Die Berichte über die Ereignisse (Jer 32–34; 37–39) vermitteln den Eindruck, Zedekia sei eine bemitleidenswerte Gestalt gewesen, unschlüssig, etwas zu tun, voller Angst angesichts der pro-ägyptischen Höflingsfraktion, gleichzeitig voller Hoffnung auf ein Wunder in letzter Minute. Er schickte eine Delegation zu Jeremia und drängte ihn, Fürbitte zu leisten. Alles, was er erfahren konnte, war, daß er keine andere Wahl mehr habe als die eine: Kapitulation (Jer 37,3–10). Als die Belagerung für kurze Zeit aufgehoben war, weil das ägyptische Heer sich näherte (Jer 37,3), wollte Jeremia die Stadt verlassen und Anatot besuchen, vielleicht um die Verhandlungen über den Ackerkauf in Gang zu bringen. Aber er wurde, nicht unerwartet, unter der Anklage auf Fahnenflucht verhaftet, geschlagen und ins Gefängnis gesteckt. Dort besuchte ihn der König, dem er dieselbe Botschaft von vorher wiederholte (Jer 37,11–21). Man verlegte ihn in ein komfortableres Gefängnis. Dort empfing er den Besuch seines Onkels Schallum, dessen Acker er gekauft hatte, und brachte den Vertrag zum Abschluß (Jer 32). Dieser Vorgang gab dem Glauben an die Zukunft des Volkes und des

---

Kierkegaardsche oder Kafkaeske Gestalt etc.). W. McKane, 1986, 366–368, bezweifelt ebenfalls die autobiographische Aussagekraft des Textes.

verwüsteten Landes wirksam Ausdruck.[312] Als die Lage sich verdüsterte, man Häuser abriß, um die Verteidigung der Stadt zu erleichtern (Jer 33,4), als die Babylonier das ganze Land mit Ausnahme von Lachisch und Aseka unter Kontrolle gebracht hatten[313] und die Belagerungstruppen daran gingen, eine Bresche in die Mauer zu schlagen, da wuchs die Gefahr für Jeremia. Die pro-ägyptische Partei forderte die Todesstrafe wegen Hochverrats und ließ ihn in eine leere Zisterne werfen, wo er zugrunde gehen sollte. Doch ein Eunuch aus dem Palast befreite den Propheten, er hatte eine letzte Unterredung mit dem König: Vergebens drängte er ihn, die Stadt an die Feinde zu übergeben (Jer 38).

Nach der Zerstörung Jerusalems wurde Jeremia durch einen speziellen Erlaß Nebukadnezars geschützt;[314] ihm wurde zur Wahl gestellt, entweder in Juda zu bleiben oder die Exulanten nach Babylon zu begleiten. Er entschied sich für die erste Möglichkeit, und man übergab ihn der Obhut des neuen Gouverneurs und Marionettenkönigs Gedalja, einem Angehörigen der Familie des Saphan (Jer 39). Nach dessen Ermordung jedoch wurde er von nationalistischen Aufständischen oder deren Sympathisanten gewaltsam nach Ägypten verschleppt (Jer 40–43). Das letzte, was wir von ihm hören, ist: Er verkündet immer noch dieselbe Botschaft, und seine Hörerschaft, in der die Frauen hervorgehoben werden, weist sie noch immer zurück (Jer 44). Wenn er wirklich so geendet ist, ein trauriges Schicksal, dann wird er irgendwann nach dem Fall Jerusalems in einer der jüdischen Siedlungen im Nildelta gestorben sein.

Versuchen wir, rückblickend Jeremias Platz in der Geschichte der Prophetie zu bestimmen, lassen sich viele Verbindungslinien mit der zu seiner Zeit schon fest etablierten Tradition feststellen. Aufgrund seiner Herkunft aus Benjamin, der wahrscheinlichen Herleitung seiner Familie aus der vorstaatlichen Priesterschaft von Silo und den Berührungen mit Lehre und Sprache der frühen Hoseasprüche hat man den Schluß gezogen, daß er fest in der ephraimitischen Prophetentradition verwurzelt gewesen sei.[315] Ein Körnchen Wahrheit ist schon in dieser These enthalten, aber man sollte sie nicht überstrapazieren. Es ist doch höchst fragwürdig, wie weit eine eindeutig ephraimitische Tradition die 500 Jahre in Anatot überstanden haben soll, gerade angesichts der Tatsache, daß dieser Ort so nahe bei Jerusalem liegt. Außerdem hat Jeremia, wie wir sahen, seine Unterstützung eben nicht aus Anatot bezogen – er verurteilte es vielmehr –, sondern von gewissen Familien am Hof und von den „Ältesten des Landes". Sie ihrerseits verbanden ihn mit Micha, einem judäischen Propheten, und nicht mit ephraimitischen Mittlergestalten, wenn man nach ihrer Interven-

---

312 Ein wenig später forderte die pro-ägyptische Partei die Todesstrafe für ihn, mit der Begründung, er „schwäche die Hände der Soldaten" (Jer 38,4), vgl. denselben Ausdruck im Lachisch-Ostrakon Nr. 6 (ANET 322).

313 Im Lachisch Ostrakon Nr. 4 schreibt zur Zeit der Belagerung ein gewisser Hosea, Kommandant eines Außenpostens, an Joasch, den Gouverneur von Lachisch: „Und (mein Herr) soll wissen, daß wir auf die Signale von Lachisch achten, gemäß allen Anweisungen, die mein Herr gibt, jedoch sehen wir (die Zeichen von) Azeka nicht." (K. Galling, TGI 77; vgl. ANET 322).

314 Jer 39,11f; wenn diese Nachricht historisch zuverlässig ist, dann ist sie ein wertvolles Indiz dafür, daß Prophetensprüche weite Verbreitung fanden und den höchsten Autoritäten zur Kenntnis kommen konnten. Nebukadnezar betrachte Jeremia wahrscheinlich als babylonischen Agenten. Er hat seine Voraussagen von Untergang und Zerstörung vielleicht als zusätzliche göttliche Ermächtigung für die babylonische Eroberungspolitik verstanden (vgl. den Sanherib zugeschriebenen Anspruch, im Auftrag Jahwes zu handeln: 2Kön 18,25).

315 R.R. Wilson, 1980, 231–251.

tion in der Gerichtsverhandlung urteilen kann (Jer 26,17–19). Im vorigen Kapitel haben wir auf die Verwandtschaft zwischen den Sprüchen aus dem Kreis um Micha und dem deuteronomischen Programm hingewiesen. Die Deuteronomiker haben offensichtlich eine Vorliebe für Jeremia: vielleicht noch ein Indiz dafür, daß er mehr als nur einen Ausschnitt prophetischer Erfahrung und Verkündigung in sich vereinigt.

Jeremia hat also viel mit früheren prophetischen Gestalten wie Amos, Hosea und Micha gemein. Aber schon eine oberflächliche Lektüre bringt ebenso erstaunliche Unterschiede zu Tage. Wir können die Tragweite dieser Differenzen am besten ermessen, wenn wir uns die literarischen Eigenheiten näher ansehen. Gerhard von Rad hat darauf hingewiesen, wie mit Jeremia beginnend die klassischen Formen der prophetischen Rede zerbrechen und in die längeren und weniger klar strukturierten Diskurse aufgesogen werden. Er stellt ebenfalls eine erheblich verstärkte Bedeutung der biographischen Erzählungen fest; sie entspricht dem vermehrten Interesse am Botschafter im Vergleich zur Botschaft.[316] Das Amosbuch z.B. enthält nur ein kurzes, biographisches Memorabile (Am 7,10–17), während wir von Jeremia (die Frage der Historizität klammern wir aus) eine Überlieferung haben, welche fast die Dimensionen einer Biographie-plus-Autobiographie, von der Empfängnis bis zu seinen letzten Tagen in Ägypten, annimmt. Auf die häufigen Parallelen zwischen deuteronomi(sti)scher Mose„biographie" und Lebensskizze des Jeremia ist schon oft hingewiesen worden. Das Buch Deuteronomium als solches ist eine prophetische Rede des Mose, die in einem historischen und biographisch-autobiographischen (d.h. Reden in dritter und erster Person) Rahmen dargeboten wird.

Was sich in der Literatur abspielt, läßt sich wie folgt beschreiben: Der dem Prophetentum zugrundeliegende Gedanke des Berufen-Werdens und Werkzeug-Seins für transzendentale Zwecke weitet sich immer mehr über die bloße Wortvermittlung hinaus aus und schließt immer mehr tendentiell einen umfassenden Dienst unter Einsatz des ganzen Lebens ein. Der große Nachdruck, der im Jeremiabuch auf Gebet, Leiden, Innerlichkeit, Identifikation mit dem Schmerz und Zorn Gottes gelegt wird, weist in diese Richtung (die jedoch nicht geradlinig darstellbar ist) und zeigt an, daß sich die Wahrnehmung der prophetischen Aufgaben erheblich verbreitert hat.

Ein weiteres Merkzeichen ist die Häufigkeit von mimischen und symbolischen Handlungen im Jeremiabuch.[317] Ursprünglich stammt dieses Verhalten anscheinend aus der homöopathischen Magie; es ist aber ritualisiert worden und in verschiedene Spezialbereiche öffentlicher Betätigung wie z.B. Kriegsführung, Medizin, Gerichtspraxis und Kunst eingegangen. In seiner prophetischen Variante ist nicht nur die Absicht zu spüren, das gesprochene Wort sozusagen mit einer visuellen Komponente auszustatten, sondern auch der Wille, seine Kraft zu erhöhen und seine Wirksamkeit zu steigern. In der frühen ekstatischen Prophetie hatte die Durchführung solcher mimischen Handlungen, z.B. das Stoßen mit eisernen Hörnern oder das Pfeilschießen zur Andeutung des Sieges (1Kön 22,10–12; 2Kön 13,14–19), anscheinend keine

---

[316] G. von Rad, 1960, 203–205; ders., The Message of the Prophets, 162, 167.
[317] Vgl. das schmutzige Lendentuch (Jer 13,1–11), die Weigerung, zu heiraten und Kinder zu haben (Jer 16,1–9), den Besuch beim Töpfer (Jer 18,1–11), die öffentliche Zertrümmerung eines Kruges (Jer 19,1–15), das hölzerne und eiserne Joch (Jer 27,1–28,17), den Ackerkauf in Anatot (Jer 32,1–44), die Weingabe an die Rekabiten (Jer 35,1–11), das Verstecken von Steinen im Hof des Palastes in Ägypten (Jer 43,8–13).

weiteren Rückwirkungen auf oder Folgen für den Darsteller. Bei Jeremia jedoch hat sich der Wirkungskreis derartiger Vorführungen so sehr ausgeweitet, daß der Darsteller in seinem Bewußtsein immer mehr mit seiner Aufgabe verschmilzt. Wir kommen wieder einmal näher an den Punkt heran, an dem die Person, so gut wie das gesprochene Wort, selbst zur Botschaft wird.

Wo immer wir lesend mit Jeremia – wie er in dem facettenreichen, vielschichtigen literarischen Portrait des Jeremiabuches gezeichnet ist – Kontakt aufnehmen, werden unsere liberalen Ansichten über das Wesen zwischenmenschlicher Beziehungen, der Politik und vor allem der Religion arg strapaziert. Wir begegnen einer Person, deren Lebensweg in die öffentliche Arena nationaler Politik führte und die ihr Leben dem Versuch widmete, die Entscheidungen auf höchster Ebene zu beeinflussen. Gerade an dieser Stelle, an der wir Differenzierungen, die Anerkennung der politischen Realität und Bereitschaft und Fähigkeit, Kompromisse einzugehen, erwarten, treffen wir nur auf absolute, kompromißlose Gewißheit: „Ist nicht mein Wort wie Feuer, wie ein Hammer, der Felsen zerschmeißt?" (Jer 23,29). Wir neigen dazu, derartige Selbstgewißheit, gepaart mit einem Gefühl, isoliert und abgelehnt zu werden, als ein bedenkliches psychologisches Profil auszumachen. Bei Jeremia, dem Jeremia des Buches wohlgemerkt, führt das alles zu der beherrschenden Überzeugung, die Menschen seien tief in Sünde verstrickt. Er spricht u.a. von der Unfähigkeit, das Böse auszutreiben, und von der unheilbaren Krankheit des menschlichen Herzens (Jer 13,23; 17,9). Das Volk, das sich für das von Gott erwählte hält, steht unter dem göttlichen Gericht, das nichts von seiner Wirklichkeit einbüßt, wenn es nicht akzeptiert wird. Die Menschen sind Ton in der Hand des Töpfers, der nach Gutdünken schafft oder zerbricht (Jer 18,1–11). Natürlich ist es möglich, den göttlichen Willen zu erkennen: bei Jeremia hauptsächlich mittels des prophetischen Wortes. Aber auf vielen Wegen lassen sich die Konsequenzen dieses Wissens umgehen. Es gibt – wir können sagen: glücklicherweise – auch andere Stimmen in der hebräischen Bibel, einschließlich die der exilischen Redaktoren. Sie veränderten die Predigt des Jeremia, schwächten sie ab im Licht ganz anderer Situationen. Aber es gibt keinen Zweifel daran, daß Jeremias Lehre und Leben für die Nachwelt einen wichtigen Faktor darstellten: Sie prägten das religiöse Bewußtsein, welches dem frühen Judentum und den in ihm wachsenden Bewegungen, einschließlich des Urchristentums, eigentümlich wurde.

V. Zwischen der alten und der neuen Ordnung

16. Prophetie in der Krise

In mancher Hinsicht ist das 6. Jahrhundert v.Chr. eine Hauptepoche der Antike, wenn nicht der ganzen Menschheitsgeschichte. Die Menschen dieses Jahrhunderts erlebten den Untergang der zwei Jahrtausende alten semitischen Vorherrschaft im Mittleren Osten, die Anfänge der griechischen Philosophie, des Zoroastrismus, Buddhismus, Konfuzianismus und die Entstehung des Judentums.[318] In ihm ging Juda nach mehr als vier Jahrhunderten die staatliche Unabhängigkeit verloren; allerdings hatte es die Hälfte dieser Zeit als Vasall nacheinander Assyriens, Ägyptens und Babyloniens zugebracht. Im normalen Gang der Geschichte hätte die Auslöschung von Dynastie und nationalem Kult auch das Ende der Nation und ihrer Religion bedeutet, wie es beim Reich von Samaria eineinhalb Jahrhunderte vorher nach dessen Eingliederung in das assyrische Weltreich auch geschehen war. Daß dies nicht geschah, als Jerusalem fiel und sein Nationalheiligtum zerstört wurde, kann als eine der interessanteren und wichtigeren Weichenstellungen der antiken Geschichte betrachtet werden. Ihre Nachwirkung hält bis heute an. Ein Grund für diese Entwicklung liegt auf der Hand: Die babylonische Politik gestattete es den verschiedenen ethnischen Gruppen, die man nach Babylonien umsiedelte (aus verwaltungstechnischen und fiskalischen, nicht aus humanitären Beweggründen), sich in geschlossenen Gemeinschaften anzusiedeln, manchmal vielleicht in bewohnter Gegend. So fiel es ihnen leichter, ihre geschichtliche, rechtliche und kultische Identität zu wahren.[319] Sodann blieb natürlich die Mehrheit der Bevölkerung im eigenen Land. Dort war das Problem der Kontinuität nicht so gravierend. Wir müssen auch damit rechnen, daß sich in Israel schon eine grundlegende Fähigkeit der Umorientierung herausgebildet hatte, noch bevor die schubweisen Deportationen jener verhängnisvollen Jahrzehnte eintraten. Mit guten Gründen kann man außerdem annehmen, daß die Politik der Kultzentralisation doch nicht so gründlich und erfolgreich durchgeführt wurde, wie es dargestellt wird, und daß die elementaren sozialen Grundstrukturen, z.B. die Institution der Ältesten, unversehrt blieben. Weiter hat die persische Reichsverwaltung während der langen Aufbauphase des neuen Imperiums die kleine Provinz davor geschützt, von feindlichen Nachbarn überrannt zu werden. Das gilt insbesondere für die Samaritaner im Norden und die Araber im Osten und Süden Judas.

In diesem Kapitel soll uns die Auswirkung der Geschehnisse auf die prophetischen Aktivitäten und das Prophetentum insgesamt beschäftigen. Wir haben schon darauf hingewiesen, daß man mit Vorliebe die Geschichte der Prophetie im Exil zu Ende gehen läßt. Zwar kann man sich dafür auf rabbinische Vorgänger berufen, welche diese Sicht fast als Dogma verkündeten (vgl. BB 12b), aber sie ist falsch. Sie hat zu einer vorurteilsvollen theologischen Interpretation der Entwicklungen während der Periode des Zweiten Tempels beigetragen. Die klassische Prophetie ist in der modernen Bibelwissenschaft weithin als der Scheitelpunkt der religiösen Entwicklung in Is-

---

[318] Vgl. die Bemerkungen C.F. Whitleys, 1957, 1–28.
[319] Das ist eine zwar außergewöhnliche, aber nicht einzigartige Leistung, vgl. E.J. Bickerman, 1949, 70f.

rael angesehen worden. Das Ergebnis war, daß man nach ihrem Ende und auf dem Wege hin zu Jesus und der frühen Christenheit einen allmählichen Abfall von dieser Höhenlage annehmen mußte. In einigen sehr einflußreichen Theologien des Alten Testaments wird die Zeit des Zweiten Tempels bei weitem nicht mit der genauen und kritischen Aufmerksamkeit untersucht wie die früheren Perioden. Statt dessen begegneten wir oft Verallgemeinerungen abwertender Art (religiöser Formalismus, Gesetzlichkeit, Chauvinismus usw.). Sie werden wie die patristischen Katenen von einer Generation an die nächste weitergereicht. [320] Dieser verderbliche Ansatz ist heute weitgehend Vergangenheit. Das Gegenmittel ist, die Texte für sich selbst sprechen zu lassen. Sie sagen uns unter anderem, daß die Prophetie im babylonischen Exil nicht zu Ende ging, auch wenn sie recht tiefgreifende Veränderungen erlitt. Bevor wir diese untersuchen, müssen wir jedoch einen kurzen Blick auf die politischen und sozialen Wandlungen jener Zeit werfen, welche alle Bereiche des religiösen Lebens in Mitleidenschaft zogen.

Unglücklicherweise sind die entscheidenden 60 Jahre von der ersten Deportation bis zum Kyros-Edikt (598–538 v.Chr.) sehr schlecht dokumentiert. Wir können trotzdem annehmen, daß die babylonischen Feldzüge und die wiederholten Deportationen zusammengenommen eine breitflächige Zerstörung und Zerrüttung des Alltagslebens hinterließen, aber auch die Bevölkerung dezimierten. Einen zweifellos grellen Reflex davon finden wir in den prophetischen Texten, die in jene Zeit zu datieren sind, und im Buch der Klagelieder.[321] Grabungsergebnisse aus Juda und dem Negeb, obwohl immer fragmentarisch und revisionsbedürftig, scheinen den Befund zu bestätigen. Sie zeigen, daß die Zerstörungen im Süden der Provinz stärker waren als im Norden. Edomitische Übergriffe auf judäisches Gebiet sind wesentlich mit für diese Lage verantwortlich.[322] Die Edomiter waren so begierig, im Gefolge der babylonischen Eroberung Gewinne einzustreichen, daß sie vielfach in die biblische Überlieferung eingegangen sind. Darum kann man heute noch aus den Prophetenbüchern und anderen Texten eine Menge anti-edomitischer Schmähungen zusammenstellen. Man denke auch daran, daß „Edom" noch in der Römerzeit als verschlüsselter Begriff für brutale Unterdrückung in Gebrauch war (z.B. im tannaitischen Exodus-Midrasch *Mekilta*).[323]
Das kleine, dem Propheten Obadja zugeschriebene Buch gehört mit an erster Stelle zu dieser gegen Edom gerichteten polemischen Literatur. Es gibt sich als Vision (vgl. Jes 1,1; Nah 1,1) und enthält drei kurze, anti-edomitische Sprüche (Ob 1b–4.5–7.8–14.15b), die in eine typische Drohung mit einem Gottesgericht gegen alle Feindna-

---

320 Zur Behandlung des Spätjudentums in der alttestamentlichen Theologie vgl. J. Barr, Le Judaisme postbiblique et la théologie de l'Ancien Testament, RThPh 18, 1968, 209–217; J. Blenkinsopp, 1977, 17–23, und ders., Tanakh and the New Testament, in: L. Boadt u.a. (Hg.), Biblical Studies: Meeting Ground of Jews and Christians, New York 1980, 96–119.

321 N.K. Gottwald, Studies in the Book of Lamentations, London 1954; D.R. Hillers, Lamentations, Garden City 1972, XV–XXIII.

322 J.H. Hayes und J.M. Miller (Hg.), 1977, 475. Ein beschriftetes Ostrakon, das in Arad, etwa 30 km südlich Beerscheba gefunden wurde, stammt aus dieser Zeit und scheint auf einen edomitischen Angriff hinzuweisen, vgl. Y. Aharoni und M. Avi-Yonah (Hg.), EAEHL I, 1975, 87; B. MacDonald, Archaeology of Edom, ABD 2, 295–301.

323 Vgl. besonders Am 1,11f; Jes 21,11f; 34,5–7; 63,1–6; Jer 49,7–22; Ez 25,12–14; 35,1–15; Mal 1,3–5; Ps 137; Thr 4,21f; J.R. Bartlett, Edom, ABD 2, 287–295.

tionen, einschließlich Edoms, auslaufen (Ob 15a.16–18). Ein später Redaktor aus der
Zeit des Zweiten Tempels hat ein paar ergänzende Verse hinzugefügt. Sie versprechen die Rückführung des zerstreuten Israel von weither ins Heimatland und die
Aufrichtung des Reiches Gottes in Jerusalem (Ob 19–21).[324]
Die übliche Frage nach Abfassungszeit und Autorschaft wird noch immer diskutiert;
sie ist auch deshalb so schwierig zu lösen, weil die ersten beiden Sprüche des Buches
Obadja sonst gewisse Übereinstimmungen mit einem Anti-Edom Orakel bei Jeremia
aufweisen (Jer 49,9f.14–16). Da indessen keine Version etwas über den Fall Jerusalems aussagt, der im dritten Spruch Obadjas deutlich hervortritt (Ob 11–14), ist die
wahrscheinlichste Hypothese diese: Beide haben eine vorliegende Sammlung anti-
edomitischer Orakel benutzt – auch im Jakobzyklus ist ähnliches Gut verwendet
(Gen 25,23; 27,39f) –, die dann aufgrund der edomitischen Übergriffe nach dem Fall
Jerusalems stark erweitert worden ist. Der kultische Charakter und Ursprung dieser
Spruchgattung bringt einige Forscher auf die Vermutung, daß Obadja wie Nahum
einer der übriggebliebenen, zentralen Kultpropheten gewesen sei. Aber die Parallelen
bei Jeremia können auch nahelegen, daß dieses kürzeste biblische Buch und sein
Autor künstliche Gebilde sind, die sich wie Maleachi einem Hinweis im Buch selbst
verdanken (*mal'aki*, „mein Bote", Mal 3,1). Der Name Obadja bedeutet nämlich
„Knecht Jahwes"; er ist für eine prophetische Figur sehr gebräuchlich und seit der
frühen Königszeit bis in die Periode des Zweiten Tempels hinein bezeugt.
Für das Verständnis der Prophetie zu jener Zeit mag es hilfreich sein, wenn ich für
den Zeitraum zwischen dem Fall Jerusalems im Jahre 587/586 v.Chr. und dem Untergang Babyloniens im Jahre 539 v.Chr. kurz ihre Kontinuität skizziere und das
Ausmaß an Diskontinuität abschätze. Nach dem Fall Jerusalems ernannten die Babylonier einen Einheimischen, Gedalja, aus der Familie des Saphan, zu ihrem Marionettenkönig. Er schlug seine Residenz in Mizpa auf (wahrscheinlich Tell en-Nasbe, ungefähr 12 km nördlich von Jerusalem), zweifellos, weil die Hauptstadt in Trümmern
lag. Die Tatsache seiner Ernennung weist neben den Nachrichten über seine Familie
und seiner Sympathie für Jeremia darauf hin, daß er unter der Regierung des Zedekia
zur Friedenspartei gehört hatte.[325] Ob die Auswahl eines einheimischen Regenten,
der jedoch nicht aus der königlichen Familie stammte, darauf hindeutet, daß die Babylonier auch den Plan hegten, den verbannten Jojachin am Ende wieder als Vassal-
lenkönig einzusetzen, entzieht sich unserer Kenntnis. Ein solcher Plan hätte auch die

---

324 Der Abschnitt Ob 19–21 spricht von der Rückkehr des zerstreuten Volkes Israel aus den entle-
gendsten Gebieten, etwa aus Mesopotamien und Kleinasien. Sepharad (Ob 20) ist im späteren
Hebräisch das Wort für Spanien; es könnte sich hier auf Sardis in Lydien beziehen, wo es eine
bedeutende Synagoge gab, oder auf Saparda, eine Stadt in Medien. Vgl. die Kommentare und J.
Gray, The Diaspora of Israel and Judah in Obadiah v. 20, ZAW 65, 1965, 53–59; D. Neiman, Sepharad: The Name of Spain, JNES 22, 1963, 128–132.

325 Gedalja war der Sohn Ahikams, der Jeremia in dessen Hochverratsprozeß deckte (Jer 26,24;
40,6), und Enkel des Saphan. Ein Siegelabdruck, gefunden in Lachisch (Tell ed-Duweir), trägt die
Inschrift *lgdljhw ['']šr 'l hbjt*, „dem Gedalja, der dem Haus vorsteht". Wahrscheinlich ist unsere
Person in ihrer Eigenschaft als Palastverwalter gemeint, vgl. O. Tufnell, Hg., Lachish, Bd. 3, The
Iron Age, London 1953, 348. N. Avignad, Hebrew Bullae from the Time of Jeremiah, Jerusalem
1986, 24f, meint, ein anderer Abdruck mit der Inschrift *lgdljhw 'bd hmlk* beziehe sich auf dieselbe
Person, weil die Schriftzüge die gleichen seien. Seltsamerweise lassen die von der Revised Stan-
dard Version und anderen modernen Übersetzungen zugefügten Abschnittsüberschriften der be-
treffenden Texte den Königstitel aus. Das mag darauf zurückzuführen sein, daß man den Nicht-
Davididen in einer Herrscherposition als peinlich empfindet.

Ermordung Gedaljas und seines „Hofes" durch einen Rest der nationalistischen Partei unter Führung Ismaels, eines Angehörigen der Daviddynastie, kaum überlebt (2Kön 25,22–26; Jer 40f). Ismaels Terroranschlag löste weitere Deportationen und Bevölkerungsbewegungen aus, in deren Verlauf Jeremia gewaltsam nach Ägypten verbracht wurde (Jer 42–44).

Aus ziemlich durchsichtigen ideologischen Gründen vermitteln mehrere biblische Texte den Eindruck, daß Juda nach der babylonischen Eroberung regelrecht entvölkert wurde. Die Gründer der neuen Gemeinde des Zweiten Tempels hätten dann bei ihrer Rückkehr aus Babylonien eine politische, soziale und demographische tabula rasa vorgefunden.[326] Das war ganz sicher nicht der Fall. Zwar war viel zerstört worden, besonders in Jerusalem und im Südteil der Provinz, aber das frühere Territorium Benjamins war weit weniger betroffen. Auch zerstörten die Babylonier nicht die soziale Grundstruktur, z.B. die Einrichtung der Stammesältesten und die Ortsgerichte. Ebenso ging der Kultbetrieb weiter, vielleicht sogar in Jerusalem, auf oder nahe bei dem Tempelplatz. Wahrscheinlicher noch opferte man in Bethel oder an anderen Stätten in der Provinz.[327] Aus unserer heutigen Sicht der Dinge können wir sagen, daß der schärfste Sprengstoff, den die koloniale Herrschaft produzierte, in der Enteignung des Landbesitzes der Deportierten lag. Die Äcker übergab man den Bauern zur Bewirtschaftung, die sich die „Armen des Landes" nannten (2Kön 25,12; Jer 40,7). Man wird diese Vorgänge kaum schon eine soziale Revolution nennen können, wie manche behauptet haben. Doch trugen sie dazu bei, die Beziehungen zwischen den palästinischen und babylonischen Juden zu vergällen, besonders nachdem einige der letzteren die Möglichkeit zur Rückkehr erhalten hatten (frühe Perserzeit). Die in Juda Zurückgebliebenen stellten sich auf den Standpunkt, die Deportierten wären de facto aus der Kultgemeinde ausgegliedert worden und hätten darum ihre Besitzansprüche auf ihr Land verwirkt (vgl. Ez 11,14–17; 33,23–25; Lev 25,23). Wir müssen annehmen, daß die Altbesitzer diese Argumentation nicht überzeugend fanden. Sie konnten immerhin auf das alte Gesetz verweisen, nach dem jegliche Entfremdung von Erbbesitz verboten war (Lev 25,23).

Das Problem des Landbesitzes war nur ein Faktor, der zum Konflikt zwischen den „Einheimischen" und jenen babylonischen Juden der dritten und vierten Generation, welche sich in der frühpersischen Epoche für die Rückwanderung entschieden, beitrug. Es ergab sich verständlicherweise im Heimatland auch ein höherer Anteil an Mischehen und eine größere Verbreitung synkretistischer Kulte. Und diese Eigenheiten erwiesen sich nach der Wiedereinführung des Tempelkultes als Trennungsfaktoren.

Prophetische Schriften, die aus jener Übergangszeit erhalten geblieben sind, unterstützen fast ausnahmslos die Diasporajuden als die legitimen Erben des alten Israel, von Jeremia, der sie als die „guten Feigen" bezeichnet (Jer 24,1–10), bis Haggai, der

---

326 R.P. Carroll, The Myth of the Empty Land, Semeia 9, 1992, 79–93.

327 Jer 41,5 berichtet von einer Gruppe von 80 frommen Nordreichspilgern, die Gaben zum Jahwetempel bringen wollten. Sie wurden bei Mizpa von Parteigängern Ismaels ermordet. Meistens nimmt man an, sie seien auf dem Weg nach Jerusalem gewesen. Es ist aber ebensogut möglich, daß zur neubabylonischen Hauptstadt Mizpa ein Heiligtum gehörte, wie bescheiden auch seine Ausmaße gewesen sein mögen. Dann wäre dieses das Ziel der Pilger gewesen, man vergleiche Mizpa als religiöses Zentrum in der (späten) Erzählung von Ri 20f. Über Heiligtümer außerhalb Jerusalems vgl. Morton Smith, 1971, 82–98.

ihre palästinischen Widersacher als rituell verunreinigt ablehnt (Hag 2,10–14). Der offensichtliche Grund für diese ideologische Verfälschung der Tatsachen ist einfach die sozio-ökonomische und kulturelle Vorherrschaft der babylonischen Juden in der judäischen Tempelgemeinschaft unter persischer Herrschaft. Entscheidend dafür war ihre Kontrolle über den Tempel und seine beträchtlichen Ressourcen, welche ihnen die kaiserlichen Autoritäten stillschweigend zubilligten. Diese Machtposition verlieh ihnen dann auch eine außerordentliche Vormachtstellung in Gesellschaft und Politik. Auf jeden Fall ist deutlich: Die Lebensbedingungen in den jüdischen Siedlungen Babyloniens förderten erheblich mehr die Entstehung religiöser Literatur. Auf der anderen Seite sind Gelehrte ab und an dafür eingetreten, das deuteronomistische Geschichtswerk, der sogenannte Deuterojesaja und eine Anzahl von kleineren Texteinheiten wie Jes 21, Jer 30f oder Ez 34–37 seien in der redaktionellen Endgestalt in Palästina entstanden.[328]

Die Geschichte der Diaspora ist bis auf die verschiedenen assyrischen Deportationen im 8. und 7. Jahrhundert v.Chr. zurückzuverfolgen.[329] Die meisten der Verschleppten stammten aus dem Nordreich, und nach ihrer Neuansiedlung am Oberlauf des Tigris und des Euphrat verschwinden sie aus der Geschichte. Die judäischen Exulanten dagegen durften beieinander bleiben und konnten eine gewisse Form von Gemeinschaftsleben selbst organisieren. Sie ließen sich in südmesopotamischen Städten wie Tel-Abib, Nippur und auch in Babylon selbst nieder (Ez 1,3; 3,15; Esr 2,29 = Neh 7,61; Esr 8,15–23). Erfahrene Handwerker werden wohl in den Städten Arbeit gefunden haben oder zur Arbeit verpflichtet worden sein. Andere mögen sich dem Handel verschrieben haben,[330] wieder andere der Landwirtschaft.[331] Wie immer ihre Lebensbedingungen in den ersten Jahren des Exils ausgesehen haben mögen, sie waren bald in der Lage, Eigentum zu erwerben und Geschenke zurück in die Heimat zu schicken. Die Gemeindeleitung lag anscheinend in den Händen der Ältesten (Jer 29,1; Ez 8,1 usw.), zweifellos auch bei Priestern. Sie waren sicher daran interessiert, die Verbindung mit der Vergangenheit aufrecht zu erhalten, nicht zuletzt durch die Aufzeichnung der Stammbäume. Die separaten Siedlungen ermöglichten den Aufbau günstiger Sozialstrukturen, doch erforderte der Widerstand gegen die Assimilation zweifellos erhöhte Wachsamkeit. Daraus wird verständlich, warum Beschneidung, Sabbatvorschriften und Speiseregeln in dieser Zeit zum Konfessionsstatus avancierten, den sie heute noch innehaben.

Beachtenswert ist auch, daß Kultbedienstete verschiedener Klassen, von den Priestern bis zu den Tempelsklaven, ihre Identität und ihren Rang über mehrere Generationen beibehielten (Esr 2,36–58 = Neh 7,39–60; Esr 8,15–20). Das scheint eine gut entwickelte soziale, wirtschaftliche und administrative Binnenstruktur vorauszusetzen. Die religiöse Organisation könnte – so eine oft vertretene These – aus einem Netzwerk von Synagogen bestanden haben, die dem Gebet und der Bildung dien-

---

[328] Zu M. Noths und E. Janssens Argumenten zugunsten einer palästinischen Herkunft des Dtr vgl. P.R. Ackroyd, Exile 29f; 65–68. Zum judäischen Ursprung von Jes 40–55 vgl. u. Kap. V Nr. 19.

[329] Sie wurden von den Königen Tiglatpileser III. (2Kön 15,29; 1Chr 5,6–26; ANET 283), Sargon II. (2Kön 17,6.18), Sanherib (ANET 288), Asarhaddon (Jes 7,8, Esr 4,2) veranlaßt.

[330] Die Geschäftsunterlagen des Handelshauses Muraschu (ANET 221f) enthalten einen bedeutenden Prozentsatz gut jüdischer Namen wie Tobia (vgl. Esr 2,60).

[331] Das läßt sich vielleicht aus der Lage einiger Siedlungen an dem vom Euphrat gespeisten Kanalsystem ersehen, vgl. Ez 1,3; 3,15; Ps 137,1; Jer 29,5–7.

ten.[332] Im damaligen Entwicklungsstadium brauchte es für eine derartige Institution nicht mehr als eine Versammlung in einem ausreichend großen Haus. Die Ältesten, wir erinnern uns, pflegten mit Ezechiel in dessen Haus zusammenzutreffen (Ez 8,1; 14,1; 20,1). Eine andere, mit der ersten nicht unvereinbare Möglichkeit ist, daß die Deportierten in Casiphia, einem der Hauptorte der Diasporajuden, einen Tempel bauten. Zur Zeit des Esra wohnte dort ein gewisser Iddo (Name eines Priesters), mit dessen Hilfe Esra Kultpersonal rekrutieren konnte.[333] Beides sind indessen nur Hypothesen; sie basieren auf Rückschlüssen, nicht auf historisch gesicherten Daten.

Wenn wir weiter danach fragen, wie die babylonischen Juden während dieser langen Zeitspanne von der Regierungspolitik berührt wurden, sind wir ebenfalls auf Spekulationen angewiesen. Vielleicht haben sie sich auf die Seite der Opposition gegen Nabonid (556–539 v.Chr.) geschlagen und dafür auch gelitten. Er, der letzte babylonische König, vernachlässigte den Staatskult für Marduk und bevorzugte statt dessen den nordbabylonischen Mondgott Sin. Relativ klar scheint es jedenfalls zu sein, daß die babylonischen Juden die Perser unterstützten, als die babylonische Macht endgültig zur Neige ging. Die Belohnung dafür kam in Form der persischen Gunst. Ihnen wurde die politische und religiöse Kontrolle in Juda übertragen, als einige von ihnen dorthin zurückkehrten. Sie wurden von den kaiserlichen Autoritäten als Herrscherschicht in jener Provinz eingesetzt.

Wir müssen nun weiter danach fragen, wie die tiefe Verunsicherung zeitigende Situation die Prophetie in ihren institutionellen Formen wie in den eigentümlich gesellschaftlich geprägten Erscheinungen beeinflußt hat. Das Prophetentum war offensichtlich nicht an sein Ende gekommen, doch das Bewußtsein, daß eine lange Strecke der Prophetengeschichte nun der Vergangenheit angehörte, tritt in der deuteronomistischen Redaktion des Jeremiabuches – dieser Prophet galt nun als der letzte der „Knechte Gottes" – deutlich hervor, ebenso in den Anspielungen auf die „früheren Propheten", die sich bald nach der Rückkehr aus dem Exil einzustellen beginnen (Sach 1,1–6; 7,7). Unkenrufe, die Geistbegabung sei eben versiegt, können den Stand der Dinge nicht zufriedenstellend erklären, denn sie begründen nicht, warum der Geist gerade damals und nicht zu anderer Zeit dahinwelkte. Jene optimistischen Propheten, die, wie gesagt, vorwiegend, aber vermutlich nicht ausschließlich, im Kult agierten (vgl. Hananja, Jer 28), waren des Irrtums überführt und damit diskreditiert. Ezechiel weissagte, sie würden nicht mehr in das Buch des Hauses Israel aufgenommen werden (Ez 13,9). Tatsächlich erscheint auch keiner von ihnen in den sorgfältig geführten Listen der Kultbeamten der frühen Perserzeit. Doch auch die Unheilspropheten wie Jeremia sind bei all diesen Ereignissen nicht ungeschoren davongekommen. Man konnte ihnen entgegenhalten, daß sie entweder durch Ansage der Katastrophe diese recht eigentlich herbeigeführt oder zumindest durch Verweigerung der

---

332 Vgl. das Targum zu Ez 11,16 (*l^emiqdaš m^e'at*).

333 Die mehrfachen Hinweise in Esr 8,15–20 auf den „Ort Casiphia" haben Aufmerksamkeit erregt, weil „Ort" (*maqom*) als Synonym für „Tempel" dienen kann. Außerdem kommt Iddo oft als Priestername vor (z.B. Esr 5,1; 6,14; Neh 12,16). In diesem Zusammenhang verdient auch die Vision von Sach 5,5–11 Erwähnung. Eine Frau mit Namen „Bosheit" wird nach Babylonien transportiert, wo ihr ein Haus gebaut werden soll. Man hat in ihr eine kanaanäische Göttin vermutet, die an einem synkretistischen Heiligtum verehrt worden sei, welches eine gegen die Wiederaufnahme des Jerusalemer Kultes agierende Gruppe errichtet habe, vgl. M. Smith, 1971, 90f.

prophetischen Fürbitte mit verschuldet hätten. So weisen z.B. die nach Ägypten Deportierten, unter denen Frauen tonangebend sind, Jeremias oft wiederholte Erklärung des Untergangs rundweg zurück (Jer 44,15–19).

Selbst wenn man die polemische Ausrichtung der Literatur gebührend berücksichtigt, ist nicht zu übersehen, daß die Qualität der offiziellen und öffentlichen Prophetie bereits in der Spanne zwischen der ersten und zweiten Deportation nachläßt. Deutlich steigt dagegen der Pegel widersprüchlicher und Verwirrung stiftender prophetischer Botschaften. Jeremia (Jer 29,8) wie Ezechiel (13,7–9. 23; 22,28) werfen Prophetie mit Wahrsagerei in einen Topf. Ezechiel dehnt seine Attacken auch auf Prophetinnen aus, die Zauberei trieben: Sie umwickelten die Handgelenke ihrer Klienten mit magischen Binden und verbargen ihren Kopf unter Tüchern, während sie Beschwörungen murmelten (Ez 13,17–23). Daraus erkennen wir, daß die traditionelleren Formen der israelitischen Prophetie einen aussichtslosen Kampf gegen die verführerischen Künste Babylons – Zauberei, in verschiedenen Techniken versierte Wahrsagerei, Traumdeutung – führte.[334] Anzumerken ist auch, daß Ezechiel seinem Angriff gegen die falschen Propheten eine Verdammung des Synkretismus folgen läßt (Ez 14,1–11). Er sieht offenbar eine Verbindung zwischen beiden Phänomenen. Dieselbe Verbindung stellt der exilische Deuteronomist her (Dtn 18,9–14.15–22; vgl. 13,1–5.6–18). Den Nationalkult unter Aufsicht des Königshauses gibt es nicht mehr, also kann die herrschende Verwirrung kaum verwundern.

Alle Formen der Prophetie hingen eng mit dem Königtum zusammen. Darum mutet es merkwürdig an, daß man den Wegfall der königlichen Aufsicht so selten als den Hauptgrund für das Verschwinden jener Prophetenberufe erkannt hat, die unter der Monarchie im Schwange war. Ein nahe verwandter Faktor ist die Vorherrschaft der Priester und Schreiber in der babylonischen und frühpersischen Zeit. Die Berührung mit der babylonischen Wissenschaft führte dazu, daß das geschriebene Wort dem mündlich überbrachten vorgeordnet wurde und daß die Weisheit der Vergangenheit mehr galt als die unregelmäßige Inspiration in der Gegenwart. Die Priestergruppen, welche die Gründungssagen herausgaben und weiterschrieben, die vermutlich auch mit der sumerisch-akkadischen Schreiber- und Intellektuellentradition vertraut waren, erarbeiteten eine Theologie, in der die prophetischen Funktionen des Offenbarungsempfanges und der Fürbitte dem Kult untergeordnet wurden, sie wurden gleichsam wieder in den Kultus aufgesogen.[335] Last not least stand die persische Reichsregierung voll und ganz hinter dem Jerusalemer Kult und seinen Leitern. Diese Tatsache konnte einen öffentlichen Widerspruch, wie er in manchen Formen der Prophetie zur Königszeit üblich gewesen war, schon entmutigen.

Nach dem Verlöschen der Monarchie kommt dieselbe enge Verbindung von Prophet und König noch in den hoffnungsvollen Voraussagen einer Wiederherstellung des davidischen Königtums durch Propheten der spätbabylonischen und frühpersischen Zeit zum Ausdruck. Ab und zu muß anscheinend die politische Lage in jenen Jahren derartige Hoffnungen gerechtfertigt haben. Obwohl Jojachin sich im erzwungenen Exil seit 598 v.Chr. anderen abgesetzten Herrschern zugesellt hatte, galt er immer noch weithin als der rechtmäßige König; er wird auf einer Tontafel aus der Zeit des

---

[334] Beispiele für babylonische Magie in ANET 309f; vgl. auch H. Ringgren, Religions of the Ancient Near East, London 1973, 89–99; H.W.F. Saggs, The Encounter with the Divine in Mesopotamia and Israel, London 1978, 125–152.

[335] Vgl. J. Blenkinsopp, 1977, 73–79.

Nebukadnezar sogar noch „König von Juda" (*Ja'ukin šar Jadauja*) genannt. Die Inschrift erwähnt auch seine fünf Söhne, nennt aber leider nicht ihre Namen.[336] Die Zeitrechnung scheint sich an seiner Thronbesteigung orientiert zu haben (Ez 1,2), und der exilische Geschichtsschreiber schließt sein Werk mit der offensichtlich gezielten Notiz, daß er zu Beginn der Regierungszeit des Nebukadnezar-Nachfolgers Amel-Marduk freigelassen worden sei (2Kön 25,27–30). Vielleicht wollten die Babylonier ihn zu gegebener Zeit als Vasallenkönig wieder auf den Thron setzen. Nach dem Chronisten war Scheschbazzar der erste Gouverneur von Juda nach der Rückführung (Esr 5,14). Wie immer es gewesen sein mag, sein Enkel Serubbabel (*Zer-Babili*, „Same" aus Babylon) wurde von den Persern zum Provinzgouverneur ernannt und entwickelte sich in den Wirren nach dem Tod des Kambyses zur Zentralfigur nationalistischer Erwartungen (Hag 1,12–15; 2,21–23; Sach 4,6–10). Der verbannte König und seine Söhne müssen also in den Zukunftshoffnungen vieler Menschen im Heimatland und in der Diaspora von der ersten Deportation an bis zur Rückkehr in der frühpersischen Zeit eine wesentliche Rolle gespielt haben.

In die neubabylonische und frühpersische Epoche datierbare Prophetentexte vermitteln den Eindruck, daß sich an Jojachin und seine Nachkommen eine Art Christologie mit voller Messiastitulatur anheftete. Sie gründete auf der Annahme, daß die dynastischen Verheißungen noch Gültigkeit hätten und folglich die Daviddynastie noch immer das unverzichtbare Medium für Wohlstandssicherung und Rettung sei. Ein Abschnitt bei Jeremia (Jer 33,14–16, identisch mit 23,5f) spricht von einer Zukunft, in der Jahwe einen „gerechten Sproß" (*semaḥ ṣaddiq*) kommen lassen will, dessen Name „Jahwe (ist) unsere Gerechtigkeit" (*JHWH ṣidqenu*) sein soll.[337] Wie andere Prosastücke des Buches geht auch dieser Abschnitt wahrscheinlich auf ein echtes Jeremiawort zurück. Man darf vermuten, daß der symbolische Titel ein ironisches Wortspiel auf den verworfenen Zedekia enthält (*ṣidqijahu* heißt: „Jahwe ist meine Gerechtigkeit"). Die Bezeichnung *semaḥ ṣaddiq* bezöge sich dann im Gegensatz dazu auf den abgesetzten Jojachin und seine Familie, die „rechtmäßigen Nachkommen" Davids. Derselbe Titel „der Sproß" wird später auch Serubbabel verliehen (Sach 3,8; 6,12). Das geschieht ganz auf der Linie einer poetischen Tradition hochklingender Titulierungen für einen idealen Herrscher (vgl. das „messianische" Gedicht Jes 9,2–7).[338]

Mit dieser Titulatur ist auch die Bezeichnung „Knecht" (*'ebed*) verknüpft. Sie hat aufgrund der fälschlich so genannten „Gottesknechtslieder" bei Deuterojesaja einen hohen Bekanntheitsgrad erreicht. Das ist dtr Sprachgebrauch.[339] Ein ähnlicher Zusatz zu dem eben diskutierten Jeremiatext (Jer 33,14–16) verwendet den Titel für den davidischen König und bekräftigt die Unverbrüchlichkeit der Dynastieverheißung (Jer 33,17–26). Derselbe Titel erscheint in Ez 34–37, das, wie oben gesagt, eine eige-

---

[336] Vgl. ANET 308; E.F. Weidner, Jojachin, König von Juda, in babylonischen Keilinschriften, in: Mélanges syriens offerts à René Dussaud Bd. 2, Paris 1939, 923–935; W.F. Albright, King Jehoiachin in Exile, BA 5, 1942, 49–55; D.J. Wiseman, Nebuchadrezzar and Babylon, Oxford 1983, 81–84.

[337] Zur weiteren Bedeutung „Sieg", d.h. „Gerechtigkeit, bestärkt durch Sieg", vgl. BDB [Brown-Driver-Briggs, Hebrew Dictionary] 842, wo die relevanten Texte, die diese Bedeutung ausweisen, verzeichnet sind.

[338] Vgl. z.B. Jes 11,1–9, wo ähnliche Bezeichnungen für die Nachkommen des Jesse verwendet werden.

[339] 2Sam 3,18; 1Kön 8,24–26; 2Kön 19,34 (= Jes 37,35); Jer 33,21f.26.

ne, exilische Spruchsammlung darstellen kann (Ez 34,23f; 37,24f). Er wird auch
noch dem Serubbabel angeheftet, der dann also als Sproß und Knecht bezeichnet
wird (Sach 3,8–10). Wenn das Dtr den Begriff für König und Prophet verwendet und
den Ton auf Dienstbarkeit und Werkzeugsein legt,[340] dann ist bis dato für das Verständnis von Funktion und Ziel prophetischer Institution und prophetischen Amtes
der äußerste Punkt erreicht. Obschon die Begrifflichkeit oft wieder aus dem Ge-
sichtskreis verschwindet, kann doch ihre Bedeutung für die Zukunft schwerlich überschätzt werden.

Bisher haben wir uns in diesem Abschnitt darauf beschränkt, die sozialen und politischen Veränderungen in ihrer Auswirkung auf die verschiedenen Formen des Prophetismus zu schildern. Wir müssen nun einen Schritt weitergehen und darstellen,
wie diese Veränderungen eine innere Krise der Prophetie herbeiführten. Dadurch
kamen schwelende Konflikte und unüberbrückte Gegensätze zum Ausbruch, die anscheinend im Wesen der Prophetie begründet sind. Ein wenig kommt dies schon in
der Polemik Jeremias und Ezechiels gegen die vermeintlichen Falschpropheten zum
Vorschein. Ihr Hauptargument war, daß diese Propheten die Leute mit einer falschen
Heilsbotschaft betrogen, die aus selbsterzeugten Visionen und Träumen gewonnen
war.[341] Der Inhalt der Botschaft ähnelte dem der Prophetenrede in anderen Ländern
(Jer 27,9); er ist aus Zitaten, die diesen Gegnern Jeremias und Ezechiels in den Mund
gelegt werden, zu erschließen: nationale Wohlfahrt (šalom), Schutz vor Invasionen
und verwandten Übeln, erfolgreiche Rebellion gegen die Unterdrücker usw.[342] Bemerkenswert ist, daß sie nicht als Abtrünnige oder als Anhänger von Fremdgottheiten
verurteilt werden. Sie dienten demselben Gott, benutzten dieselben, traditionellen
Formen prophetischer Rede (z.B. „So spricht Jahwe", Jer 23,38; 28,2) und waren
wahrscheinlich von Propheten wie Jeremia nach Aussehen und Verhalten überhaupt
nicht zu unterscheiden. Einige von ihnen waren mit dem Tempel verbunden, andere
mögen Angestellte verschiedenen Dienstes gewesen sein, etwa Boten und Kuriere für
König und Hof. Jeremia scheint einmal auf diese Funktion hinzuweisen (Jer
23,21).[343]
Die Heftigkeit, mit der Jeremia die zeitgenössischen nebi'im angreift, ist – besonders,
wenn man seine eigenen Selbstzweifel und Fragen danebenhält – in sich schon ein
Zeichen dafür, daß es keineswegs leicht war, diese „falschen Propheten" zu widerlegen und die eigene Glaubwürdigkeit aufzubauen. Die Anklagen auf Bestechlichkeit
und Immoralität (Jer 14,18; 23,11–15; 29,23) gehören zur Routine, wenn man Gegner diskreditieren will; sie treffen selbst dann nicht des Pudels Kern, wenn sie wahr
sein sollten. Die Behauptung, sie seien nicht von Gott berufen (Jer 14,14; 23,18–22),
ist vom Wesen der Sache her nicht nachprüfbar. Dasselbe gilt von dem Argument,
ihre Visionen seien menschlichen, nicht göttlichen Ursprungs (Jer 23,16; Ez 13,2f).
Auch der Zweifel daran, ob gewisse Verfahren zur Erlangung von Offenbarung, besonders durch Traumdeutung, zulässig seien, scheint im Licht der ganzen Propheten-

---

[340] Dtn 17,14–20 legt das deuteronomische Ideal des Königtums dar; zum 'ebed in der Bedeutung
„prophetischer Knecht" vgl. unten Abschnitt 19.

[341] Jer 6,13; 8,10; 14,13–16; 20,6; 23,5f.16.32; 27,9f.14–16; 28,15; 29,8f; Ez 13,2–8; 22,28.

[342] Jer 14,13.15; 37,19; šalom: Jer 4,10; 5,12; 6,14; 8,11; vgl. Ez 13,10.16.

[343] In einem der Ostraka aus Lachisch wird einem Propheten diese Aufgabe zugewiesen: Brief
III,19–21 (ANET 322; TUAT I, 622), vgl. Jer 23,21.

geschichte ungerechtfertigt. Der Vorwurf schließlich, sie hätten sich gegenseitig die Prophetensprüche gestohlen, mit anderen Worten, sie hätten Plagiate verwendet, könnte einfach die Tatsache spiegeln, daß sie sich wie manche Vorgänger auf eine wohlbegründete prophetische Tradition beriefen und ein starkes Bewußtsein von Solidarität an den Tag legten. Und das sind beides in sich keine tadelnswerten Verfahren. Propheten greifen auf die Tradition zurück, indem sie sie durch ihre intensive persönliche Gotteserfahrung filtern und vermittelt sein lassen, um sie dann ihrerseits bei der Interpretation zeitgenössischer Ereignisse zu verwenden. Darin liegt zweifellos ein zentral wichtiger Aspekt des prophetischen Phänomens. Wenn wir uns die Mühe machen, so viel wie möglich von der Theologie der optimistischen Propheten zu rekonstruieren, dann merken wir, welch großes Gewicht sie auf die Bündnistreue mit Jahwe legten, auf seine Verheißung an das regierende Königshaus (2Sam 7) und seine Vorsorge für Jerusalem, die auf beste prophetische Ankündigungen zurückgehen (Jes 37,33–35 usw.). Das Gegenargument, es werde hier eine selektive Lektüre der Tradition angestellt, ist in sich nicht ganz schlüssig. Jeremia antwortet auf Hananjas Weissagung, innerhalb von zwei Jahren werde die babylonische Herrschaft fallen (Jer 28,1–4), indem er auswahlsweise auf die prophetische Tradition verweist: Die Beweislast liege bei den Heilspropheten und nicht bei denen, die, wie er selbst, Unheil verkündeten (Jer 28,5–9). Das ist aber überhaupt keine zwingende Beweisführung, denn es stimmt einfach nicht, daß die Propheten, die auch Jeremia als authentisch anerkannt hätte, nur Unheil zu verkünden hatten. Allgemeiner gesprochen bleibt auch völlig unklar, warum das Kriterium des Eintreffens einer Weissagung nur für die optimistischen Prophezeiungen gelten soll.

Das alles läuft auf die Feststellung hinaus, daß der Prophet sich letztlich nur auf seine Fähigkeit verlassen darf, für die Qualität der eigenen Visionen einzustehen. Es geht um seine eigene, absolute Gewißheit, die sich selbst erweisende Kraft des Wortes als eines Feuers, als des Weizens im Vergleich zur Spreu, als des Hammers, der Felsen zerschlägt (Jer 5,14; 23,28f) darzulegen. Es gibt Anzeichen dafür, daß Jeremia selbst nur eine verhältnismäßig kleine Zahl von Menschen überzeugen konnte. Besonders bedeutsam daran ist, daß dies sogar für die Zeit nach der Zerstörung Jerusalems gilt, die er doch zutreffend angekündigt hatte.

Jeremias Wirksamkeit illustriert in einem Maße, wie es der Prophet selbst und seine Redaktoren nicht beabsichtigt hatten, den destabilisierenden Effekt der prophetischen Opposition. Die Erzählungen belegen auch, daß die offizielle Seite die prophetischen Abweichler in Schach halten mußte und wie schwierig das selbst in Zeiten nationaler Krisis sein konnte. Die Konfrontation von Amos und Amazja (Am 7,10–17) und der an die Jerusalemer Priesterschaft gerichtete Beschwerdebrief über Jeremia (Jer 29,24–28) zeigen, daß Propheten der Jurisdiktionsgewalt der Tempelbehörden unterstellt wurden. Dieser Umstand erklärt vielleicht ebenso die prophetischen Angriffe auf die Priesterschaft. Seit der Zeit des Amos hören wir auch von zahlreichen Versuchen, Propheten zum Schweigen zu bringen oder sie auf die offizielle Politik einzuschwören. Daran wird deutlich, welches Rollenverhalten man von ihnen staatlicherseits erwartete.[344] Die Versuche, Opposition unter Kontrolle zu halten, waren viel weniger erfolgreich als im zeitgenössischen Assyrien oder Babylonien. Darum nahm in Israel der prophetische Dissens einen viel größeren Raum ein als in den Großreichen.

---

344 Am 2,12; Jes 30,9f; Mi 2,6–11; Jer 11,21, 20,1–6.26; vgl. T.W. Overholt, 1979, 517–532.

Das schwierigste Problem ergab sich aber nicht aus den Kontrollversuchen der Staatsbehörden einschließlich der Priesterschaft. Weit bedenklicher war: Die Menschen, die dem Propheten zuhörten, konnten die kollidierenden Ansprüche und Weissagungen nicht beurteilen. Das führte nicht nur zu einem allgemeinen Verfall des prophetischen Ansehens, sondern sogar zu weitgestreuten Zweifeln an den religiösen Grundlagen, auf denen die Gesellschaft errichtet war und von denen her die prophetische Botschaft ihr Selbstverständnis bezog. Den Beitrag der optimistischen Propheten zu dieser Krise kann man leichter abschätzen, denn post factum ließ sich zeigen, daß sie die Leute dazu verführt hatten, die zeitgenössische politische Lage tödlich falsch zu interpretieren.[345] Das galt besonders für kurzbefristete Weissagungen von der Art, wie Hananja sie gemacht hatte (Aufhebung des babylonischen Jochs innerhalb von zwei Jahren, Jer 28,2–4). Hätte der noch ein gutes Jahr länger gelebt, dann wäre seine Glaubwürdigkeit wohl unwiederbringlich dahin gewesen. Man hätte aber auch argumentieren können, daß Propheten wie Jeremia im Grunde selbst dazu beitrugen, die vorhergesagten Katastrophen herbeizuführen. Denn einerseits beeinträchtigten sie die Widerstandskraft des Volkes („er schwächt die Hände des ganzen Volks", Jer 38,4), und andererseits war man der Überzeugung, daß Prophezeiungen, besonders, wenn sie von symbolischen Handlungen begleitet waren, eine eigene Wirkkraft und Erfüllungsautomatik in Gang setzten. Daß Jeremia in seiner Verkündigung an die kleine ägyptische Diaspora scheiterte, und zwar nachdem die Katastrophe geschehen war (Jer 44,1–19), ist ein wichtiges Zeichen dafür, daß die Unheilspropheten nicht automatisch rehabilitiert wurden, wenn das Unglück eingetreten war. Soviel ist indessen klar: Das Kriterium der geschichtlichen Nachprüfbarkeit wird dem komplexen Wesen der Prophetie nicht gerecht. So, wie es in Dtn 18,21f formuliert ist, kann es von den Zeitgenossen eines Propheten höchstens auf kurzfristige Weissagungen angewendet werden. Davon scheint aber die deuteronomische „Prophetendoktrin" gerade abraten zu wollen. Das Kriterium beschwört zudem die Gefahr herauf, die prophetischen Funktionen auf Wahrsagung einzuschränken, denn es läßt durchblicken, daß ein Prophet seine Glaubwürdigkeit verlieren kann, wenn er nur bei einer Vorhersage irrt. Die strenge Anwendung dieser Regel hätte nicht nur Hananja, sondern auch Hulda, Amos und möglicherweise Jeremia selbst um ihren Kredit gebracht. Wiederum stoßen wir auf eine Wand: Es ist unmöglich, aufgrund von objektiven und nachprüfbaren Kriterien zwischen wahrer und falscher Prophetie zu unterscheiden.

Der Vertrauensschwund, den die Prophetie erlebte, ist in breitere Zusammenhänge eingebunden. Er ist als ein weitverbreitetes, in der Literatur jener Übergangszeit sich spiegelndes Unbehagen zu diagnostizieren. Ein Unbehagen an den Plänen, ja am Wesen des Gottes, in dessen Namen die Propheten, ob optimistische oder pessimistische, zu sprechen vorgaben.

Das Problem soll zuerst an zwei wohlbekannten, vom dtr Geschichtsschreiber aufgezeichneten Zwischenfällen illustriert werden. Der erste betrifft einen judäischen Gottesmann, der einem Propheten in Bethel auf den Leim ging (1Kön 13,1–32). Es ist ein klassischer Fall von widersprüchlichen prophetischen Offenbarungen und ein

---

345 Für Josephus liegt darin ein Hauptgrund, warum Jerusalem auch im Jahre 70 n.Chr. fallen mußte. Josephus vergleicht seine eigene Situation gerne mit der des Jeremia (Josephus, Bell V,391,393; VI,103). Beide warnten sie ihre Zeitgenossen vor der Gefahr der Falschpropheten (Josephus, Ant X, 103–107), aber diese hörten nicht auf sie (Josephus, Bell VI, 285–287).

schönes Beispiel klassischer hebräischer Prosa, das nähere Aufmerksamkeit verdient. Die Geschichte setzt die Ausweitung der josianischen Reformen auf die Gegend von Bethel voraus (der Gottesmann erwähnt namentlich Josia) und reflektiert ganz zweifellos schon Züge der Verkündigung des Amos unter einem späteren Jerobeam. Also kann man vermuten, daß diese Erzählung vom Geschichtsschreiber frei erfunden ist. Wir können sie deshalb unter der Voraussetzung lesen, daß die Problematik der prophetischen Offenbarung während der letzten Tagen des judäischen Königtums in ihr zum Ausdruck kommt. Der erste Teil der Erzählung (1Kön 13,1–10) sagt die Zerstörung des Altars von Bethel und die Hinrichtung der an ihm dienenden Priester durch Josia voraus. Der judäische Gottesmann garantiert die Erfüllung dieser Weissagung durch ein Wunderzeichen. Gleichzeitig übt er die prophetische Fürbitterrolle aus, indem er die vertrocknete Hand des Königs heilt. Die Geschichte nimmt dann eine seltsame Wendung. Ein alter Prophet, umgeben von seinen „Söhnen" (Jüngern), erscheint auf der Szene. Dieser Lokalmatador überredet den judäischen Gottesmann, gegen die frühere Weisung Gottes – er hatte sie vor der Abreise aus Juda empfangen – an einer Mahlzeit teilzunehmen. Der alte Prophet täuscht ein göttliches Orakel vor, das er angeblich bekommen hat. Im Verlauf des Gastmahls verkündet er dann einen Gottesspruch, und der ist jetzt echt!, welcher den judäischen Kollegen wegen Nichtachtung eines Gottesbefehls zum Tode verurteilt. Die Geschichte endet dann mit der eindrucksvollen Szene, in der die Leiche des Judäers auf der Straße liegt, während Esel und Löwe teilnahmslos zu beiden Seiten stehen.

Ganz vordergründig betrachtet, will die Erzählung vielleicht ein früheres Orakel einem später ergangenen überordnen. Aber der Text illustriert auch die deuteronomistische Lehre von der Falschprophetie, und zwar in der Art eines Tests für das Publikum des Propheten (Dtn 13,2–4). Nur müssen wir in diesem Fall gestehen, daß die Trennungslinie zwischen Test und Betrug sehr fein ist. Es gibt nicht den leisesten Hinweis darauf, daß man das lügnerische Orakel, das zum Tod des judäischen Propheten führte, irgendwie mißbilligte. Und letzten Endes war es Jahwe, der dem heimwärts wandernden Propheten jenen untypischen Löwen in den Weg stellte.[346]

Das zweite Ereignis dreht sich auch um kollidierende Offenbarungen an Propheten, diesmal an die Ekstatiker eines Königs von Samaria und an Micha-ben-Jimla (1Kön 22,1–38). Wie immer es um die geschichtliche Grundlage bestellt sein mag, das Ereignis soll als eine Art Testfall dafür gelten, daß eine gegenüber der prophetischen Mehrheit, welche optimistisch die offizielle Politik vertritt, auftretende, diese Mehrheit verwerfende Minderheitsoffenbarung im Recht sein kann. Wenn man noch ein Stück über diese vom Verfasser intendierte Aussage hinausblickt, dann fällt uns ein neues, beunruhigendes Element auf: Die falsche Prophetie wird als Resultat eines göttlichen Täuschungsplanes verstanden, den ein übernatürlicher, funktional mit dem später auftauchenden Satan zu vergleichender Bevollmächtigter (einfach der „Geist" genannt), in die Wege leitet (Hi 1–2; Sach 3,1; 1Chr 21,1). Die Ähnlichkeit mit der Situation während der letzten Tage Judas ist nicht zu verkennen. Sowohl Jeremia (Jer 4,10) wie Ezechiel (Ez 14,9) klagen im Grunde Jahwe an, das Volk betrogen und durch die falschen Propheten in den Untergang geführt zu haben. Niemand zweifelte damals daran, daß die Katastrophen das Werk Jahwes waren, ja, auf eine gezielte

---

[346] Zur Traditionsgeschichte des Abschnitts und den deuteronomistischen Zusätzen vgl. J. Gray, ²1970, 318–323; auch J.L. Crenshaw, 1971, 41f; R.R. Wilson, 1980, 187–191.

Entscheidung seinerseits zurückgingen (Thr 2,8; vgl. Am 3,6). Die überragend wichtige Frage, *warum* er das getan habe, blieb in der Schwebe. Aber man war sich darüber im klaren, daß die kollidierenden prophetischen Offenbarungen und Ansprüche an der Herbeiführung des Unheils wesentlichen Anteil hatten (Thr 2,14 usw.).

Aufgrund der Gewalt zeitgenössischer Katastrophen ergaben sich verunsicherte Fragen nach dem moralischen Charakter des Gottes, den traditionelle Lehre verkündete. Sie haben vielleicht tiefere Spuren in der hebräischen Bibel hinterlassen, als man allgemein glaubt. Es würde zu weit führen, diese theologische Frage in allen Einzelheiten zu verfolgen. Aber ein paar Beispiele sollen doch angeführt werden. In der prophetischen Scheltrede wird z.B. Jerusalem mit Sodom verglichen (Jes 3,9; Jer 23,14; Ez 16,43–58): Nimmt man diesen Vergleich auf, kann man zu der These kommen, daß der Dialog Abrahams mit Jahwe über das Schicksal Sodoms (Gen 18,22f) ein später Zusatz ist, der die religiöse Krise des 6. Jahrhunderts v.Chr. spiegelt.[347] Der Dialog behandelt zwei miteinander in Beziehung stehende Probleme: das Schicksal des Gerechten, der in den zerstörerischen Strom von Ereignissen hineingezogen wird, die direkt durch Gott verursacht sind, und die Möglichkeit, daß der Gerechte an bestimmten, kritischen Wendepunkten die Bösen vor der verdienten Strafe retten kann. Daß beide vor und nach dem Fall von Jerusalem brennende Fragen waren, wird aus den erhaltenen zeitgenössischen Schriften deutlich. Jeremia behauptet, rhetorisch übersteigert, daß die Anwesenheit von nur einer gerechten Person Jerusalem gerettet hätte (Jer 5,1). Ezechiel dagegen vertritt die Meinung, in einem von der Kriegsfurie überzogenen Land (z.B. Juda) könnten – falls anwesend – auch exemplarische Gerechte wie Noah, Daniel und Hiob nur ihre eigene Haut retten (Ez 14,12–20). Ganz auf der Linie dieser streng individualistischen Beurteilung von Schuld und Vergeltung lehnt Ezechiel sogar den traditionellen Gedanken der Sippensolidarität ab. Auf diese Weise will er dem Vorwurf begegnen, seine Landsleute würden für die Sünden der Vorväter bestraft (Ez 18,1–20). Dieselbe Position nimmt der Redaktor des Jeremiabuches ein (Jer 31,29), und er findet sich auch in einer späten Schicht des Deuteronomiums (Dtn 24,16; vgl. 2Kön 14,6).

Liest man Gen 18,22f als eine Art vom Schicksal Jerusalems inspirierten Midrasch und erkennt man darin die von daher angestoßenen theologischen Fragen, dann treten auch einige interessante und bisher vernachlässigte Parallelen zwischen diesem Abschnitt und dem Buch Hiob plastischer hervor. Beide Protagonisten wissen genau, daß sie kein Recht haben, Gott zur Rede zu stellen, aber sie tun es trotzdem (Hi 9,12). Beide wagen es zu reden, während sie gleichzeitig bekennen, nur Staub und Asche zu sein (Hi 42,6). Beide stellen die Frage, wie ein gerechter Gott den Gerechten zusammen mit dem Bösen umbringen könne (Hi 9,22). Beide Erzählungen illustrieren schließlich die Grenzen der prophetischen Fürbittefunktion. Wie Jeremia tritt auch Abraham fürbittend vor Gott, aber sobald seine Einrede aufhört, ist das Schicksal der Stadt besiegelt.

Zusammenfassend läßt sich sagen: Die Prophetie war mit dem Verlust der Unabhängigkeit und dem Exil nicht zu Ende; sie wurde jedoch durch den Druck sozialer und politischer Veränderungen gezwungen, sich in anderer Richtung weiterzuentwickeln. Das wird uns weiter in diesem Buch beschäftigen. Diejenigen, die nach dem Zusam-

---

[347] J. Blenkinsopp, 1982, 119–132; ders., The Judge of All the Earth: Theodicy in the Midrash on Genesis 18,22–33, JJS 41, 1990, 1–12.

menbruch noch genug Glauben und Mut besaßen, die Trümmer aufzusammeln und eine neue Zukunft zu bauen, mußten das Gefühl haben, daß die älteren Formen der Prophetie trotz ihrer religiösen und ethischen Bedeutung den Bedürfnissen der neuen, so sehr veränderten Situation nicht mehr genügen konnten. Es ist in der Tat kaum zu erwarten, daß die älteren Prophetenschriften die Katastrophen des frühen 6. Jahrhunderts überlebt hätten, wenn sie nicht durch sachgemäße Neuinterpretation und Kontextualisierung frisch zubereitet und aufgetischt worden wären. Wir müssen nun weiter fragen, was wir über diesen Transmissions- und Interpretationsprozeß in Erfahrung bringen oder mit ausreichender Sicherheit erschließen können. Er überbrückt den Abstand zwischen Staatsverfassung und kolonialer Abhängigkeit, zwischen Israel und Judentum, der alten und der neuen Ordnung.

17. Die exilisch-deuteronomistische Antwort

Einigkeit scheint darüber zu herrschen, daß die Geschichte des israelitischen Volkes vom Tode des Mose bis zum babylonischen Exil (= Dtr) um die Mitte des 6. Jahrhunderts v.Chr., entweder in Babylonien unter den Deportierten oder in der Provinz Juda (weniger wahrscheinlich: in Ägypten), verfaßt worden ist. Man nimmt meistens auch an, daß diese exilische Komposition einen früheren Entwurf (oder deren mehrere) aus den letzten Jahrzehnten der judäischen Monarchie in sich birgt (Noth, Cross, Nelson, Mayes). Die Verfasser waren sich offensichtlich der Tatsache bewußt, daß die prophetische Autorität unter den Zeitgenossen nicht mehr viel galt und daß Zweifel an der speziellen Beziehung Israels zu seinem Gott sowie Fragen hinsichtlich der Bedingungen, unter denen man sich seiner Hilfe vergewissern könnte, aufgekommen waren. Was sie darauf zu sagen hatten, ist aus ihrem Geschichtswerk klar ersichtlich: Beide Königreiche sind wegen Nichtachtung der Gesetze zerstört worden (2Kön 21,10–15). Ihr Untergang wäre zu vermeiden gewesen, hätten König und Volk auf die ihnen von Gott gesandten Propheten gehört (2Kön 17,13.23; 20,16–18; 22,15–20; 24,2.13). Die Geschichtsschreiber waschen Gott also von dem Vorwurf der Ungerechtigkeit oder der Nachlässigkeit rein, weisen die Schuld denen zu, die sie verdienen und stellen gleichzeitig ein umfassendes theologisches Erklärungsmodell für die Prophetie zur Verfügung.

Das Buch Deuteronomium hatte mehr als eine Ausgabe erlebt und seine Endform (abgesehen von einigen wenigen späteren Zusätzen im priesterlichen Stil) zur gleichen Zeit wie Dtr, vielleicht als integraler Teil dieses Werkes, erreicht. Es äußert sich nachdenklich über das Phänomen Prophetie und enthält – so kann man wohl sagen – den ersten Entwurf einer Lehre von der Prophetie (Dtn 18,9–22; 13,1–5 handelt nur am Rande vom Propheten). Auf der Linie seiner stark integrationistischen Ideologie legt das Buch besonderen Nachdruck darauf, die Prophetie sei ein eigenständig israelitisches Phänomen, im Gegensatz zu den davon zu unterscheidenden Formen der Wahrsagerei und medialen Künste bei den Heidenvölkern. (Der Autor verschweigt, daß diese Praktiken auch in Israel ausgeübt wurden.) Der Grundsatz der geschichtlichen Überprüfung gilt für alle Propheten (Dtn 18,21f), aber die Fähigkeit, richtig zu weissagen, reicht noch nicht aus, um einen Propheten und seine Botschaft zu legitimieren. Er muß auch – unter Androhung der Todesstrafe für den Weigerungsfall – im Namen des Gottes Israel sprechen (Dtn 13,1–5). Echte Prophetie ist am Sinai/Horeb

als Antwort Gottes auf die Bitte des Volkes um Wort-Vermittlung entstanden. Darum
wird sie nach dem Vorbild des mosaischen Dienstes gezeichnet. D.h. aber, Prophetie
ist wesentlich mit Bund und Gesetz befaßt. Handelt der Prophet oder die Prophetin in
diesem Sinne – und nur dann –, ist er oder sie voll durch göttliche Autorisation gedeckt, und man muß ihm oder ihr Gehorsam leisten.
Die programmatischen Aussagen am Schluß des Buches (Dtn 34,10–12) räumen der
dem Mose gewährten Offenbarung (sie geschah „von Angesicht zu Angesicht") und
der prophetischen Wortvermittlung durchaus nicht den gleichen Rang ein. Diese
Einstufung soll wohl als Warnung vor einem möglichen Mißverständnis von Dtn
18,15–18 dienen, als sei durch die Geschichte hindurch prophetische Kommunikation
auf derselben Ebene wie die Mose-Offenbarung anzusiedeln. Das wollen die Deuteronomisten unter allen Umständen verhindern. Mit anderen Worten: Die Verfasser
setzen eine Periode der Vergangenheit, die mit dem Tod des Mose endete, als nor-
mativ von allen folgenden Äußerungen religiösen Lebens einschließlich der Prophetie ab. So gelesen dient der Schlußabschnitt des Deuteronomiums auch als Abschluß
für den gesamten Pentateuch.[348]
Dadurch, daß der pseudonyme Verfasser das Deuteronomium dem Mose in den
Mund legte, konnte er die Prophetie von ihrem Uranfang her ins Licht rücken. Die
deuteronomistischen Geschichtsschreiber dagegen betrachteten sie aus der Retro-
spektive, vom Ende einer Epoche her. Die letzteren halten sich ganz an die deuteronomische „Lehre" über die Prophetie (z.B. teilen sie den Propheten die Rolle von Ge-
setzespredigern zu, 2Kön 17,13, und verhängen die Todesstrafe über Falschpropheten
wie in 1Kön 18,40). Darüber hinaus liegt ihnen daran, die historische Funktion der
Propheten – das Warnen vor den Folgen religiöser Abtrünnigkeit – darzustellen und
zu rechtfertigen. Sowohl im Deuteronomium als auch im deuteronomistischen Geschichtswerk scheint jedoch die Prophetie – oder zumindest diese Art von Prophetie
– einer bestimmten, zu Ende gekommenen oder zu Ende gehenden Geschichtsepoche
(der Monarchie) zugedacht zu sein. In diese Richtung weist auch das Bemühen des
Deuteronomikers, die Prophetie in das Netz von Institutionen einzubinden und so das
Maß prophetischer Autorität zu definieren und ihre potentielle Sprengkraft zu be-
grenzen. Der Abschnitt über die Prophetie (Dtn 18,9–22) steht in einer Kapitelfolge,
die öffentliche Ämter behandelt: Königtum, Priesterschaft, Prophetie, Rechtsinstan-
zen (Dtn 17,14–19,21). Wir haben bereits auf Anzeichen dafür hingewiesen, daß der
deuteronomische Bearbeiter des Jeremiabuches seinen Propheten als den hinstellte,
der die mit dem Prototypen Mose anhebende Reihe der „Knechte" zusammenfaßte
und abschloß. Dann muß man hier auch die Frage stellen: Hat die exilische deuteronomistische Schule der Prophetie in der Nachkatastrophenära eine Chance eingeräumt?
Um eine Antwort auf diese Frage geben zu können, müßten wir jene deuteronomischen Abschnitte, die direkt oder indirekt vom Exil sprechen, genauer untersuchen.
Vor allem müßten wir die genaue Reaktion des Volkes auf diese Situation heraus-
arbeiten.[349] Denn obwohl davon die Rede ist, daß Israel auf Jahwes Stimme hören
müsse – das kann man ganz ungezwungen als einen Hinweis auf die Prophetie ver-

---

[348] J. Blenkinsopp, 1977, 85–95.
[349] Vgl. Dtn 4,27–31; 30,1–3; 1Kön 8,33f.46–53; dazu können wir gewisse Stellen aus dem Jeremiabuch stellen, die wahrscheinlich deuteronomistischer Herkunft sind, ganz besonders Jer 24,7;
29,10–14; vgl. E.W. Nicholson, 1970, passim.

stehen (Dtn 4,30; vgl. 18,15) –, scheint doch aller Nachdruck auf dem Tun des ganzen Volkes zu liegen. Es soll Jahwe suchen, zu ihm umkehren, beten, flehen und seine Sünden bekennen. In keinem Fall wird die prophetische Fürbitte erwähnt (z.B. Dtn 4,29–31; 30,1–5.10). Wenn ferner das sogenannte „Trostbüchlein" in Jeremia (Jer 30f) deuteronomischen Ursprungs oder Geistes ist,[350] dann könnten wir der Aufstellung hinzufügen, daß das Gesetz mitten ins Volk gegeben und den Herzen eingeschrieben wird (Jer 31,31–34; Dtn 30,11–14). Wieder ist die Mittlerfunktion des Propheten nicht erwähnt. Das geschriebene Gesetz wird dabei in seiner Bedeutung ganz gewiß nicht geschmälert. Es erscheint hier als Gegenüber zu einer überheblichen Geistestradition, wie sie in Babylonien oder anderen für ihre Weisheit berühmten Ländern gepflegt wurde (Dtn 4,6–8.32–35; 30,11–14). Was wir aus diesen Gegebenheiten schlußfolgern sollen, ist nicht ganz klar. Vielleicht hatten nicht einmal die Deuteronomisten selbst eine genaue Vorstellung davon, welche Formen religiösen Lebens für die wiederhergestellte Gemeinschaft am angemessensten waren. Diese Unsicherheit mag sich sehr wohl auf die Frage nach den geeignetsten Weisen der Wortvermittlung erstreckt haben, zumal die Prophetie in den letzten Jahren des Königtums und zu Beginn des Exils von Zwielichtigkeiten und inneren Widersprüchen heimgesucht war.

Weitgehende Einigkeit herrscht anscheinend darüber, daß dieselbe Schule während des Exils für die Sammlung und Herausgabe prophetischer Texte verantwortlich war. Wie schon gesagt mißt das deuteronomistische Geschichtswerk zwar den Propheten eine große Bedeutung bei, erwähnt aber keine der kanonischen Gestalten mit Namen.[351] Es ist unwahrscheinlich, daß der Geschichtsschreiber nichts von ihrer Existenz wußte. Die plausibelste Erklärung ist daher: Er hat die Sammlung von Prophetensprüchen als eine Art Ergänzung zum Geschichtswerk verstanden. Als Einzelfaktor ist das aber keine voll befriedigende Begründung für das Prophetenschweigen des Dtr. Schwieriger noch ist die bisher unbeantwortete Frage nach dem Umfang der hypothetischen, exilisch deuteronomistischen Prophetensammlung zu lösen. Wir brauchen Beweise für die deuteronomistische Redaktion der Prophetenbücher. Sie sind jedoch schwer zu finden und noch schwerer abzusichern. Da ist es ein Gebot der Vorsicht, das Fehlerrisiko eher zum Negativen als zum Positiven hin einzugehen. Mit anderen Worten: Redaktionelle Weiterungen an der Überlieferung sollten nur dann konstatiert werden, wenn klare Beweise für deuteronomistische Sprache vorliegen oder wenn Ansichten zum Ausdruck kommen, die eindeutig für diese Schule charakteristisch sind.

Wir beginnen mit den Überschriften zu Prophetenbüchern. Sie enthalten oft chronologische Angaben über Regierungszeiten. Auffällig sind sie vor allem dann, wenn sie die aus dem Geschichtswerk bekannten Synchronisationen zwischen den beiden Reichen vornehmen: Hier handelt es sich mit hoher Wahrscheinlichkeit um deuteronomistische Redaktionsarbeit. Explizite Synchronisationen finden sich nur bei Amos

---

350 Diese These würde die Annahme eines authentischen Kerns nicht unmöglich machen (vgl. z.B. Otto Eißfeldt, 1964, 486–488). Doch sind die Indizien für eine spätere, exilische Redaktion, insbesondere die deuteronomischen Ideen und Sprachmuster (vgl. das bedingte Heilsorakel, das Verb *jrs* in der Bedeutung des Landbesitzes: Jer 30,2f) nicht zu übersehen. Vgl. z.B. J.P. Hyatt, 1956, 1022f, E.W. Nicholson, 1970, 85.

351 Eine Ausnahme bilden nur das Jesaja-Material in 2Kön 19f und der Hinweis auf Jona ben Amittai in 2Kön 14,25; vgl. Kap. I,1.

und Hosea. Aber Jesaja, Micha, möglicherweise Zephanja, ganz sicher Jeremia sind unter den fünfzehn Büchern der Späteren Propheten nach den Regierungszeiten der Herrscher von Juda datiert. *Wahrscheinliche* deuteronomistische Erweiterungen der Prophetentexte liegen dann vor, wenn die (dtr) Neigung durchschlägt, die Weissagungen einzelner Propheten auf eine fernere Zukunft hin auszudehnen. So läßt Dtr den namenlosen Gottesmann, welcher der Priesterschaft von Silo das Ende verkündete, auch den Aufstieg der Zadokiden und die Absetzung der Landpriester im Zuge der josianischen Reformen voraussagen (1Sam 2,27–36). Der Mann Gottes aus Juda, der das Heiligtum von Bethel verdammt, geht darüber hinaus und weissagt Josias Unternehmungen in den nördlichen Territorien (1Kön 13,1f). Ahija verflucht den Jerobeam und zielt ursprünglich nur auf die von diesem begründete Dynastie. Dann wird der Spruch bis auf den Fall Samarias ausgeweitet (1Kön 14,15f). Hulda schließlich gibt ein dem Josia günstiges Orakel, aber der deuteronomistische Geschichtsschreiber stellt sie als hebräische Cassandra dar, die Fall und Zerstörung Jerusalems weissagt (2Kön 22,14–20).

Wollte man hieraus den Schluß ziehen, daß die Prophetenbücher eine ähnliche Redaktion erfahren haben (insbesondere bezüglich der josianischen Reformen und des Exils), dann bieten sich dafür (außerhalb des Jeremiabuches) nicht gerade überwältigende Belege an. Wir müssen an dieser Stelle kurz auf das zurückgreifen, was wir schon erarbeitet haben; manches ist – unnötigerweise sei es wiederholt – hypothetisch. Bei Amos sind die Hinweise auf das Schicksal Bethels wohl unter dem Eindruck der Maßnahmen Josias gegen jenes Heiligtum im 7. Jahrhundert hinzugefügt oder abgewandelt (Am 3,14; 5,6). Das Orakel gegen Juda mit seiner Ansage der Zerstörung Jerusalems um der Sünde willen (Am 2,4f) ist wohl deuteronomistisch. In dem Gedicht oder Rätsel des folgenden Kapitels über die Prophetie (Am 3,3–8) taucht eine erklärende Glosse auf (V. 7: „Jahwe Gott tut gewiß nichts, er offenbare denn seinen Ratschluß den Propheten, seinen Knechten"), die Jahwe von der Verantwortung für das Schicksal Jerusalems entlasten soll; das liegt ganz auf der apologetischen Linie des Dtr. Bezugnahmen auf Exodus, Wüstenzeit und Landnahme (Am 2,9–12) stammen möglicherweise aus derselben Quelle; das gilt auch von den Prosa-Zusätzen zur prophetischen Verurteilung des zeitgenössischen Gottesdienstes (Am 5,25–27).

Jene Abschnitte bei Amos, die fordern, Jahwe zu suchen, um so durch das Gericht zum Heil zu finden (Am 5,4f.6.14f), sind von allergrößter Bedeutung für das Verständnis der im Lichte von Exilserfahrungen umformulierten Prophetie. Wir sind jetzt besser in der Lage, diese Such-Aussagen mit der Botschaft des Dtr an die Exulanten zu vergleichen, die ja in der gleichen Terminologie einhergehen (z.B. Dtn 4,27–31; Jer 29,10–14). Die Schlußfolgerung drängt sich auf, daß die Deuteronomisten ihren Zeitgenossen Prophetie dadurch schmackhaft machen wollten, daß sie Gerichtsbotschaften als „Heil-durch-Gericht" und „Heil-nach-Gericht" Verkündigung anboten. Sie mögen diese Alternative entdeckt haben, als sie den Fußstapfen eines älteren Amos-Redaktors folgten, der sich außerstande sah, die prophetische Predigt einer völligen Verwerfung zu akzeptieren (vgl. den Zusatz in Am 9,8b). Wir sollten uns in diesem Zusammenhang auch daran erinnern, daß der deuteronomistische Geschichtsschreiber sogar im Blick auf das Nordreich keine einförmig negative Haltung einnimmt (2Kön 13,5.23; 14,27).

Außer den Überschriften läßt sich bei Hosea oder Micha kaum etwas mit demselben

Wahrscheinlichkeitsgrad einem deuteronomistischen Redaktor zuschreiben. Anklänge sind schon zu finden, besonders wenn Hosea vom gebrochenen Bund spricht (Hos 6,7; 8,1). Aber wir wissen nicht, ob sie tatsächlich auf deuteronomi(sti)sche Redaktionsarbeit zurückgehen. Der bei Hosea zu findende Hinweis (Hos 3,4f) auf die Wiedervereinigung der Königreiche unter einem davidischen Herrscher ist auch ein gut bezeugtes exilisches Thema und kann aus jener dtr Quelle stammen. Trotz mancher neueren Versuche, eine weitreichende Neubearbeitung der jesajanischen Sprüche aus der Zeit des Josia zu eruieren,[352] sind recht wenige charakteristische dtr Spuren zu finden.[353] Der deuteronomistische Geschichtsschreiber hatte Zugang zu biographischen Überlieferungen von diesem Propheten, die indessen ein ganz anderes Bild vermitteln als die Prophetensprüche (Jes 36–39). Angesichts des Interesses, welches die deuteronomistische Schule an Prophetenbiographien hatte, würde es nicht wundernehmen, wenn die hagiographischen Erzählungen während des Exils durch ein Schulmitglied an die Sprüche angehängt worden wären. Das biographische Interesse kommt auch sehr stark in der deuteronomistischen Ausgabe des Jeremiabuches zum Ausdruck. Heraus kommt, wie schon gesagt, ein Prophetenbild, das in wichtigen Zügen dem deuteronomischen Porträt von Mose entspricht. Die deuteronomistische Vorliebe für Jeremia ergab sich, wie wir gesehen haben, aus der Überzeugung, daß mit ihm eine bestimmte Phase der Prophetengeschichte zum Abschluß gekommen war.

In einer Zeit tiefer Orientierungslosigkeit und Umbrüche, des Zugrundegehens und Neubeginnens, riefen exilische Deuteronomisten den Rest Israels auf, zu den Ursprüngen zurückzukehren, in dem Vertrauen, daß der Gott des Exodus, der Gott des Mose, sich noch einmal, wenn auch im Verborgenen, zu erkennen geben würde: „Wenn du aber dort Jahwe, deinen Gott, suchen wirst, so wirst du ihn finden, wenn du ihn von ganzem Herzen und von ganzer Seele suchen wirst. ... Denn Jahwe, dein Gott, ist ein barmherziger Gott; er wird dich nicht verlassen noch verderben, wird auch den Bund nicht vergessen, den er deinen Vätern geschworen hat." (Dtn 4,29.31)[354]

18. Ezechiel

Das Buch Ezechiel hat anscheinend unter großen Schwierigkeiten seine jetzt vorliegende Endgestalt gefunden. Die griechische Version (LXX) ist kompakter als MT und stellt aufs Ganze gesehen vielleicht eine ältere Traditionsstufe dar. Der auf Grundlage des Chester Batty Papyrus 967 rekonstruierte Text zeigt bedeutende Abweichungen sowohl vom Standard Text der LXX als auch vom MT. Die relativ spärlich vertretenen Fragmente aus den Qumranhöhlen Nr. 1, 3, 4 und 11 sollen dem MT nahestehen. (Leider ist die Ezechielrolle aus Höhle 11 in einem so schlechten Zustand, daß sie nicht geöffnet werden konnte). Einige Kapitel des Buches – besonders Ez 7; 21; 28 – weisen einen stark verderbten Text auf, und im ganzen Buch finden sich zahlreiche Glossen. Dennoch ist der Text insgesamt nicht schlechter erhalten als zu erwarten ist.

---

352 Vgl. besonders H.Barth, 1977, und J. Vermeylen, 1977/78.
353 Über die sogenannte Josia-Schicht bei Jesaja vgl. oben Nr. 12.
354 Das ziemlich homiletisch ausgelegte Material, das in Dtn so stark vertreten ist, stammt vielleicht aus liturgischen, synagogalen Begehungen nach dem Fall Jerusalems, oder es ist zumindest dort gebraucht worden.

Die Spuren eifriger Textverbesserer und Kommentatoren bezeugen, welche Bedeutung das Ezechielbuch besonders in apokalyptisch und mystisch bestimmten Kreisen hatte. Ihr Eifer erschwert jedoch unsere Aufgabe, uns vom Buch zum Autor durchzugraben. Wir tragen darum einfach die vorhandenen Informationen zusammen. Die Überschrift (Ez 1,1–3) sagt uns, daß das Buch einem gewissen Ezechiel ben-Buzi zugeschrieben wurde. Er stammte aus priesterlicher Familie und hatte im Jahre 593 v.Chr. in Babylon eine außergewöhnliche Vision. Im allgemeinen nimmt man an, daß er 598 v.Chr. mit der ersten Gruppe von Exulanten dorthin gekommen ist. Das wird freilich nirgendwo berichtet, und es hat mehrere Deportationen gegeben. Falls er aber vor seinem Auszug nach Babylon noch eine Zeitlang in Jerusalem tätig gewesen ist – und es gibt Anzeichen dafür –, kann er das Visionserlebnis unmittelbar oder kurz nach seiner Ankunft in der Diaspora gehabt haben. Nach den Datierungen zu urteilen, die dreizehn Abschnitten des Buches beigegeben sind,[355] war er mindestens bis 571 v.Chr. aktiv. Er war verheiratet, und seine Frau starb während der Belagerung von Jerusalem (Ez 24,15–18). Das ist ungefähr alles, was wir aus dem Buch direkt herausholen können, und andere Quellen für biographische Informationen besitzen wir nicht. Er soll nach der Überlieferung oft bizarre symbolische Handlungen (in Mimik und Gestik) ausgeführt haben (vgl. besonders Ez 4; 5; 12); seine Sprache war oft extrem emotional und berührte die Grenzen des Pathologischen und Pornographischen (Ez 16; 23). Er war wohl auch anfällig für ekstatische Anwandlungen und verlor gelegentlich seine Artikulations- und vielleicht die Bewegungsfähigkeit (Ez 3,25–27). Das alles hat einige Kommentatoren vermuten lassen, er habe an irgendeiner physischen oder psychischen Krankheit gelitten – vorgeschlagen wurden etwa Sprachlähmung, Starrkrampf, Epilepsie, Schizophrenie, letztere in origineller Weise durch Karl Jaspers.[356] Das ist durchaus möglich, besonders wenn man bedenkt, daß zwischen Krankheit und Besessenheit oft ein Zusammenhang besteht. Dennoch bleiben derartige Erklärungen rein spekulativ, und sie zeugen oft von der völligen Unkenntnis der Redaktionsgeschichte des Buches.

Die Diskussion um eben diese Redaktionsgeschichte zieht sich seit Anfang des Jahrhunderts hin und wird zweifellos noch eine Weile andauern. Ein Konsens ist nicht erreicht worden, doch die folgende Zusammenfassung wird heute wohl von vielen kritischen Gelehrten geteilt. Das Buch Ezechiel ist kein spätes, aus der Zeit des Zweiten Tempels stammendes pseudepigraphisches Werk, wie C.C. Torrey und ein oder zwei andere Forscher behaupteten.[357] In seiner Endgestalt ist es jedoch das Produkt einer Ezechiel verpflichteten Schule. Sie war eng mit dem Kult verbunden und hatte – wie Ezechiel selbst auch – die alten, hochliterarischen und halb esoterischen Traditionen der Priesterschaft ererbt. Diese Überlieferungen kommen später ebenfalls in einigen Qumranschriften zu Wort. Die Worte Ezechiels und die seiner Schüler sind zwar nicht ganz leicht auseinanderzuhalten, doch können wir Bearbeitungsspuren entdecken. Z.B. geht die komplizierte Beschreibung der Räder in der großen Vision vom *merkaba*, dem Thronwagen (Ez 1), wohl auf gelehrte Spekulationen unter

---

[355]   Ez 1,1f; 8,1; 20,1; 24,1; 26,1; 29,1; 29,17; 30,20; 31,1; 32,1.17; 33,21; 40,1.

[356]   K. Jaspers, Der Prophet Ezechiel. Eine pathographische Studie, in: Arbeiten zur Psychiatrie, Neurologie und ihren Grenzgebieten, FS K. Schneider, Heidelberg 1947, 77–85; vgl. auch E.C. Broome, Jr., Ezekiel's Abnormal Personality, JBL 65, 1946, 277–292.

[357]   Zu den Arbeiten von C.C. Torrey, V. Herntrich, G.R. Berry u.a. vgl. H.H. Rowley, 1963, 175–184.

den Prophetenschülern zurück (Ez 1,15–21). Damit ist das erste Stadium eines Inter-
pretationsprozesses angezeigt, der den Rädern am Ende ein Eigenleben als unabhängige Engelwesen zulegen wird – sie werden zu den *ophannim* der mystischen Schule.
Die Kommentatoren haben tiefergehende, aber auch zweifelhaftere Spuren von redaktionellen Zufügungen und Weiterungen entdeckt, vor allem in Abschnitten, die
von den neuen Möglichkeiten und Ordnungen für die Zukunft handeln. In dieser
Hinsicht ist der Fall von Jerusalem eine Trennungslinie, welche die frühe Tätigkeit
des Propheten (593–587/586 v.Chr.) von der Phase seines späteren Wirkens und der
seiner Schüler scheidet. Der erste Teil des Buches schließt darum mit dem Angriff
Nebukadnezars auf Jerusalem (Ez 1–24); die Fremdvölkersprüche nehmen den Zeitraum zwischen dem Beginn der Belagerung und dem Fall der Stadt ein (Ez 25–32).
Auf die Meldung der Katastrophe (Ez 33) folgt die Verkündigung neuer Hoffnung
und neuen Lebens (Ez 34–39) sowie die Vision vom neuen Tempel und der erneuerten Gemeinschaft (Ez 40–48).
Es überrascht nicht, wenn Fragen der Zuordnung und Datierung im Blick auf das
Material der Nachkatastrophenzeit schwerer lösbar erscheinen. Wie das auch bei der
Entstehung der Evangelien der Fall ist, auf welche die zweite Tempelzerstörung von
70 n.Chr. einwirkt, hat das erste katastrophale Ereignis von 586 v.Chr. seine Spuren
im Ezechielbuch hinterlassen. Einzelne Sprüche, die vor 587/586 v.Chr. komponiert
und verkündet worden sein mögen, sind später im Licht der Katastrophenerfahrung
überarbeitet worden. Um nur ein kleines Beispiel zu nennen: Ankündigungen der
Verbannung scheinen erweitert zu sein und schließen jetzt das fürchterliche Geschick
des letzten judäischen Königs Zedekia mit ein, der geblendet und gefesselt den Weg
in die Gefangenschaft antreten mußte (Ez 12,12f). Allgemeiner gesagt geht die Anklage gegen das Volk – sie gehört zu den radikalsten in den Prophetenschriften –
merklich über zur betonten Verkündigung einer neuen Ordnung. Natürlich kann
Ezechiel selbst, wie Jeremia (Jer 36,32), seine früheren Predigten neu und erweitert
herausgegeben haben. Trotzdem wäre es unmöglich, das Buch, wie wir es jetzt besitzen, ohne die zusätzliche Annahme zu verstehen, daß eine Schule sein Werk weitergeführt und seine Unterweisungen an die neu entstehenden Situationen angepaßt
hat.[358]
Die überraschende, architektonische Einheit des Buches verdanken wir zweifellos
dieser Schule. Man hat schon oft festgestellt, daß das Material in sich nach dem tria-
dischen Muster geordnet ist: Gericht über Israel (Ez 1–24), Gericht über die
Fremdvölker (Ez 25–32), Heil für Israel (Ez 33–48). Dieses Schema ist aber nicht
charakteristisch für Ezechiel; es mag in einem späteren Prozeß der Neuherausgabe
und Neustrukturierung entstanden sein. Auf einer anderen Ebene gewahren wir ein
komplexeres Strukturmuster, das uns mehr über die Entstehung dieses besonderen
Buches verraten kann. Es beginnt mit einer detaillierten Beschreibung einer Vision,
in der Ezechiel etwas sah, was in einer Schlußzusammenfassung als „die Herrlichkeit
Jahwes" bezeichnet wird (Ez 1,28). Diese „Herrlichkeit" oder die göttliche Ausstrah-
lung (hebr.: *kabod*) ist in der alten Priestertradition ein terminus technicus für die
mysteriöse Erscheinung der göttlichen Gegenwart im Gottesdienst. Ursprünglich
scheint diese Vorstellung mit der in Silo stationierten Lade verbunden gewesen zu
sein, die als sichtbarer Garant der Gegenwart Jahwes der Heerscharen mit in den

---

[358]   Zur Schule des Ezechiel vgl. W. Zimmerli, 1969, Ezechiel 106*–114*.

Krieg getragen wurde. Wir erinnern uns: Nachdem die Lade von den Philistern erbeutet worden war, starb die Schwiegertochter des Priesters Eli im Kindbett. Sie hatte einem Sohn mit ominösem Namen das Leben geschenkt. Der Name des Kindes, Ikabod, bedeutet nämlich: „Ach, die Herrlichkeit!" oder „Wo ist die Herrlichkeit?" Er wird auf das schlimme Ereignis hin ausgelegt: „Die Herrlichkeit ist hinweg aus Israel, denn die Lade Gottes ist weggenommen." (1Sam 4,21f). Vielleicht wurde diese theologische Vorstellung in der priesterlichen Überlieferung ganz folgerichtig zunächst mit dem beweglichen Heiligtum der Wüstenzeit (z.B. Ex 16,7.10–12) und dann mit dem Jerusalemer Tempel und seinem innersten Bezirk, dem Allerheiligsten, verknüpft.

Der Prophet sah in einer zweiten Vision (Ez 8–11), wie dieser *kabod* fünf Jahre vor der Zerstörung des Tempels auszog, sich zuerst zum Haupteingang des Gebäudes begab (Ez 9,3; 10,3–5), dann zum Osttor (Ez 10,18f), schließlich zum östlich gelegenen Ölberg (Ez 11,22f).[359] Da Ezechiel in Babylon dieselbe Erscheinung begegnete, muß es sich um das erste Stadium ihrer Niederlassung unter den Exulanten handeln. Der Autor gibt also der Auswanderung des unter Elis Fürsorge stehenden *kabod* einen neuen Sinn. Er begründet gleichzeitig, warum die Jahweverehrung in einem Land möglich ist, das von unreinen Götzen wimmelt. Jahwe selbst ist sichtbar anwesend! In der Schlußvision (Ez 40–48), die in das 25. Jahr des Exils oder, anders gesagt, auf die Halbzeit der Jobeljahr- und Befreiungsspanne datiert wird, sieht er oder ein Schüler die „Herrlichkeit" auf demselben Wege zurückkehren, auf dem sie gegangen war (Ez 43,1–5). So schließt sich der Kreis von der Exilierung bis zur Restauration, von der Abwesenheit zur Rückkehr, vom spirituellen Tod zu neuem Leben.

Im heutigen Text ist die Reihenfolge allerdings vertauscht: Die Erscheinung des *kabod* und der *merkaba*, die Ezechiel in Babylon zuteil wird, steht nun am Anfang des Buches. Sie ist also einmal dem ursprünglichen Berufungsbericht vorangestellt worden; sie sollte zeigen, daß die Beauftragung tatsächlich von dem Thronenden ausging. Dieser Berufungsbericht ist ursprünglich von der Vision strikt zu unterscheiden. Er ist von ganz anderer Art, stellt er doch dar, wie der Prophet den Befehl erhält, eine Schriftrolle mit einer geheimnisvollen Botschaft an die Zeitgenossen aufzuessen (Ez 2,3–3,11). Bis heute hat man noch keine zureichende Erklärung für die daraus resultierende chronologische Verwirrung gefunden, die sich in den Daten zu Anfang des Buches spiegelt (Ez 1,1–3) Man ist versucht, das dreißigste Jahr von Ez 1,1 auf das Lebensalter des Propheten zu beziehen, denn dreißig Jahre ist das Mindestalter für jemand, der zum Priester ordiniert werden soll (Num 4,30). Nach priesterlicher Tradition soll zudem den Ordinanden bei dieser Zeremonie der *kabod* erscheinen (Lev 9,4–6). Aber es gibt andere Vorschläge, und die Frage wird sicherlich weiter diskutiert werden.[360]

Die Verwandtschaft dieser theologisch-symbolischen Welt mit priesterlichen Kult- und Schreiber-Überlieferungen in älteren biblischen Büchern liegt auf der Hand und ist bedeutsam für unsere Versuche, Ezechiel und seine Nachfolger genauer zu lokalisieren. Nach der priesterschriftlichen Tradition erschien auch Mose der *kabod*, und

---

359 Vgl. H.G. May, The Departure of the Glory of Yahweh, JBL 56, 1937, 309–321; J. Blenkinsopp, 1990, 18–23, 59f.
360 Zum Datum der Berufung Ezechiels vgl. H.H. Rowley, 1963, 198–203; W. Zimmerli, 1969, Ezechiel 40–45.

auch bei ihm war gerade eine Gruppe von Ältesten (Ex 24,9–11.15b–18a), wie das häufig Ezechiel geschah (z.B. Ez 8,1). Bei beiden führt die Vision ferner zu einer Berufung. Bemerkenswert ist ebenso, daß sowohl Mose als auch Ezechiel nicht daran denken, die sichtbare Erscheinung der Gottesgegenwart weiter zu durchdringen. Dem ersteren wird nur die Rückenansicht Jahwes zuteil (Ex 33,18–23), der letztere wählt bewußt nur unbestimmte Ausdrücke, wenn er den beschreibt, der auf dem Throne sitzt (Ez 1,26–28). Die Erscheinung des *kabod* in der Wüste kündigte auch häufig ein Gericht über das treulose Volk an, genau wie bei Ezechiel (z.B. Ex 16,7.10–12; Num 14,10b–12; 16,19.42). Der auffälligste Zug an Ezechiels Thron ist indessen seine *Mobilität*, ein Aspekt, der schon bei den Schülern des Propheten viel gelehrte Spekulationen ausgelöst hat (vgl. z.B. die Zusätze, die sich mit den Rädern beschäftigen, Ez 1,15–21; 10,9–13), ganz zu schweigen von späteren Leserinnen und Lesern (vgl. z.B. die phantastische Idee, hier werde ein Raumschiff beschrieben). Mobilität ist andererseits nach der Priestertradition ebenfalls ein hervorstechendes Merkmal der Lade in der Wüste (z.B. Ex 40,34–38). Und auch hier hängt dieser Zug mit der Abwesenheit Israels von seinem Land und der endlichen Rückkehr zusammen. Daß der Topos auf alte Vorstellungen zurückgeht, wird, wie gesagt, an der Geschichte von der Verschleppung und schließlichen Heimkehr des Ladeheiligtums, der „Herrlichkeit", während der Philisterkriege deutlich (1Sam 4,21f).

Man könnte leicht zeigen, daß diese Übereinstimmungen mit der Priesterschrift (P) im Pentateuch oder (einschließlich Josua) im Hexateuch deren gesamte Erzählstruktur umgreifen. Es gibt, wie nicht anders zu erwarten, ein breites Spektrum von Meinungen zu diesem Thema. Doch kann man mit guten Gründen davon ausgehen, daß P mit der Schöpfung der Welt einsetzt, die für sie eine Art kosmischer Tempel ist. Der Höhepunkt ist die Einsetzung des beweglichen Wüstenheiligtums (Ex 39–40), und am Ende steht seine Aufstellung in Silo im verheißenen Land (Jos 18f).[361] Ist das richtig, und besteht – wie niemand bezweifelt – die enge Verwandtschaft zwischen Ezechiel und P, dann scheint die von seinen Schülern übermittelte Lehre des Propheten zu einer thematischen Einheit um die Pole „Exil und Rückkehr", „Abwesenheit und Gegenwart Gottes", geistlicher Tod und neues Leben herum geformt zu sein. Die Schule Ezechiels konzentriert sich also auf die Fragen nach Kult und Gottesgegenwart, und viele andere Angelegenheiten spiritueller (z.B. Befreiung von Sünde und Schuld) wie weltlicher Art (z.B. der Besitz des Landes, vgl. besonders Ez 11,14–21), hängen ganz von jenen ab. Die Schule ist ferner gut mit dem alten Sakralrecht vertraut,[362] und sie setzt sich polemisch für die Diasporajuden und die zadokidische Priesterschaft ein (z.B. Ez 40,46; 43,19; 44,15–31; 48,11).[363] Das alles sind kräftige Hinweise darauf, daß wir es mit einer priesterlichen Schreiber-Elite, wahrscheinlich aus der babylonischen Diaspora, zu tun haben, die sich aktiv auf die Heimkehr nach Juda vorbereitete.

Eine weitere Schlußfolgerung läßt sich kaum vermeiden: Diese Gruppe deckt sich

---

361 Eine ausführlichere Darstellung in J. Blenkinsopp: The Structure of P, CBQ 38, 1976, 275–292; vgl. auch ders., 1977, 59–69.
362 Vgl. besonders W. Zimmerli, ZAW 66, 1954, 1–26, und VT 15, 1965, 522–524.
363 J. Bowman, Ezekiel and the Zadokite Priesthood, TGUOS 16, 1955–56, 1–14; M. Haran, Ezekiel's Code (Ezek. 40–48) and Its Relation to The Priestly School, Tarb. 44, 1974–75, 30–53 (Hebr.); J.D. Levenson, Theology of the Program of Restoration of Ezekiel 40–48, Missoula 1976.

mit den Verfassern der exilischen oder frühnachexilischen Bearbeitung alter Traditionen und Gesetze, welche in der modernen Bibelwissenschaft als die Priesterschrift
(P) bekannt geworden ist. Ich möchte von einer teilweisen Überlappung der Autoren-
kreise, nicht von einer völligen Identität sprechen, denn es sind einige bedeutende
Unterschiede zwischen den Kultgesetzen, die bei Ezechiel auftauchen oder durchscheinen, und den bei P vorausgesetzten augenfällig. Im Ezechielbuch werden die
Rollen von Prophet und Priester von derselben Person wahrgenommen. Das ist ein
erster Schritt in einem Prozeß, durch den die Prophetie erstmalig oder erneut in das
Priestertum und den Kult absorbiert wurde.

An dieser Stelle ist es angebracht, kurz den Inhalt des Buches zusammenzufassen.
Der erste Teil (Ez 1–7) bringt die in Babylon empfangene Vision vom fahrenden
Thron (Ez 1). An sie schließt sich der Auftrag für den Propheten, einem verstockten
Volk zu predigen (Ez 2,1–3,11). Dann geht Ezechiel nach Tel-Aviv, einem Zentrum
der Diasporajuden, und verharrt dort eine Woche in einem Lähmungszustand (Ez
3,12–15). Nun empfängt er den zusätzlichen Befehl, als Wächter Israels zu fungieren
(Ez 3,16–22), worauf er auf einer weiten Ebene eine neue Vision des *kabod* hat. Sie
vermittelt ihm, er müsse abgesondert zu Hause bleiben und werde zeitweise seine
Sprache verlieren (Ez 3,22–27).[364] Ihm wird auch aufgetragen, zur Ankündigung des
kommenden Unheils gewisse Zeichenhandlungen durchzuführen (Ez 4,1–5,4). Der
Abschnitt endet mit Anklagen gegen Jerusalem und Juda und mit einer kurzen Predigt, die auf der vierten Vision des Amos aufzubauen scheint (Ez 5,5–7,27; vgl. Am
8,1–3).
Wenn der Auftrag, eine Unheilsbotschaft zu verkünden, in der Rollenvision zu finden
ist, dann kann er vor der Abreise Ezechiels nach Babylon ergangen sein: Er schließt
ja mit einem Befehl, zur *golah* zu gehen (Ez 3,11). Der Ausdruck *golah* kann sich sowohl auf eine Menschengruppe als auch auf einen Zustand oder Ort beziehen; er ist
darum genauso auf Ezechiels Ko-Deportierte in Babylonien anwendbar. Trotzdem ist
die Folgerung, daß Ezechiel am Anfang teilweise in Juda wirkte, schwer vermeidbar.
Der Prophet berichtet nämlich vom Tod eines gewissen Prinzen Pelatja in Jerusalem,
und zwar genau während seiner Weissagungsrede (Ez 11,13). Auch die symbolische
Handlung mit dem Exulantengepäck konnte nicht gut für Leute bestimmt sein, die
sich bereits in Babylon befanden (Ez 12,1–7).[365]
Die Ezechielschule hat den ursprünglichen Berufungsbericht mit der Thronwagenvi-
sion verbunden, indem sie die Beauftragung von jenem Einen auf dem Thron ausgehen ließ. Beim Anblick der Vision fällt der Prophet auf sein Gesicht und hört eine
Stimme, die ihn anredet (Ez 1,28). Praktisch alle Ezechiel zugeschriebenen Sprüche
und Reden sind Reaktionen auf wirkliche Vorgänge in der Außenwelt. Darum mag
das Berufungsereignis als solches sehr wohl durch politische Unruhen angestoßen
worden sein, die durch Zedekias Verschwörung gegen Nebukadnezar im Jahre 594
v.Chr. (Jer 28) entstanden waren. Die Verschwörung schlug fehl, und dann wurde
eine diplomatische Mission nach Babylon entsandt (Jer 51,59). Sie wird ein Jahr vor
Ezechiels babylonischer Vision datiert (Jer 51,59; Ez 1,2).

---

364 Außer den Kommentaren vgl. M. Greenberg, On Ezekiel's Dumbness, JBL 77, 1958, 101–105;
     R.R. Wilson, An Interpretation of Ezekiel's Dumbness, VT 22, 1972, 91–104.
365 Die andere Deutung, daß Ezechiel nur in Babylon tätig gewesen sei, vertritt z.B. H.H. Rowley,
     1963, 194f.

Der folgende Teil des Buches (Ez 8–11) bringt eine weitere, ein Jahr später, also ins Jahr 592 v.Chr. datierte Vision, in der Ezechiel im Geist nach Jerusalem transportiert wird und eine übernatürliche Führung durch den Tempel und seine Höfe erhält. Was er dort sieht, beweist das Ausmaß des Triumphes, den die Synkretisten unter Zedekia schnöde dreißig Jahre nach den großen Kultreformen des Josia feiern konnten. Die Reformen sind völlig vergessen. Das „Lustbild" neben einem Tor zum inneren Vorhof (Ez 8,3) wird vermutlich eine nackte, kanaanäische Göttin gewesen sein, wie sie unter archäologischen Funden reichlich vertreten ist. Die Tier- und Reptilienfiguren waren wahrscheinlich ägyptischen Ursprungs – das ist verständlich, denkt man an die von Zedekia in seinen letzten Regierungsjahren verfolgte pro-ägyptische Politik. Ein Stückchen weiter begegnet er Frauen, die den Tammuzkult praktizieren, und einer Gruppe, welche die aufgehende Sonne anbetet – alles das mitten im Tempel. Auf dem Weg zurück zum Ausgangspunkt der Führung sieht Ezechiel übermenschliche Vernichtungsboten, die ausgeschickt werden, die Stadt mit Ausnahme der wenigen, auf ihrer Stirn mit dem Buchstaben *taw* (der die Form eines Kreuzes hat) gezeichneten Getreuen zu vernichten. Er versucht, fürbittend einzugreifen, aber es ist zu spät. Wie die Ereignisse so ablaufen, verläßt der *kabod* seinen Standort und läßt sich auf dem Hügel östlich der Stadt nieder.

Gegen Schluß dieses Teils findet sich eine kurze Predigt, welche sich mit den Ansprüchen der in Juda Gebliebenen auseinandersetzt und dabei die babylonische *golah* als das wahre Israel der Zukunft favorisiert (Ez 11,14–21). Anscheinend argumentierten die Zurückgebliebenen, die Deportierten seien aus der Kultgemeinschaft ausgeschlossen oder hätten diese freiwillig verlassen und darum ihre Besitzansprüche auf ihr Land verloren (Ez 11,15; vgl. 33,23–29; 36,2). Ezechiel widersprach mit dem Argument, die Exulanten befänden sich selbstverständlich im Jurisdiktionsbereich Jahwes, denn Jahwe selbst sei ihnen zum Heiligtum geworden – Beweis: Er sei persönlich einem Propheten in Babylon erschienen. Die Palästiner hätten im Gegenteil durch ihren Abfall von Jahwe ihr Anrecht in der künftigen Gemeinschaft verloren. Wir merken, wie hier parallel zu P die Verheißung eingeprägt wird (vgl. Gen 17,8; Ex 6,7f). Was zählt, ist die göttliche Gegenwart und nicht der Abschluß und die Einhaltung von Bundesverpflichtungen.

Das abschließende und längste Stück aus der Zeit vor der Katastrophe (Ez 12–24) besteht aus ungefähr 25 Reden, die praktisch alle mit derselben Formel beginnen: „Das Wort Jahwes geschah zu mir". Am Anfang wird Ezechiels prophetische Aktivität verteidigt. Man sieht, wie er in dramatischem Spiel die angekündigte Zukunft darstellt (Ez 12,1–20). Dann greift er die selbstbetrügerische Gleichgültigkeit seiner Zuhörer an (Ez 12,21–13,16) und polemisiert gegen abweichende zeitgenössische Formen prophetischen Auftretens. Eingeschlossen sind Aktivitäten von Prophetinnen, die sich wie Hexerei ausnehmen (Ez 13,17–14,11). Er zitiert auch Worte seiner Zeitgenossen (Ez 12,21–28). Daraus entsteht eine längere polemische Rede gegen die Berufspropheten; sie stützt sich weitgehend auf Ezechiels älteren Kollegen Jeremia (vgl. Jer 23,9–40; 27–29). Die Argumentationsrichtung ist überwiegend die gleiche. Die Falschpropheten reden zwar sehr ähnlich, aber sie sind nicht berufen. Sie sehen ihre Aufgabe darin, die Erwartungen ihrer Zuhörer zu erfüllen; so produzieren sie eine Haltung selbstbetrügerischer Beschaulichkeit. Mehr noch als Jeremia betont Ezechiel – hier und an anderen Stellen (Ez 3,16–22; 33,1–9) – die schwere Verantwortung des Propheten für die Gemeinschaft, der er dienen muß. Er ist sich auch

noch stärker der Möglichkeit bewußt, daß Prophet und Öffentlichkeit kollidieren,
obwohl man zuerst hinterhältig um seine Orientierunghilfe nachsucht (Ez 14,1–11).
Die politischen Katastrophen, die Ezechiel und seine Zeitgenossen und Zeitgenossinnen
nen erlebten, stellten alle möglichen traditionellen religiösen Vorstellungen in Frage
und entfachten eine intensive Debatte. Wie sollte man die Katastrophen, die in den
ersten Jahrzehnten des 6. Jahrhunderts über Juda gekommen waren, erklären? Typische Reaktionen, bei Ezechiel als Zitate nachzulesen, gingen dahin, Jahwe zu be-
schuldigen, er sehe nichts, wisse nichts und kümmere sich um nichts (Ez 8,12) oder
er behandle die Menschen ungerecht (Ez 18,25.29). Das Argument, die Kinder würden für die Sünden der Väter bestraft, und Gottes Wege seien eben ungerecht (Ez
18,2.19.25.29 – alles Zitate der Gegenpartei), hätte den Widerruf der alten Formel
zur Folge, derentsprechend Gott die Vergehen der Väter an den Kindern bis ins dritte
und vierte Glied heimsucht (Ex 34,7; Num 14,18). Ezechiel behauptet dagegen entschieden die persönliche Verantwortung und Rechenschaftslegung. Charakteristi-
scherweise exemplifiziert Ezechiel, der Priester und Kenner des Sakralrechtes, seine
Botschaft an dieser Stelle in der Form einer Fallstudie – wie gewisse kasuistische
Passagen im Deuteronomium –, die drei Generationen ausweist, zwischen denen es
keinerlei Übertragung von Schuld gibt (Ez 18). Praktisch und pastoral gesehen, so
die Folgerung, kann jede Person frei von einem zum anderen Lebensweg umkehren.
Diese „Umkehrmöglichkeit" (das ist die wörtliche Bedeutung des hebräischen
$t^e\check{s}ubah$, das gemeinhin mit „Bekehrung" übersetzt wird) meint eine radikale Neu-
orientierung des Lebens; hier liegt ein Hauptakzent der Predigt Ezechiels in der
Exulantengemeinschaft.
Die andere Seite des Problems der göttlichen Gerechtigkeit wird in einem früheren
Abschnitt desselben Buchteils abgehandelt (Ez 14,12–23). Wie der Verfasser von
Gen 18,23–32 (Abraham feilscht mit Gott über das Schicksal von Sodom) stellt hier
Ezechiel die Frage, ob die Anwesenheit einiger Gerechter ein sündenbeladenes Land
retten kann. Doch im Gegensatz zu dem Autor des Genesismidraschs verneint
Ezechiel diese Möglichkeit. Selbst Noah, Daniel und Hiob, diese traditionellen Para-
debeispiele für Gerechtigkeit, würden – wären sie zugegen – nur sich selbst, aber
nicht einmal ihre Söhne und Töchter retten können.[366] Also gibt Ezechiel sich auch
hier alle Mühe, die persönliche Verantwortung hervorzukehren und jeden Gedanken
daran, daß sie durch prophetische oder priesterliche Fürsprache ersetzt werden könne,
gründlich auszutreiben. Stellvertretende Sühne gibt es nicht.
Wir haben die zwei Abschnitte (Ez 18; 14,12–23) als Beispiele für die ethische Unterweisung Ezechiels und seiner Schule herausgegriffen. Aber es liegt auf der Hand,
daß Elemente dieses Ethos in allen Teilen des Buches vorkommen. Die Lektüre des
ganzen Buches vermittelt den umfassenden Eindruck, daß die moralischen Orientie-
rungen in direkter Beziehung zu dem Wunschbild stehen, das man sich von der
„Gemeinde Israel" machte. Darum ist der Ausgangspunkt das besondere Verhältnis
zum Gott Israels, und das höchste Gebot ist konsequenterweise die Zurückweisung
der Abgötterei (z.B. Ez 5,11; 6–8; 14,1–11; 16; 23). In Übereinstimmung mit der
priesterlichen Ethik im Pentateuch und im Heiligkeitsgesetz (Lev 17–26) wird prinzipiell zwischen Ethik und Ritualgesetz keine Grenzlinie gezogen. Die Abgötterei ist

---

366 Hiob 1f illustriert den Streitpunkt: Der Text soll beweisen, daß Hiobs Familie, Diener und viele
      andere im Lande Uz sterben mußten.

eng mit Gewalt, Mord, Ehebruch und anderen Verbrechen und Ordnungsstörungen verbunden. Eine der konkretesten Anklagelisten (Ez 22,6–12) verzeichnet Inzest und Beischlaf mit einer Menstruierenden neben Mord, Ehebruch, Meineid und ähnlichen Vergehen. In dieser Hinsicht liegt Ezechiel ganz auf der Linie der traditionellen ethischen Unterweisung, wie sie etwa vom rituellen Dekalog (Ex 34,11–26) und dem Heiligkeitsgesetz (Lev 17–26) vorgegeben wird. Das heißt natürlich nicht, man hätte alle genannten Übertretungen als gleichgewichtig angesehen. Aber die Liste läßt erkennen, daß man sehr darauf bedacht war, ein Lebensmodell zu zeichnen, das mit *dieser* bestimmten Gemeinschaft in Einklang stand. Die schon benannte Tatsache, daß der Landbesitz direkt etwas mit der Teilnahme am Kult zu tun hatte, ist in diesem Zusammenhang ebenfalls bedeutsam. Denn die Teilhabe am Kult war ihrerseits von der Befolgung des allgemeinen Ideals von guter Lebensführung abhängig. Die Ethik des Ezechiel, und der Propheten generell, basiert auf der untrennbaren Verknüpfung von Moral und Gottesdienst.

Die lange Reihe von Reden oder Predigten in Ez 12–24 enthält auch eine Anzahl von erstaunlichen und in einigen Fällen recht ausführlichen, metaphorischen oder allegorischen Erzählmotiven: das Holz des Weinstocks, das nur zum Verbrennen taugt (Ez 15,1–8); die nymphomane Braut (Ez 16,1–63); die großen Adler (Ez 17,1–24); die Löwin und ihre Welpen (Ez 19,1–9); der verwüstete Weinberg (Ez 19,10–14); die beiden Schwestern, die zu Prostituierten werden (Ez 23,1–49). Die engen Beziehungen zwischen Prophetie und Dichtkunst sind durch die ganze Prophetengeschichte hindurch sichtbar. Doch wenn der Eindruck nicht trügt, dann war Ezechiel ein deutlich bewußterer Dichter und Literat als alle anderen Propheten. Schon zu Lebzeiten stand er in dem Ruf, geschickt mit Worten umgehen zu können (Ez 33,30–33). Er war ein „Parabel-Schmied" und Bildredekünstler (Ez 20,49). Die überlange Parabel von dem weiblichen Findelkind, das, vom Tod errettet, seinen Retter heiratet und zu königlichen Ehren aufsteigt, geht wahrscheinlich auf ein Volksmärchen zurück. Wenn das stimmt, dann ist das Motiv zu einer rohen Pornogeschichte verarbeitet, die so unappetitliche Einzelheiten darbietet, daß moderne Übersetzer sich stellenweise bemüßigt fühlen, nur Umschreibungen zu gebrauchen und einige Rabbiner den gottesdienstlichen Gebrauch des Textes schlicht untersagten. – Mindestens eine seiner Dichtungen, ein Trauergesang auf die letzten Könige Judas, wurde volkstümliches Gemeingut (Ez 19,14).

Mit Ausnahme des ersten (Ez 15,1–8) sind alle in Frage kommenden anderen Gedichte metaphorische Darstellungen der Geschichte Israels. Die Allegorien von Adler und Löwen (Ez 17; 19) beschränken sich auf die letzten Jahre des Königreiches Juda. Die übrigen beiden (Ez 16; 23) umfassen die ganze Geschichte: Israel in Ägypten; Jerusalems Aufnahme in das Bundesverhältnis; die getrennten Königreiche; die Auseinandersetzungen mit den Philistern, Assyrern und Babyloniern; das Ende der Eigenstaatlichkeit. Ezechiels Urteil über die Monarchie fällt radikal negativ aus. Sie hat von Anfang an ihr Ziel verfehlt und ist hauptverantwortlich für den Zusammenbruch Israels. Auch hierin entdecken wir Berührungen mit der priesterlichen Tradition im Hexateuch, welche die Geschichte mit der Einnahme des Landes zu Ende gehen läßt und die darauf folgenden Entwicklungen vollständig ignoriert. Ezechiel unterscheidet sich jedoch an einem wichtigen Punkt sowohl von der priesterlichen Erzählung als auch von seinen prophetischen Vorgängern: Er führt nämlich Israels Untreue auf den Uranfang in Ägypten zurück (Ez 20,8; 23,3).

Die Anordnung der Sprüche in diesem Buchteil folgt nicht immer einer logischen Ordnung; das ist schon oft bemerkt worden. So hat die ethische Unterweisung von Ez 18 einen ganz anderen Zuschnitt als die metaphorischen Erzählungen des unmittelbaren Kontextes. Doch ist das Kapitel dorthin gestellt, weil es als *mašal* (Sprichwort) eingeführt wird. Oder: Das Orakel gegen Ammon (Ez 21,28–32) gehört logisch zu den Fremdvölkersprüchen (Ez 25–32), ist aber durch das Stichwort „Schwert" in die Nähe des vorhergehenden Spruches (Ez 21,1–27) gezogen worden. – Der wichtigste der noch übrigen Texte ist der Geschichtsabriß von Ez 20,1–44. Er hat offensichtlich Ähnlichkeit mit den bereits besprochenen Bildreden. Beide Texte scheinen mit einem Psalmentyp verwandt zu sein, der die Geschichte des untreuen Israel als Gleichnis und Rätsel erzählt (Ps 78,2; vgl. Ez 17,2). Strukturell gleicht der Text auch dem Schuldeingeständnis angesichts einer Sündengeschichte, wie etwa in Ps 106, der mit dem Gebet um die Heimholung des Volkes endet. Ez 20,1–44 ist in eine Handlung eingebettet: Älteste befragen den Propheten; ihre Bitte – worin immer sie bestanden haben mag – wird abgelehnt. Vielleicht rechneten sie aufgrund kürzlich ergangener optimistischer Prophezeiungen mit der bevorstehenden Heimkehr.[367] Möglicherweise haben sie auch – darauf könnten die folgenden Warnungen vor dem Synkretismus deuten (V. 32. 39–44) – sein Einverständnis für die Errichtung eines besonderen Kultzentrums für die jüdische Minorität in Babylonien einholen wollen. Wie wir schon gesehen haben, besteht sogar die Möglichkeit, daß ein solches Zentrum tatsächlich in Casiphia oder sonstwo eingerichtet wurde. In jedem Fall aber legt der historische Rückblick, der sich eng an die priesterlichen Erzählungen des Pentateuch anlehnt, Sünde und Untreue von den Anfängen in Ägypten an offen. Etwas überraschend schließt er trotz dieser ununterbrochenen Treubruch-Geschichte mit einer Bekräftigung der besonderen Beziehung Israels zu Jahwe; die Sprache erinnert an das Exodus-Thema: „Ich will König über euch sein mit starker Hand, mit ausgestrecktem Arm und mit ausgeschüttetem Grimm." (Ez 20,33). Manche Exegeten haben darin nicht ganz zu Unrecht eine Vorwegnahme des reformatorischen *sola gratia* gesehen.[368]

Scheltrede, Schein-Trauergesänge, Spottlieder usw. gegen Feindnationen (Ez 25–32) bilden eine eigenständige Sammlung von der Art, wie sie auch in anderen Prophetenbüchern vorkommt (vgl. besonders Jes 13–23; Jer 46–51). Sie besteht aus drei Textblöcken, nämlich Sprüchen gegen die unmittelbaren Nachbarn Judas (Ez 25); einer Zusammenstellung poetischen und prosaischen, gegen Tyrus gerichteten Materials (Ez 26,1–28,19); einer längeren Reihe anti-ägyptischer Worte (Ez 29–32). Die Datierungen verraten, daß der Kern dieser Sammlung auf politische Kommentare Ezechiels zu Ereignissen um den Feldzug Nebukadnezars nach Syrien, Palästina und Ägypten zurückgeht. Diese Kommentare sind, wie das bei ähnlichen Sprüchen in anderen Prophetenbüchern auch der Fall ist, nachträglich im Licht der späteren Geschichte ausgebaut worden. Z.B. sind dem Orakel gegen Ammon (Ez 25,1–7; vgl. 21,28–32) Hinweise auf arabische Übergriffe in der Mitte des 6. Jahrhunderts v.Chr. angegliedert worden, die jenem Königreich den Todesstoß gaben. Völlig klar auch,

---

367 A. Malamat, VTSuppl 28, 1975, 130, schlägt die Weissagungen des Hananja (Jer 28,1–4) vor.
368 W. Zimmerli, The Word of God in the Book of Ezekiel, in: R.W. Funk (Hg.), History and Hermeneutic, New York 1967, 13, vgl. ders., 1951.

daß die Gedichte über die Zerstörung von Tyrus weit über die erfolglose Belagerung durch die Babylonier hinaus – sie dauerte nach Josephus, Ant X, 228 dreizehn Jahre – auf die Eroberung durch Alexander d.Gr. im Jahre 332 v.Chr. blicken.[369] In ähnlicher Weise reichen die Worte gegen Ägypten über Hophras erfolglosen Versuch, im Jahre 588 v.Chr. den Belagerungsring um Jerusalem aufzubrechen (Jer 37,1–10), hinaus bis zu den babylonischen Feldzügen gegen Ägypten in den letzten Regierungsjahren des Nebukadnezar.

Die Gattung der Fremdvölkersprüche ist aus den rituellen Flüchen des Visionärs am Vorabend der Eröffnung von Feindseligkeiten herausgewachsen. Sie war eine bemerkenswert dauerhafte Waffe in der prophetischen Kriegführung. Daran erkennen wir einmal mehr, daß der Prophet nicht in einer zeitlosen Welt, sondern im Raum des politischen Geschehens, einschließlich der internationalen Bühne, wirkte.[370] Letzten Endes kam der Antrieb zu Ezechiels prophetischer Wirksamkeit aus einer religiösen Erfahrung, welche die ihn prägende althergebrachte Tradition wachrief, aber auch umformte. Weil jedoch Religion und Politik zwei Seiten derselben Realität waren, drückte sich diese spezifische Aneignung von Tradition in politischen Entscheidungen aus. Dabei befand sich Ezechiel meistens im Clinch mit der offiziellen Politik.

Die besagte politische Spruchsammlung bildete ursprünglich ein ganz separates Buch. Es wurde dem Buch der Predigten und Visionen (Ez 1–24) angehängt; man wollte so ein Gegengewicht gegen die prophetischen Anklagen gegen Israel schaffen und das Programm einer neuen Ordnung im Schlußteil des Buches vorbereiten. Diese Absicht geht aus dem dramatischen Abschluß der ersten Sammlung (Ez 24,25–27), wieder aufgenommen nach den Fremdvölkersprüchen in Ez 33,21f, hervor: Es kommt ein Bote mit der Nachricht, daß Jerusalem gefallen ist; die Zunge des Propheten wird auf der Stelle wieder gelöst. Die Intention wird auch ersichtlich aus der Tatsache, daß Ez 33 kaum mehr ist als eine Wiederholung bzw. eine andere Version der wichtigsten Lehren aus dem ersten Buch: der Verantwortung des Wächters (Ez 33,1–9; vgl. 3,16–21); der Möglichkeit und Notwendigkeit von Bekehrung (Ez 33,10–20; vgl. 18,5–32); der Bedingungen für den unangefochtenen Landbesitz (Ez 33,23–29; vgl. 11,14–21). Gleichzeitig bereitet das Kapitel den Leser auf den letzten Teil des Buches (Ez 34–48) vor, in dem die Antwort auf eine quälende Frage erfolgt. Sie wird Ezechiel von seinen Zeitgenossen vorgehalten: „Wie können wir dann noch leben?" (Ez 33,10).

Zuerst muß man der Ansicht entgegentreten, die Tempelverfassung (Ez 40–48) sei ein isolierter Textblock, der keine organische Verbindung mit dem übrigen Buch habe. Wir haben gesehen, daß er die Rückkehr des *kabod* als den Schlußpunkt eines strukturellen, das ganze Buch durchziehenden Themas auffaßt (Ez 9,3; 10,3–5.18f; 11,22f). Weiter bereitet die letzte der in Ez 34–37 gesammelten Predigten durch den Verweis auf ein zukünftiges, Israel heiligendes Heiligtum (Ez 37,28) ausdrücklich diese Tempelvision vor. Hier und anderswo in der prophetischen Literatur kann man also Einheit thematischer Gestaltung feststellen, ohne einheitliche Autorschaft postulieren zu müssen.

---

369 H.J. van Dijk, Ezekiel's Prophecy on Tyre, Rom 1968.
370 Vgl. D.L. Petersen, 1975.

Ez 40–48 sind mithin möglicherweise nicht von Ezechiel selbst verfaßt. Der Komplex hat in jedem Fall mehrere Erweiterungsstadien durchlaufen. Auch ein großer Teil der vorhergehenden Kapitel (Ez 34–39) trägt die ziemlich deutlichen Anzeichen späterer Abfassung an sich. Die Verdammung der Hirten Israels (Ez 34) ist z.B. ein Urteil über die Monarchie. Sie scheint eine Variation über Jer 23,1–8 zu sein. Ihr Schluß, die Verheißung eines davidischen Herrschers, erinnert in seiner Terminologie eher an Jeremia und das Deuteronomium als an die echten Ezechielworte von Ez 1–24. Auch die Rede an die Berge in Israel (Ez 36,1–15), welche das Wort gegen das Gebirge Seir (Edom) als eine Art Gegengewicht nach sich zog (Ez 35), hat mit Ezechiel wenig zu tun. Die Predigt, die ein neues Herz und einen neuen Geist verspricht (Ez 36,16–38), benutzt freimütig ältere Ezechielworte. Hier und da klingt der Rückblick auf das untreue Israel (Ez 20) nach, und die Zusage der Rückführung und eines neuen Herzens und Geistes, einer Art spiritueller Herztransplantation, liegt auf derselben Linie und verwendet dieselbe Sprache wie die Rede Ez 11,14–21. Lassen wir die Vision von den trockenen Gebeinen (Ez 37,1–14) noch beiseite, dann scheinen die letzten Predigten von Ez 34–37 mit ihrer Aussicht auf die beiden unter einem davidischen Herrscher wiedervereinigten Königreiche (Ez 37,15–28) aus derselben Quelle wie Ez 34 zu stammen. So scheint es dann möglich, daß Ez 34–37 als Ganzes, mit der Ausnahme der zwei Predigten in Ez 36,16–37,14, von Personen oder Gruppen außerhalb der Ezechielschule stammt. Dort hat man die Hoffnung auf eine neue nationale Einheit genährt, die alle Stämme umfassen und unter der Leitung eines Angehörigen der Daviddynastie stehen würde.

In ihrem Kontext wirkt die Vision von den trockenen, auf einer Ebene verstreuten Gebeinen (Ez 37,1–14) nach Form und Inhalt eigenständig. Sie setzt nicht mit dem herkömmlichen „Das Wort Jahwes geschah zu mir" ein (so Ez 34,1; 36,16; 37,15), sondern wie die älteren Visionen mit einer erzählerischen Notiz. Analog zu der Vision vom *kabod* (Ez 3,22; 8,4) findet sie in der Ebene statt; sie verwendet dieselben Redewendungen von der Hand und dem Geist Jahwes (vgl. Ez 1,3; 3,22.24; 8,1). Das Erzählmotiv wird augenscheinlich durch ein Zitat der *golah*-Gemeinschaft angestoßen und entfaltet dieses: „Unsere Knochen sind ausgetrocknet, unsere Hoffnung ist dahin, unser Lebensfaden ist abgeschnitten" (Ez 37,11). Aber es scheint auch zurück auf das posthume Wunder des Elia zu lauschen, als ein Toter durch die Berührung mit den Gebeinen des Propheten wieder zum Leben erweckt wird (2Kön 13,20f). Das würde jedenfalls zu einem wichtigen Zug von Ezechiels Selbstverständnis passen. Denn bemerkenswerterweise ist er, obwohl mit der ganzen prophetischen Tradition vertraut, manchmal mehr auf die „primitive" Prophetie der archaischen Periode eingestimmt. Die außerordentlichen Verhaltensphänome der Besessenheit, einschließlich Schwerelosigkeit und zweitem Gesicht, erinnern an die Wirksamkeit Elias, Elisas und ihrer Kollegen. Sowohl der fahrbare Thron als auch die Pferdewagen Elias senken sich aus dem vom Feuer umgebenen Wirbelwind herab (vgl. 2Kön 2,1.11). Ein guter Teil der Rede von Geistbegabung und der Hand Jahwes ist ebenfalls diesen Erzählungen entliehen (vgl. z.B. 1Kön 18,46; 2Kön 3,15). Wie Elisa (2Kön 6,32) wird auch Ezechiel von den Ältesten zu Hause um Rat gefragt. Sogar das bekannte „Du sollst wissen, daß ich Jahwe bin" kommt bereits in jenen frühen Prophetenlegenden vor (1Kön 20,13.28; vgl. 2Kön 5,8). Die umfangreicheren Prophetenbücher haben sonst wenig zum Geist zu sagen. Aber für Ezechiel ist er, genau wie für die Prophetie des Anfangs, eine entscheidende Kraft, weil er nicht nur das Prinzip der Bewe-

gung und Erneuerung darstellt, sondern auch der dynamische Faktor bei jeder prophetischen Ergriffenheit ist (Ez 2,2; 3,24; 11,5; 37,1).[371]
Diese bemerkenswerte Erzählung von der Knochenebene (Ez 37) ist in der jüdischen und christlichen Überlieferung zu einem mächtigen visuellen Symbol für die Umkehrung des „Lebens zum Tod"-Schemas geworden. Sie stärkte den Glauben an die physische Auferstehung oder die lebenspendende Macht Gottes. Sie brachte zudem die Funktion der Prophetie in einem entscheidenden Moment der Geschichte hervorragend auf den Punkt. Die *golah*-Gemeinschaft, die den Lebenswillen verloren hat, wird durch den Geist Gottes reaktiviert, und der Geist kommt durch das an die Gemeinschaft gerichtete Wort Gottes. Das geschieht in zwei Anläufen. Zuerst bringt der prophetische Aufruf die zertrennten Glieder zurück zur Gemeinsamkeit. Erst dann kann der Geist in sie fahren und ihnen den Willen zum Leben und zur Annahme der Zukunft eingeben. In der Erklärung der Vision (Ez 37,11–14) – auch das ein typisches Merkmal des Buches – wird die Zukunft wiederum als Besiedelung des Landes ausgemalt. Ein anderer Punkt kommt hinzu: Sie werden ihren Gott erst als den erkennen, der er ist, wenn das Wunder geschehen ist.
Die lange und recht ziellose Weissagung über Gog und das Land Magog (Ez 38f) ist an dieser Stelle eingefügt worden, weil man die unmittelbar vorhergehende Voraussage eines ewigen Wohlstandes unter einem davidischen König ergänzen wollte. Das geht aus der Tatsache hervor, daß vom Ende der Weissagung (Ez 37,28) eine Verbindung zur Vision vom zukünftigen Tempel besteht (Ez 40–48). Die apokalyptische Phantasie vom endgültigen, wunderbaren Sieg über die Mächte des Bösen im Lande Israel hat eine Menge von gezwungenen und sogar bizarren Spekulationen hervorgebracht. So hat man etwa während des Kalten Krieges den Text als eine verschlüsselte Prophezeiung auf gegenwärtige oder noch kommende Geschichtsereignisse gelesen. Schließlich klingen die Wörter *ro'š mešek* („Herrscher von Meschech, Ez 38,2) verdächtig nach Russland und Moskau. Noch abenteuerlicher sind Versuche, die im Text erwähnten Orte historisch zu lokalisieren. Wir müssen aber doch von dem Faktum ausgehen, daß alle diese Lokalitäten mit der Ausnahme von Persien (Ez 38,5) schon in der sogenannten Völkertafel von Gen 10 erscheinen. Mit anderen Worten: Der Apokalyptiker wußte wahrscheinlich weniger von historischer Geographie als wir. Er hat seinen Text als eine Art Mosaik aus allen möglichen biblischen Andeutungen und Motiven zusammengebaut, es sind sogar bekannte Ausdrücke dabei wie „Raube-Bald", „Eile-Beute" (vgl. Jes 8,1–4), „Ich will Feuer auf Magog schicken" (vgl. Am 1,4) und ähnliches mehr. Wir haben es also mit einem apokalyptischen Traktat aus einer Zeit lange nach Ezechiel zu tun, der vom prophetischen Tag Jahwes (Ez 39,8) und, präziser noch, von der Voraussage Jeremias und anderer, es komme ein Feind aus dem Norden (Ez 38,17), inspiriert ist.[372]

Der letzte Teil des Buches (Ez 40–48) stellt sich als eine Vision vom zukünftigen Tempel dar, doch wird an manchen Stellen deutlich, daß der visionäre Kontext vergessen worden ist. Der Kern der Vision, datiert auf das Jahr 573 v.Chr., ist eine Beschreibung des Tempels, der nach himmlischem Vorbild erbaut werden soll. Das ist ein im Alten Vorderen Orient verbreitetes Motiv. Die detaillierte architektonische

---

[371] W. Zimmerli, 1965, 516–521.
[372] C.G. Howie, Gog and Magog, IDB II, 1962, 436f; M.C. Astour, Gog and Magog, ADB 2, 1056f.

Schau führt hin zur Rückkehr des *kabod* und zu der Gottesrede, welche dem Volk die immerwährende Anwesenheit Jahwes zusichert (Ez 40,1–43,11a). Bis dahin stimmt alles vollkommen mit der Gesamtanlage des Buches überein und ist darin wirklich integriert. Dem Kern sind aber nicht nur mehrere Ergänzungen (Ez 43,13–17; 44,1–3; 46,19–24), sondern auch ein wesentlicher Bestand an kultischen und rituellen Vorschriften und Anweisungen hinzugefügt. Sie handeln vom Altar (Ez 43,18–27), von den Pflichten und Rechten des Kultpersonals (Ez 44,4–31) und der Rolle des weltlichen Herrschers im Tempelkult (Ez 45,9–46,18). Der jetzige Zustand des Textes läßt vermuten, daß ein Teil der Gesetze ausgeschieden worden ist: Das zeigt insbesondere die Ankündigung des Tempelrechts (Ez 43,11b–12), die keine Ausführung findet. Die Auslassung erfolgte vielleicht, weil sich Unvereinbarkeiten mit dem kultischen Recht des Pentateuch ergaben. Der babylonische Talmud hat dazu eine interessante Geschichte überliefert (b. Schab. 13b): Ein gewisser Hananja verbrauchte in seinem Eifer nicht weniger als 300 Krüge des Nachtöls, als er versuchte, Ez 40–48 mit der Tora in Übereinstimmung zu bringen.

Wiederum anders geartet ist der sehr schematische und utopische Bericht von der Landverteilung (Ez 45,1–8; 47,13–48,35), der an die Zuweisung der Stammesgebiete nach der Begründung des Heiligtums von Silo (Jos 18,1–19,51: in den Grundzügen eine P-Erzählung) denken läßt. Gegen Ende des Buches (Ez 47,1–12) taucht der Mythos vom Paradiesesgarten wieder auf (vgl. Ez 28,12–19).[373] Das Bild ist gewaltig: Der Strom geht vom Tempel aus und wird zu einem großen Fluß, der den Ödländern der judäischen Wüste Leben und Heilung bringt. Es gibt keinen zureichenden Grund, in Zweifel zu ziehen, daß dieser Text direkt oder indirekt auf Ezechiel selbst zurückgeht. Die Ausweitung der Vision Ezechiels auf Materialien, die in der prophetischen Literatur einmalig sind, ist offensichtlich von polemischen Interessen bewirkt worden. Vorschriften für den weltlichen Herrscher, der stets als Prinz (*nasi*), aber nie als König (*melek*) tituliert wird, haben viel mit dem „Königsgesetz" im Deuteronomium gemein (Dtn 17,14–20). Trotzdem sind sie grundsätzlich nicht unvereinbar mit der Ezechiel eigenen kritischen Haltung gegenüber der Monarchie. Es war schließlich Ezechiel selbst, der den bescheideneren Titel für das Königsamt ins Spiel gebracht hatte (Ez 12,10; 21,25).

Mit der Priesterschaft verhält es sich allerdings ganz anders. Denn hier steht fest, daß die zadokidische Gruppe, der wir die Gesetzeserweiterungen verdanken, die Prophetenvision zur Stützung ihrer eigenen Ansprüche gebraucht hat. Nur die Nachkommen Levis, die auch von Zadok abstammten, konnten als Priester dienen, heißt ihr Anspruch. Alle anderen werden von nun an einfach als Leviten bezeichnet und mußten wegen ihrer angeblichen religiösen Unzuverlässigkeit untergeordnete, nicht mit dem Opfer verbundene, kultische Dienste übernehmen (Ez 40,46b – eine Glosse; 43,19; 44,10–16; 45,1–8; 47,10f). Nichts davon geht auf Ezechiel selbst zurück. Er erwähnt Zadok überhaupt nicht, kritisiert vielmehr die Jerusalemer Priesterschaft wegen ihrer Pflichtvergessenheit (Ez 7,26; 22,26) und weil sie vermutlich auch in fremde Kultpraxis verwickelt war oder sie zumindest duldete, darunter die Göttinnenverehrung (Ez 8).

Spannungen und Streit zwischen verschiedenen Parteien oder Priesterfamilien gehen

---

[373] Außer den Kommentaren vgl. H.G. May, The King in the Garden of Eden: A Study of Ezekiel 28,12–19, in: B.W. Anderson und W. Harrelson (Hg.), Israel's Prophetic Heritage, 166–176.

mindestens bis in die Zeit zurück, als Jerobeam in Bethel und Dan seinen abtrünnigen Kult begründete. Alle Einzelheiten, ja sogar die Grundprobleme bleiben für uns im Dunkeln. Sie brauchen uns auch nicht zu beschäftigen. Während der spätbabylonischen und frühpersischen Periode war der Hauptstreitpunkt der Wiederaufbau des Jerusalemer Tempels und die Frage, wer die Geschäfte des Heiligtums führen und seine erheblichen Einkünfte verwalten sollte. Anscheinend haben am Ende die zwei Parteien, die sich nach den entsprechenden Ahnvätern, Aaron und Zadok, benannten, einen Kompromiß geschlossen. Die „Söhne Zadoks" bemächtigten sich der Autorität Ezechiels, um ihre eigenen Ansprüche zu stützen. Offenbar gelang es ihnen, ihre Führungsrolle bis in die Zeit der Hasmonäer zu erhalten. Der zadokidische Strang in Ez 40–48 ist daher eins von mehreren Beispielen für die enge Verbindung von Prophetie und Priesterschaft während des Zweiten Tempels.

Überblicken wir das Buch, dann fällt uns auf, wie komplex und vielseitig die Figur des Ezechiel, Namenspatron des Werkes, dasteht. Der Historiker wird den Propheten als einen führenden Oppositionellen gegen die Kriegspartei der letzten Jahre des Zedekia ansehen. Er kämpfte auch unermüdlich für das Überleben und die zeitige Heimkehr der Verbannten in Babylonien, wo die Sehnsucht nach einem Aufstand keinesfalls erloschen war. (Wir erinnern uns: Zwei Diaspora-Propheten sind z.B. von den Babyloniern kurz nach der ersten Deportation hingerichtet worden, Jer 29,21f.) Als Polemiker vertrat er die Ansprüche der Diaspora-Gemeinschaft, die bis auf Esra und darüber hinaus eine so dominierende Rolle bei der Gestaltung der Zukunft spielen sollte. Als Prophet spottet er jeder Klassifikation, denn er vereinigt in sich die mantischen Qualitäten der Anfangszeiten mit der Zugehörigkeit zur zentralen Kultelite. Er war nicht, wie G. Hölscher annahm, ein Visionär, den erst seine Herausgeber zu einem Literaten veredelten. Er war vielmehr ein visionärer Priester, der eben auch über eine außergewöhnlich breite Bildung verfügte, wie man z.B. an seinem Interesse für archaische Geschichte, seiner Verwendung mythischer Themen und seiner Beherrschung der Heiligtumsgesetze nach Form und Inhalt ablesen kann. Mit beiden Begabungen diente er ferner seinen Zeitgenossen mindestens zwei Jahrzehnte lang. Er gestaltet also Prophetie als eine Art von Pastoraltheologie und Gemeindeleitung. Es mag eine zu starke Vereinfachung sein, wenn man ihn mit J. Wellhausen den Vater des Judentums nennt. Doch waren seine Fähigkeiten – wie in der Redaktionsgeschichte des Buches erkennbar –, eine Anhängerschaft zu bilden und eine neue Lebensform für solche Gemeinden zu entwerfen, die an ihrer Überlebenskraft zweifelten, ganz gewiß entscheidende Faktoren auf dem Wege zur Entstehung des Judentums in der frühpersischen Zeit.

19. Exilische Prophetie in der Tradition Jesajas

Ezechiels Vision vom neuen Tempel ist auf das 25. Jahr des Exils datiert (573 v.Chr.). Es verstrich noch ein Vierteljahrhundert, dann meldete sich eine neue Generation von Propheten mit der Botschaft zu Wort, die Befreiung werde im Jobeljahr[374]

---

[374] In Jes 40,2 wird einem Propheten aufgetragen, das Ende einer festgelegten Dienstzeit (*saba'*) anzukündigen. In Jes 61,2 wird das Jahr des Wohlwollens Jahwes (*šᵉnat-raṣon lᵉJHWH*) verkün-

der Gottesgnade geschehen, wenn man zum Land der Väter zurückkehren würde (Jes 40,2; 61,2; vgl. Lev 25,8–24). Zu der Zeit war Nebukadnezar längst tot, Nabonid hatte Babylon verlassen und war in die Oase Tema in Nordwestarabien übergesiedelt, der Iranier Cyrus von Anschan hatte Ekbatana, die Hauptstadt Mediens, erobert und war dabei, seine Herrschaft nach Kleinasien auszudehnen. Der Zusammenbruch des babylonischen Weltreiches war nur noch eine Frage der Zeit. Darum konnte man die Hoffnung auf Heimkehr und Wiederherstellung der politischen Selbständigkeit im Heimatland hochhalten.

Die biblische Überlieferung enthält eine beträchtliche Sammlung von Prophetensprüchen dieser Zeit, die in Vorwegnahme oder *post factum* den Fall Babylonis feiern,[375] den Deportierten oder ihren Nachkommen die Rückkehr ins Heimatland versprechen, die Wiederherstellung der eigenen Dynastie und allgemeinen Wohlstand ansagen.[376] Der bei weitem wichtigste Seher unter denen, die im letzten Jahrzehnt babylonischer Herrschaft auftraten, war der anonyme[377] Autor von Sprüchen und Predigten, welche in Jes 40–55, dem sogenannten zweiten Jesajabuch aufbewahrt sind.

Seit dem Ende des 18. Jahrhunderts ist Jes 40–66 weithin als eine besondere, nach Jes 1–39 entstandene Sammlung anerkannt. Diese These gilt noch heute, und sie ist nicht unvereinbar mit den Bemühungen neuerer Wissenschaftler, die thematische und strukturelle Einheit des ganzen Jesajabuches zu erkennen. Bernhard Duhms Argumente für die weitere Aufteilung in einen exilischen (Jes 40–55) und einen nachexilischen (Jes 56–66) Komplex, Deutero- bzw. Trito-Jesaja genannt, steht auf weniger sicheren Füßen. Es sind bereits andere Aufteilungen dieser letzten 26 Kapitel des Jesajabuches vorgeschlagen worden.[378] B. Duhm hat auch als erster die Aufmerksamkeit auf die vier sogenannten „Gottesknechtslieder" (Jes 42,1–4; 49,1–6; 50,4–11; 52,13–53,12) als eigenständige, nicht vom Autor der Kapitel 40–55 stammende Kompositionen gelenkt.[379] Wie wir sehen werden, verdient diese Meinung noch immer Beachtung, obwohl sie in neuester Zeit angefochten wird.

Eine Erinnerung ist an dieser Stelle angebracht: Es würde eine zu starke Vereinfachung sein, wenn man aus alledem schließen wollte, daß die Jesajarolle eine glatte Abfolge von vorexilischen (Jes 1–39), exilischen (Jes 40–55) und nachexilischen (Jes 56–66) Texten darstellt. Wir haben bereits gesehen, daß im ersten Teil sowohl während des babylonischen Exils als auch nachher bedeutende Ergänzungen hinzuge-

---

det. Das Jobeljahr andererseits sieht die Proklamation einer Befreiung und die Rückkehr auf den Familienbesitz vor (Lev 25,8–24, besonders V. 10.13). Es steht in Beziehung zu dem im exilischen Schluß des Heiligkeitsgesetzes ausgesprochenen Gedanken der Sabbatruhe für das Land (Lev 26,34–45). Vgl. M. Noth, Das dritte Buch Mose, Leviticus ATD 6, Göttingen 1962, 160–165, 175f.; A. Wenham, The Book of Leviticus, London 1979, 317–324; A. van Selms, Jubilee, Year of, IDBSuppl. 496–498.

375 Jes 13,1–22; 14,3–11.12–21; 21,1–10; Jer 25,12–14.

376 Jes 4,2; 11,1–10; 32,1–8; Jer 23,5f; 30,8f; 33,14–22; Ez 34,23f; 37,24f; Am 9,11–15; Mi 5,1–4a.

377 Jes 42,19 hat im massoretischen Text den Ausdruck m^ešullam im Gegenüber zu „der Knecht Jahwes". Weil Meschullam andernorts als Personenname bezeugt ist (vgl. 2Kön 22,3), hat man vermutet, daß dies der Name des Propheten gewesen sei, und vielleicht der älteste Sohn des Zerubbabel (1Chr 3,19). Vgl. C.R. North, 1956, 89f.

378 Man könnte z.B. Schlußsätze in Jes 48,22 und 57,21 sehen, weil die Aussage 'en šalom … lareša'im („für die Frevler gibt es keinen Frieden") wiederholt wird. Oder der dritte Buchteil könnte mit Jes 55,1 oder 56,1 beginnen, vor allem weil die Verheißung lo' jikkaret („wird nicht ausgerottet") in Jes 55,13 und 56,5 begegnet.

379 O. Eißfeldt, 1964, 408; 448–452; 457–459.

kommen sind. Die antibabylonischen Gedichte (Jes 13,1–22; 14,3–21; 21,1–10) konnten z.B. wohl kaum vor dem Tode des Nebukadnezar im Jahre 562 v.Chr. verfaßt werden; sie mögen ein oder zwei Jahrzehnte jünger sein. Andere Sprüche, die die Heimkehr vorhersehen und die Unterwerfung der Nationen einschließlich Edoms, die Wiederherstellung der Dynastie und die Vormachtstellung Jerusalems und Zions weissagen, sind ebenfalls am besten verständlich, wenn man sie im geschichtlichen Kontext der späten exilischen oder früh-nachexilischen Periode liest.[380] Der zweite Teil der Rolle hat stilistisch und thematisch deutlich einheitlicheres Gepräge. Aber auch in ihm lassen sich Anzeichen redaktioneller Weiterungen feststellen. Wir können sogar noch weitergehen und sagen, daß die zweite Hälfte (Jes 49–55) einige Besonderheiten aufweist, welche sie von der ersten (Jes 40–48) absetzen. Das sogenannte Dritte Jesajabuch (üblicherweise Jes 56–66) schließlich kann nicht von einem einzigen Autor stammen. Es hat eine ganz eigene Redaktionsgeschichte gehabt, mag allerdings Prophetensprüche aus der Zeit des Ersten Tempels in sich aufgenommen haben.

Ein Nebenergebnis dieser grundlegenden Beobachtungen zu Struktur und Aufbau des Ezechielbuches ist folgendes: Die Naht zwischen dem ersten und zweiten Teil der Rolle kann nicht so eindeutig festgelegt werden, wie man manchmal annimmt. Der geschichtliche Anhang (Jes 36–39) endet mit der Voraussage des babylonischen Exils (Jes 39,5–8). Dadurch ergibt sich ein starker Kontrast zwischen dem von Jesaja verkündeten Geschichtsurteil und der in Jes 40–55 vermittelten Zusicherung von Befreiung und Heimkehr. Ebenfalls wird die Bühne für den sogenannten „Weissagungsbeweis" errichtet, der im zweiten Jesajabuch überragend wichtig ist: Der Gott, der durch seine Propheten die „früheren Ereignisse" vorausgesagt und sie dann verwirklicht hatte (Jes 41,22; 43,9.18f; 46,9; 48,3–5; vgl. 65,16f.), hat dadurch auch seine Fähigkeit erwiesen, die „neuen Dinge" (Jes 43,19) heraufzuführen, die nun angesagt werden. Also ist die Jesajarolle nach demselben Prinzip aufgebaut, das wir in anderen Prophetenschriften gefunden haben: Auf das Gericht folgt das Heil.[381] Der Unterschied liegt wohl darin, daß die Gegenüberstellung bei Jesaja ausdrücklicher betont wird und eine nachwirkende theologische Botschaft enthält.

Wichtig ist auch die Beobachtung, daß jenes dem Geschichtseinschub unmittelbar voraufgehende Kapitel (Jes 35) thematisch und sprachlich ganz auf die Seite der Dichtungen des Zweiten Jesaja gehört. Wir brauchen nur auf einige Motive hinzuweisen: Wiederherstellung des Zion; Israel ist blind und taub; neue Wunder in der Wüste, durch die die Exulanten wie über eine *via sacra* heimkehren (Jes 35,8–10; vgl. 40,3–5). Der Zusammenhang dieser beiden Blöcke ist durch den Einschub des Geschichtsberichts unterbrochen. Es entstand eine neue Beziehung, nämlich zwischen der Weissagung des Jesaja aus der Zeit des Hiskia und ihrer Erfüllung, die man als wesentliche Voraussetzung für die versprochene neue Ordnung ansah. Die enge Übereinstimmung mit dem deuteronomischen Verständnis von Prophetie läßt vermuten – aber sie ist selbstverständlich kein Beweis! –, daß Anhänger dieser Schule für die Anfügung von Jes 40–55 an die Sammlung Jes 1–39 verantwortlich waren.

Die These, daß die betreffenden Kapitel aus einer viel späteren Zeit stammen als das Buch des Jesaja von Jerusalem, braucht nicht umständlich begründet zu werden. Der

---

[380]   Z.B. Jes 2,1–4; 4,2–6; 11,1–9.11–16; 14,1–2; 29,22–24; 32,1–8; 34.
[381]   Am 9,11–15; Mi 4–5; Zeph 3,8–20; Jer 30–33; Ez 34; 36–37.

geschichtliche Kontext ist einfach nicht mehr der Staat Juda in den Zeiten assyrischer Vorherrschaft, sondern die jüdische *golah* während der letzten Jahren des babylonischen Reiches. Die Hinweise auf den Iraner Cyrus, König von Anschan (sie sind nicht beschränkt auf die wenigen Abschnitte, in denen sein Name erscheint: Jes 44,28; 45,1), auf babylonische Gottheiten, auf den erwarteten Fall Babylons, auf die Rückführung der Exulanten machen jene These über jeden Zweifel erhaben. Freilich gibt es Verknüpfungen mit dem Jesaja des 8. Jahrhunderts – da ist z.B. der häufig verwendete Titel „Der Heilige Israels" –, aber die Unterschiede der Form und literarischen Feinstruktur stechen viel stärker hervor als die Gemeinsamkeiten. Wir können die Beifügung von Jes 40–55 zum ersten Teil der Rolle nicht dadurch erklären wollen, daß wir uns auf eine Jesaja„schule" berufen, die zwei Jahrhunderte lang aktiv geblieben sein müßte. Für diese Hypothese gibt es absolut keine Belege. Die glühende Hingabe des ersten Jesaja an Zion als einer politischen Realität und einem Symbol für ein bedrängtes Volk könnte sicherlich manches erklären. Doch der Hauptpunkt bleibt die deutlich wahrzunehmende Verknüpfung von Weissagung und Erfüllung, auf die wir oben hingewiesen haben.

Anhangsweise sei gesagt: Der breite Konsens unter Bibelwissenschaftlern darüber, daß diese Kapitel in Babylonien und nicht im neubabylonischen Juda verfaßt worden sind, wird von Zeit zu Zeit in Frage gestellt:[382] Es ist schon richtig, daß nichts in Jes 40–55 uns förmlich zu der Entscheidung für Babylonien und gegen Juda zwingt. Aber die häufige Polemik gegen babylonische Gottheiten, Kulte und Praktiken (z.B. die Astrologie: Jes 46,1; 47,13) und auch das Thema der Rückführung speziell aus Babylonien (z.B. Jes 48,20) machen eine Lokalisierung ebendort außerordentlich wahrscheinlich.

Prophetenbücher bieten biographische Informationen nicht gerade in üppiger Fülle an, und Jes 40–55 ist darin keine Ausnahme. Daß der Autor anonym bleibt, ist für die Antike beileibe nichts Besonderes.[383] Ein recht plausibler Grund für die Anonymität könnte die politische Situation gewesen sein, in welcher der Prophet schrieb oder seine Zuhörerschaft anredete. Voraussagen über den Sieg des Cyrus und den Fall Babylons im Verein mit satirischen Äußerungen über den babylonischen Reichskult konnten nicht ohne Risiko sein, auch wenn sie im begrenzten Kreis der Diasporagemeinden kursierten. Frühere Propheten, die den Aufstand gepredigt hatten, waren deswegen von den Behörden gefoltert und hingerichtet worden (Jer 29,21f). Ob der Verfasser des ganzen Buches Jes 40–55 oder eines Teiles davon ein ähnliches Schicksal erfuhr, muß eine offene Frage bleiben. Die Antwort hängt vor allem von der Interpretation des dritten und vierten Gottesknechtsliedes ab; wir kommen darauf zurück.

Die Eingangsverse des Zweiten Jesaja (Jes 40,1–11) sind oft dahingehend verstanden worden, daß sie einen prophetischen Sendungsbericht nach Art des im ersten Buch enthaltenen (Jes 6,1–13)[384] spiegeln: Der Text weist nicht direkt auf eine himmlische Ratsversammlung hin, wie sie bei Jesajas großer Vision vom (himmlischen) Tempel vorausgesetzt ist. Man muß jedoch darauf achten, daß in der Eröffnungsansprache (Jes 40,1f) die Verben im Plural stehen, d.h. der Befehl, das Ende des Exils (dargestellt als ein Strafdienst) zu verkünden, an eine Mehrzahl von Sehern ergeht. Der

---

[382] z.B. von J.D. Smart, 1965, 20–23; H.M. Barstad, 1982, 77–87; ders., 1987, 90–110.
[383] Vgl. oben Anm. 379.
[384] Vgl. u.a. F.M. Cross, 1953, 274–278, und C. Westermann, 1966, 30–38 (er spielt jedoch die Berufung herunter).

Verfasser gehört vermutlich dazu. So auch in Jes 35,3f, einem durch und durch exilischen Abschnitt: Eine Mehrheit wird ausgeschickt, um das Volk mit der guten Nachricht zu trösten, daß die Rettung kurz bevorstehe. In Jes 52,7–10 steht ein einzelner Herold in Verbindung zu einer Prophetengruppe, die in Vorwegnahme desselben Ereignisses laut jubelt. Auch der Auftrag, Jahwe zur Vorbereitung seines Erscheinens den Weg zu ebnen (Jes 40,3–5), ist an eine Gruppe von Propheten gerichtet, und erst danach (V. 6–8) hören wir den Seher selbst reden; sein Wort scheint versteckt das Ende der babylonischen Herrschaft anzudeuten. Die Deutung der vierten Redeeinheit (V. 9–11) wird durch das feminine m^{e}basseret (Herold) erschwert. Häufig bezieht man die Bezeichnung auf Zion-Jerusalem (so die New Revised Standard Version). Aber der Sendungsauftrag läuft doch genau darauf hinaus, die gute Nachricht *an* Zion zu überbringen (Jes 40,1; vgl. 52,7f). Außerdem nimmt sich das Bild einer personifizierten Stadt Jerusalem, die einen hohen Berg hinaufsteigt, um ihre Botschaft zu sagen, recht gequält aus.[385]

So scheint denn alles in allem der Auftrag, den Niedergang der babylonischen Herrschaft, das heißt, das Ende des Exils und den Anbruch einer neuen Heilszeit, anzukündigen, an einen einzelnen Seher und seine prophetische Gefolgschaft ergangen zu sein. Es liegt zumindest sehr nahe, von der Annahme auszugehen, daß dieser betreffende Seher, den wir gelegentlich in eigener Sache reden hören (Jes 40,6; 48,16;[386] 49,1–6), einen guten Teil des Materials in Jes 40–55 verfaßt hat. Man kann auch mit gutem Grund die Hypothese aufstellen, daß zumindest ein Teil von Jes 56–66 auf die Schüler dieses Sehers zurückgeht. Sie haben sein Werk nach seinem Tod weitergeführt. Ferner ist nach meiner Vorstellung die seit der Antike umstrittene Identität des jesajanischen Gottesknechts (vgl. z.B. Apg 8,34) am besten zu ergründen, wenn man sich von den Schülern zurück zum Meister tastet. Man gelangt dann von den „Knechten Jahwes" in den letzten 11 Kapiteln zu dem prophetischen Gottesknecht, der in Jes 49–55 erinnert wird.

Um den geschichtlichen Ort und das Werk des Zweiten Jesaja und die Verbindungslinien zwischen den Blöcken zu verstehen, muß man – wie schon erwähnt – die Verschiedenheit der beiden Hauptabschnitte des Buches (Jes 40–48; 49–55) beachten.[387] Der erste, der mit dem Thema Auszug aus Babylon (Jes 40,1–5; 48,20–22) beginnt und endet, hat seinen Schwerpunkt in der Erwartung eines neuen, von Cyrus heraufzuführenden Zeitalters. Ein wichtiges Seitenthema ist die Polemik gegen den babylonischen Reichskult. Der zweite dagegen erwähnt weder den Perserkönig noch Babylon. Er ist insgesamt viel weniger an der politischen Gegenwartslage interessiert; er beschäftigt sich statt dessen mit der inneren Situation der Gemeinde.

Es stand zu erwarten, daß die Feldzüge des Cyrus und die zunehmende interne Opposition gegen Nabonid, den letzten babylonischen König (556–539 v.Chr.) zu einem förmlichen Ausbruch prophetischer Aktivitäten in der Diaspora führen würden. Um

---

385 Der Ausdruck m^{e}basseret ist darum vielleicht als Amtsbezeichnung zu verstehen, vgl. soperet (Esr 2,55) und qohelet (dazu vgl. W. Gesenius-Kautzsch, 1962, § 122r).

386 Das letzte Stück von Jes 48,16 scheint ein mit dem Kontext unverbundenes Fragment zu sein: „Und nun sendet mich der Herr Jahwe, und sein Geist …"; vgl. C. Westermann, 1966, 164f.

387 Es geht nicht um verschiedene Verfasserschaft, sondern um die unterschiedliche Thematik. Jes 40–48 beginnt und endet mit dem Exodus aus Babylonien (Jes 40,1–5; 48,20–22). Von Jes 40–48 zu 49–55 läßt sich deutlich eine Veränderung in der Auffassung vom Knechtsein feststellen. Die Götzenpolemik (s.u. Anm. 396) findet sich nur in Jes 40–48, und Jes 49–55 ist ganz allgemein gesprochen ein Verbindungstext zwischen Jes 40–48 und Jes 56–66.

550 v.Chr. hatte Cyrus die persischen Stämme unter seiner Führung vereinigt und Ekbatana, die Hauptstadt Mediens, eingenommen. Im Verlauf dreier weiterer Jahre krönte er seine Kampagnen in Armenien und Kleinasien mit der Einnahme von Sardis, der Hauptstadt des vom legendären Crösus regierten Lydierreiches, und der Annexion der griechischen Städte entlang der jonischen Küste. Diese umwälzenden Ereignisse waren die „neuen Dinge", welche der Prophet verkündete (Jes 43,19). Sie werden hier und da durch alle jene Kapitel hindurch erwähnt (Jes 41,2–4.25–29; 45,1–7). Die ethnischen Minderheiten, angesiedelt in Städten und Landstrichen des südmesopotamischen Schwemmlandes, haben Cyrus wohl stark, wenn vielleicht auch nicht einmütig, unterstützt. Von diesem Gesichtswinkel her lesen sich Jes 40–48 wie eine Propagandaschrift der pro-persischen Partei in einer Zeit, als die Einnahme Babylons durch Cyrus schon einigermaßen absehbar war (vgl. besonders Jes 43,14–17; 47,1–15; 48,14).

Von daher wird verständlich, daß ein ausführliches Orakel über Cyrus das Herzstück dieses Abschnittes bildet (Jes 44,24–45,13). Cyrus wird darin als Hirte und Gesalbter bezeichnet, beides sind wohlbekannte Synonyme für „König".[388] Bemerkenswert ist jedoch der Anspruch, daß Jahwe für seinen Erfolg verantwortlich zeichne, daß seine Maßnahmen als Hilfeleistung für die zerstreuten jüdischen Gemeinden geplant seien und daß Cyrus die Heimkehr der judäischen Exulanten und den Wiederaufbau ihrer zerstörten Städte in die Wege leiten werde. Der Seher legt noch eins drauf und weissagt ihm die Eroberung Ägyptens, die aber erst unter seinem Sohn und Nachfolger Cambyses stattfand (Jes 45,14). In anderen Sprüchen (Jes 43,14–17; 47,1–15; 48,14) kündigt er den Fall Babylons an und wendet sich polemisch gegen die babylonische Religion, einem Zeitgenossen, dem ionischen Philosophen Xenophanes, gar nicht unähnlich.[389]

Vor dem trüben Hintergrund der Heilsprophetie in den letzten Jahren der Monarchie wäre es sehr verwunderlich, wenn die Verkündigung dieses neuen Propheten der Guten Nachricht nicht auf Skepsis gestoßen wäre. Er hat zweifellos eine solche Reaktion erwartet, darum versuchte er, die Kritiker von vornherein dadurch zu entwaffnen, daß er behauptete, im Namen eines Gottes zu sprechen, der seine Fähigkeit, Zukunftsansagen einzugeben und dann auch eintreffen zu lassen, schon längst bewiesen habe. Das ist ein Angelpunkt in der Apologetik des Zweiten Jesaja. Göttliche Macht erweist sich dadurch, daß sie Zukunft ansagt und dann dementsprechend gestaltet. Anders als die babylonischen Gottheiten stellte sich Jahwe voll hinter seine Propheten (Jes 44,26). Sogar die Katastrophen, durch die das Volk hindurchgegangen war, erwiesen sich als Anleitungen zum Glauben, denn sie waren die Erfüllung von Weissagungen und legten darum die Grundlage für die jetzige Zuversicht, daß dem Gericht nun die Rettung folgen würde (Jes 48,3–8). Wiederholt ruft er seine Zeitgenossen, die verständlicherweise zögerten, sich erneut auf Propheten einzulassen, dazu auf, seine Deutung der aktuellen Ereignisse als die auch für sie einzig sinnvolle wahrzunehmen und anzuerkennen. Sie hätten im Grunde gar keine andere Wahl.

---

388 „Gesalbter" (mašiah) hat hier jedoch nicht dieselben Konnotationen wie in späteren apokalyptischen Schriften. Es handelt sich zwar um die einzige Stelle, in welcher das Wort auf einen Nichtisraeliten angewendet wird, aber das ist um nichts verwunderlicher als die Benennung Nebukadnezars als „mein Knecht" (Jer 25,9; 27,6; 43,10).

389 G.S. Kirk und J.E. Raven, The Presocratic Philosophers: A Critical History with a Selection of Texts, Cambridge 1962, 163–181.

Weil Prophetie derartige Ansprüche erhebt, wirft sie aus innerstem Wesen heraus die Frage nach Wirklichkeit und Macht der Gottheit auf, die hinter der prophetischen Botschaft steht. Viele der Verbannten werden zu dem Schluß gekommen sein, der Gott Israels sei zusammen mit seinen Propheten unglaubwürdig geworden. Der Anblick der Feiern und Prozessionen zu Ehren Marduks, des Stadtgottes von Babylon, muß sie ständig an die Niederlage Jahwes erinnert haben. Diese Situation macht verständlich, warum der Stammes- und Nationalgott Israels seither immer häufiger als kosmische Gottheit vorgestellt wurde, die im hohen Himmel residiert und über das Schicksal aller Nationen wacht:[390] eine Akzentverlagerung, die sichtlich dazu bestimmt war, die Anziehungskraft der babylonischen Religion, insbesondere des Kultes für den Reichsgott Marduk, zu konterkarieren. Man greife nur ein Beispiel heraus, den Machtausspruch von Jes 43,10:

> Vor mir ist kein Gott gemacht,
> so wird auch nach mir keiner sein.

Das zielt auf die babylonische Theogonie, nach der Marduk (auch als Bel bekannt: Jes 46,1) von den Gottheiten Ea und Damkina hervorgebracht wurde.[391]
Der höchste Akt göttlichen Krafterweises, die Erschaffung der Welt, wird im kanonischen babylonischen Schöpfungsmythos *Enuma elisch* (ANET 60–72; TUAT III, 565–602) gefeiert. Der heilige Text, rezitiert bei den *akitu*-Feiern des Neujahrfestes, setzt mit der Theogonie ein, derzufolge die vom Urpaar Apsu und Tiamat abstammenden Götter soviel Unruhe stifteten, daß Apsu ihre Vernichtung beschloß. Als der Gott Ea davon erfuhr, erschlug er vorsorglich den Apsu. Dann zeugte er Marduk, den weisesten und stärksten aller Gottheiten. Tiamat ihrerseits will ihren toten Gatten rächen und erschafft zuerst ein Bataillon von Ungeheuern, das ein gewisser Kingu anführt. Ihm werden auch die Schicksalstafeln anvertraut. Die hohen Götter, Anunnaki genannt, sehen sich nicht in der Lage, es mit Tiamat aufzunehmen. Also delegieren sie die Aufgabe an Marduk. Der läßt sich als Gegenleistung die Vormachtstellung im Pantheon garantieren, womit auch das Vorrecht auf die Festsetzung der Schicksalstafeln verbunden ist. Nachdem Marduk Tiamat im Zweikampf überwunden hat, nimmt er Kingu die Schicksalstafeln ab und erschafft aus dem zerstückelten Körper der Tiamat Erde und Himmel. Er weist den Göttern ihren Platz im Zodiakband zu und macht zuletzt aus dem mit Schlamm vermischten Blut des Kingu die Menschen. Dieser letzte Schöpfungsakt befreit die untergeordneten Gottheiten von der Last der „Gottesfron". Sie bauen ihm dafür im Gegenzug den Zikkurat-Tempel in Babylon, Esagila. Dann versammeln sie sich dort in feierlichem Zug, intonieren in einem Loblied die fünfzig Namen Marduks und verkünden seine universelle Königsherrschaft.
Offensichtlich will dieser Mythos etwas über die Macht aussagen; er tut es, indem er die Themen Schöpfung, Königtum und Kultus miteinander verquickt. Da Marduk Stadtgott von Babylon und Schirmherr des Reiches war, diente die Aufführung des Mythos auch als eine Art politischer Propaganda. Lesen wir Jes 40–55, dann können wir uns nicht dem Eindruck entziehen, daß der Autor es als seine Aufgabe ansieht,

---

390 Vgl. Gen 1,1–2,4 (P); Am 4,13; 5,8f; 9,5f; Hi 38 usw. Das Motiv wird untersucht von C. Stuhlmueller, Creative Redemption in Deutero-Isaiah, Rom 1970.
391 Vgl. auch Jes 45,5–7.21f.

dieser Ideologie der Macht entgegenzutreten. Alle Elemente des Macht-Mythos sind
vorhanden, so daß wir eine Art Spiegelbild des Mythos daraus gewinnen können, in
dem Jahwe die Stelle von Marduk einnimmt. Da ist der Chaoskampf, der mit der
Niederlage der *Tehom* (Tiamat), der „Großen Tiefe" (Jes 51,9–11) endet. Da ist die
Erschaffung von Licht und Finsternis (Jes 45,7), des Himmels, der Himmelskörper
und der Erde (Jes 40,12.26; 44,24 usw.). Der Triumphzug über die *via sacra* (Jes
40,3–5; vgl. 35,8–10) ähnelt dem, in welchem Marduk und Nabu einhergetragen
werden (Jes 46,1f.5–7); er führt zum Heiligtum (Jes 44,28), wo die große Epiphanie
des Gottes stattfinden soll (Jes 40,10; 51,7–10). Der Höhepunkt ist die Ausrufung der
Königsherrschaft Jahwes, die mit der Zusicherung eines günstigen Schicksals verbunden ist:[392]

> Wie lieblich sind auf den Bergen
> die Füße der Freudenboten, die da Frieden verkündigen,
> die Gutes predigen, Heil verkündigen
> die da sagen zu Zion: ‚Dein Gott ist König!' (Jes 52,7)

Diese Umkehrung zeitgenössischer Vorstellungen vom Machtzentrum wird dann aus
der Schöpfungsszenerie in den Geschichtszusammenhang der Gründung Israels hinein verlängert. Durch die Erschaffung Israels (Jes 43,1.15) hat Jahwe das Recht gewonnen, sein König zu sein (Jes 44,6). Bei der Rettung des Volkes aus Ägypten und
der Vernichtung der Feinde Israels am Schilfmeer hat er zum erstenmal dieses Recht
wahrgenommen. Jetzt, in diesen Spätzeiten, soll die Befreiungstat durch die Beendigung der Gefangenschaft und die Rückführung ins Heimatland wiederholt werden
(Jes 43,16f; 50,2), aber ohne jene den ersten Aufbruch kennzeichnende Hast (Jes
52,12). Die wunderbaren Interventionen, durch die Israel in der Wüste am Leben
erhalten wurde, finden ebenfalls ihre Entsprechung (Jes 35,5–7). Das Motiv des
kosmogonischen Sieges verlagert sich darum von der Urzeit in die Periode des Aus-
zugs aus Ägypten (Jes 51,9f). Die mythische Seegottheit Jamm, bekannt aus dem
spätbronzezeitlichen kanaanäischen Epos, wird zum Roten Meer oder Schilfmeer
(*jam-sup*).[393] Das bedeutet: Die schöpferische Kraft, die in der symbolischen Sprache
des Mythos zum Ausdruck kommt, ist auch die Erlösermacht. Und sie steht jetzt,
ähnlich wie zu Beginn ihrer Wirksamkeit, einem unterlegenen und gedemütigten
Volk zur Verfügung. Das ist eine Konstellation, die allen gängigen Lokalisierungen
von Machtzentren in der „wirklichen Welt" zuwiderläuft.
Die Tätigkeit des exilischen Sehers und seiner support-group (auf beide wird, wie
erwähnt, in den Einleitungsversen angespielt) richtet sich also darauf, die Diasporajuden zu überzeugen, daß ihr Gott entgegen allem Augenschein den Fluß der Geschichtsereignisse noch in der Hand hatte. Die häufige Verwendung der rhetorischen
Frage, die zunehmend in Erscheinung tretende Gattung des Streitgesprächs[394] können

---

[392] Wie das Thema entfaltet wird, kommt in meinem Aufsatz „The Unknown Prophet of the Exile"
ausführlicher zur Sprache: Scrip. 14, 1962, 81–90, 109–118.

[393] *Jamm* (die See) ist der Feind; im bronzezeitlichen Baalzyklus aus Ugarit besiegt ihn Baal; Stel-
lenhinweise bei E.R. Follis, Sea, ABD 5, 1058f.

[394] Vgl. den Gebrauch von rhetorischen Fragen (z.B. in Jes 40,12–31), die Gerichtsterminologie
(z.B. Jes 41,21) und eine breite Palette von Redefiguren, besonders in der Polemik gegen den
Götzendienst (Jes 40,18–20; 41,6f; 44,9–20; 45,20f; 46,1–7); außerdem Hag 1,4–11; 2,3.11–19;
Sach 1,3–6; 7,5–7; Mal 1,2–14; 2,10–17; 3,6–8.13–15.

die Predigttätigkeit spiegeln, die damals in den *golah*-Versammlungen im Schwange war. Vielleicht ist auch ein Großteil der Götzen-Schelte in diesem Bereich des Jesaja-buches auf synagogale oder vor-synagogale Predigttätigkeit in den zeitgenössischen Diasporagemeinden zurückzuführen. Solche Predigt über die Realität göttlicher Macht im politischen Bereich war ganz auf die Behauptung ausgerichtet, daß der-selbe Gott, welcher Israels Geschick von Anfang an geleitet hatte, auch hinter dem meteorhaften Aufstieg des Cyrus stand (Jes 41,1–4.25–29; 44,24–45,13). Wie wir gesehen haben, ist genau dies eine zentrale Aussage im ersten Teil des Deutero-jesajabuches (Jes 40–48). Der Kontrast zwischen derartigen theologischen Aussagen und der tatsächlichen politischen Bedeutungslosigkeit der *golah*-Gemeinschaft (an einer Stelle, Jes 49,7, wird sie als „Sklavin von Herrschaften" bezeichnet) hat wohl zur Verwendung des Begriffs „Knecht Jahwes" für die Gemeinde beigetragen. Ge-nauer gesagt, und das ist bemerkenswert: Im ersten Buchteil (Jes 40–48) bezieht sich der Ausdruck, wo immer er vorkommt, auf die jüdische Gemeinde als Ganze, im zweiten Teil hingegen (Jes 49–55) ist diese weitere Bedeutung die Ausnahme.[395] Be-vor wir die Konsequenzen aus dieser Beobachtung ziehen, sollten wir jedoch kurz den weiteren Wortgebrauch untersuchen. Der exilische Autor war aller Wahrschein-lichkeit nach damit vertraut.[396]

Anscheinend wurde der Terminus „Knecht Jahwes" (*'ebed jahweh*) in deuteronomi-schen Kreisen für einen ganz speziell ausgewählten Mittler verwendet. Vorbild war der Dienst des Mose persönlich (Num 12,7f; Dtn 34,5 usw.). Weil Josua als erster dessen Amt übernahm, trägt auch er den besagten Titel (Jos 24,29; Ri 2,8). Und da genauso die Propheten das Werk des Mose durch die Geschichte hindurch fortführ-ten, bot es sich als natürlich an, einzelne Inhaber des prophetischen Amtes wie auch die ganze Kette der Propheten mit der Begrifflichkeit des Dienens oder der Mittler-tätigkeit zu belegen.[397] Der davidische Herrscher wird allerdings ähnlich häufig als Sklave Jahwes tituliert.[398] Grund dafür ist: Auch der Monarchie war die Aufgabe der Vermittlung aufgetragen. Prophetie und Monarchie sah man als parallele Verkörpe-rungen der medialen Funktion und des charismatischen Amtes eines Mose an. Der „mosaische" Charakter der Monarchie war jedoch deutlicher sichtbar geworden, seit-dem ihre unvollkommene Gestalt von der Geschichtsbühne verschwunden war. Dar-um gibt es in exilischen Schriften so viele Hinweise auf den idealen, zukünftigen Kö-nig unter der Bezeichnung „Knecht Jahwes".[399] Als dann das Exil begann, war die Parallelität von Prophetie und Monarchie bereits fest verankert: Beide galten als Vollstrecker des göttlichen Willens und Mittler zwischen Gott und seinem Volk.

„Knecht" in diesem Sinne bezeichnet also eine um Israels willen übernommene Rolle oder Aufgabe. Daher können deuteronomische Schreiber diesen Begriff nicht auf das

---

395 Vgl. in Jes 40–48 die Passagen 41,8.9; 43,10; 44,1.2.21 (zweimal); 45,4; 48,20. Der Parallelis-mus zu „Boten" bzw. „Bote" in Jes 42,19 und 44,26 macht die kollektive Bedeutung weniger wahrscheinlich, und Jes 42,1 meint ziemlich sicher ein Individuum. Außer der Bezeichnung „Sklave von Herrschaften" (Jes 49,7 und 54,17 im Plural) beziehen sich alle Vorkommen in Jes 49–55 auf Individuen (Jes 49,3.5.6; 50,10; 52,13; 53,11). Vgl. W. Zimmerli, ThWNT V, 1954, 653–676.

396 J. Blenkinsopp, A Jewish Sect in the Persian Period, CBQ 52, 1990, 11–14.

397 Einzelne Propheten als „Diener": vgl. 1Kön 15,29; 2Kön 9,36; 10,10; 14,25; die Propheten ins-gesamt: vgl. 2Kön 9,7; 17,13.23; 21,10; 24,2 usw.

398 Z.B. 2Sam 3,18; 1Kön 8,24–26; 11,13.

399 Jer 23,5f; 30,8f; 33,14–26; Ez 34,23f; 37,24f; vgl. Hag 2,23; Sach 3,8 (Serubbabel).

Volk anwenden. Wo er in exilischen Schriften doch auf das ganze Volk bezogen wird
(Jer 30,10; 46,27f; Ez 28,25), da erscheint dieses unter dem Namen Jakob, ein auch
in einigen Jesajakapiteln vorkommender Sprachgebrauch (Jes 41,8; 44,1f.21; 45,4;
48,20). Dahinter steht die Absicht, die Berufung des großen Ahnherren ins Gedächtnis zu bringen, der von Gott durch viele Verwirrungen hindurch erwählt wurde,
damit er ein zahlreiches Volk ins Leben rufe. Er selbst war wie seine Nachkommen
im mesopotamischen Exil, nahm dort Sklavenarbeit auf sich und kehrte nach gerau-
mer Zeit in sein eigenes Land zurück.

In Jes 40–48 ist dann im allgemeinen Israel der Knecht Jahwes; es wird durch den
„Rest" in der Diaspora verkörpert. Ich verweise noch einmal auf den deutschen Gelehrten Bernhard Duhm, der etwa vor einem Jahrhundert vier Abschnitte gesondert
behandelte (Jes 42,1–4; 49,1–6; 50,4–9; 52,13–53,12). Er behauptete, sie stammten
aus einer anderen als der deuterojesajanischen Quelle; der in ihnen redende oder beschriebene *ebed* sei ein Individuum mit besonderem Auftrag, nicht aber das Volk
Israel, wie anderswo in diesem Buch.[400] Ein einziger Abschnitt aus Jes 40–48 paßt in
der Tat nicht in das Israel-Schema: das erste der von Duhm sogenannten Gottesknechtslieder (Jes 42,1–4). Hier ist der Sprecher Jahwe, der ein Individuum zu seinem Knecht und Auserwählten bestimmt. Er stattet ihn mit dem Geist aus, damit er
seine Aufgabe erfüllen kann, nämlich Recht und Gesetz unter den Völkern auszurich-
ten. Er wird seine Mission durchstehen, bis sie erfolgreich abgeschlossen ist, und er
wird sie ohne Gewalt und Brutalität ausführen. Das kann freilich nicht auf einen Propheten gehen, denn Propheten richten keine Gerechtigkeit auf, am allerwenigsten
unter den Völkern.[401] Der stärkste Hinweis darauf, daß der Autor eine königliche
Figur im Sinn hat, ist das Gedicht über den idealen davidischen Zukunftsherrscher in
Jes 11,1–9. Auch er ist mit dem Geist begabt, er hat den Auftrag, Gerechtigkeit unter
die Völker zu bringen und Gewalt und Brutalität ein Ende zu setzen, welche – damals
wie heute – so oft die internationalen Beziehungen bestimmen. Dieselbe Sichtweise
kommt in anderen Andeutungen eines idealen Zukunftsherrschers zum Ausdruck
(z.B. Jer 33,15). Bemerkenswerterweise ist der König in dem einzigen direkten Hinweis auf die davidische Linie bei Deuterojesaja (Jes 55,4f) auch mit internationalen
Aufgaben befaßt.

Wenn das einleuchtet, kann kaum Zweifel daran bestehen, daß der Empfänger des
Auftrags eine königliche Gestalt ist. Der Gesamtzusammenhang von Jes 40–48 und
der unmittelbar vorausgehende Abschnitt Jes 41,25–29 lassen auf Cyrus schließen. Er
soll zugunsten Israels Aufgaben durchführen, die unter normalen Umständen von
seinen eigenen charismatischen Führern zu übernehmen wären. Daß er, der heidni-
sche Herrscher, als Jahwes Knecht bezeichnet wird, schließt diese Rolle nicht aus,
denn der Titel „Mein Knecht" wird sogar dem Tyrannen Nebukadnezar verliehen (Jer
25,9; 27,6; 43,10); er ist keineswegs auffälliger als die Bezeichnung „Mein Hirte"
(Jes 44,28) oder „Jahwes Gesalbter" (*mašiah*, Jes 45,1), die auch auf Kyros angewendet werden.

Wenn man jedoch solche Fragen des Bezuges und der Identifikation bespricht, dann
tut man stets gut daran, Mehrfachdeutungen oder kumulative und serielle Interpreta-

---

[400] Duhm bezeichnete die besagten Abschnitte als „Dichtungen": Er betonte ihre literarische Quali-
      tät. Sie ragten heraus „durch die ruhige Sprache, durch das Ebenmaß der Stichen und Strophen,"
      ders., 1892, 311.

[401] Vgl. die Diskussion bei C.Westermann, 1966, 77–81.

tionen zuzulassen. In diesem Fall besteht durchaus die Möglichkeit, daß eine ursprüngliche Anspielung auf Cyros von Anschan im Licht der enttäuschenden Geschichtsereignisse später durch Hinweise auf Jojachin, den König im Exil, oder einen
von dessen Söhnen überlagert wurde. Bekanntlich ist nach der Rückkehr der ersten
Aussiedler nach Juda ein anderer Nachkomme Jojachins, Serubbabel, in prophetischen Texten als Jahwes Knecht bezeichnet worden (Hag 2,23; Sach 3,8). Die Daviddynastie ist sicherlich für die Verfasser von Jes 40–66 kein zentrales Thema.
Doch würde es seltsam anmuten, wenn sie nicht irgendwie Teil der zu entwerfenden
Zukunft war, die durch die gewaltigen Ereignisse auf der internationalen Bühne eröffnet wurde.

Zu Anfang des zweiten Buchteils (Jes 49–55) redet jemand die Völker an. Er benutzt
die Redeformen prophetischer Sendungsberichte, spricht davon, daß er berufen
wurde und von Mutterleib her einen Namen bekommen habe, daß er für seine Aufgabe als Waffe in Jahwes Hand ausgerüstet und zum Knecht Jahwes bestimmt sei,
durch den er (Jahwe) zu Ehren kommen werde (Jes 49,1–6). Praktisch alles, was dieser Sprecher von sich selbst aussagt, gilt sonst bei Deuterojesaja von der Gemeinde:
das Erlebnis von Fehlschlag und Ablehnung (Jes 40,27), auf das Jahwe mit dem Versprechen erneuter Hilfe antwortet (Jes 41,10), die Erschaffung und Berufung von
Mutterleib an (Jes 43,1; 44,1), die Bereitstellung der notwendigen Ausrüstung (Jes
41,15f), die Glorifizierung Jahwes durch den Berufenen (Jes 44,23). Um das Maß
voll zu machen, wird dieser „Knecht Jahwes" ausdrücklich mit Israel identifiziert
(Jes 49,3), und die darauf folgenden Sätze sind fast handgreiflich als auf die *golah*-
Gemeinschaft gemünzt zu verstehen.[402] Die Schwierigkeit liegt natürlich darin, daß
die dem Sprecher aufgetragene Mission die Aufgabe einschließt, Israel zu seinem
Gott zurückzubringen. Dieser Auftrag muß an ein Individuum oder eine Gruppe in
Israel ergehen, nicht an Gesamtisrael. Darum legt sich die Vermutung nahe, daß der
Abschnitt ergänzt worden ist, so daß er eine gewisse Identifikation des Propheten mit
Israel gestattet, aber die ihm anvertraute Sendung an die zerstreuten Gemeinden die-
ses Namens beibehält.

Die ausdrückliche Identifikation des „Knechtes" mit Israel an dieser Stelle (Jes 49,3)
zeigt wieder einmal, daß die ersten Schritte der Auslegungsgeschichte oft in den biblischen Texten selbst schon enthalten sind. Die gewaltige Aussagekraft der sogenannten Gottesknechtslieder hat sie paradoxerweise gegen weitere Auslegungen fast
immunisiert. Doch kann man trotz vieler Unsicherheiten einige bescheidene Schritte
tun, um die Grenzen abzustecken, innerhalb derer die maßgeblichen Texte gelesen
werden dürfen. Ein Ansatzpunkt, der vielleicht noch nicht ausreichend getestet worden ist und der hier vorgeschlagen werden soll, läge in den klaren Hinweisen von Jes
56–66 auf eine Prophetengruppe, die – abgelehnt von der Mehrheit der Bevölkerung
– ihre spirituelle Kraft aus den Lehren des Zweiten Jesaja bezog und sich selbst „die
Knechte Jahwes" nannte.[403] Die Verbindung dieser Gruppe mit Deuterojesaja wird
nicht nur durch die Tatsache nahegelegt, daß Jes 56–66 an den Buchteil angehängt
wurde, welcher die „Gottesknechtslieder" enthält, sondern auch durch gewisse re-

---

402 Der Ausdruck „Knecht der Herren" (*'ebed moš°lim*) in Jes 49,7 ist am einfachsten auf das
     exilierte Israel zu beziehen. In dem folgenden Heilsorakel (Jes 49,8–26) erscheint die Gemeinde
     unter dem Namen „Zion", vgl. Sach 2,11: *ṣijjon jošebet babel* (emendiert), „das in Babel
     wohnende Zion".
403 Jes 65,8f.13–16; 66,14.

daktionelle Ausweitungen bei den beiden letzten Liedern. Wir gehen jetzt nur kurz darauf ein und verweisen auf die weitere Diskussion im folgenden Abschnitt.[404]
Der erste der fraglichen Zusätze (Jes 50,10f) folgt auf eine der bei Deuterojesaja seltenen Abschnitte, in denen ein Sprecher seine Zuhörerschaft in der ersten Person anredet (Jes 50,4–9). Als „Knecht Gottes" wird er erst in dem kommentierenden Zusatz zu seinem Wort bezeichnet, aber die Wortwahl des „Öffnens" oder „Erweckens" der Ohren deutet auf prophetische Inspiration. Anscheinend hat er bei der Ausrichtung seiner Mission an die Mitverbannten Gewalt und Schmähung erfahren; er ist einiger Verbrechen angeklagt worden, deren er sich völlig unschuldig weiß. Darum ist er sich sicher, daß Jahwe zu ihm halten und ihn am Ende rehabilitieren wird. Der von einem seiner Jünger hinzugefügte Kommentar läßt zumindest deutlich werden, daß die golah-Gemeinschaft ist in eine Gruppe gespalten, welche dem Propheten und seiner Lehre anhängt, und eine andere, die beide ablehnt. Die genauen Einzelheiten entziehen sich unserer Kenntnis, aber die verwendete Sprache („im Dunkeln wandeln, ohne Licht") läßt vermuten, daß er von den Behörden gefaßt und ins Gefängnis gesteckt worden ist und aus diesem Grund in den Augen vieler Mitverbannte diskreditiert war.
Wir gehen wohl nicht fehl, wenn wir annehmen, daß sich in einem früheren, in der ersten Person gehaltenen Abschnitt (Jes 49,1–6) derselbe Mensch über seine fehlgeschlagene Mission beklagt und seiner Zuversicht, von Jahwe gerechtfertigt zu werden, Ausdruck gibt. Mit noch besseren Gründen kann man die Verbindungslinie zu dem späteren und ausführlicheren Text von Jes 52,13–53,12 ziehen. Darin geht ein Knecht Jahwes durch Leiden, Demütigung und Verstoßung hindurch und erlangt schließlich seine Rechtfertigung (Jes 52,13–53,12). Besonders hier haben sich Generationen von Kommentatoren schier unüberwindlichen Schwierigkeiten bei der Auslegung entgegengestellt. Darum können wir nur hoffen, eine einigermaßen im Sinne des bisher Dargelegten stimmige Deutung zu präsentieren.[405] Wir beginnen mit der Beobachtung, daß der Sprecher am Anfang und Ende des Abschnittes nicht mehr der Knecht selbst, sondern Jahwe ist (Jes 52,13–15; 53,11f[406]). Seine Ansprache in der ersten Person Gottes gibt den Rahmen für einen anderen Sprecher ab. Er war einmal einer von denen, die den „Knecht" ablehnten, erkennt und akzeptiert aber nun die Bedeutung seines Dienstes für die Exilsgemeinschaft (Jes 53,1–11). Daraus läßt sich der Schluß ziehen: Die in einer – in der hebräischen Bibel kaum sonst erreichten – unerhört intensiven Sprache vorgetragene Klage kommt aus einer sehr bezeichnenden Bekehrungserfahrung zur Jüngerschaft. Sie bereitet auf das Leiden und die Ablehnung der „Knechte Jahwes" im dritten Jesajabuch vor. Es ist kaum verwunderlich, daß diese „Erinnerungsklage" sich durch die ganze jüdische Geschichte hindurch bemerkbar macht und daß sie im frühen christlichen Verständnis vom prophetischen Dienst Jesu eine so entscheidende Rolle bekam.
Der Hinweis muß zum Schluß genügen: Die Sprache, in welcher das Schicksal des anonymen Propheten dargestellt wird, ist in mehrerer Hinsicht unscharf und für mehr als eine Interpretation offen. Daß er jedoch mit einem zur Schlachtung geführten Lamm verglichen wird (Jes 53,7), daß er weggenommen und vom „Land der Leben-

---

[404] Darüber vgl. unten Kap. VI, Nr. 21.
[405] Zur Deutung von Jes 52,13–53,12 auf den Propheten vgl. C.R. North, 1956, Kap. IV–VI passim.
[406] Der Zustand des Textes in Jes 53,11 erlaubt allerdings keine präzise Unterscheidung zwischen den Sprechern.

den" abgeschnitten wird (Jes 53,8), daß er sein Begräbnis bei den Bösen erhält (Jes 53,9) scheint am natürlichsten von der Tatsache her erklärbar, daß er umgebracht worden ist.[407] Wenn das zutrifft, dann enthält die Schlußverheißung, er werde seine Nachkommen sehen und seine Arbeit müsse am Ende Frucht tragen, den Gedanken, er werde in der prophetischen Jüngerschaft weiterleben, die sich der Fortführung seiner Predigt widmet. Wir müssen noch sehen, was aus dieser Botschaft in der neuen Situation – sie eröffnet sich aus Erwartung und Wirklichkeit der Heimkehr – gemacht wird.

---

[407] R.N. Whybray, 1978, 92–106, stellt die neueren Argumente für die These vor, daß der „Knecht" nicht zum Tode verurteilt worden ist. Wenn er jedoch getötet wurde, dann können wir die Frage stellen, ob Jes 30,20f, das auf einen Lehrer anspielt, der momentan verborgen sei, der aber wieder mit seiner Botschaft in Erscheinung treten werde, nicht auf den prophetischen Anführer und Lehrer in Deuterojesaja deuten will. O.Kaiser, 1973, 240, meint, die Passage könne sehr spät sein und aus der seleukidischen Zeit oder, präziser, aus der schriftgelehrten und apokalyptischen Umgebung des Danielbuches kommen.

VI. Propheten und Prophetie im Zeitalter des Zweiten Tempels

20. Judäische Prophetie in der frühpersischen Periode

Aus der früher allgemein vertretenen Anschauung, daß die Prophetie im großen und ganzen mit dem babylonischen Exil zu Ende gegangen sei, sind viele Mißverständnisse entstanden. Auch auf die Gefahr hin, Selbstverständliches zu traktieren, sollten wir darum mit der Bemerkung beginnen, daß fünf von den fünfzehn Büchern der „späteren Propheten" ganz und gar nachexilische Kompositionen sind (Joel, Jona, Haggai, Sacharja, Maleachi). Ferner kommen sehr viele Zusätze zu den restlichen Prophetenbüchern, einschließlich gewichtiger Abschnitte wie Jes 24–27; 56–66, aus dieser Zeit. Trotz der Klagen, daß keine prophetische Orientierung mehr zur Verfügung stehe (Thr 2,9), tritt prophetische Aktivität von den ersten Jahren der Rückwanderung an deutlich in Erscheinung (Esr 5,1f; Sach 7,2–7; 8,9). Wenn wir verstehen wollen, wie die Prophetie funktionierte und worin sie sich von früheren Ausprägungen unterschied, müssen wir zunächst eine Bestandsaufnahme von der grundlegend veränderten politischen Situation machen, in der sich Juda nach dem Wechsel von der babylonischen zur persischen Herrschaft vorfand.

Anfangs machte der Übergang keinen großen Unterschied. Die palästinischen Juden[408] wurden in das Satrapiensystem des persischen Weltreiches eingegliedert, das seinerseits weithin auf der Reichsverwaltung der Assyrer und Babylonier aufbaute. Weil Syrien und Palästina bis kurz vorher von Babylon aus regiert worden waren, gehörten sie zunächst zu der nach jener Stadt und der Trans-Euphrat-Region benannten Satrapie (*babili-ebirnari*). Erst nach dem babylonischen Aufstand von 482 v.Chr., der von Xerxes mit außergewöhnlicher Brutalität niedergeschlagen wurde, bildete die letztgenannte Region eine eigenständige administrative Einheit, bekannt als die Satrapie „Jenseits des Flusses" (Esr 5,6 usw.). Das Hauptzentrum der Reichsregierung war die alte medische Hauptstadt Ekbatana (Hamadan), bis Darius es nach Susa und Persepolis verlegte. Jerusalem und Umgebung (Juda: hebr. *jehud*) war zusammen mit Syrien, Samarien, Megiddo usw. eine von mehreren Provinzen und unterstand jurisdiktionell dem lokalen Satrapen. Der residierte vermutlich in Damaskus. Die vor einem halben Jahrhundert von A. Alt aufgestellte These, Juda sei während der neubabylonischen und persischen Zeit bis auf den Statthalter Nehemia hin von Samaria aus verwaltet worden, wird heute kaum noch vertreten.[409]

Unter persischer Herrschaft erfreuten sich diese Provinzen einer beträchtlichen Auto-

---

[408] Die Bezeichnung *jehudim* in der Bedeutung „Jude" und nicht „Judäer" (dies z.B. 2Kön 16,6, als das Nordreich noch bestand) ist vielleicht zuerst bei Jeremia (Jer 32,12; 34,9; 40,11f; 41,3; vgl. 38,19) und in 2 Könige (2Kön 25,25; 43,9; 44,1; 52,28.30) bezeugt. Nach Josephus jedoch (Ant XI, 173) sollten wir die Entstehung des Judentums in der Gemeinschaft suchen, die sich in frühpersischer Zeit in und um Jerusalem bildete, und zwar aus der Nachkommenschaft vorexilischer Judäer. Neh 3,33f deutet an, daß die Samaritaner zur Zeit des Gouverneurs Nehemia sich nicht als Juden betrachteten, obwohl sie Jahwe verehrten.

[409] Morton Smith, 1971, 193–201, widerspricht kräftig der These A. Alts, nach der Juda der Jurisdiktion von Samaria unterstand. Eine ausgewogene Sicht der Dinge vertritt G. Widengren, in J.H. Hayes, J.M. Miller (Hg.), 1977, 509–511.

nomie, solange sie ruhig blieben und ihre Steuern bezahlten: Sie prägten eigene Münzen, kontrollierten das eigene Gebiet mit Sicherheitskräften und erhoben Steuern und Abgaben. Der Rechtsstatus lokaler politischer Gruppierungen wurde im allgemeinen respektiert; das war anscheinend durchweg die Politik der persischen Herrscher, die in dieser Hinsicht viel aufgeklärter waren als ihre Vorgänger. Sie unterstützten die regionale Elite, die sich kooperativ zeigte und die *pax Persica* einzuhalten versprach. War eine solche Herrenschicht nicht vorhanden, wurde sie von außen implantiert. Dies scheint auch die Strategie gewesen zu sein, die zur Rückführung der babylonischen Juden und zu dem Angebot führten, den Aufbau des Jerusalemer Tempels von Reichs wegen zu fördern.

Juda gehörte zu den Provinzen, deren Status durch den dort vorhandenen Tempel und seinen Kultbetrieb bestimmt war. Ähnliche Fälle sind aus Mesopotamien, Ägypten und Kleinasien bekannt. Es war, wie gesagt, erklärte Politik der Zentralregierung, solche politisch wichtigen Lokalkulte zu fördern, finanziell zu unterstützen und, wo nötig, wiederherzustellen. So rühmt sich Kyros II. (Kurusch), der Begründer der achämenidischen Dynastie, er habe den Mardukkult in Babylon restauriert, der unter dem letzten babylonischen König, Nabonid, dem Verfall ausgesetzt gewesen sei. [410] Er stellte auch den Kult des Mondgottes Sin in Ur wieder her, und auch sein Nachfolger Kambyses, der im übrigen nicht immer dieser Politik folgte, behauptete, er habe das große Heiligtum zu Sais in Ägypten gereinigt. Noch später sehen wir Darius den Satrapen Gadatas tadeln, weil er dem Schrein des Apollo in Magnesia Abgaben auferlegt hatte. Darum ist es durchaus nicht unglaubwürdig, wenn berichtet wird, daß derselbe König den Wiederaufbau des Jahwe-Tempels in Jerusalem finanziell unterstützt habe (Esr 6,8).

Entsprechend dieser Politik der Reichsregierung blieben lokale Gesetzesbücher in Kraft und wurden mit den Machtmitteln der Zentralgewalt gestützt. Darius befahl, die alten ägyptischen Gesetze zu kodifizieren und dekretierte ihre Einhaltung. In demselben Geist sandte ein späterer König Esra aus, um „das Gesetz des Himmelsgottes" unter den Juden der Satrapie Transeuphrat durchzusetzen (Esr 7,14.25f). Eingeschlossen sind dabei die Vorschriften zur Unterhaltung und korrekten Ausführung des lokalen Kultus. Königliche Beauftragte zur Zeit des Kyros beklagen sich (die Dokumente sind auf uns gekommen) über die Nachlässigkeit von Tempelfunktionären in Babylon; unter den Papyri aus Elephantine ist der Brief eines Satrapen in Ägypten, der die jüdischen Siedler anweist, das Passa nach ihrem traditionellen Ritus zu halten.[411] So ist es keineswegs unwahrscheinlich, daß sich Darius' Interesse an der Verschriftung von einheimischen Gesetzen auch auf die jüdische Gemeinde erstreckte und daß ein guter Teil der Normen im Pentateuch das von der persischen Reichsregierung überwachte Zivilrecht der Jerusalemer Tempelgemeinde bildete.[412]

Die Provinz Juda kann somit als eine Tempel-Gemeinschaft bezeichnet werden, wie es ähnliche im persischen Weltreich mehrfach gab, z.B. in einigen griechischen Städ-

---

410 Zum Kyros-Zylinder vgl. ANET 315f, TUAT I, 407–410.

411 Zum „Passa-Papyrus" vgl A. Cowley, 1923, 60–65; B. Porten, 1968, 128–133; ANET 491 [und W. Beyerlin, (Hg.) 1975, 270f mit Bibliographie, Anm. d. Übers.].

412 Das bedeutet aber nicht, daß der Pentateuch schon am Anfang der persischen Zeit oder auch zur Zeit Esras in seiner Letztgestalt vorlag. Sein „Gesetz des Himmelsgottes" (Esr 7,12) ist nicht einfach mit dem Pentateuch gleichzusetzen. Zum Pentateuch als der zivilen Rechtsordnung des jüdischen Volkes vgl. E. Blum, 1990, 333–360; J. Blenkinsopp, The Pentateuch, 239–242.

ten entlang der jonischen Küste. Diese Tempel waren nicht einfach Opferstätten, Gebetshäuser oder Kultplätze. Die größeren Tempel waren vielmehr Verwaltungszentren mit eigener Bürokratie. Sie gaben Darlehen aus, überwachten die Einkünfte aus Grundsteuern und sammelten sie ein, unterstützen Kollegiatstifte für Gelehrte und Schreiber, um nicht die Schwärme von Tempelbediensteten zu nennen: Die bestanden u.a. auch aus Metzgern, Bäckern und Leuten, welche Herden von Opfertieren hielten, usw. Die höchste Autorität über die Gesamtorganisation lag natürlich beim Monarchen. In seiner Eigenschaft als legaler Nachfolger der babylonischen Könige restaurierte Kyros den Tempel Esagila in Babylon. Dieselbe Art von Rechtsanspruch untermauerte die kaiserliche Kontrolle des Jerusalemer Tempels: Der war ja vorher schon ein dynastisches Heiligtum gewesen. Ein wichtiges Indiz für diesen Status war die Auflage, Gebete für die Herrscherfamilie in die tägliche Liturgie aufzunehmen (Esr 6,10).

In den Provinzen wurde die königliche Autorität normalerweise durch von der Zentralregierung bestellte Beamte und Geschäftsträger ausgeübt, deren Hauptaugenmerk u.a. auf der Finanzverwaltung des Tempels und seines beträchtlichen Vermögens lag. Sachzwänge und Menschenverstand führten wo immer möglich dazu, daß einheimische Personen in die leitenden Stellen berufen wurden. Kyros hat z.B. einen Lyder zum Aufseher über das Schatzamt in Sardis gemacht, während unter Darius ein Davidide, Serubbabel, als Gouverneur von „Jehud" (Judäa) eingesetzt wurde. Gewöhnlich aber lag die alltägliche Verwaltungsarbeit bei der Priesterschaft.

Diese letzte Tatsache ist besonders wichtig, will man die Lage in Jerusalem und Juda nach der Rückkehr der Verbannten verstehen. Die Juden aus Babylonien übernahmen die Kontrolle über Verwaltung und Wirtschaft, und das schloß den wiederaufgebauten Tempel voll ein. Die Tempelpriester waren nicht nur dazu autorisiert, den Opferkult zu überwachen, so wichtig das schon sein mochte. Weil der Rechts- oder doch zumindest der Sozialstatus der Einwohner von ihrer Beteiligung am Kult und dessen finanzieller Unterstützung abhing, war ihre bürgerliche Existenz in einem ganz realen Sinn von der Priesterschaft abhängig. Wir haben schon erwähnt, daß das Recht auf Eigentum an Grund und Boden ein geordnetes Verhältnis zur Kultgemeinde voraussetzte. Diese Rechtslage ihrerseits wurde zum Nährboden für Konflikte, sobald die Nachkommen früherer Bürger aus der Diaspora zurückzutröpfeln begannen. Die Priesterschaft hatte also enorme Machtmittel in der Hand, nicht nur auf religiösem Gebiet (der Kult war schließlich das erste und unverzichtbare Mittel zur Erlösung), sondern auch im wirtschaftlichen und politischen Bereich.

Der herausgehobene Status des Jerusalemer Tempels und seiner Geschäfte während der frühen Perserzeit mußte innergruppale Konflikte schüren. Für unser Verständnis zeitgenössischer Prophetentexte ist es wichtig zu erkennen, wie es zu diesen Auseinandersetzungen gekommen ist. Die wichtigste Geschichtsquelle ist für uns der Chronist; er besteht darauf, daß nur die *golah*-Juden und nicht die in der Provinz Zurückgebliebenen in direkter Linie auf das alte Israel zurückgehen. Darum waren sie allein verantwortlich für die Wiederbegründung des Opferkultes. Wir mögen das für eine sehr einseitige Beurteilung der Lage halten, doch wurden derartige Ansprüche tatsächlich erhoben. Die Rückkehrer waren geneigt, sich von den Einheimischen abzusondern; sie fanden auch Anlaß, über die Verwaltung des Tempels und seiner Einkünfte, nach der babylonischen Eroberung enteigneten Besitz, Abstammungslinien und ähnliche Dinge erbittert zu streiten. Die Situation konnte sich nur verschärfen, wenn – wie damals geschehen – Vorwürfe wegen religiöser Untreue, gemeint waren synkretistische Praktiken, zwischen Babyloniern und Palästinern und zwischen verschiedenen Priesterfraktionen hin- und hergeschleudert wurden. Noch einmal: Die Ansicht des Chronisten, nach der nur die Diasporajuden Jahwe die Treue gehalten hätten, ist sicher zu simpel. Doch in Anbetracht der Lebensbedingungen im Exil und der hohen Motivation, die man für die Heimkehr brauchte, scheint es folgerichtig, daß die *golah*-Gruppe sich in Sachen Jahwetreue hervorgetan hat.

Von Beginn dieser Epoche an war das Grundproblem dies: Wie konnte man sich für die Mitgliedschaft in der Jerusalemer Tempelgemeinde qualifizieren? Seitdem der Nationalstaat vergangen war (der allerdings lange in Abhängigkeit von Fremdmächten existiert hatte), konnte man diese Frage nicht mehr allein aufgrund nationaler Identitätskriterien lösen. Andere Faktoren kamen ins Spiel, darunter zum erstenmal Vorschriften über rituelle Reinheit (z.B. Hag 2,10–14). Darum ist es nicht verwunderlich, daß Auseinandersetzungen über den Status bestimmter Personengruppen stattfanden: Man war sich uneins etwa über jene, die sich durch Götzendienst verunreinigt haben, über ansässige Ausländer (*gerim*) und Eunuchen. Hinsichtlich der letztgenannten Kategorie äußert Jes 56,3–5 z.B. eine sehr weitherzige Meinung, welche der im deuteronomischen Gesetz vertretenen (Dtn 23,1: Ausschluß sexuell Verstümmelter und gewisser ethnischer Gruppen) diametral widerspricht. Aus demselben Grund wird die Heirat mit fremden Frauen zunehmend problematisch; zur Zeit des Esra und des Nehemia ist daraus ein status confessionis geworden.

Später werden wir etwas genauer zeigen, daß der Konflikt nicht nur zwischen den Rückkehrern und den Daheimgebliebenen loderte, sondern auch in der *golah*-Gruppe selbst unter Priesterklassen ausgetragen wurde. Hauptstreitpunkte waren hier Fragen der Legitimation, die Kontrolle des Tempels und seiner beträchtlichen Finanzmittel und der Status des Tempelpersonals. Da gab es einige, die priesterlicher Abstammung zu sein behaupteten, aber den Beweis dafür schuldig blieben. Sie wurden vom Priesteramt ausgeschlossen, „bis ein Priester da wäre, der Urim und Thummim befragen könne" (Esr 2,59–63).[413] Es ging um Angehörige von Priesterfamilien, die sich in Babylonien niedergelassen hatten. Die Entscheidung wurde offenbar von anderen Priestern gefällt, die schon in Jerusalem saßen und begierig darauf waren, den Zugang zur Priesterschaft zu kontrollieren. Dabei ist es spannend zu beobachten, daß die Wiederaufnahme – wenn auch nur in Gedanken! – jener uralten Form der Gottesbefragung einen Schritt zur Vereinnahmung prophetisch-wahrsagerischer Funktionen durch die Priesterschaft bedeutet. Bedeutungsvoller noch sind die Anzeichen für Kämpfe unter den verschiedenen Priestergruppen. Sie führten zur Entstehung eines zweiten geistlichen Standes. Eine derartige Klassifizierung war zu Zeiten der Monarchie unbekannt. Sie ist erst in der allerletzten Redaktionsschicht des Deuteronomiums bezeugt (Dtn 27,14).[414] Doch als die Priesterschrift (P) aufgezeichnet wurde, bildeten

---

413 Ursprünglich handelt es sich vielleicht um eine Art Würfel für einfache Ja- oder Nein-Antworten; das Gerät wurde in die Kleidung des Hohenpriesters einbezogen (Ex 28,30; Lev 8,8), vgl. I. Mendelsohn, Urim and Thummim, IDB IV, 739f; E. Lipiński, Urim and Thummim, VT 20, 1970, 495f.

414 Die verschiedenen Redaktionen in Dtn 27 kann man an den sehr markanten Anspielungen auf den Stamm Levi (V. 12), die levitische Priesterschaft (V. 9) und die Leviten im Unterschied zu den Priestern (V. 14) unterscheiden. Im Deuteronomium sonst haben alle „levitischen Priester", ob am zentralen Heiligtum beschäftigt oder nicht, grundsätzlich denselben Status (Dtn 18,6–8). Auch das deuteronomistische Geschichtswerk bietet keine Belege für die Existenz eines Levitenstandes

die Leviten den *clerus minor,* der von den Riten der zentralen Kulthandlungen ausgeschlossen war. Wahrscheinlich hat die Aufhebung der provinziellen Heiligtümer unter Josia zu dieser Situation beigetragen, denn sie schuf ein Heer von arbeitslosen Priestern, das nicht in die Reihen der Jerusalemer Tempelgeistlichkeit eingegliedert werden konnte (2Kön 23,9; vgl. Dtn 18,6–8). Weil nun vor allem die letztere in die Verbannung geschickt wurde, mußte sich der Abstand zwischen beiden notwendig vergrößern. In der Liste der Exulanten (Esr 2) werden tatsächlich nur 74 Leviten aufgeführt, gegenüber 973 Priestern. Als Esra sich anschickte, Babylon zu verlassen, hatte selbst er Schwierigkeiten, Leviten für seine Aufgaben zu finden (Esr 8,15–20). In den zadokidischen Erweiterungen zu Ez 40–48 begründet die antilevitische Polemik die untergeordnete Stellung der Leviten mit deren Abfall von Jahwe (Ez 44,10–14). Die Priesterschrift läßt – undeutlicher – etwas von dem Machtkampf durchblicken, der zum Triumph der Aaroniden über andere Priesterfamilien führte (z.B. Lev 10; Num 16). Weil der einzige Hinweis auf Aaron im Deuteronomium nicht besonders schmeichelhaft ausfällt (Dtn 9,16–21), scheinen die betreffenden Erzählungen Ereignisse und Entwicklungen etwa zur Abfassungszeit der Priesterschrift zu reflektieren.[415] Nach dem Chronisten (1Chr 6,8) war Aaron der Ahnvater der zadokidischen Linie, die den Jerusalemer Kult beherrschte. Sie hatte Abjatar abgelöst, der aus Silo stammte und unter der Regierung des Salomo verbannt worden war (1Kön 2,26f.35; vgl. 1Sam 2,27–36; 3,10–14). Bis zur Wiederherstellung des Opferkultes hatten die Zadokiden mehr als einen Angriff auf ihr Priestermonopol überlebt und die Herausforderer gezwungen, entweder einen untergeordneten Rang einzunehmen oder völlig aus dem geistlichen Stand auszuscheiden. Mit welchen Mitteln sie ihre Vormachtstellung erreichten, bleibt jedoch unklar.

Der Chronist läßt Cyrus einen Erlaß herausgeben, der allen, die es hören oder nicht hören wollen, kundtut, daß Jahwe ihn an die Macht gebracht und ihm aufgetragen hat, den Tempel in Jerusalem wiederaufzubauen (2Chr 36,22f; Esr 1,1–4). Die Echtheit dieses Textes ist nicht über jeden Zweifel erhaben.[416] Aber, wie wir gesehen haben, lagen die Erlaubnis zur Heimkehr der Verbannten und die Subventionen für den Kult (Esr 6,4) durchaus auf der Linie der persischen Politik. Der Chronist beschreibt dann weiter die enthusiastische Aufnahme des Edikts unter den babylonischen Juden. Sie sollen sich in Scharen unter der Führung eines gewissen Scheschbazzar – er wird als Prinz (*nasi'*) und Gouverneur (*pehah*) von Juda bezeichnet – in die Heimat aufgemacht haben (Esr 1,5–11; 2,63; 5,14). Derselbe Scheschbazzar mit seinem guten,

---

im Gegenüber zu den Priestern. Einige Wörter von 1Kön 8,4 („die Priester und die Leviten führten sie herauf") fehlen in den besten Handschriften der Septuaginta; sie sind fast sicher eine Glosse, welche die vorhergehende Aussage korrigieren soll. An anderer Stelle im selben Bericht ist nur von Priestern die Rede (1Kön 8,3.6.10f). 2Kön 23,4 scheint von Hohenpriestern und Priestern zweiten Grades zu reden, aber man sollte mit 2Kön 25,18 den Singular *kohen mišneh* lesen. Kein vorexilischer Prophet erwähnt die Leviten, und auch der Ausdruck „levitische Priester" kommt nur in der deuteronomistischen Schicht des Jeremiabuches vor (Jer 33,17–22).

[415] Auffälligerweise bezieht sich Dtn 11,6 auf das Schicksal von Datan und Abiram, erwähnt aber nicht den Aufstand des Korach (vgl. Num 16,3–11 [P]).

[416] Sie wird verteidigt von E.J. Bickermann, The Edict of Cyrus in Ezra 1, JBL 65, 1946, 249–275; G. Widengren, in: J.H. Hayes und J.M. Miller, 1977, 498ff; R. de Vaux, Les décrets de Cyrus et de Darius sur la reconstruction du Temple, in: ders., Bible et Orient, Paris 1967, 83–113. Wir müssen zumindest mit bedeutender redaktioneller Überarbeitung durch den Chronisten rechnen, wie de Vaux und andere bescheinigen.

babylonischen Namen soll auch den Grundstein zum Tempel gelegt haben (Esr 5,16), obwohl uns der Chronist an anderer Stelle berichtet, das Ereignis habe erst einige Jahre später stattgefunden (Esr 3,1–13). Möglicherweise ist dieser Scheschbazzar auch mit Schenazzar, einem Sohn des Jojachin (1Chr 3,17f), identisch. Dann wäre er der Onkel des Zerubbabel, des Gouverneurs unter der Herrschaft des Darius. Aber die Informationen der biblischen Quellen sind für diese Zeit insgesamt verworren und widersprüchlich. Ganz besonders zweifelhaft ist, ob eine derartige Massenauswanderung zu der in der Liste Esr 2,1–70 (= Neh 7,6–73) angegebenen Zeit überhaupt stattgefunden hat: Die Zahl der unterschiedlich klassifizierten Heimkehrer wird mit rund 50 000 angegeben![417] Es ist viel wahrscheinlicher, daß anfangs nur ein Rinnsal von Heimkehrern sich auf den Weg machte, und daß diesen Frührücksiedlern später andere folgten, die sich 525 v.Chr. der Armee des Cambyses auf ihrem Feldzug gegen Ägypten anschlossen. Wenn die Begeisterung so groß gewesen wäre, wie uns der Chronist glauben machen möchte, dann ist schwer zu begreifen, warum es ein Vierteljahrhundert dauerte, bis die Arbeiten am Tempel abgeschlossen werden konnten.

Cambyses starb in Palästina, auf dem Rückweg aus Ägypten. Seinen Platz nahm ein anderer Sohn des Kyros, Bardija (den Griechen als Smerdis bekannt), ein. Er ließ sich zum König ausrufen und gewann die Anerkennung fast des ganzen Reiches, vor allem, als er die Steuern für drei Jahre aussetzte (Herodot 3,67). Aber er konnte nur wenige Monate regieren, denn er wurde von Darius, einem Angehörigen einer achämenidischen Seitenlinie, gefangengenommen und hingerichtet. Die zwei folgenden Jahre war Darius dann verzweifelt darum bemüht, seinen recht fadenscheinigen Anspruch auf den Thron abzusichern, Aufstände niederzuschlagen und Ruhe und Ordnung wiederherzustellen. In der berühmten Felsinschrift von Behistun hat Darius die offizielle Version der Ereignisse festgehalten: Bardija sei von Cambyses getötet worden; Darius hingegen habe nur einen Doppelgänger des Bardija, einen Aufrührer namens Gaumata, umgebracht. Die meisten Historiker halten diese Version jedoch für einen Propagandatrick. Er sollte die Thronbesteigung des Darius legitimieren.[418] Seine Usurpation hatte Aufstände in vielen Teilen des Reiches zur Folge, besonders in Ägypten und in der Satrapie Babylonien, zu der auch Juda gehörte. Die letzte Rebellion in Babylonien wurde von einem gewissen Araka, von angeblich königlicher Herkunft, angezettelt. Er nannte sich Nebukadnezar IV., konnte sich bis in den Winter des Jahres 521 v.Chr. halten und wurde dann gefangen und zusammen mit seinen babylonischen Gefolgsleuten gepfählt.

Es ist unwahrscheinlich, daß diese nationalistischen Aufstände auf beiden Seiten der Satrapie die dazwischenliegenden Provinzen unberührt gelassen hätten. Die chronistische Darstellung der Ereignisse in Juda (Esr 3–6) weckt eine Menge Fragen. Aber sie bezeugt wenigstens die Tatsache, daß der Wiederaufbau des Tempels durch prophetische Predigt veranlaßt und sogar direkt in prophetischen Orakeln gefordert wurde (Esr 5,1f; 6,14). Von den in dieser Angelegenheit tätigen Propheten sind zwei namentlich bekannt: Haggai und Sacharja.

---

417 Die Volkszählungsliste stammt eher aus dem späten 5. Jahrhundert und stellt ein aktualisiertes älteres Verzeichnis dar, wie von W.F. Albright, in: L. Finkelstein (Hg.), The Jews: Their History, Culture and Religion, Bd. 1, Philadelphia 1949, 51, Anm. 122, vorgeschlagen.

418 A.T.E. Olmstead, 1948, 117f; vgl. G.B. Gray, CAH IV, 1926, 173–177, 662f. Eine andere Interpretation des Darius-Textes bieten J.M. Cook, The Persian Empire, London 1983, 49–55, und R.N. Frye, The History of Ancient Iran, München 1984, 96–106.

Die Orakel des Haggai sind mit Daten versehen und in einem erzählenden Kontext überliefert worden (Hag 1,1.12–14). Sie sind auch mit den traditionellen prophetischen Formeln durchsetzt worden, vielleicht von dem Kreis oder der Schule, die unter dem Namen „Chronist" bekannt sind.[419] Die häufige Verwendung der Formel „Spruch Jahwes" (*ne'um JHWH*) soll den Eindruck erwecken, als handele es sich um einen Propheten in der klassischen Tradition. Aber Form und Inhalt des Haggaibuches sind ganz anders. Ein guter Teil des Textes gehört eher zur Gattung der Disputation: die Aufmerksamkeitsrufe (Hag 1,5.7; 2,15.18); die rhetorischen Fragen (Hag 1,4; 2,3.16.19); die Vorwegnahme von Einwänden und ihre Beantwortung (Hag 1,2–6): Alle diese Elemente kehren in ausgereifterer Form bei Maleachi wieder. Daß das Ritualgesetz zur Unterstreichung eines Argumentes herangezogen wird (Hag 2,10–14), ist ebenfalls ziemlich singulär.

Wir können voraussetzen, daß man selbst in der Zeit der Monarchie die verschiedenen Kategorien von Propheten nicht einfach mit den Kriterien „Gericht" und „Heil" auseinanderhalten kann. Aber die Anhäufung von Erhörungsformeln wie „Fürchte dich nicht" (Hag 2,5), „Ich bin bei dir" (Hag 1,13; 2,4), „sei getrost" (Hag 2,4) zeigt doch, daß Haggai eher in der Tradition der mit dem Staatskult verbundenen optimistischen Propheten stand. Die Weissagung an den Davididen Serubbabel vom nahen Zusammenbruch der politischen Ordnung, konkret: des persischen Weltreiches (Hag 2,6–9.20–23), unterscheidet sich nicht grundsätzlich von der Prophezeiung des Hananja, nach der sich Juda vom babylonischen Weltreich befreien werde. Auch diese Ansage wurde im Tempel gemacht (Jer 28,1–4).

Die enge Beziehung zwischen Priestern und Propheten am Tempel wird durch den Bericht einer von einem gewissen Sareser im Jahre 518 v.Chr. ausgesandten Delegation illustriert: Sie soll den richtigen Zeitpunkt für die Fastenzeremonien erfragen, mit denen man das Gedächtnis der Zerstörung des Salomonischen Tempels begehen will (Sach 7,1–7). Der Anführer der Delegation, Regem-Melech, richtet sich an Priester und Propheten am „Hause Jahwes der Heerscharen",[420] aber die Antwort erfolgt aufgrund prophetischer Inspiration durch Sacharja. Weil nun die dem Chronisten verfügbare Tradition Haggai eng mit Sacharja verbindet (Esr 5,1; 6,14) und weil beide glühende Verfechter des Tempelneubaus waren, gehörten sie wohl – ob Palästiner oder Babylonier – aller Wahrscheinlichkeit nach zu den Kultpropheten. Dieselbe Schlußfolgerung ergibt sich aus der von Haggai aufgezeichneten *halakah* [Unterweisung] zu einer Frage ritueller Reinheit (Hag 2,10–14; vgl. Lev 22,4–7). Die Sache geht die ganze angeredete Gemeinschaft in Juda um 520 v.Chr an, nicht nur ein Segment oder eine sich bildende Gruppierung wie die Samaritaner (Hag 2,14, vgl. 1,2).[421] Der Vorwurf ist: Welcher Kult auch immer seit der Zerstörung des Jerusalemer Tempels ausgeübt worden ist, er hat das Volk nicht Gott nähergebracht, sondern

---

[419] Vgl. die Kommentare und R.A. Mason, The Purpose of the „Editorial Framework" of the Book of Haggai, VT 27, 1977, 415–421.

[420] Man nimmt allgemein an, das fragliche Heiligtum habe auf dem Boden des Jerusalemer Tempels bestanden. Aber aus dem nicht emendierten Text von Sach 7,2f folgt viel natürlicher, daß die Delegation sich nach Bethel begeben hatte. Das dortige Heiligtum hat in der neubabylonischen Zeit vielleicht den Jerusalemer Tempel ersetzt; es lag auch viel näher bei dem Verwaltungszentrum Mizpa.

[421] K. Koch, Haggais unreines Volk, ZAW 79, 1967, 52–66; H.G. May, „This People" and „This Nation" in Haggai, VT 18,1968, 190–197; D.R. Hildebrand, Temple Ritual: A Paradigm for Moral Holiness in Haggai 2:10–19, VT 39, 1989, 154–168.

sein unreiner Zustand hat den Gottesdienst im Gegenteil für Gott unannehmbar gemacht. Angesichts der bei Jeremia, Ezechiel und – etwas später – beim Dritten Jesaja überlieferten ähnlichen Beschuldigungen rügt Haggai höchstwahrscheinlich synkretistische Praktiken. Und diese Abgöttereien wurden wahrscheinlich an Kultstätten außerhalb Jerusalems begangen („was sie *dort* opfern, ist unrein", Hag 2,14). Also ist einigermaßen klar erwiesen, daß sowohl Haggai als auch Sacharja (d.h. der Autor von Sach 1–8), woher sie auch sonst kommen mögen, zentrale Kultpropheten auf der Linie der am Ersten, königlichen Tempel akkreditierten, in enger Abstimmung mit der Priesterschaft agierenden Kollegen waren (vgl. z.B. 2Kön 23,2).

Der redaktionelle Rahmen, in dem Haggais Predigt steht, insbesondere die Datumsangaben, machen dieses kleine Werk zu einer Art Tagebuch, das mehrere Stadien der Wiederaufbauarbeiten am Tempel begleitet. In dieser Hinsicht ist es mit dem etwas verworrenen Bericht des Chronisten über dieselben Vorgänge in Esr 3–6 vergleichbar. Auch diese Darstellung ist durchsetzt mit Datierungen, die vom siebten Monat des ersten Jahres nach einer angenommen Repatriierung unter Serubbabel bis zum sechsten Jahr unter Darius reichen, d.h. bis zum Abschluß der Arbeiten (Esr 3,1.6.8.10; 6,15.19). Jeder Versuch indessen, die Daten in Esra mit denen bei Haggai zu synchronisieren – sie stammen offenbar aus derselben Quelle –, würde zu spekulativ sein, als daß er Nutzen bringen könnte. Bei Haggai erstrecken sich die Datumsangaben nämlich nur über die kurze Spanne vom sechsten bis zum neunten Monat, das sind Herbst und Frühwinter, des zweiten Regierungsjahres des Darius. Jedem Termin entspricht ein prophetisches Orakel oder eine kurze Rede.

Im *ersten* von fünf Abschnitten (Hag 1,1–14) richtet sich der Prophet vorwurfsvoll an Serubbabel, den Hohenpriester Josua ben-Jehozadak und die Gemeinde insgesamt. Die Leute sagten, die Zeit für den Wiederaufbau sei noch nicht reif. Sie beriefen sich dabei vielleicht auf die von Jeremia geweissagten siebzig Jahre (Jer 25,11–14; 29,10–14), auf die auch Sacharja anspielt (Sach 1,12).[422] Die schlimme wirtschaftliche und soziale Lage der Gemeinde (vgl. Sach 8,10, das soziale Unruhe und politisches Infighting hinzufügt) soll unmittelbar durch das fehlende Engagement für den Tempelaufbau verursacht sein. Der Tempel muß unter allen Umständen gebaut werden, damit Jahwe seine Herrlichkeit erscheinen lassen, d.h seine Macht in der politischen Arena sichtbar machen kann. Mit anderen Worten: Der Aufbau des Tempels ist eine notwendige Voraussetzung für die weltbewegenden Ereignisse, welche das von den Propheten verkündigte neue Zeitalter einläuten werden. Wir merken schon, daß die Botschaft Haggais in dieser Hinsicht sich nicht wesentlich von der eschatologischen Predigt des Dritten Jesaja unterscheidet, die im folgenden Abschnitt besprochen werden soll. Haggai verkündete also die eschatologische Hoffnung mitten im kultischen Machtzentrum. Der Redaktor verzeichnet die positive Reaktion auf diese Verkündigung (Hag 1,12–14; vgl. Esr 5,1f; 6,14).

---

[422] Es ist aber schwer nachzuvollziehen, wie man diesbezüglich zu einem solchen Schluß kommen konnte. Von 586 v.Chr. an gerechnet wären die siebzig Jahre vom damaligen Zeitpunkt aus in vier Jahren voll gewesen. Seit der ersten Deportation hingegen waren schon 78 Jahre verstrichen. Die Wahrscheinlichkeit, daß trotzdem die Jeremia-Prophezeiung hinter der drängenden Predigt des Haggai steht, wird dadurch erhöht, daß (nach Esr 6,15) der Tempel tatsächlich vier Jahre danach fertiggestellt wurde. Wir erinnern uns: Jeremia hatte verheißen, daß Jahwe die Judäer nach 70 Jahren wieder „an diesen Ort" zurückbringen würde. Dann würden sie nach ihm fragen und ihre Gebete würden erhört werden (Jer 29,10.12f).

Die *zweite* Rede scheint falsch eingeordnet zu sein und ihre Datumsangabe verloren zu haben. Das schafft Verwirrung in der Chronologie. Die meisten Kommentatoren verbinden Hag 2,15–19 mit dem Datum von Hag 1,15. Jedenfalls ist der Wendepunkt, der Umschlag vom Fluch zum Segen, nach Hag 2,15–19 die Grundsteinlegung des Tempels am 24. Tag des 6. Monats (Ende September 520 v.Chr.): „Von diesem Tag an will ich dich segnen" (Hag 2,19). Die *dritte* Predigt oder Ansprache, ungefähr einen Monat später angesetzt (Hag 2,2–9), muß sich damit auseinandersetzen, daß manche den Mut verloren haben und die Arbeit nicht fortsetzen wollen. Diese Stimmung macht sich in wenig schmeichelhaften Vergleichen mit dem ersten Tempel Luft, den – nebenbei bemerkt –, nur die allerältesten der Zeitgenossen Haggais noch gesehen haben konnten (vgl. Esr 3,12f). Eine Garantie auf politisches und soziales Wohlbefinden kann nur die Gegenwart des göttlichen Geistes sein, der sich in der eschatologischen Prophetie manifestiert. In Kürze – so erfahren die Zuhörer des Propheten – wird ein großer politischer Umbruch kommen, in dessen Gefolge der Tempel in seiner ganzen früheren Pracht wiedererstehen wird. Die *vierte* Rede ergeht genau drei Monate nach der Grundsteinlegung. Sie verdammt Kultpraktiken, die seit der Zerstörung des Tempels in der Provinz gang und gäbe waren (Hag 2,11–14). Der Zusammenbruch des persischen Weltreiches und die Wiederherstellung der eigenen Dynastie werden klarer und konkreter im *fünften* und letzten verbuchten Prophetenspruch am 24. Tag eines ungenannten Monats angesagt (Hag 2,21–23). Es werden weltbewegende Ereignisse eintreten, welche die gegenwärtige politische Ordnung außer Kraft setzen. Zu der Zeit wird Serubbabel, der Knecht und Erwählte Jahwes, als Messias die Regierung übernehmen. Der Prophet unterstreicht die Ansage, indem er das Symbolbild des Siegelringes (ḥotam) Jahwes zu Hilfe nimmt, das schon bei Jeremia im Blick auf Jojachin, den Großvater Serubbabels, als Hinweis auf die Königswürde gebraucht worden war (Jer 22,24).[423]

Die Sprache des dritten und fünften Spruches läßt erkennen: Wir haben es mit einer messianischen Bewegung in Juda zu tun, die – parallel zu den Unruhen im zeitgenössischen Babylonien – durch die politischen Turbulenzen im persischen Großreich zwischen dem Tod des Kambyses im Juli 522 v.Chr. und der endgültigen Wiederherstellung der Ordnung durch Darius zwei Jahre später ausgelöst worden ist. Wie wir sahen, wird der chronistische Bericht durch die Tendenz verfälscht, die in den Regierungszeiten des Kyros und Darius geschehenen Ereignisse ineinanderzuschieben, so daß die Rollen von Scheschbazar und Serubbabel (vielleicht absichtlich) durcheinandergeraten. Der Chronist steuert jedoch einen interessanten Vorfall bei, nämlich die Intervention Tattnais, des Satrapen von Trans-Euphrat. Der stoppte die Bauarbeiten, solange die Lizenz des Serubbabel noch nicht bestätigt war (Esr 5,3–17). Die Datierungen bei Haggai reichen etwa von August bis Dezember im zweiten Jahr des Darius. Weil der im Herbst des Jahres 522 v.Chr. die Macht ergriff, wäre das zweite Regierungsjahr das Kalenderjahr 520 v.Chr. Aber schon den griechischen Historikern war die Berechnung der Regierungsjahre einiger persischer Könige, darunter des Darius I., nicht ganz durchsichtig. Der schon erwähnte Aufstand des Araka (Nebukadnezar IV.) fand genau in der Jahreszeit statt, in der Haggai wirkte (d.h. von August bis November, es bleiben einige Wochen übrig, in denen die Nachrichten sich verbreiten konnten). Darum kann man mit guten Gründen vermuten, daß die messia-

---

423   K.M. Beyse, 1972.

nische Bewegung in Juda, die auf die Gestalt des Davididen Serubbabel ausgerichtet war, zu einer breiteren Störungsfront in der Satrapie gehörte.

Was mit diesem jüdischen Messias geschah, wissen wir nicht. Gesichert ist, daß Darius die Oberhand gewann und die Einzelheiten seiner Kämpfe und seinen Triumph für die Nachwelt in der propagandistischen Behistun Inschrift festhielt.[424] Sach 6,9–14 wird manchmal dahingehend ausgelegt, daß Serubbabel abberufen und seine Stelle vom Hohenpriester eingenommen worden sei. In jedem Fall bieten die Nachtgesichte des Sacharja interessante Testsituationen für das Nichteintreffen eschatologischer Hoffnungen und den daran anschließenden Prozeß der Neuorientierung.

Der schon erwähnte Bericht Sacharjas von der Anfrage der Delegation bezüglich des Fastens (Sach 7,1–7) ist ein Hinweis darauf, daß er einer der zentralen Kultpropheten und mit der Tempelpriesterschaft verbunden war. In der Überschrift wird er auch *nabi'* genannt, weswegen er unverzeihlicherweise mit dem Sacharja ben Jeberechja von Jes 8,2 verwechselt worden sein muß. Er darf wahrscheinlich ebensowenig mit dem Priester Sacharja, Sohn des Iddo, in der Liste von Neh 12 (V.16) identifiziert werden, denn dieser Sacharja war ein Zeitgenosse des Hohenpriesters Jojakim, des Nachfolgers Josuas. Außerdem waren Iddo und Sacharja außerordentlich häufige Namen. Das Buch besteht aus acht Visionsberichten, die zwischen eine predigtartige Einführung (Sach 1,1–6) und ein Schlußstück über Fasten und Zukunftsaussichten gebettet sind (Sach 7f). Die dem Eingang und Schluß beigegebenen Daten (Sach 1,1; 7,1) umspannen die Zeit vom zweiten bis zum vierten Jahr des Darius. Die Nachtgesichte ihrerseits sind auf den 11. Monat des zweiten Jahres des Darius datiert, zumindest gilt das für die erste Vision. Sie fanden mit anderen Worten genau zwei Monate nach dem letzten datierten Orakel des Haggai statt (Sach 1,7; vgl. Hag 2,10.20).

Die Visionsberichte bei Sacharja sind zwar deutlich redaktionell gekürzt und ergänzt worden, doch verraten sie eine gewisse strukturelle Einheitlichkeit. Wir können darum vermuten, daß sie auf die angegebene Zeit und die als Autor genannte Person zurückgehen. Das gilt nicht für den homiletischen Rahmen, in dem die Visionen stehen. Er zeigt ziemlich klare Merkmale einer späteren Kompilation. Die Einführung (Sach 1,1–6) ist in Wirklichkeit eine kurze Predigt über die Buße oder die Umkehr (*t^esubah*), offenbar verwandt mit Mal 3,7:

> Ihr seid von eurer Väter Zeit an immerdar abgewichen von meinen Geboten und habt sie nicht gehalten. So bekehrt euch nun zu mir, so will ich mich zu euch kehren, spricht Jahwe Zebaoth.

Das ist die Botschaft und Sprache des exilischen Deuteronomisten, und es spricht einiges dafür, daß sich sowohl Maleachi als auch der Autor von Sach 1,1–6 an dieser Quelle orientiert haben. Sach 1,1–6 erinnert die Hörer daran, daß die „früheren Propheten" (Sach 1,4; vgl. 7,7.12) oder „meine Knechte, die Propheten" (Sach 1,6: wie erwähnt, ein deuteronomistischer Ausdruck) den Israeliten vergangener Tage Buße gepredigt haben, daß ihre Botschaft auf taube Ohren gestoßen und daß folglich Unheil dabei herausgekommen sei. Ihre Vorhersagen waren eingetroffen, und es blieb den Vorvätern nichts anderes übrig, als die Gerechtigkeit Gottes anzuerkennen und im Exil ihre eigenen Fehler zu beklagen. Es liegt auf der Hand: Das ist nichts anderes

---

[424] Zur Behistun (Behistan; Bisitun) Inschrift des Darius vgl. R.G. Kent, Old Persian, New Haven 2. Aufl. 1953, 116–136.

als eine Zusammenfassung deuteronomistischer Lehre, gerichtet an diejenigen, welche die babylonische Eroberung überlebt hatten.

Der Schlußteil des Sacharjabuches (Sach 7f) indessen erwartet eine neue Zukunft, die den alten Fluch in Segen verwandeln wird. Zwei unterschiedliche, aber verwandte Themen tauchen in diesem Zusammenhang auf. Das eine wird aus Anlaß der Fastendelegation eingeführt: Man muß echte und unechte Bußübungen unterscheiden. Dasselbe Thema wird in gleicher Weise in Jes 58,1–9 abgehandelt. Die dort gemachte Schlußfolgerung ist auch bei Sacharja die Lösung des Problems:

> Dann wirst du rufen, und Jahwe wird dir antworten.
> Wenn du schreist, wird er sagen: Hier bin ich. (Jes 58,9; Lutherübersetzung 1964)

Vergleiche damit Sach 7,13:

> Als ich rief, wollten sie nicht hören,
> da sie dann riefen, wollte ich nicht hören. (Eigene Übersetzung)

Der springende Punkt ist: Das Fasten ist mehr als unnütz, wenn es nicht von aktiver Fürsorge für andere begleitet ist, insbesondere für die sozial Ausgegrenzten wie Witwen, Waisen, ortsansässige Fremde und Arme (Sach 7,8–10; vgl. Jes 58,6f). Die Vorväter mißachteten diese Botschaft, die Folge war das Exil. Im kommenden Zeitalter jedoch werden die Fastenzeiten zur Erinnerung an die Zerstörung der Stadt und des Tempels in Freudenfeste umfunktioniert (Sach 8,18f).

Die Predigt über echtes Fasten verbreitet sich also zum Thema der eschatologischen Umwälzung. Sie malt eine Zeit, in der Jahwe, zum Zion zurückgekehrt, Stadt und Tempel einen neuen Namen verleiht. Auch hierbei gilt die gleiche Perspektive wie beim sogenannten Dritten Jesaja (Jes 60,14; 62,1–5.12), denn er spricht ebenfalls vom Tempel als von „meinem heiligen Berg" (har qodši: Jes 56,7; 57,13; 65,11.25; 66,20). Jerusalem wird von Menschen überquellen, ihre Zahl wird vermehrt durch die Getreuen, die aus der Diaspora heimgekehrt sind, das Land wird fruchtbar sein, Fremde werden kommen und Jahwe in seinem Tempel anbeten, und die Juden werden ein so hohes Ansehen genießen, daß Proselyten scharenweise angelockt werden. Wie bei Haggai ist die Grundsteinlegung zum Tempelbau der Wendepunkt. Von da an bleibt dem Volk trotz aller Unsicherheiten der Gegenwart nur eins zu tun: Es muß die Gelegenheit ergreifen und auf die göttliche Initiative mit einem Leben in Glaubenstreue antworten (Sach 8,14–17).

Soweit also der homiletische Rahmen zu den Nachtgesichten. Wie schon gesagt ist der Zyklus selbst zwei Monate nach der Predigt Haggais vom unmittelbar bevorstehenden Anbruch der Messiasherrschaft des Serubbabel zu datieren. Ein Ort für den Visionsempfang ist nicht angegeben. Der Bericht läßt an Juda kurz nach der Rückkehr des Serubbabel denken, aber es könnte auch Babylon sein, bald nachdem der letzte Aufstand in der Stadt zusammengebrochen war. Im *ersten* Nachtgesicht (Sach 1,7–17) sah der Prophet einen übernatürlichen, berittenen Kurier, dem eine Kavalleriepatrouille berichtet: Alles ruhig im Land. Das war schlechte Nachricht, denn die messianischen Hoffnungen konnten nur dann in Erfüllung gehen, wenn die Perserherrschaft unter nationalistischen Befreiungsbewegungen zusammenbrechen würde. Als der Deuteengel – er scheint mit dem Kurier identisch zu sein – die Nachricht hört, tritt er fürbittend vor Jahwe: Gott möge sich Jerusalems erbarmen, nun, da die siebzig von Jeremia geweissagten Jahre zu Ende gehen. Das Ergebnis ist positiv. Der Seher wird beauftragt zu verkündigen, daß Jahwe tatsächlich von Babylon zurückgekehrt sei und daß der Tempel trotz allem wiederaufgebaut werden müsse. Danach werde die verheißene Wende zum Guten eintreten.

Wie in anderen Fällen, in denen eschatologische Ansagen – sei es in der Bibel oder sonstwo – nicht eintreffen, trat kein vollständiger Kollaps der genährten Hoffnungen, sondern eine Neudefinition der Ziele, eine Verschiebung des erwarteten tausendjährigen Reiches ein.[425] Ursprünglich war die verheißene Wende zum Besseren mit der Grundsteinlegung verbunden gewesen, danach, als die Erfüllung ausblieb, mit der Fertigstellung des Gebäudes. Der Tempel wurde dann wirklich im sechsten Jahr des Darius (Esr 6,15) vollendet und geweiht, aber die damit verbundenen Hoffnungen kamen nicht zum Ziel. Wir hören von messianischen, von Propheten unterstützten Bewegungen in der Zeit des Artaxerxes I. (445–444 v.Chr.); sie konzentrierten sich auf die Person des Nehemia. Zwar tauchen lediglich Unterstellungen auf, die Feinde gegen ihn lancieren (Neh 6,6f), aber sie stellen recht glaubwürdige Indizien dafür dar, daß siebzig Jahre später die durch den Tempelbau erweckten Hoffnungen aufs Neue angefacht wurden. Der Zeitraum entspricht der Exilsdauer, und die neue Hoffnung ist, daß die Stadt aufgebaut und wieder bevölkert werde. So hat denn die messianische Bewegung in der frühpersischen Zeit, die sich anfangs auf den Davididen Jojachin und seine Familie zentrierte, im Wiederaufbau von Tempel und Stadt einen wesentlichen Bezugspunkt. Diese Tatsache ist für das Verständnis späterer Entwicklungen einschließlich des christlichen Messianismus nicht unwichtig.

Die *zweite* Vision von den vier Hörnern, die von vier Schmieden abgeschlagen werden (Sach 2,1–4), spielt aller Wahrscheinlichkeit nach auf die Niederschlagung der babylonischen Aufstände an, welche durch einheimische Prinzen, Nidinto-Bel und Araka, die sich die Namen Nebukadnezar III. bzw. IV. zulegten, angezettelt worden waren. Diese Deutung mag unsicher sein, doch ist sie dem üblicheren Bezug auf Assyrien, Babylonien, Medien und Persien als den vier Hörnern (d.h. Mächten, unter denen Juda gelitten hatte und die zerstört worden waren, im Falle Persiens: vor der Zerstörung standen) vorzuziehen. Nur von den ersten beiden Reichen könnte man nämlich sagen, sie hätten Israel zerstreut. Die Perser waren weit davon entfernt, zerstreuen zu wollen. Sie ermöglichten vielmehr die Vereinigung. Wieviel Hoffnung sich auch auf die babylonischen Rebellionen gerichtet haben mag, solange sie im Gange waren: Nach ihrem Scheitern bot der Name des verhaßten Eroberers von Jerusalem, den die Rebellenführer trugen, ausreichenden Anlaß zu einer Neuorientierung. In der *dritten* Vision (Sach 2,5–9) sah der Prophet einen Mann mit einer Meßschnur. Er erklärte, er wolle Jerusalem ausmessen, vermutlich in der Absicht, die Mauern wiederaufzurichten. Über einen anderen himmlischen Mittler läßt der Deuteengel die Botschaft der ersten Vision hinsichtlich der zukünftigen Stellung Jerusalems wiederholen. Das jesajanische Motiv „Jahwe als Feuerwall um die Stadt her" (Jes 4,5) wird wiederverwendet und soll wohl als Warnung dienen, die Mauern zu diesem Zeitpunkt zu errichten. Der Mauerbau konnte leicht als die erste Stufe eines Aufstandsplanes interpretiert werden. Die Vision ist durch einen Aufruf an die noch in Babylonien lebenden Juden erweitert, schnell nach *'eres jisra'el* aufzubrechen, um

---

425 R.P. Carroll, 1979, 157–183.

dem Vergeltungsschlag zu entgehen, der bald die aufrührerische Stadt treffen werde (Sach 2,6f).

Die *vierte* Vision der Reihe hat eine andere Einführung (Sach 3,1), sie ist auch die einzige, in welcher der Deuteengel nicht mit dem Seher spricht. Ferner fällt sie aus dem chronologischen Rahmen heraus, denn sie erwartet die Ankunft des unter dem Decknamen „Sproß" bekannten Messias (Sach 3,8; vgl. 6,12). Vielleicht sollte man wirklich Sach 3–4 als eine fortlaufende symbolische Erzählung lesen, die als Mittelstück einer Reihe von sieben (nicht acht!) Visionen gedacht ist. Es besteht eine deutliche Beziehung zwischen der ersten (Sach 1,7–17) und der siebten (Sach 6,1–8) Vision. Die logische Ordnung in diesem Zentrum ist schwer zu erkennen, um so mehr, als es durch Orakel an Serubbabel (Sach 4,6–10a) erweitert worden ist. Sie bekräftigen, daß er den Wiederaufbau des Tempels vollenden soll, betonen jedoch die Notwendigkeit spirituellen Widerstandes und warnen dringend vor Gewaltanwendung (Sach 4,6).

In der dem Seher offenbarten Eingangsszene wird die durch Satan[426] vorgetragene Anklage gegen den Hohenpriester Josua von Jahwe als dem Vorsitzenden eines himmlischen Gerichtes abgewiesen. Obschon besudelt und mit Mühe vom Verderben bewahrt – ein versteckter Hinweis auf vollzogene Abgötterei –, soll dem Zadokiden Josua und seinen Kollegen der Tempel anvertraut werden. So dienen sie als Herolde des kommenden messianischen Zeitalters (Sach 3,1–10). Der Stein mit den sieben Augen, später als die Augen Jahwes gedeutet, die den Erdkreis überwachen (Sach 3,9a; 4,10b), ist zweifellos auf das Tierkreiszeichen und die sieben Planeten zu beziehen. Das will sagen: Trotz alles Augenscheins zum Gegenteiligen kann auf der Erde nichts geschehen, was der Aufsicht und Kontrolle Jahwes entgehen könnte.

Der goldene Leuchter, der eine Schale mit sieben Lampen trägt und von zwei Olivenbäumen flankiert wird, kann als Sinnbild des Tempels und der doppelten Führungsspitze aus politischem Herrscher und Hohenpriester gewertet werden (Sach 4,1–3.11–14).[427] Wir können die Problematik der doppelten Führungsspitze in der Jerusalemer Gemeinde und die enttäuschten, einmal auf Serubbabel gesetzten Hoffnungen auch zwischen den Zeilen eines Orakels herauslesen, mit denen die Visionenreihe jetzt abgeschlossen wird (Sach 6,9–15). Der Prophet wird beauftragt, gewissen reichen Juden, die gerade aus Babylonien zurückgekehrt sind, Gold und Silber abzunehmen und daraus eine Krone zu machen (im Hebräischen: „Kronen"). Er soll sie Josua, dem Hohenpriester, aufs Haupt setzen. Ein bedeutungsschwerer Spruch (Sach 6,12f) begleitet den Krönungsakt:

> Siehe der Mann, dess' Name Sproß ist!
> Er soll „sprossen" von seinem Ort.
> Er soll den Tempel Jahwes bauen …
> Er soll königliche Ehre ergreifen,
> Er soll den Thron besteigen und regieren! (Eigene Übersetzung)

---

[426] Satan (Widersacher) erscheint sonst als Träger eines speziellen Auftrags nur noch in 1Chr 21,1 und Hi 1–2. In ähnlicher Funktion handelt „der Geist", der sich in der Vision des Micha erbietet, Ahab zu täuschen (1Kön 22,21f).

[427] M. Barker, The Two Figures in Zechariah, HeyJ 18, 1977, 38–46, schlägt genial, aber wenig überzeugend vor, die zwei „Ölsöhne" in Sach 4,14 stellten zwei Richtungen innerhalb der Priesterschaft dar, die einen Kompromiß ausgehandelt hätten oder dazu angehalten würden, ihn auszuhandeln.

Diese Worte lassen klar erkennen, daß die Krone nicht für Josua, sondern für Serub-babel bestimmt ist. Die Einwechslung des ersten für den zweiten und der Nachdruck, mit dem im folgenden die hohe Stellung des Priesters hervorgehoben wird, sind ver-ständlich, wenn man bedenkt, wie sehr die Tempelpriesterschaft nach dem Abtritt Serubbabels an Bedeutung gewann.

Die *fünfte* Vision (Sach 5,1–4) hat eine fliegende Schriftrolle zum Inhalt; der Deute-engel erklärt, sie enthalte einen Fluch gegen Diebstahl und Meineid. Ihre Ausmaße decken sich genau mit den Maßen der Eingangshalle des salomonischen Tempels (1Kön 6,3). Daraus soll die Hörerschaft entnehmen, daß dieses unwahrscheinlich große Dokument aus dem Tempel hervorgegangen ist. Wir haben schon darauf hin-gewiesen, daß zwischen Tempel und Landbesitz eine Beziehung bestand. Sie voraus-gesetzt, können wir mutmaßen, es handele sich bei der Verdammung von Diebstahl und Meineid um Fälle von illegalen Landenteignungen, wie sie in Juda während des Exils vorgekommen waren.

Ähnlich phantastisch mutet die *sechste* Vision an (Sach 5,5–11). Der Prophet sieht ein großes Faß oder einen Korb, in dem eine Frau (wahrscheinlicher: eine weibliche Figurine) sitzt, die von zwei weiblichen Gestalten mit Storchenflügeln aus Juda hin-ausgeschafft wird. Die Frau soll die Sünde des Volkes darstellen. Deswegen mag der ganze Vorgang die Reinigung Judas vom Götzendienst symbolisieren, mit besonde-rem Augenmerk auf den betäubenden Kult der kanaanäischen Fruchtbarkeitsgöttin (vgl. Ez 8,3; Jer 44,15–19). Vielleicht soll auch angedeutet werden, daß man in Babylonien dieser Göttin entweder einen Tempel zu bauen plante oder ihn bereits errichtet hat. Wir denken dabei an den Kult für Anat-Betel unter den jüdischen Ko-lonisten auf der Nilinsel Elephantine in Oberägypten, der vielleicht zu dieser Zeit existierte.[428] Die *siebente* und letzte Vision (Sach 6,1–8) erinnert an die erste: Sie hat vier Pferdewagen, die auf eine Patrouillenfahrt an die vier Enden der Welt gehen. Worauf sich der mit schwarzen Pferden bespannte Wagen bezieht – er hatte den Geist Jahwes zum Nordland (d.h. Babylonien, wie in Sach 2,6) gebracht –, bleibt unklar. Wenn man den unmittelbar folgenden Abschnitt mit einbezieht, mag das Symbolge-spann eine prophetisch inspirierte Bewegung in der *golah* repräsentieren, welche eine Gruppe von Juden zur Heimkehr veranlaßte. Mit diesem undeutlichen Klang gehen die Visionen zu Ende.

Im allgemeinen hält sich Sacharja mit seinen Visionsberichten an die traditionell vorgegebene Gattung. Dennoch enthalten sie auch neue Elemente, die für die Ent-wicklungen in der damaligen Prophetie symptomatisch sind. In älteren Visionsbe-richten, z.B. von Micha und Jesaja, sprechen übernatürliche Wesen zueinander und zum Seher. Sacharja aber läßt zum erstenmal angelus interpres, einen übernatürlichen Beauftragten die Dinge erklären, die in der Vision vor sich gehen. Die Bedeutung dieser Neuerung kommt klarer heraus, wenn wir uns daran erinnern, daß man den Begriff *mal'ak* (Engel, Bote) zunehmend als Synonym für „Prophet" gebrauchte (Jes 42,19; 44,26; Hag 1,13, Mal 3,1; 2Chr 36,15f). In der Tat übernimmt der Deuteengel der Visionen auch sozusagen von innen die prophetischen Rollen des Fürbitters (Sach 1,12) und Orakelspenders (Sach 1,14–17; 2,4f). Seine Hauptfunktion ist jedoch

---

[428]   Morton Smith, 1971, 90f. Eine andere Deutung, die mehr die wirtschaftliche Misere jener Zeit hervorkehrt, ist die von Margaret Barker, The Evil in Zechariah, HeyJ 19, 1978, 20–26. Die un-gewöhnliche Form *hariš'ah* („die Bosheit") will wohl durch Assonanz auf die Göttin Aschera hindeuten.

die Interpretation, das läßt auf eine allgemeine Akzentverschiebung von der direkten Inspiration auf die Auslegung älterer Prophetensprüche schließen. Für die Geschichte der israelitischen Prophetie hat dieser Visionsaspekt die allergrößte Bedeutung.
Die Symbolik der Nachtgesichte bleibt für uns freilich weithin im Dunkeln. Immerhin gibt es genügend Indizien dafür, daß traditionelle prophetische *topoi* wiederverwendet und ausgedeutet wurden, so daß an dieser Interpretationsarbeit kein begründeter Zweifel bestehen kann. Man vergleiche die siebzig Jahre bei Jeremia (Sach 1,12; Jer 25,11, 29,10), die Schmiede (Jes 54,16f), die Meßschnur (Ez 42,20), das Nordland (Jer 1,13–16), die Bezeichnung Sproß (Jer 23,5; 33,15), den Feuerwall (Jes 4,5), vielleicht auch die Reiter, welche Nachricht vom Fall Babylons brachten (Jes 21,9). Von diesem Zeitpunkt an wird die eschatologische Neuinterpretation der „vorderen Propheten" (Sach 1,4; 7,7.12) ein wichtiges Element in der Religionsgeschichte des Zweiten Tempels.

Der Terminus *mal'ak* ist auch dazu benutzt worden, dem letzten Buch des Prophetenkanons einen Namen zu geben (Maleachi = mein Bote). In Wirklichkeit ist diese kleine Sammlung von Prophetensprüchen das letzte von drei annähernd gleichstarken, anonymen Büchlein, die alle mit der Bezeichnung „Orakel" (*massa'*) eingeleitet sind und mit der Formel „Das Wort Jahwes …" beginnen (Sach 9,1; 12,1; Mal 1,1). Der Name hingegen ist eindeutig dem Hinweis auf den eschatologischen Herold im Buch selbst entlehnt („Siehe, ich sende meinen Boten", Mal 3,1). Das ist nicht sachgemäß, denn der anonyme Seher sah sich überhaupt nicht in dieser Rolle. Der Anstoß zu dieser Einteilung am Ende der Prophetensammlung war vermutlich das Bestreben, die Zwölfzahl zu erreichen und den Prophetenkorpus in drei plus zwölf Einheiten zu gliedern. Alle Prophetenschriften zusammen sollten somit die drei Patriarchen und die zwölf Söhne Jakobs/Israels, m.a.W. die Gesamtheit des Hauses Israel symbolisieren. Die Leserinnen und Leser werden damit aufgefordert, die Prophetenbücher im Licht dieser Vorstellung zu studieren. Wir werden sehen, daß dies mit den letzten Versen des Maleachibuches (Mal 3,22–24) vereinbar ist; sie dienen als Abschluß des ganzen prophetischen Korpus, vielleicht sogar des Tora- und Prophetenkanons zusammengenommen.
Es überrascht nicht, daß das Buch Maleachi keinerlei biographische Informationen über den Verfasser enthält. Vom Inhalt und seinen wenigen Andeutungen des sozialen Hintergrundes[429] her gesehen wird es in der Zeit zwischen dem Wiederbeginn des Jerusalemer Kultbetriebes (515 v.Chr.) und der Mission des Nehemia (445 v.Chr.) entstanden sein. Das heißt, es ist wahrscheinlich irgendwann in die Regierungszeit des Xerxes (486–464 v.Chr.) oder in die frühe Zeit des Artaxerxes I. mit dem Spitznamen „Lange Hand" (464–425 v.Chr.) zu datieren. Aus dieser Periode wissen wir praktisch nichts über das Leben in Juda. Der Verfasser beschäftigt sich intensiv mit dem Kult, und er greift wütend die Priesterschaft an. Das läßt vermuten – läßt sich aber nicht beweisen –, daß er entweder ein abtrünniger, zum Propheten gewandelter Priester oder ein Levit gewesen ist. Von noch größerem Interesse aber sind die im Buch vorhandenen Anzeichen dafür, daß die religiöse Begeisterung in der Gemeinde, sogar in der Tempelpriesterschaft, in dem etwa halben Jahrhundert seit der Weihe des Tempels alarmierend nachgelassen hat.

---

429 Zur sozialen Lage vgl. die Kommentare und J.L. Berquist, 1989, 121–126; P.L. Reddit, The Book of Malachi in Its Social Setting, CBQ 56, 1994, 240–255; E. Stern, 1982, 158–195.

Wie auch bei Haggai und Sacharja ist die Prosasprache des Maleachibuches über-arbeitet worden. Man wollte sie den Mustern der vorexilischen Prophetie anpassen. Aber selbst in diesem Fall kann die häufige und penible Einfügung von „Orakel Jahwes (der Heerscharen)" nicht darüber hinwegtäuschen, daß wir es mit den sehr eigenständigen Redeformen von Disputation und Polemik zu tun haben, in denen Frage und Antwort, Einspruch und Widerlegung an der Tagesordnung sind.[430] Wir bekommen den Eindruck, einen stark komprimierten Bericht über echte Diskussio-nen vor uns zu haben, die auf dem Tempelgelände in der Zeit kurz vor oder während der Reformen Nehemias geführt worden sind. So kommen, veranlaßt durch die ver-heerende Wirtschaftslage, die noch durch Naturkatastrophen verschärft wird (Mal 2,13–16; 3,10f), tiefe Zweifel an Liebe und Vorhersehung Gottes zum Ausdruck. Die Antwort führt Jahwes Vorliebe für Jakob gegenüber Esau und das Schicksal Edoms, des traditionellen Feindes Israels, ins Feld: Das Land wurde gerade von den nabatä-ischen Arabern heimgesucht (Mal 1,2–5).

Hauptstreitpunkte waren jedoch die Vernachlässigung des Kultes – man opferte kranke und wertlose Tiere – und die Zehntabgabe. Die Einstellungen in beiden Fällen könnte man noch mit den wirtschaftlichen Schwierigkeiten erklären, welche anschei-nend in der ersten Hälfte des 5. Jahrhunderts grassierten. Das dominante Gefühl von Langeweile (Mal 1,13) und religiöser Skeptik (Mal 1,2; 2,17; 3,14f) jedoch ist vermutlich aus den enttäuschten Hoffnungen entstanden, die sich an die Fertigstel-lung des Tempels und die offizielle Wiederaufnahme des Kultbetriebes geknüpft hatten. Die Exulanten (*b^ene-haggolah*) waren mit hochgespannten Erwartungen in ihr Heimatland zurückgekehrt. Da klingt es wie bittere Ironie, wenn Maleachi den er-barmenswürdigen Zustand in Jerusalem mit dem Jahwekult der Diaspora vergleicht, der selbst in jenen Tagen Proselyten aus den Heidenvölkern anzog (Mal 1,11; vgl. Zeph 3,9f; Jes 56,3–8).[431]

Eine andere, potentiell für das Leben der Gemeinde ebenso tödliche Gefahr bestand darin, daß jüdische Männer zunehmend geneigt waren, nichtjüdische Frauen zu heira-ten. Die natürliche Folge war die Übernahme von deren Fremdgötterkulten. Diese Tendenz findet in archäologischem Material aus jener Zeit einige Bestätigung.[432] Sie beunruhigte während der Missionen von Esra und Nehemia die Reformpartei sehr stark (Esr 9,1f; 10,2–5; Neh 10,31; 13,23–27). Ja, Maleachi schließt mit einem Ab-schnitt, in dem die Jahwefürchtigen miteinander in einen Bund treten und ihre Na-men in ein „Gedenkbuch" (*seper zikkaron*) geschrieben bekommen. Diese Szene erinnert lebhaft an die Bundschließung, die in der Amtszeit des Nehemia stattfand (Mal 3,16–18; Neh 10,1f). In Mal 3,16–18 wird der Bund nicht ausdrücklich erwähnt, aber die Kommunikation untereinander (*nidb^eru*), deren Ergebnis göttliches Wohlwollen ist, weist entschieden in diese Richtung. Sie selbst scheinen (vermutlich die eigenen Namen) in das *seper zikkaron* zu schreiben. Die von Maleachi angepran-gerten Mißbräuche – Vernachlässigung des Kultes, mangelnde Unterstützung für die Geistlichkeit, Eheschließungen mit ausländischen Frauen – sind dieselben, die Nehe-

---

430 E. Pfeiffer, Die Disputationsworte im Buche Maleachi, EvTh 19, 1959, 546–568; H.-J. Boecker, Bemerkungen zur formgeschichtlichen Terminologie des Buches Maleachi, ZAW 78, 1966, 78–80; J.A. Fischer, 1972, 315–320.

431 Zusätzlich zu den Kommentaren vgl. J. Swetman, Malachi 1.11: An Interpretation, CBQ 31, 1969, 200–209.

432 Morton Smith, 1971, 90; E. Stern, 1982, 158–195.

mia in einem geschriebenen und gesiegelten Vertrag auszuräumen gedenkt. Der Kontext macht deutlich, daß die Jahwefürchtigen und Gottesknechte, deren Namen in dem Dokument erscheinen, die wahre, eschatologische Gemeinde bilden, in Abgrenzung von den Verworfenen, die der Vernichtung im Endgericht anheimfallen.[433] Die Frage wird gestellt: „Wo ist der Gott der Gerechtigkeit?" (Mal 2,17). Der Seher verkündet in seiner Antwort die nahe Ankunft eines Boten. Er heißt Bundesbote, der auf die letzte Gotteserscheinung im Tempel vorbereiten soll, indem er die Leviten reinigt und so die Gemeinde für das Endgericht präpariert (Mal 3,1–4). Der Schlußabschnitt des Buches, mit dem auch das Prophetenkorpus insgesamt abschließt, identifiziert den eschatologischen Vorläufer als Elias; er soll vor dem Ende vom Himmel herabkommen und das geteilte Israel wiedervereinen (vgl. Sir 48,10). Diese Interpretation von Mal 3,1 stammt aus späterer Zeit, aber sie steht doch in Einklang mit dem im Text vorfindlichen Sprachgebrauch, die eine prophetische Figur impliziert. Die vieldiskutierte Identität des eschatologischen Boten[434] wird durch die enge Parallele Ex 23,20 ein wenig erhellt:

> Siehe, ich sende meinen Boten[435] vor dir her, der dich auf dem Wege behüte und dich an den Ort bringen soll, den ich bereitet habe. (eigene Übersetzung)

Sieht man gemäß weitverbreitetem Sprachgebrauch die Möglichkeit als gegeben an, den „Ort" (*maqom*) als „Tempel" zu verstehen, dann brauchte die Anwendung des Textes auf die Situation am Schluß des letzten Prophetenbuches keiner Rechtfertigung. Ferner läßt die Identität dieses geheimnisvollen Gesandten Jahwes mehr als eine Deutung zu. Nach einer früheren Prophetentradition (Hos 12,13) war es Mose selbst in der Gestalt eines Propheten. Der Autor von Mal 3,1 scheint diese Überlieferung aufzugreifen und mit der Verheißung eines Propheten nach der Art des Mose in Dtn 18,15–18, jetzt eschatologisch verstanden, zu verknüpfen. In dieser Form hält sich die Erwartung eines endzeitlichen Propheten bis zum Ende des Zweiten Tempels durch, sie ist auch in den Qumrantexten und in frühchristlichen Schriften bezeugt.[436] Die Abhängigkeit Maleachis von deuteronomischer Sprache und Vorstellungswelt beschränkt sich nicht auf diesen einen Fall, sie durchzieht das ganze Buch. Wichtige deuteronomische Themen wie die Liebe Jahwes für Israel (Dtn 7,7f usw.; vgl. Mal 1,2), die Vater-Sohn-Beziehung (Dtn 1,21; 32,5f; vgl. Mal 1,6; 2,10; 3,17), der Jahwename (Dtn 12,5 usw.; vgl. Mal 1,6.11.14; 2,2.5; 3,16.20), die Anerkennung Jahwes als des einzigen Gottes (Dtn 6,4; vgl. Mal 2,15) sind überall sichtbar. Dasselbe gilt für Rechtsforderungen, auf die sich das Buch bezieht und die nicht aus der

---

[433] Sie sind als die „Jahwe-Fürchtigen" (*jir'e JHWH*), Gottesknechte (*ob^ede ^elohim*), Gerechten (*s^eddaquim*) bekannt, im Unterschied zu den Bösen; sie achten außerdem besonders auf den göttlichen Namen (*hoš^ebe š^emo*). Der Sprachgebrauch erinnert stark an die verschiedenen Bezeichnungen für die Prophetengruppe, die im dritten Jesajabuch bezeugt ist. Auch sie sind Jahweknechte (Jes 65,8f.13–16; 66,14), die seinen Namen verehren (Jes 59,19; vgl. 65,15f). Sie erwarten das Endgericht, das die Gerechten freisprechen wird (Jes 65,13f; 66,5.24). Mal 3,16–18 nimmt darum entweder den Bundesschluß zur Zeit der Nehemiamission vorweg, oder es ist mit diesem identisch.

[434] Außer den Kommentaren vgl. B.V. Malchow, The Messanger of the Covenant in Mal. 3,1, JBL 103, 1984, 252–255.

[435] Ich lese mit den alten griechischen Handschriften, dem Samaritanus und der Vulgata *mal'aki* anstelle von *mal'ak* im MT.

[436] 1QS 9,11; 4QTest; Joh 1,21.25; 6,14; 7,40; Apg 3,22.

priesterlichen Jurisdiktion, sondern aus dem deuteronomischen Gesetzbuch hergeleitet sind: Regelung der Opfergaben (Mal 1,8.13f, auf der Grundlage von Dtn 15,21; 17,1), besonders der Zehntabgabe (Mal 3,10; vgl. Dtn 18,1–8). Der Abfall Judas wird umfassend als „Scheußlichkeit" (to'ebah, Mal 2,11) bezeichnet, das ist für die Deuteronomisten ein wichtiger Rechtsterminus (z.B. Dtn 14,3; 17,1.4; 23,17f). Ganz allgemein fällt häufig der typisch deuteronomische Stil ins Auge (z.B. Mal 2,2f; 3,7). Die Abhängigkeit vom Deuteronomium kommt auch darin zum Ausdruck, daß der Autor die Priesterschaft so dezidiert als levitische bezeichnet. Demgegenüber fehlen alle Hinweise auf Aaron oder die aaronitischen Priester.[437] Der zeitgenössischen Korruption des Priestertums stellt er ein ideales Portrait des Levi entgegen, das die im Deuteronomium hervorgehobenen Züge aufnimmt (Dtn 21,5; 33,10). Wir erinnern uns: Anders als P macht das Deuteronomium (Ausnahme: die späte Stelle Dtn 27,14) keinen Unterschied zwischen Priestern und Leviten, es gesteht allen levitischen Priestern, den Nachkommen Levis, den gleichen Status zu. Wenn Mal 2,4–7 sich auf einen Bund mit Levi beruft, dann führt die Spur nicht, wie allgemein behauptet, zu dem Zwischenfall des Götzendienstes für Baal-Peor (Num 25,10–13), sondern zum Mosespruch für Levi. Er wird gepriesen, weil er den Bund gehalten hat. Darum sollen die Nachkommen Levis „Jakob deine Anweisungen und Israel dein Gesetz lehren" (Dtn 33,10). Es gibt auch mehrere Anzeichen dafür, daß der Prophet den Abfall Aarons am Berg Sinai im Hinterkopf hat. Die Leviten sollen eine aktive Rolle bei der Bestrafung der Übertreter gespielt haben. Im Anschluß daran sind sie für den Altardienst eingesetzt worden (Ex 32,25–29; vgl. Dtn 33,9). Das stimmt mit der im Maleachibuch enthaltenen Kritik an der Priesterschaft überein. Es ist auch bemerkenswert, daß der Bericht von der levitischen Revanche mit einem Hinweis auf den Botenengel und den Tag des Gerichts endet (Ex 32,34).

21. Von der Prophetie zur Apokalyptik: Weiterentwicklungen in der Jesajanischen Tradition

Es gehört zu den schwierigsten Aufgaben des Historikers, der sich mit der Periode des Zweiten Tempels beschäftigt, den Einfluß internationaler und regionaler Ereignisse auf die innere Entwicklung der jüdischen Gemeinden, wie sie in den erhaltenen Texten zum Ausdruck kommt, abzuwägen. Die Schwierigkeiten springen besonders ins Auge, wenn es um die millenarischen und messianischen Strömungen und das Aufkommen sowie die Entwicklung sektiererischer Gruppen im Judentum geht. Bis vor kurzem war man so klug wie etwa Josephus, der bekanntlich eine Darstellung der „jüdischen Philosophien" gibt. Man setzte mithin die Entstehung der Sekten nicht früher als in der hasmonäischen Periode an. Während der letzten Jahrzehnte hat sich jedoch die Meinung durchgesetzt, daß sektiererische Tendenzen viel früher zu entdecken sind. Ja, sie sollen nun das unvermeidliche Resultat der religiösen und sozialen Konflikte in den ersten Jahren der šibat ṣijjon (Heimkehr zum Zion) sein.

---

437 Weder Dtn noch Dtr bezeichnen Priester als aaronitische oder erwähnen Aaron wegen seiner priesterlichen Funktionen. Außer Hinweisen auf Aarons Tod (Dtn 10,6; 32,50) – sie stammen aus P Überlieferungen – bezieht sich Dtn nur einmal in einer verächtlichen Anspielung auf Aaron (Dtn 9,20). Die Tatsache, daß vor- und nachexilische Quellen vor dem chronistischen Werk (außer P) so vollkommen Aaron als Priester und die Priesterschaft aaronitischen Ursprungs mit Schweigen übergehen, wartet noch auf eine zufriedenstellende Erklärung.

Man kann sich dieser Frage – wie exemplarisch von Otto Plöger, Theokratie und Eschatologie, und Paul D. Hanson, The Dawn of Apocalyptic, vorgeführt – mit dem Postulat nähern, es müsse eine Korrelation zwischen einer bestimmten Literaturgestaltung (eschatologische oder apokalyptische Schriften) und der sozialen Komponente der Sektenbildung herrschen. Gleichermaßen setzt man voraus, es habe in prophetischen und damit angeblich verwandten Kreisen (Leviten) eine graduelle Bewegung auf die voll ausgeformte Apokalyptik hin stattgefunden, wie sie sich paradigmatisch in der Henoch-Literatur und im Buch Daniel darstellt. Eine solche Geschichtsbetrachtung kann in mancher Hinsicht erhellend sein, sie kann aber auch in die Irre führen. Sie steht ganz allgemein in der Gefahr, den breiteren historischen und kulturellen Kontext des palästinischen Judentums zu vernachlässigen und die von ihm erlittenen Einwirkungen politischer Ereignisse, die in den großen Machtzentren stattfanden, zu unterschätzen. Generell wird diese Sicht der Dinge den Eindruck nähren, daß eschatologischer Glaube nur am Rande einer Religionsgemeinschaft aufblühen kann oder daß er irgendwie wesensmäßig dem Gedanken einer auf Gesetz und Kult gegründeten Gemeinschaft feindlich gegenübersteht. Dabei bestehen die uns bekannten prophetischen Gruppen im Gegenteil auf Gesetzestreue als einer Vorbedingung für das Kommen des tausendjährigen Reiches! Das Hauptproblem aber liegt darin, daß die Geschichte des Judentums während dieser langen Zeit auf weite Strecken ganz schlecht erkennbar ist. Es gibt so viele Lücken in unserem Wissen, besonders im Blick auf das Jahrhundert vor und das Jahrhundert nach Alexander, daß Entwicklungslinien wie die oben skizzierte Gefahr laufen, zu spekulativ zu sein, als daß sie noch Nutzen bringen könnten.

Plöger hat sich nun von Daniel und den *asidaioi* aus 1Makk 2,42 (vgl. 1Makk 7,13; 2Makk 14,6) zurückgetastet und eine zunehmende Entfremdung zwischen der hierokratischen Elite und pietistischen Gruppen festgestellt. Belegstellen für diese Entwicklung sind ihm Joel 3; Sach 12–14; Jes 24–27, die sogenannte Jesaja-Apokalypse. Ähnlich sieht Hanson eine Spannung zwischen der anti-eschatologischen zadokidischen Geistlichkeit und einer prophetisch-visionären Gruppe, die entrechtete Leviten einschloß. Etwas anders als Plöger hält Hanson Jes 40–55 für eine proto-apokalyptische Schrift und interpretiert Jes 56–66 als antiklerikale Polemik, was die meisten Rezensenten als gezwungen und wenig überzeugend beurteilten.[438]

Ein sehr problematischer Aspekt dieser beiden religionsgeschichtlichen Studien ist der Versuch, die Entwicklung von vier Jahrhunderten aufgrund ganz unzureichenden Quellenmaterials darzustellen. Beide Autoren nehmen auch – wie gehabt – an, millenarische, messianische und apokalyptische Bewegungen seien nur dem Judentum eigen. Das ist natürlich nicht der Fall. Ganz anders geht S. Talmon an das Problem heran. Er ist von Max Webers Verständnis des antiken Judentums inspiriert und sieht die Ursprünge des Sektierertums in dem Umbruch vom Monozentrismus zum Plurizentrismus. Das heißt: Die Einheit des Nationalstaates war vergangen, an ihre Stelle traten die unterschiedlichen Zentren der Diasporagemeinden und des Heimatlandes. Vor allem sonderten sich die selbsternannten *bᵉne haggolah*, die judäisch-babylonische Elite in der persischen Provinz Juda, von den übrigen ab.[439] In ähnlicher Weise

---

[438] Vgl. z.B. R.P. Carroll, 1989, 3–35; M.A. Knibb, Prophecy and the Emergence of the Jewish Apocalypses, in R. Coggins u.a. (Hg.), 1982, 169–176.

[439] Talmon hat schon früher in Esra 4,3 *ki anahnu jahad nibneh* gelesen und auf dieser Grundlage behauptet, die *golah*-Gemeinschaft bezeichne sich selbst als *jahad*, d.h. Konventikel. Dieser

hat Morton Smith vorgeschlagen, das Bundschließen der integrationistischen Jahwe-
allein-Partei unter Nehemia (Neh 10,1–40) – es ist in mancher Hinsicht eine Vorwegnahme der Selbstverpflichtungen von Qumran – sei als Anzeichen beginnenden
Sektierertums zu werten. Noch andere Vorschläge sind aufgrund einer genaueren
Untersuchung der Schlußkapitel des Jesajabuches gemacht worden. Sie sollen gleich
zu Wort kommen.

Wir setzen nun zunächst einmal voraus, daß gewisse politische und soziale Zustände,
die keineswegs auf bestimmte Epochen beschränkt sein müssen, die Neigung zu
messianischem, millenarischem oder apokalyptischem Denken hervorrufen oder fördern. Die genannte Mentalität berührt einige Bevölkerungsschichten stärker als andere. Auf jeden Fall trägt sie Spannungen oder Konflikte in die betreffende Gesellschaft
hinein. Der Übergang von der neubabylonischen zur persischen Herrschaft stellte
eine solche Konstellation dar, und wir haben gesehen, daß genau an diesem Schnitt-
punkt eine messianische (d.h. nationalistische und royalistische) Bewegung in jüdischen Gemeinden entstand. Schon vor der Thronbesteigung des Cyrus hatte sie sich
auf den im Exil lebenden Jojachin eingestimmt. Im Laufe der Zeit übertrug man
seine Erwartungen auf den Enkel, dessen babylonischer Name Serubbabel war.[440] Offensichtlich – ein wichtiger Punkt – war diese Bewegung eng mit den Plänen zum
Wiederaufbau sowohl des Tempels als auch der Stadt verbunden. Man kann zwischen Hoffnung und Enttäuschung schwankende, aufeinanderfolgende Stadien erkennen: Die Erwartung, nach Hause zurückkehren zu dürfen, die Grundsteinlegung zum
Tempelneubau, die Wiederaufnahme der Arbeit während der Revolten gegen Darius,
den Abschluß des Werkes einige Jahre später. Der Messianismus hörte damit nicht
auf. Das geht aus aus einer in Esr 4,6 erwähnten Anklage hervor, die zu Beginn der
Regierung des Xerxes (486–484 v.Chr.) gegen die Bürger von Jerusalem erhoben
wurde. Esra wurde wahrscheinlich im siebten Jahr des Artaxerxes I. (also 458
v.Chr.)[441] entsandt – seine Mission fand sicher gleichzeitig mit einem noch gefährli-
cheren Aufstand in Ägypten statt. Die Erhebung fand diesmal die Unterstützung
durch Athens Land- und Seestreitkräfte (460–454 v.Chr.). Wir haben keine Belege
dafür, daß palästinische Juden sich an ihr beteiligten. Doch hatte ein weiterer Brief
der Satrapie- an die Zentralregierung – er erhebt den Vorwurf, die Stadtmauern würden zur Vorbereitung eines Aufstandes wieder hergerichtet – einen Erlaß zur Folge,
der den Weiterbau untersagt (Esr 4,7–23).
Als Nehemia im Jahre 445 v.Chr. zu seiner ersten Mission anreiste, das geschah
eventuell genau 70 Jahre nach Beendigung der Tempelbauarbeiten, da fand er die
Mauern geschleift und die Tore vom Feuer zerstört. Wir wissen nicht, ob die über-

---

Terminus wird später von den Qumran-Sektierern als Selbstbezeichnung gebraucht. Vgl. S. Talmon, The Sectarian YHD – A Biblical Noun, VT 3, 1953, 133–140.

440 Auch auf seinen Sohn, wenn Scheschbazzar mit dem in 1Chr 3,18 genannten Schenazzar identifiziert werden kann.

441 Ich nehme an, daß die vom Chronisten vorausgesetzte Chronologie trotz einiger inhärenter
Schwierigkeiten vertretbar ist und beibehalten werden sollte. Die endlose Debatte darüber wird
von H.H. Rowley, [2]1965, 135–168, in bewährter Gründlichkeit zusammengefaßt. P.R. Ackroyd,
Israel under Babylon and Persia, Oxford 1970, 191–196, und noch einmal ders. in G.W.
Anderson (Hg.), 1979, 333f, tritt vorsichtig für das Jahr 398 v.Chr. ein, das ist das siebente Jahr
des Artaxerxes II., Mnemon. Morton Smith, 1971, 120–123, wiederum verteidigt nachdrücklich
das frühere Datum. Vgl. auch J. Blenkinsopp, 1988, 139–144.

eifrige Ausführung eines Befehls des Artaxerxes dahintersteckt oder die jüdische Beteiligung an dem Aufstand des Satrapen Megabyzus, der etwa um diese Zeit stattfand, oder aber ein feindlicher Überfall der Kedaritischen Araber bzw. ihrer Nachbarn. Als sich Nehemia seinerseits an die Aufbauarbeit machte, wurde sie ebenfalls als Vorbereitung zum Aufstand eingestuft (Neh 2,19; 6,6). Ihm selbst wurde vorgeworfen, er hege messianische Ambitionen. Diese Unterstellungen sind mit großer Wahrscheinlichkeit von der Opposition fabriziert worden. Es gibt keinen Beweis für seine davidische Abstammung.[442] Die Vorwürfe beweisen aber doch, daß der Messianismus noch sehr lebendig war. Wie schon zur Zeit des Tempelneubaus spielten auch jetzt Propheten bei allen diesen Ereignissen eine wichtige Rolle. Zwei von ihnen, Schemaja und Noadja sind namentlich bekannt (Neh 6,6–14). Nichts von dem, was wir über Nehemia oder auch Esra hören, zwingt uns zu der Annahme, sie seien bewußt anti-eschatologisch eingestellt gewesen. Dabei müssen wir ebenso einkalkulieren, daß der Chronist, der das Material überlieferte und bearbeitete, absolut kein Interesse daran hatte, messianische Wehen hervorzukehren.

Messianische Bewegungen finden bei wirtschaftlich Unterdrückten sympathischeres Gehör. Darum müssen wir anmerken, daß die sozialen Bedingungen Judas in der frühen Perserzeit allgemein schlecht und manchmal katastrophal waren. Die Zentralregierung forderte hohe Tribute; wenn überhaupt, dann kamen den Provinzen von diesen Abgaben nur winzige Anteile zugute. Ihnen wurde vielmehr systematisch alles Edelmetall entzogen. Inflation und weitverbreitete Zahlungsunfähigkeit waren die Folge; die Bauern wurden von ihrem Land vertrieben, nur die Geldverleiher machten Gewinne. So schlimm die Lage von Anfang an war, sie wurde verheerender, nachdem Xerxes den Thron bestiegen hatte (486 v.Chr.). Er erhob Steuern in einer Größenordnung, die konfiskatorischen Charakter hatte, um seinen Eroberungsfeldzug in Europa zu bezahlen. In Neh 5 beklagen sich die Bauern über die wirtschaftliche Ausbeutung durch die aus Babylonien stammende Elite. Das zeigt uns, daß religiöse und ökonomische Kräfte in jener Zeit einen tiefen Graben in der Bevölkerung der Provinz aufgerissen hat.[443]

Die uns aus der persischen Zeit bekannten messianischen Strömungen sind – genau wie die unter römischer Herrschaft aufgekommenen – nicht homogen. Einige Gruppen wollten den bewaffneten Aufstand, um so unter einem davidischen Herrscher die Unabhängigkeit wiederzugewinnen. Andere lehnten solche direkten Aktionen ab (z.B. Sach 4,6; 9,9f), weil sie glaubten, Gott selbst werde eingreifen. Das Einschreiten Gottes könne nur durch Gesetzestreue, reinen Gottesdienst und Bußübungen beschleunigt werden. Das Problem der Anwendung oder Nichtanwendung militärischer Mittel ist in Zusammenhang mit den Assidäern der seleukidischen Epoche breit diskutiert worden,[444] doch ist es für die persische Zeit gleichermaßen akut. Es gab auch

---

[442] Es gibt keinen Anhalt dafür, daß Nehemia aus königlichem Geblüt war, so U. Kellermann, 1967, 21–23; 154–159. Ferner besteht kein Grund zu der Annahme, daß er als Mundschenk des Königs am Hof in Susa (Neh 1,11b) Eunuch gewesen sein muß, vgl. J. Blenkinsopp, 1988, 213.

[443] Die miserablen sozialen und wirtschaftlichen Zustände spiegeln sich in Hag 1,6.8–11; 2,16f; Sach 8,10; Jes 58,4f; 59,6.9–15; Joel 1–2; Neh 5,1–5.

[444] 1Makk 2,42–48; 7,13: Diese *asidaioi* (*haˀsidim*) werden als „mächtige Krieger Israels" beschrieben (1Makk 2,42); sie waren deswegen vermutlich keine „Pazifisten". Die „vielen, welche Recht und Gerechtigkeit suchten", in die Wüste gingen, sich weigerten, am Sabbat zu kämpfen und abgeschlachtet wurden (1Makk 2,29–38), werden nicht mit den Assidäern gleichgesetzt. Es gibt

Richtungen apokalyptischer Prophetie, für die der davidische Herrscher nur eine untergeordnete Rolle spielte oder in denen er überhaupt fehlte. Die letzten elf Kapitel des Jesajabuches vertreten stellenweise eine profunde eschatologische Perspektive, beklagen aber nie den Verlust des Königtums und beziehen sich nie auf seine zukünftige Wiederherstellung.[445]

Wir müssen uns nun kurz mit diesen letzten elf Jesajakapiteln beschäftigen, um zu sehen, wie sie – wenn möglich – in die Religionsgeschichte der Zeit einzufügen sind und ob sie uns über religiöse Strömungen und Gruppen in der persischen Zeit informieren können. Wir haben schon festgestellt,[446] daß Jes 56–66, üblicherweise Trito-Jesaja genannt, ein in mehrfacher Hinsicht eng mit Jes 40–55 verbundenes Werk ist; das gilt vor allem für dessen zweiten Teil (Jes 49–55). Eine der Verbindungslinien knüpft die Schüler mit einer prophetischen, als „Knecht" bezeichneten Gestalt zusammen. Sie kommt zu Wort und wird in den drei letzten der Duhmschen „Gottesknechtslieder" beschrieben. Der Schülerkreis bildete wohl eine prophetische und eschatologisch ausgerichtete Gemeinschaft in der nachexilischen Gemeinde, und zwar unter einem Anführer, dessen Stimme noch in der Verkündigung seiner geistgeleiteten Mission durchklingt (Jes 59,21; 61,1–4). Wir haben auch darauf hingewiesen, daß die redaktionellen Erweiterungen zum dritten und vierten „Gottesknechtslied" (die relevanten Texte sind Jes 50,10f; 53,1–11) ein wichtiges Bindeglied zwischen dem zweiten und dritten Teil des Jesajabuches, d.h. entsprechend zwischen dem anonymen Knecht und seiner Anhängerschaft darstellen.

Das „Dritte Jesajabuch" beginnt mit einer bemerkenswert liberalen Aussage zur Mitgliedschaft in der Gemeinde: Den fremdstämmigen Anhängern (bᵉne-hannekar) des Jahwe-Kultes und den Eunuchen wird voller Rechtsstatus eingeräumt. Sie dürfen am Kult unter der Bedingung teilnehmen, daß sie die Bundesverpflichtungen der Gemeinde einhalten, besonders das Sabbatgebot (Jes 56,1–8). Dieselbe Offenheit kommt im Schlußabschnitt zutage (Jes 66,18–23), der vom Proselytentum, von der Missionspredigt und dem Hereinholen der Völker und der verstreuten Juden handelt. Alle sollen an der neuen Gotteserscheinung in Jerusalem teilnehmen. Diese Politik des freien Zugangs zur Gemeinde, die in beiden Abschnitten ausformuliert oder vorausgesetzt wird, beißt sich mit dem deuteronomischen Gemeindegesetz (Dtn 23,2–9) und mit einigen Aspekten des Programmentwurfs in Ezechiel 40–48 (besonders Ez 44,7f) oder bei Esra und Nehemia (Esr 9,1–4; Neh 9,2). Möglicherweise sind beide Stücke später sozusagen als „Buchstützen" hinzugefügt worden. Das würde einer auch in anderen biblischen Sammelwerken zu entdeckenden Herausgebertechnik entsprechen.[447] Man kann die redaktionellen Zusätze einerseits mit Sach 14,16–21 vergleichen, wo von den Nationen die Rede ist, die zur Feier des Laubhüttenfestes nach Jerusalem ziehen, andererseits mit dem Jonabuch, das ein neues Verständnis von Prophetie heraufführt. Zeitlich passen alle diese Stellen in das Jahrhundert zwischen der Amtszeit des Nehemia und den Eroberungszügen des Alexander. Sie kündigen spätere Entwicklungen an, einschließlich des frühchristlichen Glaubens, daß

---

nämlich keinen Grund für die Annahme, sie seien auch an den anderen sechs Wochentagen kampfunwillig gewesen.

[445] Jes 55,3f erwähnt zwar einen Davidsbund, verheißt aber nicht seine Wiederherstellung.
[446] S. o. Kap. V, Nr. 19.
[447] Vgl. C. Westermann, 1966, 237–246.

erst die Heidenmission beendet sein müsse, bevor die Wiederkunft Christi geschehen könne. Der Schlußvers (Jes 66,24) blickt auf die Niederlage und Vernichtung derer voraus, die in der Gemeinde abtrünnig geworden sind. Die Art, wie das geschieht, soll an die Eröffnungsverse der großen Jesajarolle erinnern und so deren innere Einheit betonen.[448] Der letzte Satz schlägt einen so düsteren Ton an, daß es im Synagogengottesdienst üblich wurde, ihn vor dem zweitletzten Vers zu verlesen.

Auf die Einführungsverse (erste „Buchstütze") folgt gleich ein möglicherweise auf vorexilische Prophetenstreitrede zurückgehender Abschnitt (Jes 56,9–57,13), der einen Angriff auf Propheten (Wächter[449]) und Herrscher (Hirten) vorträgt, weil sie um momentanen Lustgewinns willen ihre Aufgaben vernachlässigen. Man wird an die Glosse zu Jes 9,13 erinnert („Darum haut Jahwe von Israel Kopf und Schwanz ab"), welche die Herrscher mit dem Kopf und die Lügenpropheten mit dem Schwanz gleichsetzt (V. 14). Die Polemik das Sehers richtet sich auch gegen die Synkretisten, die an Fruchtbarkeitskulten und Sexualriten teilnehmen und denen die Verfolgung leidenden Frommen gegenübergestellt werden. Dem Hinweis auf den Gerechten (ṣaddiq), der zugrunde gegangen ist und dessen Tod nicht beklagt wurde (Jes 57,1), geben die Kommentatoren allgemein einen kollektiven Sinn. Doch kann er sich auch auf den Gottesknecht (Jes 53,11: ṣaddiq 'abdi) zurückbeziehen, dessen Jünger die Botschaft nach der Rückkehr aus der Gefangenschaft weitertrugen.[450] Dabei fällt einem unwillkürlich Jes 30,20f ein. Der Text scheint auf einen momentan verborgenen (verstorbenen?) Lehrer anzuspielen, der wiedererscheinen soll. Seine Botschaft wird Gehör finden, und er wird seinen Anhängern weiterhin den Weg weisen.

Die Botschaft des prophetischen Mentors wird im folgenden Abschnitt wiederholt (Jes 57,14–21). Man soll das Enddrama vorbereiten. Gott, der im himmlischen Tempel wohnt, wird bei den Schwachen und Demütigen seinen Wohnsitz aufschlagen, bei denen, die in seinem Volk trauern. Diese „Trauernden" verstanden unter „Vorbereitung auf die Ankunft Gottes" zweifellos die sorgfältige Beachtung der Bundesgebote. Das Thema der eschatologischen Wende, das dann in den Evangelien aufgegriffen wird, sagt denen, die jetzt trauern, jubelnde Freude beim Anbruch des großen Tages voraus.[451] Der Abschnitt endet mit einem Zitat aus dem Zweiten Jesaja („Es gibt keinen Frieden für die Übeltäter", Jes 48,22). Es ist seither oft spaßhaft gebraucht worden, war aber damals als hartes, eschatologisches Urteil über die Abtrünnigen gemeint, welche die prophetische Botschaft zurückweisen.

Der Kern der Sammlung findet sich in Jes 60–62; er bietet eine Zusammenstellung der eschatologischen Lehren der Gruppe. Wie auch Jes 57,14–21 stammen diese Lehren entweder aus den letzten Exilsjahren oder aus der Zeit unmittelbar nach der

---

448 Vgl. *poše 'im bi* (Jes 66,24) mit: *paše 'u bi* (Jes 1,2). Diese und andere Wortverkettungen des letzten mit dem ersten Jesajakapitel sind bei L.J. Liebreich, 1955/56, 259–271; 47, 1956/57, 114–138 und besonders 276f zusammengestellt.

449 *ṣopim* ist Synonym zu *neb i'im*, vgl. Ez 3,17; 33,7; Jer 6,17; Jes 52,8. In Jes 62,6 ist das bedeutungsähnliche *šomerim*, „Wächter", verwendet.

450 B. Renaud, La Mort du juste, entrée dans la paix (Isa. 57,1–2), RSR 51, 1977, 3–21, versteht die „Wegnahme" des Gerechten als eine Belohnung, die also das Überleben signalisiert.

451 Der Ausdruck „Trauernde" (*'abelim, mit'abb elim*) wird fast zu einer Bezeichnung für die Gemeinde, vgl. Jes 57,18f; 61,2f; 66,10 und auch Esr 10,6; Neh 1,4; Dan 10,2f. Vergleichbar ist die Verwendung von „Knecht" und „Zitterer".

Rückkehr.[452] Sie verraten noch kein Anzeichen davon, daß solche Aussagen im Laufe der Zeit Widerspruch fanden und Konflikte hervorriefen. Am Anfang steht eine Anrede an Jerusalem: Die Herrlichkeit Gottes wird auf dem Zion erscheinen und dem unterdrückten Volk Rettung bringen. Die ins Ausland Verstreuten werden zurückkehren, die Völker werden Israel untertan sein, sie werden Tribute herbeibringen und die Stadt als Gastarbeiter aufbauen helfen. Krönung des Ganzen: Der Tempel wird herrlich erstehen und im Zentrum der Welt leuchten. Die Aussicht auf eine Erneuerung des Himmels und der Erde, also eine kosmische *apokatastasis,* kommt hier und da in diesen Kapiteln zu Wort. Oft hält man sie für eine spätere und ausdrücklicher apokalyptische Weiterbildung.[453] Das ist sicher möglich, doch gibt es keine durchschlagenden Argumente für diese Meinung. Wohl aber haben wir Anlaß, Entwicklungstheorien zu mißtrauen, die sich einzig auf thematische Züge stützen.

Es ist wichtig festzuhalten, daß der prophetisch-eschatologische Glaube sich durch diese ganzen elf Kapitel hindurch auf Tempel und Altar hin ausrichtet: Der Tempel wird gepriesen, reiche Gaben kommen zuhauf, die Gläubigen haben in Frieden teil an den Opfergaben der Tempelhöfe (z.B. in Jes 60,7.13; 61,6; 62,9). Es besteht also kein prinzipieller Gegensatz zwischen den Trägern dieses prophetischen Glaubens und den Tempelautoritäten und den Tempelbefürwortern (Hansons zadokidisch-hierokratische Partei). Es gibt keinen Anhalt dafür, daß die ersteren antikultisch eingestellt gewesen wären. Der Seher, der für sie spricht, entfaltet dann tatsächlich so etwas wie eine Lehre vom Priestertum aller Gläubigen. In den letzten Tagen wird das ganze Volk von der Sklavenarbeit befreit, wie schon jetzt die Priester, und es wird den Zehnten von den Völkern empfangen. Auf diese Weise wird der Bund mit dem Hause Levi auf alle ausgedehnt (vgl. Num 25,10–13).

An einer – zugegeben verborgenen – Stelle dieser weit ausholenden Ansprache können wir einen kleinen Eindruck von der Gruppe erhaschen, in deren Namen der anonyme Seher spricht (Jes 62,6f). Er redet Jerusalem an und erwähnt die Wächter, die auf den Mauern postiert sind und deren Aufgabe es ist, Jahwe ständig daran zu erinnern, er habe versprochen, die Stadt zu befreien. Diese *mazkirim* (wörtlich: „diejenigen, die in Erinnerung rufen", nämlich, daß Gott eingreifen wolle) sind darum stellvertretend für die ganze Gemeinde mit Fürbitte und Gebet betraut. Das sind Funktionen, die von Anfang an mit dem prophetischen Amt verbunden waren.

Den Kommentatoren ist oft schon der stark liturgische Ton des in diesen Kapiteln gesammelten Materials aufgefallen. Aber sie haben nicht immer die richtigen Schlußfolgerungen aus dieser Beobachtung gezogen. Man kann damit eben nicht beweisen, daß ein Abschnitt wie Jes 58,1–14 an kultischem Ort entstanden ist! Der Autor kann einfach eine traditionelle kultische Redeform für seine Zwecke aufgegriffen haben. Die fragliche Stelle ist eine prophetische Antwort an die Gemeinde, die nicht begreifen will, daß ihr gemeinsames Fasten Jahwe nicht dazu bewegen konnte, etwas gegen die katastrophalen wirtschaftlichen Zustände zu unternehmen, die damals herrschten. Die gleichen Umstände sind in Jes 59,1–20 vorausgesetzt. Der Wechsel im Ton und die Reihung der Sprecher (in der zweiten, dritten und ersten Person) lassen vermuten, daß die Rede nach Art einer kultischen Gemeindeklage

---

452 Jes 60,13 läßt vermuten, daß der Tempel noch nicht aufgebaut ist, vgl. Jes 63,18; 64,10f. Auch die Anspielung auf „alte Ruinen" in Jes 61,4 (vgl. 58,12) weist auf ein frühes Datum.
453 C. Westermann, 1966, 239; 245; 289f.; 305; 324.

geformt ist. Das scheint ebenso für den langen Abschnitt Jes 63,1–65,7 zu gelten. Er läßt eine Art Drama durchscheinen, das die Rettungsfeier vorwegnimmt. Und die Rettung ist Antwort auf die Bitten der Gemeinde. Wie mehrere Psalmen (Ps 44; 74; 77; 79), so beginnt auch dieser mit Lobpreis, er fährt mit einem Schuldbekenntnis fort und endet in der Bitte. Der seltsam formulierte Anruf in Jes 63,16 scheint sagen zu wollen: Obwohl die Vorfahren, die sich der Gnade Gottes erfreuten, tot und vergangen sind, bleibt Jahwe doch der Vater und muß den erbarmungswürdigen Zustand seiner Kinder zur Kenntnis nehmen.[454] Nach dem traditionellen Modell müßte danach eine göttliche Antwort erfolgen, die Rettung zusichert. Hier jedoch wird die Bereitschaft Gottes zu handeln durch den falschen Gottesdienst erstickt, dem sich die Zeitgenossen des Propheten hingeben (Jes 65,1–7). Die Antwort ergeht an das ganze Volk, nicht nur an die Priesterschaft, welche den Tempel kontrolliert.[455] Damit soll nicht geleugnet werden, daß die Priester sich an solchen Praktiken beteiligten, aber der Verfasser solcher Aussagen macht, anders als Maleachi, die Polemik gegen die Priesterschaft nicht zu seinem speziellen Anliegen.

In den letzten beiden Kapiteln treffen wir auf die deutlichsten Anzeichen eines inneren Konflikts in der Provinz Juda. Wir können beim Heilsorakel von Jes 66,5 ansetzen, das sich an diejenigen wendet, die „vor seinem Wort zittern". Wir erfahren, daß diese „Schüttler" (h^aredim [engl.: quakers]) von den anderen Juden gehaßt und verstoßen werden, ja, sie sind förmlich von ihren mitjüdischen Brüdern exkommuniziert worden.[456] Warum? Der Grund ist mit der Wendung „um meines Namens willen" (l^ema'an $š^e$mi) angegeben, das will sagen: wegen ihrer Verbindung zu dem Seher, der zu ihnen spricht. Wir müssen annehmen, daß es sich um ihren Anführer handelt.[457] Ein weiterer Grund steckt in dem Spottruf, den ihre „Brüder" an sie richten: „Laßt doch Jahwe sich verherrlichen, daß wir eure Freude mit ansehen!" Das geht nicht gegen die eschatologischen Überzeugungen an sich, sondern gegen die typisch sektiererische Einstellung, daß sie, und nur sie allein, an der Freude des kommenden Gottesreiches teilhaben werden. In einem früheren Abschnitt (Jes 65,8–12) werden Jahwes Diener und Erwählte den Abtrünnigen (d.h. den Synkretisten) gegenübergestellt, welche die Glücksgötter Gad und Meni verehren. Gleich darauf erfolgt das Verdammungsurteil über die Verworfenen (Jes 65,13f). Das Vokabular ist das den Lesern der Evangelien vertraute des „eschatologischen Tausches": Es will den Spott der „Brü-

---

[454] P. Hansen, 1975, 92f, nimmt diesen Vers als Hinweis darauf, daß zwischen der von ihm so benannten „Kerngemeinde Israels" (engl: „central Israelite community"), d.h. den zadokidischen Priestern und ihren Verbündeten, und der vom Sprecher repräsentierten Gruppe ein Riß besteht. Aber der Kontext macht völlig klar, daß der letztere im Namen der ganzen Gemeinde redet, das ist das „heilige Volk", welches einmal das Heiligtum besaß, es aber jetzt verloren hat (Jes 63,18). So spricht keine Gruppe, die von der Tempelverwaltung ausgeschlossen worden ist.

[455] P. Hanson, 1975, 146–150, will weitläufig nachweisen, daß der Seher die zadokidische Priesterschaft anklagt. Dazu muß er aber die Vergehen symbolisch verstehen, was völlig unnötig ist. Der Vorwurf richtet sich ausdrücklich an eine Nation (goj), ein Volk ('am). Die Verwendung von kultischer Terminologie beweist nicht, daß Priester angeredet sind, und ki q^edaštika kann nicht mit „oder ich werde dir Heiligkeit verleihen" übersetzt werden.

[456] Die verwendeten Ausdrücke sind stark: „Hassen" meint die aktive Trennung, wie in der Scheidungsformel. Die Wendung niddah (piel), „verworfen", erscheint nur hier und in Am 6,3 und hat die Bedeutung „beschwören", „beiseite stellen", wahrscheinlich durch magische Mittel. In Jes 66,5 nähern wir uns der Bedeutung „exkommunizieren", die das Verb im mischnischen Hebräisch annimmt.

[457] Sie werden also nicht wegen ihrer Einstellung zum göttlichen Namen verfolgt, wie oft angenommen wird. Mt 10,18.22 geht auf diese Stelle zurück.

der" als Reaktion auf den hier vorgetragenen Anspruch darstellen, daß die „Knechte" bei der Ankunft Gottes jubeln dürfen, während die Gegner zuschanden werden sollen.[458] Dieser Eindruck wird bestätigt, wenn wir weiter lesen, daß der Name der Gegner den „Knechten" Jahwes als Fluchwort dienen soll, während die letzteren selbst einen neuen Namen empfangen werden, einen Namen, der dem neuen, heraufdämmernden Zeitalter entspricht.[459]

Die beiden Eingangssprüche des letzten Kapitels (Jes 66,1–4) scheinen mit ganz anderen Dingen beschäftigt zu sein. Der erste (V. 1f) wird allgemein als Zurückweisung der Forderung, den Tempel wiederaufzubauen, verstanden. Das wäre eine Haltung, die der des Haggai und Sacharja diametral entgegenstünde. Der zweite Spruch (V. 3f) gilt als brutal deutliche Verdammung des Tieropfers.[460] Nun mag jedoch derjenige, der im ersten Spruch „erzittert vor meinem Wort" zur selben Kategorie wie die „Schüttler" von V. 5 gehören, die sehnsüchtig auf die Ankunft Gottes warten. Und dieses Ereignis wird entweder im Tempel stattfinden, oder es ist zumindest untrennbar vom heiligen Ort (vgl. z.B. Jes 60,7.13; 62,9; 66,6.20f.23). Trifft das alles zu, dann kann die gängige Deutung der Sprüche nicht richtig sein. Ein Verweis auf das Weihegebet Salomos für den Ersten Tempel wäre sachgemäß (1Kön 8,27–30). Das Gebet zeigt nämlich, daß Befürwortung des Tempels mit der Ablehnung populärer Mißverständnisse hinsichtlich seiner Funktion im religiösen Leben der Gemeinde Hand in Hand gehen können. Im Dritten Jesaja ist der Gedanke, daß Gott im Himmel wohnt, mit seiner Präsenz bei den Treuen der Gemeinde verbunden: „Ich wohne in der Höhe und im Heiligtum und bei denen, die zerschlagen und demütigen Geistes sind" (Jes 57,15; vgl. auch 63,15; 40,20). Was den Spruch über den Opferkult angeht, so muß man bedenken, daß die Gegenüberstellung legitimer und illegitimer Kulthandlungen (z.B. das Schlachten eines Ochsen gegen das Menschenopfer) sich auf Rituale bezieht, die von Leuten durchgeführt werden, welche ihren eigenen Weg gewählt haben und sich an ihren Götzen erfreuen (Jes 66,3). Das heißt: Diese Leute hängen synkretistischen Kulten an, und ihre Grundeinstellung vergiftet schon die von ihnen inszenierten Kulthandlungen, und seien sie formal legitim (vgl. Jes 57,5–13; 65,1–7.11; 66,17).

Jes 66,1–5 bezeugt also eine tiefe Spaltung im palästinischen Judentum der frühen

---

[458] ,Laßt doch Jahwe sich verherrlichen, daß wir eure Freude mit ansehen' – doch sie sollen zuschanden werden" (*jikkabed JHWH w°nir'eh b°simhatkem, w°hem jeboŝu*, Jes 66,5); vgl. „Siehe, meine Knechte sollen fröhlich sein, ihr aber sollt zuschanden werden" (*hinneh °abadaj jismahu w°'attem teboŝu*, Jes 65,13).

[459] Jes 65,15f ist schwierig. „Der Herr Jahwe wird dich töten" ist wahrscheinlich ein späterer Zusatz. V. 16a lautet: „Wer sich segnet im Lande, wird sich segnen durch den Gott Amen, und wer schwört im Lande, wird bei dem Gott Amen schwören." Weil das seltsam klingt, nehmen die meisten Kommentatoren eine Verbesserung des massoretischen Textes vor und verändern *'amen* in *'emet, 'omen* oder *'emun*. Aber der MT ist unanfechtbar und ergibt einen Sinn. Wenn wir ihn beibehalten, dann folgt aus der logischen Verbindung von V. 15 mit V. 16, daß *'amen* der neue Name der treuen Gemeinde ist. Mit anderen Worten: Es ist die Gemeinde, die Amen! Ja! zu Gott sagt. So scheinen Paulus (2Kor 1,17–20) und der Autor der Offenbarung (Apk 3,14) den Text verstanden zu haben. In Jes 62,1–5 finden wir ein weiteres Beispiel eschatologischer Namensgebung.

[460] Diese Deutung ist in der älteren Kommentarliteratur weit verbreitet, z.B. bei J. Wellhausen, K. Budde, H. Gressmann, C.C. Torrey. Eine Übersicht über die vertretenen Meinungen gibt J. Muilenburg, IntB V, 758–760. Muilenburgs eigene These ist, der Seher habe sich dagegen verwahren wollen, daß Rettung nur durch den Kult möglich sei. Sie wird von C. Westermann, 1966, 326–329, und R.N. Whybray, 1975, 279f, geteilt.

Perserzeit. Es geht um eine prophetisch-eschatologische Minderheit, die von einem Seher angeführt wurde. Er verstand seine und seiner Anhänger Sendung im Licht jener Knechtsvorstellung, die in Leben und Lehre des anonymen Gottesknechts von Jes 49; 50 und 52–53 zu Tage getreten war. Die Gruppe beschreibt sich selbst als „diejenigen, die vor seinem Wort zittern" (Jes 66,1–5). Das verweist auf eine ehrerbietige und gottesfürchtige Haltung gegenüber dem eschatologischen Prophetenwort, wie es in der exilischen und nachexilischen „Jesajaschule" weitergegeben wurde. Andere Selbstbezeichnungen dieser Jesajakapitel sind „Knechte Jahwes" ('abadim, Jes 65,8f.13–16), „Trauernde" ('abelim, mit 'abbelim, Jes 57,18; 61,2; 66,10), „Fromme" (Jes 57,1), und vielleicht „Amen Leute" (Jes 65,15–16a).[461] Sie sind irgendwann vom Tempelkult ausgeschlossen worden, das könnte auch – wenn man die politische und soziale Bedeutung des Kultes in einem Tempelstaat wie Juda in Rechnung stellt – ihren elenden sozialen und wirtschaftlichen Lebensstandard erklären. Die Gegner widersprechen nicht unbedingt ihrer eschatologischen Lehre als solcher, aber sie lehnen ihre exklusivistischen Ansprüche ab. Sie waren ja auch synkretistischen Kulten zugetan und hatten zumindest einige Angehörige der Tempelelite in ihren Reihen. Die in diesem Kapitel vorkommenden Namen stimmen nicht ganz mit den Assidäern, Pharisäern und Essenern überein. Die Gruppe, die sich der oben genannten Selbstbezeichnungen bediente, befindet sich jedoch an einer wichtigen Übergangsstelle von einer Prophetengefolgschaft zur Sekte.

Eine seltsame Notiz wird in den Kommentaren wenig beachtet: Esra findet bei seiner Mission Unterstützung von einer Gruppe von Leuten, die beschrieben werden als „diejenigen, die beim Wort (Gebot) des Gottes Israels erzittern" (Esr 9,4; 10,3). Das ist im Kern dieselbe Eigenbezeichnung, die wir in Jes 66,5 gefunden hatten.[462] Schon kurz nach seiner Ankunft in Jerusalem sah sich Esra gezwungen, etwas gegen den bedauerlichen Hang der Diasporajuden (bene haggolah, Esr 8,35) zur Fremdheirat zu unternehmen (Esr 9,1f). Anfangs reagierte Esra relativ ungestüm; dann ging die Initiative an jene „Schüttler" (haredim, Esr 9,4) über. Von diesem Zeitpunkt an waren sie eng mit ihm beim Fasten, bei Bußgebeten und Nachtwachen zwecks Vorbereitung auf den Bundesschluß verbunden. Der Bundesschluß wurde auch unter ihrer Beratung ausgeführt (Esr 10,3).

Auf den ersten Blick haben die in Jes 66 beschriebene Gruppe und die *support group* des Esra anscheinend nichts miteinander gemein. Die erstere wurde von der Mehrheit ausgegrenzt und enteignet, die letztere scheint eine Elite in der Gola-Gemeinschaft gebildet und das religiöse, politische und soziale Leben der Provinz bestimmt zu haben. Man kann auch argumentieren, der Eifer um das Gesetz und nicht Ehrfurcht vor prophetischen Offenbarungen habe die Esra-Anhänger zum Erzittern gebracht (Esr 10,3). Andererseits sollten wir uns davor hüten, die prophetisch-eschatologische Orientierung gegen die Gesetzesobservanz, und sei sie noch so intensiv, auszuspie-

---

461 Zu *haredim* vgl. nächste Anm.; zum Gebrauch von 'ebed ('obed) in Mal 3,17f vgl. o. Anm. 435, und zur Verwendung im zweiten Jesajabuch vgl. Kap. V, Nr. 19. Zu den „Amen-Leuten" vgl. o. Anm. 461.

462 Das Verbum *hrd* ist vielfach bezeugt im Sinne von „sich fürchten, schütteln", „erzittern", weniger häufig allerdings in der spezielleren Konnotation von numinoser Furcht und Erschütterung (Ex 19,16; 1Sam 14,15). Das Partizip kommt nur in 1Sam 4,13 (hajah libbo hared 'al 'aron ha'elohim), Jes 66,2.5 und Esr 9,4; 10,3 vor. Die enge Übereinstimmung der letzten vier Stellen läßt darauf schließen, daß nicht gerade ein Titel, aber doch eine Bezeichnung vorliegt, die eine gewisse Festigkeit erlangt hat.

len. Die h^{a}redim weisen nämlich einige Züge auf, die sie miteinander verbinden. In unseren Jesajakapiteln ist – wie das Trauern mit dem Fasten – die eschatologische Freude mit den Festfeiern verbunden (Jes 65,13f usw.). Dieselbe Verknüpfung erscheint da, wo die Esra-Erzählung von den Trägern des Reformprogramms berichtet. Die beiden folgenden Sätze laufen parallel: „… alle waren über die Worte des Gottes Israels wegen des Treubruchs der aus der Gefangenschaft Zurückgekehrten erschrokken (bzw.: sie erzitterten)" (Esr 9,4) und „Esra trauerte wegen des Treubruchs derer, die aus der Gefangenschaft zurückgekehrt waren" (Esr 10,6). Daraus folgt, daß Zittern und Trauern von einer Gruppe von Büßern innerhalb der Gemeinde ausgesagt werden, die zu den Hauptstützen Esras gehörte. In dieser Hinsicht ist hier das Milieu vorweggenommen, in dem sich in der seleukidischen Epoche Daniel bewegte: Es ist gekennzeichnet durch Trauern, Fasten, Bußgebete und intensive Bemühungen um Gesetz und Prophetie (vgl. Dan 10,2f.).

Tatsache ist auch, daß Ehen mit ausländischen Frauen – Hauptproblem für Esra – die Verwicklung in nichtjahwistische und synkretistische Kulte mit sich brachte (Esr 9,1). Betroffen waren nicht nur Gemeindeleiter, sondern ebenso Priester und Leviten (Esr 9,1f; vgl. 10,18–24). Das ist genau die Situation, gegen die sich „Schüttler" und „Knechte" bei Jesaja verwahrten, offensichtlich mit sehr begrenztem Erfolg. Aus dem Maleachibuch beziehen wir dafür eine Bestätigung. Sein anonymer Autor ist nämlich eindeutig mit denselben Problemen beschäftigt. Wir haben schon darauf hingewiesen, daß in Mal 3,16–18 diejenigen, welche Gott fürchten und ihm dienen, in den Bund eintreten. Vermutlich wollen sie die Mißbräuche abstellen, die vom Propheten gebrandmarkt werden. Wir sind nun besser in der Lage, die Maleachistelle zu deuten: Der dort gemeinte Bund ist aller Wahrscheinlichkeit nach der gleiche, der in Esr 9f durch die h^{a}redim initiiert wird.

Unsere Schlußfolgerungen laufen auf einen Punkt zu: Esras Programm wurde nicht nur durch eine beliebige Minderheitsgruppe aufgenommen und umgesetzt, sondern von einer Gruppierung, die sich aus prophetisch-eschatologischer Lehre inspirieren ließ und sein Wirken *auf dieser Basis* förderte. Diese Folgerung mag angesichts des traditionellen Bildes, das die Forschung von Esra und seiner Mission entworfen hat, paradox klingen. Aus ihr folgt nämlich, daß Esras Mission zu einer zeitweisen Entmachtung der zivilen und religiösen Leitungsorgane in der Gemeinde führte, die sich durch Synkretismus kompromittiert hatte. Gleichzeitig erfuhr seine prophetische *support group* eine befristete Aufwertung. Die vorgeschlagene Deutung würde aber auch den anscheinend nur begrenzten Erfolg seines Wirkens – gemessen an den Zuständen, denen sich Nehemia bei seiner Ankunft in Jerusalem gegenübersah – erklären helfen.[463]

Die späteren Erfolge oder Mißerfolge dieser prophetischen Gruppe seien dahingestellt. Jedenfalls verdankt sie sich der Person und Lehre des anonymen Exilspropheten, und sie kündigt an wichtigen Punkten das Aufkommen von Sekten in der römischen Zeit an, wobei die frühe palästinische Christenheit nicht ausgeschlossen ist. Auch wird der tiefe Einfluß von Jes 40–66 auf das Selbstverständnis der ersten Christen und auf ihre Vorstellungen von Jesus deutlich. Außerdem illustrieren die

---

463 Mit anderen Worten: Esra scheint die Vorgaben seiner Sendung überzogen zu haben, als er die Gemeindeleiter zwang, ihre ausländischen (d.h. nicht-judäischen) Frauen zu entlassen. Dieses Vorgehen wurde weder durch israelitisches noch persisches Recht gedeckt. Zu derselben Schlußfolgerung kann man aufgrund des abrupten Endes der Esra-Erzählung (Esr 10,44) kommen.

Texte die soziale Dynamik, die in der Bildung prophetischer, randständiger Gruppen und ihrer Konsolidierung um die Lehre und das erinnerte Bild einer charismatischen Figur liegt. An diesen Punkten kann ihre Bedeutung für die weitere Entwicklung kaum überschätzt werden.

22. Jerusalemer Tempelprophetie

In Israel waren Propheten wie überall im Nahen Osten den Tempeln zugeordnet; sie erfüllten dort spezifische Aufgaben wie z.B. die Ausrichtung der Fürbitte und die Orakelspendung, besonders in Krisensituationen.[464] Deswegen sind Propheten in der Scheltrede so oft neben den offiziellen Priestern genannt (vgl. Jer 23,11). In jedem Fall waren Tempel angemessene Schauplätze für die prophetische Predigt; selbst jene Propheten, die nicht zum Tempelpersonal gehörten, konnten dort leichter auf Gehör hoffen (z.B. Am 7,10–17; Jer 7,1–8,3; 36,4–8). Wir haben gesehen, daß der eine oder andere unter den kanonischen Propheten möglicherweise zu der Kategorie dieser Kultbeamten gehört hat. Allerdings folgt daraus nicht, daß Propheten, die ihr Publikum in einem Tempel ansprachen, deswegen schon zum Tempelpersonal gehörten. Auf der literarischen Ebene können wir die Existenz von Tempelpropheten teilweise aus in Hymnen erhaltenen prophetischen Orakeln (Ps 20,8; 28,6; 60,6; 81,5; 108,7; 110,1) und aus Psalmen, welche in Prophetenbücher eingestreut sind, wie z.B. bei Habakuk und Jona, wahrscheinlich machen.

Ein außerordentlich wichtiges Moment bei den Veränderungen, welche die Prophetie nach dem Verlust der nationalen Unabhängigkeit durchmachte, war ihre Wiederaufnahme in den Kult. Die Priesterschrift (P), die aus jener Übergangsphase stammt und die Bemühung um Wiedereinführung des wahren Gottesdienstes spiegelt, liefert einige interessante Hinweise auf diesen Prozeß. Die Wüstenzeit dient ihr als Modell für die Aktivitäten der Kultgemeinde: Man empfing Gottesoffenbarungen im beweglichen Heiligtum, wo Mose die Stimme Gottes gehört hatte. Sie redete zu ihm von oberhalb des „Gnadenthrons" (Ex 25,22; Num 7,89). Diese Darstellung hat natürlich Züge des uralten Orakelzeltes aufbewahrt, aber sie nimmt auch die *bat qol* (himmlische Stimme) vorweg, die später als eine Art Ersatzprophetie für die vergangene echte Offenbarung dienen sollte.[465] Die Sukzession der Charismatiker (bestes Beispiel: Elisa tritt die Nachfolge Elias an) verändert sich ebenfalls im Weltbild der Priester-Theologen. Nach P wurde die autorisierende Geistübertragung von Mose auf Josua durch einen der Priesterordination vergleichbaren Akt bewirkt. In Num 27,15–23 (P) besitzt Josua den Geist schon, bevor ihm die Hände aufgelegt werden. Dagegen ist er in der von späterer Priesterhand revidierten Version von Dtn 34,9 voll des Geistes, weil ihm die Hände aufgelegt worden waren. Das ist ein interessantes Beispiel für die Institutionalisierung des Charismas.[466] Bemerkenswert ist auch dies: In der Wüste wurde Israel nicht durch das prophetische Wort geleitet, sondern durch die

---

[464] S. Mowinckel, 1967, Bd.II, 53–73; H.-J. Kraus, 1962, 122–133; A. B. Johnson, 1979, 109–209.

[465] In einer berühmten rabbinischen Geschichte über den Ofen Aknais (*b BM* 59b) wird ein Schriftverweis der *bat qol* vorgezogen. Zu *bat qol* allgemein vgl. A. Rothkoff, Bat Kol, EJ IV, Jerusalem 1971, 324f.

[466] Vgl. die klassische Abhandlung über charismatische Autorität bei Max Weber, Wirtschaft und Gesellschaft, Tübingen ⁵1976, 140–148.

Feuer- und Wolkensäule, die sich über dem Heiligtum zeigte (Num 9,15–23 etc.). Nach dem priesterlichen Berufungsbericht fungierte Aaron als *nabi'* des Mose. Er führt diese Aufgabe in einer Art und Weise aus, die daran erinnert, daß die prophetische Bestimmung, Gegenpart des Königs zu sein, wegen prophetischen Versagens auf den Ahnherrn der Priester übergegangen war (Ex 7,1).

Der Ortswechsel der Prophetie und in seinem Gefolge das andere Prophetenbild kommen in der frühpersischen Zeit durch die vorherrschend liturgischen Formen und Anliegen in den Büchern Haggai, Sacharja 1–8, Jesaja 56–66 und Maleachi zutage. Sie zeichnen sich ebenso klar in den Reden eines gewissen Joel ben-Pethuel an die Gemeinde ab, der auch Bauern und Winzer angehörten. Der Anlaß war eine katastrophale Heuschreckenplage nationalen Ausmaßes, welche die Ernten vernichtet hatte. Die vier Heuschreckenschwärme, die jeder auf seine Weise furchtbare Verwüstung anrichten (Joel 1,4), werden oft metaphorisch als vier aufeinanderfolgende kriegerische Invasionen gedeutet (Joel 1,6f). Mir ist wahrscheinlicher, daß umgekehrt die Heuschreckenplagen sehr sachgemäß in Militärbildern beschrieben werden. Derartige ökologische Katastrophen gehören im Mittleren Osten von Urzeiten an bis heute zum allgemeinen Erfahrungshorizont. Das Umfeld ist Juda zur persischen Zeit. Weil der Autor sich große Sorge um die Auswirkungen der Katastrophe auf die Tempelökonomie macht (Joel 1,9f.13.16; 2,14), muß das Ereignis nach 515 v.Chr. anzusetzen sein.[467] Das Datierungsproblem wird ja auch dadurch vergrößert, daß die Plage später zum Vorboten der Endzeit und des Abschlusses aller Geschichte umgedeutet wurde.[468] Lassen wir einen Augenblick diese eschatalogische Relektüre beiseite, dann haben wir wenn nicht den Gesamtaufriß, so doch die Hauptelemente einer Bußliturgie vor uns, in welcher der Kultprophet eine wichtige Rolle spielte.

Die Eröffnungsansprache an die Gemeinde (Joel 1,2–12) schließt mit einem Aufruf an die Priester, einen feierlichen Fasten- und Bußgottesdienst anzukündigen (Joel 1,13–18). Die Leute wurden durch das Blasen des Widderhorns zusammengerufen (Joel 2,1.15). Es folgen das Bittgebet (Joel 1,19f) und der Aufruf zu fasten und Buße zu tun (Joel 2,1–17). Die liturgische Handlung endet mit einem vom Propheten gesprochenen Heilsorakel (Joel 2,18–27). Wie in den vorhin erwähnten Psalmen markiert das Heilsorakel, das mit Joel 2,19 einsetzt, den Wendepunkt der Liturgie. Angesichts der vielen sprachlichen und thematischen Berührungen zwischen Joel und Amos (sie können z.T. die Plazierung des Buches Joel im Dodekapropheton erklären) lohnt der Hinweis, daß die beiden ersten Visionen des Amos (Am 7,1–6) ebenfalls von Heuschrecken und Trockenheit handeln (sprachliche Berührungen!), und daß diese Katastrophen durch prophetische Fürbitte abgewendet werden. Es wird nicht gesagt, und wir können das sicherlich auch nicht erschließen, daß Amos die Fürbitte als kultischen Akt ausgeführt hat. Zur Zeit des Joel aber, so müssen wir annehmen, konnte man einer Katastrophe nur – wenn überhaupt – durch einen Kultakt der ganzen Gemeinde vorbeugend entgegentreten. Joel, dessen Kritik an den Zeitgenossen im Vergleich zu Amos milde ausfällt (Joel 1,5; 2,12), war der Überzeugung, daß die Gemeinde die gegenwärtige Bedrohung ihrer ökonomischen Existenz nur durch kul-

---

[467] J.W. Ahlström, 1971, 129, entscheidet sich für den Zeitraum von 515–500 v.Chr., aber es ist fraglich, ob wir so genau sein können.

[468] Weithin ist man sich einig darüber, daß Joel 3,1–4,21 zu dieser letzteren Schicht gehört; wahrscheinlich gilt das auch von Joel 1,15, 2,1b–2a.11b.

tische, im Tempel durchgeführte gottesdienstliche Handlungen, in denen der Prophet eine führende Rolle übernahm, von sich abwenden könne.

Wir haben im Verlauf unserer Untersuchung schon öfter Gelegenheit gehabt, das Fehlen brauchbaren historischen Quellenmaterials zu beklagen. Gründe dafür sind das palästinische Klima, die Überarbeitungen der Texte durch Endredaktoren, die Zufälligkeiten archäologischer Entdeckungen. Nur entfernt vorstellbar ist es für uns, wie anders das Bild jener Vergangenheit sein würde, hätten wir z.B. die Archive des Jerusalemer Tempels gefunden. Solange solche Direktinformation über den Zweiten Tempel nicht zur Verfügung steht, und auch andere zeitgenössische Quellen aus der vorherodianischen Periode fehlen, sind wir fast ausschließlich auf das chronistische Werk angewiesen (1 und 2 Chr mit Esr, Neh). Es stellt das Endstadium der Überarbeitung der Geschichte Israels aus der Sicht der Jerusalemer Kultgemeinschaft dar. Die Datierung dieses Werkes gehört zu den vielen offenen Fragen in der Wissenschaft von der Zweiten-Tempel-Periode, über die kein Konsens erreicht worden ist und voraussichtlich in absehbarer Zukunft nicht erreicht werden wird. Geht man von der Annahme aus, daß die Berichte von der Tätigkeit des Esra und Nehemia darin aufgenommen sind, dann kann das Werk in seiner Endgestalt wohl nicht vor den ersten Jahrzehnten des 4. Jahrhunderts v.Chr. erschienen sein, und es könnte auch aus späterer Zeit stammen.[469]

Der Autor benutzt die von P vielgebrauchte Technik der genealogischen Verkettung und führt damit die Geschichte der nachexilischen Kultgemeinde bis an die Anfänge der Menschheit zurück (1Chr 1–9), obwohl der tatsächliche Erzähleinsatz erst mit dem Tode Sauls und der Thronbesteigung Davids geschieht (1Chr 10). Für den Chronisten hat David und nicht Mose die kultischen Institutionen und die verschiedenen Klassen von Leviten eingerichtet, doch mußten diese Akte mehr als einmal in einer langen, von häufigen Abtrünnigkeiten gezeichneten Geschichte wiederholt werden (1Chr 23,2–32; 2Chr 29,25–30; 31,2; Esr 6,18). Der Autor hebt die Zünfte der Tempelmusiker stark hervor. Nach seiner Beschreibung üben sie ihre Funktionen mittels prophetischer Inspiration aus. Auch sie sind von David in seiner Eigenschaft als göttlich inspirierter Charismatiker eingesetzt worden (1Chr 25,1–8). Wahrscheinlich ist unter diesen Tempelsängern die Tradition von dem Propheten David entstanden, eine Überlieferung, die seit der römischen Zeit als gesichert galt (vgl. 1Chr 17,17; 29,10–19; 2Chr 8,14; Neh 12,24.36; an den letzten beiden Stellen wird David als „Gottesmann", 'iš ha'elohim beschrieben). Die „letzten Worte Davids" (2Sam 23,1–7) spiegeln diese Tradition; sie kamen erst spät zu der Erzählung hinzu. Sie sind als orakelhaft (ne'um dawid, V. 1) und Ergebnis göttlicher Inspiration (V. 2) klassifiziert. Die Psalmenrolle aus Qumran (11QPs[a]) schreibt David 4050 Hymnen zu, aus prophetischem Geist (nebu'ah) geschaffen.[470] Im frühen Christentum wurden die Davidpsalmen als Weissagungen auf Christus und die Kirche gelesen (Apg 1,16; 2,25–31.34).

---

[469] Diese Ansetzung stimmt mehr oder weniger mit der von H.G.M. Williamson, 1977, 83–86 und ders., 1982, 15–17, ermittelten überein, obwohl er Esra-Nehemia vom chronistischen Werk abtrennt. D.L. Petersen, 1977, 57–60, folgt F.M. Cross und D.N. Freedman, die den Kern des Werkes in das frühe 6. Jahrhundert datieren und mit späteren Erweiterungen rechnen. Sara Japhet, 1993, 23–28, tritt für die frühe hellenistische Zeit ein, gegen Ende des 4. Jahrhundert v.Chr.

[470] Vgl. J.A. Sanders, Discoveries in the Judaean Desert of Jordan IV, The Psalms Scroll of Qumran Cave 11 (11QPs[a]), Oxford 1965, 137–139.

Dem Chronisten galten also Komposition und Aufführung liturgischer Musik als eine Art von Prophetie. Im Vollzug des Gottesdienstes kamen für ihn prophetische und poetische Inspiration zusammen. Prophetie und Poesie sind in vielen antiken Kulturen miteinander verwoben. Die „prophetischen" levitischen Sänger können wir jedoch kaum in direkter Linie von den Tempelpropheten herleiten – auch wenn die Versuchung groß ist, derartige Funktionäre des Zweiten als unmittelbare Nachkommen der Kultpropheten im Ersten Tempel anzusehen. Die Bindeglieder sind zu schwach (Ein Indiz könnte aber die Ersetzung der Bezeichnung „Propheten" in 2Kön 23,2 durch „Leviten", d.h. „levitische Sänger", in 2Chr 34,30 sein). Einiges deutet darauf hin, daß diese Musiker oder Dichter (m^ešor^erim in 1Chr 15,16.27; 2Chr 5,12f; 35,15) während der Periode des Zweiten Tempels in immer höhere Ränge der Hierarchie aufstiegen. Zweifellos hat die Zurechnung prophetischer Gaben bei diesem Aufstieg eine legitimierende Rolle gespielt. Wo immer sie verwurzelt waren, die Tempelsänger haben sich auch die Orakelfunktionen der früheren Kultpropheten angeeignet; sie haben die Aufgabe nicht nur im Tempel, sondern auch auf dem Schlachtfeld ausgeführt (2Chr 20,13–23); man vergleiche die Rolle von Leviten in der Kriegsrolle von Qumran (1QM). Einer der levitischen Anführer namens Kenanja führt einen Titel, der zwar unverständlich ist, aber doch die musikalische und die orakulare Funktion anklingen läßt (1Chr 15,22.27).[471]

Dieses auf die liturgische Musik hin erweiterte Verständnis von Prophetie, welches Anerkennung und Lobpreis Gottes sowie den Dank an ihn einschließt,[472] blieb bis in die römische Zeit und darüber hinaus erhalten. Es ist nicht nur in der frühchristlichen Gemeinde und der Qumran-Gemeinschaft gut bezeugt, sondern Spuren davon können auch in der jüdischen Liturgie lange nach der Zerstörung des Tempels nachgewiesen werden.[473]

Ein anderer Aspekt der Neuinterpretation von Prophetie durch den Chronisten ist die überraschende Umwandlung vorexilischer Propheten in Geschichtsschreiber. Das geht aus Andeutungen hervor, nach denen Samuel, Natan, Jesaja und andere, manchmal sonst ganz unbekannte prophetische Figuren die Verfasser von bestimmten Berichten sein sollen (1Chr 7,41; 16,4; 23,5.30; 2Chr 5,13; 7,6; 8,14). Auch dieser Zug hielt sich bis in die römische Zeit durch. Er wurde von Josephus weidlich ausgenutzt,[474] und er kann zweifellos mit die Tatsache erklären, daß in der hebräischen Bibel die Geschichtsschreibung der Prophetie unter der Bezeichnung „vordere Propheten" einverleibt worden ist.

---

[471] S. Mowinckel, 1967, Bd.II, 56, versteht *sar hammassa'* als einen Titel mit der Bedeutung „Herr des Orakels". Die Bedeutung „Vorsänger" oder „Musikdirektor" scheint wahrscheinlicher zu sein, doch ist der Gebrauch des Begriffs *massa'* in diesem Zusammenhang höchst interessant.

[472] Vgl. 1Chr 7,41; 16,4; 23,5.30; 2Chr 5,13; 7,6; 8,14.

[473] Vgl. z.B. die Hodajoth von Qumran (1QH); Lk 1,67–69; 1Kor 14 und die Bemerkungen von W.H. Brownlee, The Meaning of the Qumran Scrolls for the Bible, New York 1964, 271–273, über die liturgische Prophetie in Qumran. M. Gertner, The Masorah and the Levites: An Essay in the History of a Concept, VT 10, 1960, 241–284, plädiert für eine Verbindung von Leviten des Zweiten Tempels und Massoreten.

[474] Vgl. meinen Aufsatz: Prophecy and Priesthood in Josephus, JJS 25, 1974, 239–262.

23. Die eschatologische Neuinterpretation von Prophetie

Bisher haben wir in diesem Kapitel mehrere Aspekte einer tiefen und weitreichenden Wandlung aufgezeigt, welcher die Prophetie nach dem Verlust der nationalen Unabhängigkeit und der königlichen Schirmherrschaft ausgesetzt war. Diese Wandlung betraf nicht nur die Institution an sich – am deutlichsten ablesbar an der chronistischen Geschichte –, sondern auch die Vorstellung, die man sich davon machte, wie Prophetie in der Gruppe zu funktionieren hatte. Wenn prophetisches Handeln in einer so grundlegend anderen sozialen und politischen Umwelt, wie sie sich nach der Katastrophe darstellte, weitergehen sollte, dann mußte es notwendig andere Gestalt annehmen. Die Überlebenden des Desasters würden Prophetie ebenso sicher ganz anders wahrnehmen als vorher. Symptomatisch für die neue Situation sind etwa die häufigeren Verweise auf frühere Propheten, gelegentliche Klagen über das Fehlen prophetischer Orientierung und, nicht zuletzt, die gut bezeugte Praxis, ältere Prophetensprüche für neue Situationen passend zu machen, z.B. in den Visionsberichten von Sach 1–8. Weil jetzt Prophetensprüche aus älterer Zeit schriftlich vorlagen, legte man weniger Wert auf die direkte, inspirierte Rede, dafür mehr auf die inspirierte Interpretation früherer Prophetie. Die Berührung mit Schreiber- und Geistestraditionen Mesopotamiens mag zu der Verlagerung der Schwerpunkte beigetragen haben. Haupttriebkräfte waren jedoch die gewaltig verstärkte Bedeutung des Gesetzes und die schon erwähnte deuteronomische Neudefinition der prophetischen Rolle. Dementsprechend läßt sich ein geschärftes Bewußtsein für die Tatsache feststellen, daß Gott sich normalerweise nicht direkt mit den Menschen in Verbindung setzt, sondern seinen Willen und Plan in früheren Selbstmitteilungen offenbart hat, deren Bedeutung für die jeweilige Gegenwart erst erhoben werden muß.

Diese außerordentlich wichtige Verschiebung des Interesses führte dazu, daß die Bibelauslegung bei Juden und Christen zum entscheidenden, das Selbstverständnis prägenden Faktor wurde. Beide Gemeinschaften bewahrten die heiligen Schriften und gaben sie weiter, so wie sie sie verstanden. Und weil jeder beliebige Text in mehr als einer Weise interpretiert werden kann, wurde die Kontrolle der Schriftauslegung auch zu einem mächtigen politischen Faktor, wenn es z.B. um die Bestimmung der „Gnadenmittel" für die Gemeinde und ihre Verwaltung ging. So können wir im Laufe der Zweiten-Tempel-Periode auf der einen Seite eine Tendenz zur Institutionalisierung der Exegese feststellen, die in dem uns hier interessierenden Fall ihren klassischen Ausdruck in der Vorstellung fand, die Propheten seien Tradenten des Gesetzes gewesen. Auf der anderen Seite schrieb man jedoch den Propheten – ohne ihnen die Sorge ums Gesetz grundsätzlich abzusprechen – in der Hauptsache die Funktion zu, eine zukünftige Realität zu entwerfen, die sich von der gegenwärtigen fundamental unterscheide.

Wichtig ist immer noch der Zusatz, daß diese Wandlung nicht – wie in der christlichen Theologie lange üblich – als ein Symptom religiösen Niedergangs, das „Austrocknen der Geistbegabung" (was immer das bedeuten soll) oder der Sieg des Buchstabens über den Geist betrachtet werden darf. Wir könnten diese abwertende Meinung aus vielen Kommentaren von J. Wellhausen bis zur Gegenwart belegen. Alfred Lods z.B. hat in einem Werk, das den bezeichnenden Titel „Die Propheten und die Entstehung des Judentums" trägt, erklärt, „das Schicksal der Prophetie war besiegelt, als neben dem lebendigen Wort des Boten Jahwes eine neue Autorität auftauchte: die des geschriebenen Wortes." Er sagt das in bezug auf Entwicklungen des späten 7. Jahrhunderts v.Chr. im Lande Juda. Auf dem Wege in die Epoche des Zweiten Tempels lädt er uns zu der Feststellung ein, „daß das innere Feuer, welches die Bewegung bis hierhin erleuchtet hatte, nun seine Kraft verliert und bald verlöschen wird."[475] Eine sorgfältigere Analyse der sehr stark veränderten soziopolitischen Situation jener Zeit wäre allerdings hilfreicher; sie würde zeigen, daß die Prophetie unmöglich im alten Stil weiterfunktionieren konnte. Die Spannung zwischen dem „geschriebenen Wort" und mündlicher Kommunikation, die an Propheten ergeht, ist gewiß ein Merkmal des religiösen Lebens seit den letzten Jahrzehnten des Königreiches Juda. Aber es nützt nichts, die prophetische Inspiration in jener Zeit als aussterbend zu deklarieren, ohne zu erklären, warum es gerade damals und nicht in einer anderen Zeit passierte. Wir können auch nicht einfach von der Annahme ausgehen, die vorexilischen kanonischen Propheten stellten den wahren Gipfel der religiösen Entwicklung dar, so daß alles Folgende automatisch als Minderung eines reinen Ideals bewertet werden müsse. Der Wechsel prophetischer Formen und die andere Einschätzung von Prophetie in der Zeit des Zweiten Tempels sind nämlich unter anderem auch dadurch begründet, daß man sich des teilweisen Scheiterns der früheren prophetischen Verkündigung bewußt wurde. Gewisse Kernfragen (besonders die Definition von Unterscheidungskriterien von wahrer und falscher Prophetie) und die Gestellung einer festen Grundlage für das weitergehende Gemeindeleben waren unerledigt geblieben. Schließlich ist es auch gar nicht ausgemacht, daß die Festigung des Schriftgelehrtentums in der Periode des Zweiten Tempels – damit entstand eine intellektuelle und theologische Tradition, welche zwangsläufig das Prophetische in sich aufnahm – unbedingt als ein Symptom des Niedergangs angesehen werden muß.

Um es einfach auszudrücken: Diejenigen, welche die prophetischen Texte aufbewahrten und ernst nahmen, standen vor der Frage: Wie kann das an unsere Vorfahren ergangene Wort Gottes für uns heute lebendiges Gotteswort werden? Die Ahnen lebten doch in einem anderen Zeitalter und hatten mit anderen Problemen zu kämpfen! So weit wir erkennen können, regten die Prophetenbücher vor der römischen Zeit keine Kommentarliteratur an. (Die ältesten erhaltenen Beispiele stammen aus Qumran.) Darum müssen wir die Antwort auf diese Frage aus der Redaktionsgeschichte der Texte selbst gewinnen. Mehr als einmal haben wir schon auf die Schwierigkeiten hingewiesen, die ein solches Unterfangen begleiten. Der Überlieferungsprozeß hat nun einmal lange vor der Zeit begonnen, von der wir hier reden. Doktrinäre Theorien (z.B. eine streng durchgeführte metrische Typologie) und allgemein themenorientierte Untersuchungen (z.B. des Verhältnisses von mythologischen zu historischen Bezugnahmen) haben wahrscheinlich die geringste Erfolgsaussicht. Ganz sichere Ergebnisse sind kaum zu erwarten. Die beste Verfahrensweise wird die sein: Man geht von den am deutlichsten, konkretesten und speziellsten Anzeichen aus. Damit sind vor allem erkennbare Glossierungen und größeren als solche bereits allgemein anerkannte Textzusätze gemeint. Es gibt z.B. Stellen, wo die Absicht, einen älteren Abschnitt zu kommentieren, ziemlich deutlich hervortritt (z.B. Jes 16,13–14a: hier wird ein unmittelbar voraufgehendes Orakel über Moab aktualisiert) oder wo regelmäßig wiederkehrende formale und literarische Züge uns eine solche Zielsetzung aufdrängen. Wenden wir diese Methode klug an, dann können wir mög-

---

[475] A. Lods, 1937, 153 und 205.

licherweise einige unserer vielen Wissenslücken hinsichtlich der Entstehung der Prophetenbücher schließen und so Bruchstücke der Religionsgeschichte der jüdischen Gemeinschaft in der persischen und frühen hellenistischen Periode zusammentragen.

Rücksicht auf den zur Verfügung stehenden Raum zwingt uns dazu, unsere Aufgabe sehr auswahlsweise vorzunehmen. Wir werden uns also auf Joel 3–4; Sach 9–14 und bestimmte Teile der Jesajarolle, besonders Jes 24–27, die sogenannte „Jesaja-Apokalypse", beschränken müssen.

Als wir über Joel 3f, die Rede Joels ben Pethuel an die Gemeinde, sprachen, haben wir schon angemerkt, daß eine spätere Hand die vom Propheten beklagte Plage in ein proleptisches Symbol des jüngsten Gerichts umgemünzt hat, das sich am Tag Jahwes ereignen werde. Viele Kommentatoren nehmen darum an, daß alle Hinweise auf diesen Tag, selbst im ersten Teil des Büchleins (Joel 1,15; 2,1b–2a.11b), redaktionell sind. Das ist sicherlich möglich, aber bei weitem nicht zwingend, denn die Erwartung des Tages Jahwes – ganz gleich woher sie stammt – war den vorexilischen Propheten geläufig (z.B. Am 5,18–20;8,9–14; Zeph 1,14–18). Der zweite Teil des Buches Joel beginnt mit einer Weissagung: Der Geist soll in den Endtagen auf die ganze Gemeinde (das ist der Sinn des Ausdrucks „alles Fleisch") ausgegossen werden. Daraufhin werden überall prophetische Aktivitäten ausbrechen (Joel 3,1f). Die nächsten Parallelen zum Thema der erneuernden Macht des göttlichen Geistes sind in den Reden Ezechiels oder eines seiner Schüler an das geschlagene und deprimierte Volk im Exil zu finden (Ez 39,29; 36,26; 37,1–14). Aber nur hier bei Joel ist der Geist der Urheber des prophetischen Gebahrens. Freilich mag die Perikope mehr als bloß ein Echo jener Moseworte an Josua enthalten, die wir schon besprochen haben: Anläßlich der Ordination von Ältesten am Wüstenheiligtum sagt er: „Wollte Gott, daß alle im Volk Jahwes Propheten wären und Jahwe seinen Geist über sie kommen ließe!" (Num 11,29). Im Unterschied dazu wird bei Joel ein Zeitalter angesprochen, in dem der Geist nicht nur ausgesuchten Individuen zukommt, sondern der ganzen Gemeinde. Zumindest werden alle die begabt, deren Glaubensbekenntnis sich mit dem des anonymen Sehers deckt. Im Laufe der Zeit haben sowohl das rabbinische Judentum (wo Heiliger Geist synonym mit „Geist der Prophetie" gebraucht wird) als auch das frühe Christentum (Apg 2,16–21) in diesem Abschnitt wesentliche Aspekte des eschatologischen und messianischen Glaubens entdeckt.

Die folgende Passage (Joel 3,3–5) redet dann von einem kosmischen Umsturz; sie scheint mit einem früheren Spruch (Joel 2,10) über die Wirkung des göttlichen Gerichts auf Erde und Himmelskörper in Verbindung zu stehen. Jetzt aber werden die kosmischen Ereignisse lediglich als Zeichen des jüngsten Gerichts gedeutet, das entspricht der bekannten Darstellung in der jüdischen und frühchristlichen Apokalyptik. Das Ergebnis des Endgerichts wird die Offenbarung des wahren Israel sein. Das sind alle diejenigen, welche den Namen Jahwes anrufen, oder – in anderen Worten –, welche den eschatologischen Glauben des Verfassers teilen. Bemerkenswert ist, daß der Seher sich zur Begründung seiner Meinung auf die Autorität eines in der Vergangenheit ergangenen Prophetenwortes beruft:

> Auf dem Berge Zion und zu Jerusalem wird ein entronnener Rest sein, *wie Jahwe verheißen hat* … (Joel 3,5; eigene Übersetzung)

Die Stelle kann sich auf Ob 17 beziehen, wo dieselbe Zusage fast im gleichen Wort-

laut geschieht. Ein ganz ähnlicher Gedanke kommt außerdem in Jes 4,2–6 zum
Ausdruck, wo auch der Terminus „entronnener Rest" (p^eletah) gebraucht wird, wie
an anderen Stellen der Jesajarolle (Jes 10,20; 37,31f). Es folgt dann eine ausführli-
chere Beschreibung des Gerichts über die Völker im Tal Josaphat (Joel 4,1–3). Ihm
geht zeitlich eine Entscheidungsschlacht in Jerusalem voraus (Joel 4,9–21). Beide
Aussagen werden ebenfalls aus prophetischen Quellen gespeist, besonders aus der
Prophetie des Obadja und der apokalyptischen Schlacht gegen den legendären Gog in
Ez 38f. Das Orakel gegen phönizische und philistäische Städte denunziert den Sklavenhandel mit jüdischen Kriegsgefangenen, die an die Griechen verkauft werden
(Joel 4,4–8). Es wird oft als eine noch spätere Einfügung aus der Zeit der Diadochen
(den Nachfolgern Alexanders des Großen) deklariert. Angestoßen soll es sein durch
den allgemeinen Hinweis auf Versklavung in Joel 4,3. Das ist wahrscheinlich richtig,
denn nur an dieser Stelle des Buches haben wir überhaupt eine wie auch immer ge-
artete, spezifisch politische Aussage vor uns.[476]

Das eben kurz vorgeführte Material läßt sehr gut die Schwierigkeiten erkennen, die
einer Datierung redaktioneller Erweiterungen in Prophetenbüchern im Wege stehen.
Abgesehen von der Anspielung auf die Griechen – sie bietet jedoch auch keine entscheidende Hilfe und kann sich in jedem Fall nur auf den betreffenden Abschnitt
beziehen (Joel 4,4–8) –, gibt es keinerlei datierbare geschichtliche Verweise. Dabei
haben doch derartige Schriften einen ausgesprochen politischen Charakter, und sie
sind doch höchstwahrscheinlich durch reale geschichtliche Krisen veranlaßt worden!
Alles, was wir sagen können, ist dies: Das Kernstück des Buches ist durch einen
Kommentator erweitert worden, der eng mit dem prophetischen Erbe vertraut war. Er
wollte dessen eschatologische Bedeutung klarer herausstellen. Wir können wohl
nicht weit fehlgehen, wenn wir dieses Material mehrheitlich in das letzte Jahrhundert
der Perserherrschaft datieren. Der Spruch gegen die philistäischen und phönizischen
Städte gehört dann in das folgende Jahrhundert.[477]

Das gleiche Problem begegnet dem Leser und der Leserin in Sach 9–14. Hier ist es
noch frustrierender, denn viele von den hier vereinigten Sprüchen enthalten Hinweise
auf ganz spezifische Geschichtsereignisse – nur können wir sie meistens nicht ent-
schlüsseln. Wir haben schon gesagt, daß Sach 9–11; 12–14 und das Buch Maleachi
drei anonyme Anhängsel an das eigentliche Prophetenkorpus darstellen. Sie werden
nach demselben Muster eingeführt und haben ungefähr den gleichen Umfang. Daß
man es opportun fand, die ersten beiden an das Buch Sacharja anzuschließen und
dem letzten eine fiktive Überschrift zu geben, hatte den Zweck, die Sammlung von
Prophetenschriften mit der Zahl zwölf abzuschließen. Diese Tatsache signalisiert an
sich schon eine wichtige Etappe in der Ausbildung des Prophetenkorpus, die nicht
vor der Regierungszeit des Darius erreicht sein konnte.

Der erste dieser drei Anhänge beginnt mit einem Orakel eines jüdischen Sehers gegen Städte in Phönizien und im Philisterland (Sach 9,1–8). Sach 9,1 fängt an mit:
„Die Last Jahwes kommt über das Land Hadrach, und auf Damaskus läßt sie sich

---

[476]   J.A. Bewer, Obadiah and Joel, in: J.M.P. Smith u.a., CECAT Bd. 23, Edinburgh 1912, 61
        (Ansetzung zwischen 352 und 348 v.Chr.); H.W. Wolff, 1975, 89f.

[477]   Das Problem stellt sich anders für diejenigen, welche das Buch Joel als Einheit nehmen, z.B. J.A.
        Thompson, IntB VI, 732–734; A.S. Kapelrud, 1948, 193–195. Der letztere zitiert ohne Einwände
        Engnells Ansicht, nach der das Buch eine liturgische, vorexilische Einheit darstellt. Zum Datie-
        rungsproblem allgemein vgl. H.W. Wolff, 1975, 2–4; 71f.

nieder": Der Rest ist unverständlich. Nimmt man den Vers als Überschrift, legt sich eine Ansetzung in Syrien nahe. Die Sprache ist nicht so konkret, daß wir ihre historischen Andeutungen mit Sicherheit verifizieren könnten. Die phönizischen und philistäischen Städte sind ja auch anderswo in prophetischen Texten miteinander verkoppelt (Am 1,3–10; Joel 4,4). Doch wäre wohl die passendste Ansetzung in der Zeit der Alexanderzüge zwischen der Schlacht von Issus (333 v.Chr.) und der Eroberung Ägyptens, deren Höhepunkte die nach langer Belagerung geglückte Unterwerfung von Tyrus und Gaza waren. Wenn das stimmt, dann hätten wir eine erste Reaktion der jüdischen Gemeinden auf den makedonischen Eroberer vor uns: Befriedigung über die Demütigung traditioneller Feinde, gemischt mit Sorge um das Schicksal Jerusalems. Alexander ist bei jener Gelegenheit weiter durch die Küstenebene nach Süden gezogen; er wurde nur durch die fünfmonatige Belagerung Gazas aufgehalten, dessen König wirklich zugrunde ging (Sach 9,5). Die Geschichten über Alexanders Abstecher nach Jerusalem und sein Treffen mit Jaddua, dem Hohenpriester, die von Josephus aufgeschnappt oder erfunden wurden und auch im Talmud erscheinen, sind offensichtlich Legenden.[478]

Die Anrede Zions schließt ganz natürlich an (Sach 9,9f); sie erfolgt in einer der prophetischen Tradition vertrauten Weise (vgl. z.B. Zeph 3,14–20). Verkündet wird die Ankunft des davidischen Messias, der den Kriegen ein Ende setzt. Der Spruch ruft das uralte Juda-Orakel in Erinnerung (Gen 49,8–12). Er wird oft als späterer Einschub angesehen. Doch fügt er sich recht gut in den Zusammenhang, denn er betont den Kontrast zum makedonischen Welteroberer. Man kann ihn sogar als Vorläufer jener Daniel-Vision werten, die den noch stärkeren Gegensatz zwischen den Bestien und jenem Einen in menschlicher Gestalt hervorhebt. Der Hinweis auf die Freilassung jüdischer Kriegsgefangener und den doppelten Schadensausgleich – sprachlich dem Zweiten Jesaja nachgebildet (Jes 40,1f) – leitet zur Weissagung eines Sieges gegen die Griechen über (Sach 9,13). Das ist wahrscheinlich eine Glosse, vielleicht erst aus dem Kampf gegen die seleukidischen Herrscher. Das folgende Gedicht trägt eine wildentschlossene Art zur Schau (Sach 10,3–12). Es weissagt den Untergang der Fremdherrscher, den militärischen Sieg des wiedervereinigten jüdischen Volkes und die Heimkehr der zerstreuten Volksgenossen. Doch gibt es uns keinen sicheren Hinweis, wo und wann es entstanden sein mag, es sei denn, man versteht „Ägypten" und „Assyrien" als Codes für das ptolemäische bzw. seleukidische Reich. Das anschließende kurze Gedicht (Sach 11,1–3) ist ein spöttisches Leichenlied anläßlich der Niederlage oder des Todes fremder Herrscher; auch dieser Text widersetzt sich allen Versuchen, ihn historisch einzuordnen.

Das uns beschäftigende Problem tritt nirgends deutlicher in Erscheinung als in der ausschweifenden und detaillierten Erzählung vom guten, aber erfolglosen Hirten, eine Geschichte, die wie die Allegorisierung einer prophetischen Zeichenhandlung aussieht (Sach 11,4–16).[479] Literarisches Vorbild ist eindeutig Ez 37,15–28, der Bericht von einer Zeichenhandlung, in der mit den Namen Ephraim und Juda beschriftete

---

478 Josephus, Ant XI, 317–347; MegTaan 339f; bYom 69a.
479 R.C. Dentan, IntB VI, 1102–1105; M. Delcor, Deux passages difficiles: Zacharie 12,11 et 11,13, VT 3, 1953, 67–77; D.R. Jones, A Fresh Interpretation of Zechariah IX–XI, VT 12, 1962, 241–259; M. Treves, Conjectures Concerning the Date and Authorship of Zech. IX–XIV, VT 13, 1963, 196–207; R. Mason, 1977, 103–110, R.L. Smith, 1984, 267–272; R. Albertz, 1992, 640–642.

Stöcke zusammengefügt werden und der Prophet den Part des davidischen Königs übernimmt, welcher die Vereinigung vollziehen soll. Bei Sacharja wird der Seher aufgefordert, die Verantwortung für eine für die Schlachtung bestimmte Herde zu übernehmen. Das bedeutet vermutlich, er solle die Führung des Volkes antreten, und zwar anstelle der eigenen korrupten Regierung. Diese „nichtsnutzigen" Hirten kaufen und verkaufen das Volk – ob nur metaphorisch oder tatsächlich, im Blick auf den Sklavenhandel, bleibt undeutlich. Der Seher nimmt den Auftrag an und führt ihn mit Hilfe zweier Stäbe, „Noam" (Gunst) und „Hoblim" (Vereinigung) genannt, aus. Im Zuge dieser Ausführung setzt er drei der Eigenherrscher ab, vermutlich jene, die das Volk unterdrückt hatten. Dann aber verschlechtert sich aus ungenannten Gründen sein Verhältnis zu den Leuten. Die Folge ist, daß er den Vertrag kündigt, den er mit den Fremdherrschern abgeschlossen hat. Diese hatten ihm die Macht anvertraut, ihn jedoch auch den Samaritanern gleichgestellt. Die lächerliche Summe, die er als Lohn für seine Mühen bekommt (sie entspricht dem Preis für einen Sklaven, Ex 21,32), landet im Tempelschatz. Im letzten Akt des mimetischen Dramas wird ein Nachfolger vorhergesagt, der das alte Modell einer unterdrückerischen und ausbeuterischen Herrschaft wieder einführt.

Dieser äußerst seltsame und dunkle prophetische Text widersteht bis heute allen Versuchen, seinen Erzählcode zu knacken. Die wahrscheinlichste Hypothese ist, daß er eine Episode aus der Geschichte des Judentum in der Zeit des Zweiten Tempels spiegelt. Wiederum entgehen uns die historischen Einzelheiten, obwohl sie so scharf ausgezogen sind. Die Bezugnahme auf Verbindungen zwischen Juda und Israel (Sach 11,14) bringen die stark belasteten jüdisch-samaritanischen Beziehungen in der persischen und frühhellenistischen Periode in Erinnerung.[480] Die lange Geschichte der Entfremdung zwischen den Juden in der Provinz Juda und jenen in der Region Samaria geht auf die ersten Jahre nach der Rückkehr aus dem Exil oder noch weiter auf die Ansiedlung von Ausländern in den Stammesgebieten der Zentral- und Nordstämme durch die Assyrer zurück. Sie trat indessen in ein neues Stadium, als nach dem erfolglosen Aufstand von 332 v.Chr. in Samaria eine makedonische Kolonie entstand.[481] Die politischen und religiösen Spannungen zwischen Jerusalem und jenen „anderen", die sich dem Heiligtum auf dem Garizim verschrieben hatten, blieben ein wichtiger Wirkfaktor der Landesgeschichte bis in die Zeit der Hasmonäer. Die vorliegende Erzählung reflektiert zweifellos eine Episode dieser Geschichte, von der wir allerdings überhaupt nichts wissen.[482]

Der zweite Teil (Sach 12–14) unterscheidet sich in mancher Hinsicht erheblich vom

---

[480] Sie sind in Sach 11,14 ausdrücklich genannt und implizit dadurch angedeutet, daß Ez 37,15–28 als Modell übernommen wird. Der Ausdruck *haššom^{e}rim 'oti* (Sach 11,11, „die auf mich achteten") kann auch einen Hinweis beinhalten, denn er hat Klangähnlichkeit mit *šom^{e}ron*, Samaria. Die Samaritaner späterer Tage nannten sich selbst auch die *šom^{e}rim*, die „Achthaber".

[481] Die Bedeutung dieses Ereignisses für die späteren Entwicklungen wird von E. Bickermann, 1971, 88–93, betont.

[482] Einige Aspekte dieser schwierigen Erzählung passen erstaunlich gut mit dem zusammen, was wir über Nehemia wissen. Er wird in eine judäische Führungsposition berufen, als diese Provinz sich in einem fürchterlichen Zustand befand (Neh 1,3 usw.). Die herrschende Elite bereicherte sich auf Kosten der Armen, von denen manche in die Schuldknechtschaft verkauft wurden (Neh 5,1–5). Nehemia ergriff gegen einige der Herrschenden, Priester wie auch Laien, harte Maßnahmen (Neh 6,16–19; 13,4–9.28f) und brach endgültig mit „Israel", d.h. der in Samaria unter Sanballat konzentrierten Opposition.

ersten. Auf der einen Seite besteht er, mit Ausnahme von Sach 13,7–9, ganz aus
Prosa, wohingegen der vorige Teil überwiegend poetisch formuliert ist. Er handelt
auch nicht mehr von den jüdisch-samaritanischen Beziehungen, sondern nur von Angelegenheiten, welche die Jerusalemer Gemeinde betreffen. Der Brunnen seiner Inspiration ist Ezechiel (vgl. z.B. die Vorstellung von Quelle und Fluß in Jerusalem,
Sach 13,1; 14,8; Ez 47,1–12). Formal gesehen, ist der Abschnitt hauptsächlich aus
etwa 16 kurzen, eschatologischen Aussprüchen zusammenkomponiert, die jeweils
mit der Formel „An jenem Tage" (*bajjom hahu'*) beginnen. Diese Formel erscheint im
ersten Teil nur einmal (Sach 9,16). Damit gewinnen wir eine präzisere Handhabe dafür, eine Entwicklungslinie in der Überlieferungsgeschichte der Prophetenbücher abzustecken. Natürlich wird die Formel in allen möglichen Zusammenhängen verwendet, manchmal auch im Blick auf ein vergangenes Geschehnis (z.B. Jer 39,16; Ez 20,6).
Aber sie erscheint doch durch alle Prophetenschriften hindurch mit Blick auf besonderes und zukünftiges Gerichts- oder Heilshandeln. Unter diesen Stellen, die noch
verschiedenartig sind, ragt ein Typus hervor, bei dem ein kurzer Prosaabschnitt durch
eben unsere Formel eröffnet wird (in anderen Typen kann sie in der Mitte oder am
Ende stehen). Solche Textpassagen dienen als Kommentar oder *pešär* zu einem früheren, in der Regel unmittelbar vorhergehenden Text, dessen Horizont durch den Kom-
mentar auf die Zukunft hin ausgeweitet wird. Diese Fortschreibung scheint bei den
Bearbeitern der Jesajarolle besonders beliebt gewesen zu sein. Dabei kann sich der
Blick einfach futurisch öffnen (vgl. z.B. die an ein Orakel gegen Tyrus angehängte
Reihe von Sprüchen, Jes 23,1–12, und die an eine Ägyptenweissagung angefügte, Jes
19,1–15). Er kann aber auch eschatologisch, in dem allgemein gängigen Sinn dieses
Wortes, akzentuiert sein (vgl. z.B. Jes 10,20–23; 11,10f; 27,12f). In einigen, wenigen
Fällen (Jes 4,2–6; 17,7–9; 27,1) besteht kein sichtbarer Zusammenhang mit dem un-
mittelbaren Kontext, zumindest nicht in der Zusammensetzung von Texten plus fol-
gendem Kommentar. Bei diesem Typ sind wir ganz dicht an der Spruchreihe, die wir
in Sach 12–14 identifiziert haben. Als etwa zu Beginn des 2. Jahrhunderts v.Chr. die
Endredaktion des Prophetenkorpus abgeschlossen war, konnten die Kommentierungen nicht mehr in den Text eingefügt werden, sie mußte ihm folgen. Die frühesten
uns bekannten Beispiele dieser Art sind die prophetischen *pešarim* aus Qumran.
Aus den *bajjom hahu'* („An jenem Tage") -Stellen könnte man leicht ein wahres
Kompendium von eschatologischen Lehren zusammenstellen, die Weise und Seher
der Zweite-Tempel-Periode von sich gegeben haben. Ihre Unterweisung basiert auf
der Autorität des in der Vergangenheit ergangenen Prophetenwortes. Die Sammlung
Sach 12–14 sagt die Vernichtung der Fremdmächte, die Israel feindlich gegenüber-
stehen, voraus: Nur ein Rest, der sich dem Jahwe-Kult anschließt und an der großen
Pilgerfahrt zum Laubhüttenfest teilnimmt, wird verschont. Sie weissagt u.a. die über-
ragende Bedeutung Jerusalems, wo die Heiligkeit sich bis auf die Glöckchen am Pfer-
degeschirr erstrecken wird; die Reinigung von allen Sünden und das Ende des Götzendienstes; die Wiederherstellung der Daviddynastie; eine Gotteserscheinung auf
dem Ölberg, welche ein Zeitalter des Wohlstandes und der Fruchtbarkeit heraufführen wird usw. Nur wenige negative Elemente stören diese eschatologischen Phantasien. Erstens ist da die Aussicht auf eine furchtbare Entscheidungsschlacht, aus der
nur ein Rest, einmal auf ein Drittel (Sach 13,7–9), ein andermal auf die Hälfte der
Beteiligten (Sach 14,2) geschätzt, entkommen wird. Zweitens klingt eine verdrängte
Spannung zwischen der Stadt selbst und dem Volk von Juda an (Sach 12,7; 14,14).

Der längere Abschnitt, welcher die Trauerriten für eine Gestalt des öffentlichen Lebens schildert, an dessen Tod das Volk irgendwie mitschuldig geworden ist (Sach 12,10–14), hat zu allerlei Spekulationen Anlaß gegeben. Sie reichen von König Josia (gestorben 609 v.Chr.) bis zu Simon Makkabäus (gestorben 134 v.Chr.).[483] Man ist zunächst versucht, für den ersteren zu optieren, denn der Text erwähnt die Ebene von Megiddo, wo Josia zu Tode kam (2Kön 23,29f). Auch wissen wir aus 2Chr 35,25, daß er mindestens noch bis ins 4. Jahrhundert betrauert wurde. Da wir aber keinerlei Anzeichen dafür haben, daß sein eigenes Volk mit für sein Sterben verantwortlich war, sollte man besser dieser verführerischen Interpretation widerstehen. Das mit Simon verbundene Datum ist sicherlich zu spät; so muß man auch im Fall des noch populäreren Kandidaten, des 170 v.Chr. erschlagenen Hohenpriesters Onias, entscheiden. Wir sollten uns darüber im klaren sein, daß Namen aus dem 2. Jahrhundert nur deshalb vorgeschlagen worden sind, weil wir diese Zeit recht gut kennen, während wir aus dem 3. und 4. Jahrhundert v.Chr. praktisch nichts über die innere Gemeindegeschichte wissen. Also bezieht sich die Sacharjastelle höchstwahrscheinlich auf eine unbekannte Gestalt aus jener unbekannten Epoche. Es handelt sich entweder um einen Propheten, der den Märtyrertod erlitt, oder – in Anbetracht der Hinweise auf das „Haus Davids" noch wahrscheinlicher – um ein Opfer aus dem judäisch-messianischen Umfeld. Wir haben nämlich keinen Grund zu der Annahme, diese Bewegung sei nach der Zeit des Nehemia ausgestorben. So ist es kein Wunder, daß die frühchristliche Predigt, besonders wenn sie den Tod Jesu berührt, immer wieder auf die entsprechenden Sacharjakapitel zurückgreift.

Wenn wir das Kommentarwerk in den Ergänzungen zu Joel und Sacharja noch einmal überblicken, dann kommen wir nicht umhin zu fragen, wer es wohl geschaffen haben mag. Die Verfasser bezogen nach meiner Ansicht ihre Motivation aus der schriftlich vorliegenden Prophetie, und sie beanspruchten für sich selbst eine Geistbegabung, die der prophetischen gleichkam. Das heißt: Sie glaubten, daß Gott weiter durch sie redete, und zwar nicht so sehr durch direkte Offenbarungen, sondern vermittelt durch ihr richtiges Verständnis vorliegender prophetischer Texte. Gleichzeitig grenzten sie sich von den zeitgenössischen prophetischen Praktikern ab. Sie lehnten diese zusammen mit anderen verdächtigen Mittlermethoden wie Teraphim-Handhabung, Wahrsagerei und Traumdeutung (Sach 10,2) ab. In einem außergewöhnlichen Abschnitt (Sach 13,2–6) ist der zeitgenössische Beruf des *nabi'* nach Meinung des Schreibers so tief gesunken, daß ein Prophet mit allen Mitteln versuchen wird, seine Berufung zu verbergen. Er wird seinen Beruf nicht mehr öffentlich zur Schau stellen, dadurch, daß er den charakteristischen Umhang trägt oder seine selbst-zugefügten Wunden zeigt (vgl. 1Kön 18,28; 20,35–43). Er wird vielleicht gar in Kauf nehmen, für einen männlichen Prostitutierten gehalten zu werden. Nach dieser Sicht der Dinge bedeutet Prophetismus fast schon per definitionem Falschheit. Prophet sein ist mithin ein todeswürdiges Vergehen (Dtn 13,1–5; 18,20).

Darum werden die Nachfolger der alten Protestprophetie von sich kaum als *n^e^bi'im* gedacht oder gesprochen haben. Vermutlich haben sie die echte Prophetie als ein Phänomen der Vergangenheit oder des Neuen Zeitalters angesehen, das Gott gerade im Begriff war heraufzuführen. Möglich, aber nicht mehr als das, ist es, daß sie in irgendeiner Weise mit dem Tempel und seinem Personal verbunden waren. Zumin-

---

[483] Vgl. R. Mason, 1977, 117–120.

dest gibt es keine Anzeichen einer Entfremdung von der Tempelinstitution. Es ist auch möglich, sogar wahrscheinlich, daß prophetische Überlieferung in Gruppen und Konventikeln im Stil der Schüler des jesajanischen Gottesknechts geschah, wie oben besprochen. Etwas später, in der griechisch-römischen Zeit, wird diese Form der Traditionsbildung in nachweisbaren Gruppen und Sekten ausdrücklich bestätigt. Da wir aber keine diesbezüglichen Informationen haben, können wir nur Vermutungen äußern.

Die Jesajarolle weist selbst darauf hin, daß sie für spätere Generationen niedergeschrieben worden ist:

> So geh nun hin und schreibe es auf eine Tafel,
> zeichne es auf in ein Buch,
> daß es bleibe für immer und ewig. (Jes 30,8)

Diese Zielsetzung erklärt ohne Zweifel, warum der ursprüngliche Kern jesajanischer Sprüche so ungeheuer ausgeweitet wurde. Man war sich immer dessen bewußt, daß die Schrift nicht nur für Zeitgenossen des Propheten verfaßt war:

> An jenem Tag werden die Tauben hören
> die Worte eines Buches,
> und die Augen der Blinden
> werden aus ihrer Trübe und Finsternis sehen. (Jes 29,18; eigene Übersetzung)

Ebenso klar war, daß das Buch einer Auslegung bedurfte. Und um es auslegen zu können, brauchte man einen Schlüssel:

> Darum sind euch alle Offenbarungen wie die Worte eines versiegelten Buches, das man einem gibt, der lesen kann, und spricht: Lies doch das! und er sagt: „Ich kann nicht, denn es ist versiegelt"; oder das man einem gibt, der nicht lesen kann, und spricht: Lies doch das! und er sagt: „Ich kann nicht lesen." (Jes 29,11f, Lutherübers. 1964)

Man kann vermuten, daß diese geheimnisvolle Anweisung davon handelt, welche Erkenntnisse notwendig sind, die aufgeschriebenen Prophezeiungen zu verstehen. Sie will die eschatologische Hermeneutik vermitteln, die nach der Meinung der Schulen, welche die Rolle in der späteren Phase des Zweiten Tempels herausgaben, den Schlüssel für das Verständnis bereitstellt. Es ist mindestens beachtenswert, daß die Anweisung einem poetischen Stück folgt, in dem die Propheten als Blinde, Trunkenbolde und Schläfer, mit anderen Worten: als Unverständige, angeprangert werden. Wir begegnen also erneut den Kontrastgruppen: Die einen nennen sich Propheten, die anderen meinen, sie seien dazu bestimmt, das Wort Gottes durch die Auslegung von vorzeiten Gesprochenem zu vermitteln.
An einigen Stellen der Rolle kommt die Absicht, einen älteren Spruch auszuweiten oder ihm ein neues Wort, das den veränderten Gegenwartsumständen Rechnung trägt, hinzuzusetzen, ausdrücklich zu Worte. So bei der langen Rede gegen Moab (Jes 15,1–16,12), die eine spätere Hand hinzugefügt hat:

> Das ist das Wort, was Jahwe damals gegen Moab geredet hat. Nun aber redet Jahwe. (Jes 16,13–14a; eigene Übersetzung)

Und es folgt eine weiterer Spruch über Moab. Ich bin mir fast sicher, daß derselbe

Redaktor das Orakel, welches arabische Stämme anspricht (Jes 21,13–15), durch eine kurze, mit „So hat Jahwe zu mir gesprochen" eingeleitete Weissagung (V. 16f) auf den neuesten Stand gebracht hat. An anderen Stellen ist es einigermaßen klar, auch wenn nicht eigens angekündigt, daß ein älterer Spruch neu interpretiert wird. Das Gedicht über den lieblichen Weinberg in der „Jesajaapokalypse" (Jes 27,2–5) zum Beispiel hat einen deutlichen Bezug zu dem Weinberglied im ersten Teil des Buches (Jes 5,1–7), und zwar ist es ein Kommentar zu diesem.

Die schon erwähnte, regelmäßig vorkommende Figur eines mit formelhaftem „An jenem Tage" beginnenden Prosakommentars weist in dieselbe Richtung. Ein vortreffliches Beispiel für Aufnahme, Wiederverwertung und Aktualisierung eines Orakels durch angehängte Kommentierung ist außerdem der Spruch gegen Schebna, einen hohen Beamten unter Hiskia (Jes 22,15–19). Eine erste Ergänzung (V. 20–24) spiegelt seine Ablösung durch einen gewissen Eljakim. Als auch dieser nicht den Erwartungen entsprach, war eine weitere Umbesetzung fällig (V. 25). Weitere Beispiele von angefügten Kommentierungen könnten sein: Jesajas Weissagung an König Ahas, eine junge Frau werde einen Sohn austragen, der Immanuel genannt werden solle (Jes 7,10–17 plus 18–25); die Serie von fünf Sprüchen, die dem Orakel gegen Ägypten angehängt sind (Jes 19,1–15 plus 16–25). Sie führen bis in die hellenistische Periode hinunter. Derartige Anpassungen waren besonders dann genehm, wenn es galt, Fremdvölkersprüche in veränderte internationale Situationen hineinzustellen. Ein Spruch gegen Sidon z.B. (Jes 23,1–14) ist erweitert worden, damit die Schwesterstadt Tyrus, nachdem sie von Artaxerxes III. (343 v.Chr.) und Alexander dem Großen (332 v.Chr.) bestraft worden war, mit bedacht werden konnte. Die Rehabilitation von Tyrus durch Ptolemäus II. ungefähr siebzig Jahre später machte eine neue Erweiterung nötig, diesesmal im Lichte der eschatologischen Lehre von der Unterwerfung aller Nationen unter das Szepter Israels (Jes 23,15–18).

So weit wie möglich muß die Rekonstruktion der Redaktionsgeschichte bei konkreten, spezifischen Textaussagen ansetzen, wie durch die Beispiele oben illustriert. Man sollte auch Parallcltexte nutzen, wo immer sie auftauchen (z.B. Jes 2,2–5 hat eine Parallele in Mi 4,1–4). Verwandtschaft in Sprachgebrauch und Thematik mit Texten, die erwiesenermaßen jünger sind als das 8. Jahrhundert v.Chr. (z.B. Jes 14,1f; vgl. Sach 8,20–22), und Einfügungen von gängigen Glossen (z.B. Jes 6,13; 9,15) spielen eine Rolle. Aus dieser Art von Analyse ergibt sich u.a. der Schluß, daß man den ursprünglichen Kern des Jesajabuches in der Absicht kommentiert und erweitert hat, ein Handbuch eschatologischer Lehre daraus zu machen. Das wird nirgendwo deutlicher als in Kapitel 24–27, der sogenannten „Jesaja-Apokalypse".

In einem früheren Paragraphen haben wir angemerkt, daß die übliche Einteilung der Jesajarolle (Jes 1–39; 40–55; 56–66) irreführend ist, wenn sie den Eindruck erweckt, wir hätten es mit einer einfachen Folge von vorexilischen, exilischen und nachexilischen Sammlungen zu tun. Nehmen wir den biographischen Einschub (Jes 36–39) heraus, dann ist immer noch ein großer Teil des ersten Blocks redaktionelle Zutat, und ein erheblicher Prozentsatz davon muß offensichtlich in die nachexilische Zeit eingeordnet werden. Gerade dieses letztgenannte Material enthält außerdem ziemlich lange Passagen, wie z.B. ein Großteil der Fremdvölkersprüche (Jes 13–23) und das eschatologische Finale (Jes 33–35). Jes 24–27 seinerseits war einmal ein unabhängiges Pamphlet und ist an diese Stelle gesetzt worden, weil es die Fremdvölkersprüche ergänzen sollte. Der einzige konkrete Verweis auf die Geschichte in dieser Apokalypse ist der auf Moab (Jes 25,10–12). Daraus hat man gefolgert, die ganze Komposition habe eigentlich nur das lange Moab-Orakel in der vorhergehenden Sammlung (Jes 15f) ergänzen sollen. Diese Möglichkeit kann man nicht ausschließen, aber die Apokalypse hat doch ihre eigene Entwicklung durchgemacht, und nicht alle Anspielungen auf die dem Untergang geweihte Stadt (Jes 24,10.12; 25,2; 26,5; 27,10) – ihre Anonymität hat den Exegeten schon viel Kopfschmerzen bereitet – sind auf diese Weise erklärbar.[484]

Jes 24–27 kann man als ein Kompendium von überwiegend eschatologisch ausgerichteten Sprüchen, Ansprachen und Psalmen beschreiben; eine innere Ordnung oder eine logische Abfolge sind nicht leicht zu finden. Es beginnt mit einer göttlichen Unheilsankündigung. Die Katastrophe wird alle Gesellschaftsklassen gleichmäßig treffen (Jes 24,1–3). Die folgende Ansprache (Jes 24,4–20) hat etwas vom Geruch einer liturgischen Klage um den Zustand der Erde, die an den Folgen menschlicher Aggression leidet (wir wissen, wie wahr das ist). In der Mitte verschiebt sich offensichtlich der Akzent: Es wird auf einen Freudenausbruch angespielt, der die ganze jüdische Diaspora erfaßt (Jes 24,14–16a). Danach hören wir eine Stimme, die sich auf eine geheime Offenbarung beruft und damit eine ernüchternde Stimmung in die allgemeine Euphorie bringt. Sie spielt offenbar auf die in Jes 21,2 anvisierte Vision an.[485] Es folgt der erste von mehreren kurzen Abschnitten, die mit der bekannten Formel „An jenem Tage" eingeführt werden (Jes 24,21–23) und die Vernichtung der himmlischen und irdischen Mächte wie die Errichtung des Königreiches Gottes auf dem Zion vorhersagen, so, wie es im Sinai-Bund schattenhaft angekündigt ist (vgl. Ex 24,9f).

Ein interessantes Merkmal dieser ganzen Kapitel ist der Wechsel von Sprüchen und Hymnen, von denen zwei die Zerstörung der feindlichen Stadt feiern (Jes 25,1–5; 26,1–6). Schon ein kurzer Blick auf die Forschungsgeschichte zeigt, daß wir die Identität der Stadt vom gegenwärtigen Wissensstand her nicht bestimmen können. Nicht nur unsere lähmende Unwissenheit im Blick auf die Ereignisse des 4. und 3. Jahrhunderts v.Chr. hindert uns, dieses Problem zu lösen. Wir müssen auch damit rechnen, daß dieses hier verwendete Motiv in jedem Fall einem uralten Paradigma angehört und in hohem Maße stilisiert ist.[486] Jedenfalls läßt uns der Wechsel mit dem Thema „Endgültiger Triumph Gottes in Jerusalem" vermuten, daß die Beurteilung der fremden Stadt nicht auf ein einmaliges, antizionistisches Ereignis zurückgeht. Die Stadt ist zum politischen Symbol für den Widerstand geworden, der menschlicherseits gegen Gottes Geschichtsplan mobilisiert wird.

Dem ersten Hymnus folgen Prosastücke (Jes 25,6–12) über ein eschatologisches

---

[484] Zur Identität der Stadt vgl. H. Wildberger, 1972, 893–896; 905f; O. Kaiser, 1973, 143f; 158f; W.R. Millar, 1976, 15–21.

[485] Man beachte den Wechsel zur ersten Person Plural und Singular in Jes 24,16; die Klage des Sprechers über verräterisches Treiben ist am natürlichsten auf diejenigen zu beziehen, die in Jubel ausgebrochen sind. Der voraufgehende Ausruf: „Ich habe mein Geheimnis! Ich habe mein Geheimnis!" (*razi-li, razi-li*) darf nicht emendiert werden. *raz* kommt mit dieser Bedeutung in Sir 8,18 und im aramäischen Teil Daniels (Dan 2,18, *razah*, usw.) vor. Es kann den göttlichen Zukunftsplan andeuten, der in kryptischer, symbolischer Weise mitgeteilt wird und zu dessen Entzifferung es göttlicher Erleuchtung bedarf. Vgl. J. Niehaus, *raz-pešar* in Isaiah XXIV, VT 31, 1981, 376–378.

[486] Vgl. die sumerische Klage über die Zerstörung der Stadt Ur, ANET 455–463; vgl. TUAT II, 700–707.

Bankett auf dem Berg Zion, ferner über die Abschaffung von Leiden und Tod und das kommende Heil. Das zweite Loblied ist mit einem sehnsüchtigen Bittgebet verknüpft. Es zeigt Ähnlichkeit mit den sogenannten Weisheitspsalmen und erwartet die Befreiung von der Fremdherrschaft und die Totenauferstehung am Ende der Zeit (Jes 26,7–19). Daran schließt sich die Aufforderung eines apokalyptischen Sehers an seine Gefolgsleute an, sich dem kommenden Gericht zu entziehen, im Klartext: Sich von denen zu trennen, die nicht ihre Glaubensüberzeugungen teilen (Jes 26,20f; vgl. 2,10f.19.21f). Dann kommen weitere eschatologische Sprüche, die auf früheren Prophezeiungen und mythologischen Motiven aufbauen. Der historische Hintergrund bleibt dunkel. Aber die Hinweise auf Leviatan und Tannin am Anfang des Schlußkapitels (Jes 27,1) und auf Assyrien und Ägypten an seinem Ende (Jes 27,12f) mögen eine verhüllte Anspielung auf das seleukidische und ptolemäische Reich sein. Das Bild einer Stadt von Narren (Jes 27,10f, vgl. Sir 50,26) kann hier auf das Schicksal Samarias nach der makedonischen Eroberung gemünzt sein.

Die Überschrift zu unserem Abschnitt würde in die Irre führen, wenn sie den Eindruck vermittelte, daß Eschatologie – verstanden als Lehre oder Überzeugung vom Ende der Geschichte, sei es in absolutem oder mehr relativen Sinn – den Propheten und ihren Zeitgenossen in der Periode des Ersten Tempels völlig unbekannt gewesen wäre. Was Amos, Zephanja und andere über den Tag Jahwes (*jom JHWH*) sagen, setzt voraus, daß der Gedanke den Menschen damals vertraut war. Der Tag markierte die große Wende, hin zu einer Zeit des Heils und des Triumphes für Israel (Zeph 1,14–16), zur Bannung von Dunkelheit und Unsicherheit (Am 5,18–20; 8,9; Zeph 1,15), zur Beendigung von Not und Sorgen (Am 8,10) usw. Strukturell paßt dieses Modell in das größere mythische Szenarium, das wir teilweise aus Psalmen und Hymnen rekonstruieren können. Danach entspricht das Ende dem Anfang; die Kosmogonie liefert den Schlüssel zur Eschatologie. So stellt die sogenannte Urgeschichte in Gen 1–11 – sie benutzt dabei ausgiebig die sumerisch-akkadische Schreibertraditionen – ein Geschichtsmodell zur Verfügung, das mit der Schöpfung beginnt und der „Entschaffung" und dem Heraufkommen einer neuen Ordnung endet. Nach diesem Modell zeichnet auch Jeremia (nicht notwendig in Abhängigkeit von Gen 1–11) das Bild vom göttlichen Gericht als eines fortschreitenden Prozesses der Rückführung von Schöpfung ins Chaos:

> Ich schaute das Land an, siehe, es war wüst und öde,
> und den Himmel, und er war finster.
> Ich sah die Berge an, und siehe, sie bebten,
> und alle Hügel wankten.
> Ich sah, und siehe, da war kein Mensch,
> und alle Vögel unter dem Himmel waren weggeflogen.
> Ich sah, und siehe, das Fruchtland war eine Wüste,
> und alle seine Städte waren zerstört vor Jahwe
> und vor seinem grimmigen Zorn. (Jer 4,23–26, Lutherübersetzung 1964)

Also sind viele von den Lehr- und Glaubenselementen derjenigen, die das prophetische Schrifttum in der späten Perserzeit und der frühhellenistischen Periode herausgaben und erweiterten, lediglich weiterentwickelte Vorstellungsmuster, wie sie schon in den frühesten Stadien der prophetischen Bewegung bezeugt sind.

Wenn wir, unbeschadet dessen, nach neuen Aufbrüchen suchen, dann werden wir sie an den Stellen entdecken, wo dieses mythische Paradigma auf das theologische Dauerproblem angewendet wurde, das sich aus dem Ausgeliefertsein Israels an die Fremdherrschaft ergab. Dieses Problem wuchs und schwand, wie die Hoffnung auf Befreiung sich mit Flut oder Ebbe der unbeständigen internationalen Situation veränderte. Die Begrenztheit unserer Geschichtskenntnisse verbietet es, feste Linien zu zeichnen. Doch können wir die allmähliche Festigung einer, man möchte sagen, eschatologischen Lehre erkennen, die von der Bestimmung Israels, der Völker und der ganzen Schöpfung handelt. Immer stärker tritt auch die Spaltung innerhalb der jüdischen Gemeinschaft in den Blick, die aus der Anerkennung und Auslegung von Prophetentexten hervorgeht, mit denen man einen gewissen Typ von eschatologischer Doktrin untermauern will.[487] Das ist eine entscheidende Frage, denn sie führt zur Entstehung von Sekten, einschließlich des frühen palästinischen Christentums. Doch dieses Thema gehört in ein späteres Kapitel der Geschichte.

24. Jona

Jona steht an fünfter Stelle im Dodekapropheton, zwischen Obadja und Micha. Diese Position ist eins von mehreren Anzeichen für das Bemühen der Redaktoren, eine chronologische Ordnung einzuhalten. Ein Prophet namens Jona ben-Amittai war nämlich in der Regierungszeit Jerobeams II. (786–746 v.Chr.) tätig. Der Kontext (2Kön 14,25) verrät uns, daß er den erfolgreichen Abschluß eines Feldzuges Jerobeams zur Wiederherstellung der israelitischen Grenzen weissagte. Jona war also ein optimistischer und nationalistischer Prophet. Sein Auftreten wird trotz der allgemein negativen Einstellung des Geschichtsschreibers gegenüber dem Nordreich nicht verurteilt. Im Unterschied zu den anderen Prophetenschriften trägt das Jonabuch indessen keinen Titel, es besteht nicht aus Prophetensprüchen und fängt sofort als Erzählung an. In mancher Hinsicht ähnelt es anderen Prophetenlegenden (z.B. über Elia, Elisa, Jesaja). Doch sein eigener Duktus und Stil qualifizieren es höchstens als eine Imitation dieser Gattung. Dieses Argument genügt schon, um B. Duhms These zu entkräften, es habe ursprünglich seinen Platz hinter der Erwähnung des Nordreichspropheten Jona im deuteronomistischen Geschichtswerk gehabt (2Kön 14,25). Das Buch kann auch nicht als Midrasch zu jener Textstelle bezeichnet werden. Es hat zwar einige Merkmale eines haggadischen Midraschs, aber seine kunstvolle und komplexe Komposition versetzen es in eine andere literarische Kategorie. Auf jeden Fall würde sein Bezugstext, wenn es denn als erzählender Kommentar gewertet sein wollte, nicht 2Kön 14,25 sein.

Frühchristliche Schriftsteller interpretieren es typologisch in bezug auf Jesu Abstieg in die Unterwelt und Auferstehung (z.B. Mt 12,39–41). Einige moderne Ausleger halten es für eine Allegorie auf die Exilserfahrungen Israels. Sie beziehen sogar etwas gewaltsam den Namen des Propheten mit ein (Jona = Taube, = Getreuer?). Wenn überhaupt allegorische Elemente vorhanden sind, dann im Jona-Psalm (Jon 2,3–10). Gute Gründe sprechen allerdings dafür, daß der eine spätere und nicht ganz zur Erzählung passende Einfügung darstellt.

Die Erzählung benutzt gut bezeugte volkstümliche Märchenmotive (Perseus, Sindbad). Aber sie erreicht ein Niveau literarischer Finesse, das sie weit über die einfache

---

Volkserzählung hinaushebt: Der ironische Kontrast, die bewußte Übertreibung und Verdrehung von Einzelzügen, die Verwendung von Schlüsselwörtern gehören zu ihren Stilmitteln. Der Verfasser war offensichtlich ein geübter Schriftsteller, der das geschichtliche, weisheitliche und prophetische Erbe Israels außerordentlich gut kannte. Er wollte einer spezifischen Leserschaft ein paar sehr gezielte Wahrheiten vermitteln. Es ist unsere Aufgabe, sie zu benennen, wir müssen leider die weitere Diskussion der literarischen Qualitäten dieser entzückenden Erzählung beiseite lassen.[488]

Die Geschichte beginnt mit der Aufforderung Jahwes an Jona, in Ninive zu predigen, und Jonas Weigerung, dem Ruf zu folgen: Er nimmt in Joppa (Japho) ein nach Tarsis bestimmtes Schiff, d.h. er flieht in die entgegengesetzte Richtung (Jon 1,1–3). Szenenwechsel auf das Schiffsdeck: Es wird sofort deutlich, daß es nicht so einfach ist, sich der Gegenwart Jahwes zu entziehen. Der nämlich wirft einen Sturm auf das Meer (Jon 1,4) und stillt ihn später wieder (Jon 1,15). Für Leserinnen und Leser ist die Lehre völlig klar, nur nicht für Jona selbst: Jahwes Handlungsfeld ist nicht auf Israel beschränkt. Man kann ihm auch auf hoher See und in fremden Ländern begegnen und muß ihn dort anerkennen (Jon 2,11; 3,10; 4,6 usw.). Es entsteht ein ironischer Kontrast zu Jonas eigenem Glaubensbekenntnis, nach dem Jahwe Schöpfer des Meeres und des trockenen Landes ist (Jon 1,9).

In der zweiten Episode (Jon 1,4–16) wird uns das Verhalten der heidnischen Seeleute im Sturm vor Augen gestellt. Sie beten zu ihren eigenen Gottheiten, und einer von ihnen, Kapitän oder erster Maat, zwingt den widerstrebenden Jona, das gleiche zu tun. Dann losen sie den Schuldigen aus, hören sich seine Geschichte an und folgen zögernd seinem Rat, ihn über Bord zu werfen. Bevor sie das aber tun, richten sie ein Gebet an Jahwe. Dann ist der Sturm wunderbarerweise gestillt, sie nehmen Jonas Glaubensbekenntnis für sich an und richten die gehörigen Kultriten, einschließlich Opfer!, an Ort und Stelle auf dem Schiff aus.

Der große Fisch, von Jahwe dazu beordert (Jon 2,1; dasselbe Verb *mnh* kommt Jon 4,6.7.8 in Bezug auf Pflanze, Wurm und Ostwind vor), als neues Transportmittel zu dienen, bringt Jona vermutlich zurück zum Ausgangspunkt. Dort wird der Auftrag wiederholt, diesmal fügt sich Jona widerwillig und übernimmt die prophetische Rolle des Gottesboten. Jetzt sind wir wieder aufgefordert, uns auf das Verhalten der heidnischen Einwohner einer Stadt zu konzentrieren, deren Name Synonym für Unterdrückung und Gottlosigkeit war. Sie hören die Botschaft an, obwohl sie kurz und verächtlich vorgetragen wird, und beim Zuhören schon glauben sie an Gott, rufen ein Fastenritual aus, das selbst die Tierwelt einbezieht, beten und wenden sich vom Bösen ab (Jon 3,5–9). Mit anderen Worten: Ninive unterzieht sich einer vollkommenen Buße, und wenn man bedenkt, wer der Gott ist, in dessen Namen der Prophet redete, dann weiß man: Diese Buße schließt die Übernahme des jüdischen Glaubens durch die ganze Stadt ein. Gott reagiert ebenso schnell: Auch er „bereut" das Böse, das er ihnen hatte zufügen wollen, und führt es nicht aus.

Jona reagierte auf ganz andere Weise. Natürlich hatte er gesehen, wie der König von Ninive (*sic*) und dessen Untertanen auf die Unheilsbotschaft eingegangen waren. Aus

---

[488] Literarische Untersuchungen des Jonabuches gibt es in großer Zahl. Zweifellos liegt das daran, daß biblische Literaturwissenschaftler eine Vorliebe für die Erzählgattung haben. Meiner Meinung nach ist J.M. Sasson, 1990, der beste neuere Kommentar zum Jonabuch.

den Folgeereignissen geht aber hervor, daß er sich zumindest nicht ganz sicher war, wie Jahwe auf ihre Buße reagieren würde. Die Parallelgeschichte von Abraham, dem die Vernichtung Sodoms vor Augen stand (Gen 18,16–33), läßt vermuten, daß die prophetische Rolle in einem solchen Fall seine Fürbitte erforderlich machte. Statt dessen beschuldigt Jona tatsächlich Jahwe, er bringe seinen Boten in Mißkredit, weil er eben wegen seiner Barmherzigkeit und seines Mitleids den geweissagten Untergang nicht vollstrecke! Noch schlimmer, er hält Gott Worte aus der Sinai-Offenbarung entgegen (Ex 34,6) und schließt mit dem verzweifelten Schrei des Elia, der auf dem Weg zum Sinai ist (1Kön 19,4).

Die Schlußszene (Jon 4,6–11) läuft rasch auf das letzte Wort Jahwes zu. Sie erreicht es über drei aufeinanderfolgende Regieanordnungen, die Jona betreffen, wie er da draußen vor der Stadt sitzt und wartet, was wohl geschehen werde: Eine Pflanze ist über Nacht mit übernatürlicher Schnelligkeit aufgewachsen und hat ihm Schutz gewährt; ein Wurm, ganz untypisch in seiner Art, was Größe und Gewohnheiten angeht, frißt die Pflanze an; ein sengender Ostwind weckt noch einmal – zusammen mit der brennenden Sonne – den Wunsch in ihm zu sterben. Das Aufgebot der Natur hat etwas wesenhaft Weisheitliches an sich. Es soll beispielhaft die göttliche Kausalität und die göttliche Freiheit erklären und das Ergebnis auf Gottes Geschichtshandeln übertragen. Jonas Sorge um die Pflanze (in Wirklichkeit war er nur besorgt um sich selbst, aber diese Aussage hätte nicht dem literarischen Ziel gedient) führt *a fortiori* zur göttlichen Besorgtheit um die Stadt mit ihren vielen Bewohnern und dem zahlreichen Vieh. Gleichzeitig illustriert dies die Freiheit Gottes, zu schaffen und zu vernichten, Zerstörung anzudrohen und dann vom Mitleid bewegt zu werden.

Wir scheinen in diesem Buch also eine Art weisheitlicher Kritik an der Prophetie vor uns zu haben und einen Versuch dazu, mit einigen von der Prophetie aufgeworfenen theologischen Problemen fertigzuwerden.[489] Der Autor hat einen nationalistischen Propheten zu seinem Protagonisten gemacht, der zur Zeit der Grenzkriege Jerobeams II. im 8. Jahrhundert Erfolg verheißen hatte. Es scheint auch noch eine Tradition gegeben zu haben, nach der er den Fall Ninives geweissagt hätte (Tob 14,4.8). Wenn er es getan hat, dann war er im Irrtum, denn Ninive ist erst anderthalb Jahrhunderte nach dem Tod des Propheten zerstört worden. Das hätte es dem Verfasser des Jonabuches leichter gemacht, das Problem der unerfüllten Prophezeiungen aufzugreifen. Seine Kritik ist sehr radikal, denn sie schließt die Behauptung ein, daß Prophetie von der beschriebenen Art leicht von einem völlig unzureichenden Verständnis von Gott und seinen Zielen geleitet sein kann.

Die wichtigste Lehre der Erzählung ist, daß Gottes Freiheit nicht einmal durch das Prophetenwort eingeschränkt wird. Die Tatsache, daß Gott etwas „bereuen" kann, d.h. in normaler Redeweise: seine Meinung ändern kann, bedeutet: Er ist frei, selbst nachdem das prophetische Wort ergangen ist. Genauer gesagt, und wider jede Erwartung, er ist auch frei, auf wahre Buße und wahres Gebet von Heiden gnädig zu antworten, und seien es Erzfeinde Israels wie die Assyrer. Die Ironie liegt darin, daß sie dies verstehen, aber der Prophet nicht:

Vielleicht wird Gott an uns denken, so daß wir nicht verderben. (Jon 1,6)
Wer weiß? Vielleicht bereut es Gott doch noch, und wendet sich ab von seinem heftigen Zorn, so daß wir nicht verderben. (Jon 3,9; eigene Übersetzung)

---

[489]   Dieser Aspekt des Jonabuches wird von T.E. Fretheim hervorgehoben: ders., 1978, 227–237.

Aus dieser Sicht ist das Buch theologisch von entscheidender Bedeutung, denn es bricht ein für allemal die Fessel auf, die man „prophetische Kausalität" nennen könnte. Es schafft dies, indem es die göttliche Freiheit in den Vordergrund stellt.

Der Prophet versteht noch eine andere Erfahrung nicht: den göttlichen Rettungswillen. Wiederum mutet es wie Ironie an, daß dieses Thema in dem Psalm anklingt, den er im Bauch des Fisches singt: „Die Rettung gehört Jahwe!" (Jon 2,10). In dieser Hinsicht folgt der Autor einer geistigen Strömung, die ihren klarsten Ausdruck beim Gottesknecht Jesajas und seiner Jüngerschaft findet. Es ist aber völlig fehl am Platze, das Buch als einen Protest gegen die Reformmaßnahmen des Esra und Nehemia hinzustellen, so, als sei es gegen den „jüdischen Partikularismus" in der Epoche des Zweiten Tempels geschrieben. Die beiden Reformer bemühten sich nur um die inneren Angelegenheiten der Tempelgemeinschaft in Juda und kümmerten sich überhaupt nicht um das Schicksal der Heiden. Auf der anderen Seite müssen wir uns davor hüten, Jona mit universalistischen Anschauungen in Verbindung zu bringen. Der Begriff Universalismus ist schlüpfrig. Wo in den Prophetenschriften Heiden das Heil angeboten wird (Jes 45,22; 49,6; 52,10), schließt dieses Angebot die Anerkennung der Oberherrschaft des Gottes Israels ein. Sie wird fällig, wenn dieser Gott ihnen bekannt gemacht wird (Jes 45,23; 51,5) und sie den Glauben Israels annehmen (Jes 44,4f; 55,5; 66,23), ein Angebot, das sie nicht ausschlagen können. Darum wird dieser Gott ihnen verkündigt (Jes 42,4.6; 66,19). Genau das geschieht auch mit den Heiden im Buch Jona (Jon 1,16; 3,5). Zweifellos war das zur Zeit der Abfassung des Buches im Vorderen Orient an verschiedenen Stellen eine reale Situation.

Wenn wir eine Zielscheibe für die Kritik des Verfassers finden müssen, dann würde sie nicht Esra oder Nehemia heißen, sondern jene Art von prophetischer Drohung, die vom Autor der sogenannten Jesajaapokalypse erhoben wird. Sie ergeht, wie wir gesehen haben, gegen eine namenlose Stadt. Von ihren Einwohnern sagt der Verfasser:

> Es ist ein unverständiges Volk; darum erbarmt sich ihrer auch nicht, der sie gemacht hat; und der sie geschaffen hat, ist ihnen nicht gnädig. (Jes 27,11, Lutherübersetzung 1964)

Ninive wird im Gegenteil gerettet, obwohl seine Bevölkerung die rechte nicht von der linken Hand unterscheiden kann.

Sowohl die Freiheit Gottes als auch sein Heilswille sind schon in der ethischen Unterweisung des Ezechiel klar zur Sprache gekommen:

> Wenn sich aber der Gottlose bekehrt von allen seinen Sünden, die er getan hat, ... [so] soll an alle seine Übertretungen, die er begangen hat, nicht gedacht werden, sondern er soll am Leben bleiben um der Gerechtigkeit willen, die er getan hat. Meinst du, daß ich Gefallen habe am Tode des Gottlosen, ... und nicht vielmehr daran, daß er sich bekehrt von seinen Wegen und am Leben bleibt? (Ez 18,21–23, Lutherübersetzung 1964)

In einer anscheinend deuteronomistischen Erweiterung des Berichts über Jeremias Besuch beim Töpfer (Jer 18,5–12) wird diese Lehre auf die politische Ebene angewendet:

> Bald rede ich über ein Volk und Königreich, daß ich es ausreißen, einreißen und zerstören will; wenn es sich aber bekehrt von seiner Bosheit, gegen die ich rede, so reut mich auch das Unheil, das ich ihm gedachte zu tun. (Jer 18,7f, Lutherübersetzung 1964)

Die erwähnte Rede sind natürlich prophetische Fremdvölkerssprüche. Daß die Jona-Geschichte solche Lehre illustrieren will, kommt – wie zu erwarten – deutlich genug heraus:

> Als aber Gott ihr Tun sah, wie sie sich bekehrten von ihrem bösen Wege, reute ihn das Übel, das er ihnen angekündigt hatte, und tat's nicht. (Jon 3,10, Lutherübersetzung 1964)

Die Kritik des Verfassers hat vielleicht noch einen anderen Aspekt, den des Gottesdienstes. Zu Beginn der Geschichte wird dreimal betont, daß der Prophet aus der Gegenwart Jahwes flüchten will (*millipne JHWH*, Jon 1,3.19; vgl. 1,10). Der Ausdruck hat wohlbekannte kultische Konnotationen. Es mag kein Zufall sein, daß der Jona in den Mund gelegte Psalm davon spricht, sein Autor sei aus der Gegenwart Gottes verstoßen worden (Jon 2,5). Die natürlichste Deutung wäre: Er ist wie der Verfasser von Jes 66,5 aus der Kultgemeinde ausgestoßen worden. Dann aber zeigt die Erzählung, daß Gott auch anderswo gegenwärtig ist als nur im Tempel oder im Land Israel. Sein Handeln, und darum seine Gegenwart, wird für die hohe See und das Heidenland Assyrien bezeugt. Und wie der Autor des Psalms weiß, daß sein Gebet den Tempel erreicht, obwohl er sich weit davon entfernt befindet (Jon 2,8), so bringen selbst die Heiden Jahwe kultische Verehrung entgegen, dort, wo sie gerade sind. Ja, die Seeleute vollziehen Opfer an Bord des Schiffes, unter Mißachtung des deuteronomischen Gesetzes. Auch hier folgt der Autor einem Denken, das sicher nicht unwidersprochen war, nach dem Gott selbst den Gottesdienst annimmt – und ihn ermöglicht! –, der ihm von Heiden dargebracht wird (Zeph 3,9f; Mal 1,11.14).

Der Autor macht also einen Propheten zu seinem Protagonisten, der sich gegen seine Berufung sperrt. Er hat Angst, durch Jahwes bedauerliche Neigung, mit bußfertigen Sündern Mitleid zu haben, in Mißkredit gebracht zu werden (Jon 4,1f; vgl. Sach 13,4–6). Darum lehnt er es ab, die prophetische Aufgabe der Fürbitte zu erfüllen, sowohl während des Sturms als auch vor Ninive. In der ersten Episode schläft er, anstatt zu beten. Der Autor spricht nicht von einem gewöhnlichen Schlaf, sondern von der übernatürlichen Sorte, wie sie den Urmann im Garten Eden und Abraham während des Bundesschlusses überkommt (Gen 2,21; 15,12: *tardemah*). Darum steckt hinter diesem Schlaf vielleicht mehr, als dem bloßen Auge wahrnehmbar ist. Die Kritik Jesajas an den zeitgenössischen Propheten kann einen Hinweis geben:

> Jahwe hat über euch einen Geist des Tiefschlafes (*tardemah*) ausgegossen und eure Augen, oh Propheten, verschlossen, eure Häupter, oh Seher, verhüllt. (Jes 29,10; eigene Übersetzung)

Das ist der Schlaf des Nichtgewahrens und der spirituellen Hohlheit. Jona bemerkt nicht einmal die Ironie, die darin liegt, daß er seinen Glauben an den Himmelsgott, der Meer und trockenes Land gemacht hat, bekennt (Jon 1,9) und gleichzeitig seiner Gegenwart entkommen will. Schlimmer noch, er hat seine Augen und seinen Verstand zugemacht und will nicht wissen, was der Wille Gottes in dieser besonderen Situation ist. Er ist eben vollständig in seinen eigenen starren, unflexiblen Ansichten vom prophetischen Amt gefangen.

Das Buch nimmt also das Problem der nichterfüllten Prophezeiungen auf und beschreibt die dadurch verursachte wütende Frustration. Implizit bietet es auch eine Lösung für die Frage nach der Gerechtigkeit Gottes an. Jede Prophezeiung, ob erfüllt oder nicht erfüllt, gibt – wie wir sahen – Anlaß zu dieser Frage. Das Jonabuch betont die allerhöchste Freiheit Gottes und stellt damit die Möglichkeit der Rettung zwischen das Prophetenwort und seine voraussichtliche Wirkung. Gleichzeitig will es ein neues Verständnis des prophetischen Amtes einführen, das auf der tiefen und einfachen Überzeugung gründet, Gott habe letztlich immer und überall nur das Heil im Sinn. Diese neue, wir könnten sagen: apostolische Prophetie hat Konsequenzen, die wir noch nicht erarbeitet, vielleicht nicht einmal ganz verstanden haben.

Literaturverzeichnis

Abramsky, S., Jonah's Alienation and Return, BetM 24, 1979 (Hebräisch).

Ackroyd, P.R., Studies in the Book of Haggai, JJS 2, 1951, 163–176; JJS 3, 1952, 1–13.

Ders., Some Interpretative Glosses in the Book of Haggai, JJS 7, 1956, 163–167.

Ders., Hosea and Jacob, VT 13, 1963, 245–259.

Ders., Exile and Restauration, Philadelphia 1968.

Ders., Isaiah 1–12: Presentation of a Prophet, SVT 29, 1977, 16–48.

Ders., Isaiah I–XII: Presentation of a Prophet, VT.S 29, 1977, 16–48.

Ders., The History of Israel in the Exilic and Post-exilic Periods, in: Anderson, G.W. (Hg.), Tradition and Interpretation, Oxford 1979, 320–350.

Ders., Isaiah 36–39: Structure and Function, in: Delsman, W.C. u.a. (Hg.), Von Kanaan bis Kerala, Neukirchen-Vluyn 1982, 3–21.

Ders., The Biblical Interpretation of the Reigns of Ahaz and Hezekiah, in: Boyd Barrick, W. u.a. (Hg.), In the Shelter of Elyon, Sheffield 1984, 247–259.

Ders., An Interpretation of the Babylonian Exile: A study of 2 Kings 20 and Isaiah 38–39, in: Studies in the Religious Traditions of the Old Testament, London 1987, 152–171.

Ahlström, G.W., Der Prophet Nathan und der Tempelbau, VT 11, 1961, 113–127.

Ahlström, J.W., Some Remarks on Prophets and Cult, in: Rylaarsdam, J.C. (Hg.), Transitions in Biblical Scholarship, Chicago 1968, 113–129.

Ders., Joel and the Temple Cult of Jerusalem, Leiden 1971.

Albertz, R., Religionsgeschichte Israels in alttestamentlicher Zeit, 2 Bände, Göttingen 1992.

Albrektson, B., Prophecy and Politics in the Old Testament, in: Biezais, H. (Hg.), The Myth of the State, Stockholm 1972, 45–56.

Albright, W.F., The Psalm of Habakkuk, in: Rowley, H.H. (Hg.), Studies in Old Testament Prophecy, Edinburgh 1950, 1–18.

Ders., Samuel and the Beginnings of the Prophetic Movement, in: Orlinsky, H.M. (Hg.), Interpreting the Prophetic Tradition, New York 1969, 149–176.

Alexander, T.D., Jonah and Genre, TB 36, 1985, 35–59.

Allen, L.C., Ezekiel 20–48, Waco, 1990.

Ders., The Books of Joel, Obadiah, Jonah, and Micah, Grand Rapids 1974, 127–172.

Amsler, S., Zacharie et l'origine d'apocalyptique, VT.S 22, 1972, 227–231.

Andersen, F.I. u.a., Amos: A New Translation with Introduction and Commentary, New York und London 1989.

Andersen, F.I. und *Freedman, D.N.,* Hosea. Translation, Introduction and Commentary, Garden City 1980.

Anderson, B.W. und *Harrelson, W.* (Hg.), Israel's Prophetic Heritage, New York 1962.

Anderson, G.W., Isaiah XXIV–XXVII Reconsidered, VT.S 9, 1963, 118–126.

Ders., The Idea of the Remnant in the Book of Zephaniah, ASTI 11, 1978, 11–14.

ANET = Ancient Near-Eastern Texts, s.u. *Pritchard, J.*

Auerbach, E., Die große Überarbeitung der biblischen Bücher, VT.S 1, 1953, 1–10.

Auld, A.G., Poetry, Prophecy, Hermeneutic: Recent Studies in Isaiah, SJT 33, 1980, 567–581.

Ders., Prophets through the Looking Glass: Between Writings and Moses, JSOT 27, 1983, 3–23.41–44.

Auvray, P., Ezéchiel, DBS VIII, 1972, 759–791.

Ders., Isaie 1–39, Paris 1972.

Ball, J.D., Towards a New Understanding of the Jeremiah Scroll, SBTh 13, 1983, 51–75.

Baltzer, D., Ezechiel und Deuterojesaja, Berlin 1971.

Baltzer, K., Die Biographie der Propheten, Neukirchen-Vluyn 1975.

Ders., Zur formgeschichtlichen Bestimmung der Texte vom Gottesknecht im Deutero-Jesaja-Buch, in: Wolff, H.W. (Hg.), Probleme biblischer Theologie, München 1971, 27–43.

Bardtke, H., Jeremia der Fremdvölkerprophet I, ZAW 53, 1935, 209–239; II, ZAW 54, 1936, 240– 262.

Barr, J., Holy Scripture: Canon, Authority, Criticism, Philadelphia 1983.

Barstad, H.M., The Religious Polemics of Amos, Leiden 1984.

Ders., On the So-Called Babylonian Influence in Second Isaiah, SJOT 2, 1987, 90–110.

Ders., A Way in the Wilderness: The „Second Exodus" in the Message of Second Isaiah, JSSt Manchester 1989.

Ders., No Prophets? Recent Developments in Biblical Prophetic Research and Ancient Near Eastern Prophecy, JSOT 57, 1993, 39–60.

Ders., The Future of the ‚Servant Songs', in: Balentine, S.E. u.a. (Hg.), Language, Theology and Bible, Oxford 1994, 261–270.

Barth, H., Die Jesajaworte in der Josiazeit, Neukirchen-Vluyn 1977.

Barton, J., Oracles of God: Perceptions of Ancient Prophecy in Israel after the Exile, Oxford 1986.

Baumann, E., ‚Wissen um Gott' bei Hosea als Urform von Theologie? EvTh 15, 1955, 416– 425.

Begg, C.T., The ‚Classical Prophets' in Josephus' *Antiquities,* Louvain Studies 13, 1988, 341–357.

Ders., The Classical Prophets in the Chronistic History, BZ 32, 1988, 100–107.

Begrich, J., Studien zu Deuterojesaja, München 1963.

Bellinger, W., Psalmody and Prophecy, Sheffield 1984.

Ben Zvi, E., Prophets and Prophecy in the Compositional and Redactional Notes in 1 and 2 Kings, ZAW 105, 1993, 331–351.

Ben-Yosef, I.A., Jonas and the Fish as a Folk Motif, Semitics 7, 1980, 102–117.

Berger, P.L., Charisma and Religious Innovation: ASR 28, 1963, 940–950.

Berlin, A., Zephaniah: Translation, Introduction and Commentary, New York und London 1994.

Berquist, J.L., Prophetic Legitimation in Jeremiah, London 1981.

Ders., The Social Setting of Malachi, BTB 19, 1989, 121–126.

Berridge, J.M., Jeremia und die Prophetie des Amos, ThZ 35, 1979, 321– 341.

Berry, G.R., The Composition of the Book Ezekiel, JBL 58, 1939, 163–175.

Beuken, W.A.M., Haggai-Sacharja 1–8, Assen 1967.

Ders., The Main Theme of Trito-Isaiah –‚The Servants of Yahweh', JSOT 47, 1990, 67–87.

Bewer, J.A., A Critical and Exegetical Commentary on Jonah, Edinburgh 1912.

Beyerlin, W. (Hg.), Religionsgeschichtliches Textbuch zum AT, GAT 1, Göttingen 1975.

Ders., Die Kulttraditionen Israels in der Verkündigung des Propheten Micha, Göttingen 1959.

Beyse, K.-M., Serubbabel und die Königserwartungen der Propheten Haggai und Sacharja, Stuttgart 1972.

Bic, M., Die Nachtgesichte des Sacharja, Neukirchen-Vluyn 1964.

Ders., Zur Problematik des Buches Obadja, VT.S 1, 1953, 11–25.

Bickerman, E.J., The Historical Foundations of Postbiblical Judaism, in: Finkelstein, L. (Hg.), The Jews: Their History, Culture, and Religion, New York (1949), Bd. 1, [4]1971, 70–118.

Blenkinsopp, J., The Quest of the Historical Saul, in: Flanagan, J.W. und Weisbrod, A.W. (Hg.), No Famine in the Land, Missoula 1975, 75–99.

Ders., Prophecy and Canon, Notre Dame 1977.

Ders., Interpretation and the Tendency to Sectarianism: An Aspect of Second Temple History, in: Sanders, E.P. (Hg.), Jewish and Christian Self-Definition, vol. 2, Philadelphia 1981, 1–26.

Ders., Abraham and the Righteous of Sodom, JJS 33, 1982, 119–132.

Ders., Ezra-Nehemiah: A Commentary, Philadelphia 1988.

Ders., Second Isaiah – Prophet of Universalism?, JSOT 41, 1988, 83–103.

Ders., A Jewish Sect in the Persian Period, CBQ 52, 1990, 5–20.

Ders., Ezekiel, Louisville 1990.

Ders., Sage, Priest, Prophet: Religious and Intellectual Leadership in Ancient Israel, Louisville 1995, 1–5, 123–129.

Boer, P.A.H.D., Second Isaiah's Message, OTS 11, Leiden 1956.

Bonnard, P.-E., Abdias, DBS VIII, 1972, 693–701.

Ders., Le Second Isaie, son disciple et leur éditeurs, Isaie 40–66, Paris 1972.

Bratsiotis, N.P., 'ish, ThWAT I, 1973, 238–252.

Brenner, A., The Language of Jonah as an Index of Its Date, BetM 24, 1979, 396–405. (Hebrew)

Brett, M.C., Biblical Criticism in Crisis? The Impact of the Canonical Approach, Cambridge 1991.

Bright, J., A History of Israel, Philadelphia ³1981.

Ders., Jeremiah, Garden City 1965.

Brownlee, W., The Text of Habakkuk in the Ancient Commentary from Qumran, JBL.MS 11, Philadelphia 1959.

Brownlee, W.H., Ezekiel 1–19, Waco, Texas 1986.

Ders., The Meaning of the Qumran Scrolls for the Bible with Special Attention to the Book of Isaiah, New York 1964.

Brueggemann, W., The Kerygma of the Deutoronomistic Historian, Interp. 22, 1968, 387–420.

Ders., Unity and Dynamic in the Isaiah Tradition, JSOT 29, 1984, 89–107.

Budde, K., Zu Text und Auslegung des Buches Amos, JBL 43, 1924, 46–131.

Ders., Habakuk, ZDMG 84, 1930, 139–147.

Burridge, K., New Heaven, New Earth, Oxford 1969.

Burrows, M., The Dead Sea Scrolls of St. Mark's Monastery I, New Haven 1950.

Buss, M.J., Prophecy in Ancient Israel, IDB.S, 1976, 694–697.

Ders., The Prophetic Word of Hosea, Berlin 1969.

Camphausen, H. von, The Formation of the Christian Bible, Philadelphia 1972.

Carley, K.W., Ezekiel Among the Prophets, London 1975.

Carlson, R.A., Elie à l'Horeb, VT 19, 1969, 416–439.

Carmichael, C.C., The Laws of Deuteronomy, Ithaca 1974.

Carroll, R.P., The Elijah-Elisha Sagas, VT 19, 1969, 400–415.

Ders., When Prophecy Failed: Cognitive Dissonance in the Prophetic Traditions of the Old Testament, New York 1979.

Ders., From Chaos to Covenant: Uses of Prophecy in the Book of Jeremiah, London 1981.

Ders., Poets not Prophets, JSOT 27, 1983, 25–31.

Ders., Jeremiah: A Commentary, Philadelphia 1986.

Ders., Twilight of Prophecy or Dawn of Apocalyptic? JSOT 14, 1989, 3–35.

Ders., Arguing about Jeremiah, VT.S 43, 1991, 222–235.

Cathcart, K.J., More Philological Studies in Nahum, JNWSL 7, 1979, 1–12.

Ders., Nahum in the Light of the North-West Semitic, Rome 1973.

Ders., Treaty Curses in the Book of Nahum, CBQ 35, 1973, 179–187.

Cazelles, H., Sophonie, Jérémie et les Scythes en Palestine, RB 74, 1964, 24–44.

Chary, T., Les Prophètes et le culte à partier de l'exil, Paris 1955.

Childs, B.S., Isaiah and the Assyrian Crisis, Naperville/Ill. 1967.

Ders., The Canonical Shape of the Prophetic Literature, Int 32, 1978, 46–55.

Ders., Introduction to the Old Testament as Scripture, Philadelphia 1979.

Christensen, D.L., Transformations of the War Oracle in Old Testament Prophecy, Missoula 1975.

Clements, R.E., Prophecy and Covenant, Naperville/Ill. 1965.

Ders., The Purpose of the Book of Jonah, VT.S 28, 1975, 16–28.

Ders., One Hundred Years of Old Testament Interpretation, Philadelphia 1976, 51–75.

Derd., Isaiah and the Deliverance of Jerusalem, Sheffield 1980.

Ders., Isaiah and the Deliverance of Jerusalem, Sheffield 1980.

Ders., Isaiah 1–39, Grand Rapids 1981.

Ders., The Ezekiel Tradition: Prophecy in a Time of Crisis, in: Coggins, R.J. u.a.,Tradition (s.u.), 119–136.

Ders., The Unity of the Book of Isaiah, Interp. 36, 1982, 117–29.

Ders., Beyond the Tradition History: Deuteroisaianic Development of First Isaiah's Themes, JSOT 31, 1985, 95–113.

Clifford, R.J., Fair Spoken and Persuading: An Interpretation of Second Isaiah, New York 1984.

Clines, D.J.A., I, He, We, and They: A Literary Approach to Isaiah 53, Sheffield 1976.

Coats, G.W. und Long, B.O. (Hg), Canon and Authority, Philadelphia 1977

Cogan, M., Imperialism and Religion: Assyria, Judah and Israel in the 8th and 7th Centuries B.C.E., Missoula 1974.

Ders., Israel in Exile – the View of a Josianic Historian, JBL 97, 1978, 40–44.

Coggins, R.J., The Problem of Isaiah 24–27, ET 90, 1979, 328–333.

Ders. u.a. (Hg.), Israel's Prophetic Tradition, Cambridge 1982.

Ders., Haggai, Zechariah, Malachi, Sheffield 1987.

Collin, M., Recherches sur l'histoire textuelles du prophète Michée, VT 21, 1971, 281–297.

Collins, J.J., The Message of Malachi, BTB 22, 1984, 209–215.

Conrad, D., Samuel und die Mari-,Propheten'. Zu 1 Sam 15,27, ZDMG 43, 1969, Suppl. 1, 273–280.

Cook, J.M., The Persian Empire, London 1983.

Coote, R.B. (Hg.), Elijah and Elisha in Socioliterary Perspective, Atlanta 1992.

Ders., Amos Among the Prophets: Composition and Theology, Philadelphia 1981.

Couroyer, B., Isaie XL, 12, RB 73, 1966, 186–196.

Craghan, J.F., Amos in Recent Literature, Biblical Theology Bulletin 2, 1972, 242–261.

Ders., The Book of Hosea: A Survey of Recent Literature, BTB 1, 1971, 81–100, 145–170.

Craig, K.M., Jonah and the Reading Process, JSOT 47, 1990, 103–114.

Crenshaw, J.L., A Living Tradition: The Book of Jeremiah in Current Research, Interp.37, 1983, 117–129.

Ders., Prophetic Conflict, Berlin 1971.

Cross, F.M., Canaanite Myth and Hebrew Epic. Essays in the History of the Religion of Israel, Cambridge 1973.

Ders., New Directions in the Study of Apocalyptic, in: Funk, R.W. (Hg.), Apocalypticism, JTC 6, 1969, 157–165.

Ders., The Council of Yahweh in Second Isaiah, JNES 12, 1953, 274–278.

Cryer, F.H., Divination in Ancient Israel and Its Near Eastern Environment, Sheffield 1994.

Daiches, S., Balaam – a Babylonian Baru, Bible Studies, London 1950, 110–119.

Davies, G.I., Hosea, Sheffield 1993.

Davies, P.R. (Hg.), Second Temple Studies, vol. 1, Persian Period, London und New York 1984.

Ders. u.a. (Hg.), Among the Prophets: Language, Image and Structure in the Prophetic Writings, Sheffield 1993.

Davies, W.D. u.a. (Hg.), The Cambridge History of Judaism, Bd. 1, London und New York 1984.

Day, J., Problems in the Interpretation of the Book of Jonah, OTS 26, 1990, 32–47.

Dearman, J.A., Religion and Culture in Ancient Israel, Peabody, Mass. 1992, 51–99.

Deissler, A., Aggée, DBS VIII, 1972, 701–706.

Deist, F.E., The Prophets: Are We Heading for a Paradigm Shift?, in: BZAW 185, 1989, 1–18.

Delcor, M., Les Sources du Deutero-Zacharie et ses procédés d'emprunt, RB 59, 1952, 385–411.

Dietrich, W., David, Saul und die Propheten, Stuttgart 1992.

Ders., Jesaja und die Politik, München 1976.

Ders., Prophetie und Geschichte, Göttingen 1972.

Dodds, E.R., The Greeks and the Irrational, Berkeley 1951.

Donner, H., Balaam pseudopropheta, in: Donner, H. u.a. (Hg.), Beiträge zur alttestamentlichen Theologie, Göttingen 1977, 112–123.

Ders., Israel unter den Völkern, Leiden 1964.

Ders., The Beginning of the Assyrian Period of the History of Israel and Judah, in (s.u.): Hayes, J.H. und Miller, J.M. (Hg.), Israelite and Judaean History, 415–434.

Dossin, G., Sur le prophétisme à Mari, in: 14. Rencontre assyriologique internationale, La Divination en Mésopotamie ancienne et dans les régions voisines, Paris 1966, 77–86.

Driver, G.R., Isaiah 52:13 – 53:12: The Servant of the Lord, in: Black, M. und Fohrer, G. (Hg.), In Memoriam Paul Kahle, Berlin 1968, 90–105.

Ders., Linguistic and Textual Problems: Isaiah I–XXXIX, JThS 38, 1937, 36–50.

Ders., Notes on Isaiah, BZAW 77, 1958, 42–48.

Duhm, B., Das Buch Jesaja, 5. Aufl. Göttingen 1968 [1892].

Eaton, J.H., Obadiah, Nahum, Habakkuk and Zephaniah, London 1961.

Ders., The Origin of the Book of Isaiah, VT 9, 1959, 138–157.

Eichrodt, W., Der Prophet Hesekiel, ATD 22, 1, Göttingen 1959, ATD 22,2, Göttingen 1966.

Eissfeldt, O., Baʻalsamem und Jahwe, ZAW 57, 1939, 1–31.

Ders., Einleitung in das Alte Testament, Tübingen (1934) [3]1964.

Ders., The Prophetic Literature, in: H.H. Rowley (Hg.), The Old Testament and Modern Study, Oxford 1951, 115–161.

Eliade, M., Shamanism: Archaic Techniques of Ecstasy, Princeton 1964.

Ellermeier, F., Prophetie in Mari und Israel, Herzberg [2]1977.

Elliger, K., Die Einheit Tritojesajas, Stuttgart 1928.

Ders., Der Prophet Tritojesaja, ZAW 49, 1931, 112–140.

Ders., Deuterojesaja in seinem Verhältnis zu Tritojesaja, BWANT IV, Stuttgart 1933, 11.

Ders., Deuterojesaja (Kap. 40–45), BKAT 11, Neukirchen-Vluyn 1978.

Emmerson, G.I., Hosea: An Israelite Prophet in Judean Perspective, Sheffield 1984.

Emmett, D., Prophets and Their Societies, Journal of the Royal Anthropological Institute 86, 1956, 13–23.

Engnell, I., The 'Ebed Yahweh Songs and the Suffering Messiah in ‚Deutero-Isaiahʻ, BJRL 31, 1948, 54–93.

Eppstein, V., Was Saul Also Among the Prophets? ZAW 81, 1969, 287–304.

Evans, C.A., On the Unity and Parallel Structure of Isaiah, VT 38, 1988, 129–147.

Farr, G., The Language of Amos, Popular or Cultic? VT 16, 1966, 312–224.

Fensham, F.C., Common Trends in Curses of the Near Eastern Treaties and Kudurru-Inscriptions Compared with the Maledictions of Amos and Isaiah, ZAW 75, 1963, 155–175.

Ders., Zephaniah, Book of, IDB.S, 1976, 983–984.

Festinger, L. u.a., When Prophecy Fails, New York 1964.

Fey, R., Amos und Jesaja, Neukirchen-Vluyn 1963.

Fichtner, J., Jesaja unter den Weisen, ThLZ 74, 1949, 75–80.

Fischer, J.A., Notes on the Literary Form and Message of Malachi, CBQ 34, 1972, 315–320.

Fishbane, M., Sin and Judgement in the Prophecies of Ezekiel, Int 38, 1984, 131–150.

Fohrer, G., Das Buch Jesaja, 3 Bd., Zürich [2]1966/67.

Ders., Die Hauptprobleme des Buches Ezechiel, Berlin 1952.

Ders., Die Sprüche Obadjas, in: Studia Biblica et Semantica Theodoro Christiano Vriezen 1966, 81–93.

Ders., Die symbolischen Handlungen der Propheten, Zürich [2]1968.

Ders., Einleitung in das Alte Testament, Heidelberg [10]1965.

Ders., Elia, Zürich [2]1968.

Ders., Neuere Literatur zur alttestamentlichen Prophetie, ThR 19, 1951, 277–346; 20, 1952, 192–271, 295–361; 40, 1975, 337–377; 41, 1976, 1–12.

Ders., The Origin, Composition and Tradition of Isaiah I–XXXIX, ALUOS 3, 1961/62, 29–32.

Ders., Zehn Jahre Literatur zur alttestamentlichen Prophetie, ThR 28, 1961, 1–75, 235–297, 301–374.

Freedman, N.D., Son and Man, Can These Bones Live? Interp. 29, 1975, 171–186.

Ders., The Law and The Prophets, VT.S 9, 1963, 250–265.

Fretheim, T.E., Jonah and Theodicy, ZAW 90, 1978, 227–237.

Ders., The Message of Jonah, Minneapolis 1977.

Frick, F.S., Rechabites, IDB.S, 1976, 726–728.

Galling, K., Die Exilwende in der Sicht des Propheten Sacharja, VT 2, 1952, 19–36.

Ders., Serubbabel und die Wiederaufnahme des Tempels in Jerusalem, in: Kuschke, A. (Hg.), Verbannung und Heimkehr, Tübingen 1961, 67–96.

Ders., Studien zur Geschichte Israels im persischen Zeitalter, Tübingen 1964.

Geertz, C., Religion as a Cultural System, in: Banton, M. (Hg.), Anthropological Approaches to the Study of Religion, London 1966, 1–46.

Gelston, A., Kingship in the Book of Hosea, OTS 19, 1974, 71–85.

George, A., Le Livre de Michée, DBS IV, 1957, 1252–1263.

Ders., Nahoum, Le Livre de, DBS VI, 1960, 291–301.

Gerleman, G., Zephaniah textkritisch und literarkritisch untersucht, Lund 1942.

Gese, H., Kleine Beiträge zum Verständnis des Amosbuches, VT 12, 1962, 417–438.

Ders., Zur Geschichte der Kultsänger am zweiten Tempel, in: Betz, O. u.a. (Hg.), Abraham unser Vater, Leiden 1963, 222–234.

Ders., Anfang und Ende der Apokalyptik dargestellt am Sacharjabuch, ZThK 70, 1973, 20–49.

Ders., Jona ben Amittai und das Jonabuch, ThBeitr 16, 1985, 256–272.

Gevaryahu, H., The Universalism of the Book of Jonah, Dor leDor 1981.

Ginsberg, H.L., Isaiah in the Light of History, CJud 22, 1967, 1–18.

Ders., The Oldest Interpretation of the Suffering Servant, VT 3, 1953, 400–404.

Glazier-McDonald, B., Malachi: The Divine Messenger, Atlanta 1987.

Goodhart, S., Prophecy, Sacrifice and Repentance in the Story of Jonah, Semeia 33, 1985, 43–63.

Gordis, R., The Composition and Structure of Amos, HThR 33, 1940, 239–251.

Gordon, R.P., From Mari to Moses: Prophecy at Mari and in Ancient Israel, in: McKay, H. A. u.a. (Hg.), Of Prophets' Visions and the Wisdom of Sages, Sheffield 1993, 63–79.

Gottlieb, A., Amos und Jerusalem, VT 17, 1967, 430–463.

Gottwald, N.K., All the Kingdoms of the Earth, New York 1964.

Gowan, D.E., Habakkuk and Wisdom, Perspektive 9, 1968, 157–166.

Ders., The Triumph of Faith in Habakkuk, Atlanta 1976.

Grabbe, L.L., Judaism from Cyrus to Hadrian, Bd. 1, The Persian and Greek Periods, Minneapolis 1992.

Ders., Prophets, Priests, Diviners and Sages in Ancient Israel, in: McKay, H.A. u.a. (Hg.), Of Prophets' Visions and the Wisdom of Sages, Sheffield 1993, 54–62.

Gray, G.B., The Book of Isaiah, Edinburgh (1912) Neudruck 1947.

Gray, J., The KRT-Text in the Literature of Ras Shamra, Leiden ²1964.

Ders., The Legacy of Canaan, Leiden ²1965.

Ders., I & II Kings, A Commentary, Philadelphia ²1970.

Greenberg, M., Ezekiel 1–20, Garden City, N.Y., 1983.

Greenfield, J.C., The Zakir Inscription and the Danklied, Proceedings of the Fifth World Congress of Jewish Studies, Jerusalem 1969, 1, 175–176.

Guillaume, A., Prophecy and Divination Among the Hebrews and Other Semites, London 1938.

Gunkel, H., Nahum 1, ZAW 13, 1893, 223–244.

Ders., Der Micha-Schluß, ZS 2, 1924, 145–178.

Gunneweg, A.H.J., Vom Verstehen des Alten Testaments, Göttingen 1977.

Haag, H., Gad und Nathan, in: Kuschke, A. und Kutsch, E. (Hg.), Archäologie und Altes Testament, Tübingen 1970, 135–143.

Ders., ben, II–IV, ThWAT I, 1973, 670–682.
Hackett, J.A., The Balaam Text from Deir 'Alla, Chico, Calif. 1984.
Hagstrom, D.G., The Coherence of the Book of Micah: A Literary Analysis, Atlanta 1988.
Hahn, H.F., The Old Testament in Modern Research, Philadelphia ³1970.
Haldar, A., Associations of Cult Prophets Among the Ancient Semites, Uppsala 1945.
Ders., Studies in the Book of Nahum, Uppsala 1917.
Hallevy, R., Man of God, JNES 17, 1958, 237–244.
Hammershaimb, E., Einige Hauptgedanken in der Schrift des Propheten Micha, StTh 15, 1961, 11–34.
Ders., Some Aspects of Old Testament Prophecy from Isaiah to Malachi, Kopenhagen 1966.
Hanhart, R., Sacharja, BK XIV,7, Neukirchen-Vluyn 1992.
Hanson, P.D., Jewish Apocalyptic Against Its Near-Eastern Environment, RB 78, 1971, 31–58.
Ders., Old Testament Apocalyptic Reexamined, Interp. 25, 1971, 454–479.
Ders., Zachariah 9 and the Recapitulation of an Ancient Ritual Pattern, JBL 92, 1973, 37–59.
Ders., The Dawn of Apocalyptic, Philadelphia 1975.
Haran, M., The Literary Structure and Chronological Framework of the Prophecies in Is' XL–XLVIII, VT.S 9, 1963, 127–155.
Ders., From Early to Classical Prophecy: Continuity and Change, VT 27, 1977, 385–397.
Ders., Temples and Temple-Service in Ancient Israel, Oxford 1978.
Harper, W.R., A Critical and Exegetical Commentary on Amos and Hosea, Edinburgh 1905.
Hasel, G.F., The Remnant, Berrien Springs/Mich. 1972.
Haupt, P., The Book of Micah, AJSL 27, 1911, 1–63.
Ders., The Book of Nahum, JBL 26, 1907, 1–53.
Hauser, A.J. u.a., From Carmel to Horeb: Elijah in Crisis, Sheffield 1990.
Hayes, J.H., The Tradition of Zion's Inviolability, JBL 82, 1963, 419–426.
Ders., Prophetism at Mari and Old Testament Parallels, in: TUSR 9, San Antonio 1971, 31–41.
Ders., The History of the Form-Critical Study of Prophecy, SBL Seminar Papers 1, 1973, 60–99.
Ders. (Hg.), Old Testament Form Criticism, San Antonio 1974.
Ders. und Miller, J.M. (Hg.), Israelite and Judaean History, Philadelphia 1977.
Ders. u.a., Isaiah the Eighth-Century Prophet: His Times and His Preaching, Nashville 1987.
Heintz, J.-G., Prophetie in Mari und Israel, Bib. 52, 1971, 543–555.
Hentschel, G., Die Elia-Erzählungen, Leipzig 1977.
Herbert, A.S., The Book of the Prophet Isaiah, Chapters 1–39, New York 1973.
Ders., The Book of the Prophet Isaiah: Chapters 60–66, Cambridge 1975.
Herrmann, S., Prophetie in Israel und Ägypten: Recht und Grenze eines Vergleichs, VT.S 9, 1963, 47–65.
Ders., Prophetie und Wirklichkeit in der Epoche des babylonischen Exils, AzTh 1, 1967, 32.
Ders., Geschichte Israels in alttestamentlicher Zeit, München 1973.
Hesse, F., ‚Haggai‘, in: Kuschke, A., Verbannung und Heimkehr, Tübingen 1961, 109–134.
Hiebert, T., God of My Victory: The Ancient Hymn in Habakkuk 3, Atlanta 1986.
Hillers, D.R., Micah, Philadelphia, 1984.
Ders., Micah, The Anchor Bible Dictionary Bd 4, New York 1992, 806–810.
Hobbs, T.R., Some Remarks on the Composition and Structure of the Book of Jeremiah, CBQ 34, 1974, 257–275.
Hoffmann, H.W., Die Intention der Verkündigung Jesajas, Berlin 1974.
Hoffmann, Y., Did Amos regard himself as a Nabi'?, VT 27, 1977, 209–212.
Holbert, J.C., ‚Deliverance Belongs to Yaweh!‘ Satire in the Book of Jonah, JSOT 21, 1981, 57–81.
Holladay, W.L., Isaiah: Scroll of a Prophetic Heritage, Grand Rapids 1978.
Ders., Jeremiah 1, Philadelphia 1986.
Ders., Jeremiah: Spokesman Out of Time, Philadelphia 1974.

Ders., The Architecture of Jeremiah 1–20, Lewisburg 1976.
Ders., The Background of Jeremiah's Self-Understanding, JBL 83, 1964, 153–164.
Hölscher, G., Hesekiel. Der Dichter und das Buch, Berlin 1924.
Holstein, J.A., Max Weber and Biblical Scholarship, HUCA 46, 1975, 159–179.
Howie, C.G., Ezekiel, IDB II, 1962, 203–213.
Ders., The Date and Composition of Ezekiel, New Haven 1950.
Huber, H., Jahwe, Juda und die anderen Völker beim Propheten Jesaja, Berlin 1976.
Huffmon, H.B., Prophecy (ANE), in: The Anchor Bible Dictionary Bd. 5, New York 1992, 477–82.
Ders., Prophecy in the Ancient Near East, IDB.S, 1976, 679–700.
Ders., Prophecy in the Mari Letters, BA 31, 1968, 101–124.
Ders., The Origins of Prophecy, in: Cross, F.M. u.a. (Hg.), Magnalia Dei, Garden City 1976, 173–186.
Humbert, P., Le Problème du livre de Nahoum, RHPhR 12, 1932, 1–15.
Ders., Problèmes du livre d'Habacuc, Neuchatel 1944.
Hyatt, J.P., The Book of Jeremiah: Introduction and Exegesis, IntB V, 1956, 777–1142.
Ders., The Date and Background of Zephaniah, JNES 7, 1948, 156–173.
Ders., Torah in the Book of Jeremiah, JBL 60, 1941, 381–396.

Irwin, W.A., The Problem of Ezekiel, Chicago 1943.

Jacob, E., L'Héritage cananéen dans le livre du prophète Osée, RHPhR 43, 1963, 250–259.
Ders., Quelques travaux récents sur le prophétisme, RHPhR 53, 1973, 415–425; 54, 1974, 523–550.
Jamieson-Drake, D.W., Scribes and Schools in Monarchic Judah, Sheffield 1991.
Janssen, E., Juda in der Exilszeit, Göttingen 1956.
Janzen, J.G., Eschatological Symbol and Existence in Habakkuk, CBQ 44, 1982, 394–414.
Jenks, A.W., The Elohist and North Israelite Traditions, Missoula 1977.
Jensen, J., The Use of Tora by Isaiah: His Debate with the Wisdom Tradition, Washington 1973.
Jeppesen, K., New Aspects of Micah Research, JSOT 8, 1978, 3–32.
Jepsen, A., Elia und das Gottesurteil, in: Goedicke, H. (Hg.), Near Eastern Studies, Baltimore 1971, 291–306.
Ders., NABI. Soziologische Studien zur altt.lichen Literatur und Religionsgeschichte, München 1934.
Jeremias, J., Kultprophetie und Gerichtsverkündigung in der späten Königszeit Israels, Neukirchen-Vluyn 1969.
Ders., Die Bedeutung der Gerichtsworte Michas in der Exilszeit, ZAW 83, 1971, 330–353.
Ders., Die Nachtgesichte des Sacharja, Göttingen 1977.
Jöcken, P., Das Buch Habakuk, Köln 1977.
Johnson, A.R., The Cultic Prophet and Israel's Psalmody, Cardiff 1979.
Johnson, D.G., From Chaos to Restoration: An Integrative Reading of Isaiah 24–27, Sheffield 1988.
Jones, D.R., The Tradition of the Oracles of Isaiah of Jerusalem, ZAW 67, 1955, 226–246.
Jones, G.H., Abraham and Cyrus: Type and Anti-type? VT 22, 1972, 304–319.
Jong Ellis, M. de, Observations on Mesopotamian Oracles and Prophetic Texts, JCS 41, 1989, 127–186.
Joyce, P., Divine Initiative and Human Response in Ezekiel, Sheffield 1989.

Kaiser, O., Der Königliche Knecht, Göttingen 1959.
Ders., Der Prophet Jesaja. Kapitel 1–12, ATD 17, Göttingen ³1970.
Ders., Der Prophet Jesaja. Kapitel 13–39, ATD 18, Göttingen 1973.
Ders., Der Prophet Jesaja. Kapitel 13–39, ATD 18, Göttingen 1973.
Ders., Das Buch des Propheten Jesaja. Kapitel 1–12, ATD 17, 5. neubearb. Aufl. Göttingen 1981.

Ders. (Hg.), Texte aus der Umwelt des AT, Bd. II: Orakel, Rituale, Bau- und Votivinschriften, Lieder und Gebete, Gütersloh 1986–1991 (TUAT).

Kapelrud, A.S., Baal in the Ras Shamra Texts, Kopenhagen 1955.

Ders., Central Ideas in Amos, Oslo [2]1961.

Ders., Eschatology in the Book of Micah, VT 11, 1961, 392–405.

Ders., Joel Studies, Uppsala 1948.

Ders., The Main Concern of Second Isaiah, VT 32, 1982, 50–58.

Ders., The Message of the Prophet Zephaniah: Morphology and Ideas, Oslo 1975.

Keller, C.-A., Jonas, Le portrait d'un Prophète, ThZ 21, 1965, 329–340.

Ders., Nahoum, Habacuc, in: Vuilleumier, R. and Keller, C.-A. (Hg.), Michée, Nahoum, Habacuc, Sophonie, Paris 1971, 101–176.

Ders., Die theologische Bewältigung der geschichtlichen Wirklichkeit in der Prophetie Nahums, VT 22, 1972, 399–419.

Ders., Die Eigenart des Propheten Habakuks, ZAW 85, 1973, 156–176.

Kessler, W., Zur Auslegung von Jes. 56–66, ThLZ 81, 1956, 335–338.

Ders., Gott geht es um das Ganze. Jesaja 56–66 und Jesaja 24–27, Stuttgart 1960.

King, P.J., Amos, Hosea, Micah – An Archaeological Commentary, Philadelphia 1988.

Ders., Jeremiah: An Archaeological Companion, Louisville 1993.

Klein, R.W., Israel in Exile, Philadelphia 1979.

Knibb, M.A., Prophecy and the Emergence of the Jewish Apocalypsis, in: Coggins, R. u.a. (Hg.), Israel's Prophetic Tradition, 155–189.

Knight, D.A., Wellhausen and the Interpretation of Israel's Literature, Semeia 25, 1982, 21–36.

Knight, G.A.F., Hosea: Introduction and Commentary, London 1960.

Koch, K., Die Profeten, Bd. 1, Stuttgart 1978 (3. Aufl. 1995); Bd. 2 Stuttgart 1980.

Ders., Die Stellung des Kyros im Geschichtsbild Deuterojesajas und ihre überlieferungsgeschichtliche Verankerung, ZAW 84, 1972, 352–356.

Ders., Was ist Formgeschichte, Neukirchen-Vluyn [3]1974.

Ders., Zur Entstehung der sozialen Kritik bei den Propheten, in: Wolff, H.W. (Hg.), Probleme biblischer Theologie, München 1971, 236–257.

Köckert, M., Prophetie und Geschichte im Hoseabuch, ZThK 85, 1987, 3–30.

Köhler, L., Kleine Lichter. 50 Bibelstellen erklärt, Zürich 1945.

Krämer, H., ThWNT VI, 1959, 781–795. (Prophet)

Kraus, H.-J., Die Anfänge der religionssoziologischen Forschungen in der alttestamentlichen Wissenschaft, in: ders., Biblisch-theologische Aufsätze, Neukirchen-Vluyn 1972, 296–310.

Ders., Die ausgebliebene Endtheophanie. Eine Studie zu Jes. 56–66, ZAW 78, 1966, 317–332.

Ders., Die prophetische Botschaft gegen das soziale Unrecht Israels, EvTh 15 n.F. 10, 1955, 295–307.

Ders., Geschichte der historisch-kritischen Erforschung des Alten Testaments von der Reformation bis zur Gegenwart, Neukirchen-Vluyn 1956.

Ders., Gottesdienst in Israel. München [2]1962.

Kselman, J.S., The Social World of the Israelite Prophets, RStR 11, 1985, 120–129.

Langohr, G., Redaktion et composition du livre de Sophonie, Le Museon 89, 1976, 51–73.

Largement, R., Les Oracles de Bile'am et la mantiques suméro-akkadienne, in: Travaux de l'Institut Catholique de Paris, Paris 1964, 37–50.

Larkin, K.J., The Eschatology of Second Zechariah, Kampen 1994.

Leeuw, G. van der, Religion in Essence and Manifestation, Gloucester 1967.

Leeuwen, C. van, Hosea, Nijkerk 1968.

Lehming, S., Erwägungen zu Amos, ZThK 55, 1958, 145–169.

Leiman, S.Z. (Hg), The Canon and the Masora of the Hebrew Bible, New York 1974.

Ders., The Canonization of Hebrew Scripture, Hamden 1976.

Lemche, N.P., The God of Hosea, in: Ulrich, E. u.a. (Hg.), Priests, Prophets and Scribes, Sheffield 1992, 241–257.

Lescow, T., Das Buch Maleachi: Texttheorie – Auslegung – Kanontheorie, Stuttgart 1993.
Ders., Redaktionsgeschichtliche Analyse von Micha 1–5, ZAW 84, 1972, 46–85.
Leslie, E.A., Isaiah, Nashville 1963.
Ders., Jeremiah Chronologically Arranged, Translated and Interpreted, Nashville 1954.
Ders., Micah the Prophet, IDB III, 1962, 369–372.
Levenson, J.D., Theology of the Program of Restoration of Ezekiel 40–48, Missoula, Mont. 1976.
Ders., Who Inserted the Book of the Tora?, HTR 68, 1975, 203–233.
Lewis, I.M., Ecstatic Religion, Harmondsworth 1971.
Liebreich, L.J., The Compilation of the Book of Isaiah, JQR 46, 1955/56, 259–277; 47, 1956/57, 114–138.
Limburg, J., Jonah, Louisville 1993.
Lindblom, J., Prophecy in Ancient Israel, Oxford 1962.
Ders., Saul inter prophetas, ASTI 9, 1974, 30–41.
Ders., The Political Background of the Shiloh Oracle, VT.S 1, 1953, 78–87.
Ders., The Servant Songs in Deutero-Isaiah, Lund 1951.
Ders., Zur Frage des kanaanäischen Ursprungs des israelitischen Prophetismus, in: BZAW 77, 1958, 89–104.
Lods, A., The Prophets and the Rise of Judaism, London 1937.
Long, B.O., 2 Kings III and Genres of Prophetic Narrative, VT 23, 1973, 337–348.
Ders., Prophetic Authority and Social Reality, in: Coats, G.W. and Long, B.O. (Hg.), Canon and Authority, Philadelphia 1977, 3–20.
Lust, J. (Hg.), Ezekiel and His book: Textual and Literary Criticism and Their Interrelation, Louvain 1986.

Maass, F., „Tritojesaja?" in: Maass, F. (Hg.), Das ferne und nahe Wort, Berlin 1967, 151–163.
Macholz, G.C., Jeremia in der Kontinuität der Prophetie, in: Wolff, H.W. (Hg.), Probleme biblischer Theologie, München 1971, 306–334.
Malamat, A., Mari and the Early Israelite Experience, Oxford 1989.
Ders., Mari, BA 34, 1971, 2–22.
Ders., New Light from Mari (ARM 26) on Biblical Prophecy, in: Garrone, D. u.a. (Hg.), Storia e Traditione di Israele, Brescia 1991, 186–190.
Ders., Prophetic Revelations in New Documents from Mari and the Bible, VT.S 15, 1966, 207–227.
March, W.E., Prophecy, in: Hayes, J.H., (Hg.), Old Testament Form Criticism, 141–177.
Mason, R., The Books of Haggai, Zechariah, and Malachi, Cambridge 1977.
May, H.G., The Chronology of Jeremiah's Oracles, JNES 4, 1945, 217–227.
Ders., The Fertility Cult in Hosea, AJSL 48, 1932, 73–98.
Mayes, A.D.H., Deuteronomy, London 1979.
Ders., Prophecy and Society in Israel, in: McKay, H.A. u.a. (Hg.), Of Prophets' Visions and the Wisdom of Sages, Sheffield 1993, 25–42.
Ders., The Story of Israel between Settlement and Exile, London 1983.
Mays, J.L., Amos, A Commentary, Philadelphia 1969.
Ders., Hosea, A Commentary, Philadelphia 1969.
Ders., Micah, A Commentary, Philadelphia 1976.
Mazar, A., Archeology of the Land of the Bible 10000–586 B.C.E., New York & London 1990, 403–62.
McConville, J.G., Jeremiah: Prophet and book, TB 42, 1991, 80–95.
Ders., Judgement and Promise: An Interpretation of the Book of Jeremiah, Leicester 1993.
McCullough, W.S., A Re-Examination of Isaiah lvi-lxvi, JBL 67, 1948, 27–36.
McGregor, L.J., The Greek Text of Ezekiel, Atlanta 1985.
McKane, W., A Critical and Exegetical Commentary on Jeremiah, vol. 1, Edinburgh 1986.
Ders., Prophet and Institution, ZAW 94, 1962, 251–266.
McKay, J.W., Religion in Judah Under the Assyrians, Naperville/Ill. 1973.

McKenzie, J.L., Second Isaiah, Garden City 1968.
Ders. u.a., Covenant Themes in Malachi, CBQ 45, 1984, 549–563.
Ders., The Prophetic History and the Redaction of Kings, HAR 9, 1985, 203–220.
Meek, T.J., Hebrew Origins, New York ²1950.
Meier, S.A., The Messenger Ancient Semitic World, Atlanta 1989.
Melugin, R.F., The Formation of Isaiah 40–55, Berlin 1976.
Meyers, C.L. u.a., Haggai, Zechariah 1–8: Translation, Introduction and Commentary, Garden City, 1987.
Michaelsen, P., Ecstasy and Possession in Ancient Israel, SJOT 2, 1989, 28–54.
Mihelic, J.L., The Concept of God in the Book of Nahum, Interp. 2, 1948, 199–208.
Millar, W.R., Isaiah 24–27 and the Origin of Apocalyptic, Missoula 1976.
Miller, J.M., The Elisha Cycle and the Accounts of the Omride Wars, JBL 85, 1966, 441–454.
Ders., The Fall of the House of Ahab, VT 17, 1967, 307–324.
Ders., Das Verhältnis Jeremias und Hesekiels sprachlich und theologisch untersucht, Assen 1955.
Ders., Prophetic Conflict in Second Isaiah, in: Stoebe, J. (Hg.), Wort – Gebet – Glaube, Zürich 1970, 77–85.
Miller, Jr., P.D., The Divine Warrior in Ancient Israel, Cambridge 1973.
Monloubon, L., Amos, DBS VIII, 1972, 706–724.
Moran, W.L., New Evidence from Mari on the History of Prophecy, Bib. 50, 1969, 15–56.
Morgenstern, J., Amos Studies I, HUCA 11, 1936, 19–140; II, HUCA 12/13, 1937/38, 1–53; III, HUCA 15, 1940, 59–305; IV HUCA 32, 1961, 295–350.
Mosis, R., Untersuchungen zur Theologie des chronistischen Geschichtswerkes, Freiburg 1972.
Mowinckel, S., Zur Komposition des Buches Jeremia, Kristiania 1914.
Ders., Die Komposition des deuterojesajanischen Buches, ZAW 49, 1931, 87–112, 242–262.
Ders., Die Komposition des Jesajabuches Kap. 1–39, AcOr 11, 1933, 267–292.
Ders., He That Cometh, Oxford 1959, 187–260.
Ders., The Psalms in Israel's Worship, 2 Bde., Nashville 1967.
Muilenburg, J., Obadiah, the Book of, IDB III, 1962, 578–579.
Ders., The ‚Office‘ of the Prophet in Ancient Israel, in: Hyatt, J.P. (Hg.), The Bible in Modern Scholarship, Nashville 1965, 74–97.
Ders., The Book of Isaiah, Ch. 40–66, IntB V, 1956, 381–773.
Myers, J.M., Edom and Judah in the Sixth-Fifth Centuries B.C., Near Eastern Studies in Honor of W.F. Albright, Baltimore 1971, 377–392.
Ders., I Chronicles, Garden City 1965.

Napier, B.D., Prophet, Propheticism, IDB III, 1962, 896–919.
Nelson, R.D., The Double Redaction of the Deuteronomistic History, Sheffield 1981.
Neumann, P.H.A., Das Prophetenverständnis in der deutschsprachigen Forschung seit Heinrich Ewald, Darmstadt 1979.
Neumann, P.K.D., Das Wort, das geschehen ist ..., Zum Problem der Wortempfangstheologie in Jer. 1–25, VT 23, 1973, 171–217.
Newman, M., The Prophetic Call of Samuel, in: Anderson, B.W. und Harrelson, W., Heritage, 86–97 (s.o.).
Newsome, J., Toward a New Understanding of the Chronicler and His Purposes, JBL 94, 1975, 210–212.
Nicholson, E.W., Deuteronomy and Tradition, Oxford – Philadelphia 1967.
Ders., Preaching to the Exiles, New York 1970.
Ders., The Book of the Prophet Jeremiah: Chapters 26–52, Cambridge 1975.
Nielsen, E., The Righteous of the Wicked in Habaqquq, StTh 6, 1953.
Noort, E., Untersuchungen zum Gottesbild in Mari, Neukirchen-Vluyn 1977.
North, C.R., The Suffering Servant in Second Isaiah, Oxford ²1956.

Ders., The Second Isaiah, Oxford 1964.
North, F.S., Critical Analysis of the Book of Haggai, ZAW 68, 1956, 25–46.
North, R., Prophecy to Apocalytic via Zechariah, VT.S 22, 1972, 47–72.
Noth, M., Geschichte Israels, Göttingen ⁴1959.
Ders., Überlieferungsgeschichtliche Studien, Tübingen ³1967.
Nötscher, F., Prophetie im Umkreis des alten Israel, BZ n.F. 10, 1966, 161–197.
Nyberg, H.S., Studien zum Hoseabuch, Uppsala 1935.

O'Brien, J.M., Priest and Levite in Malachi, and Jonah, Atlanta 1990.
Oded, B., Judah and the Exile, in: Hayes, J.H. und Miller, J.M. History (s.o.) 435–458.
Olmstead, A.T.E., History of the Persian Empire, Chicago 1948.
Orlinsky, H.M., The Seer in Ancient Israel, OrAnt 4, 1965, 153–174.
Ders., The So-Called ‚Servant of the Lord‘ and ‚Suffering Servant‘ in Second Isaiah, VT.S 14, 1967, 1–133.
Otto, E., Die Stellung der Wehe-Worte in der Verkündigung des Propheten Habakuk, ZAW 89, 1977, 73–107.
Otzen, B., Traditions and Structures of Isaiah XXIV–XXVII, VT 24, 1974, 196–206.
Overholt, T.W., Remarks on the Continuity of the Jeremiah Tradition, JBL 91, 1972, 457–462.
Ders., Jeremiah and the Nature of the Prophetic Process, in: ders. (Hg.), Essays in Honour of J. Coert Rylaarsdam, Pittsburgh 1977, 129–150.
Ders., Commanding the Prophets: Amos and the Problem of Prophetic Authority, CBQ 41, 1979, 517–532.
Ders., Channels of Prophecy: The Social Dynamics of Prohetic Activity, Minneapolis 1989.
Ders., Prophecy in History: The Social Reality of Intermediation, JSOT 48, 1990, 3–29.

Parker, S.B., Official Attitudes towards Prophecy at Mari and in Israel, VT 43, 1993, 50–68.
Ders., Posession Trance and Prophecy in Pre-exilic Israel, VT 28, 1978, 271–285.
Parpola, S. u.a., Neo-Assyrian Treaties and Loyalty Oaths, Helsinki 1988.
Parson, T., Societies: Evolutionary and Comparative Perspectives, Englewood Cliffs 1966.
Paul, S.M., Amos, Minneapolis 1991.
Payne, D.F., The Servant of the Lord: Language and Identification, EvQ 43, 1971, 131–143.
Payne, D.P., Jonah From the Perspective of Its Audience, JSOT 13, 1979, 3–12.
Peckham, B., The Vision of Habakkuk, CBQ 48, 1986, 617–636.
Perdue, L.G. u.a. (Hg.), A Prophet to the Nations, Winona Lake, 1984.
Perlitt, L., Mose als Prophet, EvTh 31, 1971, 588–608.
Person, R.F., Second Zechariah and the Deuteronomic School, Sheffield 1993.
Petersen, D.L., The Oracles Against the Nations, SBL Seminar Papers 1, 1975, 39–61.
Ders., Late Israelite Prophecy, Missoula 1977.
Ders., The Roles of Israel's Prophets, Sheffield 1981.
Ders., The Roles of Israel's Prophets, JSOT 17, Sheffield 1981.
Ders., Haggai and Zechariah 1–8: A Commentary, Philadelphia 1984.
Petitjean, A., Les oracles du Proto-Zacharie, Paris 1969.
Pfeiffer, R.H., Canon of the Old Testament, IDB I, 1962, 498–520.
Phillips, A., The Extatics' Father, in: Ackroyd, P.R. und Lindars, B. (Hg.), Words and Meanings, Cambridge 1968, 183–194.
Pixley, G.B., Micah – A Revolutionary, in: Jobling, D. u.a. (Hg.), The Bible and the Politics of Exegesis, Cleveland 1991, 53–60.
Plöger, O., Die Prophetengeschichten der Samuel- und Königsbücher, Greifswald 1937.
Ders., Prophetisches Erbe in den Sekten des frühen Christentums, ThLZ 79, 1954, 291–296.
Ders., Theokratie und Eschatologie, WMANT 2, Neukirchen 1959.
Pohlmann, K.-F., Ezechielstudien, Berlin 1992.
Ders., Studien zum Jeremiabuch, Göttingen 1978.
Polk, T., The Prophetic Persona: Jeremiah and the Language of the Self, Sheffield 1984.
Polley, M.E., Amos and the Davidic Empire: A Socio-Historical Approach, New York 1989.

Pope, M., Rechabites, IDB IV, 1962 14–16.
Porter, J.R., Bene hannebi'im, JThS 32, 1981, 423–428.
Ders., The Origins of Prophecy in Israel, in: Coggins, R. u.a., Tradition (s.o.), 12–31.
Prinsloo, W., The Theology of Joel, Berlin 1985.
Pritchard, J. (Hg.), Ancient Near Eastern Texts Relating to the Old Testament, Princeton ²1955, Supp. 1966.

Qimron, E., The Language of Jonah and the Date of Its Composition, BetM 25, 1980, 181–182.

Rad, G. von, Deuteronomium-Studien, FRLANT 58, Göttingen 1947.
Ders., Theologie des Alten Testaments Bd. 2, München 1960.
Ders., Das fünfte Buch Mose. Deuteronomium, ATD 8, Göttingen 1964.
Raitt, T.M., A Theology of Exile: Judgement/Deliverance in Jeremiah and Ezekiel, Philadelphia 1977.
Raitt, T.M., The Prophetic Summons to Repentance, ZAW 83, 1971, 30–49.
Ramlot, M.X., Prophétisme, DBS VIII, 1972, 811–1222.
Renaud, B., La Composition du Livre de Nahum, ZAW 99, 1987, 198–219.
Ders., La Formation du livre de Michée, Paris 1977.
Ders., Structure et attaches litéraires de Michée IV–V, Paris 1964.
Rendtorff, R., ThWNT VI, 1959, 795–813. (Prophet)
Ders., Reflections on the Early History of Prophecy in Israel, Journal for Theology and the Church 4, 1967, 14–34.
Ders., Zur Komposition des Buches Jesaja, VT 34, 1984, 295–320.
Ders., Kanon und Theologie. Vorarbeiten zu einer Theologie des AT, Neukirchen-Vluyn 1991.
Reventlow, H. Graf, Das Amt des Propheten bei Amos, Göttingen 1962.
Ders., Wächter über Israel. Ezechiel und seine Tradition, Berlin 1962.
Ders., Bibelautorität und Geist der Moderne, Göttingen 1980.
Ridderbos, N.H., Einige Bemerkungen über den Propheten als Boten von Jahwe, in: Voss, M.H. van u.a. (Hg.), Festschrift für M.A. Beek, Assen 1974, 211–216.
Rignell, L.G., Die Nachtgesichte des Sacharja, Lund 1950.
Ders., A Study of Isaiah Ch. 40–55, Lund 1956.
Ringgren, H., Prophecy in the Ancient Near East, in: Coggins, R. u.a., Tradition (s.o.), 1–11.
Roberts, B.J., The Second Isaiah Scroll from Qumran, BJRL 42, 1959, 132–144.
Roberts, J.J.M., Nahum, Habakkuk and Zephaniah, Louisville 1991, 161–223.
Robinson, H.W., The Cross of Hosea, Philadelphia 1949.
Robinson, T.H., Neuere Prophetenforschung, ThR 3, 1931, 15–103.
Ders., The Structure of the Book of Obadiah, JThS 17, 1916, 402–408.
Rofé, A., The Classification of the Prophetic Stories, JBL 89, 1970, 427–440.
Ders., Classes in the Prophetic Stories: Didactic Legenda and Parable, VT.S 26, 1974, 143–164.
Ders., Isaiah 66, 1–4: Judean Sects in the Persian Period as Viewed by Trito-Isaiah, in: Kort, A. u.a. (Hg.), Biblical and Related Studies, Winona Lake, 1985, 205–217.
Ders., The Prophetic Stories, Jerusalem 1988.
Ders., The Arrangement of the Book off Jeremiah, ZAW 101, 1991, 390–398.
Rosenbaum, S.N., Amos of Israel: A New Interpretation, Macon 1990.
Ross, J.F., Prophecy in Hamath, Israel and Mari, HThR 63, 1970, 1–28.
Ders., The Prophet as Yahweh's Messenger, in: Anderson, B.W. und Harrelson, W., Heritage (s.o.), 98–107.
Rost, L., Fragen um Bileam, in: Donner, H. und Rost, L. (Hg.), Beiträge zur alttestamentlichen Theologie, Göttingen 1977, 377–387.
Rowland, C., The Open Heaven, London 1982.
Rowley, H.H., Men of God: Studies in Old Testament History and Prophecy, London 1963. (Darin: Elijah on Mount Carmel, 37–65; The Marriage of Hosea, 66–97; The Book of

Ezekiel in Modern Study, 169–210; The Early Prophecies of Jeremiah in Their Setting, 198–234).

Ders., The Servant of the Lord and Other Essays on the Old Testament, Oxford [2]1965, 1–93.

Ders., Worship in Ancient Israel, London 1967.

Rowton, M.B., The Chronology of Jeremiah's Oracles, JNES 10, 1951, 128–130.

Rudolph, W., Hosea, Gütersloh 1966.

Ders., Jeremia, Tübingen 1968.

Ders., Joel – Amos – Obadja – Jona, Gütersloh 1971.

Ders., Micha – Nahum – Habakuk – Zephanja, Gütersloh 1975.

Ders., Micha – Nahum – Habakuk – Zephanja, Gütersloh 1975.

Ders., Haggai-Sacharja 1–8 – Sacharja 9–14 – Maleachi, Gütersloh 1976.

Saebo, M., Sacharja 9–14, Neukirchen-Vluyn 1969.

Sanders, J.A., Torah and Canon, Philadelphia 1972

Sasson, J.M., Jonah: Translation, Commentary, and Interpretations, New York und London 1990.

Sawyer, J.F.A., A Change of Emphasis in the Study of the Prophets, in: Coggins, R. u.a., Heritage (s.o.), 233–249.

Schäfer-Lichtenberger, C., „Josua" und „Elischa" – eine biblische Argumentation zur Begründung der Autorität und Legitimität des Nachfolgers, ZAW 101, 1989, 198–222.

Scharbert, J., Die prophetische Literatur: der Stand der Forschung, EThL 44, 1968, 346–406.

Schmidt, W.H., Die deuteronomistische Redaktion des Amosbuches, ZAW 77, 1965, 168–193.

Schmitt, H.-C., Elisa, Gütersloh 1972.

Schramm, B., The Opponents of Third Isaiah: Reconstructing the Cultic History of the Restoration, Sheffield 1995.

Schreiner, J., Zion – Jerusalem, Jahwes Königssitz, München 1963.

Schulz, H., Das Buch Nahum, Berlin 1973.

Schweizer, H., Elischa in den Kriegen, München 1974.

Scott, M., The Message of Hosea, London 1921.

Scott, R.B., The Literary Structure of Isaiah's Oracles, in: Rowley, H.H. (Hg.), Studies in Old Testament Prophecy, Edinburgh 1950, 175–186,

Seebass, H., Der Fall Naboth in I Reg xxi, VT 24, 1974, 474–488.

Ders., Die Verwerfung Jerobeams I und Salomos durch die Prophetie des Ahia von Silo, WO 4, 1968, 166–169.

Ders., Elia und Ahab auf dem Karmel, ZThK 70, 1973, 121–136.

Ders., Tradition und Interpretation bei Jehu ben Chanania und Ahia von Silo, VT 25, 1975, 175–190.

Ders., Zur Königserhebung Jerobeams I, VT 17, 1967, 325–333.

Seeligman, I.L., The Septuagint Version of Isaiah, Leiden 1948.

Sehmsdorf, E., Studien zur Redaktionsgeschichte von Jesaja 56–66, ZAW 84, 1972, 517–576.

Seitz, C.R., Isaiah 1–13, Louisville 1993.

Ders., Zion's Final Destiny: The Development of the Book of Isaiah; A Reassessment of Isaiah 36–39, Minneapolis 1991.

Seitz, G., Redaktionsgeschichtliche Studien zum Deuteronomium, Stuttgart 1971.

Sekine, M., Davidsbund und Sinaibund bei Jeremia, VT 9, 1959, 47–57.

Sekine, S., Die Tritojesajanische Sammlung (Jes 56–66) redaktionsgeschichtlich untersucht, Berlin 1989.

Seybold, K., Bilder zum Tempelbau, Stuttgart 1974.

Ders., Der Prophet Jeremia: Leben und Werk, Stuttgart 1993.

Ders., Elia am Gottesberg, EvTh 33, 1973, 3–18.

Shaw, C.S., The Speeches of Micah: A Rhetorical-Historical Analysis, Sheffield 1993.

Shepard, G.T., The Anti-Assyrian Redaction and the Canonical Context of Isaiah 1–19, JBL 104, 1985, 193–216.

Shupak, N., Egyptian ‚Prophetic' Writings and Biblical Wisdom Literature, BN 54, 1990, 81–102.

Sinclair, L.A., The Courtroom Motif in the Book of Amos, JBL 85, 1966, 351–353.

Skehan, P.W., Some Textual Problems in Isaiah, CBQ 22, 1960, 47–55.

Skinner, J., Book of the Prophet Isaiah, Cambridge ²1925.

Ders., Prophecy and Religion: Studies in the Life of Jeremiah, Cambridge 1922.

Smart, J.D., Amos, IDB I, 1962, 116–121; Hosea, IDB II, 1962, 648–653.

Ders., History and Theology in Second Isaiah, Philadelphia 1965.

Smend, R., Das Wort Jahwes an Elia, VT 25, 1975, 525–543.

Ders., Jahwekrieg und Stämmebund, (1963) Göttingen ²1966.

Smith, J.M.P., The Structure of Obadiah, AJSL 22, 1905/06, 131–138.

Smith, L.P. and Lacheman, E.L., The Authorship of the Book of Zephaniah, JNES 9, 1950, 137–142.

Smith, L.P., The Book of Micah, Interp. 6, 1952, 210–227.

Smith, M., Palestinean Parties and Politics That Shaped the Old Testament, New York – London 1971.

Smith, R.L., Micah – Maleachi, Waco, 1984, 120–144.

Soden, W. von, Verkündigung des Gotteswilles durch prophetisches Wort in den altbabylonischen Briefen aus Mari, WO 1, 1947–50, 397–403.

Soggin, J.A., Deuteronomische Geschichtsauslegung während des babylonischen Exils, in: Christ, F. (Hg.), Oikonomia, Hamburg 1967, 11–17.

Ders., Hosea und die Außenpolitik Israels, in: Emerton, J.A. (Hg.), Prophecy, Berlin – New York 1980, 131–136.

Ders., Introduction to the Old Testament, London ²1980.

Ders., The Prophet Amos, London 1987.

Ders., Tod und Auferstehung des leidenden Gottes-Knechtes: Jesaja 53, 8–10, ZAW 85, 1975, 346–355.

Soleh, A., The Story of Jonah's Reflective Adventures, BetM 24, 1979, 406–420. (Hebrew)

Soll, W., Babylonian and Biblical Acrostics, Bib. 68, 1988, 305–323.

Spieckermann, H., Juda unter Assur in der Sargonidenzeit, Göttingen 1982.

Stade, B., Bemerkungen über das Buch Micha, ZAW 1, 1891, 161–172.

Stamm, J.J., Elia am Horeb, Studia Biblica et Semitica Theodoro Christiano Vriezen, Wegeningen 1966, 327–334.

Starr, I., Queries to the Sun God: Divination and Politics in Sargonid Assyria, Helsinki 1990.

Steck, O.H., Das Problem theologischer Strömungen in nachexilischer Zeit, EvTh 28, 1968, 447–448.

Ders., Überlieferung und Zeitgeschichte in den Elia-Erzählungen, Neukirchen-Vluyn 1968.

Ders., Studien zu Tritojesaja, Berlin 1991.

Stern, E., The Material Culture of the Land of the Bible in the Persian Period 538–332 B.C., Jerusalem 1982.

Stolz, F., Jahwes und Israels Kriege, Zürich 1972.

Stuhlmueller, C., Deutero-Isaiah (chaps. 40–55), Major Transitions in the Prophet's Theology and in Contemporary Scholarship, CBQ 42, 1980, 1–29.

Sturdy, J., The Original Meaning of ‚Is Saul Also Among the Prophets?' VT 20, 1970, 206–213.

Sundberg Jr., A.C., The Old Testament of the Christian Church, Cambridge (Mass.) 1964.

Sweeney, M.A., Isaiah 1–4 and the Post Exilic Understanding of the Isaianic Tradition, Berlin 1988.

Ders., Textual Citations in Isaiah 24–27: Towards an Understanding of the Redactional Function of Chapters 24–27 in the Book of Isaiah, JBL 107, 1988, 39–52.

Ders., Concerning the Structure and Generic Character of the Book of Nahum, ZAW 104, 1992, 364–377.

Talmon, S. und Fishbane, M., The Structuring of Biblical Books: Studies in the Book of Ezekiel, ASTI 10, 1976, 129–153.

Talmon, S., The Emergence of Jewish Sectarianism in the Early Second Temple Period, in: King, Cult and Calendar in Ancient Israel, Jerusalem 1986, 165–201.

Terrien, S.L., Amos and Wisdom, in: Anderson, B.W. und Harrelson, W. (Hg.), Israel's Prophetic Heritage, 106–114.

Thiel, W., Die deuteronomistische Redaktion von Jeremia 1–25, Neukirchen-Vluyn 1973.

Thompson, J., The Book of Jeremiah, Grand Rapids 1980.

Thrupp, S.L., Millenarian Dreams in Action, New York 1970.

Torrey, C.C., Alexander the Great in the Old Testament Prophecies, BZAW 41, 1925, 281–286.

Ders., Pseudo-Ezekiel and the Original Prophecy, New Haven 1930.

Ders., Some Important Editorial Operations in the Book of Isaiah, JBL 57, 1938, 109–139.

Tov, E., L'incidence de la critique textuelle sur la critique littéraire dans le livre de Jérémie, RB 79, 1972, 189–199.

Tsevat, M., The Neo-Assyrian and Neo-Babylonian Vassal Oaths and the Prophet Ezekiel, JBL 78, 1959, 199–204.

TUAT = Texte aus der Umwelt des AT, s. Kaiser, O.

Tucker, G.M. u.a. (Hg.), Canon, Theology and Old Testament Interpretation, Philadelphia 1988.

Ders., Prophecy and the Prophetic Literature, in: Knight, D.A. u.a. (Hg.), The Hebrew Bible and Ist Modern Interpreters, Chico, Calif. 1985, 325–368.

Untermann, J., From Repentance to Redemption: Jeremiah's thought in Transition, Sheffield 1987.

Utzschneider, H., Hosea – Prophet vor dem Ende, Göttingen 1980.

Vaux, R. de, The Prophets of Baal on Mount Carmel, in: ders., The Bible and the Ancient Near East, Garden City 1971, 238–251.

Vawter, B., Were the Prophets *nabi*'s?, Bib 66, 1985, 206–220.

Verhoef, P.A., The Books of Haggai and Malachi, Grand Rapids 1987.

Vermeylen, J., La Composition littéraire de l'apocalyse de ,Isaie', EThL 50, 1974, 5–38.

Ders., Du prophète Isaïe à l'apocalyptique, 2 Bde, Paris 1977 und 1978.

Ders., Du Prophète Isaie à l'apocalyptique, 2 Bde., Paris 1977/78.

Ders. (Hg.), The Book of Isaiah – Le Livre d'Isaïe, Louvain 1989.

Vries, S.J. De, Prophet Against Prophet: The Role of the Micaiah Narrative (1 Kings 22) in the Development of Early Prophetic Tradition, Grand Rapids 1978.

Vriezen, T.C., Essentials of the Theology of Isaiah, in: Anderson, B.W. und Harrelson, W., Heritage (s.o.), 128–146.

Vuilleumier, B., Michée, Nahoum, Habacuc, Sophonie, Neuchatel 1971.

Wach, J., Sociology of Religion (deutsch: Religionssoziologie, nach der 4. Aufl. übersetzt von H. Schoeck, Tübingen 1951).

Waldow, H.E. von, The Message of Deutero-Isaiah, Interp. 22, 1968, 259–287.

Walker, H.H. und Lund, N.W., The Literary Structure of the Book of Habakkuk, JBL 53, 1934, 355–370.

Wallis, G., Wesen und Struktur der Botschaft Maleachis, in: Maass, F. (Hg.), Das ferne und nahe Wort, Berlin 1967, 229–237.

Walters, S.D., Prophecy in Mari and Israel, JBL 89, 1970, 78–81.

Ward, J.M., Hosea: A Theological Commentary, New York 1966.

Ders., Amos and Isaiah: Prophets of the Word of God, Nashville 1969.

Ders., The Message of the Prophet Hosea, Interp. 23, 1969, 387–407.

Ders., Amos, IDB.S, 1976, 21–23; Hosea, ebda. 421–422; Isaiah, ebda. 456–461; Micah, ebda. 592–593

Watts, J.D.W., Vision and Prophecy in Amos, Leiden 1958.

Ders., Obadiah, Grand Rapids 1969.

Watts, J.W., Text and Redaction in Jeremiah's Oracles against the Nations, CBQ 54, 1992, 432–447.

Weber, M., Das Antike Judentum, Gesammelte Aufsätze zur Religionssoziologie, Bd. 3, Tübingen [4]1947.
Ders., Wirtschaft und Gesellschaft, Tübingen – Köln [4]1956.
Weinfeld, M., Jeremiah and the Spiritual Metamorphosis of Israel, ZAW 88, 1976, 17–56.
Weippert, H., Die Prosareden des Jeremiabuches, Berlin 1973.
Weippert, M., Assyrische Prophetien der Zeit Asarhaddons und Assurbanipals, in: Fales, F.M. u.a. (Hg.), Assyrian Royal Inscriptions: New Horizons, Rome 1981, 71–113.
Weiser, A., Samuel. Seine geschichtliche Aufgabe und religiöse Bedeutung, Göttingen 1962.
Ders., Das Buch der zwölf kleinen Propheten, Göttingen 1963.
Ders., Das Buch Jeremia, Göttingen 1966.
Welch, A., The Work of the Chronicler, London 1939.
Welch, A.C., Jeremiah: His Time and His Work, Oxford 1951.
Wellhausen, J., Prolegomena zur Geschichte Israels, Berlin – Leipzig [6]1927.
Westermann, C., Grundformen prophetischer Rede, München (1960) [2]1964.
Ders., Isaiah 40–66, A Commentary, Philadelphia 1969.
Wevers, J.W., Ezekiel, London 1969.
Whedbee, J.W., Isaiah and Wisdom, Nashville 1971.
Whitley, C.F., Carchemish and Jeremiah, ZAW 80, 1968, 83–49.
Ders., The Exilic Age, Philadelphia 1957.
Whybray, R.N., Isaiah 40–66, London 1975.
Ders., Thanksgiving for a Liberated Prophet, Sheffield 1978.
Ders., The Heavenly Counselor in Isaiah xl 13–14: A Study of the Sources of the Theology of Deutero-Isaiah, Cambridge 1971.
Widengren, G., The Persian Period, in: Hayes, J.H. und Miller, J.M., History (s.o.), 489–538.
Ders., The Persians, in: Wiseman, D.J. (Hg.), Peoples of Old Testament Times, Oxford 1973, 312–357.
Wilcox, P. u.a., The Servant Songs in Deutero-Isaiah, JSOT 42, 1988, 79–102.
Wildberger, H., Jesaja I, 1 und 2, BK 10,1.2, Neukirchen-Vluyn 1972/1978.
Willi, T., Die Chronik als Auslegung, Untersuchungen zur literarischen Gestaltung der historischen Überlieferung Israels, Göttingen 1972.
Williams, D.L., The Date of Zephaniah, JBL 82, 1963, 77–88.
Williams, J., An Investigation of the Legitimacy of Source Distinctions for the Prose Material in Jeremiah, JBL 112, 1993, 193–210.
Ders., The Social Location of Israelite Prophecy, JAAR 37, 1969, 153–165.
Williams, J.J., The Prophetic ,Father': A Brief Explanation of the Term ,Sons of the Prophets', JBL 85, 1966, 344.
Williamson, H.G.M., 1 and 2 Chronicles, Grand Rapids 1982.
Ders., Israel in the Book of Chronicles, Cambridge 1977.
Ders., The Book Called Isaiah: Deutero-Isaiah's Role in Composition and Redaction, Oxford 1994.
Willis, J.T., The Structure of the Book of Micah, SEA 34, 1969, 5–42.
Willoughby, B.E., Amos, Book of, The Anchor Bible Dictionary Bd.1, New York 1992, 203–212.
Wilshire, L.E., The Servant-City: A New Interpretation of the ,Servant of the Lord' in the Servant Songs of Deutero-Isaiah, JBL 94, 1975, 356–367.
Wilson, R.R., Form-Critical Investigation of the Prophetic Literature: The Present Situation, SBL Seminar Papers 1. 1973. 100–121.
Ders., Early Israelite Prophecy, Interp. 32, 1978, 3–16.
Ders., Prophecy and Ecstasy: A Reexamination, JBL 98, 1979, 321–337.
Ders., Prophecy and Society in Ancient Israel, Philadelphia 1980.
Wolff, H.W., ,Wissen um Gott' bei Hosea als Urform der Theologie, EvTh 12, 1952/53, 533–554.
Ders., Hauptprobleme alttestamentlicher Prophetie, EvTh 15, 1955, 446–468.
Ders., Das Kerygma des deuteronomistischen Geschichtswerkes, ZAW 73, 1961, 171–185.

Ders., Amos' geistige Heimat, Neukirchen-Vluyn 1964.

Ders., Dodekapropheton 1: Hosea, Neukirchen-Vluyn [2]1965.

Ders., Dodekapropheton 2. Joel und Amos, Neukirchen-Vluyn [2]1975.

Ders., Obadja, Jona, Neukirchen-Vluyn 1977.

Ders., Prophecy from the Eighth Through the Fifth Century, Interp. 32, 1978, 17–30.

Ders., Wie verstand Micha von Moreschet sein prophetisches Amt?, VT.S 29, 1978, 403–417.

Ders., Die Hochzeit der Hure, München 1979.

Ders., Dodekapropheton 4: Micha, BKAT 14.4, Neukirchen-Vluyn 1982.

Worden, T., The Literary Influence of the Ugaritic Fertility Myth on the Old Testament, VT 3, 1953, 273–297.

Worsley, P., The Trumpet Shall Sound, New York [2]1968.

Woude, A.S. van der, Micah in Dispute with the Pseudo-Prophets, VT 19, 1969, 244–260.

Ders., Deutero-Micha: ein Prophet aus Nord-Israel? NThT 25, 1971, 365–378.

Ders., The Book of Nahun: A Letter Written in Exile, OTS 20, 1977, 108–126.

Ders., Zerubbabel und die messianischen Erwartungen des Propheten Sacharja, ZAW 100, 1988, 138–156.

Würthwein, E., Amos-Studien, ZAW 62, 1949–50, 10–52.

Ders., Zur Komposition von 1 Reg 22, 1–38, Das ferne und das nahe Wort, Berlin 1967, 245–254.

Ders., Elijah at Horeb: Reflections on I Kings 19: 9–18, in: Durham, J. und Porter, J.R. (Hg.), Proclamation and Presence, London 1970, 152–166.

Ders., Die Erzählung vom Gottesmann aus Juda in Bethel, in: Gese, H. und Rüger, H.P. (Hg.), Wort und Geschichte. Festschrift für Karl Elliger zum 70. Geburtstag, Kevelaer 1973.

Yamauchi, E.M., Persia and the Bible, Grand Rapids 1990.

Ziegler, J., Die Vorlage der Isaias-Septuaginta (LXX) und die erste Isaias-Rolle von Qumran (1QIsa), JBL 78, 1959, 34–59.

Zimmerli, W., Das Gotteswort des Ezechiel, ZThK 48, 1951, 249–262 (= Gottes Offenbarung. Gesammelte Aufsätze, München 1963, 133–147).

Ders., Pais Theou, ThWNT V, 1954, 653–676.

Ders., Die Eigenart der prophetischen Rede des Ezechiel, ZAW 66, 1954, 1–26.

Ders., ‚Leben' und ‚Tod' im Buche des Propheten Ezechiel, ThLZ 13, 1957, 494–508.

Ders., Israel im Buche Ezechiel, VT 8, 1958, 75–90.

Ders., Das Gesetz und die Propheten. Zum Verständnis des Alten Testaments, Göttingen 1963.

Ders., Zur Sprache Tritojesajas, in: ders., Gottes Offenbarung, München 1963, 217–233.

Ders., The Special Form- and Traditio-Historical Character of Ezekiel's Prophecy, VT 15, 1965, 515–527.

Ders., Ezechiel 1 und 2, BK 13,1 und 13,2, Neukirchen-Vluyn 1969.

Ders., Ezechiel, Neukirchen-Vluyn 1969.

Ders., The Message of the Prophet Ezekiel, Interp. 23, 1969, 134–136.

Ders., Jesaja und Hiskia, in: Gese, H. und Rüger, H.P. (Hg.), Wort und Geschichte, Kevelaer 1973, 199–208.

Ders., Visionary Experience in Jeremiah, in: Coggins, R. u.a., Tradition, 1982 (s.o.), 95–118.

Ausblick (Erhard Gerstenberger)

1. Zwischenstation

Kaum verlegt, ist ein wissenschaftliches Werk oft schon wieder veraltet. Exegetische Erkenntnis ist besonders schnellem Verfall ausgesetzt. Bei Joseph Blenkinsopps „History of Prophecy in Israel" liegen die Dinge bemerkenswert anders. Der bekannte Kollege von der Notre Dame Universität in Waschington D.C. hat vor fast zwei Dekaden (1980) mit umfassender Sachkenntnis nicht nur eine Zusammenfassung der damaligen Forschungsergebnisse vorgelegt, sondern darüber hinaus in seiner sensiblen Weise offene Fragen des ganzen Problemfeldes „Prophetenstudien" aufgewiesen, beginnende Suchrichtungen herausgestellt und selbst ein auf kritische Weiterarbeit angelegtes Modell der Prophetengeschichte aufgebaut. Der Autor wußte sich schon damals auf dem Weg, er markierte bewußt eine Zwischenstation der unentwegt andauernden Prophetenexegese:

Es wäre viel leichter und sicher für den eigenen Ruf besser, die Hände von einer Gesamtdarstellung zu lassen und mit Einzeluntersuchungen zu spezifischen Texten und Problemen fortzufahren. … Von Zeit zu Zeit fühlt sich aber jeder, der so arbeitet, genötigt, einen Schritt zurückzutreten und eine Bestandsaufnahme zu machen. Vielleicht ist ein anderes Bild zutreffender: Er muß erneut das Gesamtphänomen der Prophetie ins Visier bekommen. Die einfachste Rechtfertigung dafür, daß ich mit dem vorliegenden Buch den Berg der Prophetenliteratur erhöhe, ist daher die Auskunft, daß es als vorläufige Bestandsaufnahme gedacht ist. (7) (In der 2. Auflage fehlt der letzte „daß-Satz", obwohl die Sache, um die es geht, in jedem Kapitel gegenwärtig ist).

Der damaligen Bestandsaufnahme folgte 1996 eine gründlich revidierte und aktualisierte 2. Auflage des vielgebrauchten Buches. J. Blenkinsopp ist auf seinem Weg konsequent weitergegangen, hat neuere Forschungsergebnisse aufgenommen, seine eigenen Fragen verstärkt, Korrekturen an seinem Geschichtsmodell angebracht und manches Detail im Gespräch mit Fachkollegen deutlicher herausgearbeitet. Er ist weiter unterwegs in der unübersichtlichen Forschungslandschaft. Und auch die Neuauflage seiner „History of Prophecy" lädt zur Reflexion ein und gibt Anregungen für die Zukunft, eben auch, weil Mut und Kraft der Fachkollegen zu Entwürfen einer umfassenden Prophetengeschichte in den achtziger und neunziger Jahren erheblich nachgelassen haben. Nach Gerhard von Rads meisterlicher, aber natürlich auch zeitgebundener Gesamtdarstellung[1] hat in Deutschland nur Klaus Koch Vergleichbares gewagt.[2] So bietet denn die Studie von J. Blenkinsopp noch immer eine willkommene Atempause in der hektischen Einzelforschung; die Forschenden können sich des gemeinsamen Weges vergewissern. Und die deutsche Übersetzung mag über ihren Kreis hinaus manchen Interessierten den erwünschten Durchblick durch ein

---

[1] G. von Rad, Theologie des Alten Testaments, Bd. 2, München 1960, [10]1993. Von Rads theologische Synthese ist auch eine „Geschichte der Prophetie" in Israel; neuere Gesamtdarstellungen der Theologie oder Religionsgeschichte Israels beschränken sich auf signifikante Aspekte des Prophetischen, vgl. R. Albertz, Religionsgeschichte Israels in alttestamentlicher Zeit, Göttingen 1992.

[2] K. Koch, Die Profeten, 2 Bde, Stuttgart 1978 ([3]1995), 1980 ([2]1988); vgl. J. Luis Sicre, Profetismo en Israel, Estella 1992.

komplexes Forschungsgebiet erschließen. Zudem lohnt es sich, die von J. Blenkinsopp in beiden Auflagen seiner „Geschichte der Prophetie" gegebenen Anstöße zu
einer Gesamtschau des Prophetismus in Israel weiter zu reflektieren.[3]

2. Vom Wort zum Buch

Alle Probleme der Prophetenforschung sind miteinander verzahnt. Da liegt es nahe,
mit dem Gegenstand zu beginnen, den wir vor uns haben, dem prophetischen Buch.
Wie sind die Bücher des hebräischen Prophetenkanons, die einen Prophetennamen
tragen, zustande gekommen? Welche Textgattung stellen sie dar? Zu welchem
Zweck und von wem sind sie kompiliert worden? Wieviel geschichtlich authentische
Nachrichten über die Person des Propheten und die Zeitumstände können sie
enthalten? Wie ist der Übergang von Prophetenerzählungen in den Geschichtsbüchern zu den „Schrift"propheten zu erklären?
J. Blenkinsopp geht mit bewährter Vorsicht an die literarischen Grundprobleme heran. Er sieht in der Regel mit der traditionellen kritischen Forschung in jedem Prophetenbuch einen authentischen Kern der Überlieferung, der mehr oder weniger eng mit
dem Propheten verbunden ist. Zwar haben die wenigsten Gottesboten selbst zur Feder gegriffen – Blenkinsopp ventiliert diese Möglichkeit höchstens für Jesaja –, aber
sie hatten Schüler und Gefolgsleute um sich, denen am Erhalt der prophetischen Botschaft gelegen war. Sie schrieben meist schon zu Lebzeiten des Meisters dessen zu-
kunftsoffene Worte nieder und brachten mit derartigen, mehr oder weniger umfang-
reichen Kernsammlungen die schriftliche Überlieferung ins Rollen. Ihnen schlossen
sich die Überlieferungen aller nachfolgenden Tradenten an. Wiederholt betont
Blenkinsopp, daß bis etwa zum 2. Jahrhundert v.Chr. Kommentare und Aktualisie-
rungen zu Prophetenworten noch in den vorkanonischen Text eingearbeitet wurden
(z.B. 19f): Bei Jesaja: „Mindestens zwei Drittel des Textes stammen von anonymen
Schülern, Sehern, Glossatoren und Auslegern des Ersten oder Zweiten Tempels"
(104). Bei Jeremia: „Was wir also im Jeremiabuch vor uns haben, ist das deuteronomistische Porträt des Propheten, und – um den Vergleich weiterzuführen – die
Wiedergewinnung seines wahren Gesichts macht eine mühsame Restaurationsarbeit
notwendig" (143). An der Gestaltung von Prophetenbüchern sind mithin nach- und
miteinander beteiligt: der Prophet selbst, seine Schüler, eventuell spätere Propheten,
verschiedene Redaktoren oder Tradentenkreise. Der meist namentlich bekannte
Erstprophet ist der Urheber; alle, die nach ihm kommen, empfangen seine Aussprüche oder reagieren kommentierend und ergänzend auf sie. Die originären Spruchsammlungen wachsen einlinig im Zeit- und Traditionsstrom (leider werden die
textproduktiven Kommunikationssituationen bei kaum einem Forscher thematisiert[4]).
Die Bücher entwickeln sich nach dieser Auffassung in einer Art Schneeballsystem.

---

3   Vgl. auch folgende Forschungsberichte: B. Lang, Ezechiel, EdF 153, Darmstadt 1981; G.M.
    Tucker, 1985; Chr. Hardmeier, Jesajaforschung im Umbruch, VuF 31, 1986, 3–31; S. Herrmann,
    Jeremia, EdF 271, Darmstadt 1990; H. Haag, Der Gottesknecht bei Deuterojesaja, EdF 233,
    Darmstadt [2]1993; J. Jeremias, 1994.
4   Ansatzweise bei N. Gottwald, The Hebrew Bible – a Socio-Literary Introduction, Philadelphia
    1985, besser bei M. Schwantes, „Das Land kann seine Worte nicht ertragen", Gütersloh/Mün-
    chen 1991.

Der Schwung für die literarischen Sammlungen geht vom authentischen Prophetenwort aus. Alle nachfolgenden Zusätze oder Veränderungen aktualisieren die alte Prophetenrede für neue geschichtliche Situationen, schwingen aber ganz im Rhythmus
der Urworte. Bei Blenkinsopp ist jedoch andeutungsweise jene andere Perspektive
mit im Spiel, nach der Überlieferer von Prophetenworten in ihrer Kommentierungs-
arbeit eben auch textproduktiv wirksam waren, man vergleiche die Entfaltungen der
jesajanischen Tradition (185ff; 215ff).

In neueren Untersuchungen wird nun hier und da, auch im Zuge von *reader-response*-Theorien, die Rolle und Gewichtung von Urheberwort und Wortbearbeitung neu
untersucht. Erstens kommen Prophetenforscher zu der Erkenntnis, daß die redaktionellen Bearbeitungen von Spruch- oder Erzählsammlungen mindestens so stark den
Aussagegehalt von Texten und Büchern bestimmen wie die authentischen Worte
eines Urheberpropheten. Skeptiker gehen so weit, daß sie den Anteil an authentischen Prophetenworten sehr gering und deshalb als nicht mehr tonangebend für das
fertige Buch einschätzen.[5] Sie kommen auf verschiedenen Wegen zu diesem Ergebnis: Literarische, formkritische, historische Beobachtungen spielen eine Rolle, entscheidend aber ist die Bewertung der theologischen Intentionen redaktioneller Bearbeitungen. Diese verraten nämlich an zentralen Stellen[6] die Interessen und Sichtweisen der exilisch-nachexilischen Gemeinde, nicht des monarchischen Israel. Zweitens geraten die immer wieder postulierten und höchstens spurenweise in den hebräischen Texten nachweisbaren[7] prophetischen Schülerkreise in Verruf. Hat es sie
wirklich gegeben? Sind sie eventuell über Generationen hin die Träger der prophetischen Botschaft gewesen?[8]

Ein weiteres Moment kommt, wie schon angedeutet, hinzu. In der Literaturwissen-
schaft haben sich im letzten Jahrzehnt Theoretiker/Innen zu Wort gemeldet, die den
Prozeß der Literaturwerdung und der Literaturinterpretation als zweipolig ansehen.
Autoren und Hörer/Innen stehen grundsätzlich immer in einer kommunikativen Beziehung. Das von einem Urheber gesendete Wort wird von Empfängern aufgenom-

---

5   Das Übergewicht der Redaktion in bestimmten Prophetenbüchern betonen – mit unterschiedli-
     cher Akzentsetzung – z.B. E.W. Nicholson, Preaching to the Exiles, Oxford 1970 (Jeremia); H.
     Schulz, Das Buch Nahum, BZAW 129, Berlin 1973; H. Barth, Die Jesajaworte in der Josiazeit,
     BWANT 48, Neukirchen-Vluyn 1977; O. Kaiser, Das Buch des Propheten Jesaja Kapitel 1–12,
     ATD 17, Göttingen 5. Aufl. 1981; R.P. Carroll, Jeremiah, London 1986; J. Becker, Ez 8–11 als
     einheitliche Komposition in einem pseudepigraphischen Ezechielbuch, in: J. Lust (Hg.), Ezechiel
     and His Book, Löwen 1986, 136–150; V. Fritz, Amosbuch, Amosschule und historischer Amos,
     BZAW 185, Berlin 1989, 29–43; E. Ben Zvi, A Historical-Critical Study of the Book of
     Zephaniah, BZAW 198, Berlin 1991; K.F. Pohlmann, Ezechielstudien, BZAW 202, Berlin 1992.
6   Die Aussagen über Bund, Erwählung, Landverheißung, Tora sind in ihrer ausgeprägten Form
     Erzeugnisse der Exilszeit, meistens, aber nicht ausnahmslos, der deuteronomistischen Kreise.
     Exemplarisch stellt das Otto Kaiser, ATD 17, 24, im Blick auf Jes 1–12 fest: „Was sich dem
     Forscher und Leser Stück um Stück und Schritt um Schritt mühsam enthüllt, spiegelt am Ende
     die innere Geschichte des nachexilischen Jerusalemer Judentums, und das Prophetenbuch selbst
     verdankt ihr seine heutige Gestalt."
7   Wichtig sind vor allem die Jesajajünger (Jes 8,16 usw) und der Schreiber Jeremias, Baruch. Die
     Jüngerschar um Elisa (2 Kön 4,38–40; 6,1–7) scheint keinen literarischen Eifer zu entwickeln. J.
     Blenkinsopp nimmt für jeden Propheten einen solchen Kreis an und identifiziert ihn mit der –
     soziologisch und anthropologisch notwendigen – *support-group* (vgl. R.R. Wilson, Prophecy and
     Society, Philadelphia 1980).
8   Die „Unheilspropheten" sind nach allgemeiner traditioneller Einschätzung eher Einzelgänger
     gewesen. Die Einschätzung hängt aber stark von der Beurteilung der prophetischen Funktionen
     ab, s.u. Nr. 4.

men und „beantwortet". Im Hin und Her des Austauschs entstehen Texte. Das gilt besonders für antike Gebrauchstexte.[9]

Die drei genannten Faktoren zusammen mögen die Frage provozieren, ob es nicht angezeigt ist, die Entstehung der hebräischen Prophetenbücher als ein mehrpoliges Modell zu begreifen. Der Prophet hat – falls seine Gestalt historisch ist – durch sein Auftreten den Anlaß zur Sammlung von Sprüchen gegeben. Nach ihm sind dann aber Kommunikationssituationen entstanden (z.B. in den von Blenkinsopp oft zitierten Geschichtskatastrophen in Israel), die eigene Texte hervorgebracht haben, und zwar in Rückprojektion auf den geschichtlichen Propheten und seine Zeit. Bei den alttestamentlichen Geschichtswerken wird diese Art von literarischer Kreativität als selbstverständlich vorausgesetzt, ebenso z.B. in der Evangelienforschung. Deuten die erhebbaren literarischen Tatbestände nicht darauf hin, daß Prophetentexte in einem ähnlichen, mehrschichtig kreativen Verfahren zustandegekommen sind?

Eventuell ist also eine literarische Umwertung fällig. Während in der traditionellen Forschung dem ursprünglichen prophetischen Impuls die weit überwiegende Bedeutung, sagen wir: 80% der Wirk- und Schubkraft zugemessen wurde, trauen ihm manche heutige Exegeten außerordentlich wenig, vielleicht 20% des Einflusses auf die Gestaltung der prophetischen Botschaft zu. Der Löwenanteil kreativer Momente und literarischer Wirkkräfte liegt dann auf seiten der Tradenten und Empfänger. Und es hat dann kein kontinuierliches Überlieferungswachstum nach dem Schneeballsystem, sondern eher eine völlige Umschmelzung und Überbauung älterer Traditionen. Der Antrieb zur Sammlung besonders von prophetischen Unheilsworten wären demnach geschichtliche Katastrophen gewesen, von der Art des Untergangs Samarias oder Jerusalems. Angestoßen durch derartige fundamentale Erschütterungen hätten die Überlebenden zurückgefragt, ob es Vorwarnungen gegeben habe. Man hätte dann mühsam aus Erinnerung und Überlieferung anklagende Sprüche zusammengetragen und sie zum System prophetischer Gerichts- und Heilsansage ausgebaut. Die prophetischen Bücher böten dann im wesentlichen rekonstruierte, fiktive Vergangenheit, die einer ganz anderen Gegenwart, nämlich der Exilswirklichkeit, zu dienen hatten.[10]

Diese Überlegungen zielen auf die Endgestalt der prophetischen Bücher. Wenn man aber, wie in einigen jüngsten Veröffentlichungen,[11] konsequent nur die kanonische Letztausgabe der Prophetenbücher als interpretationsrelevant in den Blick nimmt, d.h. also die synchrone der diachronen Betrachtung vorzieht, dann ergibt sich eine ganz neue Lage. Die von der historisch-kritischen Interpretation so geschätzte (und in gewissem Sinn verabsolutierte) historische Botschaft der Propheten wird theologisch

---

9   Vgl. zum „reader-response"-Verhalten: W. Iser, Der implizite Leser. Kommunikationsformen des Romans von Bunyan bis Beckett, München [2]1979; M. Bal, Narratology: Introduction to the Theory of Narrative, Toronto 1985; J. Cheryl Exum und David J.A. Clines (Hg.), The New Literary Criticism and the Hebrew Bible, Valley Forge 1994; T. Moi, Sexus, Text, Herrschaft, Bremen 1989; B. Vinken (Hg.in), Dekonstruktiver Feminismus, Frankfurt 1992.

10   Vgl. Erhard S. Gerstenberger, Gemeindebildung in Prophetenbüchern? BZAW 185, Berlin 1989, 44–58. Die Verschriftung von ursprünglich spontanen, konkreten Prophetensprüchen schafft in der Tat ewas Neues, nämlich fernwirkendes, lehr- und interpretierbares Gotteswort (vgl. J. Jeremias, 1994). Wer betrieb die Verschriftung? Sicherlich Menschen, die das Eintreffen von Katastrophen erlebt hatten. „Das Wort zielt in eine nach mehreren Seiten hin offene Situation hinein und versucht, Menschen in ihrer Entscheidung zum Guten und Rechten zu beeinflussen. Der schriftliche Text kennt die Entscheidung dieser Menschen schon, und zwar als eine Entscheidung gegen das Prophetenwort" (J. Jeremias, a.a.O. 489). Anders B. Seidel, ZAW 107, 1995, 51–64.

11   Vgl. z.B. A. Schart, Die Entstehung des Zwölfprophetenbuches, BZAW 260, 1998.

bedeutungslos gegenüber dem Zeugnis des fertigen Prophetenbuches, das einer weit vom Ursprung entfernten Zeit und bedeutend anderen sozio-kulturellen Kontexten entstammt. Einer derartigen Entgeschichtlichung des prophetischen Gotteswortes kann J. Blenkinsopp auf keinen Fall zustimmen, und jede und jeder, die oder der in Texten und Gegenwart die zeitliche Relativität ernst nimmt, wird ihm zustimmen müssen. Wir haben also bei der Einschätzung von Prophetenwort und Prophetenbuch eher die Wegstrecke insgesamt in den Blick zu nehmen, und die Forschung scheint sich zunehmend der außerordentlich komplexen Vorgänge bewußt zu werden, die bei der Ausformung der prophetischen Tradition mitgewirkt haben.

3. Prophetische Rede

Wie fügt sich die vermutete, originale prophetische Redeweise in dieses literarische Bild? Traditionelle Forschung hatte z.B. versucht, das prophetische Wort vor allem aus der Botensituation verständlich zu machen.[12] Bei näherem Hinsehen weisen aber schon die Rahmenformeln der überlieferten Redestücke erhebliche Differenzen auf. Anscheinend ist das urtümlichste die „$ne'um jahweh$" Markierung, die mit der Botenformel konkurriert und dann in die „Wortereignisformel" (vor allem bei Jer und Ez) übergeht. Jedes Stadium (wenn es sich denn um eine Entwicklungstendenz handelt) setzt spezifische Vorstellungen vom Prophetischen voraus. Über die Substanz der Heils- oder Unheilsansagen herrscht ebenfalls manche Unklarheit. Sind Anklage und Urteil (Schelt- und Drohwort; Unheilsspruch mit Begründung; Schuldaufweis und Strafe o.ä.) aus dem juristischen oder kultischen Bereich herzuleiten? Blenkinsopp entscheidet sich von gewissen Bundesvorstellungen her für die „Sprache der internationalen Beziehungen", sprich des Großkönigs gegenüber seinen Vasallen (vgl. 83f; Ausdrucksformen internationaler Verträge). Vehement lehnt er die Neigung der Formkritiker ab, aufgrund der Redegattungen die soziale oder kommunikative Rolle des Propheten bestimmen zu wollen. Homogen ist also nicht einmal das Botenformular, viel weniger noch lassen sich die vielen anderen in Prophetenbüchern auftauchenden Redegattungen auf einen Nenner bringen. – Visionsschilderungen liegen anscheinend wieder auf einer anderen Ebene, denn sie sind meistens nicht (wie ausnahmsweise in Jes 6,8) mit einem Sendewort verbunden. Und die Vielzahl von sonst in den Prophetenbüchern vorkommenden Redegattungen (Ermahnung; Belehrung; Disputation; Gebet; Hymne; Leichenlied; Weisheitsspruch; Fabel; Memorabile; Legende usw.) ist vollends nicht mit der Botensituation zu begründen. Ein Gottesbote wird nicht selbstverständlich singend oder betend daherkommen oder Spott, Belehrung, Diskussion o.ä. anbieten.

In J. Blenkinsopps Darstellung spielen die prophetischen Redegattungen keine zentrale Rolle. Er würdigt Hermann Gunkels formkritischen Neuansatz, betont aber, daß der Altmeister die Falle der späteren Gattungsforscher (kurzschlüssige Identifizierung von Redemustern mit dem sozialen Sitz im Leben) vermieden habe (25f). In der Folge geht er jedesmal auf die Besonderheiten der in einem Buch versammelten Gattungen – so weit es der Überblickscharakter seiner Untersuchung zuläßt – ein, ohne jedesmal ausdrücklich nach ihrer Authentizität zu fragen. Im übrigen ist Blenkinsopp

---

[12]   Vgl. z.B. Claus Westermann, Grundformen prophetischer Rede, München [5]1978.

ganz stark an den geistigen, theologischen Traditionen interessiert, in denen sich Propheten vorfinden. Er spricht von der im 8. Jhdt. bereits „well-established tradition of prophetic mediation" (so 1. Aufl.; in der 2. Auflage: „tradition of social criticism and diatribe", „Tradition sozialer Kritik und Anklage", 114). Die drängende Frage nach den Institutionalisierungen dieser Tradition und den damit gegebenen Redeformen (Gattungen) bleibt jedoch unbeantwortet.

Dennoch: Mit feinem Gespür registriert J. Blenkinsopp zahlreiche Unterschiede in den prophetischen Redeweisen. So ist von Amos zu Hosea ein Wechsel zur homiletischen Sprache festzustellen (in Anlehnung an deuteronomistische Vorstellungen? 93ff), und Jesaja wird gelegentlich als Toralehrer apostrophiert (114). Ferner wandelt sich mit der Wende von der Königszeit zur königslosen Periode auch die Unheilszur (bedingten) Heilsprophetie, sichtbar vor allem bei Deuterojesaja. Die Fürchtedich-nicht Sprüche sind zwar auch in Mesopotamien bekannt,[13] stellen aber eine neue Redeweise dar. Heilsprophetie ist in der vorexilischen Zeit suspekt.[14] In jedem Fall sind die zunehmende Typisierung der Prophetenrede als Boten- und Offenbarungsrede, die weiterschreitende, deuteronomistische Angleichung der Propheten an das Vorbild des Mose und damit die Einführung des Tora-Auslegungsmodells Indizien für die Vereinheitlichung des Prophetenbildes seit der Exilszeit. J. Blenkinsopp nennt Dtn 13,1–5 und 18,9–22 mit vollem Recht und geradewegs einen „first sketch for a doctrine of prophecy" (167: „den ersten Entwurf einer Lehre von der Prophetie"). Diese „Lehre" hat Folgen für die Redeweise der Propheten: Jeremia predigt (in redaktionellen Teilen des Buches) wie in deuteronomistischen Kreisen üblich, er erfüllt ganz das an Mose orientierte Prophetenbild. Während einerseits Gestalt und Rede der Propheten auf diese Weise normiert werden, könnte andererseits die Vielfalt der sonst verwendeten Redegattungen ein Zeugnis für Kreativität und Produktivität von Redaktoren und Gemeinden sein, welche die Prophetenbücher in ihren Versammlungen benutzten.[15] Jedenfalls – so könnte man sagen – ist die Einheit von Redemuster und prophetischer Funktion verlorengegangen (oder hat nie existiert), weil „Prophetie" vielgestaltig war und weil die Redegattungen z.T. erst aus der Rückschau und für ein gedachtes, eventuell nach dem Vorbild von Gemeindeleitern, Toralehrern oder levitischen Sängern konstruiertes Prophetenamt gestaltet worden ist. Die mögliche Erzähl- oder Lehrgattung „Berufungsbericht"[16] oder die zahlreichen liturgischen Texte der Prophetenbücher lassen sich vielleicht ebenfalls am besten als Gemeindebildungen begreifen.

4. Die Prophetengestalt

Zur literarischen Analyse und Gattungsbestimmung gehört die Untersuchung der Prophetenbiographien und des Rollenverständnisses hinzu. Fast alle Kenner der Ma-

---

13 Vgl. A. Malamat, Mari and the Early Israelite Experience, Oxford 1989, 79–96.

14 Das gilt trotz S. Herrmann, Die prophetischen Heilserwartungen im Alten Testament, Stuttgart 1965.

15 Für z.B. den Visionsbericht B.O. Long, Reports of Visions Among the Prophets, JBL 95, 1976, 363–365.

16 Sie hat redaktionellen, legitimatorischen Charakter, vgl. z.B. S. Herrmann, Jeremia, BKAT XII, Neukirchen Vluyn 1986, 49f.

terie sind sich einig, daß wir über Leben und Person der israelitischen Propheten wenig oder gar nichts wissen können, und J. Blenkinsopp betont diese Tatsache wiederholt. Die scheinbare Ausnahme ist Jeremia, über den in der Vergangenheit wahrhafte Biographien (und Romane) geschrieben worden sind.[17] J. Blenkinsopp ist, wie schon erwähnt, sehr viel skeptischer. Aus dem dtr biographischen Material und den – vielleicht echten – „Konfessionen" läßt sich seiner Meinung nach kein individuelles, kohärentes Lebensbild erstellen. Noch viel weniger ist das bei den anderen namentlich bekannten Propheten der Fall. Meistens verschwinden ihre Figuren hinter der kumulativ gewachsenen oder komponierten Botschaft. – Mit dem Fortschreiten der Prophetengeschichte wird die Aufgabe, authentisch Persönliches aus den Büchern herauszudestillieren, nur immer schwieriger. Von Haggai, Sacharja, Maleachi als Personen wissen wir gar nichts mehr, und ihre „echten" Sprüche sind deshalb untrennbar in ein Geflecht von Nach- und Weiterbildungen hineinverwoben (198ff).

Wenn Blenkinsopp auch das Einzelleben der Propheten als unerreichbar ansieht, so will er doch auf Typisierung und Individualität der auftretenden Propheten nicht verzichten. Im Strom der Geschichte und in den Umbrüchen der Gesellschaft sind verschiedene Mittlertypen zu erkennen (Kriegspropheten oder Nasiräer [Derwische], Mantiker, Kultpropheten, Hofpropheten, Oppositionspropheten, vgl. z.B. 52ff). Sie fließen in den deuteronomistischen Typ des Jahwe-Wort-Propheten zusammen. Jedes prophetische Buch läßt darüber hinaus ein bestimmtes persönliches Profil der Verkündigung durchscheinen. Im günstigsten Fall kann man einzelne Züge der Gottesboten wahrnehmen, wie bei Ezechiel, der aus unserer Sicht krankhaft wirkt, aber dem Muster des antiken Ekstatikers entspricht. Oder wie bei Jesaja, dessen politisches Engagement hervorsticht, und bei Micha, der in den ersten, authentischen Kapiteln als ein gegen die Hauptstadt aufbegehrender Provinzler erkennbar ist.

Die Individualität der Propheten, ihre persönlichen Erfahrungen, sind Blenkinsopp bei weitem nicht so wichtig wie die Kontinuität, der Traditionsstrom, in dem sie sich (bewußt?) bewegen. Hier liegt für ihn der Hauptansatzpunkt seiner ganzen Interpretation: Seit dem 9. Jahrhundert gibt es – wie die meisten Prophetenforscher annehmen – eine Kette von prophetischen Mittlern, die trotz der fragmentarischen Überlieferung und trotz verschiedener Typenzugehörigkeit ein Ganzes bilden (8ff u.ö.). Blenkinsopp nennt dieses Kontinuum die „prophetic tradition" (8), „tradition of prophetic preaching" (10), „tradition of prophetic mediation" (114) oder ähnlich. Ohne sie gäbe es keine „Geschichte der Prophetie". Jeder darin Berufene weiß sich in diese Tradition hineingestellt, auch wenn sie nicht geradlinig und lückenlos dokumentiert vorliegt.

Die Schwierigkeiten, die solcher vereinheitlichenden (ist sie im Grunde doch eine Form von „kanonischer"[18] Lektüre?) Interpretation entgegenstehen, sind Blenkinsopp nicht verborgen. Es gibt wenig oder gar keine ausdrücklichen Querverweise und

17   J.P. Hyatt, The Book of Jeremiah: Introduction and Exegesis, IB V, 1956,777–1142; Sh. Blank, Jeremia. Man and Prophet, Cincinnati 1961. Vgl. S. Herrmann, Jeremia. Der Prophet und das Buch, EdF 271, Darmstadt 1990; ders., Jeremia, BKAT I, 1986ff, K. Seybold, Der Prophet Jeremia: Leben und Werk, Stuttgart 1993.
18   Vgl. B.S. Childs, Introduction to The Old Testament as Scripture, London 1979, 305–498; J. Blenkinsopp, Prophecy and Canon, Notre Dame 1977. Die chronistische Instrumentalisierung der Propheten zeigt gut J. Kegler, Prophetengestalten im Deuteronomistischen Geschichtswerk und in den Chronikbüchern, ZAW 105, 1993, 481–497.

Bezugnahmen in den Prophetenbüchern selbst auf Amtsvorgänger und Amtskollegen. Hosea und Amos müßten sich eigentlich gekannt haben. Aber erst minutiöse Analyse der Texte aus unserer Sicht und unter der Hypothese, daß beide (oder ihre Schülerkreise) miteinander in Kontakt gestanden hätten,[19] kann die Berührung der Gedanken und Inhalte nachweisen. Jesaja und Micha waren angeblich Zeitgenossen. Aber sie reden völlig konträr, zumindest, was das unmittelbare Schicksal Jerusalems angeht. Jeremia soll sich „in der Kontinuität der Prophetie"[20] gewußt haben. Aber außer dem berühmten Hinweis auf Micha in Jer 26,18 lassen sich kaum Spuren von Anlehnungen an frühere Kollegen nachweisen. Vielmehr grenzt sich das Buch Jeremia eher gegen unliebsame gleichzeitige Propheten ab und zeichnet überwiegend das – so Blenkinsopp – deuteronomistische Bild des Toraauslegers (135ff). Nimmt man diese Erkenntnis ernst, so muß man sich auf der Linie unseres Autors fragen, ob nicht die gesamte Konstruktion einer prophetischen Kette, einer Amtssukzession von kontinuierlichen Wortüberbringern, die vor der großen Katastrophe warnten, nicht ein dtr bzw. sonst ein exilisch-nachexilisches Theologumenon sein kann. Oder anders gefragt: Wer hat die Vorstellung von einer kontinuierlichen prophetischen Tradition in Israel (die aus den Texten schwer zu belegen und im Alten Orient völlig unbekannt ist) geschaffen? Wessen theologischen Interessen dient sie? Wie ist es zu der Vereinigung der so unterschiedlichen mittlerischen Phänomene, die in den hebräischen Schriften unverbunden nebeneinander stehen,[21] unter dem Oberbegriff *nabi'* gekommen? Seit wann kann der Prophetentyp „Übermittler des Jahwe-Wortes" nachgewiesen werden? Unterliegen die „vorderen" Prophetengestalten von Samuel bis Hulda nicht allesamt dem schweren Vorbehalt, den J. Blenkinsopp so äußert:

Unsere Kenntnis der frühen Prophetie beruht hauptsächlich auf dem dtr Geschichtswerk (Jos bis Kön); der Pentateuch und das chr Geschichtswerk steuern kleinere Informationen bei. Weil diese Werke in Auswahl und Darstellung der Ereignisse von theologischen Zielen geleitet sind, sind unsere Daten notwendigerweise fragmentarisch und unvollständig. (53)

Wir müßten fragend hinzufügen, ob nicht die dtr (oder eine vergleichbare) Konstellation der immer wieder vergeblich gesandten prophetischen Jahwe-Knechte für jene Zeit ein wesentliches kreatives Element auch bei der erzählerischen Darstellung der vorderen Einzelpropheten gewesen sein kann. Und bei den „hinteren" oder „späteren" Propheten des hebräischen Kanons hat doch – wie Blenkinsopp oft genug herausstellt – die spätere Redaktion in der Exilszeit ebenfalls formend eingegriffen.
Die derart vielfach beobachtete Zusammenfassung, Neudeutung, Systematisierung prophetischer Überlieferungen, die im Ergebnis ganz andere Dimensionen und Inhal-

---

[19]   Vgl. J. Jeremias, Am 8,4–7 – ein Kommentar zu 2,6f, in: W. Gross u.a. (Hg.), Text, Methode und Grammatik, St. Ottilien 1991, 205–220; ders., Der Begriff ‚Baal' im Hoseabuch und seine Wirkungsgeschichte, in: W. Dietrich und M. Klopfenstein (Hg.), Ein Gott allein? OBO 139, Fribourg/Göttingen 1994, 441–462; O.H. Steck, Prophetische Prophetenauslegung, in: H.F. Geißler u.a. (Hg.), Wahrheit der Schrift – Wahrheit der Auslegung, Zürich 1993, 198–244.

[20]   G.C. Macholz, Jeremia in der Kontinuität der Prophetie, in: H.W. Wolff (Hg.), Probleme biblischer Theologie, München 1971, 306–334; R. Albertz, Jer 2–6 und die Frühzeitverkündigung Jeremias, ZAW 94, 1982, 20–47.

[21]   J. Blenkinsopp betont gelegentlich mit Recht, daß unterschiedliche mittlerische Funktionen nicht einfach auf eine Person zu projizieren sind: Samuel kann nicht "Wahrsager" und „Oppositionsprophet" sein (57: „Es ist unwahrscheinlich, daß Samuel gleichzeitig beide Rollen ausfüllte.").

te aufweist als ältere, nur auf die Augenblickssituation bezogene Einzelsprüche,[22] läßt zunächst die Vermutung aufkommen, daß sie aufgrund bestimmter Geschichtssituationen und theologischer Vorstellungen die Kontinuität der Prophetie erst geschaffen hat. Dann wäre das späte, vereinheitlichende Bild des Propheten als predigender Jahwe-Wort-Verkündiger eine umfassende Klammer für ältere Überlieferungen. Für eine solche Vermutung spricht, wie gesagt, der Aussagebefund unserer Quellen, aber auch die allgemeine Erkenntnis, daß Kontinuitäten in Geschichtsverlauf, Amtsfolge, Gotteshandeln mit einer gewissen Notwendigkeit erst im Nachhinein wahrgenommen und geschaffen werden können. Jedenfalls ist es eine Aufgabe für die Prophetenforschung, sich mit der These der rückwirkenden Systematisierung prophetischer Tradition auseinanderzusetzen. Der Hinweis auf ein angeblich in den Texten nachzuweisendes Bewußtsein verschiedener Propheten, in der Kontinuität eines Amtes zu stehen, genügt allein noch nicht. Der gemeinsame Amtsnenner läßt sich auch schwerlich über die Sozialkritik oder das intellektuelle Dissidententum herstellen.

5. Kultprophetie?

Wie ist das „prophetische Amt" inhaltlich zu definieren? Hat es Wandlungen, Verschiebungen in der Sendung und Beauftragung der Propheten gegeben? J. Blenkinsopp teilt die Unsicherheit der Forschung. Einerseits sind die Propheten hier und da als spontane und radikale Kritiker an bestehenden Verhältnissen (gesellschaftlicher, politischer, kultischer Art) zu erkennen. Ihr inspiriertes, von Jahwe initiiertes Auftreten setzt institutionelle Unabhängigkeit und persönliche Beweglichkeit voraus. Amos wird gegen seinen Willen aus der Alltagsbeschäftigung herausgeholt und muß „weissagen", d.h. im Zusammenhang (vgl. Am 3,6.8; 7,10–13) doch wohl, Unheil verkündigen. Er kann sich nach der Überlieferung mit keiner Autorität absprechen, niemandes Schutz einfordern, im Namen keiner bestehenden Norm oder Sitte auftreten (oder doch? Wie steht es um die Bindung an das Sippenethos? Oder alte Gottesrechtssetzungen?).
Auf der anderen Seite scheinen manche Propheten eine besondere Affinität zum Gottesdienst Israels – was immer damit gemeint sein kann – gehabt zu haben (man vergleiche das sogenannte Fürbittamt des Amos oder Jeremia, den Verkündigungsort „Tempel", manche kultische Redegattung, angefangen mit den Hymnenfragmenten des Amos bis zum „Entwurf der heiligen Tempelgemeinschaft" bei Ezechiel, dem Tempelbauaufruf des Haggai und den Nachtgesichten des Sacharja). Diese Nähe zum (Jerusalemer) Heiligtum ist früh aufgefallen und hat die Diskussion um die Kultprophetie in Gang gebracht, die zu keinem schlüssigen Ende kommen kann.[23] Denn so

---

22 Vgl. J. Jeremias, 1994, 491: Das Prophetenwort „muß ... allerdings in eine neue Zeit hinein ‚übersetzt' werden ...: Es muß mit ihm sozusagen das gleiche geschehen, was wir mit ihm heute in der Predigt und im Unterricht tun". Eine solche „Übersetzung" ist aber in der Regel eine vor der jeweiligen Gegenwart zu verantwortende Neuschaffung. – H. Utzschneider, Die Schriftprophetie und die Frage nach dem Ende der Prophetie, ZAW 104, 1992, 377–394, plädiert für eine Prophetie, „die sich nicht primär in Personen ... darstellt ..., sondern in Texten ..." (a.a.O. 379).
23 Vgl. A.R. Johnson, The Cultic Prophet in Ancient Israel, Cardiff ²1962; J. Jeremias, Kultprophetie und prophetische Gerichtsverkündigung, WMANT 35, Neukirchen-Vluyn 1970. Auch Jere-

sehr Einzelfälle von Kritik aus einem etablierten gesellschaftlich/religiösen Bindungsverhältnis heraus denkbar sind, so ist eine institutionelle und über Jahrhunderte anhaltende Frontstellung von Amtsträgern gegen die eigene Organisation sehr unwahrscheinlich. Der Satz: „Man sägt den Ast nicht ab, auf dem man sitzt" ist zwar in konkreten Situationen möglicherweise nur zu 90% gültig: Mitglieder einer gesellschaftlichen Schicht oder Gruppierung können unter gewissen Bedingungen auch intern gegen die eigenen Interessen rebellieren (vgl. R.R. Wilsons „central prophets", u. Nr. 6). Im statistischen Längsschnitt allerdings wird der Satz allemal gelten. Die Lösung des Problems lag bisher darin, daß man den Propheten – meist im zeitlichen Nacheinander – beide Funktionen, das spontane Aufbegehren gegen und das mittlerische Eintreten für die Gesellschaft (und im Ernstfall: gegen und für den Kultbetrieb) zugeschrieben hat.

J. Blenkinsopp sieht das Dilemma der Ämterdefinitionen, die sich gegenseitig ausschließen. Die kultische Bindung der Prophetie ist für ihn eine (vorisraelitische) Wurzel – neben der sogenannten Kriegsprophetie (52f) –, von der sich israelitische Wortvermittlung löst, zu der sie aber in der Spätzeit zurückkehrt (226f)! Die „beamteten" Kultpropheten sind erst in unserem Jahrhundert wiederentdeckt worden, vor allem durch S. Mowinckel und seine Schüler. Bei vorsichtiger Einschätzung ist der Tempel mindestens teil- und zeitweise Operationsbasis für Propheten gewesen, wie auch die Mari-Texte beweisen.[24] Der vom Deuteronomisten ausgemalte Anfang der Prophetie (Samuel; 1 Sam 3f) ist ebenfalls an den Tempel (von Silo!) verlegt, während die Erzväter der charismatischen Richtung, Elia und Elisa, eher aus dem kriegerischen Mantikertum kommen. Die Schriftpropheten aber haben mit beiden Ursprüngen wenig zu tun. Sie stehen zunächst der etablierten Tempelprophetie kritisch bis feindlich gegenüber (vgl. Amos; Jesaja; Micha; Jeremia, bei Blenkinsopp 84ff; 114; 101; 149f). In ihren Augen sind die Kultpropheten professionelle Heuchler, Lügner und Verführer, denen der echte Gottesauftrag abgeht. Blenkinsopp relativiert die Verdikte und gebraucht für die Opponenten der „freien" Propheten Adjektive wie „professionell", „zentral" (soziologischer Terminus vgl. unten Nr. 6), „offiziell", „öffentlich", „optimistisch" usw. Für ihn ist offensichtlich das Gottesverhältnis des Propheten, nicht sein Status in der Gesellschaft, entscheidend. Denn von den späteren Schriftpropheten erweisen sich doch bei näherem Zusehen einige als ursprüngliche oder bleibende Angehörige des Tempelpersonals: Zephanja, Nahum und Habakuk, Obadja, Ezechiel und seine Schule (172f; hier spricht Blenkinsopp zum ersten Mal von der „Re-Absorption" der Prophetie in die Priesterschaft: 174f), Deuterojesaja, Haggai, Sacharja, Maleachi. Das ist – trotz des geringeren Umfangs der Textüberlieferung im Vergleich zu den kritischen Randpropheten – eine stattliche Aufzählung, welche den Gedanken einer Rückkehr freier in die institutionalisierte Prophetie relativiert (vgl. 226ff). Immerhin sind aber auch Propheten, die dem Gottesdienst nahestehen, durchaus kritische Mahner und Warner der Gemeinde (vgl. Zephanja, Habakuk, Ezechiel, Deuterojesaja, Haggai, Sacharja, Maleachi). Der Kreis schließt sich für Blenkinsopp in der persischen Zeit, nach der Neueinweihung des Tempels. Das Heiligtum wird zum schlechthinnigen Machtzentrum in Juda. Die Machthaber möch-

---

mias konstatiert die Unvereinbarkeit der Berufsbilder: Es „spricht alles gegen die Annahme, daß Kultpropheten auch Gerichtsworte gegen Israel als ganzes gesprochen haben" (a.a.O. 196).

24 Vgl. Abraham Malamat, 1989.

ten auch die Prophetie kontrollieren; sie geraten in Konflikt mit eschatologisch gestimmten Minderheiten, die ihrerseits die Mehrheit denunzieren (215ff). Auch aus
dieser Sicht hinterläßt die vom Kult dominierte Kreisform der Prophetengeschichte
tiefgehende Fragen. Ist die These von der Wiederaufnahme der Prophetie in den Kult
vielleicht doch ein in die Texte eingetragenes Modell, das die Entstehung von kultischen *und* prophetischen Texten in Gemeindegottesdiensten verdeckt?
Blenkinsopp fügt noch eine weitere Dimension hinzu, die manchen Prophetenfor-
schern entgeht oder von ihnen nur gering eingeschätzt wird: Die Propheten werden
spätestens seit dem Exil in das Kleid des Toralehrers und -bewahrers gesteckt. In Dtn
13,1–5 und 18,9–22, so sahen wir schon, bringt der Deuteronomiker „a first sketch
for a doctrine of prophecy".

Echte Prophetie ist am Sinai/Horeb als Antwort Gottes auf die Bittes des Volkes um Wortvermittlung entstanden. Darum wird sie nach dem Vorbild des mosaischen Dienstes gezeichnet. D.h. aber, Prophetie ist wesentlich mit Bund und Gesetz befaßt. (167f)

Damit sind drei im hebräischen Kanon vorkommende Prophetenmodelle angesprochen. Wie weit das letztere die angebliche Reintegration des Prophetischen voraussetzt oder fördert, müßte untersucht werden. Wir haben uns zunächst mit dem kult-
prophetischen Modell auseinanderzusetzen. Die gegenwärtige Forschung schwankt und
tendiert uneinheitlich. Daß es in den altorientalischen Religionen und in Israel Got-
tesmitteilungen an heiliger Stätte, Visionen und Botschaften von Gottheiten auch für
Tempelangestellte gegeben hat, ist klar. Inhalt und Adressaten von solchen göttlichen
Kommunikationen sind nach Situation und gesellschaftlicher Organisation verschieden. Das Bild des Heilspropheten, der die Feinde Israels und Jahwes verdammt, will
schlecht zu dem Unheilsansager für Israel und Juda passen. Sollte eine solche Selbst-
kritik auf göttlichen Befehl im Raum der zentralen Gottesverehrung möglich gewesen sein?[25] Sollte man gar an organisierte Oppositionsgruppen im niederen Klerus,
etwa bei den Leviten, denken?[26] Die Fragen bleiben jedoch: Wie lassen sich die auf
Dauer angelegte, durch rituelle Handlungen gemeinschaftssichernde Funktion des
Kultes und die spontanen, punktuellen, ursprünglich gar nicht auf „ganz Israel" abge-
stellten Schuldaufweise der Prophetensprüche miteinander vereinbaren? Wenn Fürbitte eine Funktion des Tempelpropheten ist, kann sie es auch für den gottgesandten
Unheilsankündiger werden? Für die kultisch verankerte Prophetie ließe sich eine
Kontinuität des Amtes, der Rituale und der Institutionen gut vorstellen. Ist das auch
für die Gerichtspropheten möglich? Welchen Kult für welche Gemeinschaft setzen
wir eigentlich bei der Postulierung von Kultpropheten voraus? Die häufig als „kult-
prophetische Psalmen" bezeichneten Texte (Ps 12; 14; 50; 75; 81; 82; 95) stammen
jedenfalls aus sehr unterschiedlichen rituellen und gesellschaftlichen Zusammenhän-

---

25 Vgl. Jörg Jeremias, Kultprophetie und Gerichtsverkündigung in der späten Königszeit, Neukir-
    chen-Vluyn 1969: Bei grundsätzlicher Verschiedenheit von Kult- und Unheilspropheten gibt es
    bei den ersteren, beamteten Tempelangestellten in der Spätzeit eine liturgische Anklage von
    Übeltätern, die sich jedoch von den Gerichtsworten der „freien" Propheten gegen ganz Israel
    deutlich unterscheidet, z.B. a.a.O. 176ff.
26 Vgl. R. Albertz, Religionsgeschichte Israels, ATD Erg. Bd. 8, Göttingen 1992, 343–347; 525–
    529; 611f u.ö.

gen und können nur zum Teil für den nationalen Großkult in Anspruch genommen werden.[27]

Möglicherweise haben wir es bei der „Kultprophetie" mit einem Scheinproblem zu tun. Die späten alttestamentlichen oder frühjüdischen Theologen schufen das prophetische Einheitsbild nach Maßgabe ihrer Vorstellungen von der Verkündigung des Gotteswillens in der Geschichte. Dieses Einheitsbild ist für das Verständnis der Spätzeit und des Endtextes der Prophetenbücher sehr wichtig. Bei der geschichtlichen Analyse jedoch könnten wir Kultprophetie als eine normale Funktion des Gottesdienstes betrachten. Wir brauchten sie nicht unter einen Oberbegriff von Unheilsverkündigung, Sozialkritik oder Dissidententum zu zwängen. Kultische Vermittlung der Gottesgegenwart ist ureigenste Sache des Gottesdienstes.

6. Prophet und Gesellschaft

In der amerikanischen Forschung wird die Frage nach der gesellschaftlichen Verwurzelung der Propheten seit Jahrzehnten verhandelt, dazu hat besonders die Monographie von Robert R. Wilson, Prophecy and Society beigetragen.[28] Diese grundlegend neue Perspektiven eröffnende Studie ist in Deutschland kaum zur Kenntnis genommen, geschweige denn rezipiert worden. Wie viele andere amerikanische Prophetenforscher geht auch J. Blenkinsopp auf die Ergebnisse Wilsons ein, lehnt nur die Unterscheidung einer nordisraelitischen (ephraimitischen) und judäischen Prophetie ab. Für ihn bleibt die allgemeine, soziologische Betrachtungsweise wichtig, die Amt und Funktion wie auch Ausbildung und gesellschaftliche Akzeptanz von Prophetengestalten deuten soll.

Nach R.R. Wilson – er nimmt dabei auch Anregungen Max Webers auf – braucht jeder Prophet irgendeine „support-group", eine Gruppe von Menschen, in die er eingebunden ist und die ihn unterstützt. Reine Einzelgänger existieren nur in der Fiktion, sie sind das Produkt des Leidensdruckes späterer Tradenten (vgl. Elia: „ich allein bin übriggeblieben ...", 1 Kön 19,10). Ohne einen gesellschaftlichen Resonanzboden kann nämlich prophetische Verkündigung weder geschehen noch überdauern. Aufgrund biblischer Zeugnisse und anthropologischen Vergleichsmaterials unterscheidet Wilson zwei Möglichkeiten der gesellschaftlichen Verwurzelung. Der Prophet ist entweder eine Randgruppenfigur, welche die Klagen der Marginalisierten gegen die herrschende Elite aufnimmt und artikuliert, oder er gehört selbst zur „zentralen" Bevölkerungsgruppe und wendet sich im Einzelfall von innen heraus gegen die Machthaber bzw. – das wäre die Regel – er unterstützt die bestehenden Herrschaftsverhältnisse.

Wichtig ist, daß mit dieser soziologischen Betrachtung, die weithin mit anthropologischen Daten gestützt wird, eine neue Sicht der Prophetie zur Geltung kommt. Nicht das offenbarte und zu übermittelnde Gotteswort an sich wird zum Kriterium für den Propheten und die Prophetie – es entzieht sich der wissenschaftlichen Analyse –,

---

27   Vgl. E.S. Gerstenberger, Psalm 12: Gott hilft den Unterdrückten. Zum Thema: Kultprophetie und soziale Gerechtigkeit in Israel, in: B. Jendorff, G. Schmalenberg (Hg.), Anwalt des Menschen, Gießen 1983, 83–104.

28   Robert R. Wilson, Prophecy and Society, Philadelphia 1980. Die Übersetzungsrechte für dieses wichtige Prophetenbuch sollen seit vielen Jahren ungenutzt bei einem deutschen Verlag liegen.

sondern die gesellschaftlichen Verhältnisse und die sozialen Bedingungen dienen als Raster für das Phänomen des Prophetismus. J. Blenkinsopp zeigt allerdings, daß sich die Offenbarungs- und die Sozialperspektive nicht unbedingt ausschließen müssen. Aber die gesellschaftliche Betrachtung ist weniger vorbelastet, sie läßt sich im direkten Zugriff behandeln und eröffnet gute, überraschend neue Interpretationsmöglichkeiten.

Mir scheint, daß an dieser Stelle durch die amerikanischen Kollegen eine verheißungsvolle Fragerichtung aufgezeigt ist. Wie sind die Propheten Israels in ihrer Gesellschaft verwurzelt gewesen? Welcher Anteil ihrer Verkündigung läßt sich aus den gesellschaftlichen Verhältnissen erklären? Um mit Blenkinsopp zu reden: Es entstehen

… einige interessante neue Fragen, die weiter studiert und diskutiert werden müssen. Es geht dabei u.a. um das Wesen und das Ausmaß des sozialen Rückhaltes, der für eine Mittlertätigkeit dieser Art benötigt wird, weiter um die gesellschaftlichen Zustände (Sozialstreß; politische Krisen; Gesetzlosigkeit), unter denen gewisse Arten ‚prophetischer‘ Aktivität sich zu entfalten pflegen, und die Rolle, welche die Gesellschaft allgemein oder ein begrenzter Ausschnitt der Gesellschaft in jenem Prozeß spielen, durch den ein einzelner die Funktion eines Mittlers übernehmen kann. (41)

J. Blenkinsopp weiß um die Kargheit der zuverlässigen Informationen, wenn es um die gesellschaftliche Lokalisierung der Propheten geht. Dennoch hält er an der Notwendigkeit fest, den Versuch einer solchen Ortsbestimmung zu wagen (38ff). Neben der schon genannten Kult- und Hofprophetie sieht er in den ekstatischen Randgruppen bzw. derwischartigen Orden ebenso wie bei Micha Beispiele für periphere Mittlertypen. Nach der Eroberung Judas durch die Babylonier ändern sich die soziopolitischen Verhältnisse tiefgreifend; davon bleibt auch das Prophetentum nicht unberührt (154ff). Die Verelendung von großen Bevölkerungsteilen (erhöhte Abgaben; wirtschaftliche Ausbeutung durch Großmächte usw.) führt schließlich zu messianischen Bewegungen. Die fehlende Ordnungsmacht einer autochthonen Zentralverwaltung und die vorrangige Bedeutung des religiösen Bekenntnisses begünstigen die Polarisierung von religiösen Gruppierungen in der jüdischen Religionsgemeinschaft (215ff). Zunehmende Fixierung auf die Heiligen Schriften und ihre Auslegung (einschließlich der Prophetenexegese!) lassen auch die Defizite der Prophetie erkennen und produzieren Neuinterpretationen, Verlagerung auf Toraverkündigung und weisheitliche, ironische Fundamentalkritik (Jona!) am Sendbotenmodell überhaupt (243ff).

Insgesamt steht J. Blenkinsopp der soziologisch-anthropologischen Untersuchung des Phänomens der Prophetie sehr aufgeschlossen gegenüber. Die Prägung der Gottesbotschaft geschieht nach seiner Ansicht teilweise durch die gesellschaftliche Umgebung und zum anderen Teil durch die persönliche Gottesbegegnung. – Es hat zaghafte, meist punktuelle Versuche auch in Deutschland gegeben, den sozialen Hintergrund zu erhellen, z.B. beim Propheten Amos.[29] Eine umfassende sozialwissen-

---

29   Vgl. K. Koch, Die Entstehung der Sozialkritik bei den Propheten, in: H.W. Wolff (Hg.), Probleme biblischer Theologie, München 1971, 236–257; M. Fendler, Zur Sozialkritik des Amos, EvTh 33, 1973, 33–53; W. Schottroff, Der Prophet Amos, in: ders. und W. Stegemann (Hg.), Der Gott der kleinen Leute Bd. 1, München, Gelnhausen 1979, 39–66; Chr. Hardmeier, Die jüdische Unheilsprophetie, Der altsprachliche Unterricht 26, 1983, 20–44; B. Lang, Prophetie und Öko-

schaftliche Prophetentheorie fehlt indessen. Deutsche Forschung scheint sich immer
noch eher mit den literarischen und psychologischen als mit den gesellschaftlichen
Phänomenen zu beschäftigen.[30] Sind theologische Bedenken Grund für solche Zu-
rückhaltung? Befürchten Prophetenforscher, die Einzigartigkeit, Geschichtlichkeit,
Individualität der Propheten zu verwässern, wenn sie die gesellschaftliche Bedingt-
heit der Gottesboten in ihre Überlegungen und Interpretationen mit einbeziehen? J.
Blenkinsopp berücksichtigt beispielhaft sowohl die anthropologischen und gesellschaftlichen Wirklichkeiten als auch die individuelle Gotteserfahrung von Propheten
und Überlieferern. Nur im Zusammenspiel der Perspektiven wird sich weitere Erkenntnis über Werden und Wesen israelitischer Prophetie gewinnen lassen. Die volle
Einbeziehung der sozialgeschichtlichen Komponenten ist in jedem Falle ein Deside-
rat der Forschung, dem in Deutschland erst noch Anerkennung verschafft werden
muß.

7. Altorientalische Parallelen

Die Neuansätze in der Prophetenforschung können in jeder Hinsicht – literarisch,
phänomenologisch, auch theologisch – durch Paralleltexte aus dem Alten Orient,
sowohl aus Ägypten als auch aus Mesopotamien, gestützt und korrigiert werden. Seit
langem sind prophetische Erscheinungen verschiedenster Art aus den Nachbarkulturen Israels bekannt. In den letzten Jahrzehnten ist die wissenschaftliche Beschäftigung mit der altorientalischen Prophetie deutlich angestiegen.[31] J. Blenkinsopp
nimmt voll an dieser Entwicklung teil. Er rechnet mit dem gesamtorientalischen Phänomen des prophetischen Mittlertums, das nach seiner Meinung die Prophetie in
Israel maßgeblich beeinflußt und mitgestaltet hat, und bemüht sich, die altorientalische Erforschung prophetischer Phänomene im Blick zu halten.
Die Analogien und Besonderheiten altorientalischer Prophetie in den verschiedenen

---

nomie im alten Israel, in: G. Kehrer (Hg.), „Vor Gott sind alle gleich", Düsseldorf 1983, 53–73;
H.W. Wolff, Dodekapropheton 2, BKAT XIV,2, Neukirchen-Vluyn 3. Aufl. 1985; H. Weippert,
Amos. Seine Bilder und ihr Milieu, in: dies. u.a. (Hg.), Beiträge zur prophetischen Bildsprache in
Israel und Assyrien, OBO 64, Fribourg, Göttingen 1985, 1–29; E. Zenger, Die eigentliche
Botschaft des Amos, in: E. Schillebeeckx (Hg.), Mystik und Politik, Mainz 1988, 394–406; G.
Fleischer, Von Menschenverkäufern, Baschanskühen und Rechtsverdrehern, BBB 74, Bonn
1989; H. Reimer, Richtet auf das Recht!, SBS 149, Stuttgart 1992.

30   Vgl. Überblicksrezensionen in ThR o.ä. seit 1980, z.B. J. Jeremias, Grundtendenzen gegenwärti-
ger Prophetenforschung, EvErz 36, 1984, 6–22; Chr. Hardmeier, Stehen wir vor einem Umbruch
in der Jesajaforschung?, VuF 31 (1986/1), 3–31; siehe auch oben Anm. 3.

31   Die Veröffentlichungen des Archivs von Mari haben entscheidenden Anteil an dieser Entwicklung, vgl. F. Ellermeier, Prophetie in Mari und Israel, ThOA 1, Herzberg 1968; A. Malamat,
Mari and the Early Israelite Experience; E. Noort, Untersuchungen zum Gottesbescheid in Mari.
Die „Mariprophetie" in der alttestamentlichen Forschung, AOAT 202, Neukirchen-Vluyn 1977;
M. Weippert, Assyrische Prophetien der Zeit Asarhaddons und Assurbanipals, in: F.M. Fales
(ed.), Assyrian Royal Inscriptions. New Horizons in Literary, Ideological, and Historical Analysis, 1981, 73–115; ders., Aspekte israelitischer Prophetie im Lichte verwandter Erscheinungen
des Alten Orients, in: Ad bene et fideliter seminandum. FS KH. Deller, hg. v. G. Mauer und U.
Magen, AOAT 220, 1988, 237–319; A. Schmitt, Prophetischer Gottesbescheid in Mari und Israel, BWANT 114, 1982; M. de Jong Ellis, Observations on Mesopotamian Oracles and Prophetic Texts, JCS 41, 1989, 127–186; I. Starr (Hg.), Queries to the Sungod: Divination and
Politics in Sargonid Assyria, Helsinki 1990.

Nachbarkulturen Israels sind literarisch und archäologisch weiter zu untersuchen. Die
Menge relevanten Materials ist überwältigend. Sie vergrößert sich ständig. Literarisch liegen in Mesopotamien (Mari) die engsten Übereinstimmungen mit israelitischer Wortvermittlung vor. Die ägyptischen Texte stellen eigene Gattungen dar (Kö-
nigsnovelle etc.). Das (priesterliche) Orakel wiederum scheint eine ganz besondere,
mit Divination und Opferschau verbundene Angelegenheit zu sein. Altorientalische
Kulturen kennen eine beträchtliche Zahl von verschiedenen Mittlertypen institutionell gebundener und „freiberuflicher" Art. Aber es ergeben sich, und das ist ein wichtiges negatives Ergebnis, aus dem Alten Orient kaum Anhaltspunkte für eine institutionelle Prophetie, oder für eine kontinuierliche Geschichte oder Sukzession prophetischer Gestalten. Folgt daraus zwingend, daß Israels Prophetismus nicht nur geschichtlich einmalig, sondern auch theologisch einzigartig gewesen ist? J. Blenkinsopp hält sich mit solchen Urteilen sehr zurück. Er spricht an einigen Stellen von den
Außeneinflüssen auf die israelitische Prophetie, hält die mesopotamischen Parallelen
für näher an den israelitischen Phänomenen als die ägyptischen, weist besonders auf
die Bileam-Inschriften und die Mari-Texte hin (45ff, zieht jedoch kaum jemals Ein-
zelvergleiche (vgl. Zakir-Inschrift, 45f). Interessant sind ihm aber auch die Auswirkungen babylonischer Mythologie (191f) und Schreibkunst (160) auf die Prophetenüberlieferung in Israel. Bisher sind aber relativ wenig Quellen der Umwelt gründlich
auf das Thema Prophetie hin untersucht worden. Die bis jetzt bekannten Phänomene
von Mittlertätigkeit vor und rund um Israel geben der alttestamentlichen Wissenschaft schon sehr viele Fragen auf. Blenkinsopp konstatiert im Blick auf die mesopotamischen Zeugnisse:

Das … Material reicht nicht aus, das Problem der Ursprünge israelitischer Prophetie zu
klären. Es hilft uns höchstens, bessere Perspektiven zu finden und eine Arbeitshypothese
aufzustellen, welche im Verlauf unserer Arbeit an der historischen Entwicklung der Prophetie überprüft werden kann. (50)

Mit dieser Einschränkung aber sind die außerisraelitischen Zeugnisse von außer-
ordentlicher Bedeutung. In der Altorientalistik ist noch viel vergleichende Forschung
zum Thema „Prophetie" zu leisten. Beim Vergleich mit den israelitischen Zeugnissen
fallen natürlich die je besonderen sozialen, religiösen und überlieferungsgeschichtlichen Bedingungen der Mittlerphänomene sowie die Ausgestaltung von Prophetenworten und von eventueller Prophetenliteratur stark ins Gewicht.[32] Erhoffen können
wir uns in der Tat Aufschlüsse über den allgemeinen Hintergrund von Mittlertätigkeit
im antiken Orient. Sie könnten uns die Vielfalt der prophetischen Erscheinungen, die
wir auch im Alten Testament wahrnehmen, verstehen helfen. Vor diesem besser
strukturierten Hintergrund würden sich die Sonderentwicklungen in Israel (vor allem
die Entstehung einer prophetischen Literatur) klarer profilieren. Die gesellschaftlichen und religiösen Lebensumstände der exilisch-nachexilischen Gemeinde sind sicherlich ein Hauptfaktor für die spezielle Ausformung der judäischen Tradition gewesen.

---

[32] Vgl. z.B. H.M. Barstad, No Prophets? Recent Developments in Biblical Prophetic Research and
Ancient Near Eastern Prophecy, JSOT 57, 1993, 39–60.

Wie schon angedeutet, suchen besonders amerikanische Kolleginnen und Kollegen in heutigen Stammesgesellschaften nach Erscheinungen, die sich mit altisraelitischen prophetischen Aktivitäten vergleichen lassen.[33] Aus vielen Kulturen sind Mittlertypen unterschiedlicher Art bekannt und dokumentiert. Sie gehören meistens zum Typ des Schamanen, Pajés, Beschwörers oder Zauberers, Mantikers oder Diagnostikers und versehen in ihren Gesellschaften die Funktionen des Heilens, Wahrsagens, der Kriegsführung, Bannung, Regenbeschaffung usw.[34] Autorität wird ihnen in reichem Maße zugestanden. Den Kontakt mit dem Göttlichen müssen sie oft in langen Lehrzeiten, entbehrungsreichen Riten, Kasteiungen, oft auch unter Drogeneinsatz herstellen, oder aber sie erfahren in plötzlichen, überfallartigen Attacken und unerwarteten Beauftragungen die Gegenwart Gottes. Sie sind als Mittler oft Fremde in ihrer eigenen Gruppe und brauchen doch zumindest die moralische Unterstützung ihrer Klientel. Kurz: Die Phänomenologie des prophetischen Mittlertums ist enorm facettenreich, und doch lassen sich gewisse Grundelemente herausstellen und mit altisraelitischen Erscheinungsformen vergleichen.

Eine entscheidende Differenz zu den israelitischen Propheten ist die Tatsache, daß in Stammesgesellschaften der Bezug auf eine nationale Größe wie ein Volk und auf einen die Sippenreligion übergreifenden Glauben fehlen muß. Organisationsformen wie „Gemeinde Israel" und Gottheiten wie „Jahwe", d.h. aber, eine Konfessionsgemeinschaft mit umfassendem Wahrheitsanspruch, kommen in beobachtbaren Stammesgesellschaften nicht vor. Dennoch ist der Vergleich der prophetischen Funktionen außerordentlich interessant. Es könnte nämlich sein, daß uns die anthropologischen Parallelen ein Bild des vorexilischen Israel erahnen lassen, das durch die vereinheitlichende Übermalung durch die Exilstheologen verschwunden ist.

J. Blenkinsopp nimmt die neuzeitlichen Forschungen und Vergleichsbemühungen interessiert zur Kenntnis, leitet neue Fragestellungen für die alttestamentliche Prophetenforschung daraus ab, warnt aber vor dem kurzschlüssigen interkulturellen Vergleich:

Das alles ist zu begrüßen, aber wir müssen hinzufügen: Vergleiche dieser Art neigen dazu, die fundamentalen Unterschiede zwischen den einzelnen Gesellschaften zu übersehen, in denen prophetische Phänomene auftauchen. Ein Prophet wie Amos stellt sich doch sehr anders dar als z.B. der Prophet Ngundeng Bong aus dem Volke der Nuer oder der Prophet Handsome Lake vom Indianerstamm der Seneca. Das antike Israel war eben eine fundamental andere Region als der südliche Sudan oder das Land der Seneca im Staate New York im frühen 19. Jahrhundert. (41)

---

33 Außer R. R. Wilson, 1980 vgl. besonders B. O. Long, Recent Field Studies in Oral Literature and their Bearing on OT Criticism, VT 26, 1976, 187–198; ders., Reports on Visions Among the Prophets, JBL 95, 1976, 353–365; T.W. Overholt, Prophecy in Cross-Cultural Perspective, Atlanta 1986; ders., Channels of Prophecy, Minneapolis 1989; F.H. Cryer, Divination in Ancient Israel and its Near Eastern Environment, Sheffield 1994.

34 Die anthropologische Literatur ist unübersehbar, vgl. die einschlägigen Artikel in der Encyclopedia of Religion, hg. von Mircea Eliade, New York 1986f.; ders., Schamanismus und archaische Ekstasetechnik, Zürich und Stuttgart 1957. Anthropologische Feldforschungen haben Einblicke in die vielfältigen Ausdrucksformen des „Mittlertums" gebracht, vgl. z.B. K. Schlosser (Hg.in), Die Bantubibel des Blitzzauberers Laduma Madela, Kiel 1977; dies., Propheten in Afrika, Braunschweig 1949; J.M. Lewis, Ecstatic Religion, London ²1989.

In diesem in der 2. Auflage eingefügten Abschnitt grenzt sich Blenkinsopp gegen gewisse, stark „anthropologisierende" Untersuchungen ab.[35] Die offene Frage ist, wie der „fundamentale" Unterschied der Regionen und Gesellschaften (im englischen Original heißt der eben zitierte Satz: „… ancient Israel was fundamentally different from southern Sudan …" Der Autor setzt offensichtlich Gesellschaft und Land in Opposition) beschrieben werden kann. Die anthropologische Einmaligkeit einer Kultur oder eines Kulturmusters ist sicher nicht mit der theologischen Einzigartigkeit des Volkes Israel vergleichbar.[36] Der anthropologische Vergleich setzt also die Klärung der geschichtlichen Einmaligkeit des Volkes Israel voraus.

Gesteht man die grundsätzliche Vergleichbarkeit israelitischer und anderer Prophetie zu, dann wird es weiter auf die Verfahrensweise ankommen. Punktuelle Gegenüberstellungen einzelner prophetischer oder mittlerischer Elemente sind wenig sinnvoll. Jedes gesellschaftliche Stukturelement und jedes religiöse Einzelphänomen ist in seinem eigenen, angestammten Kontext zu betrachten, zu belassen und zu würdigen. Das Zusammenspiel der Kräfte in einer beobachtbaren Gesellschaft, die Interaktion von Rollen, Verhaltensmustern, Glaubensüberzeugungen bilden je ein Ganzes. Aber gerade das kulturfremde Zusammenspiel von prophetischen Figuren und ihren support-groups und Opponenten kann uns wegen der unzweifelhaft vorhandenen analogen Gesamtkonstellation die Augen für die Besonderheiten des israelitisch-jüdischen Mittlertums öffnen. Gesellschaftliche und religiöse Funktionäre, Riten, Gepflogenheiten entsprechen in jeder Kultur gewissen menschlichen Grundbedürfnissen. Darum sind sie untereinander zwar nicht kompatibel, aber funktionell vergleichbar. Derartige Vergleiche dienen als heuristische Modelle, welche uns – wie auch Blenkinsopp betont – neue Fragestellungen und Perspektiven gegenüber den altvertrauten alttestamentlichen Prophetenüberlieferungen finden lassen. Insgesamt aber ist klar: Wie die Parallelerscheinungen des Prophetischen im Alten Orient noch lange nicht angemessen erforscht sind, so fehlen auch auf dem Gebiet der kultur- und zeitüberschreitenden anthropologischen Prophetenforschung noch sehr viele, dringend erwünschte Untersuchungen.[37]

---

[35] Vgl. auch oben S. 14: „Derartige komparativistische Untersuchungen können zu nützlichen Verallgemeinerungen im Blick auf religiöse Mittler führen und neue Denkmodelle für bekannte biblische Gestalten stimulieren. Aber oft treten die Unterschiede stärker hervor als die Gemeinsamkeiten."

[36] Vgl. R. Benedict, Patterns of Culture (1934), Boston [11]1959; M. Noth, Geschichte Israels, Göttingen 1954, 11: Israel war „ein Fremdling in dieser seiner Welt, der zwar deren Gewand trug und sich auf die in ihr übliche Weise gebärdete, in seinem Wesen jedoch von ihr geschieden war …", und zwar „so, daß im Zentrum der Geschichte ,Israels' Erscheinungen begegnen, für die es keine Vergleichsmöglichkeiten mehr gibt …"

[37] Zu grundsätzlichen Fragen im Blick auf Anthropologie und alttestamentliche Wissenschaft vgl. z.B. J.W. Rogerson, Anthropology and the Old Testament, Oxford 1978; B. Lang, Anthropological Approaches to the Old Testament, London 1985; R.E. Clements (Hg.), The World of Ancient Israel, Cambridge 1989 (darin u.a. J.W. Rogerson, Anthropology and the Old Testament, ebda 17–37; R.P. Carroll, Prophecy and Society, ebda 203–225); Anthropological Perspectives on Old Testament Prophecy, Semeia 21, Chico 1981; A.D.M. Mayes, The Old Testament in Sociological Perspective, 1989.

Bei J. Blenkinsopp fanden wir einerseits zahlreiche kritische Anmerkungen zur traditionellen Prophetenexegese (vgl. z.B. 31: „… eine gewisse Enttäuschung" über die historisch-kritische Methode selbst „ist erkennbar geworden"; 32: „Methoden genau wie Forschungsresultate [werden] vom intellektuellen Klima und den ideologischen Strömungen der Zeit, in welcher sie entstehen, bestimmt"; 35: Überbetonung des prophetischen Individualismus und Neudefinition des prophetischen Bewußtseins; 215ff: Unauffindbarkeit der „Jesajaschule" usw.). Andererseits sieht er mit großer Klarheit die Bedeutung der exilisch-nachexilischen (vor allem deuteronomistischen) Interpretationen und Kreationen von Prophetenbildern und Prophetentexten. Er hält die Anbindung der Prophetie an die Mosetradition und die Überformung der Propheten, besonders Jeremias, durch sie für eine späte, theologische Schöpfung (53f). Kann man überhaupt noch erwägen, daß sie „geschichtlich gut begründet" ist? (54).
Verbindet man diese bei Blenkinsopp registrierten und in mancherlei Studien zutage tretenden kritischen Überlegungen, dann muß ernsthaft gefragt werden, ob ein „Paradigmenwechsel"[38] im Forschungsgebiet „Prophetie" nicht überfällig ist. Die alten Grundüberzeugungen (z.B. Prophet = Bahnbrecher einer neuen, ethischen Religion; Prophetie = Vorläuferin und Seele des Gesetzes) haben an Kraft verloren, weil die heutigen Lebensumstände und Wertvorstellungen und damit auch die Fragen an die prophetische Literatur und den prophetischen Glauben sich tiefgreifend verändert haben. Der „complex of convictions, values, and world view shared by a scientific community"[39] hat sich verschoben oder ist durcheinander geraten. Auch in der Theologie gilt: Unsere Erkenntnisgrundlage besteht nicht aus exklusiven, zeitlosen Theoremen, sondern aus einem Geflecht von sehr zeit- und gesellschaftsgebundenen Annahmen und Vorurteilen, die mit dem Glauben unserer jeweiligen Kirchengemeinschaften und den Überzeugungen der Gesamtgesellschaft eng verzahnt sind. Eine Besinnung auf diese Voraussetzungen unseres Forschens, oder: auf unseren begrenzten hermeneutischen Standort, tut dringend not, besonders dann, wenn ein Grundpfeiler unseres biblischen Glaubens zur Debatte steht.
Leider ist es in der angeblich so kritischen modernen Wissenschaft nie allgemein üblich geworden, den eigenen Standort näher zu bestimmen und diese Standortsangabe mit in die wissenschaftliche Arbeit einzubeziehen. Die Axiome, von denen aus man Forschung betreibt, werden meist unreflektiert vorausgesetzt. Sie müssen alle Fragestellungen und Einzelergebnisse und das ganze darauf begründete Theoriegebäude tragen. So geht z.B. historisch-kritische Exegese oft von der geschichtlichen Verschiedenartigkeit, aber der gesellschaftlichen Gleichförmigkeit antiker und moderner Situationen und einer annähernd geradlinigen geistigen Entwicklung der Menschen aus. Sie übersieht zudem geflissentlich das im Zuge des euro-amerikanischen Kolonialismus entstandene Macht- und Wohlstandsgefälle zwischen den „Welten", in denen wir leben. Und sie setzt in der Regel die eigene Situation und theologische Position als das non-plus-ultra der Erkenntnis. Außerdem nimmt sie traditionell die gender-bedingte Befangenheit bisheriger Männerexegese nicht wahr oder unterschätzt

---

38   Ferdinand E. Deist, The Prophets: Are we Heading for a Paradigm Switch? BZAW 185, Berlin 1989, 1–18.
39   F.E. Deist, a.a.O. 1 („das in der Wissenschaftsgemeinde geltende Geflecht von Überzeugungen, Werten und Weltanschauungen").

sie sträflich.[40] J. Blenkinsopp zeigt sich besonders an dem letzten Punkt lernfähig. In der zweiten Auflage seines Buches spricht er oft inklusiv von Prophetinnen und Propheten, ohne jedoch auf das Problem der religiösen Gleichstellung der Geschlechter einzugehen.

In der Prophetenforschung scheint, wie schon erwähnt, unumstößlich das Axiom zu gelten, die klassischen Propheten hätten uns direkt oder mittelbar schriftliche Überlieferungen hinterlassen, die uns am Ende des 20. Jahrhunderts n.Chr. eine Kommunikation mit ihnen und ihrer Zeit (8.–6. Jahrhundert v.Chr.), also über mehr als 2500 Jahre hinweg, ermöglichen. Wie die Dinge jetzt aussehen, müssen wir uns eingestehen, daß die authentischen Worte der originären Gottesboten in den Prophetenbüchern allerhöchstens ganz leise zu vernehmen sind. Die Masse der prophetischen Literatur bezeugt vielmehr die lebendige nachprophetische Tradition, und diese Tradition wiederum wird eher von den kreativen Anstößen der frühjüdischen Gemeinde als von den vorexilischen Prophetengestalten inspiriert und gestaltet. Der Wechsel zu einem neuen literarischen „Paradigma" des Prophetenbuches wäre, wie oben schon angedeutet, gewaltig. J. Blenkinsopp legt in seiner Argumentation manchmal diesen Schritt nahe; F. Deist fordert ihn unumwunden.

Dabei können wir aber vielleicht nicht einmal stehenbleiben. Wir haben andere bis dato wenig reflektierte Grundsätze der Prophetenforschung kritisch auf ihre Tragfähigkeit zu überprüfen. Es geht vor allem um die Gestalt des Propheten, sein Amt und seine Funktionen, die Kohärenz der prophetischen Tradition und insbesondere die schriftlichen Überlieferungsprozesse der prophetischen Literatur. Viele Grundsatzfragen müssen wohl in Zukunft neu gestellt werden.

Man kann aufgrund schon existierender kritischer Studien planspielartig die folgenden Modelle durchdenken. Die Prophetengestalten rücken schon nach einer literarischen Neubewertung der prophetischen Schriften in ein anderes Licht und verlieren ihre dominante Stellung. Was von ihnen bei geschichtlicher und soziologischer Analyse übrigbleibt, gleicht möglicherweise aufs Haar den zufälligen Nachrichten über altorientalische Gottesboten, Ekstatiker, aber auch Beschwörungspriester, Visionäre, Mantiker, kurz, wir gewönnen ein außerordentlich vielschichtiges Bild von diversen (vorexilischen) Mittlerfiguren, die auch auf unterschiedliche Art in ihre jeweilige Gesellschaft eingebunden erscheinen würden. Ein einheitliches Modell nur eines bestimmten Gottesbeauftragten oder Mittlers ist weder aus den Nachbarkulturen Israels noch aus den beobachtbaren Stammesgesellschaften unserer Tage zu gewinnen. Vielleicht war also das Prophetentum im vorexilischen Israel ähnlich bunt, unkoordiniert und noch nicht auf den *nabi'*-Typ, der lediglich Visionär und Wortüberbringer ist, eingegrenzt? Setzt man Spätdatierungen für hebräische Schriften als die Regel an (und die Pentateuchkritik geht bei einigen Fachvertretern erstaunlich weit in diese Richtung[41]), dann fallen die unterschiedlichen Ekstatiker, Gottesmänner, Heiler, To-

---

[40] Typisch ist, daß die biblische (patriarchale!) Tradition zwar Prophetinnen benennt und auch in Aktion zeigt (Mirjam; Debora; Hulda; Noadja; anonym in Jes 8,3), diese aber in der Regel in heutigen Darstellungen der Prophetie in Israel keine Rolle spielen. Wie wäre das im umgekehrten Fall, wenn nämlich unter ca. 30 Prophetinnen einer Überlieferung nur 5 Gottesmänner bezeugt wären?

[41] Vgl. nur J. van Seters, Der Jahwist als Historiker (hg. v. Hans Heinrich Schmid), Zürich 1987; E. Blum, Studien zur Komposition des Pentateuch, BZAW 189, Berlin 1990; Chr. Levin, Der Jahwist, FRLANT 157, Göttingen 1993.

tenbeschwörerinnen, Traumdeuter, Schamanen im Alten Testament auf.[42] Der Vielfalt gegenüber stünde dann – bei Elia und Elisa, den angeblich ältesten aktiven Propheten in der Traditionsreihe noch auf ältere Wundertätertraditionen aufgemalt – der spätere Wortübermittler, Bote des einzig wahren Gottes Jahwe – und seiner Tora. Er würde dann im Zuge exilisch-nachexilischer Theoriebildungen der alleinige Mittlertyp, und er bekäme den Ehrennamen *nabi'*, aber eben erst in der Rückschau.[43] Malen wir dieses Gegenbild zur traditionellen Auffassung weiter aus: Weil in dieser Zeit (des Exils) die ganze Geschichte Jahwes mit seinem Volk in der glaubenden Gemeinde zum theologischen Hauptgegenstand wird, weil durch die Geschichte hindurch die Jahwegesandten eine tragende Rolle spielen, darum müssen diese Hauptfiguren in einer gewissen Regelmäßigkeit auftreten, sie müssen eine – wenn auch selbst den literarischen Gestalten noch unbewußte – Kette bilden, sie müssen gewisse Amtszeiten durchhalten und dürfen nicht einfach punktuell auftreten, sie müssen ausschließlich im Namen Jahwes reden, sie müssen mehr und mehr in ihrer Verkündigung das ganze Volk Israel ansprechen, nicht einzelne Machtträger oder Gruppen, sie müssen die Katastrophe schlechthin ansagen, nicht Teilstrafen usw. Ihre wahre (ideelle!) support group wäre die frühjüdische, exilisch-nachexilische Gemeinde. Denn eigentlich agierten diese in die Vergangenheit projizierten Wort(Tora)prediger nur im Namen der Nachgeborenen: Sie sagten den Untergang des Nord- und Südreiches voraus, den die Gemeinde schon hinter sich weiß. Die Gemeinde zöge daraus und aus der weitergegangenen Geschichte die Folgerung, daß die Prophetenworte als strenge Warnungen zu betrachten seien, den Gotteswillen zu ignorieren. Nur wer die Propheten höre, könne neue Katastrophen vermeiden und werde – so einige Überlieferungen – mit der Rückkehr ins Heimatland belohnt. Mit anderen Worten: Das Kompaktbild der Propheten in den hebräischen Schriften könnte ein rein theologisches, nicht ein geschichtliches, Zeugnis sein. Der eine Gott Israels, der seiner Gemeinde durch die Tora Orientierung gibt, wolle durch seine prophetischen Mittler immer wieder Treue und Folgsamkeit Israels anmahnen. Ein Volk, ein Gott, eine Tora, eine Prophetie: Das wäre in der Exils- und Nachexilszeit das Leitmotiv für die Sammlung, Interpretation und Neuschaffung von Prophetentexten und -büchern gewesen.

Die Stellung der Schriftpropheten hinter den älteren Geschichtsbüchern und die Kombination beider zum Prophetenkanon ist in diesem Zusammenhang äußerst bedeutsam. Anscheinend sind die Schriftpropheten dem Geschichtswerk Josua bis 2 Könige als eine Art Belegmaterial und zum liturgischen Gebrauch angefügt worden.[44] Dann dienten sie in der Tat der kontinuierlichen Toraverkündigung, und die Modellierung der Propheten nach dem Mose-Vorbild wäre kein Zufall. Das Wortüberbringermodell des Mittlers wäre also eine späte, rückprojizierte Typisierung. Genauso entspräche die ununterbrochene, von Jahwe gefügte und von seinen Boten bewußt gelebte Verkettung der prophetischen Verkündiger dem Wunsch und der theologischen Anschauung der frühjüdischen Gemeinde. Sie brauchte zu Vergangenheitsbewältigung, Identitätsfindung und Zukunftsgewinnung das kontinuierliche Gotteswort, das die Königsgeschichte vorantreibt. Geschichtlich authentisch mögen einzel-

---

42 Vgl. J. Lust, The Mantic Function of the Prophet, Bijdr. 34, 1973, 234–250.
43 Vgl. A.G. Auld, Prophets Through the Looking Glass: Between Writings and Moses, JSOT 27, 1983, 3–23, 41–44 (bes. 7).
44 Vgl. N. Gottwald, The Hebrew Bible – a Socio-Literary Introduction, Philadelphia 1985; J. Blenkinsopp, Prophecy and Canon. A Contribution to the Study of Jewish Origins, London 1977.

ne geistbegabte Übermittler des Jahwewillens in unterschiedlichen Rollen und verschiedenen gesellschaftlichen Situationen gewesen sein, wie das aus den Mari-Brie-
fen analog ersichtlich ist. Alle Vereinheitlichungen der Gestalt, des Auftrags, der
Sendung des Propheten bzw. seiner Berufungsgeschichte, Reden, Auftritte und
schließlich der literarischen Fixierung seiner Worte und Taten wären das Ergebnis
theologischer Kondensationen im Exil und Nachexil.

Wenn an dieser anderen Sicht der Propheten etwas Richtiges sein sollte, dann bedeutet dies: Wir müßten wenigstens versuchsweise von anderen Arbeitshypothesen ausgehen als bisher. Es wäre z.B. zu prüfen, ob die folgenden Annahmen tragfähig sind:
Die Prophetie Israels war kein einzigartiges Phänomen im Sinne einer theologisch
absolut einmaligen, nicht wiederholbaren und für alle Zeiten und Räume verbindli-
chen Offenbarung. Theologisch gesprochen: Die Kommunikation Gottes mit seinem
Volk verlief vielmehr – wie auf allen anderen Ebenen und in allen anderen Lebensbereichen zu allen Zeiten – aus unserer Sicht in sehr gewöhnlichen, zeitgenössisch allgemein üblichen Bahnen. Mittler aller Typen können für das Mittlerwesen in Israel
zum Vergleich herangezogen werden. Im persönlichen Bereich des Gottesverhältnis-
ses (Wohlergehen des einzelnen und seiner Gruppe) bieten die Schamanengestalten
der Völker willkommene Anschauungsmöglichkeiten.[45] Im Gegenüber zu der fest organisierten Zentralmacht treten vor allem Sprecher Gottes aus unterdrückten Randgruppen oder unzufriedene Mitglieder der Eliteschicht auf. So anscheinend auch in
den Mari-Texten. Und last but not least: Der prophetische Mittlertyp der staatenlosen
Religionsgemeinschaft ist ein von Gott im Rahmen des etablierten Ordnungssystems
beauftragter Hüter der väterlichen Sitten, in diesem Fall der Tora. Der spontane
Kritiker wird nicht mehr geduldet (Sach 7,7–14; 13,3–6).

Die vieldiskutierte Frage nach den Gründen, die nicht nur zu Aufzeichnungen von
Prophetenworten, sondern auch zu einer erstaunlichen Literaturwerdung prophetischer Aussagen geführt haben, wäre in einem Modell der rückwärts gerichteten Tra-
ditionssammlung relativ einfach zu beantworten. Weil der Erklärungsbedarf für die
von Juda erlittenen geschichtlichen Entwicklungen in der Gemeinde zu suchen ist,
liegt bei ihr die Hauptmotivation zur Verschriftung von Traditionen, aber auch zu
ihrer Adaptation, Weiterbildung und Ausmalung. Abgesehen vielleicht von wenigen,
mehr zufälligen Notizen über Prophetenworte, die entweder im Gedächtnis oder als
fragmentierte Schriftstücke aufbewahrt wurden, kam der große Anstoß zur Verschriftung erst nach dem babylonischen Krieg, der in Niederlage und Deportation endete.
Wie wir gesehen haben, setzen schriftliche Fixierung und Schriftgebrauch der Pro-
phetexte eine ganz andere Situation als die einer mündlichen, direkten Wort-Got-
tes-Übermittlung voraus. Die Gemeinschaft, die seit der Zeit des babylonischen Exils
Traditionen schriftlich festhielt und sich ständig in Erinnerung rief, ist in ihrer
Struktur, auch in ihrem Gottesdienst, mit heutigen Kirchengemeinden zu vergleichen.
Sie könnte als treibende, produktive Kraft hinter der Entstehung von Tora und Pro-
phetenbüchern angenommen werden.

Der Paradigmenwechsel in der Prophetenforschung ist noch nicht eingetreten. Fast
überall auf der Welt wird in theologischen Hörsälen ein traditionelles Prophetenbild
weitergegeben. J. Blenkinsopp ist einer der wenigen Alttestamentler, der – wenn
auch nur probeweise – ein zusammenhängendes Gesamtbild der Prophetie entwirft

---

45   Die anthropologische Literatur ist unermeßlich reich, vgl. oben Anm. 33 und 34.

und dabei vorsichtig neue Dimensionen der Propheteninterpretation anklingen läßt. Er weiß, wie viele Fragen noch offen und wie viele noch gar nicht gestellt worden sind. In diesem „Ausblick" haben wir zusätzlich Möglichkeiten erwogen, die sich den heute forschenden Generationen darstellen. Die bisher schon bunte, faszinierende und theologisch bedeutsame Botschaft der Prophetentexte wird nach einem Perspektivwechsel noch um einige Grade schillernder, aktueller, und theologisch aufregender. Während die hehren klassischen Figuren der israelitischen Prophetie in das Dunkel der Geschichte zurücktreten, werden Stimmen hörbar, die in einer ungeahnten Vielfalt und einem starken Strom bis in die jüngere alttestamentliche Geschichte die Botschaft von dem gnädigen und strafenden Gott, der Gemeinde und einzelne begleitet, laut werden.

10. Die Bedeutung der Propheten

Gerhard von Rad hat in imposanter Weise das herkömmliche Nachkriegsbild von Prophetie im Alten Testament dargestellt und geprägt. Die Propheten waren die Vollstrecker der göttlichen Heilsgeschichte an Israel und den Völkern. Die deprimierenden Jahre der Naziherrschaft sind bei von Rad als Hintergrund zu sehen. Prophetische Gestalten, die sich allein mit dem Wort bewaffnet der Diktatur und dem Krieg entgegenstellten und z.T. das Martyrium auf sich nahmen, hatte es in der dunklen Zeit Deutschlands gegeben. Nun haben sich die Zeiten tiefgreifend geändert. Wie könnte nach einem eventuellen Paradigmenwechsel hin zu einer soziologischen Betrachtungsweise und inmitten einer von ganz anderen Kräften als denen einer rassistischen Nationalregierung bedrohten Globalwelt die theologische Gesamtdarstellung aussehen? Joseph Blenkinsopp sucht ebenfalls nach der theologischen Aussage der Prophetie. Er sieht die Propheten als Ankündiger einer neuen Weltordnung, des Gottesreiches. Sie erfahren nach seiner Meinung in außergewöhnlicher Weise die „Realität Gottes" (11; 102f; 116f; 195f), nehmen kritisch zu Macht und Machtmißbrauch, verfälschtem und echtem Gottesdienst Stellung, treten entschieden für die Armen und die soziale Gerechtigkeit ein und müssen darum oft mit der Volksmehrheit und den „Falschpropheten", die von denselben formalen Voraussetzungen her verkündigen wie sie selbst, in Kollision geraten. Gegenüber den Mittlern, die das bestehende System stabilisieren, verhält sich Blenkinsopp verständnisvoll. Heilsansage und Fürbitte gehören für ihn zum Bild des Propheten im Alten Orient.
Eine theologische Deutung der Prophetentexte, welche einerseits die komplexe Überlieferungs- und Redaktionsgeschichte der Texte und andererseits die gegenwärtige, globalisierende und pluralistische Weltlage bedenkt, ist unverzichtbar. Es wird grundsätzlich darum gehen, die unterschiedlichen gesellschaftlichen Ausformungen von Prophetie in der Antike mit spezifischen Situationen heute in Verbindung zu bringen. So wie im Alten Testament z.B. radikale Unheilsverkündigung und Heilsprophetie ihren je besonderen geschichtlichen und sozialen Ort haben, so will auch die jeweilige moderne Leserinnen- und Lesergruppe in ihrer Eigenart ernstgenommen sein. Prophetenexegese in einem Drittwelt-Land oder in einer feministischen Arbeitsgruppe muß anders aussehen als in einer traditionell bürgerlichen Wohlstandsgemeinde Europas oder der USA. Von dieser Voraussetzung aus sind einheitliche Sichtweisen der Prophetie nicht zu erwarten, die Unterschiedlichkeit der Propheten-

bilder ist wegen der Differenziertheit der hermeneutischen Standorte selbstverständlich vorgegeben. Auch die Auswahl der zu interpretierenden Texte hängt (wie die Geschichte der Exegese überdeutlich zeigt) vom Standort und Umfeld der jeweiligen Exegetinnen und Exegeten ab. Verschiedene urtümliche Mittlertypen des Alten Testaments und ihre gesellschaftlichen Funktionen, etwa Elia, Elisa und Jesaja, die Wunderheiler, werden heutige Menschen faszinieren, wenn sie ihre persönlichen Notlagen reflektieren. Wie ähnlich seelsorgerliche Evangeliumsperikopen geben diese „privaten" Prophetenbotschaften Anlaß, heutige Lebensbedrohungen, Therapien, Glücksverheißungen auf ihre existentielle Bedeutung hin zu untersuchen. Wenn es um prophetische Verkündigung im damaligen politisch-gesellschaftlichen Rahmen geht, verschieben sich Interesse und Gesichtsfeld. Das Motiv „Prophet gegen König" oder die Sozialkritik der israelitischen Dissidenten regen dazu an, die Strukturen der Gesellschaft im Blick auf soziale Gerechtigkeit zu thematisieren. Gleicherweise ist die Kultkritik der Propheten Anstoß, grundlegende religiöse Einstellungen und Hierarchien zu hinterfragen. In beiden Lebensbereichen, dem politischen und dem kirchlichen, geht es auch um die Stellung des einzelnen innerhalb von etablierten Systemen. Wie weit ist Widerstand möglich und notwendig? Können wir auf Reformen setzen oder haben wir revolutionäre Umgestaltungen zu betreiben? J. Blenkinsopp sieht das Problem der prophetischen Fundamentalkritik, der demokratischer Wille zur Konsensbildung und verantwortlichen Gestaltung des Alltags mit seinem Anpassungszwang abgeht. Hat Prophetie deshalb versagt? Muß sie letzten Endes einer mehr auf Reform und Erziehung setzenden weisheitlichen Lehre weichen?

Die großen Geschichtskonzeptionen der früheren und späteren prophetischen Schriften entstehen, wie wir gesehen haben, im Rahmen der frühjüdischen Gemeinde. Ihr ist wohl die Schaffung des Gesamtphänomens „Prophetie" zuzuschreiben, d.h. die Aufarbeitung, Addition und Fortbildung der überkommen Traditionen. Ihr gehört auch die Eschatologisierung und beginnende Apokalyptisierung der Prophetenschriften zu. Wir haben diese überlieferungsgeschichtlichen Entwicklungen im Kontext der exilisch-nachexilischen Zeit und der damaligen Gemeindestrukturen ernstzunehmen und auszulegen. Da wir nach biblischem Vorbild auch heute noch in der Kontinuität der im Judentum und Christentum mit Bezug auf die eigene Gemeinschaft und die ganze Welt aufgebauten einen, heilvoll-unheilvollen Geschichte leben, fällt dieser Part nicht schwer. Es verschieben sich nur die Ansatzpunkte. Statt der Mose- oder der Königszeit kommt nach dieser Sicht der Dinge die Exilszeit als kreative und normsetzende Periode in den Blick. Damit ist eine Relativierung der theologischen Konzepte gegeben. Modifikationen sind nicht so sehr im Hinblick auf den Ablauf der Geschichte, aber auf die in ihr zu verwirklichenden Trennungen und Absolutheitsansprüche zu erwarten. Vor allem steht unser Glaube an ein Ziel der Geschichte zur Debatte. Können Christen sich damit zufrieden geben, daß die freie Marktwirtschaft als der absolute Endpunkt menschlicher Gesittung proklamiert wird? Die prophetischen Gottesaussagen, die ja auch in sich höchst komplex und spannungsvoll sind, aber auf Gerechtigkeit und Heiligkeit hinauslaufen, können nicht direkt mit der Realität Gottes identifiziert werden. Doch jedes Prophetenwort und jedes Gemeindewort des Prophetenkanons in seiner individuellen und kollektiven Geschichte ist, im zeitlichen und gesellschaftlichen Kontext gesehen, eine brisante Ansage des jeweilig erfahrbaren absoluten Anspruches und Zuspruchs. Wie alle anderen biblischen Aussagen müssen auch die Worte der Propheten und die darauf fußenden Gemeindeworte situationsbedingt gesehen und nach bestimmten Analogieverfahren in unserer Zeit gepredigt werden.[46]

Über den großgeschichtlichen Rahmen hinaus aber ergeben sich – wie oben schon angedeutet – aus einer differenzierten Sicht der Prophetentypen und der Prophetenhistorie sehr viel mehr theologische Möglichkeiten und Würdigungen des alttestamentlichen prophetischen Mittlertums. Heilung, Traumdeutung, Beschwörung sind auch in der alttestamentlichen Jahwe-Tradition nicht einfach ausgelöscht. Sie geschehen auf der Ebene von familiären oder örtlichen Gruppen, in den face-to-face Gemeinschaften, die als je selbständige religiöse Gemeinschaftsbildungen angesehen werden müssen.[47] Auch im Israel der Spätzeit haben sie ihren Platz gehabt, wie ein Blick in die Psalmen[48] bestätigt. Und diese seelsorgerlichen Texte rühren an einen Nerv unserer Zeit, weil das Schicksal der Einzelperson in einer anonymen Massengesellschaft dramatische Züge annimmt. Auf der Stämmeebene gab es wohl in vorstaatlicher Zeit Kriegspropheten. Diese vom Wortvermittlertypus abweichenden, ekstatischen Erscheinungen sind zwar z.T. durch deuteronomistische Verbote eingeschränkt, möglicherweise in veränderter Gestalt weiter praktiziert worden. In unserer Gesellschaft entsprechen sie vielleicht auf mittleren Ebenen religiösen und politischen Führergestalten, die das Wohl der Gesellschaft suchen und die doch auf ihre Legitimation geprüft werden müssen. Das Problem der Falschpropheten schließlich, die sich äußerlich in nichts von den authentischen Gottgesandten unterscheiden, gewinnt auch in unserer Zeit eine neue Qualität. Wir können dahinter Gruppenkonflikte vermuten, ähnlich wie im Bereich kollidierender Priesteransprüche (vgl. Lev 10; Num 16). Die brennende Frage ist, welchem Kritiker und Feuerbrand oder Salbader und Schönredner der Normalbürger trauen kann. Mit Autoritätsgehabe schmücken sich viele von ihnen. Die Geister zu unterscheiden, ist eine nicht endende Forderung mündigen Glaubens.

Wie immer: Ein Paradigmenwechsel im Prophetenverständnis, wenn er denn fällig sein sollte, bringt auch für die theologische Auseinandersetzung mit den alten Glaubenszeugnissen neue, belebende Impulse. Der möglicherweise in der Prophetenforschung anstehende Wechsel würde ein sehr altes Schema durch eine – ebenfalls zeitbedingte – Sicht ersetzen, nach der Prophetie pluralistisch reden, aber sich am Leben der einen Welt messen lassen muß.

Bibliographie

Ahuis, F., Der klagende Gerichtsprophet, Stuttgart 1982.
Balz-Cochois, H., Gomer. Der Höhenkult Israels im Selbstverständnis der Volksfrömmigkeit, EHS.T 191, Frankfurt/Bern 1982.
Ben Zvi, E., A Historical-Critical Study of the Book of Obadiah, BZAW 242, Berlin 1996.
Beyerlin, W., Reflexe der Amosvisionen im Jeremiabuch, Göttingen 1989.
Colpe, C., Das Siegel der Propheten, Berlin 1990.

---

46   Vgl. E.S. Gerstenberger, Warum und wie predigen wir das Alte Testament? in: B. Jendorff und G. Schmalenberg, Evangelium Jesu Christi heute verkündigen, Gießen 1989, 33–45.
47   Vgl. E.S. Gerstenberger, Jahwe – ein patriarchaler Gott? Stuttgart 1988; Rainer Albertz, Religionsgeschichte Israels, Göttingen 2 Bde, 1992.
48   Vgl. E.S. Gerstenberger, Psalms, FOTL XIV/1, Grand Rapids 1988; K. Seybold, Die Psalmen, Stuttgart, 2. Aufl. 1990.

Deist, F., The Prophets: Are We Heading for a Paradigm Switch? BZAW 185, Berlin 1989, 1–18.

Ebach, J., Kassandra und Jona, Frankfurt 1987.

Goff, J., Prophetie und Politik in Israel und im alten Ägypten, Wien 1986.

Greene, J.T., The Role of Messenger and Message in the Ancient Near East, Atlanta 1989.

Hardmeier, Chr., Texttheorie und biblische Exegese, München 1979.

Ders., Prophetie im Streit vor dem Untergang Judas, BZAW 187, Berlin 1989.

Herrmann, S., Die prophetischen Heilserwartungen im Alten Testament, BWANT 85, Stuttgart 1965.

Ders., Jeremia. Der Prophet und das Buch, EdF 271, Darmstadt 1990.

Ders., Der Prophet Jeremia, BKAT XII, Neukirchen-Vluyn 1986ff.

Jeremias, J., Das Proprium der alttestamentlichen Prophetie, ThLZ 119, 1994, 483–494.

Ders., Die Deutung der Gerichtsworte Michas in der Exilszeit, ZAW 83, 1971, 330–354.

Ders., Zur Eschatologie des Hoseabuches, in: J. Jeremias u.a. (Hg.), Die Botschaft und die Boten, Neukirchen-Vluyn 1981, 217–234.

Ders., Der Begriff ‚Baal‘ im Hoseabuch und seine Wirkungsgeschichte, in: W. Dietrich u.a. (Hg.), Ein Gott allein?, Fribourg 1994, 441–462.

Jost, R., Frauen, Männer und die Himmelskönigin, Gütersloh 1995.

Kaiser, O., Grundriß der Einleitung in das Alte Testament, Bd. 2, Gütersloh 1993.

Koenen, K., Heil den Gerechten – Unheil den Sündern! Ein Beitrag zur Theologie der Prophetenbücher, BZAW 229, Berlin 1994.

Lau, W., Schriftgelehrte Prophetie in Jes 56–66, Berlin 1994.

Liwak, R., Der Prophet und die Geschichte, Stuttgart 1987.

Lux, R., Jona. Prophet zwischen Verweigerung und Gehorsam, Göttingen 1994.

Naumann, T., Hoseas Erben, Stuttgart 1991.

Nissinen, M., Prophetie, Redaktion und Fortschreibung im Hoseabuch, AOAT 231, Neukirchen-Vluyn 1991.

Nogalski, I., Redactional Processes in the Book of the Twelve, Berlin 1990.

Overholt, T.W., Seeing is Believing: The Social Setting of Prophetic Acts of Power, JSOT 23, 1982, 3–31.

Pohlmann, K.-F., Die Ferne Gottes – Studien zum Jeremiabuch, BZAW 179, Berlin 1989.

Ders., Der Prophet Hesekiel/Ezechiel Kapitel 1–19, ATD 22,1, Göttingen 1996.

Rottzoll, D.U., Untersuchungen zur Redaktion und Komposition des Amosbuches, Berlin 1996.

Schneider, C., Krisis des Glaubens. Zur Frage der sogenannten falschen Prophetie im Alten Testament, Berlin 1988.

Schuller, E., Post-Exilic Prophets, Wilmington 1988.

Schwantes, M., „Das Land kann seine Worte nicht ertragen!", München 1991.

Steck, O.H., Der Abschluß der Prophetie im Alten Testament, Neukirchen-Vluyn 1991.

Ders., Gottesknecht und Zion, Tübingen 1992.

Ders., Die Prophetenbücher und ihr theologisches Zeugnis, Tübingen 1996.

Tangberg, K.A., Die prophetische Mahnrede, BZAW 143, Berlin 1987.

Then, R., „Gibt es denn keinen mehr unter den Propheten?", Frankfurt 1990.

Utzschneider, H., Künder oder Schreiber?, BEAT 19, Frankfurt 1989.

Ders., Die Schriftprophetie und die Frage nach dem Ende der Prophetie, ZAW 104, 1992, 377–394.

Wacker, M.-T., Spuren der Göttin im Hoseabuch, in: W. Dietrich u.a. (Hg.), Ein Gott allein? OBO 139, Fribourg/Göttingen 1994, 329–348.

Weippert, H.; Seybold, K.; Weippert, M., Beiträge zur prophetischen Bildsprache in Israel und Assyrien, OBO 64, Fribourg/Göttingen 1985.

Wendel, K., Jesaja und Jeremia, Neukirchen-Vluyn 1995.

Westermann, C., Prophetische Heilsworte im Alten Testament, FRLANT 145, Göttingen 1987.

Zapff, B.M., Schriftgelehrte Prophetie, Würzburg 1995.

Zobel, K., Prophetie und Deuteronomium, BZAW 199, Berlin 1992.

Register